Als die vorliegende Edition 1994 zum erstenmal erschien, waren Presse und Lesepublikum begeistert. »Hier ist es getan«, überschrieb die ›Frankfurter Allgemeine Zeitung‹ ihren Bericht über die *Faust*-Ausgabe des Deutschen Klassiker Verlages. Denn hier wird Goethes *Faust*, vom Vorspiel auf dem Theater bis zum Schlußchor des Zweiten Teils, Zeile für Zeile, Szene für Szene, Akt für Akt in neuer, bereinigter Textgestalt vorgelegt. Sämtliche Texte wurden anhand der Erstdrucke bzw. Handschriften vollständig neu gelesen. Die Entwürfe zum *Faust* erscheinen in vervollständigter und zuverlässiger Textgestalt, mit einer Dokumentation der Entstehungsgeschichte und mit Goethes eigenen Leseanweisungen. Hier kann der heutige Leser einen zweihundert Jahre alten Text wirklich neu entdecken.

»In Albrecht Schönes Edition . . . wird Goethes ›Faust‹ zu dem traurigsten und heitersten, witzigsten und weisesten, mit einem Wort: zu dem lebendigsten Stück Gegenwartsliteratur, das wir besitzen.«
Ernst Osterkamp, Frankfurter Allgemeine Zeitung

»Goethes ›Faust‹ in Albrecht Schönes sensationeller Edition . . . Es ist fast unglaublich, was allein die Textsicherung erbrachte . . .«
Gustav Seibt, Frankfurter Allgemeine Zeitung

»Die ›Faust‹-Edition des Deutschen Klassiker Verlages: eine Überraschung, eine stille Sensation. ›Faust – Eine Tragödie‹ wirkt stellenweise wie ein neues Stück und Goethe – als Zumutung, als Herausforderung für den Leser.«
Rolf Michaelis, Die Zeit

insel taschenbuch 3000
Johann Wolfgang Goethe
Faust

JOHANN WOLFGANG GOETHE
FAUST

TEXTE

Herausgegeben
von Albrecht Schöne

Insel Verlag

Umschlagabbildungen:
Freies Deutsches Hochstift/Frankfurter Goethe Museum.
Foto: Ursula Edelmann. Entwurf: Carsten M. Wolff

insel taschenbuch 3000
Erste Auflage 2003
Insel Verlag Frankfurt am Main und Leipzig
Fünfte, erneut durchgesehene und ergänzte Auflage
der 1994 im Deutschen Klassiker Verlag erstmals
erschienenen Ausgabe
© Deutscher Klassiker Verlag Frankfurt am Main 1994
Hinweise zu dieser Ausgabe am Schluß des Bandes
Vertrieb durch den Suhrkamp Taschenbuch Verlag
Umschlag nach Entwürfen von Willy Fleckhaus
Satz: pagina GmbH, Tübingen
Druck: Nomos Verlagsgesellschaft, Baden-Baden
Printed in Germany
ISBN 3-458-34700-3

3 4 5 6 − 08 07 06 05 04

INHALT

FAUST

EINE TRAGÖDIE

ZUEIGNUNG

Ihr naht euch wieder, schwankende Gestalten!
Die früh sich einst dem trüben Blick gezeigt.
Versuch' ich wohl euch diesmal fest zu halten?
Fühl' ich mein Herz noch jenem Wahn geneigt?
Ihr drängt euch zu! nun gut, so mögt ihr walten,   5
Wie ihr aus Dunst und Nebel um mich steigt;
Mein Busen fühlt sich jugendlich erschüttert
Vom Zauberhauch, der euren Zug umwittert.

Ihr bringt mit euch die Bilder froher Tage,
Und manche liebe Schatten steigen auf;   10
Gleich einer alten halbverklungnen Sage,
Kommt erste Lieb' und Freundschaft mit herauf;
Der Schmerz wird neu, es wiederholt die Klage
Des Lebens labyrinthisch irren Lauf,
Und nennt die Guten, die, um schöne Stunden   15
Vom Glück getäuscht, vor mir hinweggeschwunden.

Sie hören nicht die folgenden Gesänge,
Die Seelen, denen ich die ersten sang;
Zerstoben ist das freundliche Gedränge,
Verklungen ach! der erste Widerklang.   20
Mein Lied ertönt der unbekannten Menge,
Ihr Beifall selbst macht meinem Herzen bang,
Und was sich sonst an meinem Lied erfreuet,
Wenn es noch lebt, irrt in der Welt zerstreuet.

Und mich ergreift ein längst entwöhntes Sehnen   25
Nach jenem stillen ernsten Geisterreich,
Es schwebet nun in unbestimmten Tönen
Mein lispelnd Lied, der Äolsharfe gleich,
Ein Schauer faßt mich, Träne folgt den Tränen,
Das strenge Herz es fühlt sich mild und weich;   30
Was ich besitze seh' ich wie im weiten,
Und was verschwand wird mir zu Wirklichkeiten.

VORSPIEL

AUF DEM THEATER

DIREKTOR, THEATERDICHTER,
LUSTIGE PERSON

DIREKTOR

Ihr beiden, die ihr mir so oft,
In Not und Trübsal, beigestanden,
Sagt was ihr wohl in deutschen Landen   35
Von unsrer Unternehmung hofft?
Ich wünschte sehr der Menge zu behagen,
Besonders weil sie lebt und leben läßt.
Die Pfosten sind, die Bretter aufgeschlagen,
Und jedermann erwartet sich ein Fest.   40
Sie sitzen schon, mit hohen Augenbraunen,
Gelassen da und möchten gern erstaunen.
Ich weiß wie man den Geist des Volks versöhnt;
Doch so verlegen bin ich nie gewesen;
Zwar sind sie an das Beste nicht gewöhnt,   45
Allein sie haben schrecklich viel gelesen.
Wie machen wir's? daß alles frisch und neu
Und mit Bedeutung auch gefällig sei.
Denn freilich mag ich gern die Menge sehen,
Wenn sich der Strom nach unsrer Bude drängt,   50
Und mit gewaltig wiederholten Wehen
Sich durch die enge Gnadenpforte zwängt,
Bei hellem Tage, schon vor Vieren,
Mit Stößen sich bis an die Kasse ficht
Und, wie in Hungersnot um Brot an Bäckertüren,   55
Um ein Billet sich fast die Hälse bricht,
Dies Wunder wirkt auf so verschiedne Leute
Der Dichter nur; mein Freund, o! tu' es heute!

DICHTER

O sprich mir nicht von jener bunten Menge,
Bei deren Anblick uns der Geist entflieht.   60
Verhülle mir das wogende Gedränge,

Das wider Willen uns zum Strudel zieht.
Nein, führe mich zur stillen Himmelsenge,
Wo nur dem Dichter reine Freude blüht;
65   Wo Lieb' und Freundschaft unsres Herzens Segen
Mit Götterhand erschaffen und erpflegen.

Ach! was in tiefer Brust uns da entsprungen,
Was sich die Lippe schüchtern vorgelallt,
Mißraten jetzt und jetzt vielleicht gelungen,
70   Verschlingt des wilden Augenblicks Gewalt.
Oft wenn es erst durch Jahre durchgedrungen
Erscheint es in vollendeter Gestalt.
Was glänzt ist für den Augenblick geboren;
Das Echte bleibt der Nachwelt unverloren.

LUSTIGE PERSON
75   Wenn ich nur nichts von Nachwelt hören sollte;
Gesetzt daß ich von Nachwelt reden wollte,
Wer machte denn der Mitwelt Spaß?
Den will sie doch und soll ihn haben.
Die Gegenwart von einem braven Knaben
80   Ist, dächt' ich, immer auch schon was.
Wer sich behaglich mitzuteilen weiß,
Den wird des Volkes Laune nicht erbittern;
Er wünscht sich einen großen Kreis,
Um ihn gewisser zu erschüttern.
85   Drum seid nur brav und zeigt euch musterhaft,
Laßt Phantasie, mit allen ihren Chören,
Vernunft, Verstand, Empfindung, Leidenschaft,
Doch, merkt euch wohl! nicht ohne Narrheit hören.

DIREKTOR
Besonders aber laßt genug geschehn!
90   Man kommt zu schaun, man will am liebsten sehn.
Wird Vieles vor den Augen abgesponnen,
So daß die Menge staunend gaffen kann,
Da habt ihr in der Breite gleich gewonnen,
Ihr seid ein vielgeliebter Mann.
95   Die Masse könnt ihr nur durch Masse zwingen,

Ein jeder sucht sich endlich selbst was aus.
Wer Vieles bringt, wird manchem etwas bringen;
Und jeder geht zufrieden aus dem Haus.
Gebt ihr ein Stück, so gebt es gleich in Stücken!
Solch ein Ragout es muß euch glücken;   100
Leicht ist es vorgelegt, so leicht als ausgedacht.
Was hilft's, wenn ihr ein Ganzes dargebracht,
Das Publikum wird es euch doch zerpflücken.

DICHTER
Ihr fühlet nicht, wie schlecht ein solches Handwerk sei!
Wie wenig das dem echten Künstler zieme!   105
Der saubern Herren Pfuscherei
Ist, merk' ich, schon bei euch Maxime.

DIREKTOR
Ein solcher Vorwurf läßt mich ungekränkt;
Ein Mann, der recht zu wirken denkt,
Muß auf das beste Werkzeug halten.   110
Bedenkt, ihr habet weiches Holz zu spalten,
Und seht nur hin für wen ihr schreibt!
Wenn diesen Langeweile treibt,
Kommt jener satt vom übertischten Mahle,
Und, was das allerschlimmste bleibt,   115
Gar mancher kommt vom Lesen der Journale.
Man eilt zerstreut zu uns, wie zu den Maskenfesten,
Und Neugier nur beflügelt jeden Schritt;
Die Damen geben sich und ihren Putz zum besten
Und spielen ohne Gage mit.   120
Was träumet ihr auf eurer Dichter-Höhe?
Was macht ein volles Haus euch froh?
Beseht die Gönner in der Nähe!
Halb sind sie kalt, halb sind sie roh.
Der, nach dem Schauspiel, hofft ein Kartenspiel,   125
Der eine wilde Nacht an einer Dirne Busen.
Was plagt ihr armen Toren viel,
Zu solchem Zweck, die holden Musen?
Ich sag' euch, gebt nur mehr, und immer immer mehr,
So könnt ihr euch vom Ziele nie verirren,   130

Sucht nur die Menschen zu verwirren,
Sie zu befriedigen ist schwer – –
Was fällt euch an? Entzückung oder Schmerzen?

DICHTER

Geh hin und such dir einen andern Knecht!
135   Der Dichter sollte wohl das höchste Recht,
Das Menschenrecht, das ihm Natur vergönnt,
Um deinetwillen freventlich verscherzen!
Wodurch bewegt er alle Herzen?
Wodurch besiegt er jedes Element?
140   Ist es der Einklang nicht, der aus dem Busen dringt,
Und in sein Herz die Welt zurücke schlingt?
Wenn die Natur des Fadens ew'ge Länge,
Gleichgültig drehend, auf die Spindel zwingt,
Wenn aller Wesen unharmon'sche Menge
145   Verdrießlich durch einander klingt:
Wer teilt die fließend immer gleiche Reihe
Belebend ab, daß sie sich rhythmisch regt?
Wer ruft das Einzelne zur allgemeinen Weihe?
Wo es in herrlichen Akkorden schlägt,
150   Wer läßt den Sturm zu Leidenschaften wüten?
Das Abendrot im ernsten Sinne glühn?
Wer schüttet alle schönen Frühlingsblüten
Auf der Geliebten Pfade hin?
Wer flicht die unbedeutend grünen Blätter
155   Zum Ehrenkranz Verdiensten jeder Art?
Wer sichert den Olymp, vereinet Götter?
Des Menschen Kraft im Dichter offenbart.

LUSTIGE PERSON

So braucht sie denn die schönen Kräfte
Und treibt die dicht'rischen Geschäfte,
160   Wie man ein Liebesabenteuer treibt.
Zufällig naht man sich, man fühlt, man bleibt
Und nach und nach wird man verflochten;
Es wächst das Glück, dann wird es angefochten,
Man ist entzückt, nun kommt der Schmerz heran,
165   Und eh man sich's versieht, ist's eben ein Roman.

Laßt uns auch so ein Schauspiel geben!
Greift nur hinein in's volle Menschenleben!
Ein jeder lebt's, nicht vielen ist's bekannt,
Und wo ihr's packt, da ist's interessant.
In bunten Bildern wenig Klarheit, 170
Viel Irrtum und ein Fünkchen Wahrheit,
So wird der beste Trank gebraut,
Der alle Welt erquickt und auferbaut.
Dann sammelt sich der Jugend schönste Blüte
Vor eurem Spiel und lauscht der Offenbarung, 175
Dann sauget jedes zärtliche Gemüte
Aus eurem Werk sich melanchol'sche Nahrung;
Dann wird bald dies bald jenes aufgeregt,
Ein jeder sieht was er im Herzen trägt.
Noch sind sie gleich bereit zu weinen und zu lachen, 180
Sie ehren noch den Schwung, erfreuen sich am Schein;
Wer fertig ist, dem ist nichts recht zu machen;
Ein Werdender wird immer dankbar sein.

DICHTER
So gib mir auch die Zeiten wieder,
Da ich noch selbst im Werden war, 185
Da sich ein Quell gedrängter Lieder
Ununterbrochen neu gebar,
Da Nebel mir die Welt verhüllten,
Die Knospe Wunder noch versprach,
Da ich die tausend Blumen brach, 190
Die alle Täler reichlich füllten.
Ich hatte nichts und doch genug,
Den Drang nach Wahrheit und die Lust am Trug.
Gib ungebändigt jene Triebe,
Das tiefe schmerzenvolle Glück, 195
Des Hasses Kraft, die Macht der Liebe,
Gib meine Jugend mir zurück!

LUSTIGE PERSON
Der Jugend, guter Freund, bedarfst du allenfalls,
Wenn dich in Schlachten Feinde drängen,
Wenn mit Gewalt an deinen Hals 200

Sich allerliebste Mädchen hängen,
Wenn fern des schnellen Laufes Kranz
Vom schwer erreichten Ziele winket,
Wenn nach dem heft'gen Wirbeltanz
205   Die Nächte schmausend man vertrinket.
Doch ins bekannte Saitenspiel
Mit Mut und Anmut einzugreifen,
Nach einem selbstgesteckten Ziel
Mit holdem Irren hinzuschweifen,
210   Das, alte Herrn, ist eure Pflicht,
Und wir verehren euch darum nicht minder.
Das Alter macht nicht kindisch, wie man spricht,
Es findet uns nur noch als wahre Kinder.

DIREKTOR
Der Worte sind genug gewechselt,
215   Laßt mich auch endlich Taten sehn;
Indes ihr Komplimente drechselt,
Kann etwas nützliches geschehn.
Was hilft es viel von Stimmung reden?
Dem Zaudernden erscheint sie nie.
220   Gebt ihr euch einmal für Poeten,
So kommandiert die Poesie.
Euch ist bekannt, was wir bedürfen,
Wir wollen stark Getränke schlürfen;
Nun braut mir unverzüglich dran!
225   Was heute nicht geschieht, ist morgen nicht getan,
Und keinen Tag soll man verpassen,
Das Mögliche soll der Entschluß
Beherzt sogleich beim Schopfe fassen,
Er will es dann nicht fahren lassen,
230   Und wirket weiter, weil er muß.

Ihr wißt, auf unsern deutschen Bühnen
Probiert ein jeder was er mag;
Drum schonet mir an diesem Tag
Prospekte nicht und nicht Maschinen.
235   Gebraucht das groß' und kleine Himmelslicht,

Die Sterne dürfet ihr verschwenden;
An Wasser, Feuer, Felsenwänden,
An Tier und Vögeln fehlt es nicht.
So schreitet in dem engen Bretterhaus
Den ganzen Kreis der Schöpfung aus,   240
Und wandelt mit bedächt'ger Schnelle
Vom Himmel durch die Welt zur Hölle.

PROLOG

IM HIMMEL

DER HERR,
DIE HIMMLISCHEN HEERSCHAREN,
nachher MEPHISTOPHELES.

Die drei Erzengel treten vor.

RAPHAEL
  Die Sonne tönt nach alter Weise
  In Brudersphären Wettgesang,
  Und ihre vorgeschrieb'ne Reise   245
  Vollendet sie mit Donnergang.
  Ihr Anblick gibt den Engeln Stärke,
  Wenn keiner sie ergründen mag;
  Die unbegreiflich hohen Werke
  Sind herrlich wie am ersten Tag.   250
GABRIEL
  Und schnell und unbegreiflich schnelle
  Dreht sich umher der Erde Pracht;
  Es wechselt Paradieses-Helle
  Mit tiefer schauervoller Nacht;
  Es schäumt das Meer in breiten Flüssen   255
  Am tiefen Grund der Felsen auf,
  Und Fels und Meer wird fortgerissen
  In ewig schnellem Sphärenlauf.
MICHAEL
  Und Stürme brausen um die Wette,
  Vom Meer aufs Land, vom Land aufs Meer,   260
  Und bilden wütend eine Kette
  Der tiefsten Wirkung rings umher.
  Da flammt ein blitzendes Verheeren
  Dem Pfade vor des Donnerschlags;
  Doch deine Boten, Herr, verehren   265
  Das sanfte Wandeln deines Tags.

ZU DREI
　Der Anblick gibt den Engeln Stärke
　Da keiner dich ergründen mag,
　Und alle deine hohen Werke
270　Sind herrlich wie am ersten Tag.
MEPHISTOPHELES
　Da du, o Herr, dich einmal wieder nahst
　Und fragst wie alles sich bei uns befinde,
　Und du mich sonst gewöhnlich gerne sahst:
　So siehst du mich auch unter dem Gesinde.
275　Verzeih, ich kann nicht hohe Worte machen,
　Und wenn mich auch der ganze Kreis verhöhnt;
　Mein Pathos brächte dich gewiß zum Lachen,
　Hätt'st du dir nicht das Lachen abgewöhnt.
　Von Sonn' und Welten weiß ich nichts zu sagen,
280　Ich sehe nur wie sich die Menschen plagen.
　Der kleine Gott der Welt bleibt stets von gleichem Schlag,
　Und ist so wunderlich als wie am ersten Tag.
　Ein wenig besser würd' er leben,
　Hätt'st du ihm nicht den Schein des Himmelslichts
　　　　　　　　　　　　　　　　　　　gegeben;
285　Er nennt's Vernunft und braucht's allein,
　Nur tierischer als jedes Tier zu sein.
　Er scheint mir, mit Verlaub von Ew. Gnaden,
　Wie eine der langbeinigen Zikaden,
　Die immer fliegt und fliegend springt
290　Und gleich im Gras ihr altes Liedchen singt;
　Und läg' er nur noch immer in dem Grase!
　In jeden Quark begräbt er seine Nase.
DER HERR
　Hast du mir weiter nichts zu sagen?
　Kommst du nur immer anzuklagen?
295　Ist auf der Erde ewig dir nichts recht?
MEPHISTOPHELES
　Nein Herr! ich find' es dort, wie immer, herzlich schlecht.
　Die Menschen dauern mich in ihren Jammertagen,
　Ich mag sogar die armen selbst nicht plagen.

DER HERR
  Kennst du den Faust?
MEPHISTOPHELES
                    Den Doktor?
DER HERR
                              Meinen Knecht!
MEPHISTOPHELES
  Fürwahr! er dient euch auf besondre Weise.   300
  Nicht irdisch ist des Toren Trank noch Speise.
  Ihn treibt die Gärung in die Ferne,
  Er ist sich seiner Tollheit halb bewußt;
  Vom Himmel fordert er die schönsten Sterne,
  Und von der Erde jede höchste Lust,   305
  Und alle Näh' und alle Ferne
  Befriedigt nicht die tiefbewegte Brust.
DER HERR
  Wenn er mir jetzt auch nur verworren dient:
  So werd' ich ihn bald in die Klarheit führen.
  Weiß doch der Gärtner, wenn das Bäumchen grünt,   310
  Daß Blüt' und Frucht die künft'gen Jahre zieren.
MEPHISTOPHELES
  Was wettet ihr? den sollt ihr noch verlieren,
  Wenn ihr mir die Erlaubnis gebt
  Ihn meine Straße sacht zu führen!
DER HERR
  So lang' er auf der Erde lebt,   315
  So lange sei dir's nicht verboten.
  Es irrt der Mensch so lang' er strebt.
MEPHISTOPHELES
  Da dank' ich euch; denn mit den Toten
  Hab' ich mich niemals gern befangen.
  Am meisten lieb' ich mir die vollen frischen Wangen.   320
  Für einen Leichnam bin ich nicht zu Haus;
  Mir geht es wie der Katze mit der Maus.
DER HERR
  Nun gut, es sei dir überlassen!
  Zieh diesen Geist von seinem Urquell ab,

325 Und führ' ihn, kannst du ihn erfassen,
    Auf deinem Wege mit herab,
    Und steh' beschämt, wenn du bekennen mußt:
    Ein guter Mensch in seinem dunkeln Drange
    Ist sich des rechten Weges wohl bewußt.

MEPHISTOPHELES

330 Schon gut! nur dauert es nicht lange.
    Mir ist für meine Wette gar nicht bange.
    Wenn ich zu meinem Zweck gelange,
    Erlaubt ihr mir Triumph aus voller Brust.
    Staub soll er fressen, und mit Lust,
335 Wie meine Muhme, die berühmte Schlange.

DER HERR

    Du darfst auch da nur frei erscheinen;
    Ich habe deines gleichen nie gehaßt.
    Von allen Geistern die verneinen
    Ist mir der Schalk am wenigsten zur Last.
340 Des Menschen Tätigkeit kann allzuleicht erschlaffen,
    Er liebt sich bald die unbedingte Ruh;
    Drum geb' ich gern ihm den Gesellen zu,
    Der reizt und wirkt, und muß, als Teufel, schaffen.
    Doch ihr, die echten Göttersöhne,
345 Erfreut euch der lebendig reichen Schöne!
    Das Werdende, das ewig wirkt und lebt,
    Umfass' euch mit der Liebe holden Schranken,
    Und was in schwankender Erscheinung schwebt,
    Befestiget mit dauernden Gedanken.

        Der Himmel schließt, die Erzengel verteilen sich.

MEPHISTOPHELES *allein*

350 Von Zeit zu Zeit seh' ich den Alten gern,
    Und hüte mich mit ihm zu brechen.
    Es ist gar hübsch von einem großen Herrn,
    So menschlich mit dem Teufel selbst zu sprechen.

Abb. 1: Rembrandts Gelehrter
nachgestochen von Johann Heinrich Lips
für den Druck von 1790: *Faust. Ein Fragment*
(Angaben dazu im Kommentar-Band, S. 205 f.)

DER TRAGÖDIE ERSTER TEIL

NACHT

In einem hochgewölbten, engen, gotischen Zimmer FAUST
unruhig auf seinem Sessel am Pulte.

FAUST

Habe nun, ach! Philosophie,
Juristerei und Medizin,   355
Und leider auch Theologie!
Durchaus studiert, mit heißem Bemühn.
Da steh' ich nun, ich armer Tor!
Und bin so klug als wie zuvor;
Heiße Magister, heiße Doktor gar,   360
Und ziehe schon an die zehen Jahr,
Herauf, herab und quer und krumm,
Meine Schüler an der Nase herum –
Und sehe, daß wir nichts wissen können!
Das will mir schier das Herz verbrennen.   365
Zwar bin ich gescheiter als alle die Laffen,
Doktoren, Magister, Schreiber und Pfaffen;
Mich plagen keine Skrupel noch Zweifel.
Fürchte mich weder vor Hölle noch Teufel –
Dafür ist mir auch alle Freud' entrissen,   370
Bilde mir nicht ein was rechts zu wissen,
Bilde mir nicht ein ich könnte was lehren
Die Menschen zu bessern und zu bekehren.
Auch hab' ich weder Gut noch Geld,
Noch Ehr' und Herrlichkeit der Welt,   375
Es möchte kein Hund so länger leben!
Drum hab' ich mich der Magie ergeben,
Ob mir, durch Geistes Kraft und Mund,
Nicht manch Geheimnis würde kund;
Daß ich nicht mehr, mit sauerm Schweiß,   380
Zu sagen brauche was ich nicht weiß;

Daß ich erkenne was die Welt
Im Innersten zusammenhält,
Schau' alle Wirkenskraft und Samen,
385 Und tu' nicht mehr in Worten kramen.

O sähst du, voller Mondenschein,
Zum letztenmal auf meine Pein,
Den ich so manche Mitternacht
An diesem Pult herangewacht:
390 Dann, über Büchern und Papier,
Trübsel'ger Freund, erschienst du mir!
Ach! könnt' ich doch auf Berges-Höh'n
In deinem lieben Lichte gehn,
Um Bergeshöhle mit Geistern schweben,
395 Auf Wiesen in deinem Dämmer weben,
Von allem Wissensqualm entladen
In deinem Tau gesund mich baden!

Weh! steck' ich in dem Kerker noch?
Verfluchtes dumpfes Mauerloch,
400 Wo selbst das liebe Himmelslicht
Trüb' durch gemalte Scheiben bricht!
Beschränkt von diesem Bücherhauf,
Den Würme nagen, Staub bedeckt,
Den, bis an's hohe Gewölb' hinauf,
405 Ein angeraucht Papier umsteckt;
Mit Gläsern, Büchsen rings umstellt,
Mit Instrumenten vollgepfropft,
Urväter Hausrat drein gestopft –
Das ist deine Welt! das heißt eine Welt!

410 Und fragst du noch, warum dein Herz
Sich bang' in deinem Busen klemmt?
Warum ein unerklärter Schmerz
Dir alle Lebensregung hemmt?
Statt der lebendigen Natur,
415 Da Gott die Menschen schuf hinein,
Umgibt in Rauch und Moder nur
Dich Tiergeripp' und Totenbein.

Flieh! Auf! Hinaus in's weite Land!
Und dies geheimnisvolle Buch,
Von Nostradamus eigner Hand,   420
Ist dir es nicht Geleit genug?
Erkennest dann der Sterne Lauf,
Und wenn Natur dich unterweist,
Dann geht die Seelenkraft dir auf,
Wie spricht ein Geist zum andern Geist.   425
Umsonst, daß trocknes Sinnen hier
Die heil'gen Zeichen dir erklärt.
Ihr schwebt, ihr Geister, neben mir;
Antwortet mir, wenn ihr mich hört!
　　　Er schlägt das Buch auf und erblickt das Zeichen des
　　　　　　　　Makrokosmus
Ha! welche Wonne fließt in diesem Blick   430
Auf einmal mir durch alle meine Sinnen!
Ich fühle junges heil'ges Lebensglück
Neuglühend mir durch Nerv' und Adern rinnen.
War es ein Gott, der diese Zeichen schrieb,
Die mir das inn're Toben stillen,   435
Das arme Herz mit Freude füllen,
Und mit geheimnisvollem Trieb
Die Kräfte der Natur rings um mich her enthüllen?
Bin ich ein Gott? Mir wird so licht!
Ich schau' in diesen reinen Zügen   440
Die wirkende Natur vor meiner Seele liegen.
Jetzt erst erkenn' ich was der Weise spricht:
»Die Geisterwelt ist nicht verschlossen;
Dein Sinn ist zu, dein Herz ist tot!
Auf, bade, Schüler, unverdrossen   445
Die ird'sche Brust im Morgenrot!«
　　　　　　　　Er beschaut das Zeichen
Wie alles sich zum Ganzen webt,
Eins in dem andern wirkt und lebt!
Wie Himmelskräfte auf und nieder steigen
Und sich die goldnen Eimer reichen!   450
Mit segenduftenden Schwingen

Vom Himmel durch die Erde dringen,
Harmonisch all' das All durchklingen!

Welch Schauspiel! aber ach! ein Schauspiel nur!
455 Wo fass' ich dich, unendliche Natur?
Euch Brüste, wo? Ihr Quellen alles Lebens,
An denen Himmel und Erde hängt,
Dahin die welke Brust sich drängt –
Ihr quellt, ihr tränkt, und schmacht' ich so vergebens?

*Er schlägt unwillig das Buch um, und erblickt das Zeichen des
Erdgeistes*

460 Wie anders wirkt dies Zeichen auf mich ein!
Du, Geist der Erde, bist mir näher;
Schon fühl' ich meine Kräfte höher,
Schon glüh' ich wie von neuem Wein,
Ich fühle Mut mich in die Welt zu wagen,
465 Der Erde Weh, der Erde Glück zu tragen,
Mit Stürmen mich herumzuschlagen,
Und in des Schiffbruchs Knirschen nicht zu zagen;
Es wölkt sich über mir –
Der Mond verbirgt sein Licht –
470 Die Lampe schwindet!
Es dampft! – Es zucken rote Strahlen
Mir um das Haupt – Es weht
Ein Schauer vom Gewölb' herab
Und faßt mich an!
475 Ich fühl's, du schwebst um mich, erflehter Geist.
Enthülle dich!
Ha! wie's in meinem Herzen reißt!
Zu neuen Gefühlen
All' meine Sinnen sich erwühlen!
480 Ich fühle ganz mein Herz dir hingegeben!
Du mußt! du mußt! und kostet' es mein Leben!

*Er faßt das Buch und spricht das Zeichen des Geistes geheimnis-
voll aus. Es zuckt eine rötliche Flamme,* DER GEIST *erscheint
in der Flamme.*

GEIST
  Wer ruft mir?
FAUST *abgewendet*
                Schreckliches Gesicht!
GEIST
  Du hast mich mächtig angezogen,
  An meiner Sphäre lang' gesogen,
  Und nun –
FAUST
                Weh! ich ertrag' dich nicht!   485
GEIST
  Du flehst eratmend mich zu schauen,
  Meine Stimme zu hören, mein Antlitz zu sehn;
  Mich neigt dein mächtig Seelenflehn,
  Da bin ich! – Welch erbärmlich Grauen
  Faßt Übermenschen dich! Wo ist der Seele Ruf?   490
  Wo ist die Brust? die eine Welt in sich erschuf,
  Und trug und hegte, die mit Freudebeben
  Erschwoll, sich uns, den Geistern, gleich zu heben.
  Wo bist du, Faust? des Stimme mir erklang,
  Der sich an mich mit allen Kräften drang?   495
  Bist Du es? der, von meinem Hauch umwittert,
  In allen Lebenstiefen zittert,
  Ein furchtsam weggekrümmter Wurm!
FAUST
  Soll ich dir, Flammenbildung, weichen?
  Ich bin's, bin Faust, bin deines gleichen!   500
GEIST
  In Lebensfluten, im Tatensturm
  Wall' ich auf und ab,
  Wehe hin und her!
  Geburt und Grab,
  Ein ewiges Meer,   505
  Ein wechselnd Weben,
  Ein glühend Leben,
  So schaff' ich am sausenden Webstuhl der Zeit,
  Und wirke der Gottheit lebendiges Kleid.

FAUST
510 Der du die weite Welt umschweifst,
     Geschäftiger Geist, wie nah fühl' ich mich dir!
GEIST
     Du gleichst dem Geist den du begreifst,
     Nicht mir!

                              Verschwindet.
FAUST *zusammenstürzend*
     Nicht dir?
515 Wem denn?
     Ich Ebenbild der Gottheit,
     Und nicht einmal dir!

                              Es klopft.
     O Tod! ich kenn's – das ist mein Famulus –
     Es wird mein schönstes Glück zu nichte!
520 Daß diese Fülle der Gesichte
     Der trockne Schleicher stören muß!

     WAGNER *im Schlafrocke und der Nachtmütze, eine Lampe
          in der Hand. Faust wendet sich unwillig.*

WAGNER
     Verzeiht! ich hör' euch deklamieren;
     Ihr las't gewiß ein griechisch Trauerspiel?
     In dieser Kunst möcht' ich 'was profitieren,
525 Denn heut zu Tage wirkt das viel.
     Ich hab' es öfters rühmen hören,
     Ein Komödiant könnt' einen Pfarrer lehren.
FAUST
     Ja, wenn der Pfarrer ein Komödiant ist;
     Wie das denn wohl zu Zeiten kommen mag.
WAGNER
530 Ach! wenn man so in sein Museum gebannt ist,
     Und sieht die Welt kaum einen Feiertag,
     Kaum durch ein Fernglas, nur von weiten,
     Wie soll man sie durch Überredung leiten?
FAUST
     Wenn ihr's nicht fühlt, ihr werdet's nicht erjagen,

Wenn es nicht aus der Seele dringt,   535
Und mit urkräftigem Behagen
Die Herzen aller Hörer zwingt.
Sitzt ihr nur immer! Leimt zusammen,
Braut ein Ragout von andrer Schmaus,
Und blas't die kümmerlichen Flammen   540
Aus eurem Aschenhäufchen 'raus!
Bewund'rung von Kindern und Affen,
Wenn euch darnach der Gaumen steht;
Doch werdet ihr nie Herz zu Herzen schaffen,
Wenn es euch nicht von Herzen geht.   545

WAGNER
Allein der Vortrag macht des Redners Glück;
Ich fühl' es wohl noch bin ich weit zurück.

FAUST
Such' Er den redlichen Gewinn!
Sei er kein schellenlauter Tor!
Es trägt Verstand und rechter Sinn   550
Mit wenig Kunst sich selber vor;
Und wenn's euch Ernst ist was zu sagen,
Ist's nötig Worten nachzujagen?
Ja, eure Reden, die so blinkend sind,
In denen ihr der Menschheit Schnitzel kräuselt,   555
Sind unerquicklich wie der Nebelwind,
Der herbstlich durch die dürren Blätter säuselt!

WAGNER
Ach Gott! die Kunst ist lang!
Und kurz ist unser Leben.
Mir wird, bei meinem kritischen Bestreben,   560
Doch oft um Kopf und Busen bang'.
Wie schwer sind nicht die Mittel zu erwerben,
Durch die man zu den Quellen steigt!
Und eh' man nur den halben Weg erreicht,
Muß wohl ein armer Teufel sterben.   565

FAUST
Das Pergament ist das der heil'ge Bronnen,
Woraus ein Trunk den Durst auf ewig stillt?

Erquickung hast du nicht gewonnen,
Wenn sie dir nicht aus eigner Seele quillt.

WAGNER

570 Verzeiht! es ist ein groß Ergetzen
Sich in den Geist der Zeiten zu versetzen,
Zu schauen wie vor uns ein weiser Mann gedacht,
Und wie wir's dann zuletzt so herrlich weit gebracht.

FAUST

O ja, bis an die Sterne weit!

575 Mein Freund, die Zeiten der Vergangenheit
Sind uns ein Buch mit sieben Siegeln;
Was ihr den Geist der Zeiten heißt,
Das ist im Grund der Herren eigner Geist,
In dem die Zeiten sich bespiegeln.

580 Da ist's denn wahrlich oft ein Jammer!
Man läuft euch bei dem ersten Blick davon.
Ein Kehrichtfaß und eine Rumpelkammer,
Und höchstens eine Haupt- und Staatsaktion,
Mit trefflichen pragmatischen Maximen,

585 Wie sie den Puppen wohl im Munde ziemen!

WAGNER

Allein die Welt! des Menschen Herz und Geist!
Möcht' jeglicher doch was davon erkennen.

FAUST

Ja was man so erkennen heißt!
Wer darf das Kind beim rechten Namen nennen?

590 Die wenigen, die was davon erkannt,
Die töricht g'nug ihr volles Herz nicht wahrten,
Dem Pöbel ihr Gefühl, ihr Schauen offenbarten,
Hat man von je gekreuzigt und verbrannt.
Ich bitt' euch, Freund, es ist tief in der Nacht,

595 Wir müssen's diesmal unterbrechen.

WAGNER

Ich hätte gern nur immer fortgewacht,
Um so gelehrt mit euch mich zu besprechen.
Doch morgen, als am ersten Ostertage,
Erlaubt mir ein' und andre Frage.

Mit Eifer hab' ich mich der Studien beflissen;   600
Zwar weiß ich viel, doch möcht' ich alles wissen.
Ab.

FAUST *allein*
  Wie nur dem Kopf nicht alle Hoffnung schwindet,
Der immerfort an schalem Zeuge klebt,
Mit gier'ger Hand nach Schätzen gräbt,
Und froh ist wenn er Regenwürmer findet!   605

Darf eine solche Menschenstimme hier,
Wo Geisterfülle mich umgab, ertönen?
Doch ach! für diesmal dank' ich dir,
Dem ärmlichsten von allen Erdensöhnen.
Du rissest mich von der Verzweiflung los,   610
Die mir die Sinne schon zerstören wollte.
Ach! die Erscheinung war so riesen-groß,
Daß ich mich recht als Zwerg empfinden sollte.

Ich, Ebenbild der Gottheit, das sich schon
Ganz nah gedünkt dem Spiegel ew'ger Wahrheit,   615
Sein selbst genoß in Himmelsglanz und Klarheit,
Und abgestreift den Erdensohn;
Ich, mehr als Cherub, dessen freie Kraft
Schon durch die Adern der Natur zu fließen
Und, schaffend, Götterleben zu genießen   620
Sich ahnungsvoll vermaß, wie muß ich's büßen!
Ein Donnerwort hat mich hinweggerafft.

Nicht darf ich dir zu gleichen mich vermessen.
Hab' ich die Kraft dich anzuziehn besessen:
So hatt' ich dich zu halten keine Kraft.   625
In jenem sel'gen Augenblicke
Ich fühlte mich so klein, so groß;
Du stießest grausam mich zurücke,
Ins ungewisse Menschenlos.
Wer lehret mich? was soll ich meiden?   630
Soll ich gehorchen jenem Drang?
Ach! unsre Taten selbst, so gut als unsre Leiden,
Sie hemmen unsres Lebens Gang.

Dem Herrlichsten, was auch der Geist empfangen,
635 Drängt immer fremd und fremder Stoff sich an;
Wenn wir zum Guten dieser Welt gelangen,
Dann heißt das Bess're Trug und Wahn.
Die uns das Leben gaben, herrliche Gefühle,
Erstarren in dem irdischen Gewühle.

640 Wenn Phantasie sich sonst, mit kühnem Flug,
Und hoffnungsvoll zum Ewigen erweitert,
So ist ein kleiner Raum ihr nun genug,
Wenn Glück auf Glück im Zeitenstrudel scheitert.
Die Sorge nistet gleich im tiefen Herzen,
645 Dort wirket sie geheime Schmerzen,
Unruhig wiegt sie sich und störet Lust und Ruh;
Sie deckt sich stets mit neuen Masken zu,
Sie mag als Haus und Hof, als Weib und Kind erscheinen,
Als Feuer, Wasser, Dolch und Gift;
650 Du bebst vor allem was nicht trifft,
Und was du nie verlierst das mußt du stets beweinen.

Den Göttern gleich' ich nicht! Zu tief ist es gefühlt;
Dem Wurme gleich' ich, der den Staub durchwühlt;
Den, wie er sich im Staube nährend lebt,
655 Des Wandrers Tritt vernichtet und begräbt.

Ist es nicht Staub, was diese hohe Wand,
Aus hundert Fächern, mir verenget;
Der Trödel, der mit tausendfachem Tand
In dieser Mottenwelt mich dränget?
660 Hier soll ich finden was mir fehlt?
Soll ich vielleicht in tausend Büchern lesen,
Daß überall die Menschen sich gequält,
Daß hie und da ein Glücklicher gewesen? –
Was grinsest du mir hohler Schädel her?
665 Als daß dein Hirn, wie meines, einst verwirret,
Den leichten Tag gesucht und in der Dämmrung schwer,
Mit Lust nach Wahrheit, jämmerlich geirret.
Ihr Instrumente freilich, spottet mein,

Mit Rad und Kämmen, Walz' und Bügel.
Ich stand am Tor, ihr solltet Schlüssel sein;   670
Zwar euer Bart ist kraus, doch hebt ihr nicht die Riegel.
Geheimnisvoll am lichten Tag
Läßt sich Natur des Schleiers nicht berauben,
Und was sie deinem Geist nicht offenbaren mag,
Das zwingst du ihr nicht ab mit Hebeln und mit
                                             Schrauben. 675

Du alt Geräte das ich nicht gebraucht,
Du stehst nur hier, weil dich mein Vater brauchte.
Du alte Rolle, du wirst angeraucht,
So lang an diesem Pult die trübe Lampe schmauchte.
Weit besser hätt' ich doch mein Weniges verpraßt,   680
Als mit dem Wenigen belastet hier zu schwitzen!
Was du ererbt von deinen Vätern hast
Erwirb es um es zu besitzen.
Was man nicht nützt ist eine schwere Last;
Nur was der Augenblick erschafft das kann er nützen.   685

Doch warum heftet sich mein Blick auf jene Stelle?
Ist jenes Fläschchen dort den Augen ein Magnet?
Warum wird mir auf einmal lieblich helle,
Als wenn im nächt'gen Wald uns Mondenglanz umweht?

Ich grüße dich, du einzige Phiole!   690
Die ich mit Andacht nun herunterhole,
In dir verehr' ich Menschenwitz und Kunst.
Du Inbegriff der holden Schlummersäfte,
Du Auszug aller tödlich feinen Kräfte,
Erweise deinem Meister deine Gunst!   695
Ich sehe dich, es wird der Schmerz gelindert,
Ich fasse dich, das Streben wird gemindert,
Des Geistes Flutstrom ebbet nach und nach.
In's hohe Meer werd' ich hinausgewiesen,
Die Spiegelflut erglänzt zu meinen Füßen,   700
Zu neuen Ufern lockt ein neuer Tag,

Ein Feuerwagen schwebt, auf leichten Schwingen,
An mich heran! Ich fühle mich bereit

Auf neuer Bahn den Äther zu durchdringen,
705 Zu neuen Sphären reiner Tätigkeit.
Dies hohe Leben, diese Götterwonne!
Du, erst noch Wurm, und die verdienest du?
Ja, kehre nur der holden Erdensonne
Entschlossen deinen Rücken zu!
710 Vermesse dich die Pforten aufzureißen,
Vor denen jeder gern vorüber schleicht.
Hier ist es Zeit durch Taten zu beweisen,
Daß Manneswürde nicht der Götterhöhe weicht,
Vor jener dunkeln Höhle nicht zu beben,
715 In der sich Phantasie zu eigner Qual verdammt,
Nach jenem Durchgang hinzustreben,
Um dessen engen Mund die ganze Hölle flammt;
Zu diesem Schritt sich heiter zu entschließen
Und wär' es mit Gefahr, in's Nichts dahin zu fließen.

720 Nun komm herab, kristallne reine Schale!
Hervor aus deinem alten Futterale,
An die ich viele Jahre nicht gedacht.
Du glänztest bei der Väter Freudenfeste,
Erheitertest die ernsten Gäste,
725 Wenn einer dich dem andern zugebracht.
Der vielen Bilder künstlich reiche Pracht,
Des Trinkers Pflicht, sie reimweis zu erklären,
Auf Einen Zug die Höhlung auszuleeren,
Erinnert mich an manche Jugend-Nacht;
730 Ich werde jetzt dich keinem Nachbar reichen,
Ich werde meinen Witz an deiner Kunst nicht zeigen;
Hier ist ein Saft, der eilig trunken macht.
Mit brauner Flut erfüllt er deine Höhle.
Den ich bereitet, den ich wähle,
735 Der letzte Trunk sei nun, mit ganzer Seele,
Als festlich hoher Gruß, dem Morgen zugebracht!
                    Er setzt die Schale an den Mund.

Glockenklang und Chorgesang

CHOR DER ENGEL
           Christ ist erstanden!
           Freude dem Sterblichen,
           Den die verderblichen,
           Schleichenden, erblichen   740
           Mängel umwanden.

FAUST
  Welch tiefes Summen, welch ein heller Ton,
  Zieht mit Gewalt das Glas von meinem Munde?
  Verkündiget ihr dumpfen Glocken schon
  Des Osterfestes erste Feierstunde?   745
  Ihr Chöre singt ihr schon den tröstlichen Gesang
  Der einst, um Grabes Nacht, von Engelslippen klang,
  Gewißheit einem neuen Bunde?

CHOR DER WEIBER
           Mit Spezereien
           Hatten wir ihn gepflegt,   750
           Wir seine Treuen
           Hatten ihn hingelegt;
           Tücher und Binden
           Reinlich umwanden wir,
           Ach! und wir finden   755
           Christ nicht mehr hier.

CHOR DER ENGEL
           Christ ist erstanden!
           Selig der Liebende,
           Der die betrübende,
           Heilsam' und übende   760
           Prüfung bestanden.

FAUST
  Was sucht ihr, mächtig und gelind,
  Ihr Himmelstöne, mich am Staube?
  Klingt dort umher, wo weiche Menschen sind.
  Die Botschaft hör' ich wohl, allein mir fehlt der Glaube; 765

Das Wunder ist des Glaubens liebstes Kind.
Zu jenen Sphären wag' ich nicht zu streben,
Woher die holde Nachricht tönt;
Und doch, an diesen Klang von Jugend auf gewöhnt,
770 Ruft er auch jetzt zurück mich in das Leben.
Sonst stürzte sich der Himmels-Liebe Kuß
Auf mich herab, in ernster Sabbatstille;
Da klang so ahnungsvoll des Glockentones Fülle,
Und ein Gebet war brünstiger Genuß;
775 Ein unbegreiflich holdes Sehnen
Trieb mich durch Wald und Wiesen hinzugehn,
Und unter tausend heißen Tränen
Fühlt' ich mir eine Welt entstehn.
Dies Lied verkündete der Jugend muntre Spiele,
780 Der Frühlingsfeier freies Glück;
Erinnrung hält mich nun, mit kindlichem Gefühle,
Vom letzten, ernsten Schritt zurück.
O tönet fort ihr süßen Himmelslieder!
Die Träne quillt, die Erde hat mich wieder!

CHOR DER JÜNGER
785   Hat der Begrabene
                    Schon sich nach oben,
                    Lebend Erhabene,
                    Herrlich erhoben:
                    Ist er in Werdelust
790   Schaffender Freude nah;
                    Ach! an der Erde Brust,
                    Sind wir zum Leide da.
                    Ließ er die Seinen
                    Schmachtend uns hier zurück;
795   Ach! wir beweinen
                    Meister dein Glück!

CHOR DER ENGEL
                    Christ ist erstanden,
                    Aus der Verwesung Schoß.
                    Reißet von Banden
800   Freudig euch los!

Tätig ihn preisenden,
Liebe beweisenden,
Brüderlich speisenden,
Predigend reisenden,
Wonne verheißenden   805
Euch ist der Meister nah',
Euch ist er da!

VOR DEM TOR

SPAZIERGÄNGER aller Art
ziehen hinaus.

EINIGE HANDWERKSBURSCHE
  Warum denn dort hinaus?
ANDRE
  Wir gehn hinaus aufs Jägerhaus.
DIE ERSTEN
810 Wir aber wollen nach der Mühle wandern.
EIN HANDWERKSBURSCH
  Ich rat' euch nach dem Wasserhof zu gehn.
ZWEITER
  Der Weg dahin ist gar nicht schön.
DIE ZWEITEN
  Was tust denn du?
EIN DRITTER
                    Ich gehe mit den Andern.
VIERTER
  Nach Burgdorf kommt herauf, gewiß dort findet ihr
815 Die schönsten Mädchen und das beste Bier,
  Und Händel von der ersten Sorte.
FÜNFTER
  Du überlustiger Gesell,
  Juckt dich zum drittenmal das Fell?
  Ich mag nicht hin, mir graut es vor dem Orte.
DIENSTMÄDCHEN
820 Nein, nein! ich gehe nach der Stadt zurück.
ANDRE
  Wir finden ihn gewiß bei jenen Pappeln stehen.
ERSTE
  Das ist für mich kein großes Glück;
  Er wird an deiner Seite gehen,

Mit dir nur tanzt er auf dem Plan.
Was gehn mich deine Freuden an!   825
ANDRE
  Heut ist er sicher nicht allein,
  Der Krauskopf, sagt er, würde bei ihm sein.
SCHÜLER
  Blitz, wie die wackern Dirnen schreiten!
  Herr Bruder komm! wir müssen sie begleiten.
  Ein starkes Bier, ein beizender Toback,   830
  Und eine Magd im Putz das ist nun mein Geschmack.
BÜRGERMÄDCHEN
  Da sieh mir nur die schönen Knaben!
  Es ist wahrhaftig eine Schmach;
  Gesellschaft könnten sie die allerbeste haben,
  Und laufen diesen Mägden nach!   835
ZWEITER SCHÜLER *zum ersten*
  Nicht so geschwind! dort hinten kommen zwei,
  Sie sind gar niedlich angezogen,
  's ist meine Nachbarin dabei;
  Ich bin dem Mädchen sehr gewogen.
  Sie gehen ihren stillen Schritt   840
  Und nehmen uns doch auch am Ende mit.
ERSTER
  Herr Bruder nein! Ich bin nicht gern geniert.
  Geschwind! daß wir das Wildpret nicht verlieren.
  Die Hand, die Samstags ihren Besen führt,
  Wird Sonntags dich am besten karessieren.   845
BÜRGER
  Nein, er gefällt mir nicht der neue Burgemeister!
  Nun, da er's ist, wird er nur täglich dreister.
  Und für die Stadt was tut denn er?
  Wird es nicht alle Tage schlimmer?
  Gehorchen soll man mehr als immer,   850
  Und zahlen mehr als je vorher.
BETTLER *singt*
      Ihr guten Herrn, ihr schönen Frauen,
      So wohlgeputzt und backenrot,

Belieb' es euch mich anzuschauen,
855 Und seht und mildert meine Not!
Laßt hier mich nicht vergebens leiern!
Nur der ist froh, der geben mag.
Ein Tag den alle Menschen feiern,
Er sei für mich ein Erntetag.

ANDRER BÜRGER

860 Nichts bessers weiß ich mir an Sonn- und Feiertagen,
Als ein Gespräch von Krieg und Kriegsgeschrei,
Wenn hinten, weit, in der Türkei,
Die Völker auf einander schlagen.
Man steht am Fenster, trinkt sein Gläschen aus
865 Und sieht den Fluß hinab die bunten Schiffe gleiten;
Dann kehrt man Abends froh nach Haus,
Und segnet Fried' und Friedenszeiten.

DRITTER BÜRGER

Herr Nachbar, ja! so laß ich's auch geschehn,
Sie mögen sich die Köpfe spalten,
870 Mag alles durch einander gehn;
Doch nur zu Hause bleib's beim Alten.

ALTE *zu den Bürgermädchen*

Ei! wie geputzt! das schöne junge Blut!
Wer soll sich nicht in euch vergaffen? –
Nur nicht so stolz! Es ist schon gut!
875 Und was ihr wünscht das wüßt' ich wohl zu schaffen.

BÜRGERMÄDCHEN

Agathe fort! ich nehme mich in Acht
Mit solchen Hexen öffentlich zu gehen;
Sie ließ mich zwar, in Sankt Andreas Nacht,
Den künft'gen Liebsten leiblich sehen.

DIE ANDRE

880 Mir zeigte sie ihn im Kristall,
Soldatenhaft, mit mehreren Verwegnen;
Ich seh' mich um, ich such' ihn überall,
Allein mir will er nicht begegnen.

SOLDATEN

Burgen mit hohen
885 Mauern und Zinnen,

Mädchen mit stolzen
Höhnenden Sinnen
Möcht' ich gewinnen!
Kühn ist das Mühen,
Herrlich der Lohn!   890

Und die Trompete
Lassen wir werben,
Wie zu der Freude,
So zum Verderben.
Das ist ein Stürmen!   895
Das ist ein Leben!
Mädchen und Burgen
Müssen sich geben.
Kühn ist das Mühen,
Herrlich der Lohn!   900
Und die Soldaten
Ziehen davon.

     FAUST und WAGNER.

FAUST
Vom Eise befreit sind Strom und Bäche
Durch des Frühlings holden, belebenden Blick;
Im Tale grünet Hoffnungs-Glück;   905
Der alte Winter, in seiner Schwäche,
Zog sich in rauhe Berge zurück.
Von dorther sendet er, fliehend, nur
Ohnmächtige Schauer körnigen Eises
In Streifen über die grünende Flur;   910
Aber die Sonne duldet kein Weißes,
Überall regt sich Bildung und Streben,
Alles will sie mit Farben beleben;
Doch an Blumen fehlt's im Revier,
Sie nimmt geputzte Menschen dafür.   915
Kehre dich um, von diesen Höhen
Nach der Stadt zurück zu sehen.
Aus dem hohlen finstren Tor
Dringt ein buntes Gewimmel hervor.
Jeder sonnt sich heute so gern.   920

Sie feiern die Auferstehung des Herrn,
Denn sie sind selber auferstanden,
Aus niedriger Häuser dumpfen Gemächern,
Aus Handwerks- und Gewerbes-Banden,
925 Aus dem Druck von Giebeln und Dächern,
Aus der Straßen quetschender Enge,
Aus der Kirchen ehrwürdiger Nacht
Sind sie alle an's Licht gebracht.
Sieh nur sieh! wie behend sich die Menge
930 Durch die Gärten und Felder zerschlägt,
Wie der Fluß, in Breit' und Länge,
So manchen lustigen Nachen bewegt,
Und, bis zum Sinken überladen,
Entfernt sich dieser letzte Kahn.
935 Selbst von des Berges fernen Pfaden
Blinken uns farbige Kleider an.
Ich höre schon des Dorfs Getümmel,
Hier ist des Volkes wahrer Himmel,
Zufrieden jauchzet groß und klein:
940 Hier bin ich Mensch, hier darf ich's sein.
WAGNER
Mit euch, Herr Doktor, zu spazieren
Ist ehrenvoll und ist Gewinn;
Doch würd' ich nicht allein mich her verlieren,
Weil ich ein Feind von allem Rohen bin.
945 Das Fiedeln, Schreien, Kegelschieben,
Ist mir ein gar verhaßter Klang;
Sie toben wie vom bösen Geist getrieben
Und nennen's Freude, nennen's Gesang.

BAUERN *unter der Linde.*
Tanz und Gesang.

Der Schäfer putzte sich zum Tanz,
950 Mit bunter Jacke, Band und Kranz,
Schmuck war er angezogen.
Schon um die Linde war es voll
Und alles tanzte schon wie toll.

Juchhe! Juchhe!
Juchheisa! Heisa! He!   955
So ging der Fiedelbogen.

Er drückte hastig sich heran,
Da stieß er an ein Mädchen an
Mit seinem Ellenbogen;
Die frische Dirne kehrt sich um   960
Und sagte: nun das find' ich dumm!
Juchhe! Juchhe!
Juchheisa! Heisa! He!
Seid nicht so ungezogen.

Doch hurtig in dem Kreise ging's,   965
Sie tanzten rechts, sie tanzten links
Und alle Röcke flogen.
Sie wurden rot, sie wurden warm
Und ruhten atmend Arm in Arm,
Juchhe! Juchhe!   970
Juchheisa! Heisa! He!
Und Hüft' an Ellenbogen.

Und tu' mir doch nicht so vertraut!
Wie Mancher hat nicht seine Braut
Belogen und betrogen!   975
Er schmeichelte sie doch bei Seit'
Und von der Linde scholl es weit:
Juchhe! Juchhe!
Juchheisa! Heisa! He!
Geschrei und Fiedelbogen.   980

ALTER BAUER
Herr Doktor, das ist schön von euch,
Daß ihr uns heute nicht verschmäht,
Und unter dieses Volksgedräng',
Als ein so Hochgelahrter, geht.
So nehmet auch den schönsten Krug,   985
Den wir mit frischem Trunk gefüllt,
Ich bring' ihn zu und wünsche laut,
Daß er nicht nur den Durst euch stillt;

Die Zahl der Tropfen, die er hegt,
990   Sei euren Tagen zugelegt.
FAUST
Ich nehme den Erquickungs-Trank,
Erwidr' euch allen Heil und Dank.

DAS VOLK *sammelt sich im Kreis umher.*

ALTER BAUER
Fürwahr es ist sehr wohl getan,
Daß ihr am frohen Tag erscheint;
995   Habt ihr es vormals doch mit uns
An bösen Tagen gut gemeint!
Gar mancher steht lebendig hier,
Den euer Vater noch zuletzt
Der heißen Fieberwut entriß,
1000 Als er der Seuche Ziel gesetzt.
Auch damals ihr, ein junger Mann,
Ihr gingt in jedes Krankenhaus,
Gar manche Leiche trug man fort,
Ihr aber kamt gesund heraus.
1005 Bestandet manche harte Proben;
Dem Helfer half der Helfer droben.
ALLE
Gesundheit dem bewährten Mann,
Daß er noch lange helfen kann!
FAUST
Vor jenem droben steht gebückt,
1010 Der helfen lehrt und Hülfe schickt.
Er geht mit Wagnern weiter.

WAGNER
Welch ein Gefühl mußt du, o großer Mann!
Bei der Verehrung dieser Menge haben!
O! glücklich! wer von seinen Gaben
Solch einen Vorteil ziehen kann.
1015 Der Vater zeigt dich seinem Knaben,
Ein jeder fragt und drängt und eilt,
Die Fiedel stockt, der Tänzer weilt.

Du gehst, in Reihen stehen sie,
Die Mützen fliegen in die Höh':
Und wenig fehlt, so beugten sich die Knie,   1020
Als käm' das Venerabile.

FAUST

Nur wenig Schritte noch hinauf zu jenem Stein,
Hier wollen wir von unsrer Wandrung rasten.
Hier saß ich oft gedankenvoll allein
Und quälte mich mit Beten und mit Fasten.   1025
An Hoffnung reich, im Glauben fest,
Mit Tränen, Seufzen, Händeringen
Dacht' ich das Ende jener Pest
Vom Herrn des Himmels zu erzwingen.
Der Menge Beifall tönt mir nun wie Hohn.   1030
O könntest du in meinem Innern lesen,
Wie wenig Vater und Sohn
Solch eines Ruhmes wert gewesen!
Mein Vater war ein dunkler Ehrenmann,
Der über die Natur und ihre heil'gen Kreise,   1035
In Redlichkeit, jedoch auf seine Weise,
Mit grillenhafter Mühe sann.
Der, in Gesellschaft von Adepten,
Sich in die schwarze Küche schloß,
Und, nach unendlichen Rezepten,   1040
Das Widrige zusammengoß.
Da ward ein roter Leu, ein kühner Freier,
Im lauen Bad, der Lilie vermählt
Und beide dann, mit offnem Flammenfeuer,
Aus einem Brautgemach ins andere gequält.   1045
Erschien darauf mit bunten Farben
Die junge Königin im Glas,
Hier war die Arzenei, die Patienten starben,
Und niemand fragte: wer genas?
So haben wir, mit höllischen Latwergen,   1050
In diesen Tälern, diesen Bergen,
Weit schlimmer als die Pest getobt.
Ich habe selbst den Gift an Tausende gegeben,

Sie welkten hin, ich muß erleben
1055 Daß man die frechen Mörder lobt.
WAGNER
Wie könnt ihr euch darum betrüben!
Tut nicht ein braver Mann genug,
Die Kunst, die man ihm übertrug,
Gewissenhaft und pünktlich auszuüben?
1060 Wenn du, als Jüngling, deinen Vater ehrst,
So wirst du gern von ihm empfangen;
Wenn du, als Mann, die Wissenschaft vermehrst,
So kann dein Sohn zu höh'rem Ziel gelangen.
FAUST
O glücklich! wer noch hoffen kann
1065 Aus diesem Meer des Irrtums aufzutauchen.
Was man nicht weiß das eben brauchte man,
Und was man weiß kann man nicht brauchen.
Doch laß uns dieser Stunde schönes Gut
Durch solchen Trübsinn nicht verkümmern!
1070 Betrachte wie in Abendsonne-Glut
Die grünumgebnen Hütten schimmern.
Sie rückt und weicht, der Tag ist überlebt,
Dort eilt sie hin und fördert neues Leben.
O daß kein Flügel mich vom Boden hebt,
1075 Ihr nach und immer nach zu streben!
Ich säh' im ewigen Abendstrahl
Die stille Welt zu meinen Füßen,
Entzündet alle Höhn, beruhigt jedes Tal,
Den Silberbach in goldne Ströme fließen.
1080 Nicht hemmte dann den göttergleichen Lauf
Der wilde Berg mit allen seinen Schluchten;
Schon tut das Meer sich mit erwärmten Buchten
Vor den erstaunten Augen auf.
Doch scheint die Göttin endlich wegzusinken;
1085 Allein der neue Trieb erwacht,
Ich eile fort ihr ew'ges Licht zu trinken,
Vor mir den Tag, und hinter mir die Nacht,
Den Himmel über mir und unter mir die Wellen.

Ein schöner Traum, indessen sie entweicht.
Ach! zu des Geistes Flügeln wird so leicht   1090
Kein körperlicher Flügel sich gesellen.
Doch ist es jedem eingeboren,
Daß sein Gefühl hinauf und vorwärts dringt,
Wenn über uns, im blauen Raum verloren,
Ihr schmetternd Lied die Lerche singt;   1095
Wenn über schroffen Fichtenhöhen
Der Adler ausgebreitet schwebt,
Und über Flächen, über Seen,
Der Kranich nach der Heimat strebt.

WAGNER
Ich hatte selbst oft grillenhafte Stunden,   1100
Doch solchen Trieb hab' ich noch nie empfunden.
Man sieht sich leicht an Wald und Feldern satt,
Des Vogels Fittig werd' ich nie beneiden.
Wie anders tragen uns die Geistesfreuden,
Von Buch zu Buch, von Blatt zu Blatt!   1105
Da werden Winternächte hold und schön,
Ein selig Leben wärmet alle Glieder,
Und ach! entrollst du gar ein würdig Pergamen,
So steigt der ganze Himmel zu dir nieder.

FAUST
Du bist dir nur des einen Triebs bewußt;   1110
O lerne nie den andern kennen!
Zwei Seelen wohnen, ach! in meiner Brust,
Die eine will sich von der andern trennen;
Die eine hält, in derber Liebeslust,
Sich an die Welt, mit klammernden Organen;   1115
Die andre hebt gewaltsam sich vom Dust
Zu den Gefilden hoher Ahnen.
O gibt es Geister in der Luft,
Die zwischen Erd' und Himmel herrschend weben,
So steiget nieder aus dem goldnen Duft   1120
Und führt mich weg, zu neuem buntem Leben!
Ja, wäre nur ein Zaubermantel mein!
Und trüg' er mich in fremde Länder,

Mir sollt' er um die köstlichsten Gewänder,
1125 Nicht feil um einen Königsmantel sein.
WAGNER
Berufe nicht die wohlbekannte Schar,
Die strömend sich im Dunstkreis überbreitet,
Dem Menschen tausendfältige Gefahr,
Von allen Enden her, bereitet.
1130 Von Norden dringt der scharfe Geisterzahn
Auf dich herbei, mit pfeilgespitzten Zungen;
Von Morgen ziehn, vertrocknend, sie heran,
Und nähren sich von deinen Lungen;
Wenn sie der Mittag aus der Wüste schickt,
1135 Die Glut auf Glut um deinen Scheitel häufen,
So bringt der West den Schwarm, der erst erquickt,
Um dich und Feld und Aue zu ersäufen.
Sie hören gern, zum Schaden froh gewandt,
Gehorchen gern, weil sie uns gern betrügen,
1140 Sie stellen wie vom Himmel sich gesandt,
Und lispeln englisch, wenn sie lügen.
Doch gehen wir! Ergraut ist schon die Welt,
Die Luft gekühlt, der Nebel fällt!
Am Abend schätzt man erst das Haus. –
1145 Was stehst du so und blickst erstaunt hinaus?
Was kann dich in der Dämmrung so ergreifen?
FAUST
Siehst du den schwarzen Hund durch Saat und
                                    Stoppel streifen?
WAGNER
Ich sah ihn lange schon, nicht wichtig schien er mir.
FAUST
Betracht' ihn recht! Für was hältst du das Tier?
WAGNER
1150 Für einen Pudel, der auf seine Weise
Sich auf der Spur des Herren plagt.
FAUST
Bemerkst du, wie in weitem Schneckenkreise
Er um uns her und immer näher jagt?

Und irr' ich nicht, so zieht ein Feuerstrudel
Auf seinen Pfaden hinterdrein.   1155

WAGNER

Ich sehe nichts als einen schwarzen Pudel;
Es mag bei euch wohl Augentäuschung sein.

FAUST

Mir scheint es, daß er magisch leise Schlingen
Zu künft'gem Band um unsre Füße zieht.

WAGNER

Ich seh' ihn ungewiß und furchtsam uns umspringen,   1160
Weil er, statt seines Herrn, zwei Unbekannte sieht.

FAUST

Der Kreis wird eng, schon ist er nah!

WAGNER

Du siehst! ein Hund, und kein Gespenst ist da.
Er knurrt und zweifelt, legt sich auf den Bauch,
Er wedelt. Alles Hunde Brauch.   1165

FAUST

Geselle dich zu uns! Komm hier!

WAGNER

Es ist ein pudelnärrisch Tier.
Du stehest still, er wartet auf;
Du sprichst ihn an, er strebt an dir hinauf;
Verliere was, er wird es bringen,   1170
Nach deinem Stock ins Wasser springen.

FAUST

Du hast wohl Recht; ich finde nicht die Spur
Von einem Geist, und alles ist Dressur.

WAGNER

Dem Hunde, wenn er gut gezogen,
Wird selbst ein weiser Mann gewogen.   1175
Ja deine Gunst verdient er ganz und gar,
Er der Studenten trefflicher Scolar.

Sie gehen in das Stadt-Tor.

STUDIERZIMMER

FAUST *mit dem* PUDEL *hereintretend*

        Verlassen hab' ich Feld und Auen,
        Die eine tiefe Nacht bedeckt,
1180   Mit ahnungsvollem heil'gem Grauen
        In uns die bess're Seele weckt.
        Entschlafen sind nun wilde Triebe,
        Mit jedem ungestümen Tun;
        Es regt sich die Menschenliebe,
1185   Die Liebe Gottes regt sich nun.

Sei ruhig Pudel! renne nicht hin und wider!
An der Schwelle was schnoberst du hier?
Lege dich hinter den Ofen nieder,
Mein bestes Kissen geb' ich dir.
1190 Wie du draußen auf dem bergigen Wege
Durch Rennen und Springen ergetzt uns hast,
So nimm nun auch von mir die Pflege,
Als ein willkommner stiller Gast.

        Ach wenn in unsrer engen Zelle
1195   Die Lampe freundlich wieder brennt,
        Dann wird's in unserm Busen helle,
        Im Herzen, das sich selber kennt.
        Vernunft fängt wieder an zu sprechen,
        Und Hoffnung wieder an zu blühn;
1200   Man sehnt sich nach des Lebens Bächen,
        Ach! nach des Lebens Quelle hin.

Knurre nicht Pudel! Zu den heiligen Tönen,
Die jetzt meine ganze Seel' umfassen,
Will der tierische Laut nicht passen.
1205 Wir sind gewohnt, daß die Menschen verhöhnen
Was sie nicht verstehn,

Daß sie vor dem Guten und Schönen,
Das ihnen oft beschwerlich ist, murren;
Will es der Hund, wie sie, beknurren?

Aber ach! schon fühl' ich, bei dem besten Willen,   1210
Befriedigung nicht mehr aus dem Busen quillen.
Aber warum muß der Strom so bald versiegen,
Und wir wieder im Durste liegen?
Davon hab' ich so viel Erfahrung.
Doch dieser Mangel läßt sich ersetzen,   1215
Wir lernen das Überirdische schätzen,
Wir sehnen uns nach Offenbarung,
Die nirgends würd'ger und schöner brennt,
Als in dem neuen Testament.
Mich drängt's den Grundtext aufzuschlagen,   1220
Mit redlichem Gefühl einmal
Das heilige Original
In mein geliebtes Deutsch zu übertragen.

Er schlägt ein Volum auf und schickt sich an.

Geschrieben steht: »im Anfang war das Wort!«
Hier stock' ich schon! Wer hilft mir weiter fort?   1225
Ich kann das Wort so hoch unmöglich schätzen,
Ich muß es anders übersetzen,
Wenn ich vom Geiste recht erleuchtet bin.
Geschrieben steht: im Anfang war der Sinn.
Bedenke wohl die erste Zeile,   1230
Daß deine Feder sich nicht übereile!
Ist es der Sinn, der alles wirkt und schafft?
Es sollte stehn: im Anfang war die Kraft!
Doch, auch indem ich dieses niederschreibe,
Schon warnt mich was, daß ich dabei nicht bleibe.   1235
Mir hilft der Geist! Auf einmal seh' ich Rat
Und schreibe getrost: im Anfang war die Tat!

Soll ich mit dir das Zimmer teilen,
Pudel, so laß das Heulen,
So laß das Bellen!   1240

Solch einen störenden Gesellen
Mag ich nicht in der Nähe leiden.
Einer von uns beiden
Muß die Zelle meiden.
1245   Ungern heb' ich das Gastrecht auf,
Die Tür' ist offen, hast freien Lauf.
Aber was muß ich sehen!
Kann das natürlich geschehen?
Ist es Schatten? ist's Wirklichkeit?
1250   Wie wird mein Pudel lang und breit!
Er hebt sich mit Gewalt,
Das ist nicht eines Hundes Gestalt!
Welch ein Gespenst bracht' ich ins Haus!
Schon sieht er wie ein Nilpferd aus,
1255   Mit feurigen Augen, schrecklichem Gebiß.
O! du bist mir gewiß!
Für solche halbe Höllenbrut
Ist Salomonis Schlüssel gut.

GEISTER *auf dem Gange*
        Drinnen gefangen ist einer!
1260   Bleibet haußen, folg' ihm keiner!
        Wie im Eisen der Fuchs
        Zagt ein alter Höllenluchs.
        Aber gebt Acht!
        Schwebet hin, schwebet wider,
1265   Auf und nieder,
        Und er hat sich losgemacht.
        Könnt ihr ihm nützen,
        Laßt ihn nicht sitzen!
        Denn er tat uns allen
1270   Schon viel zu Gefallen.

FAUST
Erst zu begegnen dem Tiere,
Brauch' ich den Spruch der Viere:

        Salamander soll glühen,
        Undene sich winden,

Silphe verschwinden,   1275
Kobold sich mühen.

Wer sie nicht kennte
Die Elemente,
Ihre Kraft
Und Eigenschaft,   1280
Wäre kein Meister
Über die Geister.

Verschwind' in Flammen
Salamander!
Rauschend fließe zusammen   1285
Undene!
Leucht' in Meteoren-Schöne
Silphe!
Bring' häusliche Hülfe
INCUBUS! INCUBUS!   1290
Tritt hervor und mache den Schluß.

Keines der Viere
Steckt in dem Tiere.
Es liegt ganz ruhig und grins't mich an;
Ich hab' ihm noch nicht weh getan.   1295
Du sollst mich hören
Stärker beschwören.

Bist du Geselle
Ein Flüchtling der Hölle?
So sieh dies Zeichen!   1300
Dem sie sich beugen
Die schwarzen Scharen.

Schon schwillt es auf mit borstigen Haaren.

Verworfnes Wesen!
Kannst du ihn lesen?   1305
Den nie entspross'nen,
Unausgesprochnen,
Durch alle Himmel gegoss'nen,
Freventlich durchstochnen?

1310 Hinter den Ofen gebannt
     Schwillt es wie ein Elephant,
     Den ganzen Raum füllt es an,
     Es will zum Nebel zerfließen.
     Steige nicht zur Decke hinan!
1315 Lege dich zu des Meisters Füßen!
     Du siehst daß ich nicht vergebens drohe.
     Ich versenge dich mit heiliger Lohe!
     Erwarte nicht
     Das dreimal glühende Licht!
1320 Erwarte nicht
     Die stärkste von meinen Künsten!

MEPHISTOPHELES

tritt, indem der Nebel fällt, gekleidet wie ein fahrender Scholasti-
kus, hinter dem Ofen hervor

     Wozu der Lärm? was steht dem Herrn zu Diensten?

FAUST

     Das also war des Pudels Kern!
     Ein fahrender Scolast? Der Casus macht mich lachen.

MEPHISTOPHELES

1325 Ich salutiere den gelehrten Herrn!
     Ihr habt mich weidlich schwitzen machen.

FAUST

     Wie nennst du dich?

MEPHISTOPHELES

                         Die Frage scheint mir klein
     Für einen der das Wort so sehr verachtet,
     Der, weit entfernt von allem Schein,
1330 Nur in der Wesen Tiefe trachtet.

FAUST

     Bei euch, ihr Herrn, kann man das Wesen
     Gewöhnlich aus dem Namen lesen,
     Wo es sich allzudeutlich weis't,
     Wenn man euch Fliegengott, Verderber, Lügner heißt.
1335 Nun gut wer bist du denn?

MEPHISTOPHELES

                         Ein Teil von jener Kraft,
     Die stets das Böse will und stets das Gute schafft.

FAUST
  Was ist mit diesem Rätselwort gemeint?
MEPHISTOPHELES
  Ich bin der Geist der stets verneint!
  Und das mit Recht; denn alles was entsteht
  Ist wert daß es zu Grunde geht;   1340
  Drum besser wär's daß nichts entstünde.
  So ist denn alles was ihr Sünde,
  Zerstörung, kurz das Böse nennt,
  Mein eigentliches Element.
FAUST
  Du nennst dich einen Teil, und stehst doch ganz vor mir?   1345
MEPHISTOPHELES
  Bescheidne Wahrheit sprech' ich dir.
  Wenn sich der Mensch, die kleine Narrenwelt,
  Gewöhnlich für ein Ganzes hält:
  Ich bin ein Teil des Teils, der Anfangs alles war,
  Ein Teil der Finsternis, die sich das Licht gebar,   1350
  Das stolze Licht, das nun der Mutter Nacht
  Den alten Rang, den Raum ihr streitig macht,
  Und doch gelingt's ihm nicht, da es, so viel es strebt,
  Verhaftet an den Körpern klebt.
  Von Körpern strömt's, die Körper macht es schön,   1355
  Ein Körper hemmt's auf seinem Gange,
  So, hoff' ich, dauert es nicht lange
  Und mit den Körpern wird's zu Grunde gehn.
FAUST
  Nun kenn' ich deine würd'gen Pflichten!
  Du kannst im Großen nichts vernichten   1360
  Und fängst es nun im Kleinen an.
MEPHISTOPHELES
  Und freilich ist nicht viel damit getan.
  Was sich dem Nichts entgegenstellt,
  Das Etwas, diese plumpe Welt,
  So viel als ich schon unternommen,   1365
  Ich wußte nicht ihr beizukommen,
  Mit Wellen, Stürmen, Schütteln, Brand,

Geruhig bleibt am Ende Meer und Land!
Und dem verdammten Zeug, der Tier- und Menschenbrut,
1370 Dem ist nun gar nichts anzuhaben.
Wie viele hab' ich schon begraben!
Und immer zirkuliert ein neues, frisches Blut.
So geht es fort, man möchte rasend werden!
Der Luft, dem Wasser, wie der Erden
1375 Entwinden tausend Keime sich,
Im Trocknen, Feuchten, Warmen, Kalten!
Hätt' ich mir nicht die Flamme vorbehalten:
Ich hätte nichts Apart's für mich.

FAUST
So setzest du der ewig regen,
1380 Der heilsam schaffenden Gewalt
Die kalte Teufelsfaust entgegen,
Die sich vergebens tückisch ballt!
Was anders suche zu beginnen
Des Chaos wunderlicher Sohn!

MEPHISTOPHELES
1385 Wir wollen wirklich uns besinnen,
Die nächstenmale mehr davon!
Dürft' ich wohl diesmal mich entfernen?

FAUST
Ich sehe nicht warum du fragst.
Ich habe jetzt dich kennen lernen,
1390 Besuche nun mich wie du magst.
Hier ist das Fenster, hier die Türe,
Ein Rauchfang ist dir auch gewiß.

MEPHISTOPHELES
Gesteh' ich's nur! Daß ich hinausspaziere
Verbietet mir ein kleines Hindernis,
1395 Der Drudenfuß auf eurer Schwelle –

FAUST
Das Pentagramma macht dir Pein?
Ei sage mir, du Sohn der Hölle,
Wenn das dich bannt, wie kamst du denn herein?
Wie ward ein solcher Geist betrogen?

MEPHISTOPHELES

Beschaut es recht! es ist nicht gut gezogen;   1400
Der eine Winkel, der nach außenzu,
Ist, wie du siehst, ein wenig offen.

FAUST

Das hat der Zufall gut getroffen!
Und mein Gefangner wärst denn du?
Das ist von ohngefähr gelungen!   1405

MEPHISTOPHELES

Der Pudel merkte nichts als er hereingesprungen,
Die Sache sieht jetzt anders aus;
Der Teufel kann nicht aus dem Haus.

FAUST

Doch warum gehst du nicht durch's Fenster?

MEPHISTOPHELES

's ist ein Gesetz der Teufel und Gespenster: 1410
Wo sie hereingeschlüpft, da müssen sie hinaus.
Das erste steht uns frei, bei'm zweiten sind wir Knechte.

FAUST

Die Hölle selbst hat ihre Rechte?
Das find' ich gut, da ließe sich ein Pakt,
Und sicher wohl, mit euch ihr Herren schließen?   1415

MEPHISTOPHELES

Was man verspricht, das sollst du rein genießen,
Dir wird davon nichts abgezwackt.
Doch das ist nicht so kurz zu fassen,
Und wir besprechen das zunächst;
Doch jetzo bitt' ich, hoch und höchst,   1420
Für diesesmal mich zu entlassen.

FAUST

So bleibe doch noch einen Augenblick,
Um mir erst gute Mär zu sagen.

MEPHISTOPHELES

Jetzt laß mich los! ich komme bald zurück;
Dann magst du nach Belieben fragen.   1425

FAUST

Ich habe dir nicht nachgestellt,

Bist du doch selbst ins Garn gegangen.
Den Teufel halte wer ihn hält!
Er wird ihn nicht sobald zum zweitenmale fangen.
MEPHISTOPHELES
1430 Wenn dir's beliebt, so bin ich auch bereit
Dir zur Gesellschaft hier zu bleiben;
Doch mit Bedingnis, dir die Zeit,
Durch meine Künste, würdig zu vertreiben.
FAUST
Ich seh' es gern, das steht dir frei;
1435 Nur daß die Kunst gefällig sei!
MEPHISTOPHELES
Du wirst, mein Freund, für deine Sinnen,
In dieser Stunde mehr gewinnen,
Als in des Jahres Einerlei.
Was dir die zarten Geister singen,
1440 Die schönen Bilder die sie bringen,
Sind nicht ein leeres Zauberspiel.
Auch dein Geruch wird sich ergetzen,
Dann wirst du deinen Gaumen letzen,
Und dann entzückt sich dein Gefühl.
1445 Bereitung braucht es nicht voran,
Beisammen sind wir, fanget an!
GEISTER
          Schwindet, ihr dunkeln
          Wölbungen droben!
          Reizender schaue
1450   Freundlich der blaue
          Äther herein!
          Wären die dunkeln
          Wolken zerronnen!
          Sternelein funkeln,
1455   Mildere Sonnen
          Scheinen darein.
          Himmlischer Söhne
          Geistige Schöne,
          Schwankende Beugung

Schwebet vorüber.   1460
Sehnende Neigung
Folget hinüber;
Und der Gewänder
Flatternde Bänder
Decken die Länder,   1465
Decken die Laube,
Wo sich für's Leben,
Tief in Gedanken,
Liebende geben.
Laube bei Laube!   1470
Sprossende Ranken!
Lastende Traube
Stürzt in's Behälter
Drängender Kelter,
Stürzen in Bächen   1475
Schäumende Weine,
Rieseln durch reine,
Edle Gesteine,
Lassen die Höhen
Hinter sich liegen,   1480
Breiten zu Seen
Sich um's Genügen
Grünender Hügel.
Und das Geflügel
Schlürfet sich Wonne,   1485
Flieget der Sonne,
Flieget den hellen
Inseln entgegen,
Die sich auf Wellen
Gauklend bewegen;   1490
Wo wir in Chören
Jauchzende hören,
Über den Auen
Tanzende schauen,
Die sich im Freien   1495
Alle zerstreuen.

> Einige klimmen
> Über die Höhen,
> Andere schwimmen
> Über die Seen,
> Andere schweben;
> Alle zum Leben,
> Alle zur Ferne
> Liebender Sterne
> Seliger Huld.

MEPHISTOPHELES

> Er schläft! So recht, ihr luft'gen zarten Jungen!
> Ihr habt ihn treulich eingesungen!
> Für dies Konzert bin ich in eurer Schuld.
> Du bist noch nicht der Mann den Teufel fest zu halten!
> Umgaukelt ihn mit süßen Traumgestalten,
> Versenkt ihn in ein Meer des Wahns;
> Doch dieser Schwelle Zauber zu zerspalten
> Bedarf ich eines Rattenzahns.
> Nicht lange brauch' ich zu beschwören,
> Schon raschelt eine hier und wird sogleich mich hören.

> Der Herr der Ratten und der Mäuse,
> Der Fliegen, Frösche, Wanzen, Läuse,
> Befiehlt dir dich hervor zu wagen
> Und diese Schwelle zu benagen,
> So wie er sie mit Öl betupft –
> Da kommst du schon hervorgehupft!
> Nur frisch ans Werk! Die Spitze, die mich bannte,
> Sie sitzt ganz vornen an der Kante.
> Noch einen Biß, so ist's geschehn. –
> Nun, Fauste, träume fort, bis wir uns wiedersehn.

FAUST *erwachend*

> Bin ich denn abermals betrogen?
> Verschwindet so der geisterreiche Drang,
> Daß mir ein Traum den Teufel vorgelogen,
> Und daß ein Pudel mir entsprang?

STUDIERZIMMER

FAUST. MEPHISTOPHELES.

FAUST
  Es klopft? Herein! Wer will mich wieder plagen?   1530
MEPHISTOPHELES
  Ich bin's.
FAUST
          Herein!
MEPHISTOPHELES
                  Du mußt es dreimal sagen.
FAUST
  Herein denn!
MEPHISTOPHELES
              So gefällst du mir.
  Wir werden, hoff' ich, uns vertragen;
  Denn dir die Grillen zu verjagen
  Bin ich, als edler Junker, hier,   1535
  In rotem goldverbrämtem Kleide,
  Das Mäntelchen von starrer Seide,
  Die Hahnenfeder auf dem Hut,
  Mit einem langen, spitzen Degen,
  Und rate nun dir, kurz und gut,   1540
  Dergleichen gleichfalls anzulegen;
  Damit du, losgebunden, frei,
  Erfahrest was das Leben sei.
FAUST
  In jedem Kleide werd' ich wohl die Pein
  Des engen Erdelebens fühlen.   1545
  Ich bin zu alt, um nur zu spielen,
  Zu jung, um ohne Wunsch zu sein.
  Was kann die Welt mir wohl gewähren?
  Entbehren sollst du! sollst entbehren!

1550   Das ist der ewige Gesang,
        Der jedem an die Ohren klingt,
        Den, unser ganzes Leben lang,
        Uns heiser jede Stunde singt.
        Nur mit Entsetzen wach' ich Morgens auf,
1555   Ich möchte bittre Tränen weinen,
        Den Tag zu sehn, der mir in seinem Lauf
        Nicht Einen Wunsch erfüllen wird, nicht Einen,
        Der selbst die Ahnung jeder Lust
        Mit eigensinnigem Krittel mindert,
1560   Die Schöpfung meiner regen Brust
        Mit tausend Lebensfratzen hindert.
        Auch muß ich, wenn die Nacht sich niedersenkt,
        Mich ängstlich auf das Lager strecken;
        Auch da wird keine Rast geschenkt,
1565   Mich werden wilde Träume schrecken.
        Der Gott, der mir im Busen wohnt,
        Kann tief mein Innerstes erregen;
        Der über allen meinen Kräften thront,
        Er kann nach außen nichts bewegen;
1570   Und so ist mir das Dasein eine Last,
        Der Tod erwünscht, das Leben mir verhaßt.
     MEPHISTOPHELES
        Und doch ist nie der Tod ein ganz willkommner Gast.
     FAUST
        O selig der, dem er im Siegesglanze
        Die blut'gen Lorbeer'n um die Schläfe windet,
1575   Den er, nach rasch durchras'tem Tanze,
        In eines Mädchens Armen findet.
        O wär' ich vor des hohen Geistes Kraft
        Entzückt, entseelt dahin gesunken!
     MEPHISTOPHELES
        Und doch hat Jemand einen braunen Saft,
1580   In jener Nacht, nicht ausgetrunken.
     FAUST
        Das Spionieren, scheint's, ist deine Lust.
     MEPHISTOPHELES
        Allwissend bin ich nicht; doch viel ist mir bewußt.

FAUST

Wenn aus dem schrecklichen Gewühle
Ein süß bekannter Ton mich zog,
Den Rest von kindlichem Gefühle   1585
Mit Anklang froher Zeit betrog:
So fluch' ich allem was die Seele
Mit Lock- und Gaukelwerk umspannt,
Und sie in diese Trauerhöhle
Mit Blend- und Schmeichelkräften bannt!   1590
Verflucht voraus die hohe Meinung,
Womit der Geist sich selbst umfängt!
Verflucht das Blenden der Erscheinung,
Die sich an unsre Sinne drängt!
Verflucht was uns in Träumen heuchelt,   1595
Des Ruhms, der Namensdauer Trug!
Verflucht was als Besitz uns schmeichelt,
Als Weib und Kind, als Knecht und Pflug!
Verflucht sei Mammon, wenn mit Schätzen
Er uns zu kühnen Taten regt,   1600
Wenn er zu müßigem Ergetzen
Die Polster uns zurechte legt!
Fluch sei dem Balsamsaft der Trauben!
Fluch jener höchsten Liebeshuld!
Fluch sei der Hoffnung! Fluch dem Glauben,   1605
Und Fluch vor allen der Geduld!

GEISTER-CHOR *unsichtbar*

        Weh! weh!
        Du hast sie zerstört,
        Die schöne Welt,
        Mit mächtiger Faust;   1610
        Sie stürzt, sie zerfällt!
        Ein Halbgott hat sie zerschlagen!
        Wir tragen
        Die Trümmern in's Nichts hinüber,
        Und klagen   1615
        Über die verlorne Schöne.
        Mächtiger

Der Erdensöhne,
Prächtiger
1620   Baue sie wieder,
In deinem Busen baue sie auf!
Neuen Lebenslauf
Beginne,
Mit hellem Sinne,
1625   Und neue Lieder
Tönen darauf!

MEPHISTOPHELES

Dies sind die kleinen
Von den Meinen.
Höre, wie zu Lust und Taten
1630   Altklug sie raten!
In die Welt weit,
Aus der Einsamkeit,
Wo Sinnen und Säfte stocken,
Wollen sie dich locken.

1635   Hör' auf mit deinem Gram zu spielen,
Der, wie ein Geier, dir am Leben frißt;
Die schlechteste Gesellschaft läßt dich fühlen,
Daß du ein Mensch mit Menschen bist.
Doch so ist's nicht gemeint
1640   Dich unter das Pack zu stoßen.
Ich bin keiner von den Großen;
Doch willst du, mit mir vereint,
Deine Schritte durch's Leben nehmen,
So will ich mich gern bequemen
1645   Dein zu sein, auf der Stelle.
Ich bin dein Geselle
Und, mach' ich dir's recht,
Bin ich dein Diener, bin dein Knecht!

FAUST

Und was soll ich dagegen dir erfüllen?

MEPHISTOPHELES

1650   Dazu hast du noch eine lange Frist.

FAUST

Nein, nein! der Teufel ist ein Egoist
Und tut nicht leicht um Gottes Willen
Was einem Andern nützlich ist.
Sprich die Bedingung deutlich aus;
Ein solcher Diener bringt Gefahr in's Haus.   1655

MEPHISTOPHELES

Ich will mich hier zu deinem Dienst verbinden,
Auf deinen Wink nicht rasten und nicht ruhn;
Wenn wir uns drüben wieder finden,
So sollst du mir das Gleiche tun.

FAUST

Das Drüben kann mich wenig kümmern,   1660
Schlägst du erst diese Welt zu Trümmern,
Die andre mag darnach entstehn.
Aus dieser Erde quillen meine Freuden,
Und diese Sonne scheinet meinen Leiden;
Kann ich mich erst von ihnen scheiden,   1665
Dann mag was will und kann geschehn.
Davon will ich nichts weiter hören,
Ob man auch künftig haßt und liebt,
Und ob es auch in jenen Sphären
Ein Oben oder Unten gibt.   1670

MEPHISTOPHELES

In diesem Sinne kannst du's wagen.
Verbinde dich; du sollst, in diesen Tagen,
Mit Freuden meine Künste sehn,
Ich gebe dir was noch kein Mensch gesehn.

FAUST

Was willst du armer Teufel geben?   1675
Ward eines Menschen Geist, in seinem hohen Streben,
Von deines Gleichen je gefaßt?
Doch hast du Speise die nicht sättigt, hast
Du rotes Gold, das ohne Rast,
Quecksilber gleich, dir in der Hand zerrinnt,   1680
Ein Spiel, bei dem man nie gewinnt,
Ein Mädchen, das an meiner Brust

Mit Äugeln schon dem Nachbar sich verbindet,
Der Ehre schöne Götterlust,
1685 Die, wie ein Meteor, verschwindet.
Zeig mir die Frucht die fault, eh' man sie bricht,
Und Bäume die sich täglich neu begrünen!

MEPHISTOPHELES

Ein solcher Auftrag schreckt mich nicht,
Mit solchen Schätzen kann ich dienen.
1690 Doch, guter Freund, die Zeit kommt auch heran
Wo wir was Gut's in Ruhe schmausen mögen.

FAUST

Werd' ich beruhigt je mich auf ein Faulbett legen:
So sei es gleich um mich getan!
Kannst du mich schmeichelnd je belügen,
1695 Daß ich mir selbst gefallen mag,
Kannst du mich mit Genuß betrügen:
Das sei für mich der letzte Tag!
Die Wette biet' ich!

MEPHISTOPHELES

Topp!

FAUST

Und Schlag auf Schlag!
Werd' ich zum Augenblicke sagen:
1700 Verweile doch! du bist so schön!
Dann magst du mich in Fesseln schlagen,
Dann will ich gern zu Grunde gehn!
Dann mag die Totenglocke schallen,
Dann bist du deines Dienstes frei,
1705 Die Uhr mag stehn, der Zeiger fallen,
Es sei die Zeit für mich vorbei!

MEPHISTOPHELES

Bedenk' es wohl, wir werden's nicht vergessen.

FAUST

Dazu hast du ein volles Recht;
Ich habe mich nicht freventlich vermessen.
1710 Wie ich beharre bin ich Knecht,
Ob dein, was frag' ich, oder wessen.

MEPHISTOPHELES
 Ich werde heute gleich, bei'm Doktorschmaus,
 Als Diener, meine Pflicht erfüllen.
 Nur eins! – Um Lebens oder Sterbens willen,
 Bitt' ich mir ein Paar Zeilen aus.   1715
FAUST
 Auch was geschriebnes forderst du Pedant?
 Hast du noch keinen Mann, nicht Mannes-Wort gekannt?
 Ist's nicht genug, daß mein gesprochnes Wort
 Auf ewig soll mit meinen Tagen schalten?
 Ras't nicht die Welt in allen Strömen fort,   1720
 Und mich soll ein Versprechen halten?
 Doch dieser Wahn ist uns in's Herz gelegt,
 Wer mag sich gern davon befreien?
 Beglückt wer Treue rein im Busen trägt,
 Kein Opfer wird ihn je gereuen!   1725
 Allein ein Pergament, beschrieben und beprägt,
 Ist ein Gespenst vor dem sich Alle scheuen.
 Das Wort erstirbt schon in der Feder,
 Die Herrschaft führen Wachs und Leder.
 Was willst du böser Geist von mir?   1730
 Erz, Marmor, Pergament, Papier?
 Soll ich mit Griffel, Meißel, Feder schreiben?
 Ich gebe jede Wahl dir frei.
MEPHISTOPHELES
 Wie magst du deine Rednerei
 Nur gleich so hitzig übertreiben?   1735
 Ist doch ein jedes Blättchen gut.
 Du unterzeichnest dich mit einem Tröpfchen Blut.
FAUST
 Wenn dies dir völlig G'nüge tut,
 So mag es bei der Fratze bleiben.
MEPHISTOPHELES
 Blut ist ein ganz besondrer Saft.   1740
FAUST
 Nur keine Furcht, daß ich dies Bündnis breche!
 Das Streben meiner ganzen Kraft

Ist g'rade das was ich verspreche.
Ich habe mich zu hoch gebläht;
1745 In deinen Rang gehör' ich nur.
Der große Geist hat mich verschmäht,
Vor mir verschließt sich die Natur.
Des Denkens Faden ist zerrissen,
Mir ekelt lange vor allem Wissen.
1750 Laß in den Tiefen der Sinnlichkeit
Uns glühende Leidenschaften stillen!
In undurchdrungnen Zauberhüllen
Sei jedes Wunder gleich bereit!
Stürzen wir uns in das Rauschen der Zeit,
1755 Ins Rollen der Begebenheit!
Da mag denn Schmerz und Genuß,
Gelingen und Verdruß,
Mit einander wechseln wie es kann;
Nur rastlos betätigt sich der Mann.
MEPHISTOPHELES
1760 Euch ist kein Maß und Ziel gesetzt.
Beliebt's euch überall zu naschen,
Im Fliehen etwas zu erhaschen,
Bekomm euch wohl was euch ergetzt.
Nur greift mir zu und seid nicht blöde!
FAUST
1765 Du hörest ja, von Freud' ist nicht die Rede.
Dem Taumel weih' ich mich, dem schmerzlichsten Genuß,
Verliebtem Haß, erquickendem Verdruß.
Mein Busen, der vom Wissensdrang geheilt ist,
Soll keinen Schmerzen künftig sich verschließen,
1770 Und was der ganzen Menschheit zugeteilt ist,
Will ich in meinem innern Selbst genießen,
Mit meinem Geist das Höchst' und Tiefste greifen,
Ihr Wohl und Weh auf meinen Busen häufen,
Und so mein eigen Selbst zu ihrem Selbst erweitern,
1775 Und, wie sie selbst, am End' auch ich zerscheitern.
MEPHISTOPHELES
O glaube mir, der manche tausend Jahre

An dieser harten Speise kaut,
Daß von der Wiege bis zur Bahre
Kein Mensch den alten Sauerteig verdaut!
Glaub' unser einem, dieses Ganze   1780
Ist nur für einen Gott gemacht!
Er findet sich in einem ew'gen Glanze,
Uns hat er in die Finsternis gebracht,
Und euch taugt einzig Tag und Nacht.

FAUST
Allein ich will!

MEPHISTOPHELES
                    Das läßt sich hören!   1785
Doch nur vor Einem ist mir bang':
Die Zeit ist kurz, die Kunst ist lang.
Ich dächt', ihr ließet euch belehren.
Assoziiert euch mit einem Poeten,
Laßt den Herrn in Gedanken schweifen,   1790
Und alle edlen Qualitäten
Auf euren Ehren-Scheitel häufen,
Des Löwen Mut,
Des Hirsches Schnelligkeit,
Des Italieners feurig Blut,   1795
Des Nordens Dau'rbarkeit.
Laßt ihn euch das Geheimnis finden,
Großmut und Arglist zu verbinden,
Und euch, mit warmen Jugendtrieben,
Nach einem Plane, zu verlieben.   1800
Möchte selbst solch einen Herren kennen,
Würd' ihn Herrn Mikrokosmus nennen.

FAUST
Was bin ich denn, wenn es nicht möglich ist
Der Menschheit Krone zu erringen,
Nach der sich alle Sinne dringen?   1805

MEPHISTOPHELES
Du bist am Ende – was du bist.
Setz' dir Perücken auf von Millionen Locken,
Setz' deinen Fuß auf ellenhohe Socken,
Du bleibst doch immer was du bist.

FAUST

1810 Ich fühl's, vergebens hab' ich alle Schätze
Des Menschengeist's auf mich herbeigerafft,
Und wenn ich mich am Ende niedersetze,
Quillt innerlich doch keine neue Kraft;
Ich bin nicht um ein Haar breit höher,
1815 Bin dem Unendlichen nicht näher.

MEPHISTOPHELES

Mein guter Herr, ihr seht die Sachen,
Wie man die Sachen eben sieht;
Wir müssen das gescheiter machen,
Eh' uns des Lebens Freude flieht.
1820 Was Henker! freilich Händ' und Füße
Und Kopf und H[intern] die dind dein;
Doch alles, was ich frisch genieße,
Ist das drum weniger mein?
Wenn ich sechs Hengste zahlen kann,
1825 Sind ihre Kräfte nicht die meine?
Ich renne zu und bin ein rechter Mann,
Als hätt' ich vier und zwanzig Beine.
Drum frisch! Laß alles Sinnen sein,
Und g'rad' mit in die Welt hinein!
1830 Ich sag' es dir: ein Kerl, der spekuliert,
Ist wie ein Tier, auf dürrer Heide
Von einem bösen Geist im Kreis herum geführt,
Und rings umher liegt schöne grüne Weide.

FAUST

Wie fangen wir das an?

MEPHISTOPHELES

Wir gehen eben fort.
1835 Was ist das für ein Marterort?
Was heißt das für ein Leben führen,
Sich und die Jungens ennuyieren?
Laß du das dem Herrn Nachbar Wanst!
Was willst du dich das Stroh zu dreschen plagen?
1840 Das Beste, was du wissen kannst,
Darfst du den Buben doch nicht sagen.
Gleich hör' ich einen auf dem Gange!

FAUST
  Mir ist's nicht möglich ihn zu sehn.
MEPHISTOPHELES
  Der arme Knabe wartet lange,
  Der darf nicht ungetröstet gehn.   1845
  Komm, gib mir deinen Rock und Mütze;
  Die Maske muß mir köstlich stehn.
                  Er kleidet sich um.
  Nun überlaß es meinem Witze!
  Ich brauche nur ein Viertelstündchen Zeit;
  Indessen mache dich zur schönen Fahrt bereit!   1850
                  FAUST *ab.*

MEPHISTOPHELES *in Faust's langem Kleide*
  Verachte nur Vernunft und Wissenschaft,
  Des Menschen allerhöchste Kraft,
  Laß nur in Blend- und Zauberwerken
  Dich von dem Lügengeist bestärken,
  So hab' ich dich schon unbedingt –   1855
  Ihm hat das Schicksal einen Geist gegeben,
  Der ungebändigt immer vorwärts dringt,
  Und dessen übereiltes Streben
  Der Erde Freuden überspringt.
  Den schlepp' ich durch das wilde Leben,   1860
  Durch flache Unbedeutenheit,
  Er soll mir zappeln, starren, kleben,
  Und seiner Unersättlichkeit
  Soll Speis' und Trank vor gier'gen Lippen schweben;
  Er wird Erquickung sich umsonst erflehn,   1865
  Und hätt' er sich auch nicht dem Teufel übergeben,
  Er müßte doch zu Grunde gehn!
                  EIN SCHÜLER *tritt auf.*
SCHÜLER
  Ich bin allhier erst kurze Zeit,
  Und komme voll Ergebenheit,
  Einen Mann zu sprechen und zu kennen,   1870
  Den Alle mir mit Ehrfurcht nennen.

MEPHISTOPHELES
　Eure Höflichkeit erfreut mich sehr!
　Ihr seht einen Mann wie andre mehr.
　Habt ihr euch sonst schon umgetan?
SCHÜLER
1875　Ich bitt' euch, nehmt euch meiner an!
　Ich komme mit allem guten Mut,
　Leidlichem Geld und frischem Blut;
　Meine Mutter wollte mich kaum entfernen;
　Möchte gern' was rechts hieraußen lernen.
MEPHISTOPHELES
1880　Da seid ihr eben recht am Ort.
SCHÜLER
　Aufrichtig, möchte schon wieder fort:
　In diesen Mauern, diesen Hallen,
　Will es mir keineswegs gefallen.
　Es ist ein gar beschränkter Raum,
1885　Man sieht nichts Grünes, keinen Baum,
　Und in den Sälen, auf den Bänken,
　Vergeht mir Hören, Seh'n und Denken.
MEPHISTOPHELES
　Das kommt nur auf Gewohnheit an.
　So nimmt ein Kind der Mutter Brust
1890　Nicht gleich im Anfang willig an,
　Doch bald ernährt es sich mit Lust.
　So wird's euch an der Weisheit Brüsten
　Mit jedem Tage mehr gelüsten.
SCHÜLER
　An ihrem Hals will ich mit Freuden hangen;
1895　Doch sagt mir nur, wie kann ich hingelangen?
MEPHISTOPHELES
　Erklärt euch, eh' ihr weiter geht,
　Was wählt ihr für eine Fakultät?
SCHÜLER
　Ich wünschte recht gelehrt zu werden,
　Und möchte gern was auf der Erden
1900　Und in dem Himmel ist erfassen,
　Die Wissenschaft und die Natur.

MEPHISTOPHELES
  Da seid ihr auf der rechten Spur;
  Doch müßt ihr euch nicht zerstreuen lassen.
SCHÜLER
  Ich bin dabei mit Seel' und Leib;
  Doch freilich würde mir behagen   1905
  Ein wenig Freiheit und Zeitvertreib
  An schönen Sommerfeiertagen.
MEPHISTOPHELES
  Gebraucht der Zeit, sie geht so schnell von hinnen,
  Doch Ordnung lehrt euch Zeit gewinnen.
  Mein teurer Freund, ich rat' euch drum   1910
  Zuerst Collegium Logicum.
  Da wird der Geist euch wohl dressiert,
  In spanische Stiefeln eingeschnürt,
  Daß er bedächtiger so fort an
  Hinschleiche die Gedankenbahn,   1915
  Und nicht etwa, die Kreuz' und Quer,
  Irrlichteliere hin und her.
  Dann lehret man euch manchen Tag,
  Daß, was ihr sonst auf einen Schlag
  Getrieben, wie Essen und Trinken frei,   1920
  Eins! Zwei! Drei! dazu nötig sei.
  Zwar ist's mit der Gedanken-Fabrik
  Wie mit einem Weber-Meisterstück,
  Wo Ein Tritt tausend Fäden regt,
  Die Schifflein herüber hinüber schießen,   1925
  Die Fäden ungesehen fließen,
  Ein Schlag tausend Verbindungen schlägt:
  Der Philosoph der tritt herein,
  Und beweist euch, es müßt' so sein:
  Das Erst' wär' so, das Zweite so,   1930
  Und drum das Dritt' und Vierte so;
  Und wenn das Erst' und Zweit' nicht wär',
  Das Dritt' und Viert' wär' nimmermehr.
  Das preisen die Schüler aller Orten,
  Sind aber keine Weber geworden.   1935

Wer will was lebendig's erkennen und beschreiben,
Sucht erst den Geist heraus zu treiben,
Dann hat er die Teile in seiner Hand,
Fehlt leider! nur das geistige Band.

1940 ENCHEIRESIN NATURAE nennt's die Chemie,
Spottet ihrer selbst und weiß nicht wie.

SCHÜLER
Kann euch nicht eben ganz verstehen.

MEPHISTOPHELES
Das wird nächstens schon besser gehen,
Wenn ihr lernt alles reduzieren

1945 Und gehörig klassifizieren.

SCHÜLER
Mir wird von alle dem so dumm,
Als ging' mir ein Mühlrad im Kopf herum.

MEPHISTOPHELES
Nachher, vor allen andern Sachen
Müßt ihr euch an die Metaphysik machen!

1950 Da seht daß ihr tiefsinnig faßt,
Was in des Menschen Hirn nicht paßt;
Für was drein geht und nicht drein geht,
Ein prächtig Wort zu Diensten steht.
Doch vorerst dieses halbe Jahr

1955 Nehmt ja der besten Ordnung wahr.
Fünf Stunden habt ihr jeden Tag;
Seid drinnen mit dem Glockenschlag!
Habt euch vorher wohl präpariert,
Paragraphos wohl einstudiert,

1960 Damit ihr nachher besser seht,
Daß er nichts sagt, als was im Buche steht;
Doch euch des Schreibens ja befleißt,
Als diktiert' euch der Heilig' Geist!

SCHÜLER
Das sollt ihr mir nicht zweimal sagen!

1965 Ich denke mir wie viel es nützt;
Denn, was man schwarz auf weiß besitzt,
Kann man getrost nach Hause tragen.

MEPHISTOPHELES
  Doch wählt mir eine Fakultät!
SCHÜLER
  Zur Rechtsgelehrsamkeit kann ich mich nicht bequemen.
MEPHISTOPHELES
  Ich kann es euch so sehr nicht übel nehmen,   1970
  Ich weiß wie es um diese Lehre steht.
  Es erben sich Gesetz' und Rechte
  Wie eine ew'ge Krankheit fort;
  Sie schleppen von Geschlecht sich zum Geschlechte,
  Und rücken sacht von Ort zu Ort.   1975
  Vernunft wird Unsinn, Wohltat Plage;
  Weh dir, daß du ein Enkel bist!
  Vom Rechte, das mit uns geboren ist,
  Von dem ist leider! nie die Frage.
SCHÜLER
  Mein Abscheu wird durch euch vermehrt.   1980
  O glücklich der! den ihr belehrt.
  Fast möcht' ich nun Theologie studieren.
MEPHISTOPHELES
  Ich wünschte nicht euch irre zu führen.
  Was diese Wissenschaft betrifft,
  Es ist so schwer den falschen Weg zu meiden,   1985
  Es liegt in ihr so viel verborgnes Gift,
  Und von der Arzenei ist's kaum zu unterscheiden.
  Am besten ist's auch hier, wenn ihr nur Einen hört,
  Und auf des Meisters Worte schwört.
  Im Ganzen – haltet euch an Worte!   1990
  Dann geht ihr durch die sichre Pforte
  Zum Tempel der Gewißheit ein.
SCHÜLER
  Doch ein Begriff muß bei dem Worte sein.
MEPHISTOPHELES
  Schon gut! Nur muß man sich nicht allzu ängstlich quälen;
  Denn eben wo Begriffe fehlen,   1995
  Da stellt ein Wort zur rechten Zeit sich ein.
  Mit Worten läßt sich trefflich streiten,

Mit Worten ein System bereiten,
An Worte läßt sich trefflich glauben,
2000 Von einem Wort läßt sich kein Jota rauben.
SCHÜLER
Verzeiht, ich halt' euch auf mit vielen Fragen,
Allein ich muß euch noch bemühn.
Wollt ihr mir von der Medizin
Nicht auch ein kräftig Wörtchen sagen?
2005 Drei Jahr' ist eine kurze Zeit,
Und, Gott! das Feld ist gar zu weit.
Wenn man einen Fingerzeig nur hat,
Läßt sich's schon eher weiter fühlen.
MEPHISTOPHELES *für sich*
Ich bin des trocknen Tons nun satt,
2010 Muß wieder recht den Teufel spielen.
Laut
Der Geist der Medizin ist leicht zu fassen;
Ihr durchstudiert die groß' und kleine Welt,
Um es am Ende gehn zu lassen,
Wie's Gott gefällt.
2015 Vergebens daß ihr ringsum wissenschaftlich schweift,
Ein jeder lernt nur was er lernen kann;
Doch der den Augenblick ergreift,
Das ist der rechte Mann.
Ihr seid noch ziemlich wohlgebaut,
2020 An Kühnheit wird's euch auch nicht fehlen,
Und wenn ihr euch nur selbst vertraut,
Vertrauen euch die andern Seelen.
Besonders lernt die Weiber führen;
Es ist ihr ewig Weh und Ach
2025 So tausendfach
Aus Einem Punkte zu kurieren,
Und wenn ihr halbweg ehrbar tut,
Dann habt ihr sie all' unter'm Hut.
Ein Titel muß sie erst vertraulich machen,
2030 Daß eure Kunst viel Künste übersteigt;
Zum Willkomm' tappt ihr dann nach allen Siebensachen,

Um die ein andrer viele Jahre streicht,
Versteht das Pülslein wohl zu drücken,
Und fasset sie, mit feurig schlauen Blicken,
Wohl um die schlanke Hüfte frei,   2035
Zu seh'n, wie fest geschnürt sie sei.
SCHÜLER
  Das sieht schon besser aus! Man sieht doch wo und wie.
MEPHISTOPHELES
  Grau, teurer Freund, ist alle Theorie,
  Und grün des Lebens goldner Baum.
SCHÜLER
  Ich schwör' euch zu, mir ist's als wie ein Traum.   2040
  Dürft' ich euch wohl ein andermal beschweren,
  Von eurer Weisheit auf den Grund zu hören?
MEPHISTOPHELES
  Was ich vermag, soll gern geschehn.
SCHÜLER
  Ich kann unmöglich wieder gehn,
  Ich muß euch noch mein Stammbuch überreichen.   2045
  Gönn' eure Gunst mir dieses Zeichen!
MEPHISTOPHELES
  Sehr wohl.
                    Er schreibt und gibt's.
SCHÜLER *liest*
  ERITIS SICUT DEUS, SCIENTES BONUM ET MALUM.
              Macht's ehrerbietig zu und empfiehlt sich.
MEPHISTOPHELES
  Folg' nur dem alten Spruch und meiner Muhme der
                                              Schlange,
  Dir wird gewiß einmal bei deiner Gottähnlichkeit bange!   2050

                    FAUST *tritt auf.*
FAUST
  Wohin soll es nun gehn?
MEPHISTOPHELES
                    Wohin es dir gefällt.
  Wir sehn die kleine, dann die große Welt.

Mit welcher Freude, welchem Nutzen,
Wirst du den Cursum durchschmarutzen!

FAUST

2055 Allein bei meinem langen Bart
Fehlt mir die leichte Lebensart.
Es wird mir der Versuch nicht glücken;
Ich wußte nie mich in die Welt zu schicken,
Vor andern fühl' ich mich so klein;
2060 Ich werde stets verlegen sein.

MEPHISTOPHELES

Mein guter Freund, das wird sich alles geben;
Sobald du dir vertraust, sobald weißt du zu leben.

FAUST

Wie kommen wir denn aus dem Haus?
Wo hast du Pferde, Knecht und Wagen?

MEPHISTOPHELES

2065 Wir breiten nur den Mantel aus,
Der soll uns durch die Lüfte tragen.
Du nimmst bei diesem kühnen Schritt
Nur keinen großen Bündel mit.
Ein bißchen Feuerluft, die ich bereiten werde,
2070 Hebt uns behend von dieser Erde.
Und sind wir leicht, so geht es schnell hinauf;
Ich gratuliere dir zum neuen Lebenslauf.

AUERBACHS KELLER IN LEIPZIG

Zeche lustiger Gesellen

FROSCH
 Will keiner trinken? keiner lachen?
 Ich will euch lehren Gesichter machen!
 Ihr seid ja heut wie nasses Stroh,   2075
 Und brennt sonst immer lichterloh.
BRANDER
 Das liegt an dir; du bringst ja nichts herbei,
 Nicht eine Dummheit, keine Sauerei.
FROSCH *gießt ihm ein Glas Wein über den Kopf*
 Da hast du beides!
BRANDER
                    Doppelt Schwein!
FROSCH
 Ihr wollt' es ja, man soll es sein!   2080
SIEBEL
 Zur Tür hinaus wer sich entzweit!
 Mit offner Brust singt Runda, sauft und schreit!
 Auf! Holla! Ho!
ALTMAYER
                    Weh mir, ich bin verloren!
 Baumwolle her! der Kerl sprengt mir die Ohren.
SIEBEL
 Wenn das Gewölbe widerschallt,   2085
 Fühlt man erst recht des Basses Grundgewalt.
FROSCH
 So recht, hinaus mit dem der etwas übel nimmt!
 A! tara lara da!
ALTMAYER
 A! tara lara da!

FROSCH

Die Kehlen sind gestimmt.
Singt

2090   Das liebe, heil'ge Röm'sche Reich,
          Wie hält's nur noch zusammen?

BRANDER

Ein garstig Lied! Pfui! ein politisch Lied!
Ein leidig Lied! Dankt Gott mit jedem Morgen
Daß ihr nicht braucht für's Röm'sche Reich zu sorgen!
2095 Ich halt' es wenigstens für reichlichen Gewinn,
Daß ich nicht Kaiser oder Kanzler bin.
Doch muß auch uns ein Oberhaupt nicht fehlen;
Wir wollen einen Papst erwählen.
Ihr wißt, welch eine Qualität
2100 Den Ausschlag gibt, den Mann erhöht.

FROSCH *singt*

Schwing' dich auf, Frau Nachtigall,
Grüß' mir mein Liebchen zehentausendmal.

SIEBEL

Dem Liebchen keinen Gruß! Ich will davon nichts hören!

FROSCH

Dem Liebchen Gruß und Kuß! du wirst mir's nicht
                                    verwehren!
Singt

2105   Riegel auf! in stiller Nacht.
          Riegel auf! der Liebste wacht.
          Riegel zu! des Morgens früh.

SIEBEL

Ja, singe, singe nur, und lob' und rühme sie!
Ich will zu meiner Zeit schon lachen.
2110 Sie hat mich angeführt, dir wird sie's auch so machen.
Zum Liebsten sei ein Kobold ihr beschert!
Der mag mit ihr auf einem Kreuzweg schäkern;
Ein alter Bock, wenn er vom Blocksberg kehrt,
Mag im Galopp noch gute Nacht ihr meckern!
2115 Ein braver Kerl von echtem Fleisch und Blut
Ist für die Dirne viel zu gut.

Ich will von keinem Gruße wissen,
Als ihr die Fenster eingeschmissen!
BRANDER *auf den Tisch schlagend*
Paßt auf! paßt auf! Gehorchet mir!
Ihr Herrn gesteht, ich weiß zu leben;   2120
Verliebte Leute sitzen hier,
Und diesen muß, nach Standsgebühr,
Zur guten Nacht ich was zum Besten geben.
Gebt Acht! Ein Lied vom neusten Schnitt!
Und singt den Rundreim kräftig mit!   2125
                    Er singt
          Es war eine Ratt' im Kellernest,
          Lebte nur von Fett und Butter,
          Hatte sich ein Ränzlein angemäst't,
          Als wie der Doktor Luther.
          Die Köchin hatt' ihr Gift gestellt;   2130
          Da ward's so eng' ihr in der Welt,
          Als hätte sie Lieb' im Leibe.
CHORUS *jauchzend*
          Als hätte sie Lieb' im Leibe.
BRANDER
          Sie fuhr herum, sie fuhr heraus,
          Und soff aus allen Pfützen,   2135
          Zernagt', zerkratzt' das ganze Haus,
          Wollte nichts ihr Wüten nützen;
          Sie tät gar manchen Ängstesprung,
          Bald hatte das arme Tier genung,
          Als hätt' es Lieb' im Leibe.   2140
CHORUS
          Als hätt' es Lieb' im Leibe.
BRANDER
          Sie kam vor Angst am hellen Tag
          Der Küche zugelaufen,
          Fiel an den Herd und zuckt' und lag,
          Und tät erbärmlich schnaufen.   2145
          Da lachte die Vergifterin noch:
          Ha! sie pfeift auf dem letzten Loch,
          Als hätte sie Lieb' im Leibe.

CHORUS
     Als hätte sie Lieb' im Leibe.
SIEBEL
2150 Wie sich die platten Bursche freuen!
  Es ist mir eine rechte Kunst,
  Den armen Ratten Gift zu streuen!
BRANDER
  Sie stehn wohl sehr in deiner Gunst?
ALTMAYER
  Der Schmerbauch mit der kahlen Platte!
2155 Das Unglück macht ihn zahm und mild;
  Er sieht in der geschwollnen Ratte
  Sein ganz natürlich Ebenbild.

FAUST und MEPHISTOPHELES.

MEPHISTOPHELES
  Ich muß dich nun vor allen Dingen
  In lustige Gesellschaft bringen,
2160 Damit du siehst wie leicht sich's leben läßt.
  Dem Volke hier wird jeder Tag ein Fest.
  Mit wenig Witz und viel Behagen
  Dreht jeder sich im engen Zirkeltanz,
  Wie junge Katzen mit dem Schwanz.
2165 Wenn sie nicht über Kopfweh klagen,
  So lang' der Wirt nur weiter borgt,
  Sind sie vergnügt und unbesorgt.
BRANDER
  Die kommen eben von der Reise,
  Man sieht's an ihrer wunderlichen Weise;
2170 Sie sind nicht eine Stunde hier.
FROSCH
  Wahrhaftig du hast Recht! Mein Leipzig lob' ich mir!
  Es ist ein klein Paris, und bildet seine Leute.
SIEBEL
  Für was siehst du die Fremden an?
FROSCH
  Laßt mich nur gehn! Bei einem vollen Glase

Zieh' ich, wie einen Kinderzahn,   2175
  Den Burschen leicht die Würmer aus der Nase.
  Sie scheinen mir aus einem edlen Haus,
  Sie sehen stolz und unzufrieden aus.
BRANDER
  Marktschreier sind's gewiß, ich wette!
ALTMAYER
  Vielleicht.
FROSCH
                  Gib Acht, ich schraube sie!   2180
MEPHISTOPHELES *zu Faust*
  Den Teufel spürt das Völkchen nie,
  Und wenn er sie bei'm Kragen hätte.
FAUST
  Seid uns gegrüßt, ihr Herrn!
SIEBEL
                                Viel Dank zum Gegengruß.
        Leise, Mephistopheles von der Seite ansehend
  Was hinkt der Kerl auf Einem Fuß?
MEPHISTOPHELES
  Ist es erlaubt, uns auch zu euch zu setzen?   2185
  Statt eines guten Trunks, den man nicht haben kann,
  Soll die Gesellschaft uns ergetzen.
ALTMAYER
  Ihr scheint ein sehr verwöhnter Mann.
FROSCH
  Ihr seid wohl spät von Rippach aufgebrochen?
  Habt ihr mit Herren Hans noch erst zu Nacht gespeis't?   2190
MEPHISTOPHELES
  Heut sind wir ihn vorbei gereist!
  Wir haben ihn das letztemal gesprochen.
  Von seinen Vettern wußt' er viel zu sagen,
  Viel Grüße hat er uns an jeden aufgetragen.
                  Er neigt sich gegen Frosch.
ALTMAYER *leise*
  Da hast du's! der versteht's!
SIEBEL
                          Ein pfiffiger Patron!   2195

FROSCH
  Nun, warte nur, ich krieg' ihn schon!
MEPHISTOPHELES
  Wenn ich nicht irrte, hörten wir
  Geübte Stimmen Chorus singen?
  Gewiß, Gesang muß trefflich hier
2200 Von dieser Wölbung widerklingen!
FROSCH
  Seid ihr wohl gar ein Virtuos?
MEPHISTOPHELES
  O nein! die Kraft ist schwach, allein die Lust ist groß.
ALTMAYER
  Gebt uns ein Lied!
MEPHISTOPHELES
                    Wenn ihr begehrt, die Menge.
SIEBEL
  Nur auch ein nagelneues Stück!
MEPHISTOPHELES
2205 Wir kommen erst aus Spanien zurück,
  Dem schönen Land des Weins und der Gesänge.
                    Singt
          Es war einmal ein König,
          Der hatt' einen großen Floh –
FROSCH
  Horcht! Einen Floh! Habt ihr das wohl gefaßt?
2210 Ein Floh ist mir ein saub'rer Gast.
MEPHISTOPHELES *singt*
          Es war einmal ein König,
          Der hatt' einen großen Floh,
          Den lieb' er gar nicht wenig,
          Als wie seinen eignen Sohn.
2215   Da rief er seinen Schneider,
          Der Schneider kam heran:
          Da, miß dem Junker Kleider,
          Und miß ihm Hosen an!
BRANDER
  Vergeßt nur nicht dem Schneider einzuschärfen,

Daß er mir auf's genauste mißt,   2220
Und daß, so lieb sein Kopf ihm ist,
Die Hosen keine Falten werfen!
MEPHISTOPHELES
      In Sammet und in Seide
      War er nun angetan,
      Hatte Bänder auf dem Kleide,   2225
      Hatt' auch ein Kreuz daran,
      Und war sogleich Minister,
      Und hatt' einen großen Stern.
      Da wurden seine Geschwister
      Bei Hof' auch große Herrn.   2230

      Und Herrn und Frau'n am Hofe,
      Die waren sehr geplagt,
      Die Königin und die Zofe
      Gestochen und genagt,
      Und durften sie nicht knicken,   2235
      Und weg sie jucken nicht.
      Wir knicken und ersticken
      Doch gleich wenn einer sticht.
CHORUS *jauchzend*
      Wir knicken und ersticken
      Doch gleich wenn einer sticht.   2240
FROSCH
  Bravo! Bravo! Das war schön!
SIEBEL
  So soll es jedem Floh ergehn!
BRANDER
  Spitzt die Finger und packt sie fein!
ALTMAYER
  Es lebe die Freiheit! Es lebe der Wein!
MEPHISTOPHELES
  Ich tränke gern ein Glas, die Freiheit hoch zu ehren,   2245
  Wenn eure Weine nur ein bißchen besser wären.
SIEBEL
  Wir mögen das nicht wieder hören!

MEPHISTOPHELES
  Ich fürchte nur der Wirt beschweret sich;
  Sonst gäb' ich diesen werten Gästen
2250 Aus unserm Keller was zum Besten.
SIEBEL
  Nur immer her! ich nehm's auf mich.
FROSCH
  Schafft ihr ein gutes Glas, so wollen wir euch loben.
  Nur gebt nicht gar zu kleine Proben;
  Denn wenn ich judizieren soll,
2255 Verlang' ich auch das Maul recht voll.
ALTMAYER *leise*
  Sie sind vom Rheine, wie ich spüre.
MEPHISTOPHELES
  Schafft einen Bohrer an!
BRANDER
                          Was soll mit dem geschehn?
  Ihr habt doch nicht die Fässer vor der Türe?
ALTMAYER
  Dahinten hat der Wirt ein Körbchen Werkzeug stehn.
MEPHISTOPHELES *nimmt den Bohrer. Zu Frosch*
2260 Nun sagt, was wünschet ihr zu schmecken?
FROSCH
  Wie meint ihr das? Habt ihr so mancherlei?
MEPHISTOPHELES
  Ich stell' es einem jeden frei.
ALTMAYER zu *Frosch*
  Aha, du fängst schon an die Lippen abzulecken.
FROSCH
  Gut! wenn ich wählen soll, so will ich Rheinwein haben.
2265 Das Vaterland verleiht die allerbesten Gaben.
MEPHISTOPHELES *indem er an dem Platz, wo Frosch sitzt,*
  ein Loch in den Tischrand bohrt
  Verschafft ein wenig Wachs, die Pfropfen gleich zu machen!
ALTMAYER
  Ach das sind Taschenspielersachen.
MEPHISTOPHELES *zu Brander*
  Und ihr?

BRANDER
   Ich will Champagner Wein,
 Und recht moussierend soll er sein!
MEPHISTOPHELES
bohrt, einer hat indessen die Wachspfropfen gemacht und verstopft.
BRANDER
 Man kann nicht stets das Fremde meiden,   2270
 Das Gute liegt uns oft so fern.
 Ein echter deutscher Mann mag keinen Franzen leiden,
 Doch ihre Weine trinkt er gern.
SIEBEL *indem sich Mephistopheles seinem Platze nähert*
 Ich muß gestehn, den sauren mag ich nicht,
 Gebt mir ein Glas vom echten süßen!   2275
MEPHISTOPHELES *bohrt*
 Euch soll sogleich Tokayer fließen.
ALTMAYER
 Nein, Herren, seht mir in's Gesicht!
 Ich seh' es ein, ihr habt uns nur zum Besten.
MEPHISTOPHELES
 Ei! Ei! Mit solchen edlen Gästen
 Wär' es ein bißchen viel gewagt.   2280
 Geschwind! Nur grad' heraus gesagt!
 Mit welchem Weine kann ich dienen?
ALTMAYER
 Mit jedem! Nur nicht lang gefragt.
  Nachdem die Löcher alle gebohrt und verstopft sind
MEPHISTOPHELES *mit seltsamen Gebärden*
   Trauben trägt der Weinstock!
   Hörner der Ziegenbock;   2285
   Der Wein ist saftig, Holz die Reben,
   Der hölzerne Tisch kann Wein auch geben.
   Ein tiefer Blick in die Natur!
   Hier ist ein Wunder, glaubet nur!

Nun zieht die Pfropfen und genießt!   2290
ALLE *indem sie die Pfropfen ziehen, und jedem der verlangte Wein
in's Glas läuft*
O schöner Brunnen, der uns fließt!

MEPHISTOPHELES
  Nur hütet euch, daß ihr mir nichts vergießt!
                    Sie trinken wiederholt.
ALLE *singen*
            Uns ist ganz kannibalisch wohl,
            Als wie fünfhundert Säuen!
MEPHISTOPHELES
2295 Das Volk ist frei, seht an, wie wohl's ihm geht!
FAUST
  Ich hätte Lust nun abzufahren.
MEPHISTOPHELES
  Gib nur erst Acht, die Bestialität
  Wird sich gar herrlich offenbaren.
SIEBEL
  trinkt unvorsichtig, der Wein fließt auf die Erde, und wird zur
                    Flamme.
  Helft! Feuer! Helft! Die Hölle brennt!
MEPHISTOPHELES *die Flamme besprechend*
2300 Sei ruhig, freundlich Element!
                    Zu dem Gesellen
  Für diesmal war es nur ein Tropfen Fegefeuer.
SIEBEL
  Was soll das sein? Wart! Ihr bezahlt es teuer!
  Es scheinet, daß ihr uns nicht kennt.
FROSCH
  Laß er uns das zum zweitenmale bleiben!
ALTMAYER
2305 Ich dächt', wir hießen ihn ganz sachte seitwärts gehn.
SIEBEL
  Was Herr? Er will sich unterstehn,
  Und hier sein Hokuspokus treiben?
MEPHISTOPHELES
    Still, altes Weinfaß!
SIEBEL
                    Besenstiel!
  Du willst uns gar noch grob begegnen?
BRANDER
2310 Wart nur! Es sollen Schläge regnen!

ALTMAYER
zieht einen Pfropf aus dem Tisch, es springt ihm Feuer entgegen.
Ich brenne! ich brenne!
SIEBEL
                    Zauberei!
Stoßt zu! der Kerl ist vogelfrei!
        Sie ziehen die Messer und gehn auf Mephistopheles los.
MEPHISTOPHELES *mit ernsthafter Gebärde*
                Falsch Gebild und Wort
                Verändern Sinn und Ort!
                Seid hier und dort!   2315
            Sie stehn erstaunt und sehn einander an.

ALTMAYER
Wo bin ich? Welches schöne Land?
FROSCH
Weinberge! Seh' ich recht?
SIEBEL
                        Und Trauben gleich zur Hand!
BRANDER
Hier unter diesem grünen Laube,
Seht, welch ein Stock! Seht, welche Traube!
Er faßt Siebeln bei der Nase. Die andern tun es wechselseitig und
                    heben die Messer.
MEPHISTOPHELES *wie oben*
Irrtum, laß los der Augen Band!   2320
Und merkt euch wie der Teufel spaße.
    Er verschwindet mit Faust, die Gesellen fahren aus einander.
SIEBEL
Was gibt's?
ALTMAYER
            Wie?
FROSCH
            War das deine Nase?
BRANDER *zu Siebel*
Und deine hab' ich in der Hand!
ALTMAYER
Es war ein Schlag, der ging durch alle Glieder!
Schafft einen Stuhl, ich sinke nieder!   2325

FROSCH

  Nein, sagt mir nur, was ist geschehn?

SIEBEL

  Wo ist der Kerl? Wenn ich ihn spüre,
  Er soll mir nicht lebendig gehn!

ALTMAYER

  Ich hab' ihn selbst hinaus zur Kellertüre –

2330 Auf einem Fasse reiten sehn – –
  Es liegt mir bleischwer in den Füßen.

                    Sich nach dem Tische wendend

  Mein! Sollte wohl der Wein noch fließen?

SIEBEL

  Betrug war alles, Lug und Schein.

FROSCH

  Mir däuchte doch als tränk' ich Wein.

BRANDER

2335 Aber wie war es mit den Trauben?

ALTMAYER

  Nun sag' mir eins, man soll kein Wunder glauben!

HEXENKÜCHE

Auf einem niedrigen Herde steht ein großer Kessel über dem Feuer.
In dem Dampfe, der davon in die Höhe steigt, zeigen sich verschied-
ne Gestalten. EINE MEERKATZE *sitzt bei dem Kessel und*
schäumt ihn, und sorgt daß er nicht überläuft. DER MEER-
KATER *mit den Jungen sitzt darneben und wärmt sich, Wände und*
Decke sind mit dem seltsamsten Hexenhausrat ausgeschmückt.

FAUST. MEPHISTOPHELES.

FAUST
 Mir widersteht das tolle Zauberwesen,
 Versprichst du mir, ich soll genesen,
 In diesem Wust von Raserei?
 Verlang' ich Rat von einem alten Weibe?   2340
 Und schafft die Sudelköcherei
 Wohl dreißig Jahre mir vom Leibe?
 Weh mir, wenn du nichts bessers weißt!
 Schon ist die Hoffnung mir verschwunden.
 Hat die Natur und hat ein edler Geist   2345
 Nicht irgend einen Balsam ausgefunden?
MEPHISTOPHELES
 Mein Freund, nun sprichst du wieder klug!
 Dich zu verjüngen gibt's auch ein natürlich Mittel;
 Allein es steht in einem andern Buch,
 Und ist ein wunderlich Kapitel.   2350
FAUST
 Ich will es wissen.
MEPHISTOPHELES
              Gut! Ein Mittel, ohne Geld
 Und Arzt und Zauberei zu haben:
 Begib dich gleich hinaus auf's Feld,
 Fang' an zu hacken und zu graben,

2355 Erhalte dich und deinen Sinn
In einem ganz beschränkten Kreise,
Ernähre dich mit ungemischter Speise,
Leb' mit dem Vieh als Vieh, und acht' es nicht für Raub,
Den Acker, den du erntest, selbst zu düngen;
2360 Das ist das beste Mittel, glaub',
Auf achtzig Jahr dich zu verjüngen!

FAUST

Das bin ich nicht gewöhnt, ich kann mich nicht bequemen,
Den Spaten in die Hand zu nehmen.
Das enge Leben steht mir gar nicht an.

MEPHISTOPHELES

2365 So muß denn doch die Hexe dran.

FAUST

Warum denn just das alte Weib!
Kannst du den Trank nicht selber brauen?

MEPHISTOPHELES

Das wär' ein schöner Zeitvertreib!
Ich wollt' indes wohl tausend Brücken bauen.
2370 Nicht Kunst und Wissenschaft allein,
Geduld will bei dem Werke sein.
Ein stiller Geist ist Jahre lang geschäftig;
Die Zeit nur macht die feine Gärung kräftig.
Und alles was dazu gehört
2375 Es sind gar wunderbare Sachen!
Der Teufel hat sie's zwar gelehrt;
Allein der Teufel kann's nicht machen.

Die Tiere erblickend

Sieh, welch ein zierliches Geschlecht!
Das ist die Magd! das ist der Knecht!

Zu den Tieren

2380 Es scheint, die Frau ist nicht zu Hause?

DIE TIERE

Bei'm Schmause,
Aus dem Haus
Zum Schornstein hinaus!

MEPHISTOPHELES

Wie lange pflegt sie wohl zu schwärmen?

DIE TIERE
  So lange wir uns die Pfoten wärmen.   2385
MEPHISTOPHELES *zu Faust*
  Wie findest du die zarten Tiere?
FAUST
  So abgeschmackt als ich nur jemand sah!
MEPHISTOPHELES
  Nein, ein Diskurs wie dieser da,
  Ist g'rade der den ich am liebsten führe!
                Zu den Tieren
  So sagt mir doch, verfluchte Puppen!   2390
  Was quirlt ihr in dem Brei herum?
TIERE
  Wir kochen breite Bettelsuppen.
MEPHISTOPHELES
  Da habt ihr ein groß Publikum.
DER KATER
  macht sich herbei und schmeichelt dem Mephistopheles
  O würfle nur gleich,
  Und mache mich reich,   2395
  Und laß mich gewinnen!
  Gar schlecht ist's bestellt,
  Und wär' ich bei Geld,
  So wär' ich bei Sinnen.
MEPHISTOPHELES
  Wie glücklich würde sich der Affe schätzen,   2400
  Könnt' er nur auch in's Lotto setzen!

*Indessen haben die jungen Meerkätzchen mit einer großen Kugel
          gespielt und rollen sie hervor.*

DER KATER
  Das ist die Welt;
  Sie steigt und fällt
  Und rollt beständig;
  Sie klingt wie Glas;   2405
  Wie bald bricht das?
  Ist hohl inwendig.
  Hier glänzt sie sehr,

Und hier noch mehr,
2410 Ich bin lebendig!
Mein lieber Sohn,
Halt dich davon!
Du mußt sterben!
Sie ist von Ton,
2415 Es gibt Scherben.

MEPHISTOPHELES
Was soll das Sieb?

DER KATER *holt es herunter*
Wärst du ein Dieb,
Wollt' ich dich gleich erkennen.

Er läuft zur Kätzin und läßt sie durchsehen
Sieh durch das Sieb!
2420 Erkennst du den Dieb,
Und darfst ihn nicht nennen?

MEPHISTOPHELES *sich dem Feuer nähernd*
Und dieser Topf?

KATER und KÄTZIN
Der alberne Tropf!
Er kennt nicht den Topf,
2425 Er kennt nicht den Kessel!

MEPHISTOPHELES
Unhöfliches Tier!

DER KATER
Den Wedel nimm hier,
Und setz' dich in Sessel!

Er nötigt den Mephistopheles zu sitzen.

FAUST *welcher diese Zeit über vor einem Spiegel gestanden, sich
ihm bald genähert, bald sich von ihm entfernt hat*
Was seh' ich? Welch ein himmlisch Bild
2430 Zeigt sich in diesem Zauberspiegel!
O Liebe, leihe mir den schnellsten deiner Flügel,
Und führe mich in ihr Gefild!
Ach wenn ich nicht auf dieser Stelle bleibe,
Wenn ich es wage nah' zu gehn,

Kann ich sie nur als wie im Nebel sehn! –   2435
Das schönste Bild von einem Weibe!
Ist's möglich, ist das Weib so schön?
Muß ich an diesem hingestreckten Leibe
Den Inbegriff von allen Himmeln sehn?
So etwas findet sich auf Erden?   2440

MEPHISTOPHELES
Natürlich, wenn ein Gott sich erst sechs Tage plagt,
Und selbst am Ende Bravo sagt,
Da muß es was gescheites werden.
Für diesmal sieh dich immer satt;
Ich weiß dir so ein Schätzchen auszuspüren,   2445
Und selig wer das gute Schicksal hat,
Als Bräutigam sie heim zu führen!
Faust sieht immerfort in den Spiegel. Mephistopheles, sich in dem
Sessel dehnend und mit dem Wedel spielend, fährt fort zu sprechen
Hier sitz' ich wie der König auf dem Throne,
Den Zepter halt' ich hier, es fehlt nur noch die Krone.

DIE TIERE *welche bisher allerlei wunderliche Bewegungen durch*
einander gemacht haben, bringen dem Mephistopheles eine Krone
mit großem Geschrei
O sei doch so gut,   2450
Mit Schweiß und mit Blut
Die Krone zu leimen!
Sie gehn ungeschickt mit der Krone um und zerbrechen sie in zwei
Stücke, mit welchen sie herumspringen.
Nun ist es geschehn!
Wir reden und sehn,
Wir hören und reimen;   2455

FAUST *gegen den Spiegel*
Weh mir! ich werde schier verrückt.

MEPHISTOPHELES *auf die Tiere deutend*
Nun fängt mir an fast selbst der Kopf zu schwanken.

DIE TIERE
Und wenn es uns glückt,
Und wenn es sich schickt,
So sind es Gedanken!   2460

FAUST *wie oben*
  Mein Busen fängt mir an zu brennen!
  Entfernen wir uns nur geschwind!
MEPHISTOPHELES *in obiger Stellung*
  Nun, wenigstens muß man bekennen,
  Daß es aufrichtige Poeten sind.

Der Kessel, welchen die Kätzin bisher außer Acht gelassen, fängt an überzulaufen; es entsteht eine große Flamme, welche zum Schornstein hinaus schlägt. DIE HEXE *kommt durch die Flamme mit entsetzlichem Geschrei herunter gefahren.*
DIE HEXE
2465 Au! Au! Au! Au!
  Verdammtes Tier! verfluchte Sau!
  Versäumst den Kessel, versengst die Frau!
  Verfluchtes Tier!
            Faust und Mephistopheles erblickend
  Was ist das hier?
2470 Wer seid ihr hier?
  Was wollt ihr da?
  Wer schlich sich ein?
  Die Feuerpein
  Euch in's Gebein!
Sie fährt mit dem Schaumlöffel in den Kessel, und spritzt Flammen nach Faust, Mephistopheles und den Tieren. Die Tiere winseln.

MEPHISTOPHELES *welcher den Wedel, den er in der Hand hält, umkehrt, und unter die Gläser und Töpfe schlägt*
2475 Entzwei! entzwei!
  Da liegt der Brei!
  Da liegt das Glas!
  Es ist nur Spaß,
  Der Takt, du Aas,
2480 Zu deiner Melodei.
        Indem die Hexe voll Grimm und Entsetzen zurücktritt
  Erkennst du mich? Gerippe! Scheusal du!
  Erkennst du deinen Herrn und Meister?

Was hält mich ab, so schlag' ich zu,
Zerschmettre dich und deine Katzen-Geister!
Hast du vor'm roten Wams nicht mehr Respekt?   2485
Kannst du die Hahnenfeder nicht erkennen?
Hab' ich dies Angesicht versteckt?
Soll ich mich etwa selber nennen?

DIE HEXE
O Herr, verzeiht den rohen Gruß!
Seh' ich doch keinen Pferdefuß.   2490
Wo sind denn eure beiden Raben?

MEPHISTOPHELES
Für diesmal kommst du so davon;
Denn freilich ist es eine Weile schon,
Daß wir uns nicht gesehen haben.
Auch die Kultur, die alle Welt beleckt,   2495
Hat auf den Teufel sich erstreckt;
Das nordische Phantom ist nun nicht mehr zu schauen,
Wo siehst du Hörner, Schweif und Klauen?
Und was den Fuß betrifft, den ich nicht missen kann,
Der würde mir bei Leuten schaden;   2500
Darum bedien' ich mich, wie mancher junge Mann,
Seit vielen Jahren falscher Waden.

DIE HEXE *tanzend*
Sinn und Verstand verlier' ich schier,
Seh' ich den Junker Satan wieder hier!

MEPHISTOPHELES
Den Namen, Weib, verbitt' ich mir!   2505

DIE HEXE
Warum? Was hat er euch getan?

MEPHISTOPHELES
Er ist schon lang' in's Fabelbuch geschrieben;
Allein die Menschen sind nichts besser dran,
Den Bösen sind sie los, die Bösen sind geblieben.
Du nennst mich Herr Baron, so ist die Sache gut;   2510
Ich bin ein Kavalier, wie andre Kavaliere.
Du zweifelst nicht an meinem edlen Blut;
Sieh her, das ist das Wappen, das ich führe!
          Er macht eine unanständige Gebärde.

DIE HEXE *lacht unmäßig*
  Ha! Ha! Das ist in eurer Art!
2515 Ihr seid ein Schelm, wie ihr nur immer war't!
MEPHISTOPHELES *zu Faust*
  Mein Freund, das lerne wohl verstehn!
  Dies ist die Art mit Hexen umzugehn.
DIE HEXE
  Nun sagt, ihr Herren, was ihr schafft.
MEPHISTOPHELES
  Ein gutes Glas von dem bekannten Saft!
2520 Doch muß ich euch um's ält'ste bitten;
  Die Jahre doppeln seine Kraft.
DIE HEXE
  Gar gern! Hier hab' ich eine Flasche,
  Aus der ich selbst zuweilen nasche,
  Die auch nicht mehr im mind'sten stinkt;
2525 Ich will euch gern ein Gläschen geben.
                    Leise
  Doch wenn es dieser Mann unvorbereitet trinkt,
  So kann er, wißt ihr wohl, nicht eine Stunde leben.
MEPHISTOPHELES
  Es ist ein guter Freund, dem es gedeihen soll;
  Ich gönn' ihm gern das Beste deiner Küche.
2530 Zieh deinen Kreis, sprich deine Sprüche,
  Und gib ihm eine Tasse voll!
DIE HEXE
  mit seltsamen Gebärden, zieht einen Kreis und stellt wunderbare
  Sachen hinein; indessen fangen die Gläser an zu klingen, die Kessel
  zu tönen, und machen Musik. Zuletzt bringt sie ein großes Buch,
  stellt die Meerkatzen in den Kreis, die ihr zum Pult dienen und
  die Fackel halten müssen. Sie winkt Fausten, zu ihr zu treten.
FAUST zu *Mephistopheles*
  Nein, sage mir, was soll das werden?
  Das tolle Zeug, die rasenden Gebärden,
  Der abgeschmackteste Betrug,
2535 Sind mir bekannt, verhaßt genug.

MEPHISTOPHELES

Ei, Possen! Das ist nur zum Lachen;
Sei nur nicht ein so strenger Mann!
Sie muß als Arzt ein Hokuspokus machen,
Damit der Saft dir wohl gedeihen kann.

Er nötigt Fausten in den Kreis zu treten.

DIE HEXE *mit großer Emphase fängt an aus dem Buche zu*
deklamieren

Du mußt verstehn!   2540
Aus Eins mach' Zehn,
Und Zwei laß gehn,
Und Drei mach' gleich,
So bist du reich.
Verlier' die Vier!   2545
Aus Fünf und Sechs,
So sagt die Hex',
Mach' Sieben und Acht,
So ist's vollbracht:
Und Neun ist Eins,   2550
Und Zehn ist keins.
Das ist das Hexen-Einmal-Eins!

FAUST

Mich dünkt, die Alte spricht im Fieber.

MEPHISTOPHELES

Das ist noch lange nicht vorüber,
Ich kenn' es wohl, so klingt das ganze Buch;   2555
Ich habe manche Zeit damit verloren,
Denn ein vollkommner Widerspruch
Bleibt gleich geheimnisvoll für Kluge wie für Toren.
Mein Freund, die Kunst ist alt und neu.
Es war die Art zu allen Zeiten,   2560
Durch Drei und Eins, und Eins und Drei
Irrtum statt Wahrheit zu verbreiten.
So schwätzt und lehrt man ungestört;
Wer will sich mit den Narr'n befassen?
Gewöhnlich glaubt der Mensch, wenn er nur Worte hört,   2565
Es müsse sich dabei doch auch was denken lassen.

DIE HEXE *fährt fort*

> Die hohe Kraft
> Der Wissenschaft,
> Der ganzen Welt verborgen!
2570 Und wer nicht denkt,
> Dem wird sie geschenkt,
> Er hat sie ohne Sorgen.

FAUST

Was sagt sie uns für Unsinn vor?
Es wird mir gleich der Kopf zerbrechen.
2575 Mich dünkt, ich hör' ein ganzes Chor
Von hundert tausend Narren sprechen.

MEPHISTOPHELES

Genug, genug, o treffliche Sibylle!
Gib deinen Trank herbei, und fülle
Die Schale rasch bis an den Rand hinan;
2580 Denn meinem Freund wird dieser Trunk nicht schaden:
Er ist ein Mann von vielen Graden,
Der manchen guten Schluck getan.

DIE HEXE

*mit vielen Zeremonien, schenkt den Trank in eine Schale; wie sie
Faust an den Mund bringt, entsteht eine leichte Flamme.*

MEPHISTOPHELES

Nur frisch hinunter! Immer zu!
Es wird dir gleich das Herz erfreuen.
2585 Bist mit dem Teufel du und du,
Und willst dich vor der Flamme scheuen?

DIE HEXE *lös't den Kreis.*
FAUST *tritt heraus.*

MEPHISTOPHELES

Nun frisch hinaus! Du darfst nicht ruhn.

DIE HEXE

Mög' euch das Schlückchen wohl behagen!

MEPHISTOPHELES *zur Hexe*

Und kann ich dir was zu Gefallen tun:
2590 So darfst du mir's nur auf Walpurgis sagen.

DIE HEXE
  Hier ist ein Lied! wenn ihr's zuweilen singt,
  So werdet ihr besondre Wirkung spüren.
MEPHISTOPHELES *zu Faust*
  Komm nur geschwind und laß dich führen;
  Du mußt notwendig transpirieren,
  Damit die Kraft durch Inn- und Äußres dringt.   2595
  Den edlen Müßiggang lehr' ich hernach dich schätzen,
  Und bald empfindest du mit innigem Ergetzen,
  Wie sich Cupido regt und hin und wider springt.
FAUST
  Laß mich nur schnell noch in den Spiegel schauen!
  Das Frauenbild war gar zu schön!   2600
MEPHISTOPHELES
  Nein! Nein! Du sollst das Muster aller Frauen
  Nun bald leibhaftig vor dir seh'n.
                        Leise
  Du siehst, mit diesem Trank im Leibe,
  Bald Helenen in jedem Weibe.

STRASSE

FAUST MARGARETE *vorüber gehend.*

FAUST

2605 Mein schönes Fräulein, darf ich wagen,
Meinen Arm und Geleit Ihr anzutragen?

MARGARETE

Bin weder Fräulein, weder schön,
Kann ungeleitet nach Hause gehn.
                    Sie macht sich los und ab.

FAUST

Beim Himmel, dieses Kind ist schön!
2610 So etwas hab' ich nie gesehn.
Sie ist so sitt- und tugendreich,
Und etwas schnippisch doch zugleich.
Der Lippe Rot, der Wange Licht,
Die Tage der Welt vergess' ich's nicht!
2615 Wie sie die Augen niederschlägt,
Hat tief sich in mein Herz geprägt;
Wie sie kurz angebunden war,
Das ist nun zum Entzücken gar!
                    MEPHISTOPHELES *tritt auf.*

FAUST

Hör, du mußt mir die Dirne schaffen!

MEPHISTOPHELES

2620 Nun, welche?

FAUST

                    Sie ging just vorbei.

MEPHISTOPHELES

Da die? Sie kam von ihrem Pfaffen,
Der sprach sie aller Sünden frei;
Ich schlich mich hart am Stuhl vorbei,
Es ist ein gar unschuldig Ding,

Das eben für nichts zur Beichte ging;   2625
Über die hab' ich keine Gewalt!
FAUST
Ist über vierzehn Jahr doch alt.
MEPHISTOPHELES
Du sprichst ja wie Hans Liederlich,
Der begehrt jede liebe Blum' für sich,
Und dünkelt ihm es wär' kein' Ehr'   2630
Und Gunst die nicht zu pflücken wär';
Geht aber doch nicht immer an.
FAUST
Mein Herr Magister Lobesan,
Laß er mich mit dem Gesetz in Frieden!
Und das sag' ich ihm kurz und gut,   2635
Wenn nicht das süße junge Blut
Heut' Nacht in meinen Armen ruht:
So sind wir um Mitternacht geschieden.
MEPHISTOPHELES
Bedenk was gehn und stehen mag!
Ich brauche wenigstens vierzehn Tag',   2640
Nur die Gelegenheit auszuspüren.
FAUST
Hätt' ich nur sieben Stunden Ruh,
Brauchte den Teufel nicht dazu,
So ein Geschöpfchen zu verführen.
MEPHISTOPHELES
Ihr sprecht schon fast wie ein Franzos;   2645
Doch bitt' ich, laßt's euch nicht verdrießen:
Was hilft's nur g'rade zu genießen?
Die Freud' ist lange nicht so groß,
Als wenn ihr erst herauf, herum,
Durch allerlei Brimborium,   2650
Das Püppchen geknetet und zugericht't,
Wie's lehret manche welsche Geschicht'.
FAUST
Hab' Appetit auch ohne das.

MEPHISTOPHELES
   Jetzt ohne Schimpf und ohne Spaß.
2655 Ich sag' euch, mit dem schönen Kind
   Geht's ein- für allemal nicht geschwind.
   Mit Sturm ist da nichts einzunehmen;
   Wir müssen uns zur List bequemen.
FAUST
   Schaff' mir etwas vom Engelsschatz!
2660 Führ' mich an ihren Ruheplatz!
   Schaff' mir ein Halstuch von ihrer Brust,
   Ein Strumpfband meiner Liebeslust!
MEPHISTOPHELES
   Damit ihr seht, daß ich eurer Pein
   Will förderlich und dienstlich sein:
2665 Wollen wir keinen Augenblick verlieren,
   Will euch noch heut' in ihr Zimmer führen.
FAUST
   Und soll sie sehn? sie haben?
MEPHISTOPHELES
                  Nein!
   Sie wird bei einer Nachbarin sein.
   Indessen könnt ihr ganz allein
2670 An aller Hoffnung künft'ger Freuden
   In ihrem Dunstkreis satt euch weiden.
FAUST
   Können wir hin?
MEPHISTOPHELES
          Es ist noch zu früh.
FAUST
   Sorg' du mir für ein Geschenk für sie.
               ab.
MEPHISTOPHELES
   Gleich schenken? Das ist brav! Da wird er reüssieren!
2675 Ich kenne manchen schönen Platz
   Und manchen alt vergrabnen Schatz;
   Ich muß ein bißchen revidieren.
               ab.

ABEND

Ein kleines reinliches Zimmer

MARGARETE *ihre Zöpfe flechtend und aufbindend*
Ich gäb' was drum, wenn ich nur wüßt'
Wer heut der Herr gewesen ist!
Er sah gewiß recht wacker aus,   2680
Und ist aus einem edlen Haus;
Das konnt' ich ihm an der Stirne lesen –
Er wär' auch sonst nicht so keck gewesen.
ab.

MEPHISTOPHELES. FAUST.
MEPHISTOPHELES
Herein, ganz leise, nur herein!
FAUST *nach einigem Stillschweigen*
Ich bitte dich, laß mich allein!   2685
MEPHISTOPHELES *herumspürend*
Nicht jedes Mädchen hält so rein.
ab.

FAUST *rings aufschauend*
Willkommen süßer Dämmerschein!
Der du dies Heiligtum durchwebst.
Ergreif mein Herz, du süße Liebespein!
Die du vom Tau der Hoffnung schmachtend lebst. 2690
Wie atmet rings Gefühl der Stille,
Der Ordnung, der Zufriedenheit!
In dieser Armut welche Fülle!
In diesem Kerker welche Seligkeit!
   Er wirft sich auf den ledernen Sessel am Bette.
O nimm mich auf! der du die Vorwelt schon 2695
Bei Freud' und Schmerz im offnen Arm empfangen!
Wie oft, ach! hat an diesem Väter-Thron

Schon eine Schar von Kindern rings gehangen!
Vielleicht hat, dankbar für den heil'gen Christ,
2700 Mein Liebchen hier, mit vollen Kinderwangen,
Dem Ahnherrn fromm die welke Hand geküßt.
Ich fühl', o Mädchen, deinen Geist
Der Füll' und Ordnung um mich säuseln,
Der mütterlich dich täglich unterweis't,
2705 Den Teppich auf den Tisch dich reinlich breiten heißt,
Sogar den Sand zu deinen Füßen kräuseln.
O liebe Hand! so göttergleich!
Die Hütte wird durch dich ein Himmelreich.
Und hier!
              Er hebt einen Bettvorhang auf.
Was faßt mich für ein Wonnegraus!
2710 Hier möcht' ich volle Stunden säumen.
Natur! Hier bildetest in leichten Träumen
Den eingebornen Engel aus;
Hier lag das Kind! mit warmem Leben
Den zarten Busen angefüllt,
2715 Und hier mit heilig reinem Weben
Entwirkte sich das Götterbild!

Und du! Was hat dich hergeführt?
Wie innig fühl' ich mich gerührt!
Was willst du hier? Was wird das Herz dir schwer?
2720 Armsel'ger Faust! ich kenne dich nicht mehr.

Umgibt mich hier ein Zauberduft?
Mich drang's so g'rade zu genießen,
Und fühle mich in Liebestraum zerfließen!
Sind wir ein Spiel von jedem Druck der Luft?

2725 Und träte sie den Augenblick herein,
Wie würdest du für deinen Frevel büßen!
Der große Hans, ach wie so klein!
Läg', hingeschmolzen, ihr zu Füßen.
MEPHISTOPHELES [*kommt*]
Geschwind! ich seh' sie unten kommen.

FAUST
  Fort! Fort! Ich kehre nimmermehr!   2730
MEPHISTOPHELES
  Hier ist ein Kästchen leidlich schwer,
  Ich hab's wo anders hergenommen.
  Stellt's hier nur immer in den Schrein,
  Ich schwör' euch, ihr vergehn die Sinnen;
  Ich tat euch Sächelchen hinein,   2735
  Um eine andre zu gewinnen.
  Zwar Kind ist Kind und Spiel ist Spiel.
FAUST
  Ich weiß nicht soll ich?
MEPHISTOPHELES
                          Fragt ihr viel?
  Meint ihr vielleicht den Schatz zu wahren?
  Dann rat' ich eurer Lüsternheit,   2740
  Die liebe schöne Tageszeit
  Und mir die weitre Müh' zu sparen.
  Ich hoff' nicht daß ihr geizig seid!
  Ich kratz' den Kopf, reib' an den Händen –
  *Er stellt das Kästchen in den Schrein und drückt das Schloß
                          wieder zu.*
  Nur fort! geschwind! –   2745
  Um euch das süße junge Kind
  Nach Herzens Wunsch und Will' zu wenden;
  Und ihr seht drein,
  Als solltet ihr in den Hörsaal hinein,
  Als stünden grau leibhaftig vor euch da   2750
  Physik und Metaphysika!
  Nur fort! –
                          ab.

MARGARETE *mit einer Lampe*
  Es ist so schwül, so dumpfig hie
                Sie macht das Fenster auf.
  Und ist doch eben so warm nicht drauß'.
  Es wird mir so, ich weiß nicht wie –   2755

Ich wollt', die Mutter käm' nach Haus.
Mir läuft ein Schauer über'n ganzen Leib –
Bin doch ein töricht furchtsam Weib!

Sie fängt an zu singen, indem sie sich auszieht
    Es war ein König in Thule
2760   Gar treu bis an das Grab,
    Dem sterbend seine Buhle
    Einen goldnen Becher gab.

    Es ging ihm nichts darüber,
    Er leert ihn jeden Schmaus;
2765   Die Augen gingen ihm über,
    So oft er trank daraus.

    Und als er kam zu sterben,
    Zählt' er seine Städt' im Reich,
    Gönnt' alles seinem Erben,
2770   Den Becher nicht zugleich.

    Er saß bei'm Königsmahle,
    Die Ritter um ihn her,
    Auf hohem Väter-Saale,
    Dort auf dem Schloß am Meer.

2775   Dort stand der alte Zecher,
    Trank letzte Lebensglut,
    Und warf den heiligen Becher
    Hinunter in die Flut.

    Er sah ihn stürzen, trinken
2780   Und sinken tief ins Meer,
    Die Augen täten ihm sinken,
    Trank nie einen Tropfen mehr.

*Sie eröffnet den Schrein, ihre Kleider einzuräumen, und erblickt
das Schmuckkästchen.*
Wie kommt das schöne Kästchen hier herein?
Ich schloß doch ganz gewiß den Schrein.
2785 Es ist doch wunderbar! Was mag wohl drinne sein?

Vielleicht bracht's jemand als ein Pfand,
Und meine Mutter lieh darauf.
Da hängt ein Schlüsselchen am Band,
Ich denke wohl ich mach' es auf!
Was ist das? Gott im Himmel! Schau,   2790
So was hab' ich mein' Tage nicht gesehn!
Ein Schmuck! Mit dem könnt' eine Edelfrau
Am höchsten Feiertage gehn.
Wie sollte mir die Kette stehn?
Wem mag die Herrlichkeit gehören?   2795
     Sie putzt sich damit auf und tritt vor den Spiegel.
Wenn nur die Ohrring' meine wären!
Man sieht doch gleich ganz anders drein.
Was hilft euch Schönheit, junges Blut?
Das ist wohl alles schön und gut,
Allein man läßt's auch alles sein;   2800
Man lobt euch halb mit Erbarmen.
Nach Golde drängt,
Am Golde hängt
Doch Alles. Ach wir Armen!

SPAZIERGANG

FAUST *in Gedanken auf und ab gehend. Zu ihm*
MEPHISTOPHELES.

MEPHISTOPHELES
2805 Bei aller verschmähten Liebe! Bei'm höllischen Elemente!
Ich wollt' ich wüßte was ärgers, daß ich's fluchen könnte!
FAUST
Was hast? was kneipt dich denn so sehr?
So kein Gesicht sah' ich in meinem Leben!
MEPHISTOPHELES
Ich möcht' mich gleich dem Teufel übergeben,
2810 Wenn ich nur selbst kein Teufel wär'!
FAUST
Hat sich dir was im Kopf verschoben?
Dich kleidet's, wie ein Rasender zu toben!
MEPHISTOPHELES
Denkt nur, den Schmuck für Gretchen angeschafft,
Den hat ein Pfaff hinweggerafft! –
2815 Die Mutter kriegt das Ding zu schauen,
Gleich fängt's ihr heimlich an zu grauen:
Die Frau hat gar einen feinen Geruch,
Schnuffelt immer im Gebetbuch,
Und riecht's einem jeden Möbel an,
2820 Ob das Ding heilig ist oder profan;
Und an dem Schmuck da spürt sie's klar,
Daß dabei nicht viel Segen war.
Mein Kind, rief sie, ungerechtes Gut
Befängt die Seele, zehrt auf das Blut.
2825 Wollen's der Mutter Gottes weihen,
Wird uns mit Himmels-Manna erfreuen!
Margretlein zog ein schiefes Maul,
Ist halt, dacht' sie, ein geschenkter Gaul,

Und wahrlich! gottlos ist nicht der,
Der ihn so fein gebracht hierher.   2830
Die Mutter ließ einen Pfaffen kommen;
Der hatte kaum den Spaß vernommen,
Ließ sich den Anblick wohl behagen.
Er sprach: So ist man recht gesinnt!
Wer überwindet der gewinnt.   2835
Die Kirche hat einen guten Magen,
Hat ganze Länder aufgefressen,
Und doch noch nie sich übergessen;
Die Kirch' allein, meine lieben Frauen,
Kann ungerechtes Gut verdauen.   2840

FAUST
  Das ist ein allgemeiner Brauch,
  Ein Jud' und König kann es auch.

MEPHISTOPHELES
  Strich drauf ein Spange, Kett' und Ring',
  Als wären's eben Pfifferling',
  Dankt' nicht weniger und nicht mehr,   2845
  Als ob's ein Korb voll Nüsse wär',
  Versprach ihnen allen himmlischen Lohn –
  Und sie waren sehr erbaut davon.

FAUST
  Und Gretchen?

MEPHISTOPHELES
               Sitzt nun unruhvoll,
  Weiß weder was sie will noch soll,   2850
  Denkt an's Geschmeide Tag und Nacht,
  Noch mehr an den der's ihr gebracht.

FAUST
  Des Liebchens Kummer tut mir leid.
  Schaff' du ihr gleich ein neu Geschmeid'!
  Am ersten war ja so nicht viel.   2855

MEPHISTOPHELES
  O ja, dem Herrn ist Alles Kinderspiel!

FAUST
  Und mach', und richt's nach meinem Sinn!

Häng' dich an ihre Nachbarin.
Sei Teufel doch nur nicht wie Brei,
2860   Und schaff' einen neuen Schmuck herbei!
MEPHISTOPHELES
  Ja, gnäd'ger Herr, von Herzen gerne.

                              Faust ab.

MEPHISTOPHELES
  So ein verliebter Tor verpufft
  Euch Sonne, Mond und alle Sterne
  Zum Zeitvertreib dem Liebchen in die Luft.

                              ab.

DER NACHBARIN HAUS

MARTHE *allein*

Gott verzeih's meinem lieben Mann,   2865
Er hat an mir nicht wohl getan!
Geht da stracks in die Welt hinein,
Und läßt mich auf dem Stroh allein.
Tät' ihn doch wahrlich nicht betrüben,
Tät' ihn, weiß Gott, recht herzlich lieben.   2870
     Sie weint.
Vielleicht ist er gar tot! – O Pein! – –
Hätt' ich nur einen Totenschein!
    MARGARETE *kommt*

MARGARETE

Frau Marthe!

MARTHE

    Gretelchen, was soll's?

MARGARETE

Fast sinken mir die Knie nieder!
Da find' ich so ein Kästchen wieder   2875
In meinem Schrein, von Ebenholz,
Und Sachen herrlich ganz und gar,
Weit reicher als das erste war.

MARTHE

Das muß sie nicht der Mutter sagen;
Tät's wieder gleich zur Beichte tragen.   2880

MARGARETE

Ach seh' sie nur! ach schau' sie nur!

MARTHE *putzt sie auf.*

O du glücksel'ge Kreatur!

MARGARETE

Darf mich, leider, nicht auf der Gassen,
Noch in der Kirche mit sehen lassen.

MARTHE

2885 Komm du nur oft zu mir herüber,
      Und leg' den Schmuck hier heimlich an;
      Spazier' ein Stündchen lang dem Spiegelglas vorüber,
      Wir haben unsre Freude dran;
      Und dann gibt's einen Anlaß, gibt's ein Fest,
2890 Wo man's so nach und nach den Leuten sehen läßt.
      Ein Kettchen erst, die Perle dann in's Ohr;
      Die Mutter sieht's wohl nicht, man macht ihr auch
                                              was vor.

MARGARETE

      Wer konnte nur die beiden Kästchen bringen?
      Es geht nicht zu mit rechten Dingen!
                    Es klopft.

MARGARETE

2895 Ach Gott! mag das meine Mutter sein?

MARTHE *durch's Vorhängel guckend*

      Es ist ein fremder Herr – Herein!
                    MEPHISTOPHELES *tritt auf.*

MEPHISTOPHELES

      Bin so frei g'rad' herein zu treten,
      Muß bei den Frauen Verzeihn erbeten.
                    Tritt ehrerbietig vor Margareten zurück.
      Wollte nach Frau Marthe Schwerdtlein fragen!

MARTHE

2900 Ich bin's, was hat der Herr zu sagen?

MEPHISTOPHELES *leise zu ihr*

      Ich kenne Sie jetzt, mir ist das genug;
      Sie hat da gar vornehmen Besuch.
      Verzeiht die Freiheit die ich genommen,
      Will Nachmittage wieder kommen.

MARTHE *laut*

2905 Denk', Kind, um alles in der Welt!
      Der Herr dich für ein Fräulein hält.

MARGARETE

      Ich bin ein armes junges Blut;
      Ach Gott! der Herr ist gar zu gut:
      Schmuck und Geschmeide sind nicht mein.

MEPHISTOPHELES
  Ach, es ist nicht der Schmuck allein; 2910
  Sie hat ein Wesen, einen Blick so scharf!
  Wie freut mich's daß ich bleiben darf.
MARTHE
  Was bringt er denn? Verlange sehr –
MEPHISTOPHELES
  Ich wollt' ich hätt' eine frohere Mär'!
  Ich hoffe sie läßt mich's drum nicht büßen: 2915
  Ihr Mann ist tot und läßt sie grüßen.
MARTHE
  Ist tot? das treue Herz! O weh!
  Mein Mann ist tot! Ach ich vergeh'!
MARGARETE
  Ach! liebe Frau, verzweifelt nicht!
MEPHISTOPHELES
  So hört die traurige Geschicht'! 2920
MARGARETE
  Ich möchte drum mein' Tag' nicht lieben,
  Würde mich Verlust zu Tode betrüben.
MEPHISTOPHELES
  Freud' muß Leid, Leid muß Freude haben.
MARTHE
  Erzählt mir seines Lebens Schluß!
MEPHISTOPHELES
  Er liegt in Padua begraben 2925
  Bei'm heiligen Antonius,
  An einer wohlgeweihten Stätte
  Zum ewig kühlen Ruhebette.
MARTHE
  Habt ihr sonst nichts an mich zu bringen?
MEPHISTOPHELES
  Ja, eine Bitte, groß und schwer; 2930
  Laß sie doch ja für ihn dreihundert Messen singen!
  Im übrigen sind meine Taschen leer.
MARTHE
  Was! Nicht ein Schaustück? Kein Geschmeid'?

Was jeder Handwerksbursch im Grund des Säckels spart,
2935   Zum Angedenken aufbewahrt,
Und lieber hungert, lieber bettelt!

MEPHISTOPHELES
Madam, es tut mir herzlich leid;
Allein er hat sein Geld wahrhaftig nicht verzettelt.
Auch er bereute seine Fehler sehr,
2940   Ja, und bejammerte sein Unglück noch viel mehr.

MARGARETE
Ach! daß die Menschen so unglücklich sind!
Gewiß ich will für ihn manch Requiem noch beten.

MEPHISTOPHELES
Ihr wäret wert, gleich in die Eh' zu treten:
Ihr seid ein liebenswürdig Kind.

MARGARETE
2945   Ach nein, das geht jetzt noch nicht an.

MEPHISTOPHELES
Ist's nicht ein Mann, sei's derweil' ein Galan.
's ist eine der größten Himmelsgaben,
So ein lieb Ding im Arm zu haben.

MARGARETE
Das ist des Landes nicht der Brauch.

MEPHISTOPHELES
2950   Brauch oder nicht! Es gibt sich auch.

MARTHE
Erzählt mir doch!

MEPHISTOPHELES
                    Ich stand an seinem Sterbebette,
Es war was besser als von Mist,
Von halbgefaultem Stroh; allein er starb als Christ,
Und fand daß er weit mehr noch auf der Zeche hätte.
2955   Wie, rief er, muß ich mich von Grund aus hassen,
So mein Gewerb, mein Weib so zu verlassen!
Ach! die Erinnrung tötet mich.
Vergäb' sie mir nur noch in diesem Leben! –

MARTHE *weinend*
Der gute Mann! ich hab' ihm längst vergeben.

MEPHISTOPHELES

  Allein, weiß Gott! sie war mehr Schuld als ich.   2960

MARTHE

  Das lügt er! Was! am Rand des Grab's zu lügen!

MEPHISTOPHELES

  Er fabelte gewiß in letzten Zügen,

  Wenn ich nur halb ein Kenner bin.

  Ich hatte, sprach er, nicht zum Zeitvertreib zu gaffen,

  Erst Kinder, und dann Brot für sie zu schaffen,   2965

  Und Brot im allerweit'sten Sinn,

  Und konnte nicht einmal mein Teil in Frieden essen.

MARTHE

  Hat er so aller Treu', so aller Lieb' vergessen,

  Der Plackerei bei Tag und Nacht!

MEPHISTOPHELES

  Nicht doch, er hat euch herzlich dran gedacht.   2970

  Er sprach: Als ich nun weg von Malta ging,

  Da betet' ich für Frau und Kinder brünstig;

  Uns war denn auch der Himmel günstig,

  Daß unser Schiff ein Türkisch Fahrzeug fing,

  Das einen Schatz des großen Sultans führte.   2975

  Da ward der Tapferkeit ihr Lohn,

  Und ich empfing denn auch, wie sich's gebührte,

  Mein wohlgemess'nes Teil davon.

MARTHE

  Ei wie? Ei wo? Hat er's vielleicht vergraben?

MEPHISTOPHELES

  Wer weiß, wo nun es die vier Winde haben.   2980

  Ein schönes Fräulein nahm sich seiner an,

  Als er in Napel fremd umher spazierte;

  Sie hat an ihm viel Lieb's und Treu's getan,

  Daß er's bis an sein selig Ende spürte.

MARTHE

  Der Schelm! der Dieb an seinen Kindern!   2985

  Auch alles Elend, alle Not

  Konnt' nicht sein schändlich Leben hindern!

MEPHISTOPHELES
  Ja seht! dafür ist er nun tot.
  Wär' ich nun jetzt an eurem Platze,
2990 Betraurt' ich ihn ein züchtig Jahr,
  Visierte dann unterweil' nach einem neuen Schatze.
MARTHE
  Ach Gott! wie doch mein erster war,
  Find' ich nicht leicht auf dieser Welt den andern!
  Es konnte kaum ein herziger Närrchen sein.
2995 Er liebte nur das allzuviele Wandern,
  Und fremde Weiber, und fremden Wein,
  Und das verfluchte Würfelspiel.
MEPHISTOPHELES
  Nun, nun, so konnt' es gehn und stehen,
  Wenn er euch ungefähr so viel
3000 Von seiner Seite nachgesehen.
  Ich schwör' euch zu, mit dem Beding
  Wechselt' ich selbst mit euch den Ring!
MARTHE
  O es beliebt dem Herrn zu scherzen!
MEPHISTOPHELES *für sich*
  Nun mach' ich mich bei Zeiten fort!
3005 Die hielte wohl den Teufel selbst bei'm Wort.
                    zu Gretchen
  Wie steht es denn mit Ihrem Herzen?
MARGARETE
  Was meint der Herr damit?
MEPHISTOPHELES *für sich*
                    Du gut's, unschuldig's Kind!
                    Laut
  Lebt wohl ihr Fraun!
MARGARETE
                    Lebt wohl!
MARTHE
                    O sagt mir doch geschwind!
  Ich möchte gern ein Zeugnis haben,
3010 Wo, wie und wann mein Schatz gestorben und begraben.

Ich bin von je der Ordnung Freund gewesen,
Möcht' ihn auch tot im Wochenblättchen lesen.
MEPHISTOPHELES
Ja, gute Frau, durch zweier Zeugen Mund
Wird allerwegs die Wahrheit kund;
Habe noch gar einen feinen Gesellen, 3015
Den will ich euch vor den Richter stellen.
Ich bring' ihn her.
MARTHE
                    O tut das ja!
MEPHISTOPHELES
Und hier die Jungfrau ist auch da? –
Ein braver Knab'! ist viel gereis't,
Fräuleins alle Höflichkeit erweis't. 3020
MARGARETE
Müßte vor dem Herren schamrot werden.
MEPHISTOPHELES
Vor keinem Könige der Erden.
MARTHE
Da hinter'm Haus in meinem Garten
Wollen wir der Herrn heut' Abend warten.

STRASSE

FAUST. MEPHISTOPHELES.

FAUST
3025 Wie ist's? Will's fördern? Will's bald gehn?
MEPHISTOPHELES
    Ah bravo! Find' ich euch in Feuer?
    In kurzer Zeit ist Gretchen euer.
    Heut' Abend sollt ihr sie bei Nachbar' Marthen sehn:
    Das ist ein Weib wie auserlesen
3030 Zum Kuppler- und Zigeunerwesen!
FAUST
    So recht!
MEPHISTOPHELES
            Doch wird auch was von uns begehrt.
FAUST
    Ein Dienst ist wohl des andern wert.
MEPHISTOPHELES
    Wir legen nur ein gültig Zeugnis nieder,
    Daß ihres Ehherrn ausgereckte Glieder
3035 In Padua an heil'ger Stätte ruhn.
FAUST
    Sehr klug! Wir werden erst die Reise machen müssen!
MEPHISTOPHELES
    SANCTA SIMPLICITAS! darum ist's nicht zu tun;
    Bezeugt nur ohne viel zu wissen.
FAUST
    Wenn Er nichts bessers hat, so ist der Plan zerrissen.
MEPHISTOPHELES
3040 O heil'ger Mann! Da wär't ihr's nun!
    Ist es das erstemal in eurem Leben,
    Daß ihr falsch Zeugnis abgelegt?
    Habt ihr von Gott, der Welt und was sich d'rin bewegt,

Vom Menschen, was sich ihm in Kopf und Herzen regt,
Definitionen nicht mit großer Kraft gegeben? 3045
Mit frecher Stirne, kühner Brust?
Und wollt ihr recht in's Innre gehen,
Habt ihr davon, ihr müßt es g'rad' gestehen,
So viel als von Herrn Schwerdtleins Tod gewußt!

FAUST
Du bist und bleibst ein Lügner, ein Sophiste. 3050

MEPHISTOPHELES
Ja, wenn man's nicht ein bißchen tiefer wüßte.
Denn morgen wirst, in allen Ehren,
Das arme Gretchen nicht betören,
Und alle Seelenlieb' ihr schwören?

FAUST
Und zwar von Herzen.

MEPHISTOPHELES
                    Gut und schön! 3055
Dann wird von ewiger Treu' und Liebe,
Von einzig überallmächt'gem Triebe –
Wird das auch so von Herzen gehn?

FAUST
Laß das! Es wird! – Wenn ich empfinde,
Für das Gefühl, für das Gewühl 3060
Nach Namen suche, keinen finde,
Dann durch die Welt mit allen Sinnen schweife,
Nach allen höchsten Worten greife,
Und diese Glut, von der ich brenne,
Unendlich, ewig, ewig nenne, 3065
Ist das ein teuflisch Lügenspiel?

MEPHISTOPHELES
Ich hab' doch Recht!

FAUST
                    Hör'! merk' dir dies –
Ich bitte dich, und schone meine Lunge –
Wer Recht behalten will und hat nur eine Zunge,
Behält's gewiß. 3070
Und komm', ich hab' des Schwätzens Überdruß,
Denn du hast Recht, vorzüglich weil ich muß.

GARTEN

MARGARETE *an* FAUSTENS *Arm,*
MARTHE *mit* MEPHISTOPHELES
auf und ab spazierend.

MARGARETE
Ich fühl' es wohl, daß mich der Herr nur schont,
Herab sich läßt, mich zu beschämen.
3075 Ein Reisender ist so gewohnt
Aus Gütigkeit fürlieb zu nehmen;
Ich weiß zu gut, daß solch' erfahrnen Mann
Mein arm Gespräch nicht unterhalten kann.
FAUST
Ein Blick von dir, Ein Wort mehr unterhält,
3080 Als alle Weisheit dieser Welt.
                    Er küßt ihre Hand.
MARGARETE
Inkommodiert euch nicht! Wie könnt ihr sie nur küssen?
Sie ist so garstig, ist so rauh!
Was hab' ich nicht schon alles schaffen müssen!
Die Mutter ist gar zu genau.
                    Gehn vorüber.
MARTHE
3085 Und ihr, mein Herr, ihr reis't so immer fort?
MEPHISTOPHELES
Ach, daß Gewerb' und Pflicht uns dazu treiben!
Mit wie viel Schmerz verläßt man manchen Ort,
Und darf doch nun einmal nicht bleiben!
MARTHE
In raschen Jahren geht's wohl an,
3090 So um und um frei durch die Welt zu streifen;
Doch kömmt die böse Zeit heran,
Und sich als Hagestolz allein zum Grab' zu schleifen,
Das hat noch Keinem wohl getan.

MEPHISTOPHELES
  Mit Grausen seh' ich das von weiten.
MARTHE
  Drum, wertet Herr, beratet euch in Zeiten.   3095
                    Gehn vorüber.
MARGARETE
  Ja, aus den Augen aus dem Sinn!
  Die Höflichkeit ist euch geläufig;
  Allein ihr habt der Freunde häufig,
  Sie sind verständiger als ich bin.
FAUST
  O Beste! glaube, was man so verständig nennt,   3100
  Ist oft mehr Eitelkeit und Kurzsinn.
MARGARETE
                              Wie?
FAUST
  Ach, daß die Einfalt, daß die Unschuld nie
  Sich selbst und ihren heil'gen Wert erkennt!
  Daß Demut, Niedrigkeit, die höchsten Gaben
  Der liebevoll austeilenden Natur –   3105
MARGARETE
  Denkt ihr an mich ein Augenblickchen nur,
  Ich werde Zeit genug an euch zu denken haben.
FAUST
  Ihr seid wohl viel allein?
MARGARETE
  Ja, unsre Wirtschaft ist nur klein,
  Und doch will sie versehen sein.   3110
  Wir haben keine Magd; muß kochen, fegen, stricken
  Und nähn, und laufen früh und spat;
  Und meine Mutter ist in allen Stücken
  So akkurat!
  Nicht daß sie just so sehr sich einzuschränken hat; 3115
  Wir könnten uns weit eh'r als andre regen:
  Mein Vater hinterließ ein hübsch Vermögen,
  Ein Häuschen und ein Gärtchen vor der Stadt.
  Doch hab' ich jetzt so ziemlich stille Tage;

3120 Mein Bruder ist Soldat,
Mein Schwesterchen ist tot.
Ich hatte mit dem Kind wohl meine liebe Not;
Doch übernähm' ich gern noch einmal alle Plage,
So lieb war mir das Kind.

FAUST

                    Ein Engel, wenn dir's glich.

MARGARETE

3125 Ich zog es auf, und herzlich liebt' es mich.
Es war nach meines Vaters Tod geboren,
Die Mutter gaben wir verloren,
So elend wie sie damals lag,
Und sie erholte sich sehr langsam, nach und nach.
3130 Da konnte sie nun nicht d'ran denken
Das arme Würmchen selbst zu tränken,
Und so erzog ich's ganz allein,
Mit Milch und Wasser; so ward's mein.
Auf meinem Arm, in meinem Schoß
3135 War's freundlich, zappelte, ward groß.

FAUST

Du hast gewiß das reinste Glück empfunden.

MARGARETE

Doch auch gewiß gar manche schwere Stunden.
Des Kleinen Wiege stand zu Nacht
An meinem Bett', es durfte kaum sich regen,
3140 War ich erwacht;
Bald mußt' ich's tränken, bald es zu mir legen,
Bald, wenn's nicht schwieg, vom Bett' aufstehn,
Und tänzelnd in der Kammer auf und nieder gehn,
Und früh am Tage schon am Waschtrog stehn;
3145 Dann auf dem Markt und an dem Herde sorgen,
Und immer fort wie heut so morgen.
Da geht's, mein Herr, nicht immer mutig zu;
Doch schmeckt dafür das Essen, schmeckt die Ruh.
                    Gehn vorüber.

MARTHE

Die armen Weiber sind doch übel dran:
3150 Ein Hagestolz ist schwerlich zu bekehren.

MEPHISTOPHELES
  Es käme nur auf eures gleichen an,
  Mich eines bessern zu belehren.
MARTHE
  Sagt g'rad', mein Herr, habt ihr noch nichts gefunden?
  Hat sich das Herz nicht irgendwo gebunden?
MEPHISTOPHELES
  Das Sprichwort sagt: Ein eigner Herd,   3155
  Ein braves Weib, sind Gold und Perlen wert.
MARTHE
  Ich meine, ob ihr niemals Lust bekommen?
MEPHISTOPHELES
  Man hat mich überall recht höflich aufgenommen.
MARTHE
  Ich wollte sagen: ward's nie Ernst in eurem Herzen?
MEPHISTOPHELES
  Mit Frauen soll man sich nie unterstehn zu scherzen.   3160
MARTHE
  Ach, ihr versteht mich nicht!
MEPHISTOPHELES
                        Das tut mir herzlich leid!
  Doch ich versteh' – daß ihr sehr gütig seid.
                    Gehn vorüber.
FAUST
  Du kanntest mich, o kleiner Engel, wieder,
  Gleich als ich in den Garten kam?
MARGARETE
  Saht ihr es nicht? ich schlug die Augen nieder.   3165
FAUST
  Und du verzeihst die Freiheit, die ich nahm,
  Was sich die Frechheit unterfangen,
  Als du jüngst aus dem Dom gegangen?
MARGARETE
  Ich war bestürzt, mir war das nie geschehn;
  Es konnte niemand von mir übels sagen.   3170
  Ach, dacht' ich, hat er in deinem Betragen
  Was freches, unanständiges gesehn?

Es schien ihn gleich nur anzuwandeln,
Mit dieser Dirne g'rade hin zu handeln.
3175 Gesteh' ich's doch! Ich wußte nicht was sich
Zu eurem Vorteil hier zu regen gleich begonnte;
Allein gewiß, ich war recht bös' auf mich,
Daß ich auf euch nicht böser werden konnte.

FAUST
Süß Liebchen!

MARGARETE
                        Laßt einmal!
Sie pflückt eine Sternblume und zupft die Blätter ab, eins nach
dem andern.

FAUST
                                    Was soll das? Einen Strauß?

MARGARETE
3180 Nein, es soll nur ein Spiel.

FAUST
                        Wie?

MARGARETE
                                    Geht! ihr lacht mich aus.
Sie rupft und murmelt.

FAUST
Was murmelst du?

MARGARETE *halb laut*
                        Er liebt mich – liebt mich nicht.

FAUST
Du holdes Himmels-Angesicht!

MARGARETE *fährt fort*
Liebt mich – Nicht – Liebt mich – Nicht –
            Das letzte Blatt ausrupfend, mit holder Freude
Er liebt mich!

FAUST
Ja, mein Kind! Laß dieses Blumenwort
3185 Dir Götter-Ausspruch sein. Er liebt dich!
Verstehst du, was das heißt? Er liebt dich!
                        Er faßt ihre beiden Hände.

MARGARETE
Mich überläuft's!

FAUST

O schaudre nicht! Laß diesen Blick,
Laß diesen Händedruck dir sagen,
Was unaussprechlich ist: 3190
Sich hinzugeben ganz und eine Wonne
Zu fühlen, die ewig sein muß!
Ewig! – Ihr Ende würde Verzweiflung sein.
Nein, kein Ende! Kein Ende!

MARGARETE

drückt ihm die Hände, macht sich los und läuft weg. Er steht einen
Augenblick in Gedanken, dann folgt er ihr.

MARTHE *kommend*

Die Nacht bricht an.

MEPHISTOPHELES

                        Ja, und wir wollen fort.   3195

MARTHE

Ich bät' euch länger hier zu bleiben,
Allein es ist ein gar zu böser Ort.
Es ist als hätte niemand nichts zu treiben
Und nichts zu schaffen,
Als auf des Nachbarn Schritt und Tritt zu gaffen,   3200
Und man kommt in's Gered', wie man sich immer stellt.
Und unser Pärchen?

MEPHISTOPHELES

                        Ist den Gang dort aufgeflogen.
Mutwill'ge Sommervögel!

MARTHE

                        Er scheint ihr gewogen.

MEPHISTOPHELES

Und sie ihm auch. Das ist der Lauf der Welt.

EIN GARTENHÄUSCHEN

MARGARETE *springt herein, steckt sich hinter die Tür, hält die Fingerspitze an die Lippen, und guckt durch die Ritze.*

MARGARETE
3205 Er kommt!
FAUST *kommt.*

        Ach Schelm, so neckst du mich!
Treff' ich dich!

Er küßt sie.

MARGARETE *ihn fassend und den Kuß zurückgebend*
      Bester Mann! von Herzen lieb' ich dich!
MEPHISTOPHELES *klopft an.*
FAUST *stampfend*
  Wer da?
MEPHISTOPHELES
      Gut Freund!
FAUST

        Ein Tier!
MEPHISTOPHELES

             Es ist wohl Zeit zu scheiden.
MARTHE *kommt.*
  Ja, es ist spät, mein Herr.
FAUST

          Darf ich euch nicht geleiten?
MARGARETE
  Die Mutter würde mich – Lebt wohl!
FAUST

            Muß ich denn gehn?
3210 Lebt wohl!
MARTHE
     Ade!
MARGARETE
      Auf baldig Wiedersehn!
Faust und Mephistopheles ab.

MARGARETE
  Du lieber Gott! was so ein Mann
  Nicht alles alles denken kann!
  Beschämt nur steh' ich vor ihm da,
  Und sag' zu allen Sachen ja.
  Bin doch ein arm unwissend Kind,   3215
  Begreife nicht was er an mir find't.
                    ab.

WALD UND HÖHLE

FAUST *allein*
  Erhabner Geist, du gabst mir, gabst mir Alles,
  Warum ich bat. Du hast mir nicht umsonst
  Dein Angesicht im Feuer zugewendet.
3220 Gabst mir die herrliche Natur zum Königreich,
  Kraft, sie zu fühlen, zu genießen. Nicht
  Kalt staunenden Besuch erlaubst du nur,
  Vergönnest mir in ihre tiefe Brust
  Wie in den Busen eines Freund's zu schauen.
3225 Du führst die Reihe der Lebendigen
  Vor mir vorbei, und lehrst mich meine Brüder
  Im stillen Busch, in Luft und Wasser kennen.
  Und wenn der Sturm im Walde braus't und knarrt,
  Die Riesenfichte stürzend Nachbaräste
3230 Und Nachbarstämme quetschend nieder streift,
  Und ihrem Fall dumpf hohl der Hügel donnert:
  Dann führst du mich zur sichern Höhle, zeigst
  Mich dann mir selbst, und meiner eignen Brust
  Geheime tiefe Wunder öffnen sich.
3235 Und steigt vor meinem Blick der reine Mond
  Besänftigend herüber: schweben mir
  Von Felsenwänden, aus dem feuchten Busch,
  Der Vorwelt silberne Gestalten auf,
  Und lindern der Betrachtung strenge Lust.

3240 O daß dem Menschen nichts Vollkomm'nes wird,
  Empfind' ich nun. Du gabst zu dieser Wonne,
  Die mich den Göttern nah' und näher bringt,
  Mir den Gefährten, den ich schon nicht mehr
  Entbehren kann, wenn er gleich, kalt und frech,
3245 Mich vor mir selbst erniedrigt, und zu Nichts,
  Mit einem Worthauch, deine Gaben wandelt.

Er facht in meiner Brust ein wildes Feuer
Nach jenem schönen Bild geschäftig an.
So tauml' ich von Begierde zu Genuß,
Und im Genuß verschmacht' ich nach Begierde.   3250

        MEPHISTOPHELES *tritt auf.*

MEPHISTOPHELES
Habt ihr nun bald das Leben g'nug geführt?
Wie kann's euch in die Länge freuen?
Es ist wohl gut, daß man's einmal probiert;
Dann aber wieder zu was Neuen!

FAUST
Ich wollt', du hättest mehr zu tun,   3255
Als mich am guten Tag zu plagen.

MEPHISTOPHELES
Nun nun! ich lass' dich gerne ruhn,
Du darfst mir's nicht im Ernste sagen.
An dir Gesellen unhold, barsch und toll,
Ist wahrlich wenig zu verlieren.   3260
Den ganzen Tag hat man die Hände voll!
Was ihm gefällt und was man lassen soll,
Kann man dem Herrn nie an der Nase spüren.

FAUST
Das ist so just der rechte Ton!
Er will noch Dank, daß er mich ennuyiert.   3265

MEPHISTOPHELES
Wie hätt'st du, armer Erdensohn,
Dein Leben ohne mich geführt?
Vom Kribskrabs der Imagination
Hab' ich dich doch auf Zeiten lang kuriert;
Und wär' ich nicht, so wär'st du schon   3270
Von diesem Erdball abspaziert.
Was hast du da in Höhlen, Felsenritzen
Dich wie ein Schuhu zu versitzen?
Was schlurfst aus dumpfem Moos und triefendem Gestein,
Wie eine Kröte, Nahrung ein?   3275
Ein schöner, süßer Zeitvertreib!
Dir steckt der Doktor noch im Leib.

FAUST
  Verstehst du, was für neue Lebenskraft
  Mir dieser Wandel in der Öde schafft?
3280 Ja, würdest du es ahnen können,
  Du wärest Teufel g'nug mein Glück mir nicht zu gönnen.
MEPHISTOPHELES
  Ein überirdisches Vergnügen!
  In Nacht und Tau auf den Gebirgen liegen,
  Und Erd und Himmel wonniglich umfassen,
3285 Zu einer Gottheit sich aufschwellen lassen,
  Der Erde Mark mit Ahnungsdrang durchwühlen,
  Alle sechs Tagewerk' im Busen fühlen,
  In stolzer Kraft ich weiß nicht was genießen,
  Bald liebewonniglich in alles überfließen,
3290 Verschwunden ganz der Erdensohn,
  Und dann die hohe Intuition –
                  Mit einer Gebärde
  Ich darf nicht sagen wie – zu schließen.
FAUST
  Pfui über dich!
MEPHISTOPHELES
                  Das will euch nicht behagen;
  Ihr habt das Recht gesittet pfui zu sagen.
3295 Man darf das nicht vor keuschen Ohren nennen,
  Was keusche Herzen nicht entbehren können.
  Und kurz und gut, ich gönn' Ihm das Vergnügen,
  Gelegentlich sich etwas vorzulügen;
  Doch lange hält Er das nicht aus.
3300 Du bist schon wieder abgetrieben,
  Und, währt es länger, aufgerieben
  In Tollheit oder Angst und Graus.
  Genug damit! Dein Liebchen sitzt dadrinne,
  Und alles wird ihr eng' und trüb'.
3305 Du kommst ihr gar nicht aus dem Sinne,
  Sie hat dich übermächtig lieb.
  Erst kam deine Liebeswut übergeflossen,

Wie vom geschmolznen Schnee ein Bächlein übersteigt;
Du hast sie ihr in's Herz gegossen;
Nun ist dein Bächlein wieder seicht.   3310
Mich dünkt, anstatt in Wäldern zu thronen,
Ließ es dem großen Herren gut,
Das arme affenjunge Blut
Für seine Liebe zu belohnen.
Die Zeit wird ihr erbärmlich lang;   3315
Sie steht am Fenster, sieht die Wolken ziehn
Über die alte Stadtmauer hin.
Wenn ich ein Vöglein wär'! so geht ihr Gesang
Tagelang, halbe Nächte lang.
Einmal ist sie munter, meist betrübt,   3320
Einmal recht ausgeweint,
Dann wieder ruhig, wie's scheint,
Und immer verliebt.

FAUST
  Schlange! Schlange!

MEPHISTOPHELES *für sich*
  Gelt! daß ich dich fange!   3325

FAUST
  Verruchter! hebe dich von hinnen,
  Und nenne nicht das schöne Weib!
  Bring' die Begier zu ihrem süßen Leib
  Nicht wieder vor die halb verrückten Sinnen!

MEPHISTOPHELES
  Was soll es denn? Sie meint, du seist entfloh'n,   3330
  Und halb und halb bist du es schon.

FAUST
  Ich bin ihr nah', und wär' ich noch so fern,
  Ich kann sie nie vergessen, nie verlieren;
  Ja, ich beneide schon den Leib des Herrn,
  Wenn ihre Lippen ihn indes berühren.   3335

MEPHISTOPHELES
  Gar wohl, mein Freund! Ich hab' euch oft beneidet
  Um's Zwillingspaar, das unter Rosen weidet.

FAUST
  Entfliehe, Kuppler!
MEPHISTOPHELES
            Schön! Ihr schimpft und ich muß lachen.
  Der Gott, der Bub' und Mädchen schuf,
3340 Erkannte gleich den edelsten Beruf,
  Auch selbst Gelegenheit zu machen.
  Nur fort, es ist ein großer Jammer!
  Ihr sollt in eures Liebchens Kammer,
  Nicht etwa in den Tod.
FAUST
3345 Was ist die Himmelsfreud' in ihren Armen?
  Laß mich an ihrer Brust erwarmen!
  Fühl' ich nicht immer ihre Not?
  Bin ich der Flüchtling nicht? der Unbehaus'te?
  Der Unmensch ohne Zweck und Ruh?
3350 Der wie ein Wassersturz von Fels zu Felsen braus'te
  Begierig wütend nach dem Abgrund zu.
  Und seitwärts sie, mit kindlich dumpfen Sinnen,
  Im Hüttchen auf dem kleinen Alpenfeld,
  Und all ihr häusliches Beginnen
3355 Umfangen in der kleinen Welt.
  Und ich, der Gottverhaßte,
  Hatte nicht genug,
  Daß ich die Felsen faßte
  Und sie zu Trümmern schlug!
3360 Sie, ihren Frieden mußt' ich untergraben!
  Du, Hölle, mußtest dieses Opfer haben!
  Hilf, Teufel, mir die Zeit der Angst verkürzen!
  Was muß geschehn, mag's gleich geschehn!
  Mag ihr Geschick auf mich zusammenstürzen
3365 Und sie mit mir zu Grunde gehn.
MEPHISTOPHELES
  Wie's wieder siedet, wieder glüht!
  Geh' ein und tröste sie, du Tor!
  Wo so ein Köpfchen keinen Ausgang sieht,
  Stellt er sich gleich das Ende vor.

Es lebe wer sich tapfer hält! 3370
Du bist doch sonst so ziemlich eingeteufelt.
Nichts Abgeschmackters find' ich auf der Welt,
Als einen Teufel der verzweifelt.

GRETCHENS STUBE

GRETCHEN *am Spinnrade allein*

Meine Ruh' ist hin,
3375   Mein Herz ist schwer;
Ich finde sie nimmer
Und nimmermehr.

Wo ich ihn nicht hab'
Ist mir das Grab,
3380   Die ganze Welt
Ist mir vergällt.

Mein armer Kopf
Ist mir verrückt,
Mein armer Sinn
3385   Ist mir zerstückt.

Meine Ruh' ist hin,
Mein Herz ist schwer;
Ich finde sie nimmer
Und nimmermehr.

3390   Nach ihm nur schau' ich
Zum Fenster hinaus,
Nach ihm nur geh' ich
Aus dem Haus.

Sein hoher Gang,
3395   Sein' edle Gestalt,
Seines Mundes Lächeln,
Seiner Augen Gewalt,

Und seiner Rede
Zauberfluß,
3400   Sein Händedruck,
Und ach sein Kuß!

Meine Ruh' ist hin.
Mein Herz ist schwer,
Ich finde sie nimmer
Und nimmermehr.   3405

Mein Busen drängt
Sich nach ihm hin.
Ach dürft' ich fassen
Und halten ihn!

Und küssen ihn   3410
So wie ich wollt',
An seinen Küssen
Vergehen sollt'!

MARTHENS GARTEN

MARGARETE. FAUST.

MARGARETE
  Versprich mir, Heinrich!
FAUST
                                  Was ich kann!
MARGARETE
3415 Nun sag', wie hast du's mit der Religion?
      Du bist ein herzlich guter Mann,
      Allein ich glaub', du hält'st nicht viel davon.
FAUST
      Laß das, mein Kind! Du fühlst, ich bin dir gut;
      Für meine Lieben ließ ich Leib und Blut,
3420 Will niemand sein Gefühl und seine Kirche rauben.
MARGARETE
      Das ist nicht recht, man muß d'ran glauben!
FAUST
      Muß man?
MARGARETE
                  Ach! wenn ich etwas auf dich könnte!
      Du ehrst auch nicht die heil'gen Sakramente.
FAUST
      Ich ehre sie.
MARGARETE
                  Doch ohne Verlangen.
3425 Zur Messe, zur Beichte bist du lange nicht gegangen.
      Glaubst du an Gott?
FAUST
                          Mein Liebchen, wer darf sagen,
      Ich glaub' an Gott?
      Magst Priester oder Weise fragen,
      Und ihre Antwort scheint nur Spott
3430 Über den Frager zu sein.

MARGARETE
                So glaubst du nicht?   3430

FAUST
  Mißhör' mich nicht, du holdes Angesicht!
  Wer darf ihn nennen?
  Und wer bekennen:
  Ich glaub' ihn.
  Wer empfinden   3435
  Und sich unterwinden
  Zu sagen: ich glaub' ihn nicht?
  Der Allumfasser,
  Der Allerhalter,
  Faßt und erhält er nicht   3440
  Dich, mich, sich selbst?
  Wölbt sich der Himmel nicht dadroben?
  Liegt die Erde nicht hierunten fest?
  Und steigen freundlich blickend
  Ewige Sterne nicht herauf?   3445
  Schau' ich nicht Aug' in Auge dir,
  Und drängt nicht alles
  Nach Haupt und Herzen dir,
  Und webt in ewigem Geheimnis
  Unsichtbar sichtbar neben dir?   3450
  Erfüll' davon dein Herz, so groß es ist,
  Und wenn du ganz in dem Gefühle selig bist,
  Nenn' es dann wie du willst,
  Nenn's Glück! Herz! Liebe! Gott!
  Ich habe keinen Namen   3455
  Dafür! Gefühl ist alles;
  Name ist Schall und Rauch,
  Umnebelnd Himmelsglut.

MARGARETE
  Das ist alles recht schön und gut;
  Ungefähr sagt das der Pfarrer auch,   3460
  Nur mit ein bißchen andern Worten.

FAUST
  Es sagen's aller Orten
  Alle Herzen unter dem himmlischen Tage,

Jedes in seiner Sprache;
3465 Warum nicht ich in der meinen?

MARGARETE

Wenn man's so hört, möcht's leidlich scheinen,
Steht aber doch immer schief darum;
Denn du hast kein Christentum.

FAUST

Lieb's Kind!

MARGARETE

Es tut mir lang' schon weh,
3470 Daß ich dich in der Gesellschaft seh'.

FAUST

Wie so?

MARGARETE

Der Mensch, den du da bei dir hast,
Ist mir in tiefer inn'rer Seele verhaßt;
Es hat mir in meinem Leben
So nichts einen Stich in's Herz gegeben,
3475 Als des Menschen widrig Gesicht.

FAUST

Liebe Puppe, fürcht' ihn nicht!

MARGARETE

Seine Gegenwart bewegt mir das Blut.
Ich bin sonst allen Menschen gut;
Aber, wie ich mich sehne dich zu schauen,
3480 Hab' ich vor dem Menschen ein heimlich Grauen,
Und halt' ihn für einen Schelm dazu!
Gott verzeih' mir's, wenn ich ihm Unrecht tu'!

FAUST

Es muß auch solche Käuze geben.

MARGARETE

Wollte nicht mit seines Gleichen leben!
3485 Kommt er einmal zur Tür herein,
Sieht er immer so spöttisch drein,
Und halb ergrimmt;
Man sieht, daß er an nichts keinen Anteil nimmt;

Es steht ihm an der Stirn' geschrieben,
Daß er nicht mag eine Seele lieben.   3490
Mir wird's so wohl in deinem Arm,
So frei, so hingegeben warm,
Und seine Gegenwart schnürt mir das Inn're zu.

FAUST
Du ahnungsvoller Engel du!

MARGARETE
Das übermannt mich so sehr,   3495
Daß, wo er nur mag zu uns treten,
Mein' ich sogar, ich liebte dich nicht mehr.
Auch wenn er da ist, könnt' ich nimmer beten,
Und das frißt mir in's Herz hinein;
Dir, Heinrich, muß es auch so sein.   3500

FAUST
Du hast nun die Antipathie!

MARGARETE
Ich muß nun fort.

FAUST
                    Ach kann ich nie
Ein Stündchen ruhig dir am Busen hängen,
Und Brust an Brust und Seel' in Seele drängen?

MARGARETE
Ach wenn ich nur alleine schlief'!   3505
Ich ließ dir gern heut Nacht den Riegel offen;
Doch meine Mutter schläft nicht tief,
Und würden wir von ihr betroffen,
Ich wär' gleich auf der Stelle tot!

FAUST
Du Engel, das hat keine Not.   3510
Hier ist ein Fläschchen! Drei Tropfen nur
In ihren Trank umhüllen
Mit tiefem Schlaf gefällig die Natur.

MARGARETE
Was tu' ich nicht um deinetwillen?
Es wird ihr hoffentlich nicht schaden!   3515

FAUST

Würd' ich sonst, Liebchen, dir es raten?

MARGARETE

Seh' ich dich, bester Mann, nur an,
Weiß nicht was mich nach deinem Willen treibt;
Ich habe schon so viel für dich getan,
3520 Daß mir zu tun fast nichts mehr übrig bleibt.

ab.

MEPHISTOPHELES *tritt auf.*

MEPHISTOPHELES

Der Grasaff'! ist er weg?

FAUST

Hast wieder spioniert?

MEPHISTOPHELES

Ich hab's ausführlich wohl vernommen,
Herr Doktor wurden da katechisiert;
Hoff' es soll Ihnen wohl bekommen.
3525 Die Mädels sind doch sehr interessiert,
Ob einer fromm und schlicht nach altem Brauch.
Sie denken, duckt er da, folgt er uns eben auch.

FAUST

Du Ungeheuer siehst nicht ein,
Wie diese treue liebe Seele
3530 Von ihrem Glauben voll,
Der ganz allein
Ihr selig machend ist, sich heilig quäle,
Daß sie den liebsten Mann verloren halten soll.

MEPHISTOPHELES

Du übersinnlicher, sinnlicher Freier,
3535 Ein Mägdelein nasführet dich.

FAUST

Du Spottgeburt von Dreck und Feuer!

MEPHISTOPHELES

Und die Physiognomie versteht sie meisterlich.
In meiner Gegenwart wird's ihr sie weiß nicht wie,
Mein Mäskchen da weissagt verborgnen Sinn;

Sie fühlt, daß ich ganz sicher ein Genie,   3540
Vielleicht wohl gar der Teufel bin.
Nun heute Nacht – ?

FAUST

                  Was geht dich's an?

MEPHISTOPHELES

Hab' ich doch meine Freude d'ran!

AM BRUNNEN

GRETCHEN *und* LIESCHEN
mit Krügen.

LIESCHEN
  Hast nichts von Bärbelchen gehört?
GRETCHEN
3545 Kein Wort. Ich komm' gar wenig unter Leute.
LIESCHEN
  Gewiß, Sibylle sagt' mir's heute!
  Die hat sich endlich auch betört.
  Das ist das Vornehmtun!
GRETCHEN
                              Wie so?
LIESCHEN
                                    Es stinkt!
  Sie füttert zwei, wenn sie nun ißt und trinkt.
GRETCHEN
3550 Ach!
LIESCHEN
  So ist's ihr endlich recht ergangen.
  Wie lange hat sie an dem Kerl gehangen!
  Das war ein Spazieren,
  Auf Dorf und Tanzplatz Führen,
3555 Mußt' überall die erste sein,
  Kurtesiert' ihr immer mit Pastetchen und Wein;
  Bild't sich was auf ihre Schönheit ein,
  War doch so ehrlos sich nicht zu schämen
  Geschenke von ihm anzunehmen.
3560 War ein Gekos' und ein Geschleck';
  Da ist denn auch das Blümchen weg!

GRETCHEN
  Das arme Ding!
LIESCHEN
                Bedauerst sie noch gar!
  Wenn unser eins am Spinnen war,
  Uns Nachts die Mutter nicht hinunterließ:
  Stand sie bei ihrem Buhlen süß,   3565
  Auf der Türbank und im dunkeln Gang
  Ward ihnen keine Stunde zu lang.
  Da mag sie denn sich ducken nun,
  Im Sünderhemdchen Kirchbuß' tun!
GRETCHEN
  Er nimmt sie gewiß zu seiner Frau.   3570
LIESCHEN
  Er wär' ein Narr! Ein flinker Jung'
  Hat anderwärts noch Luft genung,
  Er ist auch fort.
GRETCHEN
                Das ist nicht schön!
LIESCHEN
  Kriegt sie ihn, soll's ihr übel gehn.
  Das Kränzel reißen die Buben ihr,   3575
  Und Häckerling streuen wir vor die Tür!
                ab.
GRETCHEN *nach Hause gehend*
  Wie konnt' ich sonst so tapfer schmälen,
  Wenn tät ein armes Mägdlein fehlen!
  Wie konnt' ich über andrer Sünden
  Nicht Worte g'nug der Zunge finden!   3580
  Wie schien mir's schwarz, und schwärzt's noch gar,
  Mir's immer doch nicht schwarz g'nug war,
  Und segnet' mich und tat so groß,
  Und bin nun selbst der Sünde bloß!
  Doch – alles was dazu mich trieb,   3585
  Gott! war so gut! ach war so lieb!

ZWINGER

In der Mauerhöhle ein Andachtsbild der Mater dolorosa,
Blumenkrüge davor.

GRETCHEN *steckt frische Blumen in die Krüge.*
    Ach neige,
    Du Schmerzenreiche,
    Dein Antlitz gnädig meiner Not!

3590   Das Schwert im Herzen,
    Mit tausend Schmerzen
    Blickst auf zu deines Sohnes Tod.

    Zum Vater blickst du,
    Und Seufzer schickst du
3595   Hinauf um sein' und deine Not.

    Wer fühlet,
    Wie wühlet
    Der Schmerz mir im Gebein?
    Was mein armes Herz hier banget,
3600   Was es zittert, was verlanget,
    Weißt nur du, nur du allein!

    Wohin ich immer gehe,
    Wie weh, wie weh, wie wehe
    Wird mir im Busen hier!
3605   Ich bin ach kaum alleine,
    Ich wein', ich wein', ich weine,
    Das Herz zerbricht in mir.

    Die Scherben vor meinem Fenster
    Betaut' ich mit Tränen, ach!
3610   Als ich am frühen Morgen
    Dir diese Blumen brach.

Schien hell in meine Kammer
Die Sonne früh herauf,
Saß ich in allem Jammer
In meinem Bett' schon auf.   3615

Hilf! rette mich von Schmach und Tod!
Ach neige,
Du Schmerzenreiche,
Dein Antlitz gnädig meiner Not!

NACHT

Straße vor Gretchens Türe

VALENTIN *Soldat, Gretchens Bruder*
3620 Wenn ich so saß bei einem Gelag,
Wo mancher sich berühmen mag,
Und die Gesellen mir den Flor
Der Mägdlein laut gepriesen vor,
Mit vollem Glas das Lob verschwemmt,
3625 Den Ellenbogen aufgestemmt
Saß ich in meiner sichern Ruh,
Hört' all' dem Schwadronieren zu,
Und streiche lächelnd meinen Bart,
Und kriege das volle Glas zur Hand
3630 Und sage: Alles nach seiner Art!
Aber ist eine im ganzen Land,
Die meiner trauten Gretel gleicht,
Die meiner Schwester das Wasser reicht?
Topp! Topp! Kling! Klang! das ging herum!
3635 Die einen schrieen: er hat Recht,
Sie ist die Zier vom ganzen Geschlecht!
Da saßen alle die Lober stumm.
Und nun! – um's Haar sich auszuraufen
Und an den Wänden hinauf zu laufen! –
3640 Mit Stichelreden, Naserümpfen
Soll jeder Schurke mich beschimpfen!
Soll wie ein böser Schuldner sitzen,
Bei jedem Zufallswörtchen schwitzen!
Und möcht' ich sie zusammenschmeißen:
3645 Könnt' ich sie doch nicht Lügner heißen.

Was kommt heran? Was schleicht herbei?
Irr' ich nicht, es sind ihrer zwei.

Ist er's, gleich pack' ich ihn beim Felle,
Soll nicht lebendig von der Stelle!

FAUST. MEPHISTOPHELES.

FAUST

Wie von dem Fenster dort der Sakristei   3650
Aufwärts der Schein des ew'gen Lämpchens flämmert
Und schwach und schwächer seitwärts dämmert,
Und Finsternis drängt ringsum bei!
So sieht's in meinem Busen nächtig.

MEPHISTOPHELES

Und mir ist's wie dem Kätzlein schmächtig,   3655
Das an den Feuerleitern schleicht,
Sich leis' dann um die Mauern streicht;
Mir ist's ganz tugendlich dabei,
Ein bißchen Diebsgelüst, ein bißchen Rammelei.
So spukt mir schon durch alle Glieder   3660
Die herrliche Walpurgisnacht.
Die kommt uns übermorgen wieder,
Da weiß man doch warum man wacht.

FAUST

Rückt wohl der Schatz indessen in die Höh',
Den ich dorthinten flimmern seh'?   3665

MEPHISTOPHELES

Du kannst die Freude bald erleben,
Das Kesselchen herauszuheben.
Ich schielte neulich so hinein,
Sind herrliche Löwentaler drein.

FAUST

Nicht ein Geschmeide? Nicht ein Ring?   3670
Meine liebe Buhle damit zu zieren.

MEPHISTOPHELES

Ich sah dabei wohl so ein Ding,
Als wie eine Art von Perlenschnüren.

FAUST

So ist es recht! Mir tut es weh,
Wenn ich ohne Geschenke zu ihr geh'.   3675

MEPHISTOPHELES
  Es sollt' euch eben nicht verdrießen
  Umsonst auch etwas zu genießen.
  Jetzt da der Himmel voller Sterne glüht,
  Sollt ihr ein wahres Kunststück hören:
3680 Ich sing' ihr ein moralisch Lied,
  Um sie gewisser zu betören.

                    Singt zur Zither
              Was machst du mir
              Vor Liebchens Tür
              Kathrinchen hier
3685   Bei frühem Tagesblicke?
              Laß, laß es sein!
              Er läßt dich ein
              Als Mädchen ein,
              Als Mädchen nicht zurücke.

3690   Nehmt euch in Acht!
              Ist es vollbracht,
              Dann gute Nacht
              Ihr armen, armen Dinger!
              Habt ihr euch lieb,
3695   Tut keinem Dieb
              Nur nichts zu Lieb',
              Als mit dem Ring am Finger.

VALENTIN *tritt vor.*
  Wen lockst du hier? bei'm Element!
  Vermaledeiter Rattenfänger!
3700 Zum Teufel erst das Instrument!
  Zum Teufel hinter drein den Sänger!
MEPHISTOPHELES
  Die Zither ist entzwei! an der ist nichts zu halten.
VALENTIN
  Nun soll es an ein Schädelspalten!
MEPHISTOPHELES *zu Faust*
  Herr Doktor nicht gewichen! Frisch!
3705 Hart an mich an, wie ich euch führe.

Heraus mit eurem Flederwisch!
Nur zugestoßen! Ich pariere.

VALENTIN
Pariere den!

MEPHISTOPHELES
      Warum denn nicht?

VALENTIN
Auch den!

MEPHISTOPHELES
      Gewiß!

VALENTIN
      Ich glaub' der Teufel ficht!
Was ist denn das? Schon wird die Hand mir lahm.   3710

MEPHISTOPHELES *zu Faust*
Stoß zu!

VALENTIN *fällt*
    O weh!

MEPHISTOPHELES
      Nun ist der Lümmel zahm!
Nun aber fort! Wir müssen gleich verschwinden:
Denn schon entsteht ein mörderlich Geschrei.
Ich weiß mich trefflich mit der Polizei,
Doch mit dem Blutbann schlecht mich abzufinden.   3715

MARTHE *am Fenster*
Heraus! Heraus!

GRETCHEN *am Fenster*
      Herbei ein Licht!

MARTHE *wie oben*
Man schilt und rauft, man schreit und ficht.

VOLK
Da liegt schon einer tot!

MARTHE *heraustretend*
Die Mörder sind sie denn entflohn?

GRETCHEN *heraustretend*
Wer liegt hier?

VOLK
      Deiner Mutter Sohn.   3720

GRETCHEN
  Allmächtiger! welche Not!
VALENTIN
  Ich sterbe! das ist bald gesagt
  Und bälder noch getan.
  Was steht ihr Weiber, heult und klagt?
3725 Kommt her und hört mich an!

                    Alle treten um ihn.

  Mein Gretchen sieh! du bist noch jung,
  Bist gar noch nicht gescheit genung,
  Machst deine Sachen schlecht.
  Ich sag' dir's im Vertrauen nur:
3730 Du bist doch nun einmal eine Hur';
  So sei's auch eben recht.
GRETCHEN
  Mein Bruder! Gott! Was soll mir das?
VALENTIN
  Lass' unsern Herr Gott aus dem Spaß.
  Geschehn ist leider nun geschehn,
3735 Und wie es gehn kann, so wird's gehn.
  Du fingst mit Einem heimlich an,
  Bald kommen ihrer mehre dran,
  Und wenn dich erst ein Dutzend hat,
  So hat dich auch die ganze Stadt.

3740 Wenn erst die Schande wird geboren,
  Wird sie heimlich zur Welt gebracht,
  Und man zieht den Schleier der Nacht
  Ihr über Kopf und Ohren;
  Ja, man möchte sie gern ermorden.
3745 Wächst sie aber und macht sich groß,
  Dann geht sie auch bei Tage bloß,
  Und ist doch nicht schöner geworden.
  Je häßlicher wird ihr Gesicht,
  Je mehr sucht sie des Tages Licht.

Ich seh' wahrhaftig schon die Zeit, 3750
Daß alle brave Bürgersleut',
Wie von einer angesteckten Leichen,
Von dir, du Metze! seitab weichen.
Dir soll das Herz im Leib verzagen,
Wenn sie dir in die Augen sehn! 3755
Sollst keine goldne Kette mehr tragen!
In der Kirche nicht mehr am Altar stehn!
In einem schönen Spitzenkragen
Dich nicht bei'm Tanze wohlbehagen!
In eine finstre Jammerecken 3760
Unter Bettler und Krüppel dich verstecken,
Und wenn dir denn auch Gott verzeiht,
Auf Erden sein vermaledeit!

MARTHE
Befehlt eure Seele Gott zu Gnaden!
Wollt ihr noch Lästrung auf euch laden? 3765

VALENTIN
Könnt' ich dir nur an den dürren Leib,
Du schändlich kupplerisches Weib!
Da hofft' ich aller meiner Sünden
Vergebung reiche Maß zu finden.

GRETCHEN
Mein Bruder! Welche Höllenpein! 3770

VALENTIN
Ich sage, laß die Tränen sein!
Da du dich sprachst der Ehre los,
Gabst mir den schwersten Herzensstoß.
Ich gehe durch den Todesschlaf
Zu Gott ein als Soldat und brav. 3775
(*stirbt.*)

DOM

Amt, Orgel und Gesang

GRETCHEN *unter vielem Volke*. BÖSER GEIST
hinter Gretchen.

BÖSER GEIST
　Wie anders, Gretchen, war dir's,
　Als du noch voll Unschuld
　Hier zum Altar trat'st,
　Aus dem vergriffnen Büchelchen
3780　Gebete lalltest,
　Halb Kinderspiele,
　Halb Gott im Herzen!
　Gretchen!
　Wo steht dein Kopf?
3785　In deinem Herzen,
　Welche Missetat?
　Bet'st du für deiner Mutter Seele, die
　Durch dich zur langen, langen Pein hinüberschlief?
　Auf deiner Schwelle wessen Blut?
3790　– Und unter deinem Herzen
　Regt sich's nicht quillend schon,
　Und ängstet dich und sich
　Mit ahnungsvoller Gegenwart?
GRETCHEN
　Weh! Weh!
3795　Wär' ich der Gedanken los,
　Die mir herüber und hinüber gehen
　Wider mich!
CHOR
　　Dies irae, dies illa
　　Solvet saeclum in favilla.
　　　　　　　　　Orgelton.

BÖSER GEIST
  Grimm faßt dich!   3800
  Die Posaune tönt!
  Die Gräber beben!
  Und dein Herz,
  Aus Aschenruh'
  Zu Flammenqualen   3805
  Wieder aufgeschaffen,
  Bebt auf!
GRETCHEN
  Wär' ich hier weg!
  Mir ist als ob die Orgel mir
  Den Atem versetzte,   3810
  Gesang mein Herz
  Im Tiefsten lös'te.
CHOR
    JUDEX ERGO CUM SEDEBIT,
    QUIDQUID LATET ADPAREBIT,
    NIL INULTUM REMANEBIT.   3815
GRETCHEN
  Mir wird so eng'!
  Die Mauern-Pfeiler
  Befangen mich!
  Das Gewölbe
  Drängt mich! – Luft!   3820
BÖSER GEIST
  Verbirg' dich! Sünd' und Schande
  Bleibt nicht verborgen.
  Luft? Licht?
  Weh dir!
CHOR
    QUID SUM MISER TUNC DICTURUS?   3825
    QUEM PATRONUM ROGATURUS?
    CUM VIX JUSTUS SIT SECURUS.
BÖSER GEIST
  Ihr Antlitz wenden
  Verklärte von dir ab.

3830 Die Hände dir zu reichen,
      Schauert's den Reinen.
      Weh!
CHOR
      QUID SUM MISER TUNC DICTURUS?
GRETCHEN
      Nachbarin! Euer Fläschchen! –
                          Sie fällt in Ohnmacht.

WALPURGISNACHT

Harzgebirg
Gegend von Schirke und Elend

FAUST. MEPHISTOPHELES.

MEPHISTOPHELES
Verlangst du nicht nach einem Besenstiele? 3835
Ich wünschte mir den allerderbsten Bock.
Auf diesem Weg sind wir noch weit vom Ziele.
FAUST
So lang' ich mich noch frisch auf meinen Beinen fühle,
Genügt mir dieser Knotenstock.
Was hilft's daß man den Weg verkürzt! – 3840
Im Labyrinth der Täler hinzuschleichen,
Dann diesen Felsen zu ersteigen,
Von dem der Quell sich ewig sprudelnd stürzt,
Das ist die Lust, die solche Pfade würzt!
Der Frühling webt schon in den Birken 3845
Und selbst die Fichte fühlt ihn schon;
Sollt' er nicht auch auf unsre Glieder wirken?
MEPHISTOPHELES
Fürwahr ich spüre nichts davon!
Mir ist es winterlich im Leibe;
Ich wünschte Schnee und Frost auf meiner Bahn. 3850
Wie traurig steigt die unvollkommne Scheibe
Des roten Monds mit später Glut heran,
Und leuchtet schlecht, daß man bei jedem Schritte
Vor einen Baum, vor einen Felsen rennt!
Erlaub' daß ich ein Irrlicht bitte! 3855
Dort seh' ich eins, das eben lustig brennt.
He da! mein Freund! Darf ich dich zu uns fodern?
Was willst du so vergebens lodern?
Sei doch so gut und leucht' uns da hinauf!

IRRLICHT

3860 Aus Ehrfurcht, hoff' ich, soll es mir gelingen,
Mein leichtes Naturell zu zwingen;
Nur Zickzack geht gewöhnlich unser Lauf.

MEPHISTOPHELES

Ei! Ei! er denkt's den Menschen nachzuahmen.
Geh er nur g'rad', ins Teufels Namen!
3865 Sonst blas' ich ihm sein Flacker-Leben aus.

IRRLICHT

Ich merke wohl, ihr seid der Herr vom Haus,
Und will mich gern nach euch bequemen.
Allein bedenkt! der Berg ist heute zaubertoll,
Und wenn ein Irrlicht euch die Wege weisen soll,
3870 So müßt ihr's so genau nicht nehmen.

FAUST, MEPHISTOPHELES, IRRLICHT
im Wechselgesang

In die Traum- und Zaubersphäre
Sind wir, scheint es, eingegangen.
Führ' uns gut und mach' dir Ehre!
Daß wir vorwärts bald gelangen,
3875 In den weiten öden Räumen.

Seh' die Bäume hinter Bäumen,
Wie sie schnell vorüber rücken,
Und die Klippen, die sich bücken,
Und die langen Felsennasen,
3880 Wie sie schnarchen, wie sie blasen!

Durch die Steine, durch den Rasen
Eilet Bach und Bächlein nieder.
Hör' ich Rauschen? hör' ich Lieder?
Hör' ich holde Liebesklage,
3885 Stimmen jener Himmelstage?
Was wir hoffen, was wir lieben!
Und das Echo, wie die Sage
Alter Zeiten, hallet wider.

Uhu! Schuhu! tönt es näher,
3890 Kauz und Kiebitz und der Häher,

Sind sie alle wach geblieben?
Sind das Molche durch's Gesträuche?
Lange Beine, dicke Bäuche!
Und die Wurzeln, wie die Schlangen,
Winden sich aus Fels und Sande,   3895
Strecken wunderliche Bande,
Uns zu schrecken, uns zu fangen;
Aus belebten derben Masern
Strecken sie Polypenfasern
Nach dem Wandrer. Und die Mäuse   3900
Tausendfärbig, scharenweise,
Durch das Moos und durch die Heide!
Und die Funkenwürmer fliegen,
Mit gedrängten Schwärme-Zügen,
Zum verwirrenden Geleite.   3905

Aber sag' mir ob wir stehen,
Oder ob wir weiter gehen?
Alles, alles scheint zu drehen,
Fels und Bäume, die Gesichter
Schneiden, und die irren Lichter,   3910
Die sich mehren, die sich blähen.

MEPHISTOPHELES
  Fasse wacker meinen Zipfel!
  Hier ist so ein Mittelgipfel,
  Wo man mit Erstaunen sieht,
  Wie im Berg der Mammon glüht.   3915

FAUST
  Wie seltsam glimmert durch die Gründe
  Ein morgenrötlich trüber Schein!
  Und selbst bis in die tiefen Schlünde
  Des Abgrunds wittert er hinein.
  Da steigt ein Dampf, dort ziehen Schwaden,   3920
  Hier leuchtet Glut aus Dunst und Flor,
  Dann schleicht sie wie ein zarter Faden,
  Dann bricht sie wie ein Quell hervor.
  Hier schlingt sie eine ganze Strecke,

3925 Mit hundert Adern, sich durch's Tal,
Und hier in der gedrängten Ecke
Vereinzelt sie sich auf einmal.
Da sprühen Funken in der Nähe,
Wie ausgestreuter goldner Sand.
3930 Doch schau! in ihrer ganzen Höhe
Entzündet sich die Felsenwand.

MEPHISTOPHELES
Erleuchtet nicht zu diesem Feste
Herr Mammon prächtig den Palast?
Ein Glück daß du's gesehen hast;
3935 Ich spüre schon die ungestümen Gäste.

FAUST
Wie ras't die Windsbraut durch die Luft!
Mit welchen Schlägen trifft sie meinen Nacken!

MEPHISTOPHELES
Du mußt des Felsens alte Rippen packen;
Sonst stürzt sie dich hinab in dieser Schlünde Gruft.
3940 Ein Nebel verdichtet die Nacht.
Höre wie's durch die Wälder kracht!
Aufgescheucht fliegen die Eulen.
Hör' es splittern die Säulen
Ewig grüner Paläste.
3945 Girren und Brechen der Äste
Der Stämme mächtiges Dröhnen!
Der Wurzeln Knarren und Gähnen!
Im fürchterlich verworrenen Falle
Über einander krachen sie alle,
3950 Und durch die übertrümmerten Klüfte
Zischen und heulen die Lüfte.
Hörst du Stimmen in der Höhe?
In der Ferne, in der Nähe?
Ja, den ganzen Berg entlang
3955 Strömt ein wütender Zaubergesang!

HEXEN *im Chor*
Die Hexen zu dem Brocken ziehn,
Die Stoppel ist gelb, die Saat ist grün.

Dort sammelt sich der große Hauf,
Herr Urian sitzt oben auf.
So geht es über Stein und Stock   3960
Es f[arz]t die Hexe, es st[ink]t der Bock.

STIMME
  Die alte Baubo kommt allein;
  Sie reitet auf einem Mutterschwein.

CHOR
        So Ehre dem, wem Ehre gebührt!
        Frau Baubo vor! und angeführt!   3965
        Ein tüchtig Schwein und Mutter drauf;
        Da folgt der ganze Hexenhauf.

STIMME
  Welchen Weg kommst du her?

STIMME
                        Über'n Ilsenstein!
  Da guckt' ich der Eule in's Nest hinein.
  Die macht ein Paar Augen!

STIMME
                        O fahre zur Hölle!   3970
  Was reit'st du so schnelle!

STIMME
  Mich hat sie geschunden,
  Da sieh nur die Wunden!

HEXEN. *Chor*
        Der Weg ist breit, der Weg ist lang,
        Was ist das für ein toller Drang?   3975
        Die Gabel sticht, der Besen kratzt,
        Das Kind erstickt, die Mutter platzt.

HEXENMEISTER. *Halbes Chor*
        Wir schleichen wie die Schneck' im Haus,
        Die Weiber alle sind voraus.
        Denn, geht es zu des Bösen Haus,   3980
        Das Weib hat tausend Schritt voraus.

ANDRE HÄLFTE
        Wir nehmen das nicht so genau,
        Mit tausend Schritten macht's die Frau;

Doch, wie sie auch sich eilen kann,
3985   Mit einem Sprunge macht's der Mann.

STIMME *oben*

Kommt mit, kommt mit, vom Felsensee!

STIMMEN *von unten*

Wir möchten gerne mit in die Höh'.
Wir waschen und blank sind wir ganz und gar;
Aber auch ewig unfruchtbar.

BEIDE CHÖRE

3990   Es schweigt der Wind, es flieht der Stern,
Der trübe Mond verbirgt sich gern.
Im Sausen sprüht das Zauber-Chor
Viel tausend Feuerfunken hervor.

STIMME *von unten*

Halte! Halte!

STIMME *von oben*

3995 Wer ruft da aus der Felsenspalte?

STIMME *unten*

Nehmt mich mit! Nehmt mich mit!
Ich steige schon dreihundert Jahr,
Und kann den Gipfel nicht erreichen.
Ich wäre gern bei Meinesgleichen.

BEIDE CHÖRE

4000   Es trägt der Besen, trägt der Stock,
Die Gabel trägt, es trägt der Bock;
Wer heute sich nicht heben kann,
Ist ewig ein verlorner Mann.

HALBHEXE *unten*

Ich tripple nach, so lange Zeit;
4005 Wie sind die Andern schon so weit!
Ich hab' zu Hause keine Ruh,
Und komme hier doch nicht dazu.

CHOR DER HEXEN

Die Salbe gibt den Hexen Mut,
Ein Lumpen ist zum Segel gut,
4010   Ein gutes Schiff ist jeder Trog;
Der flieget nie, der heut nicht flog.

BEIDE CHÖRE
          Und wenn wir um den Gipfel ziehn,
          So streichet an dem Boden hin.
          Und deckt die Heide weit und breit
          Mit eurem Schwarm der Hexenheit.   4015
                    Sie lassen sich nieder.

MEPHISTOPHELES
  Das drängt und stößt, das ruscht und klappert!
  Das zischt und quirlt, das zieht und plappert!
  Das leuchtet, sprüht und stinkt und brennt!
  Ein wahres Hexenelement!
  Nur fest an mir! sonst sind wir gleich getrennt.   4020
  Wo bist du?

FAUST *in der Ferne*
                    Hier!

MEPHISTOPHELES
                    Was! dort schon hingerissen?
  Da werd' ich Hausrecht brauchen müssen.
  Platz! Junker Voland kommt. Platz! süßer Pöbel, Platz!
  Hier, Doktor, fasse mich! und nun, in Einem Satz,
  Laß uns aus dem Gedräng' entweichen;   4025
  Es ist zu toll, sogar für Meinesgleichen.
  Dort neben leuchtet was mit ganz besond'rem Schein,
  Es zieht mich was nach jenen Sträuchen.
  Komm, komm! wir schlupfen da hinein.

FAUST
  Du Geist des Widerspruchs! Nur zu! du magst
                              mich führen.   4030
  Ich denke doch, das war recht klug gemacht:
  Zum Brocken wandlen wir in der Walpurgisnacht,
  Um uns beliebig nun hieselbst zu isolieren.

MEPHISTOPHELES
  Da sieh nur welche bunten Flammen!
  Es ist ein muntrer Klub beisammen.   4035
  Im Kleinen ist man nicht allein.

FAUST
  Doch droben möcht' ich lieber sein!

Schon seh' ich Glut und Wirbelrauch.

Dort strömt die Menge zu dem Bösen;

4040 Da muß sich manches Rätsel lösen.

MEPHISTOPHELES

Doch manches Rätsel knüpft sich auch.

Laß du die große Welt nur sausen,

Wir wollen hier im Stillen hausen.

Es ist doch lange hergebracht,

4045 Daß in der großen Welt man kleine Welten macht.

Da seh' ich junge Hexchen nackt und bloß,

Und alte die sich klug verhüllen.

Seid freundlich, nur um meinetwillen;

Die Müh' ist klein, der Spaß ist groß.

4050 Ich höre was von Instrumenten tönen!

Verflucht Geschnarr! Man muß sich dran gewöhnen.

Komm mit! Komm mit! Es kann nicht anders sein,

Ich tret' heran und führe dich herein,

Und ich verbinde dich auf's neue.

4055 Was sagst du, Freund? das ist kein kleiner Raum.

Da sieh nur hin! du siehst das Ende kaum.

Ein Hundert Feuer brennen in der Reihe;

Man tanzt, man schwatzt, man kocht, man trinkt,

man liebt;

Nun sage mir, wo es was bessers gibt?

FAUST

4060 Willst du dich nun, um uns hier einzuführen

Als Zaub'rer oder Teufel produzieren?

MEPHISTOPHELES

Zwar bin ich sehr gewohnt inkognito zu gehn;

Doch läßt am Galatag man seinen Orden sehn.

Ein Knieband zeichnet mich nicht aus,

4065 Doch ist der Pferdefuß hier ehrenvoll zu Haus.

Siehst du die Schnecke da? Sie kommt herangekrochen;

Mit ihrem tastenden Gesicht

Hat sie mir schon was abgerochen.

Wenn ich auch will, verleugn' ich hier mich nicht.

4070 Komm nur! von Feuer gehen wir zu Feuer,

Ich bin der Werber und du bist der Freier.
Zu einigen, die um verglimmende Kohlen sitzen
Ihr alten Herrn, was macht ihr hier am Ende?
Ich lobt' euch, wenn ich euch hübsch in der Mitte fände,
Von Saus umzirkt und Jugendbraus;
Genug allein ist jeder ja zu Haus.   4075

GENERAL
  Wer mag auf Nationen trauen!
  Man habe noch so viel für sie getan;
  Denn bei dem Volk, wie bei den Frauen,
  Steht immerfort die Jugend oben an.

MINISTER
  Jetzt ist man von dem Rechten allzuweit,   4080
  Ich lobe mir die guten Alten;
  Denn freilich, da wir alles galten,
  Da war die rechte goldne Zeit.

PARVENÜ
  Wir waren wahrlich auch nicht dumm,
  Und taten oft was wir nicht sollten;   4085
  Doch jetzo kehrt sich alles um und um,
  Und eben da wir's fest erhalten wollten.

AUTOR
  Wer mag wohl überhaupt jetzt eine Schrift
  Von mäßig klugem Inhalt lesen!
  Und was das liebe junge Volk betrifft,   4090
  Das ist noch nie so naseweis gewesen.

MEPHISTOPHELES *der auf einmal sehr alt erscheint*
  Zum jüngsten Tag fühl' ich das Volk gereift,
  Da ich zum letztenmal den Hexenberg ersteige,
  Und, weil mein Fäßchen trübe läuft,
  So ist die Welt auch auf der Neige.   4095

TRÖDELHEXE
  Ihr Herren geht nicht so vorbei!
  Laßt die Gelegenheit nicht fahren!
  Aufmerksam blickt nach meinen Waren;
  Es steht dahier gar mancherlei.
  Und doch ist nichts in meinem Laden,   4100

Dem keiner auf der Erde gleicht,
Das nicht einmal zum tücht'gen Schaden
Der Menschen und der Welt gereicht.
Kein Dolch ist hier, von dem nicht Blut geflossen,
4105   Kein Kelch, aus dem sich nicht in ganz gesunden Leib
Verzehrend heißes Gift ergossen,
Kein Schmuck, der nicht ein liebenswürdig Weib
Verführt, kein Schwert das nicht den Bund gebrochen,
Nicht etwa hinterrücks den Gegenmann durchstochen.

MEPHISTOPHELES

4110   Frau Muhme! Sie versteht mir schlecht die Zeiten.
Getan geschehn! Geschehn getan!
Verleg' sie sich auf Neuigkeiten!
Nur Neuigkeiten ziehn uns an.

FAUST

Daß ich mich nur nicht selbst vergesse!
4115   Heiß' ich mir das doch eine Messe!

MEPHISTOPHELES

Der ganze Strudel strebt nach oben;
Du glaubst zu schieben und du wirst geschoben.

FAUST

Wer ist denn das?

MEPHISTOPHELES

Betrachte sie genau!
Lilith ist das.

FAUST

Wer?

MEPHISTOPHELES

Adams erste Frau.
4120   Nimm dich in Acht vor ihren schönen Haaren,
Vor diesem Schmuck, mit dem sie einzig prangt.
Wenn sie damit den jungen Mann erlangt,
So läßt sie ihn sobald nicht wieder fahren.

FAUST

Da sitzen zwei, die alte mit der jungen;
4125   Die haben schon was rechts gesprungen!

MEPHISTOPHELES
  Das hat nun heute keine Ruh.
  Es geht zum neuen Tanz; nun komm! wir greifen zu.
FAUST *mit der jungen tanzend*
      Einst hatt' ich einen schönen Traum;
      Da sah ich einen Apfelbaum,
      Zwei schöne Äpfel glänzten dran,   4130
      Sie reizten mich, ich stieg hinan.
DIE SCHÖNE
      Der Äpfelchen begehrt ihr sehr
      Und schon vom Paradiese her.
      Von Freuden fühl' ich mich bewegt,
      Daß auch mein Garten solche trägt.   4135
MEPHISTOPHELES *mit der Alten*
      Einst hatt' ich einen wüsten Traum;
      Da sah' ich einen gespaltnen Baum,
      Der hatt' ein [ungeheures Loch];
      So [groß] es war, gefiel mir's doch.
DIE ALTE
      Ich biete meinen besten Gruß   4140
      Dem Ritter mit dem Pferdefuß!
      Halt' er einen [rechten Pfropf] bereit,
      Wenn er [das große Loch] nicht scheut.
PROKTOPHANTASMIST
  Verfluchtes Volk! was untersteht ihr euch?
  Hat man euch lange nicht bewiesen,   4145
  Ein Geist steht nie auf ordentlichen Füßen?
  Nun tanzt ihr gar, uns andern Menschen gleich!
DIE SCHÖNE *tanzend*
  Was will denn der auf unserm Ball?
FAUST *tanzend*
  Ei! der ist eben überall.
  Was Andre tanzen muß er schätzen.   4150
  Kann er nicht jeden Schritt beschwätzen,
  So ist der Schritt so gut als nicht geschehn.
  Am meisten ärgert ihn, sobald wir vorwärts gehn.
  Wenn ihr euch so im Kreise drehen wolltet,

4155 Wie er's in seiner alten Mühle tut,
Das hieß er allenfalls noch gut;
Besonders wenn ihr ihn darum begrüßen solltet.

PROKTOPHANTASMIST

Ihr seid noch immer da! Nein das ist unerhört.
Verschwindet doch! Wir haben ja aufgeklärt!
4160 Das Teufelspack es fragt nach keiner Regel.
Wir sind so klug und dennoch spukt's in Tegel.
Wie lange hab' ich nicht am Wahn hinausgekehrt
Und nie wird's rein, das ist doch unerhört!

DIE SCHÖNE

So hört doch auf uns hier zu ennuyieren!

PROKTOPHANTASMIST

4165 Ich sag's euch Geistern in's Gesicht,
Den Geistesdespotismus leid' ich nicht;
Mein Geist kann ihn nicht exerzieren.

Es wird fortgetanzt.

Heut, seh' ich, will mir nichts gelingen;
Doch eine Reise nehm' ich immer mit
4170 Und hoffe noch, vor meinem letzten Schritt,
Die Teufel und die Dichter zu bezwingen.

MEPHISTOPHELES

Er wird sich gleich in eine Pfütze setzen,
Das ist die Art wie er sich soulagiert,
Und wenn Blutegel sich an seinem Steiß ergetzen,
4175 Ist er von Geistern und von Geist kuriert.

Zu Faust, der aus dem Tanz getreten ist

Was lässest du das schöne Mädchen fahren?
Das dir zum Tanz so lieblich sang.

FAUST

Ach! mitten im Gesange sprang
Ein rotes Mäuschen ihr aus dem Munde.

MEPHISTOPHELES

4180 Das ist was rechts! Das nimmt man nicht genau;
Genug die Maus war doch nicht grau.
Wer fragt darnach in einer Schäferstunde?

FAUST
  Dann sah' ich –
MEPHISTOPHELES
                    Was?
FAUST
                         Mephisto, siehst du dort
  Ein blasses, schönes Kind allein und ferne stehen?
  Sie schiebt sich langsam nur vom Ort,   4185
  Sie scheint mit geschloss'nen Füßen zu gehen.
  Ich muß bekennen, daß mir deucht,
  Daß sie dem guten Gretchen gleicht.
MEPHISTOPHELES
  Laß das nur stehn! Dabei wird's niemand wohl.
  Es ist ein Zauberbild, ist leblos, ein Idol.   4190
  Ihm zu begegnen ist nicht gut;
  Vom starren Blick erstarrt des Menschen Blut,
  Und er wird fast in Stein verkehrt,
  Von der Meduse hast du ja gehört.
FAUST
  Fürwahr es sind die Augen einer Toten,   4195
  Die eine liebende Hand nicht schloß.
  Das ist die Brust, die Gretchen mir geboten,
  Das ist der süße Leib, den ich genoß.
MEPHISTOPHELES
  Das ist die Zauberei, du leicht verführter Tor!
  Denn jedem kommt sie wie sein Liebchen vor.   4200
FAUST
  Welch eine Wonne! welch ein Leiden!
  Ich kann von diesem Blick nicht scheiden.
  Wie sonderbar muß diesen schönen Hals
  Ein einzig rotes Schnürchen schmücken,
  Nicht breiter als ein Messerrücken!   4205
MEPHISTOPHELES
  Ganz recht! ich seh' es ebenfalls.
  Sie kann das Haupt auch unterm Arme tragen;
  Denn Perseus hat's ihr abgeschlagen. –

Nur immer diese Lust zum Wahn!
4210 Komm doch das Hügelchen heran,
Hier ist's so lustig wie im Prater;
Und hat man mir's nicht angetan,
So seh' ich wahrlich ein Theater.
Was gibt's denn da?

SERVIBILIS

                  Gleich fängt man wieder an.
4215 Ein neues Stück, das letzte Stück von sieben;
Soviel zu geben ist allhier der Brauch.
Ein Dilettant hat es geschrieben,
Und Dilettanten spielen's auch.
Verzeiht ihr Herrn, wenn ich verschwinde;
4220 Mich dilettiert's den Vorhang aufzuziehn.

MEPHISTOPHELES

Wenn ich euch auf dem Blocksberg finde,
Das find' ich gut; denn da gehört ihr hin.

WALPURGISNACHTSTRAUM

oder

Oberons und Titanias goldne Hochzeit

Intermezzo

THEATERMEISTER

    Heute ruhen wir einmal
    Miedings wackre Söhne.
4225   Alter Berg und feuchtes Tal,
    Das ist die ganze Szene!

HEROLD

    Daß die Hochzeit golden sei
    Soll'n funfzig Jahr sein vorüber;
    Aber ist der Streit vorbei,
4230   Das golden ist mir lieber.

OBERON

    Seid ihr Geister wo ich bin,
    So zeigt's in diesen Stunden;
    König und die Königin,
    Sie sind auf's neu verbunden.

PUCK

4235   Kommt der Puck und dreht sich quer
    Und schleift den Fuß im Reihen;
    Hundert kommen hinterher
    Sich auch mit ihm zu freuen.

ARIEL

    Ariel bewegt den Sang
4240   In himmlisch reinen Tönen;
    Viele Fratzen lockt sein Klang,
    Doch lockt er auch die Schönen.

OBERON

    Gatten die sich vertragen wollen,
    Lernen's von uns beiden!
4245   Wenn sich zweie lieben sollen,
    Braucht man sie nur zu scheiden.

TITANIA

    Schmollt der Mann und grillt die Frau,
    So faßt sie nur behende,
    Führt mir nach dem Mittag Sie
4250   Und Ihn an Nordens Ende.

ORCHESTER TUTTI Fortissimo
       Fliegenschnauz' und Mückennas',
       Mit ihren Anverwandten,
       Frosch im Laub' und Grill' im Gras'
       Das sind die Musikanten!

SOLO
       Seht da kommt der Dudelsack!   4255
       Es ist die Seifenblase.
       Hört den Schneckeschnickeschnack
       Durch seine stumpfe Nase.

GEIST DER SICH ERST BILDET
       Spinnenfuß und Krötenbauch
       Und Flügelchen dem Wichtchen!   4260
       Zwar ein Tierchen gibt es nicht,
       Doch gibt es ein Gedichtchen.

EIN PÄRCHEN
       Kleiner Schritt und hoher Sprung
       Durch Honigtau und Düfte;
       Zwar du trippelst mir genung,   4265
       Doch geht's nicht in die Lüfte.

NEUGIERIGER REISENDER
       Ist das nicht Maskeraden-Spott?
       Soll ich den Augen trauen?
       Oberon den schönen Gott
       Auch heute hier zu schauen!   4270

ORTHODOX
       Keine Klauen, keinen Schwanz!
       Doch bleibt es außer Zweifel,
       So wie die Götter Griechenlands,
       So ist auch er ein Teufel.

NORDISCHER KÜNSTLER
       Was ich ergreife das ist heut   4275
       Fürwahr nur skizzenweise;
       Doch ich bereite mich bei Zeit
       Zur italien'schen Reise.

PURIST
       Ach! mein Unglück führt mich her:
       Wie wird nicht hier geludert!   4280

> Und von dem ganzen Hexenheer
> Sind zweie nur gepudert.

JUNGE HEXE

> Der Puder ist so wie der Rock
> Für alt' und graue Weibchen;
> Drum sitz' ich nackt auf meinem Bock
> Und zeig' ein derbes Leibchen.

MATRONE

> Wir haben zu viel Lebensart
> Um hier mit euch zu maulen;
> Doch hoff' ich, sollt ihr jung und zart,
> So wie ihr seid, verfaulen.

KAPELLMEISTER

> Fliegenschnauz' und Mückennas'
> Umschwärmt mir nicht die Nackte!
> Frosch im Laub' und Grill' im Gras'
> So bleibt doch auch im Takte!

WINDFAHNE *nach der einen Seite*

> Gesellschaft wie man wünschen kann.
> Wahrhaftig lauter Bräute!
> Und Junggesellen, Mann für Mann,
> Die hoffnungsvollsten Leute.

WINDFAHNE *nach der andern Seite*

> Und tut sich nicht der Boden auf
> Sie alle zu verschlingen,
> So will ich mit behendem Lauf
> Gleich in die Hölle springen.

XENIEN

> Als Insekten sind wir da,
> Mit kleinen scharfen Scheren,
> Satan, unsern Herrn Papa,
> Nach Würden zu verehren.

HENNINGS

> Seht! wie sie in gedrängter Schar
> Naiv zusammen scherzen.
> Am Ende sagen sie noch gar,
> Sie hätten gute Herzen.

MUSAGET

      Ich mag in diesem Hexenheer
      Mich gar zu gern verlieren;
      Denn freilich diese wüßt' ich eh'r,
      Als Musen anzuführen.

CI-DEVANT GENIUS DER ZEIT

      Mit rechten Leuten wird man was.   4315
      Komm, fasse meinen Zipfel!
      Der Blocksberg, wie der deutsche Parnaß,
      Hat gar einen breiten Gipfel.

NEUGIERIGER REISENDER

      Sagt wie heißt der steife Mann?
      Er geht mit stolzen Schritten.   4320
      Er schnopert was er schnopern kann.
      »Er spürt nach Jesuiten.«

KRANICH

      In dem Klaren mag ich gern
      Und auch im Trüben fischen;
      Darum seht ihr den frommen Herrn   4325
      Sich auch mit Teufeln mischen.

WELTKIND

      Ja für die Frommen, glaubet mir,
      Ist alles ein Vehikel;
      Sie bilden auf dem Blocksberg hier
      Gar manches Konventikel.   4330

TÄNZER

      Da kommt ja wohl ein neues Chor?
      Ich höre ferne Trommeln.
      Nur ungestört! es sind im Rohr
      Die unisonen Dommeln.

TANZMEISTER

      Wie jeder doch die Beine lupft!   4335
      Sich wie er kann herauszieht!
      Der Krumme springt, der Plumpe hupft
      Und fragt nicht wie es aussieht.

FIDELER

      Das haßt sich schwer das Lumpenpack
      Und gäb' sich gern das Restchen;   4340

> Es eint sie hier der Dudelsack
> Wie Orpheus Leier die Bestjen.

DOGMATIKER

> Ich lasse mich nicht irre schrein,
> Nicht durch Kritik noch Zweifel.
> Der Teufel muß doch etwas sein;
> Wie gäb's denn sonst auch Teufel?

4345

IDEALIST

> Die Phantasie in meinem Sinn
> Ist diesmal gar zu herrisch.
> Fürwahr, wenn ich das alles bin,
> So bin ich heute närrisch.

4350

REALIST

> Das Wesen ist mir recht zur Qual
> Und muß mich baß verdrießen;
> Ich stehe hier zum erstenmal
> Nicht fest auf meinen Füßen.

SUPERNATURALIST

> Mit viel Vergnügen bin ich da
> Und freue mich mit diesen;
> Denn von den Teufeln kann ich ja
> Auf gute Geister schließen.

4355

SKEPTIKER

> Sie gehn den Flämmchen auf der Spur,
> Und glaub'n sich nah dem Schatze.
> Auf Teufel reimt der Zweifel nur;
> Da bin ich recht am Platze.

4360

KAPELLMEISTER

> Frosch im Laub' und Grill' im Gras'
> Verfluchte Dilettanten!
> Fliegenschnauz' und Mückennas'
> Ihr seid doch Musikanten!

4365

DIE GEWANDTEN

> Sanssouci so heißt das Heer
> Von lustigen Geschöpfen,
> Auf den Füßen geht's nicht mehr,
> Drum gehn wir auf den Köpfen.

4370

DIE UNBEHÜLFLICHEN

       Sonst haben wir manchen Bissen erschranzt,
       Nun aber Gott befohlen!
       Unsere Schuhe sind durchgetanzt,
       Wir laufen auf nackten Sohlen.

IRRLICHTER

       Von dem Sumpfe kommen wir,   4375
       Woraus wir erst entstanden;
       Doch sind wir gleich im Reihen hier
       Die glänzenden Galanten.

STERNSCHNUPPE

       Aus der Höhe schoß ich her
       Im Stern- und Feuerscheine,   4380
       Liege nun im Grase quer,
       Wer hilft mir auf die Beine?

DIE MASSIVEN

       Platz und Platz! und ringsherum!
       So gehn die Gräschen nieder,
       Geister kommen, Geister auch   4385
       Sie haben plumpe Glieder.

PUCK

       Tretet nicht so mastig auf
       Wie Elephantenkälber,
       Und der Plumpst' an diesem Tag
       Sei Puck der derbe selber.   4390

ARIEL

       Gab die liebende Natur
       Gab der Geist euch Flügel,
       Folget meiner leichten Spur,
       Auf zum Rosenhügel!

ORCHESTER Pianissimo

       Wolkenzug und Nebelflor   4395
       Erhellen sich von oben.
       Luft im Laub und Wind im Rohr,
       Und alles ist zerstoben.

TRÜBER TAG
FELD

FAUST. MEPHISTOPHELES.

FAUST
Im Elend! Verzweifelnd! Erbärmlich auf der Erde lange
verirrt und nun gefangen! Als Missetäterin im Kerker zu
entsetzlichen Qualen eingesperrt das holde unselige Geschöpf! Bis dahin! dahin! – Verräterischer, nichtswürdiger
5   Geist, und das hast du mir verheimlicht! – Steh nur, steh!
Wälze die teuflischen Augen ingrimmend im Kopf herum!
Steh und trutze mir durch deine unerträgliche Gegenwart!
Gefangen! Im unwiederbringlichen Elend! Bösen Geistern übergeben und der richtenden gefühllosen Mensch-
10   heit! Und mich wiegst du indes in abgeschmackten Zer-
streuungen, verbirgst mir ihren wachsenden Jammer und
lässest sie hülflos verderben!
MEPHISTOPHELES
Sie ist die erste nicht.
FAUST
Hund! abscheuliches Untier! – Wandle ihn, du unendli-
15   cher Geist! wandle den Wurm wieder in seine Hundsgestalt, wie er sich oft nächtlicher Weise gefiel vor mir
herzutrotten, dem harmlosen Wandrer vor die Füße zu
kollern und sich dem niederstürzenden auf die Schultern
zu hängen. Wandl' ihn wieder in seine Lieblingsbildung,
20   daß er vor mir im Sand auf dem Bauch krieche, ich ihn mit
Füßen trete, den Verworfnen! – Die erste nicht! – Jammer!
Jammer! von keiner Menschenseele zu fassen, daß mehr
als ein Geschöpf in die Tiefe dieses Elendes versank, daß
nicht das erste genugtat für die Schuld aller übrigen in
25   seiner windenden Todesnot vor den Augen des ewig Ver-
zeihenden! Mir wühlt es Mark und Leben durch, das

Elend dieser einzigen; du grinsest gelassen über das
Schicksal von Tausenden hin!

MEPHISTOPHELES
Nun sind wir schon wieder an der Grenze unsres Witzes,
da wo euch Menschen der Sinn überschnappt. Warum ₃₀
machst du Gemeinschaft mit uns, wenn du sie nicht
durchführen kannst? Willst fliegen und bist vor'm
Schwindel nicht sicher? Drangen wir uns dir auf, oder du
dich uns?

FAUST
Fletsche deine gefräßigen Zähne mir nicht so entgegen! ₃₅
Mir ekelts! – Großer herrlicher Geist, der du mir zu
erscheinen würdigtest, der du mein Herz kennest und
meine Seele, warum an den Schandgesellen mich schmieden, der sich am Schaden weidet und an Verderben sich
letzt? ₄₀

MEPHISTOPHELES
Endigst du?

FAUST
Rette sie! oder weh dir! Den gräßlichsten Fluch über dich
auf Jahrtausende!

MEPHISTOPHELES
Ich kann die Bande des Rächers nicht lösen, seine Riegel
nicht öffnen. – Rette sie! – Wer war's, der sie in's Verder- ₄₅
ben stürzte? Ich oder du?

FAUST *blickt wild umher.*

MEPHISTOPHELES
Greifst du nach dem Donner? Wohl, daß er euch elenden
Sterblichen nicht gegeben ward! Den unschuldig entgeg-
nenden zu zerschmettern, das ist so Tyrannen-Art sich in
Verlegenheiten Luft zu machen. ₅₀

FAUST
Bringe mich hin! Sie soll frei sein!

MEPHISTOPHELES
Und die Gefahr der du dich aussetzest? Wisse, noch liegt
auf der Stadt Blutschuld von deiner Hand. Über des
Erschlagenen Stätte schweben rächende Geister und lauern auf den wiederkehrenden Mörder. ₅₅

FAUST

Noch das von dir? Mord und Tod einer Welt über dich
Ungeheuer! Führe mich hin, sag' ich, und befrei' sie!

MEPHISTOPHELES

Ich führe dich und was ich tun kann, höre! Habe ich alle
Macht im Himmel und auf Erden? Des Türners Sinne will
ich umnebeln, bemächtige dich der Schlüssel und führe sie
heraus mit Menschenhand. Ich wache! die Zauberpferde
sind bereit, ich entführe euch. Das vermag ich.

FAUST

Auf und davon!

NACHT, OFFEN FELD

FAUST, MEPHISTOPHELES.
auf schwarzen Pferden daher brausend

FAUST
  Was weben die dort um den Rabenstein?
MEPHISTOPHELES
  Weiß nicht was sie kochen und schaffen.   4400
FAUST
  Schweben auf, schweben ab, neigen sich, beugen sich.
MEPHISTOPHELES
  Eine Hexenzunft.
FAUST
  Sie streuen und weihen.
MEPHISTOPHELES
  Vorbei! Vorbei!

KERKER

FAUST *mit einem Bund Schlüssel und einer Lampe, vor
einem eisernen Türchen*

4405 Mich faßt ein längst entwohnter Schauer,
Der Menschheit ganzer Jammer faßt mich an.
Hier wohnt sie hinter dieser feuchten Mauer,
Und ihr Verbrechen war ein guter Wahn!
Du zauderst zu ihr zu gehen!
4410 Du fürchtest sie wieder zu sehen!
Fort! Dein Zagen zögert den Tod heran.
                    Er ergreift das Schloß. Es singt inwendig
                    Meine Mutter, die Hur,
                    Die mich umgebracht hat!
                    Mein Vater, der Schelm,
4415   Der mich gessen hat!
                    Mein Schwesterlein klein
                    Hub auf die Bein,
                    An einem kühlen Ort;
                    Da ward ich ein schönes Waldvögelein;
4420   Fliege fort, fliege fort!
FAUST *aufschließend*
Sie ahnet nicht, daß der Geliebte lauscht,
Die Ketten klirren hört, das Stroh das rauscht.
                    Er tritt ein.
MARGARETE *sich auf dem Lager verbergend*
Weh! Weh! Sie kommen. Bittrer Tod!
FAUST *leise*
Still! Still! ich komme dich zu befreien.
MARGARETE *sich vor ihn hinwälzend*
4425 Bist du ein Mensch, so fühle meine Not.
FAUST
Du wirst die Wächter aus dem Schlafe schreien!
                    Er faßt die Ketten, sie aufzuschließen.

MARGARETE *auf den Knieen*
  Wer hat dir Henker diese Macht
  Über mich gegeben!
  Du holst mich schon um Mitternacht.
  Erbarme dich und laß mich leben!   4430
  Ist's morgen früh nicht zeitig genung?
                    Sie steht auf.
  Bin ich doch noch so jung, so jung!
  Und soll schon sterben!
  Schön war ich auch, und das war mein Verderben.
  Nah war der Freund, nun ist er weit;   4435
  Zerrissen liegt der Kranz, die Blumen zerstreut.
  Fasse mich nicht so gewaltsam an!
  Schone mich! Was hab' ich dir getan?
  Laß mich nicht vergebens flehen,
  Hab' ich dich doch mein Tage nicht gesehen!   4440
FAUST
  Werd' ich den Jammer überstehen!
MARGARETE
  Ich bin nun ganz in deiner Macht.
  Laß mich nur erst das Kind noch tränken.
  Ich herzt' es diese ganze Nacht;
  Sie nahmen mir's um mich zu kränken   4445
  Und sagen nun, ich hätt' es umgebracht.
  Und niemals werd' ich wieder froh.
  Sie singen Lieder auf mich! Es ist bös von den Leuten!
  Ein altes Märchen endigt so,
  Wer heißt sie's deuten?   4450
FAUST *wirft sich nieder.*
  Ein Liebender liegt dir zu Füßen
  Die Jammerknechtschaft aufzuschließen.
MARGARETE *wirft sich zu ihm.*
  O laß uns knien die Heil'gen anzurufen!
  Sieh! unter diesen Stufen,
  Unter der Schwelle   4455
  Siedet die Hölle!
  Der Böse,

Mit furchtbarem Grimme,
Macht ein Getöse!

FAUST *laut*

4460 Gretchen! Gretchen!

MARGARETE *aufmerksam*

Das war des Freundes Stimme!

Sie springt auf. Die Ketten fallen ab.

Wo ist er? Ich hab' ihn rufen hören.
Ich bin frei! Mir soll niemand wehren.
An seinen Hals will ich fliegen,

4465 An seinem Busen liegen!
Er rief Gretchen! Er stand auf der Schwelle.
Mitten durch's Heulen und Klappen der Hölle,
Durch den grimmigen teuflischen Hohn,
Erkannt' ich den süßen, den liebenden Ton.

FAUST

4470 Ich bin's!

MARGARETE

Du bist's! O sag' es noch einmal!

Ihn fassend

Er ist's! Er ist's! Wohin ist alle Qual?
Wohin die Angst des Kerkers? der Ketten?
Du bist's! Kommst mich zu retten!
Ich bin gerettet! –

4475 Schon ist die Straße wieder da,
Auf der ich dich zum erstenmale sah.
Und der heitere Garten,
Wo ich und Marthe deiner warten.

FAUST *fortstrebend*

Komm mit! Komm mit!

MARGARETE

O weile!

4480 Weil' ich doch so gern wo du weilest.

Liebkosend.

FAUST

Eile!
Wenn du nicht eilest,
Werden wir's teuer büßen müssen.

MARGARETE
  Wie? du kannst nicht mehr küssen?
  Mein Freund, so kurz von mir entfernt,   4485
  Und hast's Küssen verlernt?
  Warum wird mir an deinem Halse so bang?
  Wenn sonst von deinen Worten, deinen Blicken
  Ein ganzer Himmel mich überdrang,
  Und du mich küßtest als wolltest du mich ersticken.   4490
  Küsse mich!
  Sonst küss' ich dich!
                    Sie umfaßt ihn.
  O weh! deine Lippen sind kalt,
  Sind stumm.
  Wo ist dein Lieben   4495
  Geblieben?
  Wer brachte mich drum?
                    Sie wendet sich von ihm.
FAUST
  Komm! Folge mir! Liebchen, fasse Mut!
  Ich herze dich mit tausendfacher Glut;
  Nur folge mir! Ich bitte dich nur dies!   4500
MARGARETE *zu ihm gewendet*
  Und bist du's denn? Und bist du's auch gewiß?
FAUST
  Ich bin's! Komm mit!
MARGARETE
                    Du machst die Fesseln los,
  Nimmst wieder mich in deinen Schoß.
  Wie kommt es, daß du dich vor mir nicht scheust? –
  Und weißt du denn, mein Freund, wen du befreist?   4505
FAUST
  Komm! komm! Schon weicht die tiefe Nacht.
MARGARETE
  Meine Mutter hab' ich umgebracht,
  Mein Kind hab' ich ertränkt.
  War es nicht dir und mir geschenkt?
  Dir auch – Du bist's! ich glaub' es kaum.   4510

Gib deine Hand! Es ist kein Traum!
Deine liebe Hand! – Ach aber sie ist feucht!
Wische sie ab! Wie mich deucht
Ist Blut dran.
4515 Ach Gott! Was hast du getan!
Stecke den Degen ein;
Ich bitte dich drum!

FAUST

Laß das Vergang'ne vergangen sein,
Du bringst mich um.

MARGARETE

4520 Nein, du mußt übrig bleiben!
Ich will dir die Gräber beschreiben,
Für die mußt du sorgen
Gleich morgen:
Der Mutter den besten Platz geben,
4525 Meinen Bruder sogleich darneben,
Mich ein wenig bei Seit',
Nur nicht gar zu weit!
Und das Kleine mir an die rechte Brust.
Niemand wird sonst bei mir liegen! –
4530 Mich an deine Seite zu schmiegen
Das war ein süßes, ein holdes Glück!
Aber es will mir nicht mehr gelingen;
Mir ist's als müßt' ich mich zu dir zwingen,
Als stießest du mich von dir zurück;
4535 Und doch bist du's und blickst so gut, so fromm.

FAUST

Fühlst du daß ich es bin, so komm!

MARGARETE

Dahinaus?

FAUST

In's Freie.

MARGARETE

Ist das Grab drauß',
Lauert der Tod, so komm!
4540 Von hier in's ewige Ruhebett

Und weiter keinen Schritt –
Du gehst nun fort? O Heinrich, könnt' ich mit!
FAUST
Du kannst! So wolle nur! Die Tür steht offen.
MARGARETE
Ich darf nicht fort; für mich ist nichts zu hoffen.
Was hilft es fliehn? Sie lauern doch mir auf.   4545
Es ist so elend betteln zu müssen,
Und noch dazu mit bösem Gewissen!
Es ist so elend in der Fremde schweifen
Und sie werden mich doch ergreifen!
FAUST
Ich bleibe bei dir.   4550
MARGARETE
Geschwind! Geschwind!
Rette dein armes Kind.
Fort! Immer den Weg
Am Bach hinauf,
Über den Steg,   4555
In den Wald hinein,
Links wo die Planke steht,
Im Teich.
Faß es nur gleich!
Es will sich heben,   4560
Es zappelt noch!
Rette! rette!
FAUST
Besinne dich doch!
Nur Einen Schritt, so bist du frei!
MARGARETE
Wären wir nur den Berg vorbei!   4565
Da sitzt meine Mutter auf einem Stein,
Es faßt mich kalt bei'm Schopfe!
Da sitzt meine Mutter auf einem Stein
Und wackelt mit dem Kopfe;
Sie winkt nicht, sie nickt nicht, der Kopf ist ihr schwer,   4570
Sie schlief so lange, sie wacht nicht mehr.

Sie schlief damit wir uns freuten.
Es waren glückliche Zeiten!
FAUST
Hilft hier kein Flehen, hilft kein Sagen,
4575 So wag' ich's dich hinweg zu tragen.
MARGARETE
Laß mich! Nein, ich leide keine Gewalt!
Fasse mich nicht so mörderisch an!
Sonst hab' ich dir ja alles zu lieb getan.
FAUST
Der Tag graut! Liebchen! Liebchen!
MARGARETE
4580 Tag! Ja es wird Tag! der letzte Tag dringt herein;
Mein Hochzeittag sollt' es sein!
Sag Niemand daß du schon bei Gretchen warst.
Weh meinem Kranze!
Es ist eben geschehn!
4585 Wir werden uns wiedersehn;
Aber nicht beim Tanze.
Die Menge drängt sich, man hört sie nicht.
Der Platz, die Gassen
Können sie nicht fassen.
4590 Die Glocke ruft, das Stäbchen bricht.
Wie sie mich binden und packen!
Zum Blutstuhl bin ich schon entrückt.
Schon zuckt nach jedem Nacken
Die Schärfe die nach meinem zückt.
4595 Stumm liegt die Welt wie das Grab!
FAUST
O wär' ich nie geboren!
MEPHISTOPHELES *erscheint draußen.*
Auf! oder ihr seid verloren.
Unnützes Zagen! Zaudern und Plaudern!
Meine Pferde schaudern,
4600 Der Morgen dämmert auf.
MARGARETE
Was steigt aus dem Boden herauf?

Der! der! Schick' ihn fort!
Was will der an dem heiligen Ort?
Er will mich!

FAUST

        Du sollst leben!

MARGARETE

Gericht Gottes! Dir hab' ich mich übergeben!   4605

MEPHISTOPHELES zu *Faust*

Komm! komm! Ich lasse dich mit ihr im Stich.

MARGARETE

Dein bin ich Vater! Rette mich!
Ihr Engel! Ihr heiligen Scharen,
Lagert euch umher, mich zu bewahren!
Heinrich! Mir graut's vor dir.   4610

MEPHISTOPHELES

Sie ist gerichtet!

STIMME *von oben*

        Ist gerettet!

MEPHISTOPHELES *zu Faust*

           Her zu mir!
      Verschwindet mit Faust.

STIMME *von innen, verhallend*

Heinrich! Heinrich!

DER TRAGÖDIE ZWEITER TEIL

IN FÜNF AKTEN

ERSTER AKT

ANMUTIGE GEGEND

FAUST auf blumigen Rasen gebettet, ermüdet,
unruhig, schlafsuchend.

Dämmerung.

GEISTER KREIS schwebend bewegt,
anmutige kleine Gestalten.

ARIEL *Gesang von Äolsharfen begleitet*
   Wenn der Blüten Frühlings-Regen
   Über alle schwebend sinkt,
   Wenn der Felder grüner Segen   4615
   Allen Erdgebornen blinkt,
   Kleiner Elfen Geistergröße
   Eilet wo sie helfen kann,
   Ob er heilig? ob er böse?
   Jammert sie der Unglücksmann.   4620

Die ihr dies Haupt umschwebt im luftgen Kreise,
Erzeigt euch hier nach edler Elfen Weise,
Besänftiget des Herzens grimmen Strauß,
Entfernt des Vorwurfs glühend bittre Pfeile,
Sein Innres reinigt von verlebtem Graus.   4625
Vier sind die Pausen nächtiger Weile,
Nun ohne Säumen füllt sie freundlich aus.
Erst senkt sein Haupt aufs kühle Polster nieder,
Dann badet ihn im Tau aus Lethes Flut,
Gelenk sind bald die krampferstarrten Glieder,   4630
Wenn er gestärkt dem Tag entgegen ruht.
Vollbringt der Elfen schönste Pflicht
Gebt ihn zurück dem heiligen Licht.

CHOR *Einzeln, zu zweien und vielen, abwechselnd und gesamt*

           Wenn sich lau die Lüfte füllen
4635   Um den grünumschränkten Plan,
           Süße Düfte, Nebelhüllen
           Senkt die Dämmerung heran.
           Lispelt leise süßen Frieden,
           Wiegt das Herz in Kindesruh;
4640   Und den Augen dieses Müden
           Schließt des Tages Pforte zu.

           Nacht ist schon hereingesunken
           Schließt sich heilig Stern an Stern,
           Große Lichter, kleine Funken,
4645   Glitzern nah und glänzen fern;
           Glitzern hier im See sich spiegelnd,
           Glänzen droben klarer Nacht,
           Tiefsten Ruhens Glück besiegelnd
           Herrscht des Mondes volle Pracht.

4650   Schon verloschen sind die Stunden,
           Hingeschwunden Schmerz und Glück;
           Fühl' es vor! du wirst gesunden;
           Traue neuem Tagesblick.
           Täler grünen, Hügel schwellen,
4655   Buschen sich zu Schatten-Ruh;
           Und in schwanken Silberwellen
           Wogt die Saat der Ernte zu.

           Wunsch um Wünsche zu erlangen
           Schaue nach dem Glanze dort!
4660   Leise bist du nur umfangen,
           Schlaf ist Schale, wirf sie fort!
           Säume nicht dich zu erdreisten
           Wenn die Menge zaudernd schweift;
           Alles kann der Edle leisten,
4665   Der versteht und rasch ergreift.

Ungeheures Getöse verkündet das Herannahen der Sonne

ARIEL

    Horchet! Horcht! dem Sturm der Horen,
    Tönend wird für Geistes-Ohren
    Schon der neue Tag geboren.
    Felsentore knarren rasselnd,
    Phöbus Räder rollen prasselnd,   4670
    Welch Getöse bringt das Licht!
    Es trommetet, es posaunet,
    Auge blinzt und Ohr erstaunet,
    Unerhörtes hört sich nicht.
    Schlüpfet zu den Blumenkronen,   4675
    Tiefer tiefer, still zu wohnen,
    In die Felsen unters Laub;
    Trifft es euch so seid ihr taub.

FAUST

  Des Lebens Pulse schlagen frisch lebendig,
  Ätherische Dämmerung milde zu begrüßen;   4680
  Du Erde warst auch diese Nacht beständig
  Und atmest neu erquickt zu meinen Füßen,
  Beginnest schon mit Lust mich zu umgeben,
  Du regst und rührst ein kräftiges Beschließen,
  Zum höchsten Dasein immerfort zu streben. –   4685
  In Dämmerschein liegt schon die Welt erschlossen,
  Der Wald ertönt von tausendstimmigem Leben
  Tal aus, Tal ein ist Nebelstreif ergossen,
  Doch senkt sich Himmelsklarheit in die Tiefen,
  Und Zweig und Äste, frisch erquickt, entsprossen   4690
  Dem duft'gen Abgrund wo versenkt sie schliefen;
  Auch Farb' an Farbe klärt sich los vom Grunde,
  Wo Blum' und Blatt von Zitterperle triefen,
  Ein Paradies wird um mich her die Runde.

  Hinaufgeschaut! – Der Berge Gipfelriesen   4695
  Verkünden schon die feierlichste Stunde,

Sie dürfen früh des ewigen Lichts genießen
Das später sich zu uns hernieder wendet.
Jetzt zu der Alpe grüngesenkten Wiesen
4700 Wird neuer Glanz und Deutlichkeit gespendet,
Und stufenweis herab ist es gelungen; –
Sie tritt hervor! – und, leider schon geblendet,
Kehr' ich mich weg, vom Augenschmerz durchdrungen.

So ist es also, wenn ein sehnend Hoffen
4705 Dem höchsten Wunsch sich traulich zugerungen,
Erfüllungspforten findet flügeloffen,
Nun aber bricht aus jenen ewigen Gründen
Ein Flammen-Übermaß, wir stehn betroffen;
Des Lebens Fackel wollten wir entzünden,
4710 Ein Feuermeer umschlingt uns, welch ein Feuer!
Ist's Lieb? Ist's Haß? die glühend uns umwinden?
Mit Schmerz und Freuden wechselnd ungeheuer,
So daß wir wieder nach der Erde blicken,
Zu bergen uns in jugendlichstem Schleier.

4715 So bleibe denn die Sonne mir im Rücken!
Der Wassersturz, das Felsenriff durchbrausend,
Ihn schau' ich an mit wachsendem Entzücken.
Von Sturz zu Sturzen wälzt er jetzt in tausend
Dann abertausend Strömen sich ergießend,
4720 Hoch in die Lüfte Schaum an Schäume sausend.
Allein wie herrlich diesem Sturm entsprießend
Wölbt sich des bunten Bogens Wechsel-Dauer
Bald rein gezeichnet, bald in Luft zerfließend,
Umher verbreitend duftig kühle Schauer.
4725 Der spiegelt ab das menschliche Bestreben.
Ihm sinne nach und du begreifst genauer:
Am farbigen Abglanz haben wir das Leben.

KAISERLICHE PFALZ

Saal des Thrones

Staatsrat in Erwartung des Kaisers.

TROMPETEN
HOFGESINDE aller Art prächtig gekleidet tritt vor.

DER KAISER *gelangt auf den Thron,*
zu seiner Rechten der Astrolog.

KAISER
  Ich grüße die Getreuen, Lieben,
  Versammelt aus der Näh' und Weite; –
  Den Weisen seh ich mir zur Seite,   4730
  Allein wo ist der Narr geblieben?
JUNKER
  Gleich hinter deiner Mantel-Schleppe
  Stürzt' er zusammen auf der Treppe,
  Man trug hinweg das Fett-Gewicht,
  Tot oder trunken? weiß man nicht.   4735
ZWEITER JUNKER
  Sogleich mit wunderbarer Schnelle
  Drängt sich ein andrer an die Stelle.
  Gar köstlich ist er aufgeputzt
  Doch fratzenhaft daß jeder stutzt;
  Die Wache hält ihm an der Schwelle   4740
  Kreuzweis die Hellebarden vor –
  Da ist er doch der kühne Tor!
MEPHISTOPHELES *am Throne kniend*
  Was ist verwünscht und stets willkommen?
  Was ist ersehnt und stets verjagt?
  Was immerfort in Schutz genommen?   4745
  Was hart gescholten und verklagt?
  Wen darfst du nicht herbeiberufen?

Wen höret jeder gern genannt?
Was naht sich deines Thrones Stufen?
4750 Was hat sich selbst hinweggebannt?

KAISER

Für diesmal spare deine Worte!
Hier sind die Rätsel nicht am Orte,
Das ist die Sache dieser Herrn. –
Da löse du! das hört' ich gern:
4755 Mein alter Narr ging, fürcht' ich, weit in's Weite;
Nimm seinen Platz und komm an meine Seite.

MEPHISTOPHELES

steigt hinauf und stellt sich zur linken.

GEMURMEL DER MENGE

Ein neuer Narr – Zu neuer Pein –
Wo kommt er her – Wie kam er ein –
Der Alte fiel – Der hat vertan –
4760 Es war ein Faß – Nun ists ein Span –

KAISER

Und also ihr Getreuen, Lieben,
Willkommen aus der Näh' und Ferne,
Ihr sammelt Euch mit günstigem Sterne
Da droben ist uns Glück und Heil geschrieben.
4765 Doch sagt warum in diesen Tagen,
Wo wir der Sorgen uns entschlagen,
Schönbärte mummenschänzlich tragen,
Und heitres nur genießen wollten,
Warum wir uns ratschlagend quälen sollten?
4770 Doch weil ihr meint es ging nicht anders an,
Geschehen ist's, so sei's getan.

KANZLER

Die Höchste Tugend, wie ein Heiligen-Schein,
Umgibt des Kaisers Haupt, nur er allein
Vermag sie gültig auszuüben:
4775 Gerechtigkeit! – Was alle Menschen lieben,
Was alle fordern, wünschen, schwer entbehren,
Es liegt an ihm dem Volk es zu gewähren.
Doch ach! Was hilft dem Menschengeist Verstand,

Dem Herzen Güte, Willigkeit der Hand,
Wenns fieberhaft durchaus im Staate wütet,   4780
Und Übel sich in Übeln überbrütet.
Wer schaut hinab von diesem hohen Raum
Ins weite Reich, ihm scheint's ein schwerer Traum;
Wo Mißgestalt in Mißgestalten schaltet,
Das Ungesetz gesetzlich überwaltet,   4785
Und eine Welt des Irrtums sich entfaltet.

Der raubt sich Herden, der ein Weib,
Kelch, Kreuz und Leuchter vom Altare,
Berühmt sich dessen manche Jahre
Mit heiler Haut, mit unverletztem Leib.   4790
Jetzt drängen Kläger sich zur Halle,
Der Richter prunkt auf hohem Pfühl,
Indessen wogt, in grimmigem Schwalle,
Des Aufruhrs wachsendes Gewühl.
Der darf auf Schand und Frevel pochen,   4795
Der auf Mitschuldigste sich stützt,
Und: Schuldig! hörst du ausgesprochen
Wo Unschuld nur sich selber schützt.
So will sich alle Welt zerstückeln,
Vernichtigen was sich gebührt;   4800
Wie soll sich da der Sinn entwickeln
Der einzig uns zum Rechten führt.
Zuletzt ein wohlgesinnter Mann
Neigt sich dem Schmeichler, dem Bestecher.
Ein Richter der nicht strafen kann   4805
Gesellt sich endlich zum Verbrecher.
Ich malte schwarz, doch dichtern Flor
Zög' ich dem Bilde lieber vor.

Pause

Entschlüsse sind nicht zu vermeiden,
Wenn alle schädigen, alle leiden   4810
Geht selbst die Majestät zu Raub.
HEERMEISTER
Wie tobts in diesen wilden Tagen!

Ein jeder schlägt und wird erschlagen
Und für's Kommando bleibt man taub.
4815　Der Bürger hinter seinen Mauren,
Der Ritter auf dem Felsennest
Verschwuren sich uns auszudauren
Und halten ihre Kräfte fest.
Der Mietsoldat wird ungeduldig,
4820　Mit Ungestüm verlangt er seinen Lohn,
Und wären wir ihm nichts mehr schuldig
Er liefe ganz und gar davon.
Verbiete wer was alle wollten,
Der hat ins Wespennest gestört;
4825　Das Reich das sie beschützen sollten,
Es liegt geplündert und verheert.
Man läßt ihr Toben wütend hausen,
Schon ist die halbe Welt vertan;
Es sind noch Könige da draußen
4830　Doch keiner denkt es ging ihn irgend an.

SCHATZMEISTER
Wer wird auf Bundsgenossen pochen!
Subsidien die man uns versprochen,
Wie Röhrenwasser, bleiben aus.
Auch Herr, in deinen weiten Staaten
4835　An wen ist der Besitz geraten?
Wohin man kommt da hält ein Neuer Haus;
Und unabhängig will er leben,
Zusehen muß man wie er's treibt;
Wir haben soviel Rechte hingegeben,
4840　Daß uns auf nichts ein Recht mehr übrig bleibt.
Auch auf Parteien, wie sie heißen,
Ist heut zu Tage kein Verlaß;
Sie mögen schelten oder preisen,
Gleichgültig wurden Lieb und Haß.
4845　Die Ghibellinen wie die Guelfen
Verbergen sich um auszuruhn;
Wer jetzt will seinem Nachbar helfen?
Ein jeder hat für sich zu tun.

Die Goldespforten sind verrammelt,
Ein jeder kratzt und scharrt und sammelt   4850
Und unsre Kassen bleiben leer.
MARSCHALK
Welch Unheil muß auch ich erfahren;
Wir wollen alle Tage sparen
Und brauchen alle Tage mehr.
Und täglich wächst mir neue Pein.   4855
Den Köchen tut kein Mangel wehe;
Wildschweine, Hirsche, Hasen, Rehe,
Welschhühner, Hühner, Gäns und Enten,
Die Deputate, sichre Renten,
Sie gehen noch so ziemlich ein.   4860
Jedoch am Ende fehlts an Wein.
Wenn sonst im Keller Faß an Faß sich häufte,
Der besten Berg- und Jahresläufte,
So schlürft unendliches Gesäufte
Der edlen Herrn den letzten Tropfen aus.   4865
Der Stadtrat muß sein Lager auch verzapfen,
Man greift zu Humpen, greift zu Napfen,
Und unterm Tische liegt der Schmaus.
Nun soll ich zahlen, alle lohnen,
Der Jude wird mich nicht verschonen,   4870
Der schafft Antizipationen,
Die speisen Jahr um Jahr voraus.
Die Schweine kommen nicht zu Fette,
Verpfändet ist der Pfühl im Bette,
Und auf den Tisch kommt vorgegessen Brot.   4875
KAISER *nach einigem Nachdenken, zu* MEPHISTO
Sag, weißt du Narr nicht auch noch eine Not?
MEPHISTOPHELES
Ich? keineswegs. Den Glanz umher zu schauen,
Dich und die Deinen! – Mangelte Vertrauen
Wo Majestät unweigerlich gebeut?
Bereite Macht Feindseliges zerstreut,   4880
Wo guter Wille, kräftig durch Verstand
Und Tätigkeit, vielfältige, zur Hand?

Was könnte da zum Unheil sich vereinen,
Zur Finsternis, wo solche Sterne scheinen?

GEMURMEL

4885   Das ist ein Schalk – Ders wohl versteht –
Er lügt sich ein – So lang es geht –
Ich weiß schon – Was dahinter steckt –
Und was denn weiter? – Ein Projekt –

MEPHISTOPHELES

Wo fehlts nicht irgendwo auf dieser Welt?
4890 Dem dies, dem das, hier aber fehlt das Geld.
Vom Estrich zwar ist es nicht aufzuraffen;
Doch Weisheit weiß das Tiefste herzuschaffen.
In Bergesadern, Mauergründen
Ist Gold gemünzt und ungemünzt zu finden,
4895 Und fragt ihr mich wer es zu Tage schafft:
Begabten Mann's Natur- und Geisteskraft.

KANZLER

Natur und Geist! So spricht man nicht zu Christen.
Deshalb verbrennt man Atheisten,
Weil solche Reden höchst gefährlich sind.
4900 Natur ist Sünde, Geist ist Teufel,
Sie hegen zwischen sich den Zweifel
Ihr mißgestaltet Zwitterkind.
Uns nicht so! – Kaisers alten Landen
Sind zwei Geschlechter nur entstanden,
4905 Sie stützen würdig seinen Thron.
Die Heiligen sind es und die Ritter:
Sie stehen jedem Ungewitter
Und nehmen Kirch' und Staat zum Lohn.
Dem Pöbelsinn verworrner Geister
4910 Entwickelt sich ein Widerstand,
Die Ketzer sind's! die Hexenmeister!
Und sie verderben Stadt und Land.
Die willst du nun mit frechen Scherzen
In diese hohen Kreise schwärzen,
4915 Ihr hegt euch an verderbtem Herzen,
Dem Narren sind sie nah verwandt.

MEPHISTOPHELES

Daran erkenn ich den gelehrten Herrn!
Was ihr nicht tastet steht euch meilenfern,
Was ihr nicht faßt das fehlt euch ganz und gar,
Was ihr nicht rechnet, glaubt ihr sei nicht wahr,   4920
Was ihr nicht wägt hat für euch kein Gewicht,
Was ihr nicht münzt das meint ihr gelte nicht.

KAISER

Dadurch sind unsre Mängel nicht erledigt,
Was willst Du jetzt mit deiner Fastenpredigt.
Ich habe satt das ewige Wie und Wenn;   4925
Es fehlt an Geld, nun gut so schaff' es denn.

MEPHISTOPHELES

Ich schaffe was ihr wollt und schaffe mehr;
Zwar ist es leicht, doch ist das Leichte schwer;
Es liegt schon da, doch um es zu erlangen
Das ist die Kunst, wer weiß es anzufangen?   4930
Bedenkt doch nur: in jenen Schreckensläuften
Wo Menschenfluten Land und Volk ersäuften,
Wie der und der, so sehr es ihn erschreckte,
Sein Liebstes da- und dortwohin versteckte.
So wars von je in mächtiger Römer Zeit,   4935
Und so fortan, bis gestern, ja bis heut.
Das alles liegt im Boden still begraben,
Der Boden ist des Kaisers, der soll's haben.

SCHATZMEISTER

Für einen Narren spricht er gar nicht schlecht,
Das ist fürwahr des alten Kaisers Recht.   4940

KANZLER

Der Satan legt euch goldgewirkte Schlingen:
Es geht nicht zu mit frommen, rechten Dingen.

MARSCHALK

Schafft' er uns nur zu Hof willkommne Gaben,
Ich wollte gern ein bißchen Unrecht haben.

HEERMEISTER

Der Narr ist klug, verspricht was jedem frommt;   4945
Fragt der Soldat doch nicht woher es kommt.

MEPHISTOPHELES

  Und glaubt ihr euch vielleicht durch mich betrogen:
  Hier steht ein Mann! da! fragt den Astrologen,
  In Kreis' um Kreise kennt er Stund und Haus,
4950 So sage denn wie sieht's am Himmel aus?

GEMURMEL

    Zwei Schelme sinds – Verstehn sich schon –
    Narr und Phantast – So nah dem Thron –
    Ein mattgesungen – alt Gedicht –
    Der Tor bläst ein – der Weise spricht –

ASTROLOG *spricht, Mephistopheles bläst ein*

4955 Die Sonne selbst sie ist ein lautres Gold,
  Merkur der Bote dient um Gunst und Sold,
  Frau Venus hat's euch allen angetan,
  So früh als spat blickt sie euch lieblich an;
  Die keusche Luna launet grillenhaft,
4960 Mars trifft er nicht so dräut euch seine Kraft.
  Und Jupiter bleibt doch der schönste Schein,
  Saturn ist groß, dem Auge fern und klein.
  Ihn als Metall verehren wir nicht sehr
  An Wert gering, doch im Gewichte schwer.
4965 Ja! wenn zu Sol sich Jupiter gesellt,
  Zum Silber Gold, dann ist es heitre Welt,
  Das übrige ist alles zu erlangen,
  Paläste, Gärten, Brüstlein, rote Wangen,
  Das alles schafft der hochgelahrte Mann
4970 Der das vermag was unser keiner kann.

KAISER

  Ich höre doppelt was er spricht;
  Und dennoch überzeugts mich nicht.

GEMURMEL

    Was soll uns das – Gedroschner Spaß –
    Kalenderei – Chymisterei –
4975 Das hört ich oft – und falsch gehofft –
    Und kommt er auch – so ists ein Gauch –

MEPHISTOPHELES

  Da stehen sie umher und staunen

Vertrauen nicht dem hohen Fund,
Der eine faselt von Alraunen
Der andre von dem schwarzen Hund.   4980
Was soll es daß der eine witzelt,
Ein andrer Zauberei verklagt,
Wenn ihm doch auch einmal die Sohle kitzelt
Wenn ihm der sichre Schritt versagt.

Ihr alle fühlt geheimes Wirken   4985
Der ewig waltenden Natur,
Und aus den untersten Bezirken
Schmiegt sich herauf lebendge Spur.
Wem es in allen Gliedern zwackt,
Wem es unheimlich wird am Platz,   4990
Nur gleich entschlossen grabt und hackt,
Da liegt der Spielmann, liegt der Schatz!

GEMURMEL

    Mir liegts im Fuß wie Bleigewicht –
    Mir krampfts im Arme – das ist Gicht –
    Mir krabbelts an der großen Zeh' –   4995
    Mir tut der ganze Rücken weh –
    Nach solchen Zeichen wäre hier
    Das allerreichste Schatzrevier.

KAISER

  Nur eilig! du entschlüpfst nicht wieder,
  Erprobe deine Lügenschäume,   5000
  Und zeig' uns gleich die edlen Räume.
  Ich lege Schwert und Zepter nieder,
  Und will mit eignen hohen Händen,
  Wenn du nicht lügst, das Werk vollenden,
  Dich, wenn du lügst, zur Hölle senden!   5005

MEPHISTOPHELES

  Den Weg dahin wüßt' allenfalls zu finden. –
  Doch kann ich nicht genug verkünden
  Was überall besitzlos harrend liegt.
  Der Bauer der die Furche pflügt
  Hebt einen Goldtopf mit der Scholle,   5010

Salpeter hofft er von der Leimenwand
Und findet golden-goldne Rolle,
Erschreckt, erfreut in kümmerlicher Hand.
Was für Gewölbe sind zu sprengen,
5015 In welchen Klüften, welchen Gängen
Muß sich der Schatzbewußte drängen,
Zur Nachbarschaft der Unterwelt!
In weiten, altverwahrten Kellern,
Von goldnen Humpen, Schüsseln, Tellern
5020 Sieht er sich Reihen aufgestellt.
Pokale stehen aus Rubinen,
Und will er deren sich bedienen
Daneben liegt uraltes Naß.
Doch – werdet ihr dem Kundigen glauben –
5025 Verfault ist längst das Holz der Dauben,
Der Weinstein schuf dem Wein ein Faß.
Essenzen solcher edlen Weine,
Gold und Juwelen nicht alleine
Umhüllen sich mit Nacht und Graus.
5030 Der Weise forscht hier unverdrossen;
Am Tag' erkennen das sind Possen,
Im Finstern sind Mysterien zu Haus.

KAISER
Die laß ich dir! Was will das Düstre frommen!
Hat etwas Wert, es muß zu Tage kommen.
5035 Wer kennt den Schelm in tiefer Nacht genau?
Schwarz sind die Kühe, so die Katzen grau.
Die Töpfe drunten, voll von Goldgewicht:
Zieh' an dem Pflug, und ackre sie ans Licht.

MEPHISTOPHELES
Nimm Hack' und Spaten grabe selber,
5040 Die Bauernarbeit macht dich groß,
Und eine Herde goldner Kälber
Sie reißen sich vom Boden los.
Dann, ohne Zaudern, mit Entzücken,
Kannst du dich selbst, wirst die Geliebte schmücken;
5045 Das leuchtend Farb- und Glanzgestein erhöht
Die Schönheit wie die Majestät.

KAISER
  Nur gleich nur gleich! Wie lange soll es währen!
ASTROLOG *wie oben*
  Herr! mäßige solch dringendes Begehren,
  Laß erst vorbei das bunte Freudenspiel;
  Zerstreutes Wesen führt uns nicht zum Ziel.   5050
  Erst müssen wir in Fassung uns versühnen,
  Das Untre durch das Obere verdienen.
  Wer Gutes will der sei erst gut;
  Wer Freude will besänftige sein Blut;
  Wer Wein verlangt der keltre reife Trauben,   5055
  Wer Wunder hofft der stärke seinen Glauben.
KAISER
  So sei die Zeit in Fröhlichkeit vertan!
  Und ganz erwünscht kommt Aschermittwoch an.
  Indessen feiern wir, auf jeden Fall,
  Nur lustiger das wilde Karneval.   5060

                Trompeten, EXEUNT.

MEPHISTOPHELES
  Wie sich Verdienst und Glück verketten
  Das fällt den Toren niemals ein;
  Wenn sie den Stein der Weisen hätten
  Der Weise mangelte dem Stein.

    Weitläufiger Saal, mit Nebengemächern,
    verziert und aufgeputzt zur Mummenschanz

HEROLD
  Denkt nicht ihr seid in deutschen Grenzen   5065
  Von Teufels- Narren- und Totentänzen,
  Ein heitres Fest erwartet euch.
  Der Herr, auf seinen Römerzügen,
  Hat, sich zu Nutz, euch zum Vergnügen,
  Die hohen Alpen überstiegen,   5070

Gewonnen sich ein heitres Reich.
Der Kaiser, er, an heiligen Sohlen,
Erbat sich erst das Recht zur Macht,
Und als er ging die Krone sich zu holen,
Hat er uns auch die Kappe mitgebracht.
Nun sind wir alle neugeboren;
Ein jeder weltgewandte Mann
Zieht sie behäglich über Kopf und Ohren;
Sie ähnlet ihn verrückten Toren,
Er ist darunter weise wie er kann.
Ich sehe schon wie sie sich scharen,
Sich schwankend sondern, traulich paaren;
Zudringlich schließt sich Chor an Chor.
Herein, hinaus, nur unverdrossen;
Es bleibt doch endlich, nach wie vor,
Mit ihren hunderttausend Possen,
Die Welt ein einziger großer Tor.

GÄRTNERINNEN *Gesang begleitet von Mandolinen*

Euren Beifall zu gewinnen
Schmückten wir uns diese Nacht
Junge Florentinerinnen
Folgten deutschen Hofes Pracht;

Tragen wir in braunen Locken
Mancher heiteren Blume Zier
Seidenfäden, Seidenflocken
Spielen ihre Rolle hier.

Denn wir halten es verdienstlich
Lobenswürdig ganz und gar
Unsre Blumen, glänzend künstlich,
Blühen fort das ganze Jahr.

Allerlei gefärbten Schnitzeln
Ward symmetrisch recht getan;
Mögt ihr Stück für Stück bewitzeln
Doch das Ganze zieht euch an.

Niedlich sind wir anzuschauen
Gärtnerinnen und galant   5105
Denn das Naturell der Frauen
Ist so nah mit Kunst verwandt.

HEROLD
 Laßt die reichen Körbe sehen
 Die ihr auf den Häupten traget
 Die sich bunt am Arme blähen   5110
 Jeder wähle was behaget.
 Eilig daß in Laub und Gängen
 Sich ein Garten offenbare
 Würdig sind sie zu umdrängen
 Krämerinnen wie die Ware.   5115

GÄRTNERINNEN
        Feilschet nun am heitern Orte
        Doch kein Markten finde statt
        Und mit sinnig kurzem Worte
        Wisse jeder was er hat.

OLIVENZWEIG MIT FRÜCHTEN
        Keinen Blumenflor beneid' ich   5120
        Allen Widerstreit vermeid' ich,
        Mir ists gegen die Natur.
        Bin ich doch das Mark der Lande,
        Und, zum sichern Unterpfande,
        Friedenszeichen jeder Flur.   5125
        Heute hoff' ich soll mirs glücken
        Würdig schönes Haupt zu schmücken.

ÄHRENKRANZ *golden*
        Ceres Gaben euch zu putzen
        Werden hold und lieblich stehn
        Das Erwünschteste dem Nutzen   5130
        Sei als eure Zierde schön.

PHANTASIEKRANZ
        Bunte Blumen Malven ähnlich
        Aus dem Moos ein Wunderflor!
        Der Natur ists nicht gewöhnlich
        Doch die Mode bringts hervor.   5135

PHANTASIE-STRAUSS
>   Meinen Namen euch zu sagen
>   Würde Theophrast nicht wagen,
>   Und doch hoff ich wo nicht allen,
>   Aber mancher zu gefallen,
5140   Der ich mich wohl eignen möchte,
>   Wenn sie mich ins Haar verflöchte,
>   Wenn sie sich entschließen könnte
>   Mir am Herzen Platz vergönnte.

AUSFORDERUNG
>   Mögen bunte Phantasien
5145   Für des Tages Mode blühen,
>   Wunderseltsam sein gestaltet
>   Wie Natur sich nie entfaltet;
>   Grüne Stiele, goldne Glocken
>   Blickt hervor aus reichen Locken! –

ROSENKNOSPEN
5150   Doch wir halten uns versteckt,
>   Glücklich wer uns frisch entdeckt!

>   Wenn der Sommer sich entzündet
>   Rosenknospe sich verkündet,
>   Wer mag solches Glück entbehren?
5155   Das Versprechen, das Gewähren!
>   Das beherrscht, in Florens Reich,
>   Blick und Sinn und Herz zugleich.

[Unter grünen Laubgängen putzen die Gärtnerinnen zierlich ihren Kram auf.]

GÄRTNER *Gesang begleitet von Theorben*
>   Blumen mögen ruhig sprießen
>   Reizend euer Haupt umzieren
5160   Früchte sollen nicht verführen
>   Kostend will man sie genießen.

>   Bieten bräunliche Gesichter
>   Kirschen, Pfirschen, Königspflaumen
>   Kauft! denn gegen Zung' und Gaumen
5165   Hält sich Auge schlecht als Richter.

Kommt von allerreifsten Früchten
Mit Geschmack und Lust zu speisen!
Über Rosen läßt sich dichten,
In die Äpfel muß man beißen.

Sei's erlaubt uns anzupaaren   5170
Eurem reichen Jugendflor
Und wir putzen reifer Waren
Fülle nachbarlich empor

Unter lustigen Gewinden,
In geschmückter Lauben Bucht,   5175
Alles ist zugleich zu finden:
Knospe, Blätter, Blume, Frucht.

*Unter Wechselgesang, begleitet von Guitarren und Theorben fahren
beide Chore fort ihre Waren stufenweis' in die Höhe zu schmücken
und auszubieten.*

MUTTER und TOCHTER

MUTTER

Mädchen als du kamst ans Licht
Schmückt ich dich im Häubchen,
Warst so lieblich von Gesicht,   5180
Und so zart am Leibchen.
Dachte sie sogleich als Braut,
Gleich dem Reichsten angetraut,
Dachte dich als Weibchen.

Ach! Nun ist schon manches Jahr   5185
Ungenützt verflogen
Der Sponsierer bunte Schar
Schnell vorbeigezogen.
Tanztest mit dem einen flink,
Gabst dem andern feinen Wink,   5190
Mit dem Ellenbogen.

Welches Fest man auch ersann
Ward umsonst begangen,
Pfänderspiel und dritter Mann
5195   Wollten nicht verfangen.
Heute sind die Narren los
Liebchen öffne deinen Schoß
Bleibt wohl einer hangen.

GESPIELINNEN
Jung und schön gesellen sich hinzu, ein vertrauliches Geplauder
wird laut.

FISCHER und VOGELSTELLER
Mit Netzen, Angel und Leimruten auch sonstigem Geräte treten
auf, mischen sich unter die schönen Kinder. Wechselseitige Versuche
zu gewinnen, zu fangen, zu entgehen und festzuhalten geben den
angenehmsten Dialogen Gelegenheit.

HOLZHAUER *derb, ungestüm und ungeschlacht*
Nur Platz! nur Blöße!
5200   Wir brauchen Räume,
Wir fällen Bäume
Die krachen schlagen,
Und wenn wir tragen
Da gibt es Stöße.

5205   Zu unserem Lobe
Bringt es ins Reine;
Denn wirkten Grobe
Nicht auch im Lande,
Wie kämen Feine
5210   Für sich zu Stande
So sehr sie witzten.
Des seid belehret;
Denn ihr erfröret
Wenn wir nicht schwitzten.

PULCINELLE *täppisch fast läppisch*
5215   Ihr seid die Toren
Gebückt geboren.

Wir sind die Klugen
Die nie was trugen;
Denn unsre Kappen,
Jacken und Lappen   5220
Sind leicht zu tragen.
Und mit Behagen
Wir immer müßig,
Pantoffelfüßig,
Durch Markt und Haufen   5225
Einher zu laufen.
Gaffend zu stehen,
Uns anzukrähen;
Auf solche Klänge
Durch Drang und Menge   5230
Aalgleich zu schlüpfen,
Gesamt zu hüpfen,
Vereint zu toben.
Ihr mögt uns loben,
Ihr mögt uns schelten   5235
Wir lassens gelten.

PARASITEN *schmeichelnd lüstern*

Ihr wackern Träger,
Und eure Schwäger
Die Kohlenbrenner
Sind unsre Männer.   5240
Denn alles Bücken,
Bejah'ndes Nicken,
Gewundne Phrasen,
Das Doppelblasen,
Das wärmt und kühlet   5245
Wie's einer fühlet,
Was könnt es frommen?
Es möchte Feuer
Selbst ungeheuer
Vom Himmel kommen,   5250
Gäb es nicht Scheite
Und Kohlentrachten

Die Herdesbreite
Zur Glut entfachten.
5255   Da brät's und prudelts,
Da kochts und strudelts.
Der wahre Schmecker,
Der Tellerlecker,
Er riecht den Braten,
5260   Er ahnet Fische;
Das regt zu Taten
An Gönners Tische.

TRUNKNER *unbewußt*

Sei mir heute nichts zuwider!
Fühle mich so frank und frei;
5265   Frische Lust und heitre Lieder
Holt ich selbst sie doch herbei.
Und so trink ich! trinke, trinke.
Stoßet an ihr! Tinke, Tinke!
Du dort hinten komm heran.
5270   Stoßet an, so ist's getan.

Schrie mein Weibchen doch entrüstet
Rümpfte diesem bunten Rock,
Und, wie sehr ich mich gebrüstet,
Schalt mich einen Maskenstock.
5275   Doch ich trinke! Trinke, Trinke!
Angeklungen! Tinke, Tinke!
Maskenstöcke stoßet an!
Wenn es klingt so ist's getan.

Saget nicht daß ich verirrt bin,
5280   Bin ich doch wo mir's behagt.
Borgt der Wirt nicht, borgt die Wirtin,
Und am Ende borgt die Magd.
Immer trink ich! Trinke, Trinke!
Auf ihr andern! Tinke Tinke!
5285   Jeder jedem! so fortan
Dünkt mich's doch es sei getan.

Wie und wo ich mich vergnüge

Mag es immerhin geschehn;
Laßt mich liegen wo ich liege
Denn ich mag nicht länger stehn.   5290

CHOR

      Jeder Bruder trinke, Trinke!
      Toastet frisch ein Tinke, Tinke!
      Sitzet fest auf Bank und Span,
      Unterm Tisch Dem ists getan.

DER HEROLD

Kündigt verschiedene Poeten an. Naturdichter, Hof- und Ritter-
sänger, Zärtliche so wie Enthusiasten. Im Gedräng von Mitwer-
bern aller Art läßt keiner den andern zum Vortrag kommen.
Einer schleicht mit wenigen Worten vorbei.

SATIRIKER

Wißt ihr was mich Poeten   5295
Erst recht erfreuen sollte?
Dürft ich singen und reden
Was niemand hören wollte.

Die Nacht- und Grabdichter lassen sich entschuldigen, weil sie
so eben im interessantesten Gespräch mit einem frisch erstandenen
Vampiren begriffen seien; woraus eine neue Dichtart sich viel-
leicht entwickeln könnte; der Herold muß es gelten lassen und ruft
indessen die griechische Mythologie hervor, die, selbst in moderner
Maske, weder Charakter noch Gefälliges verliert.

DIE GRAZIEN

AGLAIA

Anmut bringen wir in's Leben;
Leget Anmut in das Geben.   5300

HEGEMONE

Leget Anmut in's Empfangen
Lieblich ist's den Wunsch erlangen.

EUPHROSYNE

Und in stiller Tage Schranken
Höchst anmutig sei das Danken.

DIE PARZEN

ATROPOS

5305   Mich die älteste zum Spinnen
Hat man diesmal eingeladen
Viel zu denken, viel zu sinnen
Gibts beim zarten Lebensfaden.

Daß er euch gelenk und weich sei
5310   Wußt ich feinsten Flachs zu sichten;
Daß er glatt und schlank und gleich sei
Wird der kluge Finger schlichten.

Wolltet ihr bei Lust und Tänzen
Allzu üppig euch erweisen:
5315   Denkt an dieses Fadens Grenzen,
Hütet euch! Er möchte reißen!

KLOTHO

Wißt, in diesen letzten Tagen
Ward die Schere mir vertraut;
Denn man war von dem Betragen
5320   Unsrer Alten nicht erbaut.

Zerrt unnützeste Gespinste
Lange sie an Licht und Luft
Hoffnung herrlichster Gewinste
Schleppt sie schneidend zu der Gruft.

5325   Doch auch ich, im Jugend-Walten,
Irrte mich schon hundertmal;
Heute mich im Zaum zu halten,
Schere stickt im Futteral.

Und so bin ich gern gebunden,
5330   Blicke freundlich diesem Ort;
Ihr in diesen freien Stunden
Schwärmt nur immer fort und fort.

LACHESIS

Mir, die ich allein verständig,
Blieb das Ordnen zugeteilt.

Meine Weife, stets lebendig   5335
Hat noch nie sich übereilt.

Fäden kommen, Fäden weifen,
Jeden lenk ich seine Bahn,
Keinen laß ich überschweifen,
Füg er sich im Kreis heran.   5340

Könnt ich einmal mich vergessen
Wär es um die Welt mir bang;
Stunden zählen, Jahre messen
Und der Weber nimmt den Strang.

HEROLD
Die jetzo kommen werdet ihr nicht kennen   5345
Wärt ihr noch so gelehrt in alten Schriften;
Sie anzusehn die so viel Übel stiften
Ihr würdet sie willkommne Gäste nennen.

Die Furien sind es, niemand wird uns glauben,
Hübsch, wohlgestaltet, freundlich, jung von Jahren;   5350
Laßt euch mit ihnen ein, ihr sollt erfahren
Wie schlangenhaft verletzen solche Tauben.

Zwar sind sie tückisch, doch am heutigen Tage
Wo jeder Narr sich rühmet seiner Mängel,
Auch sie verlangen nicht den Ruhm als Engel,   5355
Bekennen sich als Stadt- und Landesplage.

                    DIE FURIEN
ALECTO
Was hilft es euch, ihr werdet uns vertrauen,
Denn wir sind hübsch und jung und
                                Schmeichelkätzchen,
Hat einer unter euch ein Liebe-Schätzchen:
Wir werden ihm so lange die Ohren krauen   5360

Bis wir ihm sagen dürfen, Aug in Auge:
Daß sie zugleich auch dem und jenem winke,
Im Kopfe dumm, im Rücken krumm, und hinke,
Und, wenn sie seine Braut ist, gar nichts tauge.

5365   So wissen wir die Braut auch zu bedrängen:
        Es hat sogar der Freund, vor wenig Wochen,
        Verächtliches von ihr zu der gesprochen!
        Versöhnt man sich so bleibt doch etwas hängen.

MEGÄRE
        Das ist nur Spaß! denn, sind sie erst verbunden,
5370   Ich nehm es auf, und weiß in allen Fällen,
        Das schönste Glück durch Grille zu vergällen;
        Der Mensch ist ungleich, ungleich sind die Stunden.

        Und niemand hat Erwünschtes fest in Armen,
        Der sich nicht nach Erwünschterem törig sehnte,
5375   Vom höchsten Glück, woran er sich gewöhnte;
        Die Sonne flieht er, will den Frost erwarmen.

        Mit diesem allen weiß ich zu gebaren,
        Und führe her Asmodi den Getreuen,
        Zu rechter Zeit Unseliges auszustreuen,
5380   Verderbe so das Menschenvolk in Paaren.

TISIPHONE
        Gift und Dolch statt böser Zungen
        Misch ich schärf ich dem Verräter;
        Liebst du andre, früher, später
        Hat Verderben dich durchdrungen.

5385   Muß der Augenblicke Süßtes
        Sich zu Gischt und Galle wandeln!
        Hier kein Markten, hier kein Handeln
        Wie er es beging er büßt es.

        Singe keiner vom Vergeben!
5390   Felsen klag ich meine Sache,
        Echo! Horch! Erwidert: Rache;
        Und wer wechselt soll nicht leben.

HEROLD
        Belieb es euch zur Seite wegzuweichen,
        Denn was jetzt kommt ist nicht von eures Gleichen.
5395   Ihr seht wie sich ein Berg herangedrängt,

Mit bunten Teppichen die Weichen stolz behängt,
Ein Haupt, mit langen Zähnen, Schlangenrüssel,
Geheimnisvoll, doch zeig ich euch den Schlüssel.
Im Nacken sitzt ihm zierlich-zarte Frau,
Mit feinem Stäbchen lenkt sie ihn genau,   5400
Die andre droben stehend herrlich-hehr,
Umgibt ein Glanz der blendet mich zu sehr.
Zur Seite gehn gekettet edle Frauen,
Die eine bang, die andre froh zu schauen,
Die eine wünscht, die andre fühlt sich frei,   5405
Verkünde jede wer sie sei.
FURCHT
      Dunstige Fackeln, Lampen, Lichter,
      Dämmern durchs verworrne Fest,
      Zwischen diese Truggesichter
      Bannt mich ach die Kette fest.   5410

      Fort ihr lächerlichen Lacher!
      Euer Grinsen gibt Verdacht;
      Alle meine Widersacher
      Drängen mich in dieser Nacht.

      Hier! ein Freund ist Feind geworden,   5415
      Seine Maske kenn ich schon;
      Jener wollte mich ermorden
      Nun entdeckt schleicht er davon.

      Ach wie gern in jeder Richtung,
      Flöh ich zu der Welt hinaus.   5420
      Doch von drüben droht Vernichtung
      Hält mich zwischen Dunst und Graus.
HOFFNUNG
      Seid gegrüßt ihr lieben Schwestern,
      Habt ihr euch schon heut und gestern
      In Vermummungen gefallen,   5425
      Weiß ich doch gewiß von allen
      Morgen wollt ihr euch enthüllen.
      Und wenn wir bei Fackelscheine

Uns nicht sonderlich behagen
5430　Werden wir in heitern Tagen,
Ganz nach unserm eignen Willen,
Bald gesellig, bald alleine
Frei durch schöne Fluren wandeln,
Nach Belieben ruhn und handeln
5435　Und in sorgenfreiem Leben,
Nie entbehren, stets erstreben,
Überall willkommne Gäste
Treten wir getrost hinein.
Sicherlich es muß das Beste
5440　Irgendwo zu finden sein.

KLUGHEIT
Zwei der größten Menschenfeinde
Furcht und Hoffnung angekettet,
Halt ich ab von der Gemeinde;
Platz gemacht! ihr seid gerettet.

5445　Den lebendigen Kolossen
Führ ich, seht ihr, turmbeladen
Und er wandelt unverdrossen
Schritt vor Schritt auf steilen Pfaden.

Droben aber auf der Zinne
5450　Jene Göttin mit behenden,
Breiten Flügeln, zum Gewinne
Allerseits sich hinzuwenden.

Rings umgibt sie Glanz und Glorie
Leuchtend fern nach allen Seiten;
5455　Und sie nennet sich Viktorie
Göttin aller Tätigkeiten.

ZOILO-THERSITES
Hu! Hu! da komm ich eben recht
Ich schelt euch allzusammen schlecht!
Doch was ich mir zum Ziel ersah
5460　Ist oben Frau Victoria.
Mit ihrem weißen Flügelpaar
Sie dünkt sich wohl sie sei ein Aar,

Und wo sie sich nur hingewandt
Gehör ihr alles Volk und Land;
Doch, wo was Rühmliches gelingt   5465
Es mich sogleich in Harnisch bringt.
Das Tiefe hoch, das Hohe tief,
Das Schiefe grad, das Grade schief,
Das ganz allein macht mich gesund,
So will ichs auf dem Erdenrund.   5470

HEROLD
So treffe dich du Lumpenhund,
Des frommen Stabes Meisterstreich,
Da krümm und winde dich sogleich! –
Wie sich die Doppelzwerggestalt
So schnell zum eklen Klumpen ballt! –   5475
– Doch Wunder! – Klumpen wird zum Ei,
Das bläht sich auf und platzt entzwei.
Nun fällt ein Zwillingspaar heraus,
Die Otter und die Fledermaus.
Die eine fort im Staube kriecht,   5480
Die andre schwarz zur Decke fliegt.
Sie eilen draußen zum Verein,
Da möcht' ich nicht der Dritte sein.

GEMURMEL
Frisch! dahinten tanzt man schon –
Nein! Ich wollt ich wär' davon –   5485
Fühlst du? wie uns das umflicht,
Das gespenstische Gezücht –
Saust es mir doch übers Haar –
Ward ichs doch am Fuß gewahr –
Keiner ist von uns verletzt –   5490
Alle doch in Furcht gesetzt –
Ganz verdorben ist der Spaß –
Und die Bestien wollten das.

HEROLD
Seit mir sind bei Maskeraden
Heroldspflichten aufgeladen   5495
Wach ich ernstlich an der Pforte,

Daß euch hier am lustigen Orte
Nichts Verderbliches erschleiche,
Weder wanke, weder weiche.
5500 Doch ich fürchte durch die Fenster
Ziehen luftige Gespenster
Und von Spuk und Zaubereien
Wüßt ich euch nicht zu befreien.
Machte sich der Zwerg verdächtig,
5505 Nun! Dorthinten strömt es mächtig.
Die Bedeutung der Gestalten
Möcht ich amtsgemäß entfalten.
Aber was nicht zu begreifen
Wüßt ich auch nicht zu erklären,
5510 Helfet alle mich belehren! –
Seht ihr's durch die Menge schweifen? –
Vierbespannt ein prächtiger Wagen
Wird durch alles durchgetragen;
Doch er teilet nicht die Menge
5515 Nirgend seh ich ein Gedränge.
Farbig glitzerts in der Ferne,
Irrend leuchten bunte Sterne,
Wie von magischer Laterne.
Schnaubt's heran mit Sturmgewalt!
5520 Platz gemacht! Mich schauderts!
KNABE *Wagenlenker*
                                            Halt!
Rosse hemmet eure Flügel
Fühlet den gewohnten Zügel
Meistert euch wie ich euch meistre,
Rauschet hin wenn ich begeistre –
5525 Diese Räume laßt uns ehren,
Schaut umher wie sie sich mehren
Die Bewundrer Kreis um Kreise.
Herold auf! nach Deiner Weise,
Ehe wir von Euch entfliehen,
5530 Uns zu schildern uns zu nennen;
Denn wir sind Allegorien
Und so solltest du uns kennen.

HEROLD
  Wüßte nicht dich zu benennen,
  Eher könnt ich dich beschreiben.
KNABE, LENKER
  So probier's!
HEROLD
          Man muß gestehn: 5535
  Erstlich bist du jung und schön.
  Halbwüchsiger Knabe bist du; doch die Frauen
  Sie möchten dich ganz ausgewachsen schauen.
  Du scheinest mir ein künftiger Sponsierer
  Recht so von Haus aus ein Verführer.   5540
KNABE LENKER
  Das läßt sich hören! fahre fort,
  Erfinde dir des Rätsels heitres Wort.
HEROLD
  Der Augen schwarzer Blitz, die Nacht der Locken
  Erheitert von juwelnem Band!
  Und welch ein zierliches Gewand   5545
  Fließt dir von Schultern zu den Socken,
  Mit Purpursaum und Glitzertand!
  Man könnte dich ein Mädchen schelten,
  Doch würdest du, zu Wohl und Weh
  Auch jetzo schon bei Mädchen gelten   5550
  Sie lehrten dich das A.B.C.
KNABE LENKER
  Und dieser, der als Prachtgebilde
  Hier auf dem Wagenthrone prangt?
HEROLD
  Er scheint ein König reich und milde,
  Wohl dem der seine Gunst erlangt!   5555
  Er hat nichts weiter zu erstreben,
  Wo's irgend fehlte späht sein Blick,
  Und seine reine Lust zu geben
  Ist größer als Besitz und Glück.
KNABE [LENKER]
  Hiebei darfst du nicht stehen bleiben,   5560
  Du mußt ihn recht genau beschreiben.

HEROLD
Das Würdige beschreibt sich nicht.
Doch das gesunde Mondgesicht,
Ein voller Mund, erblühte Wangen,
5565 Die unterm Schmuck des Turbans prangen.
Im Faltenkleid ein reich Behagen!
Was soll ich von dem Anstand sagen?
Als Herrscher scheint er mir bekannt.
KNABE [LENKER]
Plutus, des Reichtums Gott genannt,
5570 Derselbe kommt in Prunk daher,
Der hohe Kaiser wünscht ihn sehr.
HEROLD
Sag von dir selber auch das Was und Wie?
KNABE [LENKER]
Bin die Verschwendung, bin die Poesie.
Bin der Poet, der sich vollendet
5575 Wenn er sein eigenst Gut verschwendet.
Auch ich bin unermeßlich reich
Und schätze mich dem Plutus gleich,
Beleb' und schmück ihm Tanz und Schmaus
Das was ihm fehlt das teil ich aus.
HEROLD
5580 Das Prahlen steht dir gar zu schön;
Doch laß uns deine Künste sehn!
KNABE [LENKER]
Hier seht mich nur ein Schnippchen schlagen,
Schon glänzt's und glitzert's um den Wagen.
Da springt eine Perlenschnur hervor,
                    immerfort umherschnippend
5585 Nehmt goldne Spange für Hals und Ohr;
Auch Kamm und Krönchen ohne Fehl,
In Ringen köstlichstes Juwel.
Auch Flämmchen spend ich dann und wann
Erwartend wo es zünden kann.
HEROLD
5590 Wie greift und hascht die liebe Menge!

Fast kommt der Geber ins Gedränge.
Kleinode schnippt er wie im Traum
Und alles hascht im weiten Raum.
Doch da erleb' ich neue Pfiffe;
Was einer noch so emsig griffe   5595
Des hat er wirklich schlechten Lohn,
Die Gabe flattert ihm davon.
Es löst sich auf das Perlenband,
Ihm krabbeln Käfer in der Hand,
Er wirft sie weg, der arme Tropf,   5600
Und sie umsummen ihm den Kopf.
Die andern statt solider Dinge
Erhaschen frevle Schmetterlinge.
Wie doch der Schelm so viel verheißt,
Und nur verleiht was golden gleißt!   5605

KNABE LENKER
Zwar Masken, merk' ich, weißt du zu verkünden,
Allein der Schale Wesen zu ergründen
Sind Herolds Hofgeschäfte nicht;
Das fordert schärferes Gesicht.
Doch hüt ich mich vor jeder Fehde;   5610
An dich Gebieter wend ich meine Rede.
              zu Plutus gewendet
Hast du mir nicht die Windesbraut
Des Viergespannes anvertraut?
Lenk ich nicht glücklich wie du leitest?
Bin ich nicht da wohin du deutest?   5615
Und wußt ich nicht auf kühnen Schwingen
Für dich die Palme zu erringen?
Wie oft ich auch für dich gefochten
Mir ist es jederzeit geglückt:
Wenn Lorbeer deine Stirne schmückt   5620
Hab ich ihn nicht mit Sinn und Hand geflochten?

PLUTUS
Wenns nötig ist daß ich dir Zeugnis leiste,
So sag ich gern: bist Geist von meinem Geiste.
Du handelst stets nach meinem Sinn,

5625 Bist reicher als ich selber bin.
Ich schätze, deinen Dienst zu lohnen,
Den grünen Zweig vor allen meinen Kronen,
Ein wahres Wort verkünd ich allen:
Mein lieber Sohn an dir hab ich Gefallen.

KNABE LENKER *zur Menge*

5630 Die größten Gaben meiner Hand,
Seht! hab' ich rings umher gesandt.
Auf dem und jenem Kopfe glüht
Ein Flämmchen das ich angesprüht,
Von einem zu dem andern hüpft's,
5635 An diesem hält sich's, dem entschlüpft's,
Gar selten aber flammts empor
Und leuchtet rasch in kurzem Flor.
Doch vielen, eh mans noch erkannt,
Verlischt es, traurig ausgebrannt.

WEIBER GEKLATSCH

5640 Da droben auf dem Viergespann
Das ist gewiß ein Scharlatan;
Gekauzt da hintendrauf Hanswurst,
Doch abgezehrt von Hunger und Durst,
Wie man ihn niemals noch erblickt.
5645 Er fühlt wohl nicht wenn man ihn zwickt.

DER ABGEMAGERTE

Vom Leibe mir ekles Weibsgeschlecht!
Ich weiß dir komm ich niemals recht. –
Wie noch die Frau den Herd versah,
Da hieß ich Avaritia;
5650 Da stand es gut um unser Haus:
Nur viel herein, und nichts hinaus!
Ich eiferte für Kist' und Schrein;
Das sollte wohl gar ein Laster sein.
Doch als in allerneusten Jahren
5655 Das Weib nicht mehr gewohnt zu sparen,
Und, wie ein jeder böse Zahler,
Weit mehr Begierden hat als Taler,
Da bleibt dem Manne viel zu dulden

Wo er nur hinsieht da sind Schulden.
Sie wendets, kann sie was erspulen,   5660
An ihren Leib an ihren Buhlen;
Auch speist sie besser, trinkt noch mehr
Mit der Sponsierer leidigem Heer;
Das steigert mir des Goldes Reiz:
Bin männlichen Geschlechts, der Geiz!   5665

HAUPTWEIB
  Mit Drachen mag der Drache geizen,
  Ist's doch am Ende Lug und Trug!
  Er kommt die Männer aufzureizen
  Sie sind schon unbequem genug.

WEIBER IN MASSE
    Der Strohmann! Reich ihm eine Schlappe!   5670
    Was will das Marterholz uns dräun?
    Wir sollen seine Fratze scheun!
    Die Drachen sind von Holz und Pappe,
    Frisch an und dringt auf ihn hinein!

HEROLD
  Bei meinem Stabe! Ruh gehalten! –   5675
  Doch braucht es meiner Hülfe kaum,
  Seht wie die grimmen Ungestalten
  Bewegt im rasch gewonnenen Raum
  Das Doppel-Flügelpaar entfalten.
  Entrüstet schütteln sich der Drachen   5680
  Umschuppte, feuerspeiende Rachen;
  Die Menge flieht, rein ist der Platz.

        PLUTUS *steigt vom Wagen.*

HEROLD
  Er tritt herab wie königlich!
  Er winkt, die Drachen rühren sich
  Die Kiste haben sie vom Wagen   5685
  Mit Gold und Geiz herangetragen,
  Sie steht zu seinen Füßen da.
  Ein Wunder ist es wie's geschah.

PLUTUS *zum Lenker*
  Nun bist du los der allzulästigen Schwere,
5690 Bist frei und frank, nun frisch zu deiner Sphäre!
  Hier ist sie nicht! Verworren, scheckig, wild
  Umdrängt uns hier ein fratzenhaft Gebild.
  Nur wo du klar ins holde Klare schaust,
  Dir angehörst und dir allein vertraust,
5695 Dorthin wo Schönes Gutes nur gefällt,
  Zur Einsamkeit! – Da schaffe deine Welt.

KNABE LENKER
  So acht ich mich als werten Abgesandten,
  So lieb ich dich als nächsten Anverwandten.
  Wo du verweilst ist Fülle, wo ich bin
5700 Fühlt jeder sich im herrlichsten Gewinn;
  Auch schwankt er oft im widersinnigen Leben:
  Soll er sich dir? soll er sich mir ergeben?
  Die Deinen freilich können müßig ruhn,
  Doch wer mir folgt hat immer was zu tun.
5705 Nicht ins Geheim vollführ' ich meine Taten
  Ich atme nur und schon bin ich verraten.
  So lebe wohl! du, gönnst mir ja mein Glück
  Doch lisple leis' und gleich bin ich zurück.
                        ab wie er kam.

PLUTUS
  Nun ist es Zeit die Schätze zu entfesseln
5710 Die Schlösser treff ich mit des Herolds Rute.
  Es tut sich auf! schaut her! in ehrnen Kesseln
  Entwickelt sichs und wallt von goldnem Blute,
  Zunächst der Schmuck von Kronen, Ketten, Ringen
  Es schwillt und droht ihn schmelzend zu verschlingen.

WECHSELGESCHREI DER MENGE
5715 Seht hier o hin! wies reichlich quillt
  Die Kiste bis zum Rande füllt. –
  Gefäße goldne schmelzen sich,
  Gemünzte Rollen wälzen sich. –
  Dukaten hüpfen wie geprägt,
5720 O wie mir das den Busen regt –

Wie schau ich alle mein Begehr!
Da kollern sie am Boden her. –
Man bietet's euch, benutzts nur gleich
Und bückt euch nur und werdet reich. –
Wir andern, rüstig wie der Blitz,   5725
Wir nehmen den Koffer in Besitz.

HEROLD

Was solls ihr Toren? soll mir das?
Es ist ja nur ein Maskenspaß.
Heut abend wird nicht mehr begehrt;
Glaubt ihr man gab euch Gold und Wert?   5730
Sind doch für euch in diesem Spiel
Selbst Rechenpfennige zuviel.
Ihr Täppischen! ein artiger Schein
Soll gleich die plumpe Wahrheit sein.
Was soll euch Wahrheit? – dumpfen Wahn   5735
Packt ihr an allen Zipfeln an. –
Vermummter Plutus, Maskenheld,
Schlag dieses Volk mir aus dem Feld.

PLUTUS

Dein Stab ist wohl dazu bereit
Verleih ihn mir auf kurze Zeit. –
Ich tauch ihn rasch in Sud und Glut. –   5740
Nun! Masken seid auf eurer Hut.
Wie's blitzt und platzt, in Funken sprüht!
Der Stab schon ist er angeglüht.
Wer sich zu nah herangedrängt   5745
Ist unbarmherzig gleich versengt. –
Jetzt fang ich meinen Umgang an.

GESCHREI UND GEDRÄNG

O weh! Es ist um uns getan. –
Entfliehe wer entfliehen kann! –
Zurück zurück du Hintermann –   5750
Mir sprüht es heiß ins Angesicht. –
Mich drückt des glühenden Stabs Gewicht –
Verloren sind wir all und all. –
Zurück zurück du Maskenschwall!

5755   Zurück zurück unsinniger Hauf –
         O hätt' ich Flügel flög ich auf. –
     PLUTUS
         Schon ist der Kreis zurückgedrängt
         Und niemand glaub ich ist versengt
         Die Menge weicht;
5760   Sie ist verscheucht. –
         Doch solcher Ordnung Unterpfand
         Zieh ich ein unsichtbares Band.
     HEROLD
         Du hast ein herrlich Werk vollbracht
         Wie dank ich deiner klugen Macht.
     PLUTUS
5765   Noch braucht es edler Freund Geduld
         Es droht noch mancherlei Tumult.
     GEIZ
         So kann man doch, wenn es beliebt,
         Vergnüglich diesen Kreis beschauen;
         Denn immerfort sind vornen an die Frauen
5770   Wo's was zu gaffen was zu naschen gibt.
         Noch bin ich nicht so völlig eingerostet
         Ein schönes Weib ist immer schön,
         Und heute weil es mich nichts kostet
         So wollen wir getrost sponsieren gehn.
5775   Doch weil am überfüllten Orte
         Nicht jedem Ohr vernehmlich alle Worte,
         Versuch ich klug und hoff' es soll mir glücken,
         Mich pantomimisch deutlich auszudrücken.
         Hand, Fuß, Gebärde reicht mir da nicht hin,
5780   Da muß ich mich um einen Schwank bemühn.
         Wie feuchten Ton will ich das Gold behandlen.
         Denn dies Metall läßt sich in alles wandlen.
     HEROLD
         Was fängt der an der magre Tor!
         Hat so ein Hungermann Humor?
5785   Er knetet alles Gold zu Teig,
         Ihm wird es untern Händen weich,

Wie er es drückt und wie es ballt
Bleibt's immer doch nur ungestalt.
Er wendet sich zu den Weibern dort,
Sie schreien alle, möchten fort,   5790
Gebärden sich gar widerwärtig;
Der Schalk erweist sich übelfertig.
Ich fühle daß er sich ergötzt
Wenn er die Sittlichkeit verletzt.
Dazu darf ich nicht schweigsam bleiben,   5795
Gib meinen Stab, ihn zu vertreiben.

PLUTUS
  Er ahnet nicht was uns von außen droht;
  Laß ihn die Narrenteidung treiben
  Ihm wird kein Raum für seine Possen bleiben;
  Gesetz ist mächtig, mächtiger ist die Not.   5800

GETÜMMEL und UNGESANG
    Das wilde Heer es kommt zumal
    Von Bergeshöh und Waldes Tal
    Unwiderstehlich schreitets an
    Sie feiern ihren großen Pan.
    Sie wissen doch was keiner weiß   5805
    Und drängen in den leeren Kreis.

PLUTUS
  Ich kenn euch wohl und euren großen Pan!
  Zusammen habt ihr kühnen Schritt getan.
  Ich weiß recht gut was nicht ein jeder weiß
  Und öffne schuldig diesen strengen Kreis.   5810
  Mag sie ein gut Geschick begleiten!
  Das Wunderlichste kann geschehn;
  Sie wissen nicht wohin sie schreiten,
  Sie haben sich nicht vorgesehn.

WILDGESANG
    Geputztes Volk du Flitterschau!   5815
    Sie kommen roh sie kommen rauh,
    In hohem Sprung und raschem Lauf
    Sie treten derb und tüchtig auf.

FAUNEN
  Die Faunenschar
5820 Im lustigen Tanz
  Den Eichenkranz
  Im krausen Haar
  Ein feines zugespitztes Ohr
  Dringt an dem Lockenkopf hervor
5825 Ein stumpfes Näschen, ein breit Gesicht
  Das schadet alles bei Frauen nicht:
  Dem Faun wenn er die Patsche reicht
  Versagt die Schönste den Tanz nicht leicht.
SATYR
  Der Satyr hüpft nun hinterdrein
5830 Mit Ziegenfuß und dürrem Bein,
  Ihm sollen sie mager und sehnig sein.
  Und gemsenartig auf Bergeshöhn,
  Belustigt er sich umher zu sehn.
  In Freiheitsluft erquickt alsdann
5835 Verhöhnt er Kind und Weib und Mann
  Die tief in Tales Dampf und Rauch
  Behaglich meinen sie lebten auch,
  Da ihm doch rein und ungestört
  Die Welt dort oben allein gehört.
GNOMEN
5840 Da trippelt ein die kleine Schar
  Sie hält nicht gern sich Paar und Paar;
  Im moosigen Kleid mit Lämplein hell
  Bewegt sichs durcheinander schnell,
  Wo jedes für sich selber schafft,
5845 Wie Leuchtameisen wimmelhaft;
  Und wuselt emsig hin und her,
  Beschäftigt in die Kreuz und Quer.

  Den frommen Gütgen nah verwandt,
  Als Felschirurgen wohlbekannt;
5850 Die hohen Berge schröpfen wir,
  Aus vollen Adern schöpfen wir;
  Metalle stürzen wir zu Hauf,

Mit Gruß getrost: Glück auf! Glück auf!
Das ist von Grund aus wohlgemeint
Wir sind der guten Menschen Freund.   5855
Doch bringen wir das Gold zu Tag
Damit man stehlen und kuppeln mag,
Nicht Eisen fehle dem stolzen Mann,
Der allgemeinen Mord ersann.
Und wer die drei Gebot veracht   5860
Sich auch nichts aus den andern macht.
Das alles ist nicht unsre Schuld,
Drum habt sofort wie wir Geduld.

RIESEN
Die wilden Männer sinds genannt,
Am Harzgebirge wohlbekannt,   5865
Natürlich nackt in aller Kraft,
Sie kommen sämtlich riesenhaft;
Den Fichtenstamm in rechter Hand
Und um den Leib ein wulstig Band
Den derbsten Schurz von Zweig und Blatt,   5870
Leibwache wie der Papst nicht hat.

NYMPHEN *im Chor*
    sie umschließen den großen Pan
        Auch kommt er an! –
        Das All der Welt
        Wird vorgestellt
        Im großen Pan.   5875
        Ihr Heitersten umgebet ihn,
        Im Gaukeltanz umschwebet ihn,
        Denn weil der Ernste gut dabei,
        So will er daß man fröhlich sei.
        Auch unterm blauen Wölbedach   5880
        Verhielt' er sich beständig wach,
        Doch rieseln ihm die Bäche zu,
        Und Lüftlein wiegen ihn mild in Ruh.
        Und wenn er zu Mittage schläft
        Sich nicht das Blatt am Zweige regt,   5885
        Gesunder Pflanzen Balsam Duft

Erfüllt die schweigsam stille Luft,
Die Nymphe darf nicht munter sein
Und wo sie stand da schläft sie ein.
5890   Wenn unerwartet mit Gewalt
Dann aber seine Stimm erschallt,
Wie Blitzes Knattern, Meergebraus
Dann niemand weiß wo ein noch aus,
Zerstreut sich tapfres Heer im Feld
5895   Und im Getümmel bebt der Held.
So Ehre dem, dem Ehre gebührt
Und Heil ihm der uns hergeführt!

DEPUTATION DER GNOMEN *an den großen Pan*
Wenn das glänzend reiche Gute
Fadenweis durch Klüfte streicht,
5900   Nur der klugen Wünschelrute
Seine Labyrinthe zeigt,

Wölben wir in dumpfen Grüften
Troglodytisch unser Haus,
Und an reinen Tageslüften
5905   Teilst du Schätze gnädig aus.

Nun entdecken wir hieneben
Eine Quelle wunderbar,
Die bequem verspricht zu geben
Was kaum zu erreichen war.

5910   Dies vermagst du zu vollenden,
Nimm es Herr in deine Hut.
Jeder Schatz in deinen Händen
Kommt der ganzen Welt zu gut.

PLUTUS *zum Herold*
Wir müssen uns im hohen Sinne fassen
5915   Und was geschieht getrost geschehen lassen,
Du bist ja sonst des stärksten Mutes voll.
Nun wird sich gleich ein Gräulichstes eräugnen,
Hartnäckig wird es Welt und Nachwelt leugnen,
Du schreib es treulich in dein Protokoll.

HEROLD *den Stab anfassend, welchen Plutus in der Hand behält*

Die Zwerge führen den großen Pan   5920
Zur Feuerquelle sacht heran,
Sie siedet auf vom tiefsten Schlund
Dann sinkt sie wieder hinab zum Grund,
Und finster steht der offne Mund;
Wallt wieder auf in Sud und Glut   5925
Der große Pan steht wohlgemut
Freut sich des wundersamen Dings.
Und Perlenschaum sprüht rechts und links,
Wie mag er solchen Wesen traun?
Er bückt sich tief hinein zu schaun. –   5930
Nun aber fällt sein Bart hinein! –
Wer mag das glatte Kinn wohl sein?
Die Hand verbirgt es unserm Blick. –
Nun folgt ein großes Ungeschick
Der Bart entflammt und fliegt zurück.   5935
Entzündet Kranz und Haupt und Brust,
Zu Leiden wandelt sich die Lust. –
Zu löschen läuft die Schar herbei,
Doch keiner bleibt von Flammen frei,
Und wie es patscht und wie es schlägt   5940
Wird neues Flammen aufgeregt;
Verflochten in das Element
Ein ganzer Maskenklump verbrennt.

Was aber hör ich wird uns kund
Von Ohr zu Ohr von Mund zu Mund!   5945
O ewig unglückselge Nacht
Was hast du uns für Leid gebracht.
Verkünden wird der nächste Tag
Was niemand willig hören mag;
Doch hör' ich aller Orten schrein: 5950
Der Kaiser leidet solche Pein
O wäre doch ein andres wahr!
Der Kaiser brennt und seine Schar.
Sie sei verflucht die ihn verführt,

5955 In harzig Reis sich eingeschnürt,
      Zu toben her mit Brüll-Gesang
      Zu allerseitigem Untergang.
      O Jugend Jugend wirst du nie
      Der Freude reines Maß bezirken?
5960 O Hoheit Hoheit wirst du nie
      Vernünftig wie allmächtig wirken?

      Schon geht der Wald in Flammen auf,
      Sie züngeln leckend spitz hinauf,
      Zum holzverschränkten Deckenband,
5965 Uns droht ein allgemeiner Brand.
      Des Jammers Maß ist übervoll,
      Ich weiß nicht wer uns retten soll.
      Ein Aschenhaufen einer Nacht
      Liegt morgen reiche Kaiserpracht.
PLUTUS
5970 Schrecken ist genug verbreitet,
      Hülfe sei nun eingeleitet! –
      Schlage heilgen Stabs Gewalt
      Daß der Boden bebt und schallt.
      Du geräumig weite Luft
5975 Fülle dich mit kühlem Duft;
      Zieht heran umherzuschweifen
      Nebeldünste, schwangre Streifen,
      Deckt ein flammendes Gewühl;
      Rieselt, säuselt, Wölkchen kräuselt,
5980 Schlüpfet wallend, leise dämpfet,
      Löschend überall bekämpfet,
      Ihr die lindernden die feuchten,
      Wandelt in ein Wetterleuchten
      Solcher eitlen Flamme Spiel. –
5985 Drohen Geister uns zu schädigen
      Soll sich die Magie betätigen.

Lustgarten
Morgensonne

Der KAISER, dessen Hofstaat, Männer und Frauen;
Faust, Mephisto, *anständig nicht auffallend nach Sitte
gekleidet, beide knien.*

FAUST
  Verzeihst du Herr das Flammengaukelspiel?
KAISER *zum Aufstehen winkend*
  Ich wünsche mir dergleichen Scherze viel. –
  Auf einmal sah ich mich in glühender Sphäre,
  Es schien mir fast als ob ich Pluto wäre.   5990
  Aus Nacht und Kohlen lag ein Felsengrund,
  Von Flämmchen glühend. Dem und jenem Schlund
  Aufwirbelten viel tausend wilde Flammen,
  Und flackerten in Ein Gewölb zusammen.
  Zum höchsten Dome züngelt es empor,   5995
  Der immer ward und immer sich verlor.
  Durch fernen Raum gewundner Feuersäulen
  Sah ich bewegt der Völker lange Zeilen,
  Sie drängten sich im weiten Kreis heran
  Und huldigten, wie sie es stets getan.   6000
  Von meinem Hof erkannt' ich ein und andern,
  Ich schien ein Fürst von tausend Salamandern.
MEPHISTOPHELES
  Das bist du Herr! Weil jedes Element
  Die Majestät als unbedingt erkennt.
  Gehorsam Feuer hast du nun erprobt,   6005
  Wirf dich ins Meer wo es am wildsten tobt,
  Und kaum betrittst du perlenreichen Grund
  So bildet wallend sich ein herrlich Rund;
  Siehst auf und ab lichtgrüne schwanke Wellen,
  Mit Purpursaum, zu schönster Wohnung schwellen,   6010
  Um dich den Mittelpunkt. Bei jedem Schritt
  Wohin du gehst gehn die Paläste mit.

Die Wände selbst erfreuen sich des Lebens,
Pfeilschnellen Wimmlens, Hin- und Widerstrebens.
6015 Meerwunder drängen sich zum neuen milden Schein,
Sie schießen an, und keines darf herein.
Da spielen farbig goldbeschuppte Drachen,
Der Haifisch klafft, du lachst ihm in den Rachen.
Wie sich auch jetzt der Hof um dich entzückt
6020 Hast du doch nie ein solch Gedräng erblickt.
Doch bleibst du nicht vom Lieblichsten geschieden
Es nahen sich neugierige Nereiden
Der prächtigen Wohnung in der ewigen Frische,
Die jüngsten scheu und lüstern wie die Fische,
6025 Die spätern klug; schon wird es Thetis kund
Dem zweiten Peleus reicht sie Hand und Mund. –
Den Sitz alsdann auf des Olymps Revier! –

KAISER
Die luftigen Räume die erlaß ich dir.
Noch früh genug besteigt man jenen Thron.

MEPHISTOPHELES
6030 Und, höchster Herr! die Erde hast du schon.

KAISER
Welch gut Geschick hat dich hieher gebracht?
Unmittelbar aus Tausend Einer Nacht.
Gleichst du an Fruchtbarkeit Scheherazaden,
Versichre ich dich der höchsten aller Gnaden.
6035 Sei stets bereit wenn eure Tageswelt
Wie's oft geschieht, mir widerlichst mißfällt.

MARSCHALK *tritt eilig auf*
Durchlauchtigster, ich dacht' in meinem Leben
Vom schönsten Glück Verkündung nicht zu geben
Als diese, die mich hoch beglückt,
6040 In Deiner Gegenwart entzückt.
Rechnung für Rechnung ist berichtigt,
Die Wucherklauen sind beschwichtigt,
Los bin ich solcher Höllenpein;
Im Himmel kanns nicht heitrer sein.

HEERMEISTER *folgt eilig*
  Abschläglich ist der Sold entrichtet,   6045
  Das ganze Heer aufs neu verpflichtet,
  Der Lanzknecht fühlt sich frisches Blut,
  Und Wirt und Dirnen habens gut.
KAISER
  Wie atmet eure Brust erweitert!
  Das faltige Gesicht erheitert!   6050
  Wie eilig tretet ihr heran!
SCHATZMEISTER *der sich einfindet*
  Befrage diese die das Werk getan.
FAUST
  Dem Kanzler ziemts die Sache vorzutragen.
KANZLER *der langsam herankommt*
  Beglückt genug in meinen alten Tagen. –
  So hört und schaut das schicksalschwere Blatt,   6055
  Das alles Weh in Wohl verwandelt hat.
                      er liest
  »Zu wissen sei es jedem ders begehrt:
  Der Zettel hier ist tausend Kronen wert.
  Ihm liegt gesichert als gewisses Pfand
  Unzahl vergrabnen Guts im Kaiserland.   6060
  Nun ist gesorgt damit der reiche Schatz,
  Sogleich gehoben, diene zum Ersatz.«
KAISER
  Ich ahne Frevel, ungeheuren Trug!
  Wer fälschte hier des Kaisers Namenszug?
  Ist solch Verbrechen ungestraft geblieben?   6065
SCHATZMEISTER
  Erinnre Dich! hast selbst es unterschrieben;
  Erst heute Nacht. Du standst als großer Pan,
  Der Kanzler sprach mit uns zu Dir heran:
  »Gewähre Dir das hohe Festvergnügen,
  Des Volkes Heil, mit wenig Federzügen.«   6070
  Du zogst sie rein, dann wards in dieser Nacht
  Durch Tausendkünstler schnell vertausendfacht.
  Damit die Wohltat allen gleich gedeihe

So stempelten wir gleich die ganze Reihe,
6075 Zehn, Dreißig, Funfzig, Hundert sind parat.
Ihr denkt euch nicht wie wohl's dem Volke tat.
Seht eure Stadt, sonst halb im Tod verschimmelt,
Wie alles lebt und lustgenießend wimmelt!
Obschon Dein Name längst die Welt beglückt,
6080 Man hat ihn nie so freundlich angeblickt.
Das Alphabet ist nun erst überzählig
In diesem Zeichen wird nun jeder selig.

KAISER

Und meinen Leuten gilts für gutes Gold?
Dem Heer, dem Hofe gnügts zu vollem Sold?
6085 So sehr michs wundert muß ichs gelten lassen.

MARSCHALK

Unmöglich wär's die Flüchtigen einzufassen;
Mit Blitzeswink zerstreute sichs im Lauf.
Die Wechsler-Bänke stehen sperrig auf,
Man honoriert daselbst ein jedes Blatt
6090 Durch Gold und Silber, freilich mit Rabatt.
Nun gehts von da zum Fleischer, Bäcker, Schenken;
Die halbe Welt scheint nur an Schmaus zu denken,
Wenn sich die andre neu in Kleidern bläht.
Der Krämer schneidet aus, der Schneider näht.
6095 Bei: »hoch dem Kaiser!« sprudelts in den Kellern,
Dort kochts und bräts und klappert mit den Tellern.

MEPHISTOPHELES

Wer die Terrassen einsam abspaziert
Gewahrt die Schönste, herrlich aufgeziert.
Ein Aug' verdeckt vom stolzen Pfauenwedel,
6100 Sie schmunzelt uns und blickt nach solcher Schedel;
Und hurt'ger als durch Witz und Redekunst
Vermittelt sich die reichste Liebesgunst.
Man wird sich nicht mit Börs' und Beutel plagen,
Ein Blättchen ist im Busen leicht zu tragen,
6105 Mit Liebesbrieflein paarts bequem sich hier. –
Der Priester trägts andächtig im Brevier,
Und der Soldat, um rascher sich zu wenden,

Erleichtert schnell den Gürtel seiner Lenden.
Die Majestät verzeihe wenn ins Kleine
Das hohe Werk ich zu erniedern scheine.   6110

FAUST

Das Übermaß der Schätze, das, erstarrt,
In Deinen Landen tief im Boden harrt,
Liegt ungenutzt. Der weiteste Gedanke
Ist solches Reichtums kümmerlichste Schranke,
Die Phantasie, in ihrem höchsten Flug,   6115
Sie strengt sich an und tut sich nie genug.
Doch fassen Geister, würdig tief zu schauen,
Zum Grenzenlosen grenzenlos Vertrauen.

MEPHISTOPHELES

Ein solch Papier, an Gold und Perlen statt,
Ist so bequem, man weiß doch was man hat,
Man braucht nicht erst zu markten noch zu tauschen,   6120
Kann sich nach Lust in Lieb und Wein berauschen,
Will man Metall, ein Wechsler ist bereit,
Und fehlt es da, so gräbt man eine Zeit.
Pokal und Kette wird verauktioniert,   6125
Und das Papier, sogleich amortisiert,
Beschämt den Zweifler der uns frech verhöhnt.
Man will nichts anders, ist daran gewöhnt.
So bleibt von nun an allen Kaiser Landen
An Kleinod, Gold, Papier genug vorhanden.   6130

KAISER

Das hohe Wohl verdankt euch unser Reich,
Wo möglich sei der Lohn dem Dienste gleich.
Vertraut sei euch des Reiches innrer Boden,
Ihr seid der Schätze würdigste Kustoden.
Ihr kennt den weiten wohlverwahrten Hort,   6135
Und wenn man gräbt so sei's auf euer Wort.
Vereint euch nun ihr Meister unsres Schatzes,
Erfüllt mit Lust die Würden eures Platzes,
Wo mit der obern- sich die Unterwelt,
In Einigkeit beglückt, zusammenstellt.   6140

SCHATZMEISTER

Soll zwischen uns kein fernster Zwist sich regen,
Ich liebe mir den Zaubrer zum Kollegen.
ab mit Faust.

KAISER

Beschenk ich nun bei Hofe Mann für Mann,
Gesteh er mir wozu er's brauchen kann.

PAGE *empfangend*

6145 Ich lebe lustig, heiter, guter Dinge.

EIN ANDRER *gleichfalls*

Ich schaffe gleich dem Liebchen Kett und Ringe.

KÄMMERER *annehmend*

Von nun an trink ich doppelt bessre Flasche

EIN ANDRER *gleichfalls*

Die Würfel jucken mich schon in der Tasche.

BANNERHERR *mit Bedacht*

Mein Schloß und Feld ich mach' es schuldenfrei,

EIN ANDRER *gleichfalls*

6150 Es ist ein Schatz, den leg ich Schätzen bei.

KAISER

Ich hoffte Lust und Mut zu neuen Taten;
Doch wer euch kennt, der wird euch leicht erraten.
Ich merk' es wohl, bei aller Schätze Flor
Wie ihr gewesen bleibt ihr nach wie vor.

NARR [*herbeikommend*]

6155 Ihr spendet Gnaden, gönnt auch mir davon.

KAISER

Und lebst du wieder, du vertrinkst sie schon.

NARR

Die Zauber-Blätter! ich verstehs nicht recht.

KAISER

Das glaub ich wohl, denn du gebrauchst sie schlecht.

NARR

Da fallen andere, weiß nicht was ich tu.

KAISER

6160 Nimm sie nur hin, sie fielen Dir ja zu.
ab.

NARR
 Fünftausend Kronen wären mir zu Handen!
MEPHISTOPHELES
 Zweibeiniger Schlauch bist wieder auferstanden?
NARR
 Geschieht mir oft, doch nicht so gut als jetzt.
MEPHISTOPHELES
 Du freust dich so daß dichs in Schweiß versetzt.
NARR
 Da seht nur her ist das wohl Geldes wert?   6165
MEPHISTOPHELES
 Du hast dafür was Schlund und Bauch begehrt.
NARR
 Und kaufen kann ich Acker, Haus und Vieh?
MEPHISTOPHELES
 Versteht sich! biete nur, das fehlt dir nie.
NARR
 Und Schloß, mit Wald und Jagd und Fischbach?
MEPHISTOPHELES
                                             Traun!
 Ich möchte dich gestrengen Herrn wohl schaun!   6170
NARR
 Heut Abend wieg ich mich im Grundbesitz! –
                          ab.
MEPHISTOPHELES SOLUS
 Wer zweifelt noch an unsres Narren Witz.

Finstere Galerie

FAUST. MEPHISTOPHELES.

MEPHISTOPHELES
 Was ziehst du mich in diese düstern Gänge?
 Ist nicht da drinnen Lust genug,
 Im dichten, bunten Hofgedränge   6175
 Gelegenheit zu Spaß und Trug?

FAUST

  Sag mir das nicht, du hast's in alten Tagen
  Längst an den Sohlen abgetragen;
  Doch jetzt, dein Hin- und Widergehn
6180 Ist nur um mir nicht Wort zu stehn.
  Ich aber bin gequält zu tun,
  Der Marschalk und der Kämmrer treibt mich nun.
  Der Kaiser will, es muß sogleich geschehn,
  Will Helena und Paris vor sich sehn;
6185 Das Musterbild der Männer, so der Frauen,
  In deutlichen Gestalten will er schauen.
  Geschwind ans Werk ich darf mein Wort nicht brechen.

MEPHISTOPHELES

  Unsinnig war's leichtsinnig zu versprechen.

FAUST

  Du hast, Geselle, nicht bedacht
6190 Wohin uns deine Künste führen;
  Erst haben wir ihn reich gemacht,
  Nun sollen wir ihn amüsieren.

MEPHISTOPHELES

  Du wähnst es füge sich sogleich;
  Hier stehen wir vor steilern Stufen,
6195 Greifst in ein fremdestes Bereich,
  Machst frevelhaft am Ende neue Schulden,
  Denkst Helenen so leicht hervorzurufen
  Wie das Papiergespenst der Gulden. –
  Mit Hexen-Fexen, mit Gespenst-Gespinsten,
6200 Kielkröpfigen Zwergen steh ich gleich zu Diensten;
  Doch Teufels-Liebchen, wenn auch nicht zu schelten,
  Sie können nicht für Heroinen gelten.

FAUST

  Da haben wir den alten Leierton!
  Bei dir gerät man stets ins Ungewisse.
6205 Der Vater bist du aller Hindernisse,
  Für jedes Mittel willst du neuen Lohn.
  Mit wenig Murmeln, weiß ich, ist's getan,
  Wie man sich umschaut bringst du sie zur Stelle.

MEPHISTOPHELES
 Das Heidenvolk geht mich nicht an,
 Es haust in seiner eignen Hölle;   6210
 Doch gibts ein Mittel.
FAUST
                     Sprich, und ohne Säumnis.
MEPHISTOPHELES
 Ungern entdeck' ich höheres Geheimnis. –
 Göttinnen thronen hehr in Einsamkeit,
 Um sie kein Ort noch weniger eine Zeit,
 Von ihnen sprechen ist Verlegenheit.   6215
 Die Mütter sind es!
FAUST *aufgeschreckt*
                     Mütter!
MEPHISTOPHELES
                          Schauderts dich?
FAUST
 Die Mütter! – Mütter! – 's klingt so wunderlich.
MEPHISTOPHELES
 Das ist es auch. Göttinnen, ungekannt
 Euch Sterblichen, von uns nicht gern genannt.
 Nach ihrer Wohnung magst ins Tiefste schürfen;   6220
 Du selbst bist Schuld daß ihrer wir bedürfen.
FAUST
 Wohin der Weg?
MEPHISTOPHELES
                  Kein Weg! Ins Unbetretene,
 Nicht zu Betretende; ein Weg ans Unerbetene
 Nicht zu Erbittende. Bist du bereit? –
 Nicht Schlösser sind, nicht Riegel wegzuschieben,   6225
 Von Einsamkeiten wirst umhergetrieben.
 Hast du Begriff von Öd' und Einsamkeit?
FAUST
 Du spartest dächt' ich solche Sprüche,
 Hier wittert's nach der Hexenküche,
 Nach einer längst vergangnen Zeit.   6230
 Mußt' ich nicht mit der Welt verkehren,

Das Leere lernen, Leeres lehren? –
Sprach ich vernünftig wie ichs angeschaut,
Erklang der Widerspruch gedoppelt laut;
6235 Mußt ich sogar vor widerwärtigen Streichen
Zur Einsamkeit, zur Wildernis entweichen,
Und um nicht ganz versäumt, allein zu leben
Mich doch zuletzt dem Teufel übergeben.

MEPHISTOPHELES
Und hättest du den Ozean durchschwommen
6240 Das Grenzenlose dort geschaut,
So sähst du dort doch Well auf Welle kommen,
Selbst wenn es dir vorm Untergange graut.
Du sähst doch etwas. Sähst wohl in der Grüne
Gestillter Meere streichende Delphine,
6245 Sähst Wolken ziehen, Sonne, Mond und Sterne;
Nichts wirst du sehn in ewig leerer Ferne,
Den Schritt nicht hören den du tust,
Nichts Festes finden wo du ruhst.

FAUST
Du sprichst als erster aller Mystagogen,
6250 Die treue Neophyten je betrogen;
Nur umgekehrt. Du sendest mich ins Leere,
Damit ich dort so Kunst als Kraft vermehre.
Behandelst mich, daß ich, wie jene Katze,
Dir die Kastanien aus den Gluten kratze.
6255 Nur immer zu! wir wollen es ergründen,
In Deinem Nichts hoff ich das All zu finden.

MEPHISTOPHELES
Ich rühme dich eh du dich von mir trennst,
Und sehe wohl daß du den Teufel kennst;
Hier diesen Schlüssel nimm.

FAUST
                              Das kleine Ding!

MEPHISTOPHELES
6260 Erst faß' ihn an und schätz' ihn nicht gering.

FAUST
Er wächst in meiner Hand! er leuchtet, blitzt!

MEPHISTOPHELES

Merkst du nun bald was man an ihm besitzt?
Der Schlüssel wird die rechte Stelle wittern,
Folg ihm hinab, er führt dich zu den Müttern.

FAUST *schaudernd*

Den Müttern! Trifft's mich immer wie ein Schlag!   6265
Was ist das Wort das ich nicht hören mag?

MEPHISTOPHELES

Bist du beschränkt daß neues Wort dich stört?
Willst du nur hören was du schon gehört?
Dich störe nichts wie es auch weiter klinge,
Schon längst gewohnt der wunderbarsten Dinge.   6270

FAUST

Doch im Erstarren such ich nicht mein Heil,
Das Schaudern ist der Menschheit bestes Teil;
Wie auch die Welt ihm das Gefühl verteure,
Ergriffen, fühlt er tief das Ungeheure.

MEPHISTOPHELES

Versinke denn! Ich könnt auch sagen: steige!   6275
'S ist einerlei. Entfliehe dem Entstandnen,
In der Gebilde losgebundne Räume,
Ergötze dich am längst nicht mehr Vorhandnen,
Wie Wolkenzüge schlingt sich das Getreibe,
Den Schlüssel schwinge, halte sie vom Leibe.   6280

FAUST *begeistert*

Wohl! fest ihn fassend fühl' ich neue Stärke,
Die Brust erweitert hin zum großen Werke

MEPHISTOPHELES

Ein glühnder Dreifuß tut dir endlich kund
Du seist im tiefsten, allertiefsten Grund.
Bei seinem Schein wirst du die Mütter sehn,   6285
Die einen sitzen, andre stehn und gehn,
Wie's eben kommt. Gestaltung, Umgestaltung,
Des ewigen Sinnes ewige Unterhaltung,
Umschwebt von Bildern aller Kreatur.
Sie sehn dich nicht, denn Schemen sehn sie nur.   6290
Da faß ein Herz, denn die Gefahr ist groß,

Und gehe grad auf jenen Dreifuß los,
Berühr ihn mit dem Schlüssel!

FAUST
macht eine entschieden gebietende Attitüde mit dem Schlüssel.

MEPHISTOPHELES *ihn betrachtend*
                              So ists recht! . . . .
Er schließt sich an, er folgt als treuer Knecht,
6295 Gelassen steigst du, dich erhebt das Glück,
Und eh sie's merken bist mit ihm zurück.
Und hast du ihn einmal hierher gebracht,
So rufst du Held und Heldin aus der Nacht,
Der erste der sich jener Tat erdreistet;
6300 Sie ist getan und du hast es geleistet,
Dann muß fortan, nach magischem Behandeln,
Der Weihrauchsnebel sich in Götter wandeln.

FAUST
Und nun was jetzt?

MEPHISTOPHELES
                    Dein Wesen strebe nieder,
Versinke stampfend, stampfend steigst du wieder.

FAUST *stampft und versinkt.*

MEPHISTOPHELES
6305 Wenn ihm der Schlüssel nur zum besten frommt!
Neugierig bin ich ob er wieder kommt?

Hell erleuchtete Säle

Kaiser und Fürsten, Hof
in Bewegung.

KÄMMERER *zu Mephistopheles*
Ihr seid uns noch die Geisterszene schuldig;
Macht euch daran! der Herr ist ungeduldig.

MARSCHALL
  So eben fragt der Gnädigste darnach;
  Ihr! zaudert nicht der Majestät zur Schmach.   6310
MEPHISTOPHELES
  Ist mein Kumpan doch deshalb weggegangen,
  Er weiß schon wie es anzufangen,
  Und laboriert verschlossen still,
  Muß ganz besonders sich befleißen;
  Denn wer den Schatz, das Schöne, heben will   6315
  Bedarf der Höchsten Kunst, Magie der Weisen.
MARSCHALL
  Was ihr für Künste braucht ist einerlei,
  Der Kaiser will daß alles fertig sei.
BLONDINE *zu Mephisto*
  Ein Wort, mein Herr! Ihr seht ein klar Gesicht,
  Jedoch so ist's im leidigen Sommer nicht!   6320
  Da sprossen hundert bräunlich rote Flecken,
  Die zum Verdruß die weiße Haut bedecken.
  Ein Mittel!
MEPHISTOPHELES
            Schade! So ein leuchtend Schätzchen,
  Im Mai getupft wie euere Pantherkätzchen.
  Nehmt Froschlaich, Krötenzungen, kohobiert,   6325
  Im vollsten Mondlicht sorglich distilliert;
  Und, wenn er abnimmt, reinlich aufgestrichen,
  Der Frühling kommt, die Tupfen sind entwichen.
BRAUNE
  Die Menge drängt heran euch zu umschranzen.
  Ich bitt' um Mittel! Ein erfrorner Fuß   6330
  Verhindert mich am Wandeln wie am Tanzen,
  Selbst ungeschickt beweg ich mich zum Gruß.
MEPHISTOPHELES
  Erlaubet einen Tritt von meinem Fuß.
BRAUNE
  Nun das geschieht wohl unter Liebesleuten.
MEPHISTOPHELES
  Mein Fußtritt, Kind! hat Größres zu bedeuten.   6335

Zu Gleichem Gleiches; was auch einer litt;
Fuß heilet Fuß, so ists mit allen Gliedern.
Heran! Gebt acht! Ihr sollt es nicht erwidern.

BRAUNE *schreiend*

Weh! Weh! das brennt! das war ein harter Tritt,
6340   Wie Pferdehuf!

MEPHISTOPHELES

        Die Heilung nehmt ihr mit.
Du kannst nunmehr den Tanz nach Lust verüben,
Bei Tafel schwelgend füßle mit dem Lieben.

DAME *herandringend*

Laßt mich hindurch! zu groß sind meine Schmerzen,
Sie wühlen siedend mir im tiefsten Herzen.
6345   Bis gestern sucht Er Heil in meinen Blicken,
Er schwatzt mit ihr und wendet mir den Rücken.

MEPHISTOPHELES

Bedenklich ist es, aber höre mich.
An ihn heran mußt du dich leise drücken,
Nimm diese Kohle, streich ihm einen Strich
6350   Auf Ärmel, Mantel, Schulter wie sichs macht:
Er fühlt im Herzen holden Reuestich.
Die Kohle doch mußt du sogleich verschlingen,
Nicht Wein, nicht Wasser an die Lippen bringen:
Er seufzt vor deiner Tür noch heute Nacht.

DAME

6355   Ist doch kein Gift?

MEPHISTOPHELES *entrüstet*

        Respekt wo sichs gebührt!
Weit müßtet ihr nach solcher Kohle laufen;
Sie kommt von einem Scheiterhaufen
Den wir sonst emsiger angeschürt.

PAGE

Ich bin verliebt, man hält mich nicht für voll.

MEPHISTOPHELES *bei Seite*

6360   Ich weiß nicht mehr wohin ich hören soll.

zum Pagen

Müßt euer Glück nicht auf die jüngste setzen.

Die Angejahrten wissen euch zu schätzen. –
Andere drängen sich herzu.
Schon wieder Neue! Welch ein harter Strauß!
Ich helfe mir zuletzt mit Wahrheit aus;
Der schlechteste Behelf! Die Not ist groß. –   6365
O Mütter, Mütter! Laßt nur Fausten los!
umherschauend
Die Lichter brennen trübe schon im Saal,
Der ganze Hof bewegt sich auf einmal.
Anständig seh' ich sie in Folge ziehn,
Durch lange Gänge, ferne Galerien.   6370
Nun! sie versammeln sich im weiten Raum
Des alten Rittersaals, er faßt sie kaum.
Auf breite Wände Teppiche spendiert,
Mit Rüstung Eck und Nischen ausgeziert.
Hier braucht es, dächt' ich, keine Zauberworte;   6375
Die Geister finden sich von selbst zum Orte.

Rittersaal

Dämmernde Beleuchtung,
Kaiser und Hof,
sind eingezogen.

HEROLD
Mein alt Geschäft, das Schauspiel anzukünden,
Verkümmert mir der Geister heimlich Walten;
Vergebens wagt man aus verständigen Gründen,
Sich zu erklären das verworrene Schalten.   6380
Die Sessel sind, die Stühle schon zur Hand;
Den Kaiser setzt man grade vor die Wand;
Auf den Tapeten mag er da die Schlachten
Der großen Zeit bequemlichstens betrachten.
Hier sitzt nun alles, Herr und Hof im Runde,   6385
Die Bänke drängen sich im Hintergrunde;

Auch Liebchen hat, in düstern Geisterstunden,
Zur Seite Liebchens lieblich Raum gefunden.
Und so, da alle schicklich Platz genommen,
6390   Sind wir bereit, die Geister mögen kommen!

Posaunen

ASTROLOG
Beginne gleich das Drama seinen Lauf,
Der Herr befiehlts, ihr Wände tut euch auf!
Nichts hindert mehr, hier ist Magie zur Hand,
Die Tepp'che schwinden, wie gerollt vom Brand;
6395   Die Mauer spaltet sich, sie kehrt sich um,
Ein tief Theater scheint sich aufzustellen,
Geheimnisvoll ein Schein uns zu erhellen,
Und ich besteige das Proszenium.
MEPHISTOPHELES *aus dem Souffleurloche auftauchend*
Von hier aus hoff' ich allgemeine Gunst,
6400   Einbläsereien sind des Teufels Redekunst.
zum Astrologen
Du kennst den Takt in dem die Sterne gehn,
Und wirst mein Flüstern meisterlich verstehn.
ASTROLOG
Durch Wunderkraft erscheint allhier zur Schau,
Massiv genug, ein alter Tempelbau.
6405   Dem Atlas gleich der einst den Himmel trug,
Steh'n, reihenweis, der Säulen hier genug;
Sie mögen wohl der Felsenlast genügen,
Da zweie schon ein groß Gebäude trügen.
ARCHITEKT
Das wär antik! ich wüßt' es nicht zu preisen,
6410   Es sollte plump und überlästig heißen.
Roh nennt man edel, unbehülflich groß.
Schmal-Pfeiler lieb' ich, strebend, grenzenlos;
Spitzbögiger Zenit erhebt den Geist;
Solch ein Gebäu erbaut uns allermeist.
ASTROLOG
6415   Empfangt mit Ehrfurcht sterngegönnte Stunden;

Durch magisch Wort sei die Vernunft gebunden;
Dagegen weitheran bewege frei
Sich herrliche verwegne Phantasei.
Mit Augen schaut nun was ihr kühn begehrt,
Unmöglich ist's, drum eben glaubenswert.   6420

FAUST *steigt auf der andern Seite des Proszeniums herauf.*

ASTROLOG
  Im Priesterkleid, bekränzt, ein Wundermann,
  Der nun vollbringt was er getrost begann.
  Ein Dreifuß steigt mit ihm aus hohler Gruft,
  Schon ahn' ich aus der Schale Weihrauchduft.
  Er rüstet sich das hohe Werk zu segnen,   6425
  Es kann fortan nur glückliches begegnen.

FAUST *großartig*
  In eurem Namen, Mütter, die ihr thront
  Im Grenzenlosen, ewig einsam wohnt,
  Und doch gesellig. Euer Haupt umschweben
  Des Lebens Bilder, regsam, ohne Leben.   6430
  Was einmal war, in allem Glanz und Schein,
  Es regt sich dort; denn es will ewig sein.
  Und ihr verteilt es, allgewaltige Mächte,
  Zum Zelt des Tages, zum Gewölb der Nächte.
  Die einen faßt des Lebens holder Lauf,   6435
  Die andern sucht der kühne Magier auf;
  In reicher Spende läßt er, voll Vertrauen,
  Was jeder wünscht, das Wunderwürdige schauen.

ASTROLOG
  Der glühnde Schlüssel rührt die Schale kaum,
  Ein dunstiger Nebel deckt sogleich den Raum.   6440
  Er schleicht sich ein, er wogt nach Wolkenart,
  Gedehnt, geballt, verschränkt, geteilt, gepaart.
  Und nun erkennt ein Geister-Meister Stück!
  So wie sie wandeln machen sie Musik.
  Aus luftgen Tönen quillt ein Weißnichtwie,   6445
  Indem sie ziehn wird alles Melodie.
  Der Säulenschaft, auch die Triglyphe klingt,

Ich glaube gar der ganze Tempel singt.
Das Dunstige senkt sich; aus dem leichten Flor
6450 Ein schöner Jüngling tritt im Takt hervor.
Hier schweigt mein Amt, ich brauch ihn nicht zu nennen,
Wer sollte nicht den holden Paris kennen!

[PARIS *hervortretend*]

DAME
    O! welch ein Glanz aufblühender Jugendkraft!
ZWEITE
    Wie eine Pfirsche frisch und voller Saft!
DRITTE
6455 Die fein gezogenen, süß geschwollnen Lippen!
VIERTE
    Du möchtest wohl an solchem Becher nippen?
FÜNFTE
    Er ist gar hübsch, wenn auch nicht eben fein.
SECHSTE
    Ein bißchen könnt' er doch gewandter sein.
RITTER
    Den Schäferknecht glaub ich allhier zu spüren,
6460 Vom Prinzen nichts und nichts von Hofmanieren.
ANDRER
    Eh nun! halb nackt ist wohl der Junge schön,
    Doch müßten wir ihn erst im Harnisch sehn!
DAME
    Er setzt sich nieder, weichlich, angenehm.
RITTER
    Auf seinem Schoße wär' euch wohl bequem?
ANDRE
6465 Er lehnt den Arm so zierlich übers Haupt.
KÄMMRER
    Die Flegelei! Das find' ich unerlaubt!
DAME
    Ihr Herren wißt an allem was zu mäkeln.
DERSELBE
    In Kaisers Gegenwart sich hinzuräkeln!

DAME
  Er stellts nur vor! Er glaubt sich ganz allein.
DERSELBE
  Das Schauspiel selbst, hier sollt es höflich sein.   6470
DAME
  Sanft hat der Schlaf den Holden übernommen.
DERSELBE
  Er schnarcht nun gleich, natürlich ist's, vollkommen!
JUNGE DAME *entzückt*
  Zum Weihrauchsdampf was duftet so gemischt?
  Das mir das Herz zum Innigsten erfrischt.
ÄLTERE
  Fürwahr! Es dringt ein Hauch tief ins Gemüte,   6475
  Er kommt von ihm!
ÄLTESTE
                  Es ist des Wachstums Blüte.
  Im Jüngling als Ambrosia bereitet,
  Und atmosphärisch ringsumher verbreitet.

              HELENA *hervortretend*

MEPHISTOPHELES
  Das wär' sie denn! Vor dieser hätt' ich Ruh;
  Hübsch ist sie wohl, doch sagt sie mir nicht zu.   6480
ASTROLOG
  Für mich ist diesmal weiter nichts zu tun,
  Als Ehrenmann gesteh, bekenn ich's nun.
  Die Schöne kommt, und hätt' ich Feuerzungen!
  Von Schönheit ward von jeher viel gesungen;
  Wem sie erscheint wird aus sich selbst entrückt,   6485
  Wem sie gehörte ward zu hoch beglückt.
FAUST
  Hab ich noch Augen? Zeigt sich tief im Sinn
  Der Schönheit Quelle reichlichstens ergossen?
  Mein Schreckensgang bringt seligsten Gewinn,
  Wie war die Welt mir nichtig, unerschlossen!   6490
  Was ist sie nun seit meiner Priesterschaft?
  Erst wünschenswert, gegründet, dauerhaft!

Verschwinde mir des Lebens Atemkraft,
Wenn ich mich je von Dir zurückgewöhne! –
6495 Die Wohlgestalt die mich voreinst entzückte,
In Zauberspiegelung beglückte,
War nur ein Schaumbild solcher Schöne! –
Du bist's der ich die Regung aller Kraft,
Den Inbegriff der Leidenschaft,
6500 Dir Neigung, Lieb, Anbetung, Wahnsinn zolle.
MEPHISTOPHELES *aus dem Kasten*
So faßt euch doch, und fallt nicht aus der Rolle!
ÄLTERE DAME
Groß, wohlgestaltet, nur der Kopf zu klein.
JÜNGERE
Seht nur den Fuß! Wie könnt' er plumper sein!
DIPLOMAT
Fürstinnen hab ich dieser Art gesehn,
6505 Mich deucht sie ist vom Kopf zum Fuße schön.
HOFMANN
Sie nähert sich dem Schläfer listig mild.
DAME
Wie häßlich neben jugendreinem Bild!
POET
Von ihrer Schönheit ist er angestrahlt.
DAME
Endymion und Luna! wie gemalt!
DERSELBE
6510 Ganz recht! Die Göttin scheint herabzusinken,
Sie neigt sich über, seinen Hauch zu trinken;
Beneidenswert! – Ein Kuß! – Das Maß ist voll.
DUENA
Vor allen Leuten! Das ist doch zu toll!
FAUST
Furchtbare Gunst dem Knaben! –
MEPHISTOPHELES
                              Ruhig! still!
6515 Laß das Gespenst doch machen was es will.
HOFMANN
Sie schleicht sich weg, leichtfüßig; er erwacht.

DAME

  Sie sieht sich um! Das hab' ich wohl gedacht.

HOFMANN

  Er staunt! Ein Wunder ist's was ihm geschieht.

DAME

  Ihr ist kein Wunder was sie vor sich sieht.

HOFMANN

  Mit Anstand kehrt sie sich zu ihm herum.   6520

DAME

  Ich merke schon sie nimmt ihn in die Lehre;
  In solchem Fall sind alle Männer dumm,
  Er glaubt wohl auch daß er der erste wäre.

RITTER

  Laßt mir sie gelten! Majestätisch fein! –

DAME

  Die Buhlerin! Das nenn' ich doch gemein!   6525

PAGE

  Ich möchte wohl an seiner Stelle sein!

HOFMANN

  Wer würde nicht in solchem Netz gefangen?

DAME

  Das Kleinod ist durch manche Hand gegangen,
  Auch die Verguldung ziemlich abgebraucht.

ANDRE

  Vom zehnten Jahr an hat sie nichts getaugt.   6530

RITTER

  Gelegentlich nimmt jeder sich das Beste;
  Ich hielte mich an diese schönen Reste.

GELAHRTER

  Ich seh' sie deutlich, doch gesteh' ich frei,
  Zu zweiflen ist, ob sie die Rechte sei.
  Die Gegenwart verführt ins Übertriebne,   6535
  Ich halte mich vor allem ans Geschriebne.
  Da les' ich denn: sie habe wirklich allen
  Graubärten Trojas sonderlich gefallen;
  Und, wie mich dünkt, vollkommen paßt das hier,
  Ich bin nicht jung und doch gefällt sie mir.   6540

ASTROLOG

  Nicht Knabe mehr! Ein kühner Heldenmann

  Umfaßt er sie, die kaum sich wehren kann.

  Gestärkten Arms hebt er sie hoch empor,

  Entführt er sie wohl gar?

FAUST

               Verwegner Tor!

6545 Du wagst! Du hörst nicht! halt! das ist zu viel!

MEPHISTOPHELES

  Machst du's doch selbst das Fratzengeisterspiel!

ASTROLOG

  Nur noch ein Wort! Nach allem was geschah

  Nenn ich das Stück: den Raub der Helena.

FAUST

  Was Raub! Bin ich für nichts an dieser Stelle!

6550 Ist dieser Schlüssel nicht in meiner Hand!

  Er führte mich, durch Graus und Wog' und Welle

  Der Einsamkeiten, her zum festen Strand.

  Hier faß ich Fuß! Hier sind es Wirklichkeiten,

  Von hier aus darf der Geist mit Geistern streiten,

6555 Das Doppelreich, das große, sich bereiten.

  So fern sie war, wie kann sie näher sein.

  Ich rette sie und sie ist doppelt mein.

  Gewagt! Ihr Mütter! Mütter müßt's gewähren.

  Wer sie erkannt der darf sie nicht entbehren.

ASTROLOG

6560 Was tust du Fauste! Fauste! – Mit Gewalt

  Faßt er sie an, schon trübt sich die Gestalt.

  Den Schlüssel kehrt er nach dem Jüngling zu,

  Berührt ihn! – Weh uns, Wehe! Nu! im Nu!

Explosion, Faust liegt am Boden.
Die Geister gehen in Dunst auf.

MEPHISTOPHELES *der Fausten auf die Schulter nimmt*

  Da habt ihr's nun! Mit Narren sich beladen,

6565 Das kommt zuletzt dem Teufel selbst zu Schaden.

Finsternis, Tumult.

ZWEITER AKT

HOCHGEWÖLBTES,
ENGES, GOTISCHES ZIMMER

ehemals Faustens, unverändert

MEPHISTOPHELES *hinter einem Vorhang hervortretend. In-*
dem er ihn aufhebt und zurückzieht erblickt man FAUSTEN
hingestreckt auf einem altväterischen Bette.
Hier lieg' Unseliger! verführt
Zu schwergelöstem Liebesbande!
Wen Helena paralysiert
Der kommt so leicht nicht zu Verstande.
   sich umschauend
Blick' ich hinauf, hierher, hinüber,   6570
Allunverändert ist es, unversehrt;
Die bunten Scheiben sind, so dünkt mich, trüber,
Die Spinneweben haben sich vermehrt;
Die Dinte starrt, vergilbt ist das Papier;
Doch alles ist am Platz geblieben;   6575
Sogar die Feder liegt noch hier,
Mit welcher Faust dem Teufel sich verschrieben.
Ja! tiefer in dem Rohre stockt
Ein Tröpflein Blut, wie ich's ihm abgelockt.
Zu einem solchen einzigen Stück   6580
Wünscht' ich dem größten Sammler Glück.
Auch hängt der alte Pelz am alten Haken,
Erinnert mich an jene Schnaken
Wie ich den Knaben einst belehrt,
Woran er noch vielleicht als Jüngling zehrt.   6585
Es kommt mir wahrlich das Gelüsten,

Rauchwarme Hülle, dir vereint,
Mich als Dozent noch einmal zu erbrüsten,
Wie man so völlig recht zu haben meint.
6590 Gelehrte wissens zu erlangen,
Dem Teufel ist es längst vergangen.

er schüttelt den herabgenommenen Pelz,
Zikaden, Käfer und Farfarellen fahren heraus.

CHOR DER INSEKTEN

     Willkommen! willkommen
     Du alter Patron,
     Wir schweben und summen
6595   Und kennen dich schon.
     Nur einzeln im Stillen
     Du hast uns gepflanzt,
     Zu Tausenden kommen wir
     Vater getanzt.
6600   Der Schalk in dem Busen
     Verbirgt sich so sehr,
     Vom Pelze die Läuschen
     Enthüllen sich ehr.

MEPHISTOPHELES

Wie überraschend mich die junge Schöpfung freut!
6605 Man säe nur, man erntet mit der Zeit.
Ich schüttle noch einmal den alten Flaus,
Noch eines flattert hier und dort hinaus. –
Hinauf! umher! in hunderttausend Ecken
Eilt euch ihr Liebchen zu verstecken.
6610 Dort wo die alten Schachteln stehn,
Hier im bebräunten Pergemen,
In staubigen Scherben alter Töpfe,
Dem Hohlaug' jener Totenköpfe.
In solchem Wust und Moderleben
6615 Muß es für ewig Grillen geben.

schlüpft in den Pelz

Komm decke mir die Schultern noch einmal,
Heut bin ich wieder Prinzipal.
Doch hilft es nichts mich so zu nennen,
Wo sind die Leute die mich anerkennen!

er zieht die Glocke die einen gellenden, durchdringenden Ton
erschallen läßt; wovon die Hallen erbeben und die Türen
aufspringen.

FAMULUS *den langen finstern Gang herwankend*
Welch ein Tönen! welch ein Schauer! 6620
Treppe schwankt, es bebt die Mauer;
Durch der Fenster buntes Zittern,
Seh ich wetterleuchtend Wittern.
Springt das Estrich, und von Oben
Rieselt Kalk und Schutt verschoben. 6625
Und die Türe, fest verriegelt,
Ist durch Wunderkraft entsiegelt. –
Dort! Wie fürchterlich! Ein Riese
Steht in Faustens altem Vliese.
Seinen Blicken, seinem Winken, 6630
Möcht' ich in die Knie sinken.
Soll ich fliehen? Soll ich stehn?
Ach! wie wird es mir ergehn!
MEPHISTOPHELES *winkend*
Heran mein Freund! – Ihr heißet Nicodemus.
FAMULUS
Hochwürdiger Herr! so ist mein Nam' – OREMUS. 6635
MEPHISTOPHELES
Das lassen wir!
FAMULUS
            Wie froh! daß ihr mich kennt.
MEPHISTOPHELES
Ich weiß es wohl, bejahrt und noch Student,
Bemooster Herr! Auch ein gelehrter Mann
Studiert so fort, weil er nicht anders kann.
So baut man sich ein mäßig Kartenhaus, 6640
Der größte Geist bauts doch nicht völlig aus.
Doch euer Meister das ist ein Beschlagner:
Wer kennt ihn nicht den edlen Doktor Wagner,
Den ersten jetzt in der gelehrten Welt!
Er ist's allein der sie zusammenhält, 6645

Der Weisheit täglicher Vermehrer.
Allwißbegierige Horcher, Hörer
Versammeln sich um ihn zu Hauf.
Er leuchtet einzig vom Katheder;
6650   Die Schlüssel übt er wie Sankt Peter,
Das Untre so das Obre schließt er auf.
Wie er vor allen glüht und funkelt,
Kein Ruf, kein Ruhm hält weiter stand;
Selbst Faustus Name wird verdunkelt,
6655   Er ist es, der allein erfand.

FAMULUS

Verzeiht! Hochwürdiger Herr! wenn ich euch sage,
Wenn ich zu widersprechen wage:
Von allem dem ist nicht die Frage,
Bescheidenheit ist sein beschieden Teil.
6660   Ins unbegreifliche Verschwinden
Des hohen Manns weiß er sich nicht zu finden,
Von dessen Wiederkunft erfleht er Trost und Heil.
Das Zimmer, wie zu Doktor Faustus Tagen,
Noch unberührt seitdem er fern,
6665   Erwartet seinen alten Herrn.
Kaum wag' ich's mich herein zu wagen.
Was muß die Sternenstunde sein? –
Gemäuer scheint mir zu erbangen;
Türpfosten bebten, Riegel sprangen,
6670   Sonst kamt ihr selber nicht herein.

MEPHISTOPHELES

Wo hat der Mann sich hingetan?
Führt mich zu ihm, bringt ihn heran.

FAMULUS

Ach! sein Verbot ist gar zu scharf,
Ich weiß nicht ob ichs wagen darf.
6675   Monate lang, des großen Werkes willen,
Lebt' er im aller stillsten Stillen.
Der zarteste gelehrter Männer
Er sieht aus wie ein Kohlenbrenner,
Geschwärzt vom Ohre bis zur Nasen,

Die Augen rot vom Feuer blasen,   6680
So lechzt er jedem Augenblick;
Geklirr der Zange gibt Musik.

MEPHISTOPHELES
Sollt' er den Zutritt mir verneinen,
Ich bin der Mann das Glück ihm zu beschleunen.

Der Famulus geht ab, Mephistopheles setzt sich gravitätisch
nieder.

Kaum hab' ich Posto hier gefaßt   6685
Regt sich dort hinten, mir bekannt, ein Gast.
Doch diesmal ist er von den Neusten,
Er wird sich grenzenlos erdreusten.

BACCALAUREUS *den Gang herstürmend*
Tor und Türe find ich offen!
Nun da läßt sich endlich hoffen   6690
Daß nicht, wie bisher, im Moder,
Der Lebendige wie ein Toter
Sich verkümmere, sich verderbe
Und am Leben selber sterbe.

Diese Mauern, diese Wände   6695
Neigen, senken sich zum Ende
Und wenn wir nicht bald entweichen
Wird uns Fall und Sturz erreichen.
Bin verwegen, wie nicht einer,
Aber weiter bringt mich keiner.   6700

Doch was soll ich heut erfahren!
War's nicht hier, vor so viel Jahren,
Wo ich, ängstlich und beklommen,
War als guter Fuchs gekommen?
Wo ich diesen Bärtigen traute,   6705
Mich an ihrem Schnack erbaute.

Aus den alten Bücherkrusten
Logen sie mir was sie wußten,
Was sie wußten, selbst nicht glaubten,
Sich und mir das Leben raubten.   6710

Wie? – Dort hinten in der Zelle
Sitzt noch Einer dunkel-helle!
Nahend seh' ichs mit Erstaunen,
Sitzt er noch im Pelz, dem braunen;
6715 Wahrlich wie ich ihn verließ,
Noch gehüllt im rauhen Vlies!
Damals schien er zwar gewandt,
Als ich ihn noch nicht verstand.
Heute wird es nicht verfangen,
6720 Frisch an ihn herangegangen!

Wenn, alter Herr, nicht Lethes trübe Fluten
Das schiefgesenkte, kahle Haupt durchschwommen,
Seht anerkennend hier den Schüler kommen,
Entwachsen akademischen Ruten.
6725 Ich find' euch noch wie ich euch sah;
Ein Anderer bin i c h wieder da.

MEPHISTOPHELES
Mich freut daß ich euch hergeläutet.
Ich schätzt' euch damals nicht gering;
Die Raupe schon, die Chrysalide deutet
6730 Den künftigen bunten Schmetterling.
Am Lockenkopf und Spitzenkragen,
Empfandet ihr ein kindliches Behagen. –
Ihr trugt wohl niemals einen Zopf? –
Heut schau ich euch im Schwedenkopf.
6735 Ganz resolut und wacker seht ihr aus,
Kommt nur nicht absolut nach Haus.

BACCALAUREUS
Mein alter Herr! Wir sind am alten Orte,
Bedenkt jedoch erneuter Zeiten Lauf,
Und sparet doppelsinnige Worte;
6740 Wir passen nun ganz anders auf.
Ihr hänseltet den guten treuen Jungen,
Das ist euch ohne Kunst gelungen,
Was heut zu Tage niemand wagt.

MEPHISTOPHELES
  Wenn man der Jugend reine Wahrheit sagt
  Die gelben Schnäbeln keineswegs behagt,   6745
  Sie aber hinterdrein nach Jahren
  Das alles derb an eigner Haut erfahren,
  Dann dünkeln sie es käm' aus eignem Schopf;
  Da heißt es denn: der Meister war ein Tropf.
BACCALAUREUS
  Ein Schelm vielleicht! – denn welcher Lehrer spricht   6750
  Die Wahrheit uns direkt ins Angesicht?
  Ein jeder weiß zu mehren wie zu mindern,
  Bald ernst, bald heiter klug, zu frommen Kindern.
MEPHISTOPHELES
  Zum lernen gibt es freilich eine Zeit,
  Zum lehren seid ihr, merk' ich, selbst bereit.   6755
  Seit manchen Monden, einigen Sonnen,
  Erfahrungsfülle habt ihr wohl gewonnen.
BACCALAUREUS
  Erfahrungswesen! Schaum und Dust!
  Und mit dem Geist nicht ebenbürtig.
  Gesteht! was man von je gewußt   6760
  Es ist durchaus nicht wissenswürdig . . .
MEPHISTOPHELES *nach einer Pause*
  Mich deucht es längst. Ich war ein Tor,
  Nun komm' ich mir recht schal und albern vor.
BACCALAUREUS
  Das freut mich sehr! Da hör' ich doch Verstand,
  Der erste Greis, den ich vernünftig fand!   6765
MEPHISTOPHELES
  Ich suchte nach verborgen-goldnem Schatze,
  Und schauerliche Kohlen trug ich fort.
BACCALAUREUS
  Gesteht nur, euer Schädel, eure Glatze
  Ist nicht mehr wert als jene hohlen dort?
MEPHISTOPHELES *gemütlich*
  Du weißt wohl nicht, mein Freund, wie grob du bist?   6770
BACCALAUREUS
  Im Deutschen lügt man, wenn man höflich ist.

MEPHISTOPHELES *der mit seinem Rollstuhle immer näher ins*
  Proszenium rückt, zum Parterre
  Hier oben wird mir Licht und Luft benommen,
  Ich finde wohl bei euch ein Unterkommen?
BACCALAUREUS
  Anmaßlich find' ich daß zur schlechtsten Frist
6775 Man etwas sein will, wo man nichts mehr ist.
  Des Menschen Leben lebt im Blut, und wo
  Bewegt das Blut sich wie im Jüngling so?
  Das ist lebendig Blut in frischer Kraft,
  Das neues Leben sich aus Leben schafft.
6780 Da regt sich alles, da wird was getan,
  Das Schwache fällt, das Tüchtige tritt heran.
  Indessen wir die halbe Welt gewonnen
  Was habt ihr denn getan? genickt, gesonnen,
  Geträumt, erwogen, Plan und immer Plan.
6785 Gewiß das Alter ist ein kaltes Fieber
  Im Frost von grillenhafter Not.
  Hat einer dreißig Jahr vorüber,
  So ist er schon so gut wie tot.
  Am besten wär's euch zeitig totzuschlagen.
MEPHISTOPHELES
6790 Der Teufel hat hier weiter nichts zu sagen.
BACCALAUREUS
  Wenn ich nicht will, so darf kein Teufel sein.
MEPHISTOPHELES *abseits*
  Der Teufel stellt dir nächstens doch ein Bein.
BACCALAUREUS
  Dies ist der Jugend edelster Beruf!
  Die Welt sie war nicht eh ich sie erschuf;
6795 Die Sonne führt' ich aus dem Meer herauf;
  Mit mir begann der Mond des Wechsels Lauf;
  Da schmückte sich der Tag auf meinen Wegen,
  Die Erde grünte, blühte mir entgegen.
  Auf meinen Wink, in jener ersten Nacht,
6800 Entfaltete sich aller Sterne Pracht.
  Wer, außer mir, entband euch aller Schranken

Philisterhaft einklemmender Gedanken?
Ich aber frei, wie mir's im Geiste spricht,
Verfolge froh mein innerliches Licht,
Und wandle rasch, im eigensten Entzücken,   6805
Das Helle vor mir, Finsternis im Rücken.

ab.

MEPHISTOPHELES
Original fahr hin in deiner Pracht! –
Wie würde dich die Einsicht kränken:
Wer kann was Dummes, wer was Kluges denken
Das nicht die Vorwelt schon gedacht?   6810
Doch sind wir auch mit diesem nicht gefährdet,
In wenig Jahren wird es anders sein.
Wenn sich der Most auch ganz absurd gebärdet,
Es gibt zuletzt doch noch e' Wein.

Zu dem jüngern Parterre, das nicht applaudiert
Ihr bleibt bei meinem Worte kalt,   6815
Euch guten Kindern laß ich's gehen;
Bedenkt: der Teufel der ist alt,
So werdet alt, ihn zu verstehen!

LABORATORIUM

im Sinne des Mittelalters,

weitläufige, unbehülfliche Apparate,
zu phantastischen Zwecken.

WAGNER *am Herde*
   Die Glocke tönt, die fürchterliche
6820 Durchschauert die berußten Mauern.
   Nicht länger kann das Ungewisse
   Der ernstesten Erwartung dauern.
   Schon hellen sich die Finsternisse;
   Schon in der innersten Phiole
6825 Erglüht es wie lebendige Kohle,
   Ja wie der herrlichste Karfunkel,
   Verstrahlend Blitze durch das Dunkel;
   Ein helles weißes Licht erscheint!
   O daß ich's diesmal nicht verliere! —
6830 Ach Gott! was rasselt an der Türe?
MEPHISTOPHELES *eintretend*
   Willkommen! es ist gut gemeint.
WAGNER *ängstlich*
   Willkommen! zu dem Stern der Stunde.
                Leise
   Doch haltet Wort und Atem fest im Munde,
   Ein herrlich Werk ist gleich zu Stand gebracht.
MEPHISTOPHELES *leiser*
6835 Was gibt es denn?
WAGNER *leiser*
           Es wird ein Mensch gemacht.
MEPHISTOPHELES
   Ein Mensch? Und welch verliebtes Paar
   Habt ihr in's Rauchloch eingeschlossen?

WAGNER
  Behüte Gott! wie sonst das Zeugen Mode war
  Erklären wir für eitel Possen.
  Der zarte Punkt aus dem das Leben sprang,   6840
  Die holde Kraft die aus dem Innern drang
  Und nahm und gab, bestimmt sich selbst zu zeichnen,
  Erst Nächstes, dann sich Fremdes anzueignen,
  Die ist von ihrer Würde nun entsetzt;
  Wenn sich das Tier noch weiter dran ergötzt,   6845
  So muß der Mensch mit seinen großen Gaben
  Doch künftig höhern, höhern Ursprung haben.
            Zum Herd gewendet
  Es leuchtet! seht! – Nun läßt sich wirklich hoffen
  Daß, wenn wir aus viel hundert Stoffen,
  Durch Mischung, denn auf Mischung kommt es an,   6850
  Den Menschenstoff gemächlich komponieren,
  In einen Kolben verlutieren
  Und ihn gehörig kohobieren,
  So ist das Werk im Stillen abgetan.
            zum Herd gewendet
  Es wird! die Masse regt sich klarer,   6855
  Die Überzeugung wahrer, wahrer:
  Was man an der Natur geheimnisvolles pries,
  Das wagen wir verständig zu probieren,
  Und was sie sonst organisieren ließ,
  Das lassen wir kristallisieren.   6860
MEPHISTOPHELES
  Wer lange lebt hat viel erfahren,
  Nichts Neues kann für ihn auf dieser Welt geschehn,
  Ich habe schon, in meinen Wanderjahren,
  Kristallisiertes Menschenvolk gesehn.
WAGNER *bisher immer aufmerksam auf die Phiole*
  Es steigt, es blitzt, es häuft sich an,   6865
  Im Augenblick ist es getan.
  Ein großer Vorsatz scheint im Anfang toll,
  Doch wollen wir des Zufalls künftig lachen,
  Und so ein Hirn, das trefflich denken soll,

6870   Wird künftig auch ein Denker machen.
          Entzückt die Phiole betrachtend
       Das Glas erklingt von lieblicher Gewalt,
       Es trübt, es klärt sich; also muß es werden!
       Ich seh' in zierlicher Gestalt
       Ein artig Männlein sich gebärden.
6875   Was wollen wir, was will die Welt nun mehr?
       Denn das Geheimnis liegt am Tage.
       Gebt diesem Laute nur Gehör,
       Er wird zur Stimme, wird zur Sprache.
       HOMUNKULUS *in der Phiole zu Wagner*
       Nun Väterchen! wie stehts? es war kein Scherz.
6880   Komm, drücke mich recht zärtlich an dein Herz,
       Doch nicht zu fest, damit das Glas nicht springe.
       Das ist die Eigenschaft der Dinge:
       Natürlichem genügt das Weltall kaum,
       Was künstlich ist, verlangt geschloßnen Raum.
          zu Mephistopheles
6885   Du aber Schalk, Herr Vetter, bist du hier?
       Im rechten Augenblick, ich danke dir.
       Ein gut Geschick führt dich zu uns herein,
       Dieweil ich bin, muß ich auch tätig sein.
       Ich möchte mich sogleich zur Arbeit schürzen,
6890   Du bist gewandt, die Wege mir zu kürzen.
       WAGNER
       Nur noch ein Wort; bisher mußt' ich mich schämen,
       Denn Alt und Jung bestürmt mich mit Problemen.
       Zum Beispiel nur: noch niemand konnt' es fassen
       Wie Seel' und Leib so schön zusammenpassen,
6895   So fest sich halten als um nie zu scheiden,
       Und doch den Tag sich immerfort verleiden.
       Sodann –
       MEPHISTOPHELES
              Halt ein! ich wollte lieber fragen:
       Warum sich Mann und Frau so schlecht vertragen?
       Du kommst, mein Freund, hierüber nie ins Reine.
6900   Hier gibts zu tun, das eben will der Kleine.

HOMUNKULUS
  Was gibt's zu tun?
MEPHISTOPHELES *auf eine Seitentüre deutend*
                    Hier zeige deine Gabe!
WAGNER *immer in die Phiole schauend*
  Fürwahr, du bist ein allerliebster Knabe.

          *Die Seitentür öffnet sich, man sieht Faust
               auf dem Lager hingestreckt.*

HOMUNKULUS *erstaunt*
  Bedeutend! –
          *Die Phiole entschlüpft aus Wagners Händen,
          schwebt über Faust und beleuchtet ihn.*
          Schön umgeben! – Klar Gewässer
  Im dichten Haine, Frau'n die sich entkleiden;
  Die allerliebsten! – Das wird immer besser.   6905
  Doch eine läßt sich glänzend unterscheiden,
  Aus höchstem Helden-, wohl aus Götterstamme;
  Sie setzt den Fuß in das durchsichtige Helle;
  Des edlen Körpers holde Lebensflamme
  Kühlt sich im schmiegsamen Kristall der Welle. –   6910
  Doch welch Getöse rasch bewegter Flügel,
  Welch Sausen, Plätschern wühlt im glatten Spiegel?
  Die Mädchen fliehn verschüchtert; doch allein
  Die Königin sie blickt gelassen drein,
  Und sieht, mit stolzem, weiblichem Vergnügen,   6915
  Der Schwäne Fürsten ihrem Knie sich schmiegen,
  Zudringlichzahm. Er scheint sich zu gewöhnen. –
  Auf einmal aber steigt ein Dunst empor,
  Und deckt mit dichtgewebtem Flor
  Die lieblichste von allen Szenen.   6920
MEPHISTOPHELES
  Was du nicht alles zu erzählen hast!
  So klein du bist, so groß bist du Phantast.
  Ich sehe nichts –
HOMUNKULUS
                    Das glaub ich. Du aus Norden,

Im Nebelalter jung geworden,
6925 Im Wust von Rittertum und Pfäfferei,
Wo wäre da dein Auge frei!
Im Düstern bist du nur zu Hause.

umherschauend

Verbräunt Gestein, bemodert, widrig,
Spitzbögig, schnörkelhaftest, niedrig! –
6930 Erwacht uns dieser, gibt es neue Not,
Er bleibt gleich auf der Stelle tot.
Waldquellen, Schwäne, nackte Schönen,
Das war sein ahnungsvoller Traum;
Wie wollt' er sich hierher gewöhnen!
6935 Ich, der bequemste, duld' es kaum.
Nun fort mit ihm!

MEPHISTOPHELES
                Der Ausweg soll mich freuen.

HOMUNKULUS
Befiehl den Krieger in die Schlacht,
Das Mädchen führe Du zum Reihen,
So ist gleich alles abgemacht.
6940 Jetzt eben, wie ich schnell bedacht,
Ist klassische Walpurgisnacht;
Das Beste was begegnen könnte
Bringt ihn zu seinem Elemente.

MEPHISTOPHELES
Dergleichen hab ich nie vernommen.

HOMUNKULUS
6945 Wie wollt' es auch zu euren Ohren kommen?
Romantische Gespenster kennt ihr nur allein,
Ein echt Gespenst auch klassisch hat's zu sein.

MEPHISTOPHELES
Wohin denn aber soll die Fahrt sich regen?
Mich widern schon antikische Kollegen.

HOMUNKULUS
6950 Nordwestlich, Satan, ist Dein Lustrevier;
Südöstlich diesmal aber segeln wir –
An großer Fläche fließt Peneios frei,

Umbuscht, umbaumt, in still' und feuchten Buchten,
Die Ebne dehnt sich zu der Berge Schluchten, –
Und oben liegt Pharsalus alt und neu. 6955

MEPHISTOPHELES

O weh! hinweg! und laßt mir jene Streite
Von Tyrannei und Sklaverei bei Seite.
Mich langeweilt's, denn kaum ist's abgetan,
So fangen sie von vorne wieder an;
Und keiner merkt: er ist doch nur geneckt 6960
Vom Asmodeus der dahinter steckt.
Sie streiten sich, so heißt's, um Freiheitsrechte,
Genau besehn sind's Knechte gegen Knechte.

HOMUNKULUS

Den Menschen laß ihr widerspenstig Wesen,
Ein jeder muß sich wehren wie er kann, 6965
Vom Knaben auf, so wird's zuletzt ein Mann.
Hier fragt sich's nur wie dieser kann genesen?
Hast du ein Mittel so erprob' es hier,
Vermagst du's nicht so überlaß es mir.

MEPHISTOPHELES

Manch Brockenstückchen wäre durchzuproben, 6970
Doch Heidenriegel find' ich vorgeschoben.
Das Griechenvolk es taugte nie recht viel!
Doch blendet's euch mit freiem Sinnen-Spiel,
Verlockt des Menschen Brust zu heitern Sünden;
Die unsern wird man immer düster finden. 6975
Und nun was soll's?

HOMUNKULUS

                    Du bist ja sonst nicht blöde;
Und wenn ich von Thessalischen Hexen rede,
So denk' ich hab' ich was gesagt.

MEPHISTOPHELES *lüstern*

Thessalische Hexen! Wohl! das sind Personen
Nach denen hab' ich lang' gefragt. 6980
Mit ihnen Nacht für Nacht zu wohnen
Ich glaube nicht daß es behagt;
Doch zum Besuch! Versuch!

HOMUNKULUS
                    Den Mantel her,
        Und um den Ritter umgeschlagen!
6985   Der Lappen wird euch, wie bisher,
        Den einen mit dem andern tragen,
        Ich leuchte vor.
WAGNER *ängstlich*
                    Und ich?
HOMUNKULUS
                        Eh nun
        Du bleibst zu Hause Wichtigstes zu tun.
        Entfalte du die alten Pergamente,
6990   Nach Vorschrift sammle Lebens-Elemente
        Und füge sie mit Vorsicht eins ans andre.
        Das Was bedenke, mehr bedenke Wie?
        Indessen ich ein Stückchen Welt durchwandre
        Entdeck' ich wohl das Tüpfchen auf das I.
6995   Dann ist der große Zweck erreicht,
        Solch einen Lohn verdient ein solches Streben:
        Gold, Ehre, Ruhm, gesundes langes Leben
        Und Wissenschaft und Tugend – auch vielleicht.
        Leb wohl!
WAGNER *betrübt*
                    Leb wohl! Das drückt das Herz mir nieder.
7000   Ich fürchte schon ich seh dich niemals wieder.
MEPHISTOPHELES
        Nun zum Peneios frisch hinab,
        Herr Vetter ist nicht zu verachten.
                                ad Spectatores
        Am Ende hängen wir doch ab
        Von Kreaturen die wir machten.

KLASSISCHE WALPURGISNACHT

Pharsalische Felder,
Finsternis

ERICHTHO
  Zum Schauderfeste dieser Nacht, wie öfter schon,   7005
  Tret' ich einher, Erichtho, ich die düstere;
  Nicht so abscheulich wie die leidigen Dichter mich
  Im Übermaß verlästern . . . Endigen sie doch nie,
  In Lob und Tadel . . . Überbleicht erscheint mir schon
  Von grauer Zelten Woge weit das Tal dahin,   7010
  Als Nachgesicht der sorg- und grauenvollsten Nacht.
  Wie oft schon wiederholt sich's! Wird sich immerfort
  In's Ewige wiederholen . . . Keiner gönnt das Reich
  Dem Andern, dem gönnt's keiner der's mit Kraft erwarb
  Und kräftig herrscht. Denn jeder, der sein innres Selbst   7015
  Nicht zu regieren weiß, regierte gar zu gern
  Des Nachbars Willen, eignem stolzen Sinn gemäß . . .
  Hier aber ward ein großes Beispiel durchgekämpft,
  Wie sich Gewalt Gewaltigerem entgegenstellt,
  Der Freiheit holder tausendblumiger Kranz zerreißt,   7020
  Der starre Lorbeer sich ums Haupt des Herrschers biegt.
  Hier träumte Magnus früher Größe Blütentag,
  Dem schwanken Zünglein lauschend wachte Cäsar dort!
  Das wird sich messen. Weiß die Welt doch wem's gelang.

  Wachfeuer glühen, rote Flammen spendende,   7025
  Der Boden haucht vergoßnen Blutes Widerschein,
  Und angelockt von seltnem Wunderglanz der Nacht,
  Versammelt sich hellenischer Sage Legion.
  Um alle Feuer schwankt unsicher, oder sitzt
  Behaglich, alter Tage fabelhaft Gebild . . .   7030
  Der Mond, zwar unvollkommen, aber leuchtend hell,

Erhebt sich, milden Glanz verbreitend überall;
Der Zelten Trug verschwindet, Feuer brennen blau.

Doch! über mir! welch unerwartet Meteor?
7035   Es leuchtet und beleuchtet körperlichen Ball.
Ich wittre Leben. Da geziemen will mirs nicht
Lebendigem zu nahen, dem ich schädlich bin;
Das bringt mir bösen Ruf und frommt mir nicht.
Schon sinkt es nieder. Weich' ich aus mit Wohlbedacht!
Entfernt sich.

Die Luftfahrer oben

HOMUNKULUS
7040   Schwebe noch einmal die Runde
              Über Flamm- und Schaudergrauen;
              Ist es doch in Tal und Grunde,
              Gar gespenstisch anzuschauen.
MEPHISTOPHELES
              Seh' ich, wie durchs alte Fenster,
7045   In des Nordens Wust und Graus,
              Ganz abscheuliche Gespenster:
              Bin ich hier wie dort zu Haus.
HOMUNKULUS
              Sieh! da schreitet eine Lange,
              Weiten Schrittes von uns hin.
MEPHISTOPHELES
7050   Ist es doch als wär' ihr bange;
              Sah uns durch die Lüfte ziehn.
HOMUNKULUS
              Laß sie schreiten! setz' ihn nieder
              Deinen Ritter, und sogleich
              Kehret ihm das Leben wieder,
7055   Denn er sucht's im Fabelreich.
FAUST *den Boden berührend*
   Wo ist sie?
HOMUNKULUS
              Wüßten's nicht zu sagen,
   Doch hier wahrscheinlich zu erfragen.

In Eile magst du, eh' es tagt,
Von Flamm' zu Flamme spürend gehen:
Wer zu den Müttern sich gewagt   7060
Hat weiter nichts zu überstehen.

MEPHISTOPHELES
Auch ich bin hier an meinem Teil,
Doch wüßt' ich besseres nicht zu unserm Heil
Als: jeder möge durch die Feuer
Versuchen sich sein eigen Abenteuer.   7065
Dann, um uns wieder zu vereinen,
Laß deine Leuchte, Kleiner, tönend scheinen.

HOMUNKULUS
So soll es blitzen, soll es klingen.
                    das Glas dröhnt und leuchtet gewaltig
Nun frisch zu neuen Wunderdingen!

FAUST *allein*
Wo ist sie? – Frage jetzt nicht weiter nach . . .   7070
Wär's nicht die Scholle die sie trug,
Die Welle nicht die ihr entgegen schlug:
So ist's die Luft die ihre Sprache sprach.
Hier! durch ein Wunder, hier in Griechenland!
Ich fühlte gleich den Boden wo ich stand;   7075
Wie mich, den Schläfer, frisch ein Geist durchglühte,
So steh' ich, ein Antäus an Gemüte.
Und find' ich hier das Seltsamste beisammen,
Durchforsch' ich ernst dies Labyrinth der Flammen.
                    entfernt sich.

MEPHISTOPHELES *umherspürend*
Und wie ich diese Feuerchen durchschweife,   7080
So find' ich mich doch ganz und gar entfremdet,
Fast alles nackt, nur hie und da behemdet:
Die Sphinxe schamlos, unverschämt die Greife,
Und was nicht alles, lockig und beflügelt,
Von vorn und hinten sich im Auge spiegelt   7085
Zwar sind auch wir von Herzen unanständig,
Doch das Antike find' ich zu lebendig;

Das müßte man mit neustem Sinn bemeistern
Und mannigfaltig modisch überkleistern . . . .
7090 Ein widrig Volk! doch darf michs nicht verdrießen
Als neuer Gast anständig sie zu grüßen . . . .
Glückzu! den schönen Frau'n, den klugen Greisen.

GREIF *schnarrend*
Nicht Greisen! Greifen! – Niemand hört es gern
Daß man ihn Greis nennt. Jedem Worte klingt
7095 Der Ursprung nach wo es sich her bedingt:
Grau, grämlich, griesgram, gräulich, Gräber, grimmig,
Etymologisch gleicherweise stimmig,
Verstimmen uns.

MEPHISTOPHELES
                    Und doch, nicht abzuschweifen,
Gefällt das G r e i im Ehrentitel G r e i f e n.

GREIF *wie oben und immer so fort*
7100 Natürlich! die Verwandtschaft ist erprobt,
Zwar oft gescholten, mehr jedoch gelobt;
Man greife nun nach Mädchen, Kronen, Gold,
Dem Greifenden ist meist Fortuna hold.

AMEISEN *von der kolossalen Art*
Ihr sprecht von Gold, wir hatten viel gesammelt,
7105 In Fels und Höhlen heimlich eingerammelt;
Das Arimaspen-Volk hat's ausgespürt,
Sie lachen dort, wie weit sie's weggeführt.

GREIFE
Wir wollen sie schon zum Geständnis bringen.

ARIMASPEN
Nur nicht zur freien Jubelnacht.
7110 Bis morgen ists alles durchgebracht,
Es wird uns diesmal wohl gelingen.

MEPHISTOPHELES *hat sich zwischen die Sphinxe gesetzt.*
Wie leicht und gern ich mich hierher gewöhne,
Denn ich verstehe Mann für Mann.

SPHINX
Wir hauchen unsre Geistertöne
7115 Und ihr verkörpert sie alsdann.
Jetzt nenne dich bis wir dich weiter kennen!

MEPHISTOPHELES
Mit vielen Namen glaubt man mich zu nennen –
Sind Briten hier? Sie reisen sonst so viel,
Schlachtfeldern nachzuspüren, Wasserfällen,
Gestürzten Mauern, klassisch dumpfen Stellen;   7120
Das wäre hier für sie ein würdig Ziel.
Sie zeugten auch: Im alten Bühnen-Spiel
Sah man mich dort als OLD INIQUITY.
SPHINX
Wie kam man drauf?
MEPHISTOPHELES
                Ich weiß es selbst nicht wie.
SPHINX
Mag sein! Hast du von Sternen einige Kunde?   7125
Was sagst du zu der gegenwärt'gen Stunde?
MEPHISTOPHELES *aufschauend*
Stern schießt nach Stern, beschnittner Mond scheint helle
Und mir ist wohl an dieser trauten Stelle,
Ich wärme mich an deinem Löwenfelle.
Hinauf sich zu versteigen wär' zum Schaden,   7130
Gib Rätsel auf, gib allenfalls Scharaden.
SPHINX
Sprich nur dich selbst aus, wird schon Rätsel sein.
Versuch einmal dich innigst aufzulösen:
»Dem frommen Manne nötig wie dem bösen,
Dem ein Plastron, asketisch zu rapieren,   7135
Kumpan dem andern, Tolles zu vollführen,
Und beides nur, um Zeus zu amüsieren.«
1. GREIF *schnarrend*
Den mag ich nicht!
2. GREIF *stärker schnarrend*
                Was will uns der?
BEIDE
Der Garstige gehöret nicht hier her!
MEPHISTOPHELES *brutal*
Du glaubst vielleicht des Gastes Nägel krauen   7140
Nicht auch so gut wie deine scharfen Klauen?
Versuchs einmal!

SPHINX *milde*
                    Du magst nur immer bleiben,
     Wird dich's doch selbst aus unsrer Mitte treiben;
     In deinem Lande tust dir was zu Gute,
7145 Doch, irr' ich nicht, hier ist dir schlecht zu Mute.
MEPHISTOPHELES
     Du bist recht appetitlich oben anzuschauen,
     Doch untenhin, die Bestie macht mir Grauen.
SPHINX
     Du Falscher kommst zu deiner bittern Buße,
     Denn unsre Tatzen sind gesund;
7150 Dir mit verschrumpftem Pferdefuße
     Behagt es nicht in unserem Bund.
                    SIRENEN *präludieren oben*
MEPHISTOPHELES
     Wer sind die Vögel in den Ästen
     Des Pappelstromes hingewiegt?
SPHINX
     Gewahrt euch nur, die Allerbesten
7155 Hat solch ein Sing-Sang schon besiegt.
SIRENEN
                    Ach was wollt ihr euch verwöhnen
                    In dem Häßlich-Wunderbaren!
                    Horcht, wir kommen hier zu Scharen
                    Und in wohlgestimmten Tönen,
7160   So geziemet es Sirenen.
SPHINXE *sie verspottend in derselben Melodie*
                    Nötigt sie herabzusteigen!
                    Sie verbergen in den Zweigen
                    Ihre garstigen Habichtskrallen,
                    Euch verderblich anzufallen,
7165   Wenn ihr euer Ohr verleiht.
SIRENEN
                    Weg! das Hassen, weg! das Neiden;
                    Sammeln wir die klarsten Freuden,
                    Unterm Himmel ausgestreut!
                    Auf dem Wasser, auf der Erde,

Sei's die heiterste Gebärde   7170
Die man dem Willkommnen beut.

MEPHISTOPHELES
  Das sind die saubern Neuigkeiten
  Wo aus der Kehle, von den Saiten,
  Ein Ton sich um den andern flicht.
  Das Trallern ist bei mir verloren,   7175
  Es krabbelt wohl mir um die Ohren
  Allein zum Herzen dringt es nicht.

SPHINXE
  Sprich nicht vom Herzen! das ist eitel;
  Ein lederner verschrumpfter Beutel
  Das paßt dir eher zu Gesicht.   7180

FAUST *herantretend*
  Wie wunderbar! das Anschaun tut mir Gnüge,
  Im Widerwärtigen große tüchtige Züge.
  Ich ahne schon ein günstiges Geschick;
  Wohin versetzt mich dieser ernste Blick?
                Auf Sphinxe bezüglich
  Vor solchen hat einst Ödipus gestanden;   7185
                Auf Sirenen bezügl.
  Vor solchen krümmte sich Ulyß in hänfnen Banden;
                Auf Ameisen bez.
  Von solchen ward der höchste Schatz gespart;
                Auf Greife bez.
  Von diesen treu und ohne Fehl bewahrt.
  Vom frischen Geiste fühl' ich mich durchdrungen,
  Gestalten groß, groß die Erinnerungen.   7190

MEPHISTOPHELES
  Sonst hättest du dergleichen weggeflucht,
  Doch jetzo scheint es dir zu frommen;
  Denn wo man die Geliebte sucht,
  Sind Ungeheuer selbst willkommen.

FAUST *zu den Sphinxen*
  Ihr Frauenbilder müßt mir Rede stehn: 7195
  Hat eins der Euren Helena gesehn?

SPHINXE

Wir reichen nicht hinauf zu ihren Tagen,
Die letztesten hat Herkules erschlagen.
Von Chiron könntest dus erfragen;
7200 Der sprengt herum in dieser Geisternacht,
Wenn er dir steht so hast du's weit gebracht.

SIRENEN

Sollte dir's doch auch nicht fehlen! . . .
Wie Ulyß bei uns verweilte,
Schmähend nicht vorübereilte,
7205 Wußt' er vieles zu erzählen;
Würden alles dir vertrauen,
Wolltest du zu unsern Gauen
Dich ans grüne Meer verfügen.

SPHINX

Laß dich Edler nicht betrügen!
7210 Statt daß Ulyß sich binden ließ,
Laß unsern guten Rat dich binden;
Kannst du den hohen Chiron finden,
Erfährst du was ich dir verhieß.

FAUST *entfernt sich.*

MEPHISTOPHELES *verdrießlich*

Was krächzt vorbei mit Flügelschlag?
7215 So schnell daß man's nicht sehen mag,
Und immer eins dem andern nach,
Den Jäger würden sie ermüden.

SPHINX

Dem Sturm des Winterwinds vergleichbar,
Alcides Pfeilen kaum erreichbar:
7220 Es sind die raschen Stymphaliden.
Und wohlgemeint ihr Krächzegruß,
Mit Geierschnabel und Gänsefuß.
Sie möchten gern in unsern Kreisen
Als Stammverwandte sich erweisen.

MEPHISTOPHELES *wie verschüchtert*

7225 Noch andres Zeug zischt zwischen drein.

SPHINX

Vor diesen sei euch ja nicht bange,
Es sind die Köpfe der Lernäischen Schlange,
Vom Rumpf getrennt, und glauben was zu sein.
Doch sagt, was soll nur aus euch werden?
Was für unruhige Gebärden?   7230
Wo wollt ihr hin? Begebt euch fort! . . .
Ich sehe, jener Chorus dort
Macht euch zum Wendehals. Bezwingt euch nicht,
Geht hin! begrüßt manch reizendes Gesicht.
Die Lamien sinds, lustfeine Dirnen,   7235
Mit Lächelmund und frechen Stirnen,
Wie sie dem Satyrvolk behagen;
Ein Bocksfuß darf dort alles wagen.

MEPHISTOPHELES

Ihr bleibt doch hier? daß ich euch wiederfinde.

SPHINX

Ja! Mische dich zum luftigen Gesinde.   7240
Wir, von Ägypten her, sind längst gewohnt
Daß unsereins in tausend Jahre thront.
Und respektiert nur unsre Lage,
S o regeln wir die Mond- und Sonnentage.
　　　Sitzen vor den Pyramiden,   7245
　　　Zu der Völker Hochgericht;
　　　Überschwemmung, Krieg und Frieden –
　　　Und verziehen kein Gesicht.

PENEIUS umgeben von Gewässern
　　　und NYMPHEN

PENEIUS

Rege dich du Schilfgeflüster!
Hauche leise Rohrgeschwister,
Säuselt leichte Weidensträuche,   7250
Lispelt Pappelzitterzweige

Unterbrochnen Träumen zu! . . .
Weckt mich doch ein grauslich Wittern,
7255   Heimlich allbewegend Zittern,
Aus dem Wallestrom und Ruh.

FAUST *an den Fluß tretend*
Hör' ich recht, so muß ich glauben:
Hinter den verschränkten Lauben
Dieser Zweige, dieser Stauden
7260   Tönt ein menschenähnlichs Lauten:
Scheint die Welle doch ein Schwätzen,
Lüftlein wie – ein Scherzergötzen.

NYMPHEN *zu Faust*
Am besten geschäh' dir
Du legtest dich nieder,
7265   Erholtest im Kühlen
Ermüdete Glieder,
Genössest der immer
Dich meidenden Ruh;
Wir säuseln, wir rieseln,
7270   Wir flüstern dir zu.

FAUST
Ich wache ja! O laßt sie walten
Die unvergleichlichen Gestalten
Wie sie dorthin mein Auge schickt.
So wunderbar bin ich durchdrungen
7275   Sind's Träume? Sind's Erinnerungen?
Schon einmal warst du so beglückt.
Gewässer schleichen durch die Frische
Der dichten sanft bewegten Büsche,
Nicht rauschen sie, sie rieseln kaum;
7280   Von allen Seiten hundert Quellen
Vereinen sich, im reinlich hellen
Zum Bade flach vertieften Raum.
Gesunde junge Frauenglieder,
Vom feuchten Spiegel doppelt wieder
7285   Ergötztem Auge zugebracht!
Gesellig dann und fröhlich badend,

Erdreistet schwimmend, furchtsam watend;
Geschrei zuletzt und Wasserschlacht.
Begnügen sollt' ich mich an diesen,
Mein Auge sollte hier genießen,   7290
Doch immer weiter strebt mein Sinn.
Der Blick dringt scharf nach jener Hülle,
Das reiche Laub der grünen Fülle
Verbirgt die hohe Königin.

Wundersam! auch Schwäne kommen   7295
Aus den Buchten hergeschwommen,
Majestätisch rein bewegt.
Ruhig schwebend, zart gesellig,
Aber stolz und selbstgefällig
Wie sich Haupt und Schnabel regt   7300
Einer aber scheint vor allen
Brüstend kühn sich zu gefallen,
Segelnd rasch durch alle fort;
Sein Gefieder bläht sich schwellend,
Welle selbst, auf Wogen wellend,   7305
Dringt er zu dem heiligen Ort . . . .
Die andern schwimmen hin und wider
Mit ruhig glänzendem Gefieder,
Bald auch in regem prächtigen Streit:
Die scheuen Mädchen abzulenken,   7310
Daß sie an ihren Dienst nicht denken,
Nur an die eigne Sicherheit.

NYMPHEN

     Leget Schwestern euer Ohr
     An des Ufers grüne Stufe;
     Hör' ich recht, so kommt mir vor   7315
     Als der Schall von Pferdes Hufe.
     Wüßt' ich nur wer dieser Nacht
     Schnelle Botschaft zugebracht.

FAUST

Ist mir doch als dröhnt' die Erde
Schallend unter eiligem Pferde.   7320

Dorthin mein Blick!
Ein günstiges Geschick,
Soll es mich schon erreichen?
O Wunder ohne Gleichen!
7325   Ein Reuter kommt herangetrabt,
Er scheint von Geist und Mut begabt,
Von blendend-weißem Pferd getragen . . . .
Ich irre nicht, ich kenn' ihn schon,
Der Philyra berühmter Sohn!
7330   Halt Chiron! halt! Ich habe dir zu sagen . . .

CHIRON
Was gibt's? Was ist's?

FAUST
                    Bezähme deinen Schritt!

CHIRON
Ich raste nicht!

FAUST
                So bitte! Nimm mich mit!

CHIRON
Sitz auf! so kann ich nach Belieben fragen:
Wohin des Wegs? Du stehst am Ufer hier,
7335   Ich bin bereit dich durch den Fluß zu tragen.

FAUST *aufsitzend*
Wohin du willst. Für ewig dank' ichs dir . . . .
Der große Mann der edle Pädagog,
Der, sich zum Ruhm, ein Heldenvolk erzog,
Den schönen Kreis der edlen Argonauten
7340   Und alle die des Dichters Welt erbauten.

CHIRON
Das lassen wir an seinem Ort!
Selbst Pallas kommt als Mentor nicht zu Ehren;
Am Ende treiben sie's nach ihrer Weise fort
Als wenn sie nicht erzogen wären.

FAUST
7345   Den Arzt der jede Pflanze nennt,
Die Wurzeln bis ins Tiefste kennt,
Dem Kranken Heil, dem Wunden Lindrung schafft,
Umarm' ich hier in Geist und Körperkraft!

CHIRON

Ward neben mir ein Held verletzt,
Da wußt' ich Hülf' und Rat zu schaffen;   7350
Doch ließ ich meine Kunst zuletzt
Den Wurzelweibern und den Pfaffen.

FAUST

Du bist der wahre große Mann
Der Lobeswort nicht hören kann;
Er sucht bescheiden auszuweichen   7355
Und tut als gäb' es Seinesgleichen.

CHIRON

Du scheinest mir geschickt zu heucheln,
Dem Fürsten wie dem Volk zu schmeicheln.

FAUST

So wirst du mir denn doch gestehn
Du hast die Größten Deiner Zeit gesehn,   7360
Dem Edelsten in Taten nachgestrebt,
Halbgöttlich ernst die Tage durchgelebt.
Doch unter den heroischen Gestalten
Wen hast Du für den Tüchtigsten gehalten?

CHIRON

Im hehren Argonautenkreise   7365
War jeder brav nach seiner eignen Weise,
Und, nach der Kraft die ihn beseelte,
Konnt' er genügen, wo's den andern fehlte.
Die Dioskuren haben stets gesiegt,
Wo Jugendfüll' und Schönheit überwiegt.   7370
Entschluß und schnelle Tat zu andrer Heil
Den Boreaden ward's zum schönen Teil;
Nachsinnend, kräftig, klug, im Rat bequem,
So herrschte Jason, Frauen angenehm.
Dann Orpheus, zart und immer still bedächtig,   7375
Schlug er die Leier allen übermächtig.
Scharfsichtig Lynceus, der, bei Tag und Nacht,
Das heilge Schiff durch Klipp' und Strand gebracht . . . .
Gesellig nur läßt sich Gefahr erproben:
Wenn einer wirkt, die andern alle loben.   7380

FAUST
  Von Herkules willst nichts erwähnen?
CHIRON
  O weh! errege nicht mein Sehnen . . .
  Ich hatte Phöbus nie gesehn,
  Noch Ares, Hermes, wie sie heißen,
7385 Da sah ich mir vor Augen stehn
  Was alle Menschen göttlich preisen.

  So war er ein geborner König,
  Als Jüngling herrlichst anzuschaun;
  Dem ältern Bruder untertänig
7390 Und auch den allerliebsten Fraun.

  Den zweiten zeugt nicht Gäa wieder,
  Nicht führt ihn Hebe himmelein;
  Vergebens mühen sich die Lieder,
  Vergebens quälen sie den Stein.
FAUST
7395 So sehr auch Bildner auf ihn pochen,
  So herrlich kam er nie zur Schau.
  Vom schönsten Mann hast du gesprochen,
  Nun sprich auch von der schönsten Frau!
CHIRON
  Was! . . Frauen-Schönheit will nichts heißen,
7400 Ist gar zu oft ein starres Bild;
  Nur solch ein Wesen kann ich preisen
  Das froh und lebenslustig quillt.
  Die Schöne bleibt sich selber selig;
  Die Anmut macht unwiderstehlich,
7405 Wie Helena, da ich sie trug.
FAUST
  Du trugst sie?
CHIRON
                 Ja, auf diesem Rücken.
FAUST
  Bin ich nicht schon verwirrt genug,
  Und solch' ein Sitz muß mich beglücken!

CHIRON
Sie faßte so mich in das Haar
Wie du es tust.
FAUST
O! ganz und gar   7410
Verlier' ich mich! Erzähle wie?
Sie ist mein einziges Begehren!
Woher? wohin? ach, trugst du sie?
CHIRON
Die Frage läßt sich leicht gewähren.
Die Dioskuren hatten, jener Zeit,   7415
Das Schwesterchen aus Räuberfaust befreit.
Doch diese, nicht gewohnt besiegt zu sein,
Ermannten sich und stürmten hinterdrein.
Da hielten der Geschwister eiligen Lauf
Die Sümpfe bei Eleusis auf;   7420
Die Brüder wateten, ich patschte, schwamm hinüber;
Da sprang sie ab und streichelte
Die feuchte Mähne, schmeichelte
Und dankte lieblich-klug und selbstbewußt.
Wie war sie reizend! jung, des Alten Lust!   7425
FAUST
Erst sieben Jahr! . . .
CHIRON
Ich seh', die Philologen
Sie haben dich so wie sich selbst betrogen.
Ganz eigen ist's mit mythologischer Frau;
Der Dichter bringt sie, wie er's braucht zur Schau:
Nie wird sie mündig, wird nicht alt,   7430
Stets appetitlicher Gestalt,
Wird jung entführt, im Alter noch umfreit;
G'nug, den Poeten bindet keine Zeit.
FAUST
So sei auch sie durch keine Zeit gebunden!
Hat doch Achill auf Pherä sie gefunden,   7435
Selbst außer aller Zeit. Welch seltnes Glück:
Errungene Liebe gegen das Geschick!

Und sollt i c h nicht, sehnsüchtigster Gewalt,
Ins Leben ziehn die einzigste Gestalt?
7440 Das ewige Wesen, Göttern ebenbürtig,
So groß als zart, so hehr als liebenswürdig?
Du sahst sie einst, heut hab' ich sie gesehn,
So schön wie reizend, wie ersehnt so schön.
Nun ist mein Sinn, mein Wesen streng umfangen,
7445 Ich lebe nicht, kann ich sie nicht erlangen.

CHIRON

Mein fremder Mann! als Mensch bist du entzückt,
Doch unter Geistern scheinst du wohl verrückt.
Nun trifft sich's hier zu deinem Glücke;
Denn alle Jahr, nur wenig Augenblicke,
7450 Pfleg' ich bei Manto vorzutreten,
Der Tochter Äskulaps; im stillen Beten
Fleht sie zum Vater: daß, zu seiner Ehre,
Er endlich doch der Ärzte Sinn verkläre,
Und vom verwegnen Totschlag sie bekehre . . .
7455 Die liebste mir aus der Sibyllengilde,
Nicht fratzenhaft bewegt, wohltätig milde;
Ihr glückt es wohl, bei einigem Verweilen,
Mit Wurzelkräften dich von Grund zu heilen.

FAUST

Geheilt will ich nicht sein, mein Sinn ist mächtig;
7460 Da wär' ich ja wie andre niederträchtig.

CHIRON

Versäume nicht das Heil der edlen Quelle!
Geschwind herab! Wir sind zur Stelle.

FAUST

Sag an! Wohin hast du, in grauser Nacht,
Durch Kiesgewässer, mich an's Land gebracht?

CHIRON

7465 Hier trotzten Rom und Griechenland im Streite,
Peneios rechts, links den Olymp zur Seite.
Das größte Reich das sich im Sand verliert;
Der König flieht, der Bürger triumphiert.
Blick auf! hier steht, bedeutend nah,
7470 Im Mondenschein der ewige Tempel da.

MANTO *Inwendig träumend*
    Von Pferdes Hufe
    Erklingt die heilige Stufe,
    Halbgötter treten heran.
CHIRON
    Ganz recht!
    Nur die Augen aufgetan!   7475
MANTO *erwachend*
  Willkommen! ich seh' du bleibst nicht aus.
CHIRON
  Steht dir doch auch dein Tempelhaus!
MANTO
  Streifst du noch immer unermüdet?
CHIRON
  Wohnst du doch immer still umfriedet,
  Indes zu kreisen mich erfreut.   7480
MANTO
  Ich harre, mich umkreist die Zeit.
  Und dieser?
CHIRON
    Die verrufene Nacht
  Hat strudelnd ihn hier hergebracht.
  Helenen, mit verrückten Sinnen,
  Helenen will er sich gewinnen,   7485
  Und weiß nicht wie und wo beginnen;
  Asklepischer Kur vor andern wert.
MANTO
  Den lieb' ich der Unmögliches begehrt.
        CHIRON *ist schon weit weg.*
MANTO
  Tritt ein, Verwegner, sollst dich freuen;
  Der dunkle Gang führt zu Persephoneien.   7490
  In des Olympus hohlem Fuß
  Lauscht sie geheim verbotnem Gruß.
  Hier hab' ich einst den Orpheus eingeschwärzt,
  Benutz' es besser, frisch! beherzt!
        Sie steigen hinab.

SIRENEN *Am obern Peneios wie zuvor*

7495   Stürzt euch in Peneios Flut!
        Plätschernd ziemt es da zu schwimmen,
        Lied um Lieder anzustimmen,
        Dem unseligen Volk zu gut.
        Ohne Wasser ist kein Heil!
7500   Führen wir mit hellem Heere
        Eilig zum ägäischen Meere,
        Würd' uns jede Lust zu Teil.

Erdbeben

SIRENEN

        Schäumend kehrt die Welle wieder,
        Fließt nicht mehr im Bett darnieder;
7505   Grund erbebt, das Wasser staucht,
        Kies und Ufer berstend raucht.
        Flüchten wir! Kommt alle, kommt!
        Niemand dem das Wunder frommt.

        Fort! ihr edlen frohen Gäste
7510   Zu dem seeisch heitern Feste,
        Blinkend wo die Zitterwellen,
        Ufernetzend, leise schwellen;
        Da wo Luna doppelt leuchtet,
        Uns mit heilgem Tau befeuchtet.
7515   Dort ein freibewegtes Leben,
        Hier ein ängstlich Erde-Beben;
        Eile jeder Kluge fort!
        Schauderhaft ist's um den Ort.

SEISMOS *in der Tiefe brummend und polternd*

    Einmal noch mit Kraft geschoben,
7520   Mit den Schultern brav gehoben!
    So gelangen wir nach oben,
    Wo uns alles weichen muß.

SPHINXE

        Welch ein widerwärtig Zittern
        Häßlich grausenhaftes Wittern!

Welch ein Schwanken, welches Beben,   7525
Schaukelnd Hin- und Widerstreben!
Welch unleidlicher Verdruß!
Doch wir ändern nicht die Stelle,
Bräche los die ganze Hölle.

Nun erhebt sich ein Gewölbe   7530
Wundersam. Es ist derselbe,
Jener Alte, längst Ergraute,
Der die Insel Delos baute,
Einer Kreißenden zu Lieb'
Aus der Wog' empor sie trieb.   7535
Er, mit Streben, Drängen, Drücken,
Arme straff, gekrümmt den Rücken,
Wie ein Atlas an Gebärde,
Hebt er Boden, Rasen, Erde,
Kies und Grieß und Sand und Letten,   7540
Unsres Ufers stille Betten.
So zerreißt er eine Strecke
Quer des Tales ruhige Decke.
Angestrengtest, nimmer müde,
Kolossale Karyatide;   7545
Trägt ein furchtbar Steingerüste,
Noch im Boden bis zur Büste;
Weiter aber soll's nicht kommen,
Sphinxe haben Platz genommen.

SEISMOS
Das hab' ich ganz allein vermittelt,   7550
Man wird mir's endlich zugestehn;
Und hätt' ich nicht geschüttelt und gerüttelt,
Wie wäre diese Welt so schön?
Wie ständen eure Berge droben
In prächtig-reinem Ätherblau,   7555
Hätt' ich sie nicht hervorgeschoben,
Zu malerisch-entzückter Schau!
Als, angesichts der höchsten Ahnen,
Der Nacht, des Chaos, ich mich stark betrug

7560 Und, in Gesellschaft von Titanen,
      Mit Pelion und Ossa als mit Ballen schlug.
      Wir tollten fort in jugendlicher Hitze,
      Bis überdrüssig, noch zuletzt
      Wir dem Parnaß, als eine Doppelmütze,
7565 Die beiden Berge frevelnd aufgesetzt . . . .
      Apollen hält ein froh Verweilen
      Dort nun mit seliger Musen Chor.
      Selbst Jupitern und seinen Donnerkeilen
      Hob ich den Sessel hoch empor.
7570 Jetzt so, mit ungeheurem Streben,
      Drang aus dem Abgrund ich herauf
      Und fordere laut, zu neuem Leben,
      Mir fröhliche Bewohner auf.
      SPHINXE
      Uralt müßte man gestehen
7575 Sei das hier Emporgebürgte,
      Hätten wir nicht selbst gesehen
      Wie sich's aus dem Boden würgte.
      Bebuschter Wald verbreitet sich hinan,
      Noch drängt sich Fels auf Fels bewegt heran;
7580 Ein Sphinx wird sich daran nicht kehren:
      Wir lassen uns im heiligen Sitz nicht stören.
      GREIFE
           Gold in Blättchen, Gold in Flittern
           Durch die Ritze seh' ich zittern;
           Laßt euch solchen Schatz nicht rauben;
7585   Imsen auf! es auszuklauben.
      CHOR DER AMEISEN
           Wie ihn die Riesigen
           Empor geschoben,
           Ihr Zappelfüßigen
           Geschwind nach oben!
7590   Behendest aus und ein!
           In solchen Ritzen
           Ist jedes Bröselein
           Wert zu besitzen.

    Das Allermindeste
    Müßt ihr entdecken,   7595
    Auf das geschwindeste
    In allen Ecken.
    Allemsig müßt ihr sein,
    Ihr Wimmelscharen;
    Nur mit dem Gold herein!   7600
    Den Berg laßt fahren.

GREIFE

Herein! Herein! Nur Gold zu Hauf,
Wir legen unsre Klauen drauf;
Sind Riegel von der besten Art,
Der größte Schatz ist wohl verwahrt.   7605

PYGMÄEN

    Haben wirklich Platz genommen,
    Wissen nicht wie es geschah;
    Fraget nicht woher wir kommen:
    Denn wir sind nun einmal da!
    Zu des Lebens lustigem Sitze   7610
    Eignet sich ein jedes Land;
    Zeigt sich eine Felsenritze,
    Ist auch schon der Zwerg zur Hand.
    Zwerg und Zwergin rasch zum Fleiße,
    Musterhaft ein jedes Paar;   7615
    Weiß nicht ob es gleicher Weise
    Schon im Paradiese war.
    Doch wir findens hier zum besten,
    Segnen dankbar unsern Stern;
    Denn, im Osten wie im Westen,   7620
    Zeugt die Mutter Erde gern.

DAKTYLE

    Hat sie in einer Nacht
    Die Kleinen hervorgebracht:
    Sie wird die Kleinsten erzeugen,
    Finden auch ihresgleichen.   7625

PYGMÄEN-ÄLTESTE

    Eilet bequemen

Sitz einzunehmen!
Eilig zum Werke;
Schnelle für Stärke!
7630 Noch ist es Friede;
Baut euch die Schmiede,
Harnisch und Waffen
Dem Heer zu schaffen.

Ihr Imsen alle,
7635 Rührig im Schwalle,
Schafft uns Metalle!
Und ihr Daktyle,
Kleinste, so viele,
Euch sei befohlen
7640 Hölzer zu holen!
Schichtet zusammen
Heimliche Flammen,
Schaffet uns Kohlen!

GENERALISSIMUS

Mit Pfeil und Bogen
7645 Frisch ausgezogen!
An jenem Weiher
Schießt mir die Reiher,
Unzählig nistende,
Hochmütig brüstende
7650 Auf einen Ruck!
Alle wie Einen;
Daß wir erscheinen
Mit Helm und Schmuck.

IMSEN UND DAKTYLE

Wer wird uns retten!
7655 Wir schaffen 's Eisen,
Sie schmieden Ketten.
Uns loszureißen
Ist noch nicht zeitig,
Drum seid geschmeidig.

DIE KRANICHE DES IBYKUS
    Mordgeschrei und Sterbeklagen,   7660
    Ängstlich Flügelflatterschlagen,
    Welch ein Ächzen, welch Gestöhn
    Dringt herauf zu unsern Höhn!
    Alle sind sie schon ertötet,
    See von ihrem Blut gerötet;   7665
    Mißgestaltete Begierde
    Raubt des Reihers edle Zierde.
    Weht sie doch schon auf dem Helme
    Dieser Fettbauch-Krummbein-Schelme.
    Ihr Genossen unsres Heeres,   7670
    Reihenwanderer des Meeres,
    Euch berufen wir zur Rache
    In so nahverwandter Sache;
    Keiner spare Kraft und Blut,
    Ewige Feindschaft dieser Brut!   7675
            Zerstreuen sich krächzend in den Lüften.
MEPHISTOPHELES *in der Ebne*
    Die nordischen Hexen wußt' ich wohl zu meistern,
    Mir wirds nicht just mit diesen fremden Geistern.
    Der Blocksberg bleibt ein gar bequem Lokal,
    Wo man auch sei, man findet sich zumal.
    Frau Ilse wacht für uns auf ihrem Stein,   7680
    Auf seiner Höh wird Heinrich munter sein,
    Die Schnarcher schnauzen zwar das Elend an,
    Doch alles ist für tausend Jahr getan.
    Wer weiß denn hier nur, wo er geht und steht,
    Ob unter ihm sich nicht der Boden bläht?..   7685
    Ich wandle lustig durch ein glattes Tal
    Und hinter mir erhebt sich auf einmal
    Ein Berg, zwar kaum ein Berg zu nennen,
    Von meinen Sphinxen mich jedoch zu trennen
    Schon hoch genug – Hier zuckt noch manches Feuer   7690
    Das Tal hinab, und flammt ums Abenteuer . . .
    Noch tanzt und schwebt mir lockend, weichend vor,
    Spitzbübisch gaukelnd, der galante Chor.

Nur sachte drauf! Allzu gewohnt ans Naschen,
7695 Wo es auch sei man sucht was zu erhaschen.
    LAMIEN *Mephisto nach sich ziehend*
            Geschwind, geschwinder!
            Und immer weiter!
            Dann wieder zaudernd,
            Geschwätzig plaudernd.
7700   Es ist so heiter
            Den alten Sünder
            Uns nach zu ziehen,
            Zu schwerer Buße.
            Mit starrem Fuße
7705   Kommt er geholpert
            Einher gestolpert;
            Er schleppt das Bein,
            Wie wir ihn fliehen,
            Uns hinterdrein.
    MEPHISTOPHELES *stillstehend*
7710   Verflucht Geschick! Betrogne Mannsen!
            Von Adam her verführte Hansen!
            Alt wird man wohl, wer aber klug?
            Warst du nicht schon vernarrt genug!

    Man weiß das Volk taugt aus dem Grunde nichts,
7715 Geschnürten Leibs, geschminkten Angesichts.
    Nichts haben sie gesundes zu erwidern,
    Wo man sie anfaßt, morsch in allen Gliedern.
    Man weiß, man sieht's, man kann es greifen,
    Und dennoch tanzt man wenn die Luder pfeifen!
    LAMIEN *inne haltend*
7720 Halt! er besinnt sich, zaudert, steht;
    Entgegnet ihm daß er euch nicht entgeht!
    MEPHISTOPHELES *fortschreitend*
            Nur zu! und laß dich ins Gewebe
            Der Zweifelei nicht törig ein;
            Denn wenn es keine Hexen gäbe,
7725   Wer Teufel möchte Teufel sein!

LAMIEN *anmutigst*
  Kreisen wir um diesen Helden;
  Liebe wird in seinem Herzen
  Sich gewiß für Eine melden.
MEPHISTOPHELES
  Zwar mit ungewissem Schimmer
  Scheint ihr hübsche Frauenzimmer,   7730
  Und so möcht' ich euch nicht schelten.
EMPUSE *eindringend*
  Auch nicht mich! als eine solche
  Laßt mich ein in eure Folge.
LAMIEN
  Die ist in unserm Kreis zuviel,
  Verdirbt doch immer unser Spiel.   7735
EMPUSE *zu Mephistopheles*
  Begrüßt von Mühmichen Empuse,
  Der Trauten mit dem Eselsfuße;
  Du hast nur einen Pferdefuß
  Und doch, Herr Vetter, schönsten Gruß!
MEPHISTOPHELES
  Hier dacht' ich lauter Unbekannte,   7740
  Und finde leider Nahverwandte;
  Es ist ein altes Buch zu blättern:
  Vom Harz bis Hellas immer Vettern!
EMPUSE
  Entschieden weiß ich gleich zu handeln,
  In vieles könnt' ich mich verwandeln;   7745
  Doch euch zu Ehren hab' ich jetzt
  Das Eselsköpfchen aufgesetzt.
MEPHISTOPHELES
  Ich merk' es hat bei diesen Leuten
  Verwandtschaft Großes zu bedeuten;
  Doch mag sich was auch will eräugnen,   7750
  Den Eselskopf möcht' ich verleugnen.
LAMIEN
  Laß diese Garstige, sie verscheucht,
  Was irgend schön und lieblich deucht;

Was irgend schön und lieblich wär,
7755   Sie kommt heran, es ist nicht mehr!
MEPHISTOPHELES
    Auch diese Mühmchen, zart und schmächtig,
    Sie sind mir allesamt verdächtig;
    Und hinter solcher Wänglein Rosen
    Fürcht' ich doch auch Metamorphosen.
LAMIEN
7760   Versuch' es doch! sind unsrer Viele.
    Greif zu! Und hast du Glück im Spiele,
    Erhasche dir das beste Los.
    Was soll das lüsterne Geleier?
    Du bist ein miserabler Freier,
7765   Stolzierst einher und tust so groß! –
    Nun mischt er sich in unsre Scharen;
    Laßt nach und nach die Masken fahren,
    Und gebt ihm euer Wesen bloß.
MEPHISTOPHELES
    Die schönste hab' ich mir erlesen . . . .
                        sie umfassend
7770   O weh mir! welch ein dürrer Besen!
                        eine andere ergreifend
    Und diese? . . . . Schmähliches Gesicht!
LAMIEN
    Verdienst du's besser? dünk' es nicht.
MEPHISTOPHELES
    Die Kleine möcht' ich mir verpfänden . . . .
    Lacerte schlüpft mir aus den Händen!
7775   Und schlangenhaft der glatte Zopf.
    Dagegen faß' ich mir die Lange . . . .
    Da pack' ich eine Thyrsusstange!
    Den Pinienapfel als den Kopf.
    Wo will's hinaus? . . . . Noch eine Dicke,
7780   An der ich mich vielleicht erquicke;
    Zum letztenmal gewagt! Es sei!
    Recht quammig, quappig, das bezahlen
    Mit hohem Preis Orientalen . . . .
    Doch ach! der Bovist platzt entzwei!

LAMIEN

Fahrt auseinander, schwankt und schwebet 7785
Blitzartig, schwarzen Flugs umgebet
Den eingedrungenen Hexensohn!
Unsichre schauderhafte Kreise!
Schweigsamen Fittichs, Fledermäuse!
Zu wohlfeil kommt er doch davon. 7790

MEPHISTOPHELES *sich schüttlend*

Viel klüger, scheint es, bin ich nicht geworden;
Absurd ist's hier, absurd im Norden,
Gespenster hier wie dort vertrackt,
Volk und Poeten abgeschmackt.
Ist eben hier eine Mummenschanz 7795
Wie überall ein Sinnentanz.
Ich griff nach holden Maskenzügen
Und faßte Wesen daß mich's schauerte . . . .
Ich möchte gerne mich betrügen,
Wenn es nur länger dauerte. 7800

sich zwischen dem Gestein verirrend

Wo bin ich denn? Wo will's hinaus?
Das war ein Pfad, nun ist's ein Graus.
Ich kam daher auf glatten Wegen,
Und jetzt steht mir Geröll entgegen.
Vergebens klettr' ich auf und nieder, 7805
Wo find ich meine Sphinxe wieder?
So toll hätt ich mirs nicht gedacht
Ein solch Gebirg in Einer Nacht.
Das heiß ich frischen Hexenritt!
Die bringen ihren Blocksberg mit. 7810

OREAS *vom Naturfels*

Herauf hier! Mein Gebirg ist alt,
Steht in ursprünglicher Gestalt.
Verehre schroffe Felsensteige,
Des Pindus letztgedehnte Zweige.
Schon stand ich unerschüttert so, 7815
Als über mich Pompejus floh.
Daneben, das Gebild des Wahns,

Verschwindet schon beim Krähn des Hahns.
Dergleichen Märchen seh' ich oft entstehn
7820 Und plötzlich wieder untergehn.

MEPHISTOPHELES
Sei Ehre dir, ehrwürdiges Haupt!
Von hoher Eichenkraft umlaubt;
Der allerklarste Mondenschein
Dringt nicht zur Finsternis herein. –
7825 Doch neben am Gebüsche zieht
Ein Licht das gar bescheiden glüht.
Wie sich das alles fügen muß!
Fürwahr! es ist Homunkulus.
Woher des Wegs, du Kleingeselle?

HOMUNKULUS
7830 Ich schwebe so von Stell' zu Stelle
Und möchte gern im besten Sinn entstehn,
Voll Ungeduld mein Glas entzwei zu schlagen;
Allein was ich bisher gesehn
Hinein da möcht' ich mich nicht wagen.
7835 Nur, um dirs im Vertraun zu sagen:
Zwei Philosophen bin ich auf der Spur,
Ich horchte zu, es hieß: Natur! Natur!
Von diesen will ich mich nicht trennen,
Sie müssen doch das irdische Wesen kennen;
7840 Und ich erfahre wohl am Ende
Wohin ich mich am allerklügsten wende.

MEPHISTOPHELES
Das tu' auf deine eigne Hand.
Denn, wo Gespenster Platz genommen,
Ist auch der Philosoph willkommen.
7845 Damit man seiner Kunst und Gunst sich freue,
Erschafft er gleich ein Dutzend neue.
Wenn du nicht irrst, kommst du nicht zu Verstand!
Willst du entstehn, entsteh' auf eigne Hand!

HOMUNKULUS
Ein guter Rat ist auch nicht zu verschmähn.

MEPHISTOPHELES
  So fahre hin! Wir wollen's weiter sehn.   7850
                  trennen sich.

ANAXAGORAS *zu Thales*
  Dein starrer Sinn will sich nicht beugen,
  Bedarf es weit'res dich zu überzeugen?
THALES
  Die Welle beugt sich jedem Winde gern,
  Doch hält sie sich vom schroffen Felsen fern.
ANAXAGORAS
  Durch Feuerdunst ist dieser Fels zu Handen.   7855
THALES
  Im Feuchten ist Lebendiges erstanden.
HOMUNKULUS *zwischen beiden*
        Laßt mich an eurer Seite gehn,
        Mir selbst gelüstet's zu entstehn!
ANAXAGORAS
  Hast du, o Thales, je, in Einer Nacht,
  Solch einen Berg aus Schlamm hervorgebracht?   7860
THALES
  Nie war Natur und ihr lebendiges Fließen
  Auf Tag und Nacht und Stunden angewiesen;
  Sie bildet regelnd jegliche Gestalt,
  Und selbst im Großen ist es nicht Gewalt.
ANAXAGORAS
  Hier aber war's! Plutonisch grimmig Feuer,   7865
  Äolischer Dünste Knallkraft ungeheuer,
  Durchbrach des flachen Bodens alte Kruste
  Daß neu ein Berg sogleich entstehen mußte.
THALES
  Was wird dadurch nun weiter fortgesetzt?
  Er ist auch da, und das ist gut zuletzt.   7870
  Mit solchem Streit verliert man Zeit und Weile
  Und führt doch nur geduldig Volk am Seile.
ANAXAGORAS
  Schnell quillt der Berg von Myrmidonen,
  Die Felsenspalten zu bewohnen,

7875 Pygmäen, Imsen, Däumerlinge,
Und andre tätig kleine Dinge.

zum Homunkulus

Nie hast du Großem nachgestrebt,
Einsiedlerisch-beschränkt gelebt;
Kannst du zur Herrschaft dich gewöhnen,
7880 So laß ich dich als König krönen.

HOMUNKULUS
Was sagt mein Thales? –

THALES
Will's nicht raten;
Mit Kleinen tut man kleine Taten,
Mit Großen wird der Kleine groß.
Sieh hin! die schwarze Kranich-Wolke!
7885 Sie droht dem aufgeregten Volke
Und würde so dem König drohn.
Mit scharfen Schnäbeln, krallen Beinen,
Sie stechen nieder auf die Kleinen;
Verhängnis wetterleuchtet schon.
7890 Ein Frevel tötete die Reiher,
Umstellend ruhigen Friedensweiher.
Doch jener Mordgeschosse Regen,
Schafft grausam-blut'gen Rache-Segen,
Erregt der Nahverwandten Wut,
7895 Nach der Pygmäen frevlem Blut.
Was nützt nun Schild und Helm und Speer?
Was hilft der Reiherstrahl den Zwergen?
Wie sich Daktyl und Imse bergen,
Schon wankt, es flieht, es stürzt das Heer.

ANAXAGORAS *nach einer Pause feierlich*
7900 Konnt' ich bisher die Unterirdischen loben,
So wend' ich mich in diesem Fall nach oben . . .
Du! droben ewig unveraltete,
Dreinamig-Dreigestaltete,
Dich ruf' ich an bei meines Volkes Weh,
7905 Diana, Luna, Hekate!
Du Brust-erweiternde, im Tiefsten-sinnige,

Du ruhig-scheinende, gewaltsam-innige,
Eröffne deiner Schatten grausen Schlund,
Die alte Macht sei ohne Zauber kund!

Pause

Bin ich zu schnell erhört!   7910
Hat mein Flehn
Nach jenen Höhn
Die Ordnung der Natur gestört?

Und größer, immer größer nahet schon
Der Göttin rundumschriebner Thron,   7915
Dem Auge furchtbar, ungeheuer.
Ins Düstre rötet sich sein Feuer . . .
Nicht näher! drohend-mächtige Runde,
Du richtest uns und Land und Meer zu Grunde!

So wär' es wahr daß dich Thessalische Frauen,   7920
In frevlend magischem Vertrauen,
Von deinem Pfad herabgesungen?
Verderblichstes dir abgerungen? . . .
Das lichte Schild hat sich umdunkelt,
Auf einmal reißt's und blitzt und funkelt,   7925
Welch ein Geprassel! Welch ein Zischen!
Ein Donnern, Windgetüm dazwischen! –
Demütig zu des Thrones Stufen! –
Verzeiht! Ich hab' es hergerufen.
           Wirft sich aufs Angesicht.

THALES

Was dieser Mann nicht alles hört' und sah!   7930
Ich weiß nicht recht wie uns geschah;
Auch hab' ich's nicht mit ihm empfunden.
Gestehen wir, es sind verrückte Stunden,
Und Luna wiegt sich ganz bequem
An ihrem Platz so wie vordem.   7935

HOMUNKULUS

Schaut hin nach der Pygmäen Sitz,
Der Berg war rund, jetzt ist er spitz.

Ich spürt' ein ungeheures Prallen,
Der Fels war aus dem Mond gefallen,
7940 Gleich hat er, ohne nachzufragen,
So Freund als Feind gequetscht, erschlagen.
Doch muß ich solche Künste loben,
Die schöpferisch, in einer Nacht,
Zugleich von unten und von oben,
7945 Dies Berggebäu zu Stand gebracht.

THALES
Sei ruhig! Es war nur gedacht.
Sie fahre hin die garstige Brut!
Daß du nicht König warst ist gut.
Nun fort zum heitern Meeresfeste,
7950 Dort hofft und ehrt man Wundergäste.

entfernen sich.

MEPHISTOPHELES *An der Gegenseite kletternd*
Da muß ich mich durch steile Felsentreppen,
Durch alter Eichen starre Wurzeln schleppen!
Auf meinem Harz der harzige Dunst
Hat was vom Pech und das hat meine Gunst;
7955 Zunächst der Schwefel .... Hier, bei diesen Griechen
Ist von dergleichen kaum die Spur zu riechen;
Neugierig aber wär' ich, nachzuspüren
Womit sie Höllenqual und Flamme schüren.

DRYAS
In Deinem Lande sei einheimisch klug,
7960 Im fremden bist du nicht gewandt genug.
Du solltest nicht den Sinn zur Heimat kehren,
Der heiligen Eichen Würde hier verehren.

MEPHISTOPHELES
Man denkt an das was man verließ,
Was man gewohnt war bleibt ein Paradies.
7965 Doch sagt: was in der Höhle dort,
Bei schwachem Licht, sich dreifach hingekauert?

DRYAS
Die Phorkyaden! Wage dich zum Ort,
Und sprich sie an, wenn dich nicht schauert.

MEPHISTOPHELES
  Warum denn nicht! – Ich sehe was, und staune.
  So stolz ich bin, muß ich mir selbst gestehn: 7970
  Dergleichen hab' ich nie gesehn,
  Die sind ja schlimmer als Alraune . . . .
  Wird man die urverworfnen Sünden
  Im mindesten noch häßlich finden,
  Wenn man dies Dreigetüm erblickt?   7975
  Wir litten sie nicht auf den Schwellen
  Der grauenvollsten unsrer Höllen.
  Hier wurzelt's in der Schönheit Land,
  Das wird mit Ruhm antik genannt . . . .
  Sie regen sich, sie scheinen mich zu spüren,   7980
  Sie zwitschern pfeifend, Fledermaus-Vampiren.
[EINE DER] PHORK[YADEN]
  Gebt mir das Auge, Schwestern, daß es frage,
  Wer sich so nah an unsre Tempel wage.
MEPHISTOPHELES
  Verehrteste! Erlaubt mir euch zu nahen
  Und euren Segen dreifach zu empfahen.   7985
  Ich trete vor, zwar noch als Unbekannter
  Doch, irr' ich nicht, weitläufiger Verwandter.
  Altwürdige Götter hab' ich schon erblickt,
  Vor Ops und Rhea tiefstens mich gebückt,
  Die Parzen selbst, des Chaos, Eure Schwestern,   7990
  Ich sah sie gestern – oder ehegestern;
  Doch eures Gleichen hab' ich nie erblickt,
  Ich schweige nun und fühle mich entzückt.
PHORKYADEN
  Er scheint Verstand zu haben dieser Geist.
MEPHISTOPHELES
  Nur wundert's mich daß euch kein Dichter preist.   7995
  Und sagt! wie kam's, wie konnte das geschehn?
  Im Bilde hab' ich nie euch Würdigste gesehn;
  Versuch's der Meißel doch euch zu erreichen,
  Nicht Juno, Pallas, Venus und dergleichen.

PHORKYADEN

8000 Versenkt in Einsamkeit und stillste Nacht
Hat unser Drei noch nie daran gedacht!

MEPHISTOPHELES

Wie sollt' es auch? da ihr der Welt entrückt,
Hier niemand seht und niemand euch erblickt.
Da müßtet ihr an solchen Orten wohnen
8005 Wo Pracht und Kunst auf gleichem Sitze thronen,
Wo jeden Tag, behend, im Doppelschritt,
Ein Marmorblock als Held ins Leben tritt.
Wo –

PHORKYADEN

Schweige still und gib uns kein Gelüsten!
Was hülf' es uns und wenn wir's besser wüßten?
8010 In Nacht geboren, Nächtlichem verwandt,
Beinah uns selbst, ganz allen unbekannt.

MEPHISTOPHELES

In solchem Fall hat es nicht viel zu sagen,
Man kann sich selbst auch andern übertragen.
Euch Dreien g'nügt Ein Auge, g'nügt Ein Zahn,
8015 Da ging' es wohl auch mythologisch an
In zwei die Wesenheit der drei zu fassen,
Der dritten Bildnis mir zu überlassen,
Auf kurze Zeit.

EINE

Wie dünkt's euch ging' es an?

DIE ANDERN

Versuchen wir's! – doch ohne Aug' und Zahn.

MEPHISTOPHELES

8020 Nun habt ihr grad das Beste weggenommen;
Wie würde da das strengste Bild vollkommen?

EINE

Drück du ein Auge zu, 's ist leicht geschehn,
Laß alsofort den Einen Raffzahn sehn,
Und, im Profil, wirst du sogleich erreichen
8025 Geschwisterlich vollkommen uns zu gleichen.

MEPHISTOPHELES

Viel Ehr'! Es sei!

PHORKYADEN
   Es sei!
MEPHISTOPHELES *als Phorkyas im Profil*
     Da steh' ich schon,
 Des Chaos vielgeliebter Sohn!
PHORKYADEN
 Des Chaos Töchter sind wir unbestritten.
MEPHISTOPHELES
 Man schilt mich nun, o Schmach! Hermaphroditen.
PHORKYADEN
 Im neuen Drei der Schwestern welche Schöne!   8030
 Wir haben zwei der Augen, zwei der Zähne.
MEPHISTOPHELES
 Vor aller Augen muß ich mich verstecken,
 Im Höllenpfuhl die Teufel zu erschrecken.
        ab.

Felsbuchten des Aegäischen Meers
Mond im Zenit verharrend

SIRENEN *auf den Klippen umher gelagert, flötend und singend*
   Haben sonst bei nächtigem Grauen
   Dich thessalische Zauberfrauen   8035
   Frevelhaft herabgezogen,
   Blicke ruhig von dem Bogen
   Deiner Nacht auf Zitterwogen
   Mildeblitzend Glanzgewimmel,
   Und erleuchte das Getümmel   8040
   Das sich aus den Wogen hebt.
   Dir zu jedem Dienst erbötig,
   Schöne Luna, sei uns gnädig!
NEREIDEN und TRITONEN *als Meerwunder*
   Tönet laut in schärfern Tönen,
   Die das breite Meer durchdröhnen,   8045

Volk der Tiefe ruft fortan!
Vor des Sturmes grausen Schlünden
Wichen wir zu stillsten Gründen,
Holder Sang zieht uns heran.

8050 Seht! Wie wir im Hochentzücken
Uns mit goldenen Ketten schmücken,
Auch zu Kron' und Edelsteinen
Spang- und Gürtelschmuck vereinen.
Alles das ist eure Frucht.
8055 Schätze, scheiternd hier verschlungen,
Habt ihr uns herangesungen,
Ihr Dämonen unsrer Bucht.

SIRENEN

Wissen's wohl, in Meeresfrische
Glatt behagen sich die Fische,
8060 Schwanken Lebens ohne Leid;
Doch! Ihr festlich regen Scharen,
Heute möchten wir erfahren
Daß ihr mehr als Fische seid.

NEREIDEN und TRITONEN

Ehe wir hieher gekommen
8065 Haben wir's zu Sinn genommen,
Schwestern, Brüder, jetzt geschwind!
Heut bedarf's der kleinsten Reise,
Zum vollgültigsten Beweise:
Daß wir mehr als Fische sind.

entfernen sich.

SIRENEN

8070 Fort sind sie im Nu!
Nach Samothrace grade zu,
Verschwunden mit günstigem Wind.
Was denken sie zu vollführen
Im Reiche der hohen Kabiren?
8075 Sind Götter! Wundersam eigen,
Die sich immerfort selbst erzeugen,
Und niemals wissen was sie sind.

Bleibe auf deinen Höhn,
Holde Luna, gnädig stehn;
Daß es nächtig verbleibe,   8080
Uns der Tag nicht vertreibe.

THALES *am Ufer zu Homunkulus*
Ich führte dich zum alten Nereus gern;
Zwar sind wir nicht von seiner Höhle fern,
Doch hat er einen harten Kopf,
Der widerwärtige Sauertopf.   8085
Das ganze menschliche Geschlecht
Macht's ihm, dem Griesgram, nimmer recht.
Doch ist die Zukunft ihm entdeckt,
Dafür hat jedermann Respekt,
Und ehret ihn auf seinem Posten;   8090
Auch hat er manchem wohlgetan.

HOMUNKULUS
Probieren wir's und klopfen an!
Nicht gleich wird's Glas und Flamme kosten.

NEREUS
Sind's Menschenstimmen die mein Ohr vernimmt?
Wie es mir gleich im tiefsten Herzen grimmt! 8095
Gebilde, strebsam Götter zu erreichen,
Und doch verdammt sich immer selbst zu gleichen.
Seit alten Jahren konnt' ich göttlich ruhn,
Doch trieb mich's an den Besten wohlzutun;
Und schaut' ich dann zuletzt vollbrachte Taten, 8100
So war es ganz als hätt' ich nicht geraten.

THALES
Und doch, o Greis des Meers, vertraut man dir,
Du bist der Weise, treib' uns nicht von hier!
Schau diese Flamme, menschenähnlich zwar,
Sie deinem Rat ergibt sich ganz und gar.   8105

NEREUS
Was Rat! Hat Rat bei Menschen je gegolten?
Ein kluges Wort erstarrt im harten Ohr.
So oft auch Tat sich grimmig selbst gescholten,
Bleibt doch das Volk selbstwillig wie zuvor.

8110 Wie hab' ich Paris väterlich gewarnt,
     Eh' sein Gelüst ein fremdes Weib umgarnt.
     Am griechischen Ufer stand er kühnlich da,
     Ihm kündet' ich was ich im Geiste sah:
     Die Lüfte qualmend, überströmend Rot,
8115 Gebälke glühend, unten Mord und Tod:
     Troja's Gerichtstag, rhythmisch festgebannt,
     Jahrtausenden so schrecklich als gekannt.
     Des Alten Wort dem Frechen schien's ein Spiel,
     Er folgte seiner Lust und Ilion fiel –
8120 Ein Riesenleichnam, starr nach langer Qual,
     Des Pindus Adlern gar willkommnes Mahl.
     Ulyssen auch! sagt' ich ihm nicht voraus
     Der Circe Listen, des Cyclopen Graus?
     Das Zaudern sein, der Seinen leichten Sinn,
8125 Und was nicht alles! bracht ihm das Gewinn?
     Bis vielgeschaukelt ihn, doch spät genug,
     Der Woge Gunst an gastlich Ufer trug.
     THALES
     Dem weisen Mann gibt solch Betragen Qual,
     Der gute doch versucht es noch einmal.
8130 Ein Quentchen Danks wird, hoch ihn zu vergnügen,
     Die Zentner Undanks völlig überwiegen.
     Denn nichts Geringes haben wir zu flehn:
     Der Knabe da wünscht weislich zu entstehn.
     NEREUS
     Verderbt mir nicht den seltensten Humor!
8135 Ganz andres steht mir heute noch bevor.
     Die Töchter hab' ich alle herbeschieden,
     Die Grazien des Meeres, die Doriden.
     Nicht der Olymp, nicht euer Boden trägt
     Ein schön Gebild das sich so zierlich regt.
8140 Sie werfen sich, anmutigster Gebärde,
     Vom Wasserdrachen auf Neptunus Pferde,
     Dem Element aufs zarteste vereint,
     Daß selbst der Schaum sie noch zu heben scheint.

Im Farbenspiel von Venus Muschelwagen
Kommt Galatee, die schönste nun, getragen,   8145
Die, seit sich Kypris von uns abgekehrt,
In Paphos wird als Göttin selbst verehrt.
Und so besitzt die Holde, lange schon,
Als Erbin, Tempelstadt und Wagenthron.

Hinweg! Es ziemt, in Vaterfreudenstunde,   8150
Nicht Haß dem Herzen, Scheltwort nicht dem Munde.
Hinweg zu Proteus! Fragt den Wundermann:
Wie man entstehn und sich verwandlen kann.
                entfernt sich gegen das Meer.

THALES
  Wir haben nichts durch diesen Schritt gewonnen,
  Trifft man auch Proteus, gleich ist er zerronnen;   8155
  Und steht er euch, so sagt er nur zuletzt
  Was Staunen macht und in Verwirrung setzt.
  Du bist einmal bedürftig solchen Rats,
  Versuchen wirs und wandlen unsres Pfads!
                entfernen sich.

SIRENEN *oben auf den Felsen*
          Was sehen wir von Weiten   8160
          Das Wellenreich durchgleiten?
          Als wie nach Windes Regel
          Anzögen weiße Segel,
          So hell sind sie zu schauen,
          Verklärte Meeresfrauen . . .   8165
          Laßt uns herunterklimmen,
          Vernehmt ihr doch die Stimmen.

NEREIDEN UND TRITONEN
          Was wir auf Händen tragen
          Soll allen euch behagen.
          Chelonen's Riesen-Schilde   8170
          Entglänzt ein streng Gebilde,
          Sind Götter die wir bringen;
          Müßt hohe Lieder singen.

SIRENEN

    Klein von Gestalt
8175   Groß von Gewalt,
    Der Scheiternden Retter,
    Uralt verehrte Götter.

NEREIDEN und TRITONEN

    Wir bringen die Kabiren,
    Ein friedlich Fest zu führen;
8180   Denn wo sie heilig walten,
    Neptun wird freundlich schalten.

SIRENEN

    Wir stehen euch nach,
    Wenn ein Schiff zerbrach,
    Unwiderstehbar an Kraft
8185   Schützt ihr die Mannschaft.

NEREIDEN und TRITONEN

    Drei haben wir mitgenommen,
    Der Vierte wollte nicht kommen,
    Er sagte, er sei der Rechte
    Der für sie alle dächte.

SIRENEN

8190   Ein Gott den andern Gott
    Macht wohl zu Spott.
    Ehrt ihr alle Gnaden,
    Fürchtet jeden Schaden.

NEREIDEN und TRITONEN

    Sind eigentlich ihrer Sieben.

SIRENEN

8195   Wo sind die drei geblieben?

NEREIDEN und TRITONEN

    Wir wüßtens nicht zu sagen,
    Sind im Olymp zu erfragen;
    Dort wes't auch wohl der Achte,
    An den noch niemand dachte.
8200   In Gnaden uns gewärtig,
    Doch alle noch nicht fertig.

Diese Unvergleichlichen
Wollen immer weiter,
Sehnsuchtsvolle Hungerleider
Nach dem Unerreichlichen.   8205

SIRENEN

Wir sind gewohnt,
Wo es auch thront,
In Sonn' und Mond
Hinzubeten, es lohnt.

NEREIDEN und TRITONEN

Wie unser Ruhm zum höchsten prangt   8210
Dieses Fest anzuführen!

SIRENEN

Die Helden des Altertums
Ermangeln des Ruhms,
Wo und wie er auch prangt;
Wenn sie das goldne Vlies erlangt,   8215
Ihr die Kabiren.
         wiederholt als Allgesang
Wenn sie das goldene Vlies erlangt,
Wir! ihr! die Kabiren.

NEREIDEN und TRITONEN *ziehen vorüber.*

HOMUNKULUS

Die Ungestalten seh ich an
Als irden-schlechte Töpfe,   8220
Nun stoßen sich die Weisen dran
Und brechen harte Köpfe.

THALES

Das ist es ja was man begehrt,
Der Rost macht erst die Münze wert.

PROTEUS *unbemerkt*

So etwas freut mich alten Fabler!   8225
Je wunderlicher desto respektabler.

THALES

Wo bist du Proteus?

PROTEUS *Bauchrednerisch, bald nah, bald fern*
Hier! und hier!

THALES

   Den alten Scherz verzeih' ich Dir;

   Doch, einem Freund nicht eitle Worte!

8230 Ich weiß du sprichst vom falschen Orte.

PROTEUS *als aus der Ferne*

   Leb wohl!

THALES *leise zu Homunkulus*

         Er ist ganz nah. Nun leuchte frisch,

   Er ist neugierig wie ein Fisch;

   Und wo er auch gestaltet stockt,

   Durch Flammen wird er hergelockt.

HOMUNKULUS

8235 Ergieß' ich gleich des Lichtes Menge,

   Bescheiden doch, daß ich das Glas nicht sprenge.

PROTEUS *in Gestalt einer Riesen-Schildkröte*

   Was leuchtet so anmutig schön?

THALES *den Homunkulus verhüllend*

   Gut! Wenn du Lust hast kannst dus näher sehn.

   Die kleine Mühe laß dich nicht verdrießen,

8240 Und zeige dich auf menschlich beiden Füßen.

   Mit unsern Gunsten seis, mit unserm Willen,

   Wer schauen will was wir verhüllen.

PROTEUS *edel gestaltet*

   Weltweise Kniffe sind dir noch bewußt.

THALES

   Gestalt zu wechseln bleibt noch deine Lust.

         hat den Homunkulus enthüllt.

PROTEUS *erstaunt*

8245 Ein leuchtend Zwerglein! Niemals noch gesehn!

THALES

   Es fragt um Rat, und möchte gern entstehn.

   Er ist, wie ich von ihm vernommen,

   Gar wundersam nur halb zur Welt gekommen.

   Ihm fehlt es nicht an geistigen Eigenschaften,

8250 Doch gar zu sehr am greiflich Tüchtighaften.

   Bis jetzt gibt ihm das Glas allein Gewicht,

   Doch wär' er gern zunächst verkörperlicht.

PROTEUS
  Du bist ein wahrer Jungfern-Sohn,
  Eh du sein solltest bist du schon!
THALES *leise*
  Auch scheint es mir von andrer Seite kritisch,   8255
  Er ist, mich dünkt, hermaphroditisch.
PROTEUS
  Da muß es desto eher glücken,
  So wie er anlangt wird sichs schicken.
  Doch gilt es hier nicht viel Besinnen,
  Im weiten Meere mußt du anbeginnen!   8260
  Da fängt man erst im Kleinen an
  Und freut sich Kleinste zu verschlingen,
  Man wächst so nach und nach heran,
  Und bildet sich zu höherem Vollbringen.
HOMUNKULUS
  Hier weht gar eine weiche Luft,   8265
  Es grunelt so und mir behagt der Duft!
PROTEUS
  Das glaub ich, allerliebster Junge!
  Und weiter hin wirds viel behäglicher,
  Auf dieser schmalen Strandeszunge
  Der Dunstkreis noch unsäglicher;   8270
  Da vorne sehen wir den Zug,
  Der eben herschwebt, nah genug.
  Kommt mit dahin!
THALES
                  Ich gehe mit.
HOMUNKULUS
  Dreifach merkwürdiger Geisterschritt!

                 TELCHINEN von RHODUS
            auf Hippokampen und Meerdrachen,
            Neptunens Dreizack handhabend.
CHOR
  Wir haben den Dreizack Neptunen geschmiedet   8275
  Womit er die regesten Wellen begütet.

Entfaltet der Donnrer die Wolken die vollen,
Entgegnet Neptunus dem gräulichen Rollen;
Und wie auch von oben es zackig erblitzt,
8280 Wird Woge nach Woge von unten gespritzt;
Und was auch dazwischen in Ängsten gerungen
Wird, lange geschleudert, vom Tiefsten verschlungen;
Weshalb er uns heute den Zepter gereicht,
Nun schweben wir festlich, beruhigt und leicht.

SIRENEN
8285   Euch dem Helios Geweihten,
          Heiteren Tags Gebenedeiten,
          Gruß zur Stunde, die bewegt
          Lunas Hochverehrung regt!

TELCHINEN
Allieblichste Göttin am Bogen da droben
8290 Du hörst mit Entzücken den Bruder beloben.
Der seligen Rhodus verleihst du ein Ohr,
Dort steigt ihm ein ewiger Päan hervor.
Beginnt er den Tagslauf und ist es getan,
Er blickt uns mit feurigem Strahlenblick an.
8295 Die Berge, die Städte, die Ufer, die Welle,
Gefallen dem Gotte, sind lieblich und helle.
Kein Nebel umschwebt uns, und schleicht er sich ein,
Ein Strahl und ein Lüftchen und die Insel ist rein!
Da schaut sich der Hohe in hundert Gebilden,
8300 Als Jüngling, als Riesen, den großen, den milden.
Wir ersten wir waren's, die Göttergewalt
Aufstellten in würdiger Menschengestalt.

PROTEUS
          Laß du sie singen, laß sie prahlen!
          Der Sonne heiligen Lebestrahlen
8305   Sind tote Werke nur ein Spaß.
          Das bildet, schmelzend, unverdrossen;
          Und haben sie's in Erz gegossen
          Dann denken sie es wäre was.
          Was ist's zuletzt mit diesen Stolzen?
8310   Die Götterbilder standen groß, –

Zerstörte sie ein Erdestoß;
Längst sind sie wieder eingeschmolzen.

Das Erdetreiben, wie's auch sei,
Ist immer doch nur Plackerei;
Dem Leben frommt die Welle besser;   8315
Dich trägt ins ewige Gewässer
Proteus-Delphin.
                er verwandelt sich
                    Schon ists getan!
Da soll es Dir zum schönsten glücken,
Ich nehme dich auf meinen Rücken
Vermähle dich dem Ozean.   8320

THALES
Gib nach dem löblichen Verlangen
Von vorn die Schöpfung anzufangen,
Zu raschem Wirken sei bereit!
Da regst du dich nach ewigen Normen,
Durch tausend abertausend Formen,   8325
Und bis zum Menschen hast du Zeit.

HOMUNKULUS *besteigt den Proteus-Delphin.*

PROTEUS
Komm geistig mit in feuchte Weite,
Da lebst du gleich in Läng' und Breite,
Beliebig regest du dich hier;
Nur strebe nicht nach höheren Orden,   8330
Denn bist du erst ein Mensch geworden,
Dann ist es völlig aus mit dir.

THALES
Nachdem es kommt; 's ist auch wohl fein
Ein wackrer Mann zu seiner Zeit zu sein.

PROTEUS *zu Thales*
So einer wohl von deinem Schlag!   8335
Das hält noch eine Weile nach;
Denn unter bleichen Geisterscharen
Seh' ich dich schon seit vielen hundert Jahren.

SIRENEN *auf den Felsen*

> Welch ein Ring von Wölkchen ründet
> 8340 Um den Mond so reichen Kreis?
> Tauben sind es, liebentzündet,
> Fittiche wie Licht so weiß.
> Paphos hat sie hergesendet,
> Ihre brünstige Vogelschar;
> 8345 Unser Fest, es ist vollendet,
> Heitre Wonne voll und klar!

NEREUS *zu Thales tretend*

> Nennte wohl ein nächtiger Wanderer
> Diesen Mondhof Lufterscheinung;
> Doch wir Geister sind ganz anderer
> 8350 Und der einzig richtigen Meinung.
> Tauben sind es, die begleiten
> Meiner Tochter Muschelpfad,
> Wunderflugs besondrer Art,
> Angelernt vor alten Zeiten.

THALES

> 8355 Auch ich halte das fürs Beste
> Was dem wackern Mann gefällt,
> Wenn im stillen warmen Neste
> Sich ein Heiliges lebend hält.

PSYLLEN und MARSEN *auf Meerstieren, Meerkälbern
und Widdern*

> In Cyperns rauhen Höhle-Grüften,
> 8360 Vom Meergott nicht verschüttet,
> Vom Seismos nicht zerrüttet,
> Umweht von ewigen Lüften,
> Und, wie in den ältesten Tagen,
> In still-bewußtem Behagen,
> 8365 Bewahren wir Cypriens Wagen,
> Und führen, beim Säuseln der Nächte,
> Durch liebliches Wellengeflechte,
> Unsichtbar dem neuen Geschlechte,
> Die lieblichste Tochter heran.
> 8370 Wir leise Geschäftigen scheuen

Weder Adler noch geflügelten Leuen,
Weder Kreuz noch Mond,
Wie es oben wohnt und thront,
Sich wechselnd wägt und regt,
Sich vertreibt und totschlägt,   8375
Saaten und Städte niederlegt.
Wir, so fortan,
Bringen die lieblichste Herrin heran.

SIRENEN
          Leicht bewegt, in mäßiger Eile,
          Um den Wagen, Kreis um Kreis,   8380
          Bald verschlungen Zeil' an Zeile
          Schlangenartig reihenweis,
          Naht euch rüstige Nereiden,
          Derbe Frau'n, gefällig wild,
          Bringet, zärtliche Doriden,   8385
          Galatee, der Mutter Bild:
          Ernst, den Göttern gleich zu schauen,
          Würdiger Unsterblichkeit,
          Doch wie holde Menschenfrauen
          Lockender Anmutigkeit.   8390

DORIDEN *im Chor am Nereus vorbeiziehend*
sämtlich auf Delphinen
          Leih uns Luna Licht und Schatten,
          Klarheit diesem Jugendflor;
          Denn wir zeigen liebe Gatten
          Unserm Vater bittend vor.
                    zu Nereus
          Knaben sinds die wir gerettet,   8395
          Aus der Brandung grimmem Zahn,
          Sie, auf Schilf und Moos gebettet,
          Aufgewärmt zum Licht heran,
          Die es nun mit heißen Küssen
          Treulich uns verdanken müssen;   8400
          Schau' die Holden günstig an!

NEREUS

> Hoch ist der Doppelgewinn zu schätzen:
> Barmherzig sein, und sich zugleich ergötzen.

DORIDEN

>> Lobst du Vater unser Walten,
>> Gönnst uns wohl erworbene Lust,
>> Laß uns fest, unsterblich halten
>> Sie an ewiger Jugendbrust.

8405

NEREUS

> Mög't euch des schönen Fanges freuen,
> Den Jüngling bildet euch als Mann;
> Allein ich könnte nicht verleihen
> Was Zeus allein gewähren kann.
> Die Welle, die euch wogt und schaukelt,
> Läßt auch der Liebe nicht Bestand,
> Und hat die Neigung ausgegaukelt
> So setzt gemächlich sie ans Land.

8410

8415

DORIDEN

>> Ihr holde Knaben seid uns wert,
>> Doch müssen wir traurig scheiden;
>> Wir haben ewige Treue begehrt,
>> Die Götter wollens nicht leiden.

DIE JÜNGLINGE

>> Wenn ihr uns nur so ferner labt,
>> Uns wackre Schiffer-Knaben;
>> Wir haben's nie so gut gehabt
>> Und wollen's nicht besser haben.

8420

> GALATEE *auf dem Muschelwagen nähert sich*

NEREUS

> Du bist es mein Liebchen!

GALATEE

>> O Vater! das Glück!
> Delphine verweilet! mich fesselt der Blick.

8425

NEREUS

> Vorüber schon, sie ziehen vorüber
> In kreisenden Schwunges Bewegung;

Was kümmert sie die innre herzliche Regung!
Ach! nähmen sie mich mit hinüber!
Doch ein einziger Blick ergötzt   8430
Daß er das ganze Jahr ersetzt.

THALES

Heil! Heil! aufs neue!
Wie ich mich blühend freue,
Vom Schönen, Wahren durchdrungen . . .
Alles ist aus dem Wasser entsprungen!!   8435
Alles wird durch das Wasser erhalten!
Ozean gönn' uns Dein ewiges Walten.
Wenn Du nicht Wolken sendetest,
Nicht reiche Bäche spendetest,
Hin und her nicht Flüsse wendetest,   8440
Die Ströme nicht vollendetest:
Was wären Gebirge, was Ebnen und Welt?
Du bist's der das frischeste Leben erhält.

ECHO *Chorus der sämtlichen Kreise*

Du bists dem das frischeste Leben entquellt.

NEREUS

Sie kehren sehwankend fern zurück,   8445
Bringen nicht mehr Blick zu Blick;
In gedehnten Kettenkreisen
Sich festgemäß zu erweisen,
Windet sich die unzählige Schar.
Aber Galateas Muschelthron   8450
Seh' ich schon und aber schon.
Er glänzt wie ein Stern
Durch die Menge;
Geliebtes leuchtet durchs Gedränge,
Auch noch so fern   8455
Schimmert's hell und klar,
Immer nah und wahr.

HOMUNKULUS

In dieser holden Feuchte
Was ich auch hier beleuchte,
Ist alles reizend schön.   8460

PROTEUS

    In dieser Lebensfeuchte
    Erglänzt erst deine Leuchte
    Mit herrlichem Getön.

NEREUS

  Welch neues Geheimnis in Mitte der Scharen
8465 Will unseren Augen sich offengebaren?
  Was flammt um die Muschel um Galatees Füße?
  Bald lodert es mächtig, bald lieblich bald süße,
  Als wär' es von Pulsen der Liebe gerührt?

THALES

  Homunkulus ist es, von Proteus verführt . . .
8470 Es sind die Symptome des herrischen Sehnens,
  Mir ahnet das Ächzen beängsteten Dröhnens;
  Er wird sich zerschellen am glänzenden Thron;
  Jetzt flammt es, nun blitzt es, ergießet sich schon.

SIRENEN

    Welch feuriges Wunder verklärt uns die Wellen,
8475   Die gegen einander sich funkelnd zerschellen?
    So leuchtet's und schwanket und hellet hinan:
    Die Körper sie glühen auf nächtlicher Bahn,
    Und rings ist alles vom Feuer umronnen;
    So herrsche denn Eros der alles begonnen!
8480   Heil dem Meere! Heil den Wogen!
      Von dem heiligen Feuer umzogen;
      Heil dem Wasser! Heil dem Feuer!
      Heil dem seltnen Abenteuer!

ALL ALLE!

      Heil den mildgewogenen Lüften!
8485   Heil geheimnisreichen Grüften!
      Hochgefeiert sei allhier
      Element' ihr alle vier!

DRITTER AKT

VOR DEM PALASTE DES MENELAS
ZU SPARTA

HELENA tritt auf
und CHOR gefangener Trojanerinnen
PANTHALIS Chorführerin.

HELENA

Bewundert viel und viel gescholten Helena
Vom Strande komm' ich wo wir erst gelandet sind,
Noch immer trunken von des Gewoges regsamem   8490
Geschaukel, das vom phrygischen Blachgefild uns her
Auf sträubig-hohem Rücken, durch Poseidons Gunst
Und Euros Kraft in vaterländische Buchten trug.
Dort unten freuet nun der König Menelas
Der Rückkehr samt den tapfersten seiner Krieger sich.   8495
Du aber heiße mich willkommen, hohes Haus,
Das Tyndareos, mein Vater, nah dem Hange sich
Von Pallas Hügel wiederkehrend aufgebaut
Und, als ich hier mit Klytämnestren schwesterlich,
Mit Castor auch und Pollux fröhlich spielend wuchs,   8500
Vor allen Häusern Spartas herrlich ausgeschmückt.
Gegrüßet seid mir der eh'rnen Pforte Flügel ihr,
Durch euer gastlich ladendes Weiteröffnen einst
Geschah's daß mir, erwählt aus vielen, Menelas
In Bräutigams-Gestalt entgegen leuchtete.   8505
Eröffnet mir sie wieder, daß ich ein Eilgebot
Des Königs treu erfülle, wie der Gattin ziemt.
Laßt mich hinein! und alles bleibe hinter mir,
Was mich umstürmte bis hieher, verhängnisvoll.

8510 Denn seit ich diese Stelle sorgenlos verließ,
Cytherens Tempel besuchend, heiliger Pflicht gemäß,
Mich aber dort ein Räuber griff, der phrygische,
Ist viel geschehen, was die Menschen weit und breit
So gern erzählen, aber der nicht gerne hört
8515 Von dem die Sage wachsend sich zum Märchen spann.

CHOR

    Verschmähe nicht, o herrliche Frau,
    Des höchsten Gutes Ehrenbesitz!
    Denn das größte Glück ist dir einzig beschert,
    Der Schönheit Ruhm der vor allen sich hebt.
8520   Dem Helden tönt sein Name voran,
    Drum schreitet er stolz,
    Doch beugt sogleich hartnäckigster Mann
    Vor der allbezwingenden Schöne den Sinn.

HELENA

Genug! mit meinem Gatten bin ich hergeschifft
8525 Und nun von ihm zu seiner Stadt vorausgesandt;
Doch welchen Sinn er hegen mag errat' ich nicht.
Komm' ich als Gattin? komm' ich eine Königin?
Komm' ich ein Opfer für des Fürsten bittern Schmerz
Und für der Griechen lang'erduldetes Mißgeschick?
8530 Erobert bin ich, ob gefangen weiß ich nicht!
Denn Ruf und Schicksal bestimmten fürwahr die
                                    Unsterblichen
Zweideutig mir, der Schöngestalt bedenkliche
Begleiter, die an dieser Schwelle mir sogar
Mit düster drohender Gegenwart zur Seite stehn.
8535 Denn schon im hohlen Schiffe blickte mich der Gemahl
Nur selten an, auch sprach er kein erquicklich Wort.
Als wenn er Unheil sänne saß er gegen mir.
Nun aber, als des Eurotas tiefem Buchtgestad
Hinangefahren der vordern Schiffe Schnäbel kaum
8540 Das Land begrüßten, sprach er, wie vom Gott bewegt:
Hier steigen meine Krieger, nach der Ordnung, aus,
Ich mustre sie am Strand des Meeres hingereiht
Du aber ziehe weiter, ziehe des heiligen

Eurotas fruchtbegabtem Ufer immer auf,
Die Rosse lenkend auf der feuchten Wiese Schmuck,   8545
Bis daß zur schönen Ebene du gelangen magst,
Wo Lakedämon einst ein fruchtbar weites Feld,
Von ernsten Bergen nah umgeben, angebaut.
Betrete dann das hochgetürmte Fürstenhaus
Und mustere mir die Mägde, die ich dort zurück   8550
Gelassen, samt der klugen alten Schaffnerin.
Die zeige dir der Schätze reiche Sammlung vor,
Wie sie dein Vater hinterließ und die ich selbst
In Krieg und Frieden, stets vermehrend, aufgehäuft.
Du findest alles nach der Ordnung stehen: denn   8555
Das ist des Fürsten Vorrecht daß er alles treu
In seinem Hause, wiederkehrend, finde, noch
An seinem Platze jedes wie er's dort verließ.
Denn nichts zu ändern hat für sich der Knecht Gewalt.

CHOR
        Erquicke nun am herrlichen Schatz,   8560
        Dem stets vermehrten, Augen und Brust;
        Denn der Kette Zier, der Krone Geschmuck
        Da ruhn sie stolz und sie dünken sich was;
        Doch tritt nur ein und fordre sie auf,
        Sie rüsten sich schnell.   8565
        Mich freuet zu sehn Schönheit in dem Kampf
        Gegen Gold und Perlen und Edelgestein.

HELENA
    Sodann erfolgte des Herren ferneres Herrscherwort:
    Wenn du nun alles nach der Ordnung durchgesehn,
    Dann nimm so manchen Dreifuß als du nötig glaubst   8570
    Und mancherlei Gefäße die der Opfrer sich
    Zur Hand verlangt, vollziehend heiligen Festgebrauch.
    Die Kessel, auch die Schalen, wie das flache Rund,
    Das reinste Wasser aus der heilgen Quelle sei
    In hohen Krügen, ferner auch das trockne Holz,   8575
    Der Flammen schnell empfänglich, halte da bereit,
    Ein wohlgeschliffnes Messer fehle nicht zuletzt;
    Doch alles andre geb ich deiner Sorge hin.

So sprach er, mich zum Scheiden drängend; aber nichts
8580   Lebendigen Atems zeichnet mir der Ordnende
Das er, die Olympier zu verehren, schlachten will.
Bedenklich ist es, doch ich sorge weiter nicht
Und alles bleibe hohen Göttern heimgestellt,
Die das vollenden, was in ihrem Sinn sie deucht,
8585   Es möge gut von Menschen, oder möge bös
Geachtet sein, die Sterblichen wir ertragen das.
Schon manchmal hob das schwere Beil der Opfernde
Zu des erdgebeugten Tieres Nacken weihend auf,
Und konnt' es nicht vollbringen, denn ihn hinderte
8590   Des nahen Feindes oder Gottes Zwischenkunft.

CHOR

     Was geschehen werde sinnst du nicht aus,
     Königin schreite dahin
     Guten Muts.
     Gutes und Böses kommt
8595   Unerwartet dem Menschen;
     Auch verkündet glauben wir's nicht.
     Brannte doch Troja, sahen wir doch
     Tod vor Augen, schmählichen Tod;
     Und sind wir nicht hier
8600   Dir gesellt, dienstbar freudig,
     Schauen des Himmels blendende Sonne
     Und das Schönste der Erde
     Huldvoll, dich, uns Glücklichen.

HELENA

Sei's wie es sei! Was auch bevorsteht, mir geziemt
8605   Hinaufzusteigen ungesäumt in das Königshaus,
Das lang entbehrt, und viel ersehnt, und fast verscherzt,
Mir abermals vor Augen steht, ich weiß nicht wie.
Die Füße tragen mich so mutig nicht empor
Die hohen Stufen die ich kindisch übersprang.

                        [*ab.*]

CHOR

8610   Werfet o Schwestern, ihr
     Traurig gefangenen,

Alle Schmerzen ins Weite;
Teilet der Herrin Glück,
Teilet Helenens Glück,
Welche zu Vaterhauses Herd,   8615
Zwar mit spätzurückkehrendem
Aber mit desto festerem
Fuße freudig herannaht.

Preiset die heiligen,
Glücklich herstellenden   8620
Und heimführenden Götter!
Schwebt der Entbundene
Doch wie auf Fittichen
Über das Rauhste, wenn umsonst
Der Gefangene sehnsuchtsvoll   8625
Über die Zinne des Kerkers hin
Armausbreitend sich abhärmt.

Aber sie ergriff ein Gott
Die Entfernte;
Und aus Ilios Schutt   8630
Trug er hierher sie zurück,
In das alte das neugeschmückte
Vaterhaus,
Nach unsäglichen
Freuden und Qualen,   8635
Früher Jugendzeit
Angefrischt zu gedenken.

PANTHALIS als CHORFÜHRERIN
Verlasset nun des Gesanges freudumgebnen Pfad
Und wendet nach der Türe Flügeln euren Blick.
Was seh' ich, Schwestern? Kehret nicht die Königin,   8640
Mit heftigen Schrittes Regung, wieder zu uns her?
Was ist es, große Königin, was konnte dir
In deines Hauses Hallen, statt der Deinen Gruß,
Erschütterndes begegnen? Du verbirgst es nicht;
Denn Widerwillen seh ich an der Stirne dir   8645
Ein edles Zürnen das mit Überraschung kämpft.

HELENA *welche die Türflügel offen gelassen hat, bewegt*
  Der Tochter Zeus geziemet nicht gemeine Furcht
  Und flüchtig-leise Schreckenshand berührt sie nicht;
  Doch das Entsetzen, das dem Schoß der alten Nacht,
8650 Vom Urbeginn entsteigend, vielgestaltet noch
  Wie glühende Wolken, aus des Berges Feuerschlund,
  Herauf sich wälzt erschüttert auch des Helden Brust.
  So haben heute grauenvoll die Stygischen
  Ins Haus den Eintritt mir bezeichnet, daß ich gern
8655 Von oft betretner, langersehnter Schwelle mich,
  Entlaßnem Gaste gleich, entfernend scheiden mag.
  Doch nein! gewichen bin ich her an's Licht, und sollt
  Ihr weiter nicht mich treiben, Mächte, wer ihr seid.
  Auf Weihe will ich sinnen, dann gereinigt mag
8660 Des Herdes Glut die Frau begrüßen wie den Herrn.
CHORFÜHRERIN
  Entdecke deinen Dienerinnen, edle Frau,
  Die dir verehrend beistehn, was begegnet ist.
HELENA
  Was ich gesehen sollt ihr selbst mit Augen sehn,
  Wenn ihr Gebilde nicht die alte Nacht sogleich
8665 Zurückgeschlungen in ihrer Tiefe Wunderschoß.
  Doch daß ihrs wisset, sag' ichs euch mit Worten an:
  Als ich des Königs-Hauses ernsten Binnenraum,
  Der nächsten Pflicht gedenkend, feierlich betrat,
  Erstaunt' ich ob der öden Gänge Schweigsamkeit.
8670 Nicht Schall der emsig Wandelnden begegnete
  Dem Ohr, nicht raschgeschäftiges Eiligtun dem Blick,
  Und keine Magd erschien mir, keine Schaffnerin
  Die jeden Fremden freundlich sonst begrüßenden.
  Als aber ich dem Schoße des Herdes mich genaht,
8675 Da sah' ich, bei verglommner Asche lauem Rest,
  Am Boden sitzen welch verhülltes großes Weib,
  Der Schlafenden nicht vergleichbar, wohl der Sinnenden.
  Mit Herrscherworten ruf' ich sie zur Arbeit auf,
  Die Schaffnerin mir vermutend, die indes vielleicht
8680 Des Gatten Vorsicht hinterlassend angestellt;

Doch eingefaltet sitzt die unbewegliche;
Nur endlich rührt sie, auf mein Dräun, den rechten Arm,
Als wiese sie von Herd und Halle mich hinweg.
Ich wende zürnend mich ab von ihr und eile gleich
Den Stufen zu, worauf empor der Thalamos   8685
Geschmückt sich hebt und nah daran das Schatzgemach;
Allein das Wunder reißt sich schnell vom Boden auf,
Gebietrisch mir den Weg vertretend, zeigt es sich
In hagrer Größe, hohlen, blutig-trüben Blicks,
Seltsamer Bildung, wie sie Aug und Geist verwirrt.   8690
Doch red' ich in die Lüfte; denn das Wort bemüht
Sich nur umsonst Gestalten schöpferisch aufzubaun.
Da seht sie selbst! sie wagt sogar sich ans Licht hervor!
Hier sind wir Meister, bis der Herr und König kommt.
Die grausen Nachtgeburten drängt der Schönheitsfreund,   8695
Phöbus hinweg in Höhlen, oder bändigt sie.

  PHORKYAS *Auf der Schwelle zwischen den Türpfosten*
        auftretend.

CHOR

    Vieles erlebt' ich, obgleich die Locke
    Jugendlich wallet mir um die Schläfe!
    Schreckliches hab' ich vieles gesehen,
    Kriegrischen Jammer, Ilios Nacht,   8700
    Als es fiel.

    Durch das umwölkte, staubende Tosen
    Drängender Krieger hört ich die Götter
    Fürchterlich rufen, hört ich der Zwietracht
    Eherne Stimme schallen durchs Feld,   8705
    Mauerwärts.

    Ach, sie standen noch, Ilios
    Mauern, aber die Flammenglut
    Zog vom Nachbar zum Nachbar schon
    Sich verbreitend von hier und dort   8710
    Mit des eignen Sturmes Wehn
    Über die nächtliche Stadt hin.

Flüchtend sah ich, durch Rauch und Glut
Und der züngelnden Flamme Loh'n
8715   Gräßlich zürnender Götter Nahn,
Schreitend Wundergestalten
Riesengroß durch düsteren
Feuerumleuchteten Qualm hin.

Sah' ichs, oder bildete
8720   Mir der angstumschlungene Geist
Solches Verworrene? sagen kann
Nimmer ich's; doch daß ich dies
Gräßliche hier mit Augen schau
Solches gewiß ja weiß ich;
8725   Könnt' es mit Händen fassen gar
Hielte von dem Gefährlichen
Nicht zurücke die Furcht mich.

Welche von Phorkys
Töchtern nur bist du?
8730   Denn ich vergleiche dich
Diesem Geschlechte.
Bist du vielleicht der graugebornen,
Eines Auges und Eines Zahns
Wechselsweis teilhaftigen,
8735   Graien eine gekommen?

Wagest du Scheusal
Neben der Schönheit
Dich vor dem Kennerblick
Phöbus zu zeigen?
8740   Tritt du dennoch hervor nur immer
Denn das Häßliche schaut Er nicht,
Wie sein heilig Auge noch
Nie erblickte den Schatten.

Doch uns Sterbliche nötigt, ach,
8745   Leider trauriges Mißgeschick
Zu dem unsäglichen Augenschmerz,
Den das Verwerfliche, ewig-unselige
Schönheitliebenden rege macht.

Ja so höre denn, wenn du frech
Uns entgegenest, höre Fluch,   8750
Höre jeglicher Schelte Drohn,
Aus dem verwünschenden Munde der Glücklichen
Die von Göttern gebildet sind.

PHORKYAS

Alt ist das Wort, doch bleibet hoch und wahr der Sinn:
Daß Scham und Schönheit nie zusammen, Hand in Hand,   8755
Den Weg verfolgen über der Erde grünen Pfad.
Tief eingewurzelt wohnt in beiden alter Haß,
Daß wo sie immer irgend auch des Weges sich
Begegnen, jede der Gegnerin den Rücken kehrt.
Dann eilet jede wieder heftiger, weiter fort,   8760
Die Scham betrübt, die Schönheit aber frech gesinnt,
Bis sie zuletzt des Orkus hohle Nacht umfängt,
Wenn nicht das Alter sie vorher gebändigt hat.
Euch find ich nun, ihr frechen, aus der Fremde her
Mit Übermut ergossen, gleich der Kraniche   8765
Laut-heiser klingendem Zug, der über unser Haupt,
In langer Wolke, krächzend sein Getön herab
Schickt, das den stillen Wandrer über sich hinauf
Zu blicken lockt; doch ziehn sie ihren Weg dahin,
Er geht den seinen, also wirds mit uns geschehn.   8770

Wer seid denn ihr? daß ihr des Königes Hochpalast
Mänadisch wild, Betrunknen gleich umtoben dürft?
Wer seid ihr denn, daß ihr des Hauses Schaffnerin
Entgegen heulet, wie dem Mond der Hunde Schar?
Wähnt ihr, verborgen sei mir welch Geschlecht ihr seid, 8775
Du kriegerzeugte, schlachterzogne, junge Brut?
Mannlustige du, so wie verführt verführende,
Entnervend beide, Kriegers auch und Bürgers Kraft.
Zu Hauf euch sehend scheint mir ein Zikaden-Schwarm
Herabzustürzen, deckend grüne Feldersaat.   8780
Verzehrerinnen fremden Fleißes! Naschende
Vernichterinnen aufgekeimten Wohlstands ihr,
Erobert, marktverkauft, vertauschte Ware du!

HELENA
Wer gegenwarts der Frau die Dienerinnen schilt,
8785 Der Gebiet'rin Hausrecht tastet er vermessen an;
Denn ihr gebührt allein das Lobenswürdige
Zu rühmen, wie zu strafen was verwerflich ist.
Auch bin des Dienstes ich wohl zufrieden, den sie mir
Geleistet als die hohe Kraft von Ilios
8790 Umlagert stand und fiel und lag; nicht weniger
Als wir der Irrfahrt kummervolle Wechselnot
Ertrugen, wo sonst jeder sich der nächste bleibt.
Auch hier erwart' ich gleiches von der muntern Schar;
Nicht was der Knecht sei, fragt der Herr, nur wie er dient,
8795 Drum schweige du und grinse sie nicht länger an.
Hast du das Haus des Königs wohl verwahrt bisher,
Anstatt der Hausfrau, solches dient zum Ruhme dir;
Doch jetzo kommt sie selber, tritt nun du zurück,
Damit nicht Strafe werde statt verdienten Lohns.
PHORKYAS
8800 Den Hausgenossen drohen bleibt ein großes Recht,
Das gottbeglückten Herrschers hohe Gattin sich
Durch langer Jahre weise Leitung wohl verdient.
Da du, nun Anerkannte! neu den alten Platz
Der Königin und Hausfrau wiederum betrittst,
8805 So fasse längst erschlaffte Zügel, herrsche nun,
Nimm in Besitz den Schatz und sämtlich uns dazu.
Vor allem aber schütze mich die ältere
Vor dieser Schar, die, neben deiner Schönheit Schwan,
Nur schlechtbefittigt schnatterhafte Gänse sind.
CHORFÜHRERIN
8810 Wie häßlich neben Schönheit zeigt sich Häßlichkeit.
PHORKYAS
Wie unverständig neben Klugheit Unverstand.
Von hier an erwidern die Choretiden,
einzeln aus dem Chor heraustretend
CHORETIDE 1
Von Vater Erebus melde, melde von Mutter Nacht.
PHORKYAS
So sprich von Scylla, leiblich dir Geschwisterkind.

CHORETIDE 2
  An deinem Stammbaum steigt manch Ungeheu'r empor.
PHORKYAS
  Zum Orkus hin! da suche deine Sippschaft auf.   8815
CHORETIDE 3
  Die dorten wohnen sind dir alle viel zu jung.
PHORKYAS
  Tiresias den Alten gehe buhlend an.
CHORETIDE 4
  Orions Amme war dir Ur-Urenkelin.
PHORKYAS
  Harpyen wähn' ich fütterten dich im Unflat auf.
CHORETIDE 5
  Mit was ernährst du so gepflegte Magerkeit?   8820
PHORKYAS
  Mit Blute nicht, wonach du allzu lüstern bist.
CHORETIDE 6
  Begierig du auf Leichen, ekle Leiche selbst!
PHORKYAS
  Vampiren-Zähne glänzen dir im frechen Maul.
CHORFÜHRERIN
  Das deine stopf' ich wenn ich sage wer du seist.
PHORKYAS
  So nenne dich zuerst, das Rätsel hebt sich auf.   8825
HELENA
  Nicht zürnend, aber traurend schreit ich zwischen euch,
  Verbietend solches Wechselstreites Ungestüm;
  Denn schädlicheres begegnet nichts dem Herrscherherrn
  Als treuer Diener heimlich unterschworner Zwist.
  Das Echo seiner Befehle kehrt alsdann nicht mehr   8830
  In schnell vollbrachter Tat, wohlstimmig ihm zurück,
  Nein, eigenwillig brausend tos't es um ihn her,
  Den selbstverirrten, ins Vergeb'ne scheltenden.
  Dies nicht allein. Ihr habt in sittelosem Zorn
  Unsel'ger Bilder Schreckgestalten hergebannt,   8835
  Die mich umdrängen, daß ich selbst zum Orkus mich
  Gerissen fühle, vaterländ'scher Flur zum Trutz.

Ist's wohl Gedächtnis? war es Wahn, der mich ergreift?
War ich das alles? Bin ich's? Werd ich's künftig sein,
8840 Das Traum- und Schreckbild jener Städteverwüstenden?
Die Mädchen schaudern, aber du die älteste
Du stehst gelassen, rede mir verständig Wort.

PHORKYAS
Wer langer Jahre mannigfaltigen Glücks gedenkt,
Ihm scheint zuletzt die höchste Göttergunst ein Traum.
8845 Du aber hochbegünstigt, sonder Maß und Ziel,
In Lebensreihe sahst nur Liebesbrünstige,
Entzündet rasch zum kühnsten Wagstück jeder Art.
Schon Theseus haschte früh dich, gierig aufgeregt,
Wie Herakles stark, ein herrlich schön geformter Mann.

HELENA
8850 Entführte mich, ein dreizehnjährig schlankes Reh,
Und mich umschloß Aphidnus Burg in Attika.

PHORKYAS
Durch Castor und durch Pollux aber bald befreit,
Umworben standst du ausgesuchter Helden-Schar.

HELENA
Doch stille Gunst vor allen, wie ich gern gesteh',
8855 Gewann Patroklus, er des Peliden Ebenbild.

PHORKYAS
Doch Vaterwille traute dich an Menelas,
Den kühnen Seedurchstreicher, Hausbewahrer auch.

HELENA
Die Tochter gab er, gab des Reichs Bestellung ihm.
Aus ehlichem Beisein sproßte dann Hermione.

PHORKYAS
8860 Doch als er fern sich Creta's Erbe kühn erstritt,
Dir Einsamen da erschien ein allzuschöner Gast.

HELENA
Warum gedenkst du jener halben Witwenschaft?
Und welch Verderben gräßlich mir daraus erwuchs?

PHORKYAS
Auch jene Fahrt mir freigebornen Creterin
8865 Gefangenschaft erschuf sie, lange Sklaverei.

HELENA

Als Schaffnerin bestellt' er dich sogleich hieher
Vertrauend vieles, Burg und kühn erworbnen Schatz.

PHORKYAS

Die du verließest, Ilios umtürmter Stadt
Und unerschöpften Liebesfreuden zugewandt.

HELENA

Gedenke nicht der Freuden! allzuherben Leid's   8870
Unendlichkeit ergoß sich über Brust und Haupt.

PHORKYAS

Doch sagt man, du erschienst ein doppelhaft Gebild,
In Ilios gesehen und in Ägypten auch.

HELENA

Verwirre wüsten Sinnes Aberwitz nicht gar.
Selbst jetzo, welche denn ich sei, ich weiß es nicht.   8875

PHORKYAS

Dann sagen sie: aus hohlem Schattenreich herauf
Gesellte sich inbrünstig noch Achill zu dir;
Dich früher liebend, gegen allen Geschicks Beschluß.

HELENA

Ich als Idol, ihm dem Idol verband ich mich.
Es war ein Traum, so sagen ja die Worte selbst.   8880
Ich schwinde hin und werde selbst mir ein Idol.
sinkt dem Halbchor in die Arme.

CHOR

Schweige, schweige!
Mißblickende, mißredende du!
Aus so gräßlichen einzahnigen
Lippen was enthaucht wohl   8885
Solchem furchtbaren Greuelschlund.

Denn der Bösartige wohltätig erscheinend,
Wolfesgrimm unter schafwolligem Vlies,
Mir ist er weit schrecklicher als des drei-
köpfigen Hundes Rachen.   8890
Ängstlich lauschend stehn wir da,
Wann? wie? wo nur bricht's hervor

Solcher Tücke
Tiefauflauerndes Ungetüm?

8895 Nun denn, statt freundlich mit Trost reich begabten
Letheschenkenden holdmildesten Worts
Regest du auf aller Vergangenheit
Bösestes mehr denn Gutes,
Und verdüsterst allzugleich
8900 Mit dem Glanze der Gegenwart
Auch der Zukunft
Mild aufschimmerndes Hoffnungslicht.

Schweige, schweige!
Daß der Königin Seele,
8905 Schon zu entfliehen bereit,
Sich noch halte, festhalte
Die Gestalt aller Gestalten
Welche die Sonne jemals beschien.
Helena hat sich erholt und steht wieder in der Mitte.

PHORKYAS
Tritt hervor aus flüchtigen Wolken hohe Sonne dieses
                                                    Tags
8910 Die verschleiert schon entzückte, blendend nun im Glanze
                                                    herrscht.
Wie die Welt sich dir entfaltet schaust du selbst mit
                                                    holdem Blick.
Schelten sie mich auch für häßlich kenn ich doch das
                                                    Schöne wohl.

HELENA
Tret ich schwankend aus der Öde die im Schwindel mich
                                                    umgab,
Pflegt ich gern der Ruhe wieder, denn so müd ist mein
                                                    Gebein;
8915 Doch es ziemet Königinnen, allen Menschen ziemt es wohl
Sich zu fassen, zu ermannen, was auch drohend überrascht.

PHORKYAS
Stehst du nun in deiner Großheit, deiner Schöne vor uns
                                                    da,

Sagt dein Blick, daß du befiehlest; was befiehlst du? sprich
es aus.

HELENA
Eures Haders frech Versäumnis auszugleichen seid bereit,
Eilt ein Opfer zu bestellen wie der König mir gebot.   8920
PHORKYAS
Alles ist bereit im Hause, Schale, Dreifuß, scharfes Beil,
Zum Besprengen, zum Beräuchern; das zu Opfernde
zeig an.
HELENA
Nicht bezeichnet' es der König
PHORKYAS
Sprachs nicht aus? O Jammerwort!
HELENA
Welch ein Jammer überfällt dich?
PHORKYAS
Königin, du bist gemeint!
HELENA
Ich?
PHORKYAS
Und diese!
CHOR
Weh und Jammer!
PHORKYAS
Fallen wirst du durch das Beil. 8925
HELENA
Gräßlich! doch geahnt, ich Arme!
PHORKYAS
Unvermeidlich scheint es mir.
CHOR
Ach! Und uns? was wird begegnen?
PHORKYAS
Sie stirbt einen edlen Tod;
Doch am hohen Balken drinnen, der des Daches Giebel
trägt,
Wie im Vogelfang die Drosseln, zappelt ihr der Reihe nach.

HELENA *und* CHOR
*stehen erstaunt und erschreckt, in bedeutender, wohl vorbereiteter
Gruppe.*

PHORKYAS

8930 Gespenster! – – – Gleich erstarrten Bildern steht ihr da,
Geschreckt vom Tag zu scheiden der euch nicht gehört.
Die Menschen, die Gespenster sämtlich gleich wie ihr,
Entsagen auch nicht willig hehrem Sonnenschein;
Doch bittet, oder rettet niemand sie vom Schluß;
8935 Sie wissen's alle, wenigen doch gefällt es nur.
Genug ihr seid verloren! Also frisch ans Werk.
    *klatscht in die Hände, darauf erscheinen an der Pforte
    vermummte Zwerggestalten, welche die ausgesprochenen
        Befehle alsobald mit Behendigkeit ausführen*
Herbei du düstres, kugelrundes Ungetüm,
Wälzt euch hieher, zu schaden gibt es hier nach Lust.
Dem Tragaltar, dem goldgehörnten, gebet Platz,
8940 Das Beil, es liege blinkend über dem Silberrand,
Die Wasserkrüge füllet, abzuwaschen gibt's
Des schwarzen Blutes greuelvolle Besudelung.
Den Teppich breitet köstlich hier am Staube hin,
Damit das Opfer niederkniee königlich,
8945 Und eingewickelt, zwar getrennten Haupts, sogleich
Anständig würdig aber doch bestattet sei.

CHORFÜHRERIN
Die Königin stehet sinnend an der Seite hier,
Die Mädchen welken gleich gemähtem Wiesengras;
Mir aber deucht, der Ältesten, heiliger Pflicht gemäß
8950 Mit dir das Wort zu wechseln, Ur-Urälteste.
Du bist erfahren, weise, scheinst uns gutgesinnt,
Ob schon verkennend hirnlos diese Schar dich traf.
Drum sage, was du möglich noch von Rettung weißt.

PHORKYAS
Ist leicht gesagt: Von der Königin hängt allein es ab
8955 Sich selbst zu erhalten, euch Zugaben auch mit ihr.
Entschlossenheit ist nötig und die behendeste.

CHOR

  Ehrenwürdigste der Parzen, weiseste Sibylle du,
  Halte gesperrt die goldne Schere, dann verkünd' uns Tag
                   und Heil;
  Denn wir fühlen schon im Schweben, Schwanken,
                   Bammeln unergötzlich
  Unsere Gliederchen, die lieber erst im Tanze sich
                   ergötzten,   8960
  Ruh'ten drauf an Liebchens Brust.

HELENA

  Laß diese bangen! Schmerz empfind ich, keine Furcht;
  Doch kennst du Rettung, dankbar sei sie anerkannt.
  Dem Klugen, Weitumsichtigen zeigt fürwahr sich oft
  Unmögliches noch als möglich. Sprich und sag es an.   8965

CHOR

  Sprich und sage, sag uns eilig: wie entrinnen wir den
                   grausen,
  Garstigen Schlingen? die bedrohlich, als die schlechtesten
                   Geschmeide,
  Sich um unsre Hälse ziehen. Vorempfinden wir's, die
                   Armen,
  Zum entatmen, zum ersticken, wenn du Rhea, aller Götter
  Hohe Mutter, dich nicht erbarmst.   8970

PHORKYAS

  Habt ihr Geduld des Vortrags langgedehnten Zug
  Still anzuhören? Mancherlei Geschichten sinds.

CHOR

  Geduld genug! Zuhörend leben wir indes.

PHORKYAS

  Dem der zu Hause verharrend edlen Schatz bewahrt,
  Und hoher Wohnung Mauern auszukitten weiß,   8975
  Wie auch das Dach zu sichern vor des Regens Drang,
  Dem wird es wohlgehn lange Lebenstage durch;
  Wer aber seiner Schwelle heilige Richte leicht
  Mit flüchtigen Sohlen überschreitet freventlich,
  Der findet wiederkehrend wohl den alten Platz,   8980
  Doch umgeändert alles, wo nicht gar zerstört.

HELENA
Wozu dergleichen wohlbekannte Sprüche hier.
Du willst erzählen, rege nicht an Verdrießliches.
PHORKYAS
Geschichtlich ist es, ist ein Vorwurf keineswegs.
8985 Raubschiffend ruderte Menelas von Bucht zu Bucht,
Gestad' und Inseln, alles streift er feindlich an,
Mit Beute wiederkehrend, wie sie drinnen starrt.
Vor Ilios verbracht' er langer Jahre zehn,
Zur Heimfahrt aber weiß ich nicht wie viel es war.
8990 Allein wie steht es hier am Platz um Tyndareos
Erhabnes Haus? wie stehet es mit dem Reich umher?
HELENA
Ist dir denn so das Schelten gänzlich einverleibt,
Daß ohne Tadeln du keine Lippe regen kannst?
PHORKYAS
So viele Jahre stand verlassen das Tal-Gebirg,
8995 Das hinter Sparta nordwärts in die Höhe steigt,
Taygetos im Rücken, wo als muntrer Bach
Herab Eurotas rollt und dann durch unser Tal
An Rohren breit hinfließend eure Schwäne nährt.
Dort hinten still im Gebirgtal hat ein kühn Geschlecht
9000 Sich angesiedelt, dringend aus cimmerischer Nacht,
Und unersteiglich feste Burg sich aufgetürmt,
Von da sie Land und Leute placken wie's behagt.
HELENA
Das konnten sie vollführen? Ganz unmöglich scheint's.
PHORKYAS
Sie hatten Zeit, vielleicht an zwanzig Jahre sind's.
HELENA
9005 Ist Einer Herr? sind's Räuber viel, Verbündete?
PHORKYAS
Nicht Räuber sind es, Einer aber ist der Herr.
Ich schelt' ihn nicht und wenn er schon mich heimgesucht.
Wohl konnt' er alles nehmen, doch begnügt er sich
Mit wenigen Freigeschenken, nannt er's, nicht Tribut.
HELENA
9010 Wie sieht er aus?

PHORKYAS

           Nicht übel! mir gefällt er schon.   9010
Es ist ein munterer, kecker, wohlgebildeter,
Wie unter Griechen wenig, ein verständger Mann.
Man schilt das Volk Barbaren, doch ich dächte nicht
Daß grausam einer wäre, wie vor Ilios
Gar mancher Held sich menschenfresserisch erwies.   9015
Ich acht' auf seine Großheit, Ihm vertrau ich mich.
Und seine Burg! die solltet ihr mit Augen sehn,
Das ist was anderes gegen plumpes Mauerwerk
Das eure Väter, mir nichts dir nichts, aufgewälzt,
Cyklopisch wie Cyklopen, rohen Stein sogleich   9020
Auf rohe Steine stürzend; dort hingegen, dort
Ist alles senk- und waagerecht und regelhaft.
Von außen schaut sie! himmelan sie strebt empor,
So starr, so wohl in Fugen, spiegelglatt wie Stahl.
Zu klettern hier – ja selbst der Gedanke gleitet ab.   9025
Und innen großer Höfe Raumgelasse, rings
Mit Baulichkeit umgeben, aller Art und Zweck.
Da seht ihr Säulen, Säulchen, Bogen, Bögelchen,
Altane, Galerie'n zu schauen aus und ein,
Und Wappen.

CHOR

          Was sind Wappen?

PHORKYAS

                     Ajax führte ja   9030
Geschlungne Schlang' im Schilde, wie ihr selbst gesehn.
Die Sieben dort vor Theben trugen Bildnerei'n
Ein jeder auf seinem Schilde, reich bedeutungsvoll.
Da sah man Mond und Stern' am nächtigen Himmelsraum,
Auch Göttin, Held und Leiter, Schwerter, Fackeln auch,   9035
Und was bedrängliches guten Städten grimmig droht.
Ein solch Gebilde führt auch unsre Heldenschar
Von seinen Ur-Urahnen her in Farbenglanz.
Da seht ihr Löwen, Adler, Klau' und Schnabel auch,
Dann Büffelhörner, Flügel, Rosen, Pfauenschweif,   9040
Auch Streifen, gold und schwarz, und silbern, blau und rot.

Dergleichen hängt in Sälen Reih an Reihe fort,
In Sälen, grenzenlosen, wie die Welt so weit;
Da könnt ihr tanzen!

CHOR

               Sage, gibt's auch Tänzer da?

PHORKYAS

9045   Die besten! goldgelockte, frische Bubenschar.
Die duften Jugend, Paris duftete einzig so,
Als er der Königin zu nahe kam.

HELENA

                   Du fällst
Ganz aus der Rolle, sage mir das letzte Wort!

PHORKYAS

Du sprichst das letzte, sagst mit Ernst vernehmlich ja!
9050   Sogleich umgeb' ich dich mit jener Burg.

CHOR

                      O sprich
Das kurze Wort! und rette dich und uns zugleich.

HELENA

Wie? sollt' ich fürchten, daß der König Menelas
So grausam sich verginge mich zu schädigen?

PHORKYAS

Hast du vergessen, wie er deinen Deiphobus
9055   Des totgekämpften Paris Bruder, unerhört
Verstümmelte, der starrsinnig Witwe dich erstritt
Und glücklich kebste; Nas' und Ohren schnitt er ab
Und stümmelte mehr so; Greuel war es anzuschaun.

HELENA

Das tat er jenem, meinetwegen tat er das.

PHORKYAS

9060   Um jenes willen wird er dir das Gleiche tun.
Unteilbar ist die Schönheit; der sie ganz besaß
Zerstört sie lieber, fluchend jedem Teilbesitz.

Trompeten in der Ferne, der Chor fährt zusammen

Wie scharf der Trompete Schmettern Ohr und Eingeweid
Zerreißend anfaßt, also krallt sich Eifersucht

Im Busen fest des Mannes, der das nie vergißt   9065
Was einst er besaß und nun verlor, nicht mehr besitzt.

CHOR
Hörst du nicht die Hörner schallen? siehst der Waffen
                                                    Blitze nicht?

PHORKYAS
Sei willkommen Herr und König, gerne geb ich
                                                Rechenschaft.

CHOR
Aber wir?

PHORKYAS
            Ihr wißt es deutlich, seht vor Augen ihren Tod,
Merkt den eurigen da drinne; nein zu helfen ist euch nicht.   9070

Pause

HELENA
Ich sann mir aus das Nächste was ich wagen darf.
Ein Widerdämon bist du, das empfind' ich wohl,
Und fürchte, Gutes wendest du zum Bösen um.
Vor allem aber folgen will ich dir zur Burg;
Das andre weiß ich; was die Königin dabei   9075
In tiefem Busen geheimnisvoll verbergen mag,
Sei jedem unzugänglich. Alte! geh voran.

CHOR
            O wie gern gehen wir hin,
            Eilenden Fußes;
            Hinter uns Tod,   9080
            Vor uns abermals
            Ragender Veste
            Unzugängliche Mauer.
            Schütze sie eben so gut
            Eben wie Ilios Burg,   9085
            Die doch endlich nur
            Niederträchtiger List erlag.

Nebel verbreiten sich, umhüllen den Hintergrund,
auch die Nähe, nach Belieben

Wie? aber wie?
Schwestern schaut euch um!
9090   War es nicht heiterer Tag?
Nebel schwanken streifig empor
Aus Eurotas heilger Flut;
Schon entschwand das liebliche
Schilfumkränzte Gestade dem Blick,
9095   Auch die frei, zierlich-stolz
Sanfthingleitenden Schwäne
In gesell'ger Schwimmlust
Seh' ich, ach, nicht mehr!

Doch, aber doch
9100   Tönen hör' ich sie,
Tönen fern heiseren Ton!
Tod verkündenden, sagen sie;
Ach daß uns er nur nicht auch,
Statt verheißener Rettung Heil,
9105   Untergang verkünde zuletzt;
Uns den schwangleichen, lang-
Schön weißhalsigen, und ach!
Uns'rer Schwanerzeugten.
Weh uns, weh, weh!

9110   Alles deckte sich schon
Rings mit Nebel umher.
Sehen wir doch einander nicht!
Was geschieht? gehen wir?
Schweben wir nur
9115   Trippelnden Schritts am Boden hin?
Siehst du nichts? schwebt nicht etwa gar
Hermes voran? Blinkt nicht der goldne Stab
Heischend, gebietend uns wieder zurück
Zu dem unerfreulichen, grautagenden,
9120   Ungreifbarer Gebilde vollen,
Überfüllten, ewig leeren Hades.

Ja auf einmal wird es düster, ohne Glanz entschwebt der
Nebel

Dunkelgräulich, mauerbräunlich. Mauern stellen sich
                                        dem Blicke
Freiem Blicke starr entgegen. Ist's ein Hof? ist's tiefe
                                        Grube?
Schauerlich in jedem Falle! Schwestern ach! wir sind
                                        gefangen,   9125
So gefangen wie nur je.

Innerer Burghof, umgeben von reichen phantastischen
Gebäuden des Mittelalters

CHORFÜHRERIN
  Vorschnell und töricht, echt wahrhaftes Weibsgebild!
  Vom Augenblick abhängig, Spiel der Witterung,
  Des Glücks und Unglücks, keins von beiden wißt ihr je
  Zu bestehn mit Gleichmut. Eine widerspricht ja stets   9130
  Der andern heftig, überquer die andern ihr;
  In Freud und Schmerz nur heult und lacht ihr gleichen
                                        Ton's.
  Nun schweigt! und wartet horchend was die Herrscherin
  Hochsinnig hier beschließen mag für sich und uns.
HELENA
  Wo bist du Pythonissa? heiße wie du magst,   9135
  Aus diesen Gewölben tritt hervor der düstern Burg.
  Gingst etwa du, dem wunderbaren Heldenherrn
  Mich anzukündigen, Wohlempfang bereitend mir,
  So habe Dank und führe schnell mich ein zu ihm;
  Beschluß der Irrfahrt wünsch' ich, Ruhe wünsch' ich nur. 9140
CHORFÜHRERIN
  Vergebens blickst du, Königin, allseits um dich her;
  Verschwunden ist das leidige Bild, verblieb vielleicht
  Im Nebel dort, aus dessen Busen wir hieher,
  Ich weiß nicht wie, gekommen, schnell und sonder Schritt.
  Vielleicht auch irrt sie zweifelhaft im Labyrinth   9145
  Der wundersam aus vielen einsgewordnen Burg,
  Den Herrn erfragend fürstlicher Hochbegrüßung halb.
  Doch sieh, dort oben regt in Menge sich allbereits

In Galerien, am Fenster, in Portalen rasch
9150 Sich hin und her bewegend viele Dienerschaft;
Vornehm-willkommnen Gastempfang verkündet es.
CHOR
> Auf geht mir das Herz! o, seht nur dahin
> Wie so sittig herab mit verweilendem Tritt
> Jungholdeste Schar anständig bewegt
9155 > Den gereglten Zug. Wie? auf wessen Befehl
> Nur erscheinen gereiht und gebildet so früh,
> Von Jünglingsknaben das herrliche Volk?
> Was bewundr' ich zumeist! Ist es zierlicher Gang,
> Etwa des Haupts Lockhaar um die blendende Stirn,
9160 > Etwa der Wänglein Paar, wie die Pfirsiche rot
> Und eben auch so weichwollig beflaumt?
> Gern biß ich hinein, doch ich schaudre davor
> Denn in ähnlichem Fall, da erfüllte der Mund
> Sich, gräßlich zu sagen! mit Asche.

9165 > Aber die schönsten
> Sie kommen daher;
> Was tragen sie nur?
> Stufen zum Thron,
> Teppich und Sitz,
9170 > Umhang und zelt-
> artigen Schmuck,
> Über überwallt er,
> Wolkenkränze bildend,
> Unsrer Königin Haupt
9175 > Denn schon bestieg sie
> Eingeladen herrlichen Pfühl.
> Tretet heran
> Stufe für Stufe
> Reihet euch ernst.
9180 > Würdig, o würdig, dreifach würdig
> Sei gesegnet ein solcher Empfang!

alles vom Chor Ausgesprochene geschieht nach und nach.

FAUST
Nachdem Knaben und Knappen in langem Zug herabgestiegen,
erscheint er oben an der Treppe in ritterlicher Hofkleidung des
Mittelalters und kommt langsam würdig herunter.

CHORFÜHRERIN *ihn aufmerksam beschauend*
  Wenn diesem nicht die Götter, wie sie öfter tun,
  Für wenige Zeit nur wundernswürdige Gestalt,
  Erhabnen Anstand, liebenswerte Gegenwart
  Vorübergänglich liehen: wird ihm jedesmal   9185
  Was er beginnt gelingen, sei's in Männerschlacht,
  So auch im kleinen Kriege mit den schönsten Frau'n.
  Er ist fürwahr gar vielen andern vorzuziehn,
  Die ich doch auch als hochgeschätzt mit Augen sah.
  Mit langsam-ernstem, ehrfurchtsvoll gehaltnem Schritt   9190
  Seh ich den Fürsten; wende dich o Königin!
FAUST *herantretend, einen Gefesselten zur Seite*
  Statt feierlichsten Grußes, wie sich ziemte,
  Statt ehrfurchtsvollem Willkomm bring ich dir
  In Ketten hartgeschlossen solchen Knecht,
  Der, Pflicht verfehlend, mir die Pflicht entwand.   9195
  Hier knie nieder! dieser höchsten Frau
  Bekenntnis abzulegen deiner Schuld.
  Dies ist, erhabne Herrscherin, der Mann
  Mit seltnem Augenblitz vom hohen Turm
  Umherzuschaun bestellt, dort Himmelsraum   9200
  Und Erdenbreite scharf zu überspähn,
  Was etwa da und dort sich melden mag,
  Vom Hügelkreis ins Tal zur festen Burg
  Sich regen mag, der Herden Woge sei's,
  Ein Heereszug vielleicht; wir schützen jene,   9205
  Begegnen diesem. Heute, welch' Versäumnis!
  Du kommst heran, er meldet's nicht, verfehlt
  Ist ehrenvoller schuldigster Empfang
  So hohen Gastes. Freventlich verwirkt
  Das Leben hat er, läge schon im Blut   9210
  Verdienten Todes; doch nur du allein
  Bestrafst, begnadigst, wie dir's wohl gefällt.

HELENA

So hohe Würde wie du sie vergönnst,
Als Richterin, als Herrscherin, und wär's
9215 Versuchend nur, wie ich vermuten darf;
So üb' ich nun des Richters erste Pflicht
Beschuldigte zu hören. Rede denn.

TURMWÄRTER, LYNCEUS

Laß mich knien, laß mich schauen,
Laß mich sterben, laß mich leben,
9220 Denn schon bin ich hingegeben
Dieser gottgegebnen Frauen.

Harrend auf des Morgens Wonne,
Östlich spähend ihren Lauf,
Ging auf einmal mir die Sonne
9225 Wunderbar im Süden auf.

Zog den Blick nach jener Seite,
Statt der Schluchten, statt der Höh'n
Statt der Erd- und Himmelsweite,
Sie die Einzige zu spähn.

9230 Augenstrahl ist mir verliehen
Wie dem Luchs auf höchstem Baum,
Doch nun mußt' ich mich bemühen
Wie aus tiefem düsterm Traum.

Wüßt' ich irgend mich zu finden?
9235 Zinne? Turm? geschloßnes Tor?
Nebel schwanken, Nebel schwinden
Solche Göttin tritt hervor!

Aug' und Brust ihr zugewendet
Sog ich an den milden Glanz,
9240 Diese Schönheit wie sie blendet
Blendete mich Armen ganz.

Ich vergaß des Wächters Pflichten,
Völlig das beschworne Horn,
Drohe nur mich zu vernichten,
9245 Schönheit bändigt allen Zorn.

HELENA
  Das Übel das ich brachte darf ich nicht
  Bestrafen. Wehe mir! Welch streng Geschick
  Verfolgt mich, überall der Männer Busen
  So zu betören, daß sie weder sich
  Noch sonst ein Würdiges verschonten. Raubend jetzt,   9250
  Verführend, fechtend, hin und her entrückend;
  Halbgötter, Helden, Götter, ja Dämonen,
  Sie führten mich im Irren her und hin.
  Einfach die Welt verwirrt ich, doppelt mehr,
  Nun dreifach, vierfach bring' ich Not auf Not.   9255
  Entferne diesen Guten, laß ihn frei;
  Den Gottbetörten treffe keine Schmach.
FAUST
  Erstaunt o Königin, seh' ich zugleich
  Die sicher Treffende, hier den Getroffnen;
  Ich seh' den Bogen, der den Pfeil entsandt,   9260
  Verwundet jenen. Pfeile folgen Pfeilen
  Mich treffend. Allwärts ahn' ich überquer
  Gefiedert schwirrend sie in Burg und Raum.
  Was bin ich nun? Auf einmal machst du mir
  Rebellisch die Getreusten, meine Mauern   9265
  Unsicher. Also fürcht' ich schon, mein Heer
  Gehorcht der siegend unbesiegten Frau.
  Was bleibt mir übrig? als mich selbst und alles,
  Im Wahn das Meine, dir anheim zu geben.
  Zu deinen Füßen laß mich, frei und treu,   9270
  Dich Herrin anerkennen, die sogleich
  Auftretend sich Besitz und Thron erwarb.
LYNCEUS *mit einer Kiste und Männer, die ihm andere nachtragen*
              Du siehst mich, Königin, zurück!
              Der Reiche bettelt einen Blick,
              Er sieht dich an und fühlt sogleich   9275
              Sich bettelarm und fürstenreich.

              Was war ich erst? was bin ich nun?
              Was ist zu wollen? was zu tun?

Was hilft der Augen schärfster Blitz!
9280 Er prallt zurück an deinem Sitz.

Von Osten kamen wir heran
Und um den Westen wars getan;
Ein lang und breites Volksgewicht,
Der erste wußte vom letzten nicht.

9285 Der erste fiel, der zweite stand,
Des dritten Lanze war zur Hand;
Ein jeder hundertfach gestärkt,
Erschlagne Tausend unbemerkt.

Wir drängten fort, wir stürmten fort,
9290 Wir waren Herrn von Ort zu Ort;
Und wo ich herrisch heut befahl
Ein andrer morgen raubt' und stahl.

Wir schauten, – eilig war die Schau;
Der griff die allerschönste Frau,
9295 Der griff den Stier von festem Tritt,
Die Pferde mußten alle mit.

Ich aber liebte zu erspähn
Das Seltenste was man gesehn,
Und was ein andrer auch besaß,
9300 Das war für mich gedörrtes Gras.

Den Schätzen war ich auf der Spur,
Den scharfen Blicken folgt ich nur,
In alle Taschen blickt ich ein,
Durchsichtig war mir jeder Schrein.

9305 Und Haufen Goldes waren mein,
Am herrlichsten der Edelstein:
Nun der Smaragd allein verdient
Daß er an deinem Herzen grünt.

Nun schwanke zwischen Ohr und Mund
9310 Das Tropfenei aus Meeresgrund;

Rubinen werden gar verscheucht,
Das Wangenrot sie niederbleicht.

Und so den allergrößten Schatz
Versetz' ich hier auf deinen Platz,
Zu deinen Füßen sei gebracht 9315
Die Ernte mancher blut'gen Schlacht.

So viele Kisten schlepp' ich her,
Der Eisenkisten hab' ich mehr;
Erlaube mich auf deiner Bahn
Und Schatzgewölbe füll' ich an. 9320

Denn du bestiegest kaum den Thron,
So neigen schon, so beugen schon
Verstand und Reichtum und Gewalt
Sich vor der einzigen Gestalt.

Das alles hielt ich fest und mein, 9325
Nun aber lose, wird es dein,
Ich glaubt' es würdig, hoch und bar,
Nun seh' ich, daß es nichtig war.

Verschwunden ist was ich besaß,
Ein abgemähtes welkes Gras: 9330
O gib mit einem heitern Blick,
Ihm seinen ganzen Wert zurück!

FAUST
Entferne schnell die kühn erworbne Last,
Zwar nicht getadelt aber unbelohnt.
Schon ist Ihr alles eigen was die Burg 9335
Im Schoß verbirgt, Besondres Ihr zu bieten
Ist unnütz. Geh und häufe Schatz auf Schatz
Geordnet an. Der ungeseh'nen Pracht
Erhabnes Bild stell' auf! Laß die Gewölbe
Wie frische Himmel blinken, Paradiese 9340
Von lebelosem Leben richte zu.
Voreilend ihren Tritten laß beblümt
An Teppich Teppiche sich wälzen, ihrem Tritt

Begegne sanfter Boden, ihrem Blick,
9345 Nur Göttliche nicht blendend, höchster Glanz.

LYNCEUS

Schwach ist was der Herr befiehlt,
Tut's der Diener, es ist gespielt;
Herrscht doch über Gut und Blut
Dieser Schönheit Übermut.
9350 Schon das ganze Heer ist zahm
Alle Schwerter stumpf und lahm,
Vor der herrlichen Gestalt
Selbst die Sonne matt und kalt,
Vor dem Reichtum des Gesichts
9355 Alles leer und alles nichts.

ab.

HELENA *zu Faust*

Ich wünsche dich zu sprechen, doch herauf
An meine Seite komm! der leere Platz
Beruft den Herrn und sichert mir den meinen.

FAUST

Erst kniend laß die treue Widmung dir
9360 Gefallen, hohe Frau; die Hand die mich
An deine Seite hebt laß mich sie küssen.
Bestärke mich als Mitregenten deines
Grenzunbewußten Reichs, gewinne dir
Verehrer, Diener, Wächter all' in Einem.

HELENA

9365 Vielfache Wunder seh' ich, hör' ich an,
Erstaunen trifft mich, fragen möcht' ich viel.
Doch wünscht' ich Unterricht, warum die Rede
Des Mann's mir seltsam klang, seltsam und freundlich.
Ein Ton scheint sich dem andern zu bequemen,
9370 Und hat ein Wort zum Ohre sich gesellt,
Ein andres kommt, dem ersten liebzukosen.

FAUST

Gefällt dir schon die Sprechart unsrer Völker
O so gewiß entzückt auch der Gesang,

Befriedigt Ohr und Sinn im tiefsten Grunde.
Doch ist am sichersten wir übens gleich,   9375
Die Wechselrede lockt es, ruft's hervor.

HELENA
So sage denn, wie sprech' ich auch so schön?

FAUST
Das ist gar leicht, es muß vom Herzen gehn.
Und wenn die Brust von Sehnsucht überfließt,
Man sieht sich um und fragt –

HELENA
                                        Wer mit genießt.   9380

FAUST
Nun schaut der Geist nicht vorwärts nicht zurück,
Die Gegenwart allein –

HELENA
                                        Ist unser Glück.

FAUST
Schatz ist sie, Hochgewinn, Besitz und Pfand;
Bestätigung wer gibt sie?

HELENA
                                        Meine Hand.

CHOR
          Wer verdächt' es unsrer Fürstin   9385
          Gönnet sie dem Herrn der Burg
          Freundliches Erzeigen.
          Denn gesteht, sämtliche sind wir
          Ja Gefangene, wie schon öfter,
          Seit dem schmählichen Untergang   9390
          Ilios und der ängstlich-
          Labyrinthischen Kummerfahrt.

          Fraun, gewöhnt an Männerliebe,
          Wählerinnen sind sie nicht,
          Aber Kennerinnen.   9395
          Und wie goldlockigen Hirten,
          Vielleicht schwarzborstigen Faunen,
          Wie es bringt die Gelegenheit,

Über die schwellenden Glieder
9400   Vollerteilen sie gleiches Recht.

Nah und näher sitzen sie schon
Aneinander gelehnet,
Schulter an Schulter, Knie an Knie,
Hand in Hand wiegen sie sich
9405   Über des Throns
Aufgepolsterter Herrlichkeit.
Nicht versagt sich die Majestät
Heimlicher Freuden
Vor den Augen des Volkes
9410   Übermütiges Offenbarsein.

HELENA
Ich fühle mich so fern und doch so nah,
Und sage nur zu gern: da bin ich! da!

FAUST
Ich atme kaum, mir zittert, stockt das Wort,
Es ist ein Traum, verschwunden Tag und Ort.

HELENA
9415   Ich scheine mir verlebt und doch so neu,
In dich verwebt, dem Unbekannten treu.

FAUST
Durchgrüble nicht das einzigste Geschick
Dasein ist Pflicht und wärs ein Augenblick.

PHORKYAS *heftig eintretend*
Buchstabiert in Liebes-Fibeln,
9420   Tändelnd grübelt nur am Liebeln,
Müßig liebelt fort im Grübeln,
Doch dazu ist keine Zeit.
Fühlt ihr nicht ein dumpfes Wettern?
Hört nur die Trompete schmettern,
9425   Das Verderben ist nicht weit.
Menelas mit Volkes-Wogen
Kommt auf euch herangezogen;
Rüstet euch zu herbem Streit!
Von der Sieger-Schar umwimmelt,

Wie Deiphobus verstümmelt 9430
Büßest du das Fraun-Geleit.
Bammelt erst die leichte Ware,
Dieser gleich ist am Altare
Neugeschliffnes Beil bereit.

FAUST

Verwegne Störung! widerwärtig dringt sie ein, 9435
Auch nicht in Gefahren mag ich sinnlos Ungestüm.
Den schönsten Boten Unglücksbotschaft häßlicht ihn;
Du Häßlichste gar, nur schlimme Botschaft bringst du gern.
Doch diesmal soll dirs nicht geraten, leeres Hauchs
Erschüttere du die Lüfte. Hier ist nicht Gefahr, 9440
Und selbst Gefahr erschiene nur als eitles Dräun.

Signale, Explosionen von den Türmen, Trompeten und Zinken,
kriegerische Musik, Durchmarsch gewaltiger Heereskraft.

FAUST

Nein gleich sollst du versammelt schauen
Der Helden ungetrennten Kreis:
Nur der verdient die Gunst der Frauen,
Der kräftigst sie zu schützen weiß. 9445

Zu den Heerführern, die sich von den Kolonnen
absondern und herantreten

Mit angehaltnem stillen Wüten,
Das euch gewiß den Sieg verschafft,
Ihr Nordens jugendliche Blüten,
Ihr Ostens blumenreiche Kraft.

In Stahl gehüllt, vom Strahl umwittert, 9450
Die Schar die Reich um Reich zerbrach,
Sie treten auf, die Erde schüttert,
Sie schreiten fort, es donnert nach.

An Pylos traten wir zu Lande,
Der alte Nestor ist nicht mehr, 9455
Und alle kleine Königsbande
Zersprengt das ungebundne Heer.

Drängt ungesäumt von diesen Mauern
Jetzt Menelas dem Meer zurück;
9460 Dort irren mag er, rauben, lauern,
Ihm war es Neigung und Geschick.

Herzoge soll ich euch begrüßen
Gebietet Sparta's Königin,
Nun legt ihr Berg und Tal zu Füßen,
9465 Und euer sei des Reichs Gewinn.

Germane du! Corinthus Buchten
Verteidige mit Wall und Schutz,
Achaia dann mit hundert Schluchten
Empfehl ich Gote deinem Trutz.

9470 Nach Elis ziehn der Franken Heere,
Messene sei der Sachsen Los,
Normanne reinige die Meere
Und Argolis erschaff er groß.

Dann wird ein jeder häuslich wohnen,
9475 Nach außen richten Kraft und Blitz;
Doch Sparta soll euch überthronen
Der Königin verjährter Sitz.

All-Einzeln sieht sie euch genießen
Des Landes dem kein Wohl gebricht;
9480 Ihr sucht getrost zu ihren Füßen
Bestätigung und Recht und Licht.

Faust steigt herab, die Fürsten schließen einen Kreis um ihn,
Befehl und Anordnung näher zu vernehmen.

CHOR

Wer die Schönste für sich begehrt,
Tüchtig vor allen Dingen
Seh er nach Waffen weise sich um;
9485 Schmeichelnd wohl gewann er sich
Was auf Erden das Höchste;
Aber ruhig besitzt er's nicht:

Schleicher listig entschmeicheln sie ihm,
Räuber kühnlich entreißen sie ihm,
Dieses zu hinderen sei er bedacht.   9490

Unsern Fürsten lob' ich drum,
Schätz' ihn höher vor andern,
Wie er so tapfer klug sich verband
Daß die Starken gehorchend stehn
Jedes Winkes gewärtig.   9495
Seinen Befehl vollziehn sie treu,
Jeder sich selbst zu eignem Nutz
Wie dem Herrscher zu lohnendem Dank,
Beiden zu höchlichem Ruhmes-Gewinn.

Denn wer entreißet sie jetzt   9500
Dem gewaltgen Besitzer?
Ihm gehört sie, ihm sei sie gegönnt,
Doppelt von uns gegönnt, die er
Samt ihr zugleich innen mit sicherster Mauer
Außen mit mächtigstem Heer umgab.   9505

FAUST

Die Gaben, diesen hier verliehen –
An jeglichen ein reiches Land –
Sind groß und herrlich, laß sie ziehen!
Wir halten in der Mitte Stand.

Und sie beschützen um die Wette   9510
Ringsum von Wellen angehüpft,
Nichtinsel dich, mit leichter Hügelkette
Europens letztem Bergast angeknüpft.

Das Land, vor aller Länder Sonnen
Sei ewig jedem Stamm beglückt,   9515
Nun meiner Königin gewonnen,
Das früh an ihr hinauf geblickt.

Als, mit Eurotas Schilfgeflüster,
Sie leuchtend aus der Schale brach,
Der hohen Mutter, dem Geschwister   9520
Das Licht der Augen überstach.

Dies Land, allein zu dir gekehret,
Entbietet seinen höchsten Flor;
Dem Erdkreis, der dir angehöret,
9525   Dein Vaterland o! zieh es vor.

Und duldet auch auf seiner Berge Rücken
Das Zackenhaupt der Sonne kalten Pfeil,
Läßt nun der Fels sich angegrünt erblicken,
Die Ziege nimmt genäschig kargen Teil.

9530   Die Quelle springt, vereinigt stürzen Bäche,
Und schon sind Schluchten, Hänge, Matten grün,
Auf hundert Hügeln unterbrochner Fläche
Siehst Wollenherden ausgebreitet ziehn.

Verteilt, vorsichtig, abgemessen schreitet
9535   Gehörntes Rind hinan zum gähen Rand,
Doch Obdach ist den sämtlichen bereitet,
Zu hundert Höhlen wölbt sich Felsenwand.

Pan schützt sie dort und Lebensnymphen wohnen
In buschiger Klüfte feucht erfrischtem Raum,
9540   Und, sehnsuchtsvoll nach höhern Regionen,
Erhebt sich zweighaft Baum gedrängt an Baum.

Alt-Wälder sind's! Die Eiche starret mächtig
Und eigensinnig zackt sich Ast an Ast;
Der Ahorn mild, von süßem Safte trächtig,
9545   Steigt rein empor und spielt mit seiner Last.

Und mütterlich im stillen Schattenkreise
Quillt laue Milch bereit für Kind und Lamm;
Obst ist nicht weit, der Ebnen reife Speise,
Und Honig trieft vom ausgehöhlten Stamm.

9550   Hier ist das Wohlbehagen erblich,
Die Wange heitert wie der Mund,
Ein jeder ist an seinem Platz unsterblich:
Sie sind zufrieden und gesund.

Und so entwickelt sich am reinen Tage
Zu Vaterkraft das holde Kind.   9555
Wir staunen drob; noch immer bleibt die Frage:
Ob's Götter, ob es Menschen sind?

So war Apoll den Hirten zugestaltet
Daß ihm der schönsten einer glich;
Denn wo Natur im reinen Kreise waltet   9560
Ergreifen alle Welten sich.
             Neben ihr sitzend
So ist es mir, so ist es dir gelungen,
Vergangenheit sei hinter uns getan;
O fühle dich vom höchsten Gott entsprungen,
Der ersten Welt gehörst du einzig an.   9565

Nicht feste Burg soll dich umschreiben!
Noch zirkt, in ewiger Jugendkraft
Für uns, zu wonnevollem Bleiben,
Arkadien in Sparta's Nachbarschaft.

Gelockt auf sel'gem Grund zu wohnen,   9570
Du flüchtetest ins heiterste Geschick;
Zur Laube wandeln sich die Thronen,
Arkadisch frei sei unser Glück!

Der Schauplatz verwandelt sich durchaus. An eine Reihe von
Felsenhöhlen lehnen sich geschloßne Lauben. Schattiger Hain bis
an die rings umgebende Felsensteile hinan. Faust und Helena
werden nicht gesehen. Der Chor liegt schlafend verteilt umher.

PHORKYAS
Wie lange Zeit die Mädchen schlafen weiß ich nicht,
Ob sie sich träumen ließen was ich hell und klar   9575
Vor Augen sah, ist ebenfalls mir unbekannt.
Drum weck' ich sie. Erstaunen soll das junge Volk;
Ihr Bärtigen auch, die ihr da drunten sitzend harrt,
Glaubhafter Wunder Lösung endlich anzuschaun –
Hervor! hervor! Und schüttelt eure Locken rasch;   9580
Schlaf aus den Augen! Blinzt nicht so, und hört mich an!

CHOR

Rede nur, erzähl' erzähle was sich Wunderlichs begeben,
Hören möchten wir am liebsten was wir gar nicht glauben
könnten,
Denn wir haben lange Weile diese Felsen anzusehn.

PHORKYAS

9585   Kaum die Augen ausgerieben Kinder langeweilt ihr schon!
So vernehmt: in diesen Höhlen, diesen Grotten diesen
Lauben
Schutz und Schirmung war verliehen, wie idyllischem
Liebespaare,
Unserm Herrn und unsrer Frauen.

CHOR

                                        Wie, da drinnen?

PHORKYAS

                                                        Abgesondert
Von der Welt, nur mich die Eine riefen sie zu stillem
Dienste.
9590   Hochgeehrt stand ich zur Seite, doch, wie es Vertrauten
ziemet,
Schaut ich um nach etwas andrem. Wendete mich hier-
und dorthin,
Suchte Wurzeln, Moos und Rinden, kundig aller
Wirksamkeiten,
Und so blieben sie allein.

CHOR

Tust du doch als ob da drinne ganze Weltenräume wären,
9595   Wald und Wiese, Bäche, Seen, welche Märchen
spinnst du ab!

PHORKYAS

Allerdings, ihr Unerfahrnen! das sind unerforschte Tiefen:
Saal an Sälen, Hof an Höfen, diese spürt' ich sinnend aus.
Doch auf einmal ein Gelächter echo't in den Höhlen-
Räumen;
Schau' ich hin, da springt ein Knabe von der Frauen
Schoß zum Manne,
9600   Von dem Vater zu der Mutter; das Gekose das Getändel,

Töriger Liebe Neckereien, Scherzgeschrei und
                                Lustgejauchze
Wechselnd übertäuben mich.
Nackt ein Genius ohne Flügel, faunenartig ohne Tierheit,
Springt er auf den festen Boden, doch der Boden
                                gegenwirkend
Schnellt ihn zu der luft'gen Höhe, und im zweiten dritten
                                Sprunge   9605
Rührt er an das Hochgewölb.

Ängstlich ruft die Mutter: springe wiederholt und nach
                                Belieben,
Aber hüte dich: zu fliegen, freier Flug ist dir versagt.
Und so mahnt der treue Vater: in der Erde liegt die
                                Schnellkraft,
Die dich aufwärts treibt, berühre mit der Zehe nur den
                                Boden   9610
Wie der Erdensohn Antäus bist du alsobald gestärkt.
Und so hüpft er auf die Masse dieses Felsens, von der Kante
Zu dem andern und umher so wie ein Ball geschlagen
                                springt.

Doch auf einmal in der Spalte rauher Schlucht ist er
                                verschwunden,
Und nun scheint er uns verloren. Mutter jammert, Vater
                                tröstet,   9615
Achselzuckend steh ich ängstlich. Doch nun wieder welch
                                Erscheinen.
Liegen Schätze dort verborgen? blumenstreifige Gewande
Hat er würdig angetan.
Quasten schwanken von den Armen, Binden flattern um
                                den Busen,
In der Hand die goldne Leier, völlig wie ein kleiner
                                Phöbus   9620
Tritt er wohlgemut zur Kante, zu dem Überhang; wir
                                staunen.

Und die Eltern vor Entzücken werfen wechselnd sich ans
Herz.
Denn wie leuchtet's ihm zu Häupten? Was erglänzt ist
schwer zu sagen,
Ist es Goldschmuck, ist es Flamme übermächtiger
Geisteskraft.
9625 Und so regt er sich gebärdend, sich als Knabe schon
verkündend
Künftigen Meister alles Schönen, dem die ewigen
Melodieen
Durch die Glieder sich bewegen; und so werdet ihr ihn
hören,
Und so werdet ihr ihn sehn zu einzigster Bewunderung.
CHOR
Nennst du ein Wunder dies,
9630   Creta's Erzeugte?
Dichtend belehrendem Wort
Hast du gelauscht wohl nimmer?
Niemals noch gehört Ioniens,
Nie vernommen auch Hellas
9635   Urväterlicher Sagen
Göttlich-heldenhaften Reichtum?

Alles was je geschieht
Heutiges Tages
Trauriger Nachklang ist's
9640   Herrlicher Ahnherrn-Tage
Nicht vergleicht sich dein Erzählen
Dem was liebliche Lüge
Glaubhaftiger als Wahrheit
Von dem Sohne sang der Maja.

9645   Diesen zierlich und kräftig doch
Kaum geborenen Säugling
Faltet in reinster Windeln Flaum,
Strenget in köstlicher Wickeln Schmuck
Klatschender Wärterinnen Schar
9650   Unvernünftigen Wähnens.
Kräftig und zierlich aber zieht

Schon der Schalk die geschmeidigen
Doch elastischen Glieder
Listig heraus, die purpurne
Ängstlich drückende Schale   9655
Lassend ruhig an seiner Statt.
Gleich dem fertigen Schmetterling
Der aus starrem Puppenzwang
Flügel entfaltend behendig schlüpft
Sonne durchstrahlten Äther kühn   9660
Und mutwillig durchflatternd.

So auch er der behendeste,
Daß er Dieben und Schälken,
Vorteil suchenden allen auch
Ewig günstiger Dämon sei.   9665
Dies betätigt er alsobald
Durch gewandteste Künste.
Schnell des Meeres Beherrscher stiehlt
Er den Trident, ja dem Ares selbst
Schlau das Schwert aus der Scheide: 9670
Bogen und Pfeil dem Phöbus auch,
Wie dem Hephästos die Zange;
Selber Zeus, des Vaters, Blitz
Nähm' er, schreckt' ihn das Feuer nicht;
Doch dem Eros siegt er ob   9675
In beinstellendem Ringerspiel,
Raubt auch Cyprien, wie sie ihm kos't,
Noch vom Busen den Gürtel.

Ein reizendes, reinmelodisches Saitenspiel erklingt aus der Höhle.
Alle merken auf und scheinen bald innig gerührt. Von hier an bis
zur bemerkten Pause durchaus mit vollstimmiger Musik.

PHORKYAS
Höret allerliebste Klänge,
Macht euch schnell von Fabeln frei,   9680
Eurer Götter alt Gemenge
Laßt es hin, es ist vorbei.

Niemand will euch mehr verstehen,
Fordern wir doch höhern Zoll:
9685 Denn es muß von Herzen gehen,
Was auf Herzen wirken soll.

sie zieht sich nach den Felsen zurück.

CHOR

Bist du fürchterliches Wesen
Diesem Schmeichelton geneigt,
Fühlen wir, als frisch genesen,
9690 Uns zur Tränenlust erweicht.

Laß der Sonne Glanz verschwinden,
Wenn es in der Seele tagt,
Wir im eignen Herzen finden
Was die ganze Welt versagt.

HELENA, FAUST, EUPHORION *in dem oben beschriebenen*
Kostüm.

EUPHORION

9695 Hört ihr Kindeslieder singen,
Gleich ist's euer eigner Scherz;
Seht ihr mich im Takte springen,
Hüpft euch elterlich das Herz.

HELENA

Liebe, menschlich zu beglücken
9700 Nähert sie ein edles Zwei,
Doch zu göttlichem Entzücken
Bildet sie ein köstlich Drei.

FAUST

Alles ist sodann gefunden:
Ich bin dein und du bist mein;
9705 Und so stehen wir verbunden,
Dürft es doch nicht anders sein!

CHOR

Wohlgefallen vieler Jahre
In des Knaben mildem Schein
Sammelt sich auf diesem Paare.
9710 O! wie rührt mich der Verein.

EUPHORION

    Nun laßt mich hüpfen,
    Nun laßt mich springen,
    Zu allen Lüften
    Hinauf zu dringen
    Ist mir Begierde   9715
    Sie faßt mich schon.

FAUST

    Nur mäßig! mäßig!
    Nicht ins Verwegne,
    Daß Sturz und Unfall
    Dir nicht begegne,   9720
    Zu Grund uns richte
    Der teure Sohn.

EUPHORION

    Ich will nicht länger
    Am Boden stocken;
    Laßt meine Hände,   9725
    Laßt meine Locken,
    Laßt meine Kleider,
    Sie sind ja mein.

HELENA

    O denk'! o denke
    Wem du gehörest!   9730
    Wie es uns kränke
    Wie du zerstörest
    Das schön errungene
    Mein, Dein und Sein.

CHOR

    Bald lös't, ich fürchte,   9735
    Sich der Verein!

HELENA und FAUST

    Bändige! bändige!
    Eltern zu Liebe
    Überlebendige,
    Heftige Triebe!   9740
    Ländlich im Stillen
    Ziere den Plan.

EUPHORION

   Nur euch zu Willen
   Halt ich mich an.
durch den Chor sich schlingend und ihn zum Tanze fortziehend
9745   Leichter umschweb' ich hie
   Muntres Geschlecht.
   Ist nun die Melodie,
   Ist die Bewegung recht?

HELENA

   Ja, das ist wohlgetan,
9750   Führe die Schönen an
   Künstlichem Reihn.

FAUST

   Wäre das doch vorbei!
   Mich kann die Gaukelei
   Gar nicht erfreun.

  EUPHORION und CHOR *tanzend und singend*
  bewegen sich in verschlungenem Reihen

9755 [CHOR] Wenn du der Arme Paar
   Lieblich bewegest,
   Im Glanz dein lockig Haar
   Schüttlend erregest,
   Wenn dir der Fuß so leicht
9760   Über die Erde schleicht,
   Dort und da wieder hin
   Glieder um Glied sich ziehn,
   Hast du dein Ziel erreicht
   Liebliches Kind;
9765   All' unsre Herzen sind
   All dir geneigt.

     Pause

EUPHORION

   Ihr seid so viele
   Leichtfüßige Rehe,
   Zu neuem Spiele

    Frisch aus der Nähe,   9770
    Ich bin der Jäger
    Ihr seid das Wild.

CHOR

    Willst du uns fangen
    Sei nicht behende,
    Denn wir verlangen   9775
    Doch nur am Ende
    Dich zu umarmen
    Du schönes Bild.

EUPHORION

    Nur durch die Haine!
    Zu Stock und Steine!   9780
    Das leicht Errungene
    Das widert mir,
    Nur das Erzwungene
    Ergötzt mich schier.

HELENA und FAUST

    Welch ein Mutwill! welch ein Rasen!   9785
    Keine Mäßigung ist zu hoffen.
    Klingt es doch wie Hörnerblasen
    Über Tal und Wälder dröhnend,
    Welch ein Unfug! welch Geschrei!

CHOR *Einzeln schnell eintretend*

    Uns ist er vorbei gelaufen,   9790
    Mit Verachtung uns verhöhnend,
    Schleppt er von dem ganzen Haufen
    Nun die wildeste herbei.

EUPHORION *ein junges Mädchen hereintragend*

    Schlepp' ich her die derbe Kleine
    Zu erzwungenem Genusse.   9795
    Mir zur Wonne, mir zur Lust
    Drück' ich widerspenstige Brust,
    Küß ich widerwärtigen Mund,
    Tue Kraft und Willen kund.

MÄDCHEN

    Laß mich los! In dieser Hülle   9800

Ist auch Geistes Mut und Kraft,
Deinem gleich ist unser Wille
Nicht so leicht hinweggerafft.
Glaubst du wohl mich im Gedränge?
9805 Deinem Arm vertraust du viel!
Halte fest, und ich versenge
Dich den Toren mir zum Spiel.

sie flammt auf und lodert in die Höhe

Folge mir in leichte Lüfte,
Folge mir in starre Grüfte,
9810 Hasche das verschwundne Ziel.

EUPHORION *die letzten Flammen abschüttelnd*

Felsengedränge hier
Zwischen dem Waldgebüsch,
Was soll die Enge mir,
Bin ich doch jung und frisch.
9815 Winde sie sausen ja,
Wellen sie brausen da
Hör' ich doch beides fern
Nah wär ich gern.

er springt immer höher Fels auf

HELENA, FAUST und CHOR

Wolltest du den Gemsen gleichen?
9820 Vor dem Falle muß uns graun.

EUPHORION

Immer höher muß ich steigen,
Immer weiter muß ich schaun.
Weiß ich nun wo ich bin!
Mitten der Insel drin,
9825 Mitten in Pelops Land,
Erde- wie seeverwandt.

CHOR

Magst du nicht in Berg und Wald
Friedlich verweilen,
Suchen wir alsobald
9830 Reben in Zeilen,
Reben am Hügelrand;

Feigen und Apfelgold.
Ach in dem holden Land
Bleibe du hold.

EUPHORION

Träumt ihr den Friedenstag?   9835
Träume wer träumen mag.
Krieg ist das Losungswort.
Sieg! und so klingt es fort.

CHOR

Wer im Frieden
Wünschet sich Krieg zurück   9840
Der ist geschieden
Vom Hoffnungsglück.

EUPHORION

Welche dies Land gebar
Aus Gefahr in Gefahr,
Frei, unbegrenzten Mut's,   9845
Verschwendrisch eignen Bluts,
Den nicht zu dämpfenden
Heiligen Sinn
Alle den Kämpfenden
Bring es Gewinn!   9850

CHOR

Seht hinauf wie hoch gestiegen!
Und erscheint uns doch nicht klein.
Wie im Harnisch, wie zum Siegen,
Wie von Erz und Stahl der Schein.

EUPHORION

Keine Wälle, keine Mauern,   9855
Jeder nur sich selbst bewußt;
Feste Burg, um auszudauern,
Ist des Mannes eh'rne Brust.
Wollt ihr unerobert wohnen,
Leicht bewaffnet rasch ins Feld;   9860
Frauen werden Amazonen
Und ein jedes Kind ein Held.

CHOR

> Heilige Poesie,
> Himmelan steige sie,
> Glänze, der schönste Stern,
> Fern und so weiter fern,
> Und sie erreicht uns doch
> Immer, man hört sie noch,
> Vernimmt sie gern.

EUPHORION

> Nein, nicht ein Kind bin ich erschienen,
> In Waffen kommt der Jüngling an;
> Gesellt zu Starken, Freien, Kühnen,
> Hat er im Geiste schon getan.
> Nun fort!
> Nun dort
> Eröffnet sich zum Ruhm die Bahn.

HELENA und FAUST

> Kaum ins Leben eingerufen,
> Heitrem Tag gegeben kaum,
> Sehnest du von Schwindelstufen
> Dich zu schmerzenvollem Raum.
> Sind denn wir
> Gar nichts dir?
> Ist der holde Bund ein Traum?

EUPHORION

> Und hört ihr donnern auf dem Meere?
> Dort widerdonnern Tal um Tal,
> In Staub und Wellen Heer dem Heere,
> In Drang um Drang zu Schmerz und Qual.
> Und der Tod
> Ist Gebot,
> Das versteht sich nun einmal.

HELENA, FAUST und CHOR

> Welch Entsetzen! welches Grauen!
> Ist der Tod denn dir Gebot?

EUPHORION

> Sollt' ich aus der Ferne schauen,
> Nein! ich teile Sorg' und Not.

DIE VORIGEN
>   Übermut und Gefahr,   9895
>   Tödliches Los!
EUPHORION
>   Doch! – und ein Flügelpaar
>   Faltet sich los.
>   Dorthin! Ich muß! ich muß!
>   Gönn't mir den Flug!   9900

er wirft sich in die Lüfte, die Gewande tragen ihn einen Augen-
*   blick, sein Haupt strahlt, ein Lichtschweif zieht nach*

CHOR
>   Ikarus! Ikarus!
>   Jammer genug.

Ein schöner Jüngling stürzt zu der Eltern Füßen, man glaubt in
dem Toten eine bekannte Gestalt zu erblicken; doch das Körper-
liche verschwindet sogleich, die Aureole steigt wie ein Komet zum
*   Himmel auf, Kleid, Mantel und Lyra bleiben liegen.*

HELENA und FAUST
>   Der Freude folgt sogleich
>   Grimmige Pein.
EUPHORIONS *Stimme aus der Tiefe*
>   Laß mich im düstern Reich,   9905
>   Mutter, mich nicht allein!

Pause

CHOR *Trauergesang*
>   Nicht allein! – wo du auch weilest,
>   Denn wir glauben dich zu kennen,
>   Ach! wenn du dem Tag enteilest
>   Wird kein Herz von dir sich trennen.
>   Wüßten wir doch kaum zu klagen,   9910
>   Neidend singen wir dein Los:
>   Dir in klar und trüben Tagen
>   Lied und Mut war schön und groß.
>
>   Ach! zum Erdenglück geboren,   9915
>   Hoher Ahnen, großer Kraft,

Leider! früh dir selbst verloren,
Jugendblüte weggerafft.
Scharfer Blick die Welt zu schauen,
9920   Mitsinn jedem Herzensdrang,
Liebesglut der besten Frauen
Und ein eigenster Gesang.

Doch du ranntest unaufhaltsam
Frei ins willenlose Netz,
9925   So entzweitest du gewaltsam
Dich mit Sitte, mit Gesetz;
Doch zuletzt das höchste Sinnen
Gab dem reinen Mut Gewicht,
Wolltest Herrliches gewinnen,
9930   Aber es gelang dir nicht.

Wem gelingt es? – Trübe Frage,
Der das Schicksal sich vermummt,
Wenn am unglückseligsten Tage
Blutend alles Volk verstummt.
9935   Doch erfrischet neue Lieder,
Steht nicht länger tief gebeugt;
Denn der Boden zeugt sie wieder,
Wie von je er sie gezeugt.

Völlige Pause. Die Musik hört auf.

HELENA *zu Faust*
Ein altes Wort bewährt sich leider auch an mir:
9940   Daß Glück und Schönheit dauerhaft sich nicht vereint.
Zerrissen ist des Lebens wie der Liebe Band,
Betrauernd beide, sag ich schmerzlich Lebewohl!
Und werfe mich noch einmal in die Arme dir.
Persephoneia nimm den Knaben auf und mich.
Sie umarmt Faust, das Körperliche verschwindet,
Kleid und Schleier bleiben ihm in den Armen.

PHORKYAS *zu Faust*

Halte fest was dir von allem übrig blieb.   9945
Das Kleid laß es nicht los. Da zupfen schon
Dämonen an den Zipfeln, möchten gern
Zur Unterwelt es reißen. Halte fest!
Die Göttin ist's nicht mehr die du verlorst,
Doch göttlich ist's. Bediene dich der hohen   9950
Unschätzbar'n Gunst und hebe dich empor,
Es trägt dich über alles Gemeine rasch
Am Äther hin, so lange du dauern kannst.
Wir sehn uns wieder, weit gar weit von hier.
  Helenens Gewande lösen sich in Wolken auf, umgeben Faust,
    heben ihn in die Höhe und ziehen mit ihm vorüber.

PHORKYAS *Nimmt Euphorions Kleid Mantel und Lyra von*
der Erde, tritt ins Proszenium, hebt die Exuvien in die Höhe
und spricht

Noch immer glücklich aufgefunden!   9955
Die Flamme freilich ist verschwunden,
Doch ist mir um die Welt nicht leid.
Hier bleibt genug Poeten einzuweihen,
Zu stiften Gild- und Handwerksneid;
Und kann ich die Talente nicht verleihen,   9960
Verborg ich wenigstens das Kleid.
        sie setzt sich im Proszenium an eine Säule nieder.
PANTHALIS

Nun eilig Mädchen! Sind wir doch den Zauber los,
Der alt thessalischen Vettel wüsten Geisteszwang;
So des Geklimpers vielverworrner Töne Rausch,
Das Ohr verwirrend, schlimmer noch den innern Sinn.   9965
Hinab zum Hades! Eilte doch die Königin
Mit ernstem Gang hinunter. Ihrer Sohle sei
Unmittelbar getreuer Mägde Schritt gefügt.
Wir finden sie am Throne der Unerforschlichen.
CHOR

    Königinnen freilich überall sind sie gern;   9970
    Auch im Hades stehen sie oben an,

Stolz zu ihres Gleichen gesellt,
Mit Persephonen innigst vertraut;
Aber wir im Hintergrunde
9975   Tiefer Asphodelos-Wiesen,
Langgestreckten Pappeln,
Unfruchtbaren Weiden zugesellt,
Welchen Zeitvertreib haben wir?
Fledermausgleich zu piepsen,
9980   Geflüster, unerfreulich, gespenstig.

PANTHALIS
Wer keinen Namen sich erwarb, noch Edles will,
Gehört den Elementen an, so fahret hin!
Mit meiner Königin zu sein verlangt mich heiß;
Nicht nur Verdienst, auch Treue wahrt uns die Person.

ab.

ALLE
9985   Zurückgegeben sind wir dem Tageslicht,
Zwar Personen nicht mehr,
Das fühlen, das wissen wir,
Aber zum Hades kehren wir nimmer.
Ewig lebendige Natur
9990   Macht auf uns Geister,
Wir auf sie vollgültigen Anspruch.

EIN TEIL DES CHORS
Wir in dieser tausend Äste Flüsterzittern,
                              Säuselschweben,
Reizen tändlend, locken leise wurzelauf des Lebens
                              Quellen
Nach den Zweigen; bald mit Blättern, bald mit Blüten
                              überschwenglich
9995   Zieren wir die Flatterhaare frei zu luftigem Gedeihn.
Fällt die Frucht, sogleich versammeln lebenslustig Volk
                              und Herden
Sich zum Greifen, sich zum Naschen, eilig kommend,
                              emsig drängend;
Und, wie vor den ersten Göttern, bückt sich alles um
                              uns her.

EIN ANDERER TEIL

    Wir an dieser Felsenwände weithinleuchtend glattem
                  Spiegel
    Schmiegen wir, in sanften Wellen uns bewegend,
                  schmeichelnd an;   10000
    Horchen, lauschen jedem Laute, Vogelsängen,
                  Röhrigflöten,
    Sei es Pans furchtbarer Stimme, Antwort ist sogleich
                  bereit;
    Säuselt's, säuseln wir erwidernd, donnert's, rollen unsre
                  Donner
    In erschütterndem Verdoppeln, dreifach, zehnfach
                  hinten nach.

EIN DRITTER TEIL

    Schwestern! Wir bewegtern Sinnes, eilen mit den
                  Bächen weiter;   10005
    Denn es reizen jener Ferne reichgeschmückte
                  Hügelzüge,
    Immer abwärts, immer tiefer, wässern wir, mäandrisch
                  wallend,
    Jetzt die Wiese, dann die Matten, gleich den Garten um
                  das Haus.
    Dort bezeichnen's der Zypressen schlanke Wipfel, über
                  Landschaft,
    Uferzug und Wellenspiegel, nach dem Äther steigende.   10010

EIN VIERTER TEIL

    Wallt ihr andern wo's beliebet, wir umzingeln wir
                  umrauschen
    Den durchaus bepflanzten Hügel, wo am Stab die Rebe
                  grünt;
    Dort zu aller Tage Stunden läßt die Leidenschaft des
                  Winzers
    Uns des liebevollsten Fleißes zweifelhaft Gelingen
                  sehn.
    Bald mit Hacke, bald mit Spaten, bald mit Häufeln,
                  Schneiden, Binden,   10015
    Betet er zu allen Göttern, fördersamst zum Sonnengott.

Bacchus kümmert sich, der Weichling, wenig um den
                                        treuen Diener,
Ruht in Lauben, lehnt in Höhlen, faselnd mit dem
                                        jüngsten Faun.
Was zu seiner Träumereien halbem Rausch er je
                                        bedurfte,
10020   Immer bleibt es ihm in Schläuchen, ihm in Krügen und
                                        Gefäßen,
Rechts und links der kühlen Grüfte ewige Zeiten
                                        aufbewahrt.
Haben aber alle Götter, hat nun Helios vor allen,
Lüftend, feuchtend, wärmend, glutend Beeren-
                                        Füllhorn aufgehäuft,
Wo der stille Winzer wirkte, dort auf einmal wird's
                                        lebendig,
10025   Und es rauscht in jedem Laube, raschelt um von Stock
                                        zu Stock.
Körbe knarren, Eimer klappern, Tragebutten ächzen
                                        hin,
Alles nach der großen Kufe zu der Keltrer kräftgem
                                        Tanz;
Und so wird die heilige Fülle reingeborner saftiger
                                        Beeren
Frech zertreten, schäumend, sprühend mischt sichs
                                        widerlich zerquetscht.
10030   Und nun gellt ins Ohr der Cymbeln mit der Becken
                                        Erzgetöne,
Denn es hat sich Dionysos aus Mysterien enthüllt;
Kommt hervor mit Ziegenfüßlern, schwenkend
                                        Ziegenfüßlerinnen,
Und dazwischen schreit unbändig grell Silenus öhrig
                                        Tier.
Nichts geschont! Gespaltne Klauen treten alle Sitte
                                        nieder,
10035   Alle Sinne wirbeln taumlich, gräßlich übertäubt das
                                        Ohr.
Nach der Schale tappen Trunkne, überfüllt sind Kopf
                                        und Wänste,

Sorglich ist noch ein und andrer, doch vermehrt er die
                                                    Tumulte,
Denn um neuen Most zu bergen, leert man rasch den
                                                alten Schlauch.

Der Vorhang fällt.

PHORKYAS

*Im Proszenium richtet sich riesenhaft auf, tritt aber von den
Kothurnen herunter, lehnt Maske und Schleier zurück und
zeigt sich als Mephistopheles, um, in so fern es nötig wäre, im
Epilog das Stück zu kommentieren.*

VIERTER AKT

HOCHGEBIRG

starke zackige Felsen-Gipfel,
eine Wolke zieht herbei,
lehnt sich an, senkt sich
auf eine vorstehende
Platte herab. Sie teilt sich.

FAUST *tritt hervor*
Der Einsamkeiten tiefste schauend unter meinem Fuß,
Betret' ich wohlbedächtig dieser Gipfel Saum,   10040
Entlassend meiner Wolke Tragewerk, die mich sanft
An klaren Tagen über Land und Meer geführt.
Sie löst sich langsam, nicht zerstiebend, von mir ab.
Nach Osten strebt die Masse mit geballtem Zug,
Ihr strebt das Auge staunend in Bewundrung nach.   10045
Sie teilt sich wandelnd, wogenhaft, veränderlich.
Doch will sich's modeln. Ja! das Auge trügt mich nicht! –
Auf sonnbeglänzten Pfühlen herrlich hingestreckt,
Zwar riesenhaft, ein göttergleiches Fraungebild,
Ich seh's! Junonen ähnlich, Leda'n, Helenen,   10050
Wie majestätisch lieblich mir's im Auge schwankt.
Ach! schon verrückt sich's! Formlos breit und aufgetürmt,
Ruht es in Osten, fernen Eisgebirgen gleich
Und spiegelt blendend flüchtger Tage großen Sinn.

Doch mir umschwebt ein zarter lichter Nebelstreif   10055
Noch Brust und Stirn, erheiternd, kühl und schmeichelhaft.
Nun steigt es leicht und zaudernd hoch und höher auf,
Fügt sich zusammen. – Täuscht mich ein entzückend Bild,
Als jugenderstes, längstentbehrtes höchstes Gut?

10060 Des tiefsten Herzens frühste Schätze quollen auf,
  Aurorens Liebe, leichten Schwung bezeichnet's mir,
  Den schnellempfundnen, ersten, kaum verstandnen Blick,
  Der, festgehalten, überglänzte jeden Schatz.
  Wie Seelenschönheit steigert sich die holde Form,
10065 Löst sich nicht auf, erhebt sich in den Äther hin,
  Und zieht das Beste meines Innern mit sich fort.

     EIN SIEBEN-MEILENSTIEFEL *tappt auf*
       ein ANDERER folgt alsbald.
      MEPHISTOPHELES *steigt ab*
     die STIEFEL schreiten eilig weiter.

MEPHISTOPHELES
  Das heiß ich endlich vorgeschritten!
  Nun aber sag, was fällt dir ein?
  Steigst ab in solcher Gräuel Mitten,
10070 Im gräßlich gähnenden Gestein?
  Ich kenn es wohl, doch nicht an dieser Stelle,
  Denn eigentlich war das der Grund der Hölle.
FAUST
  Es fehlt dir nie an närrischen Legenden,
  Fängst wieder an dergleichen auszuspenden.
MEPHISTOPHELES *ernsthaft*
10075 Als Gott der Herr – Ich weiß auch wohl warum –
  Uns, aus der Luft, in tiefste Tiefen bannte,
  Da, wo zentralisch glühend, um und um,
  Ein ewig Feuer flammend sich durchbrannte,
  Wir fanden uns bei allzugroßer Hellung,
10080 In sehr gedrängter unbequemer Stellung.
  Die Teufel fingen sämtlich an zu husten,
  Von oben und von unten aus zu pusten;
  Die Hölle schwoll von Schwefel-Stank und Säure,
  Das gab ein Gas! Das ging ins Ungeheure,
10085 So daß gar bald der Länder flache Kruste,
  So dick sie war, zerkrachend bersten mußte.
  Nun haben wir's an einem andern Zipfel,
  Was ehmals Grund war ist nun Gipfel.

Sie gründen auch hierauf die rechten Lehren
Das Unterste ins Oberste zu kehren.   10090
Denn wir entrannen knechtisch-heißer Gruft,
Ins Übermaß der Herrschaft freier Luft.
Ein offenbar Geheimnis wohlverwahrt
Und wird nur spät den Völkern offenbart.   (EPHES. 6. 12)

FAUST

Gebirgesmasse bleibt mir edel-stumm,   10095
Ich frage nicht woher und nicht warum?
Als die Natur sich in sich selbst gegründet,
Da hat sie rein den Erdball abgeründet.
Der Gipfel sich, der Schluchten sich erfreut,
Und Fels an Fels und Berg an Berg gereiht;   10100
Die Hügel dann bequem hinabgebildet,
Mit sanftem Zug sie in das Tal gemildet.
Da grünts und wächst's, und um sich zu erfreuen
Bedarf sie nicht der tollen Strudeleien.

MEPHISTOPHELES

Das sprecht ihr so! Das scheint euch sonnenklar.   10105
Doch weiß es anders der zugegen war.
Ich war dabei, als noch da drunten, siedend,
Der Abgrund schwoll und strömend Flammen trug,
Als Molochs Hammer, Fels an Felsen schmiedend,
Gebirges-Trümmer in die Ferne schlug.   10110
Noch starrt das Land von fremden Zentnermassen;
Wer gibt Erklärung solcher Schleudermacht?
Der Philosoph er weiß es nicht zu fassen,
Da liegt der Fels, man muß ihn liegen lassen,
Zu Schanden haben wir uns schon gedacht. –   10115
Das treu-gemeine Volk allein begreift
Und läßt sich im Begriff nicht stören;
Ihm ist die Weisheit längst gereift:
Ein Wunder ist's, der Satan kommt zu Ehren.
Mein Wandrer hinkt, an seiner Glaubenskrücke,   10120
Zum Teufelsstein, zur Teufelsbrücke.

FAUST

Es ist doch auch bemerkenswert zu achten,
Zu sehn wie Teufel die Natur betrachten.

MEPHISTOPHELES

Was geht michs an! Natur sei wie sie sei!

10125 's ist Ehrenpunkt! – der Teufel war dabei.

Wir sind die Leute Großes zu erreichen:

Tumult, Gewalt und Unsinn! sieh das Zeichen! –

Doch, daß ich endlich ganz verständlich spreche,

Gefiel Dir nichts an unsrer Oberfläche?

10130 Du übersahst, in ungemeßnen Weiten,

Die Reiche der Welt und ihre Herrlichkeiten;   (MATTH. 4)

Doch, ungenügsam wie du bist,

Empfandest du wohl kein Gelüst?

FAUST

Und doch! ein Großes zog mich an.

10135 Errate!

MEPHISTOPHELES

Das ist bald getan.

Ich suchte mir so eine Hauptstadt aus,

Im Kerne Bürger-Nahrungs-Graus,

Krummenge Gäßchen, spitze Giebeln,

Beschränkten Markt, Kohl, Rüben, Zwiebeln;

10140 Fleischbänke wo die Schmeißen hausen

Die fetten Braten anzuschmausen;

Da findest du zu jeder Zeit

Gewiß Gestank und Tätigkeit.

Dann weite Plätze, breite Straßen,

10145 Vornehmen Schein sich anzumaßen;

Und endlich, wo kein Tor beschränkt,

Vorstädte grenzenlos verlängt.

Da freut ich mich an Rollekutschen,

Am lärmigen Hin- und Widerrutschen,

10150 Am ewigen Hin- und Widerlaufen,

Zerstreuter Ameis-Wimmelhaufen.

Und, wenn ich führe, wenn ich ritte,

Erschien ich immer ihre Mitte

Von Hunderttausenden verehrt.

FAUST

10155 Das kann mich nicht zufrieden stellen!

Man freut sich daß das Volk sich mehrt,
Nach seiner Art behäglich nährt,
Sogar sich bildet sich belehrt,
Und man erzieht sich nur Rebellen.

MEPHISTOPHELES
  Dann baut ich, grandios, mir selbst bewußt,   10160
  Am lustigen Ort ein Schloß zur Lust.
  Wald, Hügel, Flächen, Wiesen, Feld
  Zum Garten prächtig umbestellt.
  Vor grünen Wänden Sammet-Matten,
  Schnurwege, kunstgerechte Schatten,   10165
  Kaskadensturz, durch Fels zu Fels gepaart,
  Und Wasserstrahlen aller Art;
  Ehrwürdig steigt es dort, doch an den Seiten,
  Da zischt's und pißts, in tausend Kleinigkeiten.
  Dann aber ließ ich allerschönsten Frauen   10170
  Vertraut-bequeme Häuslein bauen;
  Verbrächte da grenzenlose Zeit
  In allerliebst-geselliger Einsamkeit.
  Ich sage Fraun; denn, ein für allemal,
  Denk ich die Schönen im Plural.   10175

FAUST
  Schlecht und modern! Sardanapal!

MEPHISTOPHELES
  Errät man wohl wornach du strebtest?
  Es war gewiß erhaben kühn.
  Der du dem Mond um so viel näher schwebtest,
  Dich zog wohl Deine Sucht dahin?   10180

FAUST
  Mit nichten! Dieser Erdenkreis
  Gewährt noch Raum zu großen Taten.
  Erstaunenswürdiges soll geraten,
  Ich fühle Kraft zu kühnem Fleiß.

MEPHISTOPHELES
  Und also willst du Ruhm verdienen?   10185
  Man merkt's du kommst von Heroinen.

FAUST

Herrschaft gewinn ich, Eigentum!
Die Tat ist alles, nichts der Ruhm.

MEPHISTOPHELES

Doch werden sich Poeten finden,
10190   Der Nachwelt deinen Glanz zu künden,
Durch Torheit Torheit zu entzünden.

FAUST

Von allem ist dir nichts gewährt.
Was weißt du was der Mensch begehrt?
Dein widrig Wesen, bitter, scharf,
10195   Was weiß es was der Mensch bedarf.

MEPHISTOPHELES

Geschehe denn nach Deinem Willen!
Vertraue mir den Umfang deiner Grillen.

FAUST

Mein Auge war aufs hohe Meer gezogen,
Es schwoll empor, sich in sich selbst zu türmen.
10200   Dann ließ es nach und schüttete die Wogen,
Des flachen Ufers Breite zu bestürmen.
Und das verdroß mich. Wie der Übermut
Den freien Geist, der alle Rechte schätzt,
Durch leidenschaftlich aufgeregtes Blut
10205   Ins Mißbehagen des Gefühls versetzt.
Ich hielt's für Zufall, schärfte meinen Blick,
Die Woge stand und rollte dann zurück,
Entfernte sich vom stolz erreichten Ziel;
Die Stunde kommt, sie wiederholt das Spiel.

MEPHISTOPHELES AD SPECTATORES

10210   Da ist für mich nichts Neues zu erfahren,
Das kenn ich schon seit hunderttausend Jahren.

FAUST *leidenschaftlich fortfahrend*

Sie schleicht heran, an abertausend Enden
Unfruchtbar selbst Unfruchtbarkeit zu spenden,
Nun schwillt's und wächst und rollt und überzieht
10215   Der wüsten Strecke widerlich Gebiet.
Da herrschet Well auf Welle kraftbegeistet,

Zieht sich zurück und es ist nichts geleistet.
Was zur Verzweiflung mich beängstigen könnte,
Zwecklose Kraft, unbändiger Elemente!
Da wagt mein Geist sich selbst zu überfliegen,   10220
Hier möcht' ich kämpfen, dies möcht ich besiegen.

Und es ist möglich, flutend wie sie sei,
An jedem Hügel schmiegt sie sich vorbei;
Sie mag sich noch so übermütig regen,
Geringe Höhe ragt ihr stolz entgegen,   10225
Geringe Tiefe zieht sie mächtig an.
Da faßt ich schnell im Geiste Plan auf Plan:
Erlange dir das köstliche Genießen
Das herrische Meer vom Ufer auszuschließen,
Der feuchten Breite Grenzen zu verengen   10230
Und, weit hinein, sie in sich selbst zu drängen.
Schon Schritt für Schritt wußt ich mirs zu erörtern;
Das ist mein Wunsch, den wage zu befördern.

> *Trommeln und kriegerische Musik im Rücken der*
> *Zuschauer, aus der Ferne, von der rechten Seite her.*

MEPHISTOPHELES
  Wie leicht ist das! Hörst du die Trommeln fern?
FAUST
  Schon wieder Krieg! der Kluge hörts nicht gern.   10235
MEPHISTOPHELES
  Krieg oder Frieden. Klug ist das Bemühen
  Zu seinem Vorteil etwas auszuziehen.
  Man paßt, man merkt auf jedes günstige Nu.
  Gelegenheit ist da, nun, Fauste greife zu.
FAUST
  Mit solchem Rätselkram verschone mich!   10240
  Und kurz und gut, was solls? Erkläre dich.
MEPHISTOPHELES
  Auf meinem Zuge blieb mir nicht verborgen
  Der gute Kaiser schwebt in großen Sorgen,
  Du kennst ihn ja. Als wir ihn unterhielten,

10245 Ihm falschen Reichtum in die Hände spielten,
      Da war die ganze Welt ihm feil.
      Denn jung ward ihm der Thron zu Teil,
      Und ihm beliebt' es falsch zu schließen:
      Es könne wohl zusammengehn,
10250 Und sei recht wünschenswert und schön,
      Regieren und zugleich genießen.
      FAUST
      Ein großer Irrtum. Wer befehlen soll,
      Muß im Befehlen Seligkeit empfinden.
      Ihm ist die Brust von hohem Willen voll,
10255 Doch was er will, es darfs kein Mensch ergründen.
      Was er den Treusten in das Ohr geraunt,
      Es ist getan und alle Welt erstaunt.
      So wird er stets der Allerhöchste sein,
      Der Würdigste –, Genießen macht gemein.
      MEPHISTOPHELES
10260 So ist er nicht! Er selbst genoß und wie!
      Indes zerfiel das Reich in Anarchie,
      Wo groß und klein sich kreuz und quer befehdeten,
      Und Brüder sich vertrieben, töteten.
      Burg gegen Burg, Stadt gegen Stadt,
10265 Zunft gegen Adel – Fehde hat,
      Der Bischof mit Kapitel und Gemeinde;
      Was sich nur ansah waren Feinde.
      In Kirchen Mord und Totschlag, vor den Toren
      Ist jeder Kauf- und Wandersmann verloren.
10270 Und allen wuchs die Kühnheit nicht gering;
      Denn leben hieß sich wehren – Nun das ging.
      FAUST
      Es ging, es hinkte, fiel, stand wieder auf;
      Dann überschlug sich's, rollte plump zu Hauf.
      MEPHISTOPHELES
      Und solchen Zustand durfte niemand schelten,
10275 Ein jeder konnte, jeder wollte gelten.
      Der Kleinste selbst er galt für voll.
      Doch war's zuletzt den Besten allzutoll.

Die Tüchtigen sie standen auf mit Kraft
Und sagten: Herr ist der uns Ruhe schafft.
Der Kaiser kanns nicht, wills nicht – laßt uns wählen,   10280
Den neuen Kaiser neu das Reich beseelen,
Indem er jeden sicher stellt,
In einer frisch geschaffnen Welt
Fried' und Gerechtigkeit vermählen.

FAUST
  Das klingt sehr pfäffisch.

MEPHISTOPHELES
                        Pfaffen warens auch,   10285
  Sie sicherten den wohlgenährten Bauch.
  Sie waren mehr als andere beteiligt.
  Der Aufruhr schwoll, der Aufruhr ward geheiligt;
  Und unser Kaiser, den wir froh gemacht,
  Zieht sich hieher, vielleicht zur letzten Schlacht.   10290

FAUST
  Er jammert mich, er war so gut und offen.

MEPHISTOPHELES
  Komm, sehn wir zu, der Lebende soll hoffen.
  Befrein wir ihn aus diesem engen Tale!
  Einmal gerettet ist's für tausendmale.
  Wer weiß wie noch die Würfel fallen?   10295
  Und hat er Glück so hat er auch Vasallen.

sie steigen über das Mittelgebirg herüber und beschauen die Anord-
nung des Heeres im Tal. Trommeln und Kriegsmusik schallt von
unten auf.

MEPHISTOPHELES
  Die Stellung, seh ich, gut ist sie genommen,
  Wir treten zu, dann ist der Sieg vollkommen.

FAUST
  Was kann da zu erwarten sein?
  Trug! Zauberblendwerk! Hohler Schein.   10300

MEPHISTOPHELES
  Kriegslist um Schlachten zu gewinnen!
  Befestige dich bei großen Sinnen,

Indem du deinen Zweck bedenkst.
Erhalten wir dem Kaiser Thron und Lande,
10305 So kniest du nieder und empfängst
Die Lehn von grenzenlosem Strande.

FAUST
Schon manches hast du durchgemacht,
Nun, so gewinn' auch eine Schlacht.

MEPHISTOPHELES
Nein, Du gewinnst sie! diesesmal
10310 Bist du der Obergeneral.

FAUST
Das wäre mir die rechte Höhe
Da zu befehlen wo ich nichts verstehe.

MEPHISTOPHELES
Laß du den Generalstab sorgen
Und der Feldmarschall ist geborgen.
10315 Kriegsunrat hab ich längst verspürt,
Den Kriegsrat gleich voraus formiert,
Aus Urgebirgs Urmenschenkraft;
Wohl dem der sie zusammenrafft.

FAUST
Was seh ich dort was Waffen trägt?
10320 Hast du das Bergvolk aufgeregt?

MEPHISTOPHELES
Nein! aber, gleich Herrn Peter Squenz,
Vom ganzen Praß die Quintessenz.

DIE DREI GEWALTIGEN *treten auf*
SAM. II. 23. 8.

MEPHISTOPHELES
Da kommen meine Bursche ja!
Du siehst, von sehr verschiedenen Jahren,
10325 Verschiednem Kleid und Rüstung sind sie da,
Du wirst nicht schlecht mit ihnen fahren.
AD SPECTATORES
Es liebt sich jetzt ein jedes Kind
Den Harnisch und den Ritterkragen;

Und, allegorisch wie die Lumpe sind,
Sie werden nur um desto mehr behagen.   10330
RAUFEBOLD *jung, leicht bewaffnet, bunt gekleidet*
  Wenn einer mir ins Auge sieht
  Werd ich ihm mit der Faust gleich in die Fresse fahren,
  Und eine Memme wenn sie flieht
  Faß ich bei ihren letzten Haaren.
HABEBALD *männlich, wohl bewaffnet, reich gekleidet*
  So leere Händel das sind Possen,   10335
  Damit verdirbt man seinen Tag;
  Im Nehmen sei nur unverdrossen,
  Nach allem andern frag hernach.
HALTEFEST *bejahrt, stark bewaffnet, ohne Gewand*
  Damit ist auch nicht viel gewonnen,
  Bald ist ein großes Gut zerronnen,   10340
  Es rauscht im Lebensstrom hinab.
  Zwar nehmen ist recht gut doch besser ists behalten;
  Laß du den grauen Kerl nur walten
  Und niemand nimmt dir etwas ab.
               sie steigen allzusammen tiefer.

AUF DEM VORGEBIRG

Trommeln und kriegerische Musik von unten
Des Kaisers Zelt wird aufgeschlagen

KAISER. OBERGENERAL. TRABANTEN

OBERGENERAL

10345 Noch immer scheint der Vorsatz wohl erwogen
Daß wir, in dies gelegene Tal,
Das ganze Heer gedrängt zurückgezogen,
Ich hoffe fest uns glückt die Wahl.

KAISER

Wie es nun geht, es muß sich zeigen;
10350 Doch mich verdrießt die halbe Flucht, das Weichen.

OBERGENERAL

Schau hier, mein Fürst, auf unsre rechte Flanke.
Solch ein Terrain wünscht sich der Kriegsgedanke;
Nicht steil die Hügel, doch nicht allzu gänglich,
Den Unsern vorteilhaft, dem Feind verfänglich.
10355 Wir, halb versteckt, auf wellenförmigem Plan;
Die Reiterei sie wagt sich nicht heran.

KAISER

Mir bleibt nichts übrig als zu loben;
Hier kann sich Arm und Brust erproben.

OBERGENERAL

Hier, auf der Mittelwiese flachen Räumlichkeiten,
10360 Siehst Du den Phalanx, wohlgemut zu streiten.
Die Piken blinken flimmernd in der Luft,
Im Sonnenglanz, durch Morgennebelduft.
Wie dunkel wogt das mächtige Quadrat!
Zu Tausenden glühts hier auf große Tat.
10365 Du kannst daran der Masse Kraft erkennen,
Ich trau ihr zu der Feinde Kraft zu trennen.

KAISER
  Den schönen Blick hab' ich zum ersten Mal.
  Ein solches Heer gilt für die Doppelzahl.
OBERGENERAL
  Von unsrer Linken hab ich nichts zu melden,
  Den starren Fels besetzen wackere Helden.   10370
  Das Steingeklipp, das jetzt von Waffen blitzt,
  Den wichtigen Paß der engen Klause schützt.
  Ich ahne schon hier scheitern Feindeskräfte
  Unvorgesehn im blutigen Geschäfte.
KAISER
  Dort ziehn sie her die falschen Anverwandten,   10375
  Wie sie mich Oheim, Vetter, Bruder nannten,
  Sich immer mehr und wieder mehr erlaubten,
  Dem Zepter Kraft, dem Thron Verehrung raubten;
  Dann, unter sich entzweit, das Reich verheerten,
  Und nun gesamt sich gegen mich empörten.   10380
  Die Menge schwankt im ungewissen Geist,
  Dann strömt sie nach wohin der Strom sie reißt.
OBERGENERAL
  Ein treuer Mann, auf Kundschaft ausgeschickt,
  Kommt eilig Felsenab; seis ihm geglückt!
ERSTER KUNDSCHAFTER
      Glücklich ist sie uns gelungen,   10385
      Listig, mutig unsre Kunst,
      Daß wir hin und her gedrungen;
      Doch wir bringen wenig Gunst.
      Viele schwören reine Huldigung
      Dir, wie manche treue Schar,   10390
      Doch Untätigkeits-Entschuldigung:
      Innere Gärung, Volksgefahr.
KAISER
  Sich selbst erhalten bleibt der Selbstsucht Lehre,
  Nicht Dankbarkeit und Neigung, Pflicht und Ehre.
  Bedenkt ihr nicht, wenn eure Rechnung voll,   10395
  Daß Nachbars Hausbrand Euch verzehren soll.

OBERGENERAL
Der Zweite kommt, nur langsam steigt er nieder,
Dem müden Manne zittern alle Glieder.
ZWEITER KUNDSCHAFTER
    Erst gewahrten wir vergnüglich
10400   Wilden Wesens irren Lauf;
    Unerwartet, unverzüglich
    Trat ein neuer Kaiser auf.
    Und auf vorgeschriebenen Bahnen
    Zieht die Menge durch die Flur;
10405   Den entrollten Lügenfahnen
    Folgen alle. – Schafsnatur!
KAISER
Ein Gegenkaiser kommt mir zum Gewinn,
Nun fühl ich erst daß Ich der Kaiser bin.
Nur als Soldat legt ich den Harnisch an,
10410 Zu höherem Zweck ist er nun umgetan.
Bei jedem Fest, wenns noch so glänzend war,
Nichts ward vermißt, mir fehlte die Gefahr.
Wie ihr auch seid zum Ringspiel rietet ihr,
Mir schlug das Herz ich atmete Turnier.
10415 Und hättet ihr mir nicht vom Kriegen abgeraten,
Jetzt glänzt' ich schon in lichten Heldentaten.
Selbstständig fühlt ich meine Brust besiegelt,
Als ich mich dort im Feuerreich bespiegelt,
Das Element drang gräßlich auf mich los,
10420 Es war nur Schein, allein der Schein war groß.
Von Sieg und Ruhm hab ich verwirrt geträumt,
Ich bringe nach was frevelhaft versäumt.

Die Herolde werden abgefertigt
zu Herausforderung des Gegenkaisers.

FAUST *geharnischt mit halbgeschloßnem Helme,*
DIE DREI GEWALTIGEN *gerüstet und gekleidet wie oben.*

FAUST
Wir treten auf, und hoffen ungescholten;
Auch ohne Not hat Vorsicht wohl gegolten.

Du weißt das Bergvolk denkt und simuliert,   10425
Ist in Natur- und Felsenschrift studiert.
Die Geister, längst dem flachen Land entzogen,
Sind mehr als sonst dem Felsgebirg gewogen.
Sie wirken still durch labyrinthische Klüfte,
Im edlen Gas metallisch reicher Düfte;   10430
In stetem Sondern, Prüfen und Verbinden,
Ihr einziger Trieb ist Neues zu erfinden.
Mit leisem Finger geistiger Gewalten
Erbauen sie durchsichtige Gestalten;
Dann im Kristall und seiner ewigen Schweignis   10435
Erblicken sie der Oberwelt Ereignis.

KAISER
Vernommen hab ich's und ich glaube Dir;
Doch, wackrer Mann, sag an: was soll das hier?

FAUST
Der Negromant von Norcia, der Sabiner,
Ist dein getreuer ehrenhafter Diener.   10440
Welch gräulich Schicksal droht' ihm ungeheuer,
Das Reisig prasselte, schon züngelte das Feuer;
Die trocknen Scheite, rings umher verschränkt,
Mit Pech und Schwefelruten untermengt;
Nicht Mensch, noch Gott, noch Teufel konnte retten,   10445
Die Majestät zersprengte glühende Ketten.
Dort war's in Rom. Er bleibt dir hoch verpflichtet,
Auf deinen Gang in Sorge stets gerichtet.
Von jener Stund' an ganz vergaß er sich,
Er fragt den Stern, die Tiefe nur für Dich.   10450
Er trug uns auf, als eiligstes Geschäfte,
Bei dir zu stehn. Groß sind des Berges Kräfte;
Da wirkt Natur so übermächtig frei,
Der Pfaffen Stumpfsinn schilt es Zauberei.

KAISER
Am Freudentag wenn wir die Gäste grüßen,   10455
Die heiter kommen, heiter zu genießen,
Da freut uns jeder wie er schiebt und drängt,
Und, Mann für Mann, der Säle Raum verengt.

Doch höchst willkommen muß der Biedre sein,
10460 Tritt er als Beistand kräftig zu uns ein,
Zur Morgenstunde, die bedenklich waltet,
Weil über ihr des Schicksals Waage schaltet.
Doch lenket hier, im hohen Augenblick,
Die starke Hand vom willigen Schwert zurück.
10465 Ehrt den Moment, wo manche tausend schreiten,
Für oder wider mich zu streiten.
Selbst ist der Mann! Wer Thron und Kron begehrt
Persönlich sei er solcher Ehren wert.
Sei das Gespenst, das gegen uns erstanden
10470 Sich Kaiser nennt und Herr von unsern Landen,
Des Heeres Herzog, Lehnsherr unsrer Großen,
Mit eigner Faust in's Totenreich gestoßen.

FAUST
Wie es auch sei das Große zu vollenden,
Du tust nicht wohl dein Haupt so zu verpfänden.
10475 Ist nicht der Helm mit Kamm und Busch geschmückt,
Er schützt das Haupt das unsern Mut entzückt.
Was, ohne Haupt, was förderten die Glieder?
Denn schläfert jenes, alle sinken nieder;
Wird es verletzt, gleich alle sind verwundet,
10480 Erstehen frisch, wenn jenes rasch gesundet.
Schnell weiß der Arm sein starkes Recht zu nützen,
Er hebt den Schild den Schädel zu beschützen,
Das Schwert gewahret seiner Pflicht sogleich,
Lenkt kräftig ab und wiederholt den Streich;
10485 Der tüchtige Fuß nimmt Teil an ihrem Glück,
Setzt dem Erschlagenen frisch sich ins Genick.

KAISER
Das ist mein Zorn, so möcht ich ihn behandeln,
Das stolze Haupt in Schemeltritt verwandeln.

HEROLDE *kommen zurück*
Wenig Ehre wenig Geltung
10490 Haben wir daselbst genossen,
Unsrer kräftig edlen Meldung
Lachten sie als schaler Possen:

»Euer Kaiser ist verschollen,
Echo dort im engen Tal;
Wenn wir sein gedenken sollen,   10495
Märchen sagt: – Es war einmal.«

FAUST
  Dem Wunsch gemäß der Besten ists geschehn,
  Die, fest und treu, an Deiner Seite stehn.
  Dort naht der Feind, die Deinen harren brünstig,
  Befiehl den Angriff, der Moment ist günstig.   10500

KAISER
  Auf das Kommando leist ich hier Verzicht.
                    zum Oberfeldherrn
  In Deinen Händen, Fürst, sei Deine Pflicht.

OBERGENERAL
  So trete denn der rechte Flügel an!
  Des Feindes Linke, eben jetzt im Steigen,
  Soll, eh sie noch den letzten Schritt getan,   10505
  Der Jugendkraft geprüfter Treue weichen.

FAUST
  Erlaube denn daß dieser muntre Held
  Sich ungesäumt in Deine Reihen stellt,
  Sich Deinen Reihen innigst einverleibt,
  Und, so gesellt, sein kräftig Wesen treibt.   10510
                    er deutet zur Rechten.

RAUFEBOLD *tritt vor*
  Wer das Gesicht mir zeigt der kehrts nicht ab
  Als mit zerschlagnen Unter- und Oberbacken,
  Wer mir den Rücken kehrt, gleich liegt ihm schlapp
  Hals, Kopf und Schopf hinschlotternd graß im Nacken.
  Und schlagen Deine Männer dann   10515
  Mit Schwert und Kolben wie ich wüte,
  So stürzt der Feind, Mann über Mann,
  Ersäuft im eigenen Geblüte.
                    ab.

OBERFELDHERR
  Der Phalanx unsrer Mitte folge sacht,
  Dem Feind begegn' er, klug mit aller Macht,   10520

Ein wenig rechts, dort hat bereits, erbittert,
Der Unseren Streitkraft ihren Plan erschüttert.
FAUST *auf den Mittelsten deutend*
So folge denn auch dieser Deinem Wort.
[Er ist behend, reißt alles mit sich fort.]
HABEBALD *Tritt hervor*
10525 Dem Heldenmut der Kaiserscharen
Soll sich der Durst nach Beute paaren;
Und allen sei das Ziel gestellt:
Des Gegenkaisers reiches Zelt.
Er prahlt nicht lang auf seinem Sitze,
10530 Ich ordne mich dem Phalanx an die Spitze.
EILEBEUTE *Marketenderin, sich an ihn anschmiegend*
Bin ich auch ihm nicht angeweibt,
Er mir der liebste Buhle bleibt.
Für uns ist solch ein Herbst gereift!
Die Frau ist grimmig wenn sie greift,
10535 Ist ohne Schonung wenn sie raubt;
Im Sieg voran! und alles ist erlaubt.
                       beide ab.
OBERFELDHERR
Auf unsre Linke, wie vorauszusehn,
Stürzt ihre Rechte, kräftig. Widerstehn
Wird Mann für Mann dem wütenden Beginnen
10540 Den engen Paß des Felswegs zu gewinnen.
FAUST *winkt nach der Linken*
So bitte Herr auch diesen zu bemerken,
Es schadet nichts wenn Starke sich verstärken.
HALTEFEST *tritt vor*
Dem linken Flügel keine Sorgen!
Da wo ich bin ist der Besitz geborgen,
10545 In ihm bewähret sich der Alte,
Kein Strahlblitz spaltet was ich halte.
                       ab.
MEPHISTOPHELES *von oben herunter kommend*
Nun schauet wie im Hintergrunde,
Aus jedem zackigen Felsenschlunde,

Bewaffnete hervor sich drängen,
Die schmalen Pfade zu verengen.   10550
Mit Helm und Harnisch, Schwertern, Schilden,
In unserm Rücken eine Mauer bilden,
Den Wink erwartend zuzuschlagen.
                leise zu den Wissenden
Woher das kommt müßt ihr nicht fragen.
Ich habe freilich nicht gesäumt   10555
Die Waffensäle ringsum ausgeräumt;
Da standen sie zu Fuß zu Pferde,
Als wären sie noch Herrn der Erde,
Sonst waren's Ritter, König, Kaiser,
Jetzt sind es nichts als leere Schneckenhäuser.   10560
Gar manch Gespenst hat sich darein geputzt,
Das Mittelalter lebhaft aufgestutzt.
Welch Teufelchen auch drinne steckt,
Für diesmal macht es doch Effekt.
                laut
Hört wie sie sich voraus erbosen,   10565
Blechklappernd aneinander stoßen!
Auch flattern Fahnenfetzen bei Standarten,
Die frischer Lüftchen ungeduldig harrten.
Bedenkt, hier ist ein altes Volk bereit
Und mischte gern sich auch zum neuen Streit.   10570

        *furchtbarer Posaunenschall von oben, im feindlichen Heere
                    merkliche Schwankung*

FAUST
   Der Horizont hat sich verdunkelt,
   Nur hie und da bedeutend funkelt
   Ein roter ahnungsvoller Schein;
   Schon blutig blinken die Gewehre,
   Der Fels, der Wald, die Atmosphäre,   10575
   Der ganze Himmel mischt sich ein.
MEPHISTOPHELES
   Die rechte Flanke hält sich kräftig;
   Doch seh ich, ragend unter diesen,

Hans Raufbold, den behenden Riesen,
10580 Auf seine Weise rasch beschäftigt.

KAISER
  Erst sah ich Einen Arm erhoben,
  Jetzt seh ich schon ein Dutzend toben,
  Naturgemäß geschieht es nicht.

FAUST
  Vernahmst du nichts von Nebelstreifen
10585 Die auf Siziliens Küsten schweifen?
  Dort, schwankend klar, im Tageslicht,
  Erhoben zu den Mittellüften,
  Gespiegelt in besondern Düften,
  Erscheint ein seltsames Gesicht.
10590 Da schwanken Städte hin und wider,
  Da steigen Gärten auf und nieder,
  Wie Bild um Bild den Äther bricht.

KAISER
  Doch wie bedenklich! Alle Spitzen
  Der hohen Speere seh ich blitzen;
10595 Auf unsrer Phalanx blanken Lanzen
  Seh ich behende Flämmchen tanzen.
  Das scheint mir gar zu geisterhaft.

FAUST
  Verzeih, o Herr, das sind die Spuren
  Verschollner geistiger Naturen,
10600 Ein Widerschein der Dioskuren,
  Bei denen alle Schiffer schwuren,
  Sie sammeln hier die letzte Kraft.

KAISER
  Doch sage wem sind wir verpflichtet
  Daß die Natur, auf uns gerichtet,
10605 Das Seltenste zusammenrafft?

MEPHISTOPHELES
  Wem als dem Meister, jenem hohen,
  Der dein Geschick im Busen trägt?
  Durch deiner Feinde starkes Drohen
  Ist er im Tiefsten aufgeregt.

Sein Dank will dich gerettet sehen,   10610
Und sollt er selbst daran vergehen.

KAISER

Sie jubelten mich pomphaft umzuführen,
Ich war nun was, das wollt ich auch probieren,
Und fands gelegen, ohne viel zu denken,
Dem weißen Barte kühle Luft zu schenken.   10615
Dem Klerus hab ich eine Lust verdorben,
Und ihre Gunst mir freilich nicht erworben.
Nun sollt ich seit so manchen Jahren
Die Wirkung frohen Tuns erfahren?

FAUST

Freiherzige Wohltat wuchert reich;   10620
Laß deinen Blick sich aufwärts wenden!
Mich deucht Er will ein Zeichen senden,
Gib acht, es deutet sich sogleich.

KAISER

Ein Adler schwebt im Himmelhohen,
Ein Greif ihm nach mit wildem Drohen.   10625

FAUST

Gib acht: gar günstig scheint es mir.
Greif ist ein fabelhaftes Tier;
Wie kann er sich so weit vergessen,
Mit echtem Adler sich zu messen?

KAISER

Nunmehr, in weitgedehnten Kreisen,   10630
Umziehn sie sich; – in gleichem Nu,
Sie fahren aufeinander zu
Sich Brust und Hälse zu zerreißen.

FAUST

Nun merke wie der leidige Greif,
Zerzerrt, zerzaust nur Schaden findet,   10635
Und, mit gesenktem Löwenschweif,
Zum Gipfelwald gestürzt, verschwindet.

KAISER

Seis, wie gedeutet, so getan!
Ich nehm es mit Verwundrung an.

MEPHISTOPHELES *gegen die Rechte*
10640 Dringend wiederholten Streichen
Müssen unsre Feinde weichen,
Und, mit ungewissem Fechten,
Drängen sie nach ihrer Rechten
Und verwirren so im Streite
10645 Ihrer Hauptmacht linke Seite.
Unsers Phalanx feste Spitze
Zieht sich rechts, und gleich dem Blitze
Fährt sie in die schwache Stelle. –
Nun, wie sturmerregte Welle,
10650 Sprühend, wüten gleiche Mächte,
Wild in doppeltem Gefechte,
Herrlichers ist nichts ersonnen
Uns ist diese Schlacht gewonnen.
KAISER *an der linken Seite zu Faust*
Schau! Mir scheint es dort bedenklich,
10655 Unser Posten steht verfänglich.
Keine Steine seh ich fliegen,
Niedre Felsen sind erstiegen,
Obre stehen schon verlassen.
Jetzt! – Der Feind, zu ganzen Massen
10660 Immer näher angedrungen,
Hat vielleicht den Paß errungen.
Schlußerfolg unheiligen Strebens!
Eure Künste sind vergebens.

Pause

MEPHISTOPHELES
Da kommen meine beiden Raben,
10665 Was mögen die für Botschaft haben?
Ich fürchte gar es geht uns schlecht.
KAISER
Was sollen diese leidigen Vögel?
Sie richten ihre schwarzen Segel
Hierher vom heißen Felsgefecht.
MEPHISTOPHELES *zu den Raben*
10670 Setzt euch ganz nah zu meinen Ohren.

Wen ihr beschützt ist nicht verloren,
Denn euer Rat ist folgerecht.

FAUST *zum Kaiser*
Von Tauben hast du ja vernommen,
Die aus den fernsten Landen kommen,
Zu ihres Nestes Brut und Kost.   10675
Hier ist's, mit wichtigen Unterschieden:
Die Taubenpost bedient den Frieden,
Der Krieg befiehlt die Rabenpost.

MEPHISTOPHELES
Es meldet sich ein schwer Verhängnis,
Seht hin! gewahret die Bedrängnis   10680
Um unsrer Helden Felsenrand.
Die nächsten Höhen sind erstiegen,
Und würden sie den Paß besiegen,
Wir hätten einen schweren Stand.

KAISER
So bin ich endlich doch betrogen!   10685
Ihr habt mich in das Netz gezogen,
Mir graut seitdem es mich umstrickt.

MEPHISTOPHELES
Nur Mut! Noch ist es nicht mißglückt.
Geduld und Pfiff zum letzten Knoten;
Gewöhnlich gehts am Ende scharf.   10690
Ich habe meine sichern Boten,
Befehlt daß ich befehlen darf.

OBERGENERAL *der indessen herangekommen*
Mit diesen hast du dich vereinigt,
Mich hat's die ganze Zeit gepeinigt,
Das Gaukeln schafft kein festes Glück.   10695
Ich weiß nichts an der Schlacht zu wenden,
Begannen sie's, sie mögen's enden,
Ich gebe meinen Stab zurück.

KAISER
Behalt ihn bis zu bessern Stunden,
Die uns vielleicht das Glück verleiht.   10700
Mir schaudert vor dem garstigen Kunden,

Und seiner Rabentraulichkeit.

zu Mephistopheles

Den Stab kann ich dir nicht verleihen,
Du scheinst mir nicht der rechte Mann,
10705 Befiehl, und such uns zu befreien;
Geschehe, was geschehen kann.

ab ins Zelt mit dem Obergeneral.

MEPHISTOPHELES

Mag ihn der stumpfe Stab beschützen!
Uns andern könnt er wenig nützen,
Es war so was vom Kreuz daran.

FAUST

10710 Was ist zu tun.

MEPHISTOPHELES

Es ist getan! –
Nun schwarze Vettern, rasch im Dienen,
Zum großen Bergsee! grüßt mir die Undinen,
Und bittet sie um ihrer Fluten Schein.
Durch Weiberkünste, schwer zu kennen,
10715 Verstehen sie vom Sein den Schein zu trennen,
Und jeder schwört das sei das Sein.

Pause

FAUST

Den Wasserfräulein müssen unsre Raben
Recht aus dem Grund geschmeichelt haben,
Dort fängt es schon zu rieseln an.
10720 An mancher trocknen, kahlen Felsenstelle
Entwickelt sich die volle rasche Quelle,
Um jener Sieg ist es getan.

MEPHISTOPHELES

Das ist ein wunderbarer Gruß,
Die kühnsten Kletterer sind konfus.

FAUST

10725 Schon rauscht Ein Bach zu Bächen mächtig nieder,
Aus Schluchten kehren sie gedoppelt wieder,
Ein Strom nun wirft den Bogenstrahl,

Auf einmal legt er sich in flache Felsenbreite
Und rauscht und schäumt, nach der und jener Seite,
Und stufenweise wirft er sich ins Tal.   10730
Was hilft ein tapfres heldenmäßiges Stemmen?
Die mächtige Woge strömt sie wegzuschwemmen.
Mir schaudert selbst vor solchem wilden Schwall.

MEPHISTOPHELES
Ich sehe nichts von diesen Wasserlügen,
Nur Menschen-Augen lassen sich betrügen   10735
Und mich ergötzt der wunderliche Fall.
Sie stürzen fort zu ganzen hellen Haufen,
Die Narren wähnen zu ersaufen,
Indem sie frei auf festem Lande schnaufen,
Und lächerlich mit Schwimmgebärden laufen.   10740
Nun ist Verwirrung überall.

          die Raben sind wieder gekommen.

Ich werd euch bei dem hohen Meister loben;
Wollt ihr euch nun als Meister selbst erproben,
So eilet zu der glühenden Schmiede,
Wo das Gezwerg-Volk, nimmer müde,   10745
Metall und Stein zu Funken schlägt.
Verlangt, weitläufig sie beschwatzend,
Ein Feuer, leuchtend, blinkend, platzend,
Wie man's im hohen Sinne hegt.
Zwar Wetterleuchten in der weiten Ferne,   10750
Blickschnelles Fallen allerhöchster Sterne,
Mag jede Sommernacht geschehn;
Doch Wetterleuchten in verworrnen Büschen,
Und Sterne die am feuchten Boden zischen,
Das hat man nicht so leicht gesehn.   10755
So müßt ihr, ohn' Euch viel zu quälen,
Zuvörderst bitten, dann befehlen.

          RABEN *ab.   Es geschieht wie vorgeschrieben.*

MEPHISTOPHELES
Den Feinden dichte Finsternisse!
Und Tritt und Schritt in's Ungewisse!

10760 Irrfunken-Blick an allen Enden,
Ein Leuchten plötzlich zu verblenden.
Das alles wäre wunderschön,
Nun aber brauchts noch Schreckgetön.

FAUST
Die hohlen Waffen aus der Säle Grüften
10765 Empfinden sich erstarkt in freien Lüften;
Da droben klapperts, rasselts lange schon,
Ein wunderbarer falscher Ton.

MEPHISTOPHELES
Ganz recht! sie sind nicht mehr zu zügeln,
Schon schallts von ritterlichen Prügeln,
10770 Wie in der holden alten Zeit.
Armschienen, wie der Beine Schienen,
Als Guelfen und als Ghibellinen,
Erneuen rasch den ewigen Streit.
Fest, im ererbten Sinne wöhnlich,
10775 Erweisen sie sich unversöhnlich,
Schon klingt das Tosen weit und breit.
Zuletzt, bei allen Teufelsfesten,
Wirkt der Parteihaß doch zum Besten,
Bis in den allerletzten Graus.
10780 Schallt wider-widerwärtig panisch,
Mitunter grell und scharf-satanisch,
Erschreckend in das Tal hinaus.

*Kriegstumult im Orchester, zuletzt übergehend in
militairisch heitre Weisen.*

DES GEGENKAISERS ZELT, THRON

reiche Umgebung

HABEBALD, EILEBEUTE.

EILEBEUTE
 So sind wir doch die ersten hier!
HABEBALD
 Kein Rabe fliegt so schnell als wir.
EILEBEUTE
 O! welch ein Schatz liegt hier zu Hauf!   10785
 Wo fang ich an! Wo hör' ich auf?
HABEBALD
 Steht doch der ganze Raum so voll!
 Weiß nicht wozu ich greifen soll.
EILEBEUTE
 Der Teppich wär mir eben recht,
 Mein Lager ist oft gar zu schlecht.   10790
HABEBALD
 Hier, hängt von Stahl ein Morgenstern,
 Dergleichen hätt' ich lange gern.
EILEBEUTE
 Den roten Mantel goldgesäumt,
 So etwas hatt' ich mir geträumt.
HABEBALD *die Waffe nehmend*
 Damit ist es gar bald getan,   10795
 Man schlägt ihn tot und geht voran.
 Du hast soviel schon aufgepackt,
 Und doch nichts rechtes eingesackt.
 Den Plunder laß an seinem Ort,
 Nehm' eines dieser Kistchen fort!   10800
 Dies ist des Heers beschiedner Sold,
 In seinem Bauche lauter Gold.

EILEBEUTE

Das hat ein mörderisch Gewicht,
Ich heb es nicht, ich trag es nicht.

HABEBALD

10805   Geschwinde duck dich! Mußt dich bücken!
Ich hucke dir's auf den starken Rücken.

EILEBEUTE

O Weh! O Weh nun ists vorbei!
Die Last bricht mir das Kreuz entzwei.

das Kistchen stürzt und springt auf.

HABEBALD

Da liegt das rote Gold zu Hauf,
10810   Geschwinde zu und raff es auf.

EILEBEUTE *kauert nieder*

Geschwinde nur zum Schoß hinein!
Noch immer wirds zur Gnüge sein.

HABEBALD

Und so genug! und eile doch!

sie steht auf.

O weh die Schürze hat ein Loch!
10815   Wohin du gehst und wo du stehst
Verschwenderisch die Schätze säst.

TRABANTEN *unsres Kaisers*

Was schafft ihr hier am heiligen Platz?
Was kramt ihr in dem Kaiserschatz.

HABEBALD

Wir trugen unsre Glieder feil,
10820   Und holen unser Beuteteil. –
In Feindes-Zelten ists der Brauch
Und wir, Soldaten sind wir auch.

TRABANTEN

Das passet nicht in unsern Kreis
Zugleich Soldat und Diebsgeschmeiß,
10825   Und wer sich unserm Kaiser naht,
Der sei ein redlicher Soldat.

HABEBALD

Die Redlichkeit die kennt man schon.

Sie heißet: Kontribution.
Ihr alle seid auf gleichem Fuß:
Gib her! das ist der Handwerksgruß.   10830

zu Eilebeute

Mach fort und schleppe was du hast,
Hier sind wir nicht willkommner Gast.

ab.

ERSTER TRABANT

Sag warum gabst du nicht sogleich
Dem frechen Kerl einen Backenstreich?

ZWEITER

Ich weiß nicht, mir verging die Kraft,   10835
Sie waren so gespensterhaft.

DRITTER

Mir ward es vor den Augen schlecht,
Da flimmert es, ich sah nicht recht.

VIERTER

Wie ich es nicht zu sagen weiß:
Es war den ganzen Tag so heiß,   10840
So bänglich, so beklommen schwül,
Der eine stand der andere fiel,
Man tappte hin und schlug zugleich,
Der Gegner fiel vor jedem Streich,
Vor Augen schwebt es wie ein Flor,   10845
Dann summts und sausts und zischt im Ohr.
Das ging so fort, nun sind wir da
Und wissen selbst nicht wie's geschah.

KAISER, mit VIER FÜRSTEN *treten auf.*
Die TRABANTEN *entfernen sich.*

KAISER

Es sei nun wie ihm sei! uns ist die Schlacht gewonnen,
Des Feinds zerstreute Flucht im flachen Feld zerronnen. 10850
Hier steht der leere Thron, verräterischer Schatz,
Von Teppichen umhüllt, verengt umher den Platz.
Wir, ehrenvoll, geschützt von eigenen Trabanten,

Erwarten Kaiserlich der Völker Abgesandten;
10855　Von allen Seiten her kommt frohe Botschaft an:
Beruhigt sei das Reich, uns freudig zugetan.
Hat sich in unsern Kampf auch Gaukelei geflochten,
Am Ende haben wir uns nur allein gefochten.
Zufälle kommen ja dem Streitenden zu gut,
10860　Vom Himmel fällt ein Stein, dem Feinde regnets Blut,
Aus Felsenhöhlen tönt's von mächtigen Wunderklängen,
Die unsre Brust erhöhn, des Feindes Brust verengen.
Der Überwundne fiel, zu stets erneutem Spott,
Der Sieger, wie er prangt, preist den gewognen Gott.
10865　Und alles stimmt mit ein, er braucht nicht zu befehlen,
Herr Gott dich loben wir! aus Millionen Kehlen.
Jedoch zum höchsten Preis wend' ich den frommen Blick,
Das selten sonst geschah, zur eignen Brust zurück.
Ein junger muntrer Fürst mag seinen Tag vergeuden,
10870　Die Jahre lehren ihn des Augenblicks Bedeuten.
Deshalb denn ungesäumt, verbind' ich mich sogleich
Mit euch Vier Würdigen, für Haus und Hof und Reich.

zum ersten

Dein war o Fürst! des Heers geordnet kluge Schichtung,
Sodann, im Hauptmoment, heroisch kühne Richtung;
10875　Im Frieden wirke nun wie es die Zeit begehrt,
Erbmarschall nenn ich dich, verleihe dir das Schwert.

ERBMARSCHALL
Dein treues Heer, bis jetzt im Inneren beschäftigt,
Wenns an der Grenze dich und deinen Thron bekräftigt,
Dann sei es uns vergönnt, bei Festesdrang im Saal
10880　Geräumiger Vaterburg, zu rüsten dir das Mahl.
Blank trag ichs dir dann vor, blank halt ich dirs zur Seite,
Der höchsten Majestät zu ewigem Geleite.

DER KAISER *zum Zweiten*
Der sich, als tapfrer Mann, auch zart gefällig zeigt,
Du! Sei Erzkämmerer, der Auftrag ist nicht leicht.
10885　Du bist der Oberste von allem Hausgesinde,
Bei deren innerm Streit ich schlechte Diener finde;
Dein Beispiel sei fortan in Ehren aufgestellt,
Wie man dem Herrn, dem Hof und allen wohlgefällt.

ERZKÄMMERER

Des Herren großen Sinn zu fördern bringt zu Gnaden,
Den besten hülfreich sein, den Schlechten selbst nicht
                                    schaden,   10890
Dann klar sein ohne List, und ruhig ohne Trug!
Wenn du mich, Herr, durchschaust, geschieht mir schon
                                    genug.
Darf sich die Phantasie auf jenes Fest erstrecken?
Wenn du zur Tafel gehst reich ich das goldne Becken,
Die Ringe halt ich dir, damit zur Wonnezeit   10895
Sich deine Hand erfrischt, wie mich dein Blick erfreut.

KAISER

Zwar fühl ich mich zu ernst, auf Festlichkeit zu sinnen,
Doch seis! Es fördert auch frohmütiges Beginnen.

                zum Dritten

Dich wähl' ich zum Erztruchseß! Also sei fortan
Dir Jagd, Geflügel-Hof und Vorwerk untertan;   10900
Der Lieblingsspeisen Wahl laß mir zu allen Zeiten
Wie sie der Monat bringt und sorgsam zubereiten.

ERZTRUCHSESS

Streng Fasten sei für mich die angenehmste Pflicht,
Bis, vor dich hingestellt, dich freut ein Wohlgericht.
Der Küche Dienerschaft soll sich mit mir vereinigen,   10905
Das Ferne beizuziehn, die Jahrszeit zu beschleunigen.
Dich reizt nicht fern und früh womit die Tafel prangt,
Einfach und kräftig ist's wornach dein Sinn verlangt.

KAISER *zum Vierten*

Weil unausweichlich hier sichs nur von Festen handelt,
So sei mir, junger Held, zum Schenken umgewandelt.   10910
Erzschenke sorge nun daß unsre Kellerei
Aufs reichlichste versorgt mit gutem Weine sei.
Du selbst sei mäßig, laß nicht über Heiterkeiten,
Durch der Gelegenheit Verlocken, dich verleiten.

ERZSCHENK

Mein Fürst, die Jugend selbst, wenn man ihr nur vertraut,   10915
Steht, eh man sichs versieht, zu Männern auferbaut.
Auch ich versetze mich zu jenem großen Feste;

Ein Kaiserlich Büffet schmück ich aufs allerbeste
Mit Prachtgefäßen, gülden, silbern allzumal,
10920 Doch wähl' ich dir voraus den lieblichsten Pokal:
Ein blank venedisch Glas, worin Behagen lauschet,
Des Weins Geschmack sich stärkt und nimmermehr
                                                berauschet.
Auf solchen Wunderschatz vertraut man oft zu sehr,
Doch deine Mäßigkeit, du Höchster, schützt noch mehr.

KAISER
10925 Was ich euch zugedacht in dieser ernsten Stunde,
Vernahmt ihr mit Vertraun aus zuverlässigem Munde.
Des Kaisers Wort ist groß und sichert jede Gift,
Doch zur Bekräftigung bedarfs der edlen Schrift,
Bedarfs der Signatur. Die förmlich zu bereiten,
10930 Seh ich den rechten Mann zu rechter Stunde schreiten.

DER ERZBISCHOF [ERZKANZLER] *tritt auf.*

KAISER
Wenn ein Gewölbe sich dem Schlußstein anvertraut,
Dann ist's mit Sicherheit für ewige Zeit erbaut.
Du siehst vier Fürsten da! Wir haben erst erörtert,
Was den Bestand zunächst von Haus und Hof befördert.
10935 Nun aber, was das Reich in seinem Ganzen hegt,
Sei, mit Gewicht und Kraft, der Fünfzahl auferlegt.
An Ländern sollen sie vor allen andern glänzen,
Deshalb erweitr' ich gleich jetzt des Besitztums Grenzen,
Vom Erbteil jener die sich von uns abgewandt.
10940 Euch Treuen sprech ich zu so manches schöne Land,
Zugleich das hohe Recht euch, nach Gelegenheiten,
Durch Anfall, Kauf und Tausch ins weitere zu verbreiten,
Dann sei bestimmt vergönnt zu üben ungestört
Was von Gerechtsamen Euch Landesherrn gehört.
10945 Als Richter werdet ihr die Endurteile fällen,
Berufung gelte nicht von Euern höchsten Stellen.
Dann Steuer, Zins und Beet, Lehn und Geleit und Zoll,
Berg- Salz- und Münzregal Euch angehören soll.
Denn meine Dankbarkeit vollgültig zu erproben,
10950 Hab ich Euch ganz zunächst der Majestät erhoben.

ERZBISCHOF
  Im Namen aller sei dir tiefster Dank gebracht,
  Du machst uns stark und fest und stärkest deine Macht.
KAISER
  Euch fünfen will ich noch erhöhtere Würde geben.
  Noch leb' ich meinem Reich und habe Lust zu leben;
  Doch hoher Ahnen Kette zieht bedächtigen Blick   10955
  Aus rascher Strebsamkeit ins Drohende zurück.
  Auch werd ich, seiner Zeit, mich von den Teuren trennen,
  Dann sei es Eure Pflicht den Folger zu ernennen.
  Gekrönt erhebt ihn hoch auf heiligem Altar,
  Und friedlich ende dann was jetzt so stürmisch war.   10960
ERZKANZLER
  Mit Stolz in tiefster Brust, mit Demut an Gebärde,
  Stehn Fürsten Dir gebeugt, die ersten auf der Erde.
  So lang das treue Blut die vollen Adern regt,
  Sind wir der Körper den Dein Wille leicht bewegt.
KAISER
  Und also sei, zum Schluß, was wir bisher betätigt,   10965
  Für alle Folgezeit durch Schrift und Zug bestätigt.
  Zwar habt ihr den Besitz als Herren völlig frei,
  Mit dem Beding jedoch daß er unteilbar sei.
  Und wie ihr auch vermehrt was ihr von uns empfangen,
  Es soll's der älteste Sohn in gleichem Maß erlangen.   10970
ERZKANZLER
  Dem Pergament alsbald vertrau ich wohlgemut,
  Zum Glück dem Reich und uns, das wichtigste Statut;
  Reinschrift und Sieglung soll die Kanzlei beschäftigen,
  Mit heiliger Signatur wirst dus, der Herr, bekräftigen.
KAISER
  Und so entlaß ich euch, damit den großen Tag,   10975
  Gesammelt, jedermann sich überlegen mag.

        DIE WELTLICHEN FÜRSTEN *entfernen sich.*

DER GEISTLICHE *bleibt und spricht pathetisch*
  Der Kanzler ging hinweg der Bischof ist geblieben,
  Vom ernsten Warnegeist zu Deinem Ohr getrieben!
  Sein väterliches Herz von Sorge bangt um dich.

KAISER

10980 Was hast du Bängliches zur frohen Stunde? sprich!

ERZBISCHOF

Mit welchem bittern Schmerz find ich, in dieser Stunde,
Dein hochgeheiligt Haupt mit Satanas im Bunde.
Zwar, wie es scheinen will, gesichert auf dem Thron,
Doch leider! Gott dem Herrn, dem Vater Papst
                                        zum Hohn.
10985 Wenn dieser es erfährt schnell wird er sträflich richten,
Mit heiligem Strahl dein Reich das sündige zu vernichten.
Denn noch vergaß er nicht wie du, zur höchsten Zeit,
An Deinem Krönungstag den Zauberer befreit.
Von Deinem Diadem, der Christenheit zum Schaden,
10990 Traf das verfluchte Haupt der erste Strahl der Gnaden.
Doch schlag an Deine Brust und gib, vom frevlen Glück,
Ein mäßig Scherflein, gleich dem Heiligtum zurück.
Den breiten Hügelraum, da wo dein Zelt gestanden,
Wo böse Geister sich zu deinem Schutz verbanden,
10995 Dem Lügenfürsten du ein horchsam Ohr geliehn,
Den stifte, fromm belehrt, zu heiligem Bemühn;
Mit Berg und dichtem Wald, so weit sie sich erstrecken,
Mit Höhen die sich grün zu steter Weide decken,
Fischreichen klaren Seen, dann Bächlein ohne Zahl,
11000 Wie sie sich, eilig schlängelnd, stürzen ab zu Tal;
Das breite Tal dann selbst, mit Wiesen, Gauen, Gründen.
Die Reue spricht sich aus, und du wirst Gnade finden.

KAISER

Durch meinen schweren Fehl bin ich so tief erschreckt,
Die Grenze sei von dir nach eignem Maß gesteckt.

ERZBISCHOF

11005 Erst! der entweihte Raum wo man sich so versündigt,
Sei alsobald zum Dienst des Höchsten angekündigt.
Behende steigt im Geist Gemäuer stark empor,
Der Morgensonne Blick erleuchtet schon das Chor,
Zum Kreuz erweitert sich das wachsende Gebäude,
11010 Das Schiff erlängt, erhöht sich zu der Gläubigen Freude,
Sie strömen brünstig schon, durchs würdige Portal,

Der erste Glockenruf erscholl durch Berg und Tal,
Von hohen Türmen tönt's, wie sie zum Himmel streben,
Der Büßer kommt heran, zu neugeschaffnem Leben.
Dem hohen Weihetag, er trete bald herein!   11015
Wird Deine Gegenwart die höchste Zierde sein.

KAISER

Mag ein so großes Werk den frommen Sinn verkündigen,
Zu preisen Gott den Herrn, so wie mich zu entsündigen.
Genug! Ich fühle schon wie sich mein Sinn erhöht.

ERZBISCHOF

Als Kanzler fördr' ich nun Schluß und Formalität.   11020

KAISER

Ein förmlich Dokument der Kirche das zu eignen
Du legst es vor, ich wills mit Freuden unterzeichnen.

ERZBISCHOF *hat sich beurlaubt, kehrt aber beim Ausgang um*

Dann widmest Du zugleich dem Werke, wie's entsteht,
Gesamte Landsgefälle: Zehnten, Zinsen, Beet,
Für ewig. Viel bedarfs zu würdiger Unterhaltung,   11025
Und schwere Kosten macht die sorgliche Verwaltung.
Zum schnellen Aufbau selbst auf solchem wüsten Platz
Reichst du uns einiges Gold, aus Deinem Beuteschatz.
Daneben braucht man auch, ich kann es nicht
                                        verschweigen,
Entferntes Holz und Kalk und Schiefer und dergleichen.   11030
Die Fuhren tut das Volk, vom Predigtstuhl belehrt,
Die Kirche segnet den der ihr zu Diensten fährt.
                    ab.

KAISER

Die Sünd' ist groß und schwer womit ich mich beladen,
Das leidige Zaubervolk bringt mich in harten Schaden.

ERZBISCHOF *abermals zurückkehrend mit tiefster Verbeugung*

Verzeih o Herr! Es ward dem sehr verrufnen Mann   11035
Des Reiches Strand verliehn; doch diesen trifft der Bann,
Verleihst du reuig nicht der hohen Kirchenstelle,
Auch dort, den Zehnten, Zins und Gaben und Gefälle.

KAISER *verdrießlich*

Das Land ist noch nicht da, im Meere liegt es breit.

ERZBISCHOF

11040 Wer's Recht hat und Geduld für den kommt auch die Zeit.
       Für uns mög Euer Wort in seinen Kräften bleiben!

KAISER *allein*

       So könnt' ich wohl zunächst das ganze Reich verschreiben.

FÜNFTER AKT

OFFENE GEGEND

WANDERER
Ja! sie sinds die dunkeln Linden,
Dort, in ihres Alters Kraft.
Und ich soll sie wieder finden,   11045
Nach so langer Wanderschaft!
Ist es doch die alte Stelle,
Jene Hütte, die mich barg,
Als die sturmerregte Welle
Mich an jene Dünen warf!   11050
Meine Wirte möcht' ich segnen,
Hülfsbereit, ein wackres Paar,
Das, um heut mir zu begegnen
Alt schon jener Tage war.
Ach! das waren fromme Leute!   11055
Poch ich? ruf ich? – Seid gegrüßt!
Wenn, gastfreundlich, auch noch heute
Ihr des Wohltuns Glück genießt.
BAUCIS. *Mütterchen, sehr alt*
Lieber Kömmling! Leise! Leise!
Ruhe! laß den Gatten ruhn!   11060
Langer Schlaf verleiht dem Greise
Kurzen Wachens rasches Tun.
WANDERER
Sage Mutter bist Dus eben,
Meinen Dank noch zu empfahn,
Was Du für des Jünglings Leben   11065
Mit dem Gatten einst getan?
Bist Du Baucis, die, geschäftig,
Halberstorbnen Mund erquickt?

Der GATTE *tritt auf*
Du Philemon, der, so kräftig,
11070   Meinen Schatz der Flut entrückt?
Eure Flammen raschen Feuers,
Eures Glöckchens Silberlaut,
Jenes grausen Abenteuers
Lösung war Euch anvertraut.

11075   Und nun laßt hervor mich treten,
Schaun das grenzenlose Meer;
Laßt mich knien, laßt mich beten,
Mich bedrängt die Brust so sehr.
                Er schreitet vorwärts auf der Düne.
PHILEMON *zu* BAUCIS
Eile nur den Tisch zu decken,
11080   Wo's im Gärtchen munter blüht.
Laß ihn rennen, ihn erschrecken,
Denn er glaubt nicht was er sieht.
                neben dem Wandrer stehend
Das Euch grimmig mißgehandelt,
Wog' auf Woge, schäumend wild,
11085   Seht als Garten ihr behandelt,
Seht ein paradiesisch Bild.
Älter, war ich nicht zu Handen,
Hülfreich nicht wie sonst bereit,
Und, wie meine Kräfte schwanden,
11090   War auch schon die Woge weit.
Kluger Herren kühne Knechte
Gruben Gräben, dämmten ein,
Schmälerten des Meeres Rechte
Herrn an seiner Statt zu sein.
11095   Schaue grünend Wies' an Wiese
Anger, Garten, Dorf und Wald. –
Komm nun aber und genieße
Denn die Sonne scheidet bald. –
Dort im Fernsten ziehen Segel!
11100   Suchen nächtlich sichern Port.

Kennen doch ihr Nest die Vögel,
Denn jetzt ist der Hafen dort.
So erblickst du in der Weite
Erst des Meeres blauen Saum,
Rechts und links, in aller Breite,   11105
Dichtgedrängt bewohnten Raum.

Am Tische zu drei, im Gärtchen.

BAUCIS
Bleibst du stumm? und keinen Bissen
Bringst du zum verlechzten Mund?
PHILEMON
Möcht er doch vom Wunder wissen,
Sprichst so gerne, tu's ihm kund.   11110
BAUCIS
Wohl! ein Wunder ists gewesen!
Läßt mich heute nicht in Ruh;
Denn es ging das ganze Wesen
Nicht mit rechten Dingen zu.
PHILEMON
Kann der Kaiser sich versündgen   11115
Der das Ufer ihm verliehn?
Tät's ein Herold nicht verkündgen
Schmetternd im Vorüberziehn?
Nicht entfernt von unsern Dünen
War der erste Fuß gefaßt,   11120
Zelte! Hütten! – Doch, im Grünen,
Richtet bald sich ein Palast.
BAUCIS
Tags umsonst die Knechte lärmten,
Hack und Schaufel, Schlag um Schlag,
Wo die Flämmchen nächtig schwärmten   11125
Stand ein Damm den andern Tag.
Menschenopfer mußten bluten,
Nachts erscholl des Jammers Qual,
Meerab flossen Feuergluten,

11130   Morgens war es ein Kanal.
         Gottlos ist er, ihn gelüstet
         Unsre Hütte, unser Hain;
         Wie er sich als Nachbar brüstet
         Soll man untertänig sein.

PHILEMON

11135   Hat er uns doch angeboten
         Schönes Gut im neuen Land!

BAUCIS

         Traue nicht den Wasserboten,
         Halt auf Deiner Höhe Stand.

PHILEMON

         Laßt uns zur Kapelle treten!
11140   Letzten Sonnenblick zu schaun.
         Laßt uns läuten, knien, beten!
         Und dem alten Gott vertraun.

PALAST

weiter Ziergarten,
großer gradgeführter Kanal

FAUST *im höchsten Alter   wandelnd, nachdenkend*

LYNCEUS DER TÜRMER *durchs Sprachrohr*
  Die Sonne sinkt, die letzten Schiffe
  Sie ziehen munter hafenein.
  Ein großer Kahn ist im Begriffe   11145
  Auf dem Kanale hier zu sein.
  Die bunten Wimpel wehen fröhlich,
  Die starren Masten stehn bereit,
  In Dir preist sich der Bootsmann selig,
  Dich grüßt das Glück zur höchsten Zeit.   11150

        das Glöckchen läutet auf der Düne

FAUST *auffahrend*
  Verdammtes Läuten! Allzuschändlich
  Verwundets, wie ein tückischer Schuß,
  Vor Augen ist mein Reich unendlich,
  Im Rücken neckt mich der Verdruß,
  Erinnert mich durch neidische Laute: 11155
  Mein Hochbesitz er ist nicht rein,
  Der Lindenraum, die braune Baute,
  Das morsche Kirchlein ist nicht mein.
  Und wünscht' ich dort mich zu erholen,
  Vor fremden Schatten schaudert mir,   11160
  Ist Dorn den Augen, Dorn den Sohlen,
  O! wär ich weit hinweg von hier!
TÜRMER *wie oben*
  Wie segelt froh der bunte Kahn,
  Mit frischem Abendwind heran!

11165 Wie türmt sich sein behender Lauf
       In Kisten, Kasten, Säcken auf!

Prächtiger Kahn, reich und bunt beladen mit Erzeugnissen
fremder Weltgegenden.

MEPHISTOPHELES
DIE DREI GEWALTIGEN GESELLEN.

CHORUS

              Da landen wir,
              Da sind wir schon.
              Glückan! dem Herren,
11170   Dem Patron.

       sie steigen aus, die Güter werden an's Land geschafft

MEPHISTOPHELES
       So haben wir uns wohl erprobt,
       Vergnügt wenn der Patron es lobt.
       Nur mit zwei Schiffen ging es fort,
       Mit zwanzig sind wir nun im Port.
11175 Was große Dinge wir getan
       Das sieht man unsrer Ladung an.
       Das freie Meer befreit den Geist,
       Wer weiß da was Besinnen heißt!
       Da fördert nur ein rascher Griff,
11180 Man fängt den Fisch, man fängt ein Schiff,
       Und ist man erst der Herr zu drei
       Dann hakelt man das vierte bei.
       Da geht es denn dem fünften schlecht,
       Man hat Gewalt, so hat man recht.
11185 Man fragt ums Was? und nicht ums Wie?
       Ich müßte keine Schiffahrt kennen.
       Krieg, Handel und Piraterie,
       Dreieinig sind sie, nicht zu trennen.
DIE DREI GEWALTIGEN GESELLEN
              Nicht Dank und Gruß!
11190   Nicht Gruß und Dank!

Als brächten wir
Dem Herrn Gestank.
Er macht ein
Widerlich Gesicht;
Das Königsgut   11195
Gefällt ihm nicht.

MEPHISTOPHELES
Erwartet weiter
Keinen Lohn,
Nahmt ihr doch
Euren Teil davon.   11200

DIE GESELLEN
Das ist nur für
Die Langeweil,
Wir alle fordern
Gleichen Teil.

MEPHISTOPHELES
Erst ordnet oben   11205
Saal an Saal.
Die Kostbarkeiten
Allzumal.
Und tritt er zu
Der reichen Schau,   11210
Berechnet er alles
Mehr genau,
Er sich gewiß
Nicht lumpen läßt
Und gibt der Flotte   11215
Fest nach Fest.
Die bunten Vögel kommen morgen,
Für die werd' ich zum besten sorgen.

die Ladung wird weggeschafft

MEPHISTOPHELES *zu Faust*
Mit ernster Stirn, mit düstrem Blick,
Vernimmst Du Dein erhaben Glück.   11220
Die hohe Weisheit wird gekrönt,

Das Ufer ist dem Meer versöhnt,
Vom Ufer nimmt, zu rascher Bahn,
Das Meer die Schiffe willig an;
11225 So sprich daß hier, hier vom Palast
Dein Arm die ganze Welt umfaßt.
Von dieser Stelle ging es aus,
Hier stand das erste Bretterhaus;
Ein Gräbchen ward hinabgeritzt
11230 Wo jetzt das Ruder emsig spritzt.
Dein hoher Sinn, der Deinen Fleiß
Erwarb des Meers, der Erde Preis.
Von hier aus –
FAUST
                Das verfluchte hier!
Das eben leidig lastets mir.
11235 Dir Vielgewandtem muß ichs sagen,
Mir gibts im Herzen Stich um Stich,
Mir ists unmöglich zu ertragen!
Und wie ichs sage schäm' ich mich.
Die Alten droben sollten weichen,
11240 Die Linden wünscht ich mir zum Sitz,
Die wenig Bäume, nicht mein eigen,
Verderben mir den Welt-Besitz.
Dort wollt ich, weit umher zu schauen,
Von Ast zu Ast Gerüste bauen,
11245 Dem Blick eröffnen weite Bahn,
Zu sehn was alles ich getan,
Zu überschaun mit einem Blick
Des Menschengeistes Meisterstück,
Betätigend, mit klugem Sinn,
11250 Der Völker breiten Wohngewinn.

So sind am härtsten wir gequält
Im Reichtum fühlend was uns fehlt.
Des Glöckchens Klang, der Linden Duft
Umfängt mich wie in Kirch und Gruft.
11255 Des allgewaltigen Willens Kür

Bricht sich an diesem Sande hier.
Wie schaff ich mir es vom Gemüte!
Das Glöcklein läutet und ich wüte.

MEPHISTOPHELES
Natürlich! daß ein Hauptverdruß
Das Leben Dir vergällen muß.   11260
Wer leugnets! Jedem edlen Ohr
Kommt das Geklingel widrig vor.
Und das verfluchte Bim-Baum-Bimmel
Umnebelnd heitern Abendhimmel,
Mischt sich in jegliches Begegnis,   11265
Vom ersten Bad bis zum Begräbnis,
Als wäre, zwischen Bimm und Baum,
Das Leben ein verschollner Traum.

FAUST
Das Widerstehn, der Eigensinn
Verkümmern herrlichsten Gewinn,   11270
Daß man, zu tiefer grimmiger Pein,
Ermüden muß gerecht zu sein.

MEPHISTOPHELES
Was willst Du Dich denn hier genieren,
Mußt Du nicht längst kolonisieren.

FAUST
So geht und schafft sie mir zur Seite! –   11275
Das schöne Gütchen kennst du ja,
Das ich den Alten ausersah.

MEPHISTOPHELES
Man trägt sie fort und setzt sie nieder,
Eh man sich umsieht stehn sie wieder;
Nach überstandener Gewalt   11280
Versöhnt ein schöner Aufenthalt.

er pfeift gellend.

Die Drei treten auf.

MEPHISTOPHELES
Kommt! Wie der Herr gebieten läßt,
Und Morgen gibt ein Flottenfest.

DIE DREI
   Der alte Herr empfing uns schlecht
11285 Ein flottes Fest ist uns zu Recht.
MEPHISTOPHELES AD SPECTATORES
   Auch hier geschieht was längst geschah,
   Denn Naboths Weinberg war schon da.   (REGUM I. 21.)
             [ab.]

Tiefe Nacht

LYNCEUS, der Türmer *auf der Schloßwarte, singend*
        Zum Sehen geboren,
        Zum Schauen bestellt,
11290   Dem Turme geschworen
        Gefällt mir die Welt.
        Ich blick in die Ferne,
        Ich seh in der Näh,
        Den Mond und die Sterne,
11295   Den Wald und das Reh.
        So seh ich in allen
        Die ewige Zier
        Und wie mir's gefallen
        Gefall ich auch mir.
11300   Ihr glücklichen Augen,
        Was je ihr gesehn,
        Es sei wie es wolle,
        Es war doch so schön!

           Pause

        Nicht allein mich zu ergötzen
11305   Bin ich hier so hoch gestellt;
        Welch ein gräuliches Entsetzen
        Droht mir aus der finstern Welt!
        Funkenblicke seh ich sprühen
        Durch der Linden Doppelnacht,
11310   Immer stärker wühlt ein Glühen

Von der Zugluft angefacht.
Ach! die innre Hütte lodert,
Die bemoost und feucht gestanden,
Schnelle Hülfe wird gefodert,
Keine Rettung ist vorhanden.   11315
Ach! die guten alten Leute,
Sonst so sorglich um das Feuer,
Werden sie dem Qualm zur Beute!
Welch ein schrecklich Abenteuer!
Flamme flammet, rot in Gluten   11320
Steht das schwarze Moosgestelle;
Retteten sich nur die Guten
Aus der wildentbrannten Hölle!
Züngelnd lichte Blitze steigen
Zwischen Blättern, zwischen Zweigen;   11325
Äste dürr, die flackernd brennen,
Glühen schnell und stürzen ein.
Sollt ihr Augen dies erkennen!
Muß ich so weitsichtig sein!
Das Kapellchen bricht zusammen   11330
Von der Äste Sturz und Last.
Schlängelnd sind, mit spitzen Flammen,
Schon die Gipfel angefaßt.
Bis zur Wurzel glühn die hohlen
Stämme, Purpurrot im Glühn. –   11335

Lange Pause, Gesang

Was sich sonst dem Blick empfohlen,
Mit Jahrhunderten ist hin.

FAUST *auf dem Balkon, gegen die Dünen*
Von oben welch ein singend Wimmern?
Das Wort ist hier, der Ton zu spat,
Mein Türmer jammert; mich, im Innern,   11340
Verdrießt die ungeduldge Tat.
Doch sei der Lindenwuchs vernichtet
Zu halbverkohlter Stämme Graun,

Ein Luginsland ist bald errichtet,
11345 Um ins Unendliche zu schaun.
Da seh ich auch die neue Wohnung,
Die jenes alte Paar umschließt,
Das, im Gefühl großmütiger Schonung,
Der späten Tage froh genießt.

MEPHISTOPHELES UND DIE DREIE *unten*

11350 Da kommen wir mit vollem Trab,
Verzeiht! es ging nicht gütlich ab.
Wir klopften an, wir pochten an,
Und immer ward nicht aufgetan;
Wir rüttelten, wir pochten fort,
11355 Da lag die morsche Türe dort;
Wir riefen laut und drohten schwer,
Allein wir fanden kein Gehör.
Und wie's in solchem Fall geschicht,
Sie hörten nicht, sie wollten nicht;
11360 Wir aber haben nicht gesäumt
Behende Dir sie weggeräumt.
Das Paar hat sich nicht viel gequält
Vor Schrecken fielen sie entseelt.
Ein Fremder, der sich dort versteckt,
11365 Und fechten wollte, ward gestreckt.
In wilden Kampfes kurzer Zeit,
Von Kohlen, ringsumher gestreut,
Entflammte Stroh. Nun lodert's frei,
Als Scheiterhaufen dieser Drei.

FAUST

11370 War't ihr für meine Worte taub!
Tausch wollt ich, wollte keinen Raub.
Dem unbesonnenen wilden Streich
Ihm fluch ich, teilt es unter euch!

CHORUS

Das alte Wort, das Wort erschallt:
11375 Gehorche willig der Gewalt!
Und bist du kühn, und hältst du Stich,
So wage Haus und Hof und – Dich.

ab.

FAUST *auf dem Balkon*
  Die Sterne bergen Blick und Schein,
  Das Feuer sinkt und lodert klein;
  Ein Schauerwindchen fächelts an,   11380
  Bringt Rauch und Dunst zu mir heran.
  Geboten schnell, zu schnell getan! –
  Was schwebet schattenhaft heran?

Mitternacht

Vier GRAUE WEIBER treten auf.

ERSTE
  Ich heiße der Mangel.
ZWEITE
                        Ich heiße die Schuld.
DRITTE
  Ich heiße die Sorge.
VIERTE
                        Ich heiße die Not.   11385
ZU DREI
  Die Tür ist verschlossen wir können nicht ein,
  Drin wohnet ein Reicher wir mögen nicht 'nein
MANGEL
  Da werd ich zum Schatten
SCHULD
                        Da werd ich zu nicht.
NOT
  Man wendet von mir das verwöhnte Gesicht.
SORGE
  Ihr Schwestern ihr könnt nicht und dürft nicht hinein.   11390
  Die Sorge sie schleicht sich durchs Schlüsselloch ein.
                Sorge verschwindet.
MANGEL
  Ihr graue Geschwister entfernt euch von hier.

SCHULD
  Ganz nah an der Seite verbind ich mich Dir.
NOT
  Ganz nah an der Ferse begleitet die Not.
ZU DREI
11395 Es ziehen die Wolken, es schwinden die Sterne!
  Dahinten, dahinten! von ferne von ferne,
  Da kommt er der Bruder, da kommt er der – – – – – Tod.
FAUST *im Palast*
  Vier sah ich kommen, drei nur gehn,
  Den Sinn der Rede konnt' ich nicht verstehn.
11400 Es klang so nach als hieß es – Not
  Ein düstres Reimwort folgte – Tod.
  Es tönte hohl, gespensterhaft gedämpft.
  Noch hab ich mich ins Freie nicht gekämpft.
  Könnt ich Magie von meinem Pfad entfernen
11405 Die Zaubersprüche ganz und gar verlernen;
  Stünd ich, Natur! vor dir ein Mann allein
  Da wär's der Mühe wert ein Mensch zu sein.

  Das war ich sonst, eh ich's im Düstern suchte,
  Mit Frevelwort mich und die Welt verfluchte.
11410 Nun ist die Luft von solchem Spuk so voll
  Daß niemand weiß wie er ihn meiden soll.
  Wenn auch Ein Tag uns klar vernünftig lacht
  In Traumgespinst verwickelt uns die Nacht;
  Wir kehren froh von junger Flur zurück,
11415 Ein Vogel krächzt; was krächzt er? Mißgeschick.
  Von Aberglauben früh und spat umgarnt:
  Es eignet sich, es zeigt sich an, es warnt.
  Und so verschüchtert stehn wir allein.
  Die Pforte knarrt und niemand kommt herein.
                              erschüttert
11420 Ist jemand hier?
SORGE
                    Die Frage fordert ja!

FAUST
  Und du wer bist denn du?
SORGE

                        Bin einmal da.

FAUST
  Entferne dich!
SORGE

                  Ich bin am rechten Ort.
FAUST *Erst ergrimmt, dann besänftigt für sich*
  Nimm dich in Acht und sprich kein Zauberwort.
SORGE

                  Würde mich kein Ohr vernehmen
                  Müßt es doch im Herzen dröhnen;   11425
                  In verwandelter Gestalt
                  Üb' ich grimmige Gewalt.
                  Auf den Pfaden, auf der Welle
                  Ewig ängstlicher Geselle,
                  Stets gefunden nie gesucht,   11430
                  So geschmeichelt wie verflucht.
  Hast du die Sorge nie gekannt?
FAUST
  Ich bin nur durch die Welt gerannt.
  Ein jed' Gelüst ergriff ich bei den Haaren,
  Was nicht genügte ließ ich fahren,   11435
  Was mir entwischte ließ ich ziehn.
  Ich habe nur begehrt und nur vollbracht,
  Und abermals gewünscht, und so mit Macht
  Mein Leben durchgestürmt; erst groß und mächtig,
  Nun aber geht es weise, geht bedächtig.   11440
  Der Erdenkreis ist mir genug bekannt.
  Nach drüben ist die Aussicht uns verrannt:
  Tor! wer dorthin die Augen blinzelnd richtet,
  Sich über Wolken seines gleichen dichtet;
  Er stehe fest und sehe hier sich um;   11445
  Dem Tüchtigen ist diese Welt nicht stumm,
  Was braucht er in die Ewigkeit zu schweifen,
  Was er erkennt läßt sich ergreifen;

Er wandle so den Erdentag entlang;
11450 Wenn Geister spuken geh er seinen Gang,
Im Weiterschreiten find er Qual und Glück,
Er! unbefriedigt jeden Augenblick.

SORGE

Wen ich einmal mir besitze
Dem ist alle Welt nichts nütze,
11455 Ewiges Düstre steigt herunter,
Sonne geht nicht auf noch unter,
Bei vollkommnen äußern Sinnen
Wohnen Finsternisse drinnen.
Und er weiß von allen Schätzen
11460 Sich nicht in Besitz zu setzen.
Glück und Unglück wird zur Grille,
Er verhungert in der Fülle,
Sei es Wonne sei es Plage
Schiebt ers zu dem andern Tage,
11465 Ist der Zukunft nur gewärtig
Und so wird er niemals fertig.

FAUST

Hör auf! so kommst du mir nicht bei!
Ich mag nicht solchen Unsinn hören.
Fahrhin! die schlechte Litanei
11470 Sie könnte selbst den klügsten Mann betören.

SORGE

Soll er gehen, soll er kommen,
Der Entschluß ist ihm genommen;
Auf gebahnten Weges Mitte
Wankt er tastend halbe Schritte.
11475 Er verliert sich immer tiefer,
Siehet alle Dinge schiefer,
Sich und andre lästig drückend,
Atem holend und erstickend;
Nicht erstickt und ohne Leben,
11480 Nicht verzweiflend, nicht ergeben.
So ein unaufhaltsam Rollen

Schmerzlich Lassen, widrig Sollen,
Bald befreien, bald erdrücken,
Halber Schlaf und schlecht Erquicken
Heftet ihn an seine Stelle   11485
Und bereitet ihn zur Hölle.

FAUST
Unselige Gespenster so behandelt ihr
Das menschliche Geschlecht zu tausendmalen;
Gleichgültige Tage selbst verwandelt ihr
In garstigen Wirrwarr netzumstrickter Qualen.   11490
Dämonen, weiß ich, wird man schwerlich los,
Das geistig-strenge Band ist nicht zu trennen;
Doch deine Macht, o Sorge, schleichend groß,
Ich werde sie nicht anerkennen.

SORGE
Erfahre sie, wie ich geschwind   11495
Mich mit Verwünschung von dir wende!
Die Menschen sind im ganzen Leben blind,
Nun Fauste! werde dus am Ende.
sie haucht ihn an.

FAUST *erblindet*
Die Nacht scheint tiefer tief hereinzudringen
Allein im Innern leuchtet helles Licht: 11500
Was ich gedacht ich eil es zu vollbringen;
Des Herren Wort es gibt allein Gewicht.
Vom Lager auf ihr Knechte! Mann für Mann!
Laßt glücklich schauen was ich kühn ersann.
Ergreift das Werkzeug, Schaufel rührt und Spaten,   11505
Das Abgesteckte muß sogleich geraten.
Auf strenges Ordnen, raschen Fleiß,
Erfolgt der allerschönste Preis;
Daß sich das größte Werk vollende
Genügt Ein Geist für tausend Hände.   11510

Großer Vorhof des Palasts

Fackeln.

MEPHISTOPHELES *als Aufseher, voran*
          Herbei herbei! herein herein!
          Ihr schlotternden Lemuren,
          Aus Ligamenten und Gebein
          Geflickte Halbnaturen.

LEMUREN *im Chor*
11515   Wir treten dir sogleich zur Hand,
          Und, wie wir halb vernommen,
          Es gilt wohl gar ein weites Land
          Das sollen wir bekommen.

          Gespitzte Pfähle die sind da,
11520   Die Kette lang fürs Messen;
          Warum an uns der Ruf geschah
          Das haben wir vergessen.

MEPHISTOPHELES
       Hier gilt kein künstlerisch Bemühn;
       Verfahret nur nach eignen Maßen:
11525   Der Längste lege längelang sich hin,
       Ihr andern lüftet ringsumher den Rasen;
       Wie mans für unsre Väter tat,
       Vertieft ein längliches Quadrat!
       Aus dem Palast ins enge Haus,
11530   So dumm läuft es am Ende doch hinaus.

LEMUREN *mit neckischen Gebärden grabend*
          Wie jung ich war und lebt und liebt,
          Mich deucht das war wohl süße,
          Wo's fröhlich klang und lustig ging
          Da rührten sich meine Füße.

11535   Nun hat das tückische Alter mich
          Mit seiner Krücke getroffen;
          Ich stolpert' über Grabes Tür,
          Warum stand sie just offen!

FAUST *aus dem Palaste tretend, tastet an den Türpfosten*
　Wie das Geklirr der Spaten mich ergötzt!
　Es ist die Menge, die mir frönet,   11540
　Die Erde mit sich selbst versöhnet,
　Den Wellen ihre Grenze setzt,
　Das Meer mit strengem Band umzieht.
MEPHISTOPHELES *bei Seite*
　Du bist doch nur für uns bemüht
　Mit deinen Dämmen deinen Buhnen;   11545
　Denn du bereitest schon Neptunen,
　Dem Wasserteufel, großen Schmaus.
　In jeder Art seid ihr verloren,
　Die Elemente sind mit uns verschworen,
　Und auf Vernichtung läufts hinaus.   11550
FAUST
　Aufseher!
MEPHISTOPHELES
　　　　Hier!
FAUST
　　　　　　Wie es auch möglich sei
　Arbeiter schaffe Meng' auf Menge,
　Ermuntere durch Genuß und Strenge,
　Bezahle, locke, presse bei!
　Mit jedem Tage will ich Nachricht haben   11555
　Wie sich verlängt der unternommene Graben.
MEPHISTOPHELES *halblaut*
　Man spricht, wie man mir Nachricht gab,
　Von keinem Graben, doch vom Grab.
FAUST
　Ein Sumpf zieht am Gebirge hin,
　Verpestet alles schon Errungene;   11560
　Den faulen Pfuhl auch abzuziehn
　Das Letzte wär das Höchsterrungene.
　Eröffn' ich Räume vielen Millionen,
　Nicht sicher zwar, doch tätig-frei zu wohnen.
　Grün das Gefilde, fruchtbar; Mensch und Herde   11565
　Sogleich behaglich auf der neusten Erde,

Gleich angesiedelt an des Hügels Kraft,
Den aufgewälzt kühn-emsige Völkerschaft.
Im Innern hier ein paradiesisch Land,
11570   Da rase draußen Flut bis auf zum Rand,
Und wie sie nascht gewaltsam einzuschießen,
Gemeindrang eilt die Lücke zu verschließen.
Ja diesem Sinne bin ich ganz ergeben,
Das ist der Weisheit letzter Schluß:
11575   Nur der verdient sich Freiheit wie das Leben,
Der täglich sie erobern muß.
Und so verbringt, umrungen von Gefahr,
Hier Kindheit, Mann und Greis sein tüchtig Jahr.
Solch ein Gewimmel möcht ich sehn,
11580   Auf freiem Grund mit freiem Volke stehn.
Zum Augenblicke dürft' ich sagen:
Verweile doch, Du bist so schön!
Es kann die Spur von meinen Erdetagen
Nicht in Äonen untergehn. –
11585   Im Vorgefühl von solchem hohen Glück
Genieß ich jetzt den höchsten Augenblick.

FAUST *sinkt zurück, die* LEMUREN *fassen ihn auf
und legen ihn auf den Boden.*

MEPHISTOPHELES
Ihn sättigt keine Lust, ihm gnügt kein Glück,
So buhlt er fort nach wechselnden Gestalten;
Den letzten, schlechten, leeren Augenblick
11590   Der Arme wünscht ihn fest zu halten.
Der mir so kräftig widerstand,
Die Zeit wird Herr, der Greis hier liegt im Sand.
Die Uhr steht still –
CHOR
                    Steht still! Sie schweigt wie Mitternacht.
Der Zeiger fällt.
MEPHISTOPHELES
                    Er fällt, es ist vollbracht.

CHOR
  Es ist vorbei.
MEPHISTOPHELES
          Vorbei! ein dummes Wort.   11595
  Warum vorbei?
  Vorbei und reines Nicht, vollkommnes Einerlei.
  Was soll uns denn das ewge Schaffen,
  Geschaffenes zu nichts hinwegzuraffen?
  Da ists vorbei! Was ist daran zu lesen?   11600
  Es ist so gut als wär es nicht gewesen,
  Und treibt sich doch im Kreis als wenn es wäre.
  Ich liebte mir dafür das Ewig-Leere.

Grablegung

LEMUR *Solo*
      Wer hat das Haus so schlecht gebaut,
      Mit Schaufeln und mit Spaten?   11605
LEMUREN *Chor*
      Dir dumpfer Gast im hänfnen Gewand
      Ists viel zu gut geraten.
LEMUR *Solo*
      Wer hat den Saal so schlecht versorgt?
      Wo blieben Tisch und Stühle?
LEMUREN *Chor*
      Es war auf kurze Zeit geborgt;   11610
      Der Gläubiger sind so viele.
MEPHISTOPHELES
  Der Körper liegt und will der Geist entfliehn,
  Ich zeig ihm rasch den blutgeschriebnen Titel; –
  Doch leider hat man jetzt so viele Mittel
  Dem Teufel Seelen zu entziehn.   11615
  Auf altem Wege stößt man an,
  Auf neuem sind wir nicht empfohlen;
  Sonst hätt ich es allein getan,
  Jetzt muß ich Helfershelfer holen.

11620   Uns gehts in allen Dingen schlecht.
          Herkömmliche Gewohnheit, altes Recht,
          Man kann auf gar nichts mehr vertrauen.
          Sonst mit dem letzten Atem fuhr sie aus,
          Ich paßt ihr auf und, wie die schnellste Maus,
11625   Schnapps! hielt ich sie in fest verschloßnen Klauen.
          Nun zaudert sie und will den düstern Ort,
          Des schlechten Leichnams ekles Haus nicht lassen;
          Die Elemente die sich hassen,
          Die treiben sie am Ende schmählich fort.
11630   Und wenn ich Tag und Stunden mich zerplage
          Wann? wie? und wo? das ist die leidige Frage,
          Der alte Tod verlor die rasche Kraft,
          Das Ob? sogar ist lange zweifelhaft;
          Oft sah ich lüstern auf die starren Glieder;
11635   Es war nur Schein, das rührte das regte sich wieder.

          Phantastisch-flügelmännische Beschwörungs-Gebärden
          Nur frisch heran! verdoppelt euren Schritt,
          Ihr Herrn vom graden, Herrn vom krummen Horne,
          Von altem Teufelsschrot und Korne
          Bringt ihr zugleich den Höllenrachen mit.
11640   Zwar hat die Hölle Rachen viele! viele!
          Nach Standsgebühr und Würden schlingt sie ein;
          Doch wird man auch bei diesem letzten Spiele
          Ins künftige nicht so bedenklich sein.

          Der gräuliche Höllenrachen tut sich links auf.

          Eckzähne klaffen; dem Gewölb des Schlundes
11645   Entquillt der Feuerstrom in Wut,
          Und in dem Siedequalm des Hintergrundes
          Seh ich die Flammenstadt in ewiger Glut.
          Die rote Brandung schlägt hervor bis an die Zähne,
          Verdammte, Rettung hoffend, schwimmen an;
11650   Doch kolossal zerknirscht sie die Hyäne
          Und sie erneuen ängstlich heiße Bahn.
          In Winkeln bleibt noch vieles zu entdecken,

So viel Erschrecklichstes im engsten Raum!
Ihr tut sehr wohl die Sünder zu erschrecken
Sie haltens doch für Lug und Trug und Traum.   11655

   zu den DICKTEUFELN *vom kurzen, graden Horne*
Nun wanstige Schuften mit den Feuerbacken!
Ihr glüht so recht vom Höllenschwefel feist;
Klotzartige, kurze, nie bewegte Nacken
Hier unten lauert ob's wie Phosphor gleißt:
Das ist das Seelchen, Psyche mit den Flügeln,   11660
Die rupft ihr aus so ists ein garstiger Wurm;
Mit meinem Stempel will ich sie besiegeln
Dann fort mit ihr im Feuer-Wirbel-Sturm.

Paßt auf die niedern Regionen,
Ihr Schläuche, das ist eure Pflicht;   11665
Ob's ihr beliebte da zu wohnen,
So akkurat weiß man das nicht.
Im Nabel ist sie gern zu Haus,
Nehmt es in Acht sie wischt euch dort heraus.

   zu den DÜRRTEUFELN *vom langen, krummen Horne*
Ihr Firlefanze, flügelmännische Riesen,   11670
Greift in die Luft, versucht euch ohne Rast;
Die Arme strack, die Klauen scharf gewiesen,
Daß ihr die flatternde, die Flüchtige faßt.
Es ist ihr sicher schlecht im alten Haus
Und das Genie es will gleich obenaus.   11675

    Glorie von oben, rechts.

HIMMLISCHE HEERSCHAR
     Folget Gesandte,
     Himmelsverwandte,
     Gemächlichen Flugs;
     Sündern vergeben,
     Staub zu beleben,   11680
     Allen Naturen
     Freundliche Spuren
     Wirket im Schweben
     Des weilenden Zugs.

MEPHISTOPHELES

11685 Mißtöne hör ich, garstiges Geklimper,
Von oben kommts mit unwillkommnem Tag;
Es ist das bübisch-mädchenhafte Gestümper,
Wie frömmelnder Geschmack sichs lieben mag.
Ihr wißt wie wir, in tiefverruchten Stunden,
11690 Vernichtung sannen menschlichem Geschlecht;
Das Schändlichste was wir erfunden
Ist ihrer Andacht eben recht.

Sie kommen gleisnerisch die Laffen!
So haben sie uns manchen weggeschnappt,
11695 Bekriegen uns mit unsern eignen Waffen;
Es sind auch Teufel, doch verkappt.
Hier zu verlieren wär euch ewge Schande;
Ans Grab heran und haltet fest am Rande!

CHOR DER ENGEL   *Rosen streuend*

          Rosen, ihr blendenden,
11700   Balsam versendenden!
          Flatternde, schwebende,
          Heimlich belebende,
          Zweiglein beflügelte,
          Knospen entsiegelte,
11705   Eilet zu blühn.

          Frühling entsprieße,
          Purpur und Grün;
          Tragt Paradiese
          Dem Ruhenden hin.

MEPHISTOPHELES *zu den Satanen*

11710 Was duckt und zuckt ihr? ist das Höllenbrauch?
So haltet Stand und laßt sie streuen.
An seinen Platz ein jeder Gauch!
Sie denken wohl mit solchen Blümeleien
Die heißen Teufel einzuschneien;
11715 Das schmilzt und schrumpft vor eurem Hauch.
Nun pustet Püstriche! – Genug genug!
Vor eurem Broden bleicht der ganze Flug. –

Nicht so gewaltsam! schließet Maul und Nasen.
Fürwahr ihr habt zu stark geblasen;
Daß ihr doch nie die rechten Maße kennt.   11720
Das schrumpft nicht nur, es bräunt sich, dorrt, es brennt!
Schon schwebts heran mit giftig klaren Flammen,
Stemmt euch dagegen, drängt euch fest zusammen!
Die Kraft erlischt, dahin ist aller Mut!
Die Teufel wittern fremde Schmeichelglut.   11725

ENGEL

      Blüten die seligen,
      Flammen die fröhlichen,
      Liebe verbreiten sie,
      Wonne bereiten sie,
      Herz wie es mag.   11730
      Worte die wahren,
      Äther im klaren,
      Ewigen Scharen
      Überall Tag.

MEPHISTOPHELES

  O Fluch! o Schande solchen Tröpfen!   11735
  Satane stehen auf den Köpfen,
  Die Plumpen schlagen Rad auf Rad
  Und stürzen ärschlings in die Hölle.
  Gesegn' euch das verdiente heiße Bad!
  Ich aber bleib auf meiner Stelle. –   11740
      Sich mit den schwebenden Rosen herumschlagend
  Irrlichter fort! du! leuchte noch so stark,
  Du bleibst gehascht ein ekler Gallert-Quark.
  Was flatterst du? Willst du dich packen! –
  Es klemmt wie Pech und Schwefel mir im Nacken.

ENGEL. CHOR

      Was euch nicht angehört   11745
      Müsset ihr meiden,
      Was euch das Innre stört
      Dürft ihr nicht leiden.
      Dringt es gewaltig ein
      Müssen wir tüchtig sein.   11750

Liebe nur Liebende
Führet herein.

MEPHISTOPHELES
Mir brennt der Kopf, das Herz, die Leber brennt,
Ein überteuflich Element!
11755 Weit spitziger als Höllenfeuer. –
Drum jammert ihr so ungeheuer
Unglückliche Verliebte! die, verschmäht,
Verdrehten Halses nach der Liebsten späht.

Auch mir! Was zieht den Kopf auf jene Seite?
11760 Bin ich mit ihr doch in geschwornem Streite?
Der Anblick war mir sonst so feindlich scharf.
Hat mich ein Fremdes durch und durch gedrungen,
Ich mag sie gerne sehn die allerliebsten Jungen;
Was hält mich ab daß ich nicht fluchen darf? –
11765 Und wenn ich mich betören lasse
Wer heißt denn künftighin der Tor?
Die Wetterbuben die ich hasse
Sie kommen mir doch gar zu lieblich vor. –

Ihr schönen Kinder laßt mich wissen:
11770 Seid ihr nicht auch von Luzifers Geschlecht?
Ihr seid so hübsch, fürwahr ich möcht euch küssen;
Mir ists als kommt ihr eben recht.
Es ist mir so behaglich, so natürlich
Als hätt ich euch schon tausendmal gesehn,
11775 So heimlich-kätzchenhaft begierlich;
Mit jedem Blick aufs neue schöner schön.
O nähert euch, o gönnt mir Einen Blick!

ENGEL
Wir kommen schon, warum weichst du zurück?
Wir nähern uns und wenn du kannst so bleib.

Die Engel nehmen, umherziehend, den ganzen Raum ein.

MEPHISTOPHELES *der ins Proszenium gedrängt wird*
11780 Ihr scheltet uns verdammte Geister
Und seid die wahren Hexenmeister;

Denn ihr verführet Mann und Weib. –
Welch ein verfluchtes Abenteuer!
Ist dies das Liebeselement?
Der ganze Körper steht in Feuer,   11785
Ich fühle kaum daß es im Nacken brennt. –
Ihr schwanket hin und her, so senkt euch nieder,
Ein bißchen weltlicher bewegt die holden Glieder;
Fürwahr der Ernst steht euch recht schön.
Doch möcht' ich euch nur einmal lächeln sehn;   11790
Das wäre mir ein ewiges Entzücken.
Ich meine so wie wenn Verliebte blicken,
Ein kleiner Zug am Mund so ists getan.
Dich langer Bursche dich mag ich am liebsten leiden,
Die Pfaffenmiene will dich gar nicht kleiden,   11795
So sieh mich doch ein wenig lüstern an!
Auch könntet ihr anständig-nackter gehen,
Das lange Faltenhemd ist übersittlich –
Sie wenden sich – Von hinten anzusehen! –
Die Racker sind doch gar zu appetitlich.   11800
CHOR DER ENGEL
       Wendet zur Klarheit
       Euch liebende Flammen!
       Die sich verdammen
       Heile die Wahrheit;
       Daß sie vom Bösen   11805
       Froh sich erlösen,
       Um in dem Allverein
       Selig zu sein.
MEPHISTOPHELES *sich fassend*
Wie wird mir! – hiobsartig, Beul an Beule
Der ganze Kerl, dem's vor sich selber graut,   11810
Und triumphiert zugleich wenn er sich ganz durchschaut,
Wenn er auf sich und seinen Stamm vertraut;
Gerettet sind die edlen Teufelsteile,
Der Liebespuk er wirft sich auf die Haut;
Schon ausgebrannt sind die verruchten Flammen,   11815
Und, wie es sich gehört, fluch ich euch allzusammen.

CHOR DER ENGEL
                    Heilige Gluten!
                    Wen sie umschweben
                    Fühlt sich im Leben
11820   Selig mit Guten.
                    Alle vereinigt
                    Hebt euch und preist,
                    Luft ist gereinigt
                    Atme der Geist.

Sie erheben sich, Faustens Unsterbliches entführend.

MEPHISTOPHELES *sich umsehend*
11825 Doch wie? – wo sind sie hingezogen?
       Unmündiges Volk du hast mich überrascht,
       Sind mit der Beute himmelwärts entflogen;
       Drum haben sie an dieser Gruft genascht!
       Mir ist ein großer einziger Schatz entwendet,
11830 Die hohe Seele die sich mir verpfändet
       Die haben sie mir pfiffig weggepascht.
       [ENGEL *indessen entschwebend*
                    Liebe, die gnädige,
                    Hegende, tätige,
                    Gnade die liebende
                    Schonung verübende
                    Schweben uns vor.
                    Fielen der Bande
                    Irdischer Flor,
                    Wolkengewande
                    Tragt ihn empor.
       MEPHISTOPHELES]
       Bei wem soll ich mich nun beklagen?
       Wer schafft mir mein erworbenes Recht?
       Du bist getäuscht in deinen alten Tagen,
11835 Du hasts verdient, es geht dir grimmig schlecht.
       Ich habe schimpflich mißgehandelt,
       Ein großer Aufwand, schmählich! ist vertan,
       Gemein Gelüst, absurde Liebschaft wandelt

Den ausgepichten Teufel an.
Und hat mit diesem kindisch-tollen Ding   11840
Der Klugerfahrne sich beschäftigt,
So ist fürwahr die Torheit nicht gering
Die seiner sich am Schluß bemächtigt.

BERGSCHLUCHTEN, WALD, FELS

EINÖDE

HEILIGE ANACHORETEN *Gebirg auf verteilt, gelagert*
zwischen Klüften.

CHOR und ECHO
   Waldung, sie schwankt heran,
11845 Felsen, sie lasten dran,
   Wurzeln, sie klammern an,
   Stamm dicht am Stamm hinan.
   Woge nach Woge spritzt,
   Höhle die tiefste schützt.
11850 Löwen sie schleichen stumm-
   Freundlich um uns herum,
   Ehren geweihten Ort
   Heiligen Liebeshort.
PATER EXTATICUS *auf und abschweifend*
   Ewiger Wonnebrand,
11855 Glühendes Liebeband,
   Siedender Schmerz der Brust,
   Schäumende Gottes-Lust.
   Pfeile durchdringet mich,
   Lanzen bezwinget mich,
11860 Keulen zerschmettert mich,
   Blitze durchwettert mich;
   Daß ja das Nichtige
   Alles verflüchtige,
   Glänze der Dauerstern
11865 Ewiger Liebe Kern.
PATER PROFUNDUS *Tiefe Region*
   Wie Felsenabgrund mir zu Füßen
   Auf tieferm Abgrund lastend ruht,

Wie tausend Bäche strahlend fließen
Zum grausen Sturz des Schaums der Flut,
Wie strack, mit eignem kräftigen Triebe,   11870
Der Stamm sich in die Lüfte trägt,
So ist es die allmächtige Liebe
Die alles bildet alles hegt.

Ist um mich her ein wildes Brausen,
Als wogte Wald und Felsengrund,   11875
Und doch stürzt, liebevoll im Sausen,
Die Wasserfülle sich zum Schlund,
Berufen gleich das Tal zu wässern;
Der Blitz der flammend niederschlug
Die Atmosphäre zu verbessern   11880
Die Gift und Dunst im Busen trug:
Sind Liebesboten, sie verkünden
Was ewig schaffend uns umwallt.
Mein Innres mög' es auch entzünden
Wo sich der Geist, verworren kalt,   11885
Verquält in stumpfer Sinne Schranken
Scharfangeschloßnem Kettenschmerz.
O Gott! beschwichtige die Gedanken
Erleuchte mein bedürftig Herz.

PATER SERAPHICUS *Mittlere Region*

Welch ein Morgenwölkchen schwebet   11890
Durch der Tannen schwankend Haar;
Ahn ich was im Innern lebet?
Es ist junge Geisterschar.

CHOR SELIGER KNABEN

Sag uns Vater wo wir wallen,
Sag uns Guter wer wir sind?   11895
Glücklich sind wir, allen allen
Ist das Dasein so gelind.

PATER SERAPHICUS

Knaben! Mitternachts Geborne,
Halb erschlossen Geist und Sinn,
Für die Eltern gleich Verlorne,   11900

Für die Engel zum Gewinn.
Daß ein Liebender zugegen
Fühlt ihr wohl, so naht euch nur;
Doch von schroffen Erdewegen
11905   Glückliche! habt ihr keine Spur.
Steigt herab in meiner Augen
Welt- und erdgemäß Organ,
Könn't sie als die euern brauchen,
Schaut euch diese Gegend an.
            er nimmt sie in sich
11910   Das sind Bäume, das sind Felsen,
Wasserstrom, der abestürzt
Und mit ungeheuerm Wälzen
Sich den steilen Weg verkürzt.

SELIGE KNABEN *von innen*
Das ist mächtig anzuschauen
11915   Doch zu düster ist der Ort,
Schüttelt uns mit Schreck und Grauen,
Edler, Guter laß uns fort.

PATER SERAPHICUS
Steigt hinan zu höhrem Kreise
Wachset immer unvermerkt,
11920   Wie, nach ewig reiner Weise,
Gottes Gegenwart verstärkt.
Denn das ist der Geister Nahrung
Die im freisten Äther waltet,
Ewigen Liebens Offenbarung
11925   Die zur Seligkeit entfaltet.

CHOR SELIGER KNABEN *um die höchsten Gipfel kreisend*
Hände verschlinget
Freudig zum Ringverein,
Regt euch und singet
Heilge Gefühle drein;
11930   Göttlich belehret
Dürft ihr vertrauen,
Den ihr verehret
Werdet ihr schauen

ENGEL *schwebend in der höhern Atmosphäre,*
  FAUSTENS *Unsterbliches tragend*

        Gerettet ist das edle Glied
        Der Geisterwelt vom Bösen,   11935
        ›Wer immer strebend sich bemüht
        Den können wir erlösen.‹
        Und hat an ihm die Liebe gar
        Von oben Teil genommen,
        Begegnet ihm die selige Schar   11940
        Mit herzlichem Willkommen.

DIE JÜNGEREN ENGEL

        Jene Rosen, aus den Händen
        Liebend-heiliger Büßerinnen,
        Halfen uns den Sieg gewinnen,
        Uns das hohe Werk vollenden,   11945
        Diesen Seelenschatz erbeuten.
        Böse wichen als wir streuten,
        Teufel flohen als wir trafen.
        Statt gewohnter Höllenstrafen,
        Fühlten Liebesqual die Geister;   11950
        Selbst der alte Satans-Meister
        War von spitzer Pein durchdrungen.
        Jauchzet auf! es ist gelungen.

DIE VOLLENDETEREN ENGEL

        Uns bleibt ein Erdenrest
        Zu tragen peinlich,   11955
        Und wär' er von Asbest
        Er ist nicht reinlich.
        Wenn starke Geisteskraft
        Die Elemente
        An sich herangerafft,   11960
        Kein Engel trennte
        Geeinte Zwienatur
        Der innigen Beiden,
        Die ewige Liebe nur
        Vermags zu scheiden.   11965

DIE JÜNGEREN ENGEL

Nebelnd um Felsenhöh
Spür ich so eben,
Regend sich in der Näh,
Ein Geister-Leben.
Die Wölkchen werden klar,
Ich seh bewegte Schar
Seliger Knaben,
Los von der Erde Druck,
Im Kreis gesellt,
Die sich erlaben
Am neuen Lenz und Schmuck
Der obern Welt.
Sei er zum Anbeginn,
Steigendem Vollgewinn,
Diesen gesellt!

DIE SELIGEN KNABEN

Freudig empfangen wir
Diesen im Puppenstand;
Also erlangen wir
Englisches Unterpfand.
Löset die Flocken los
Die ihn umgeben,
Schon ist er schön und groß
Von heiligem Leben.

DOCTOR MARIANUS *in der höchsten, reinlichsten Zelle*

Hier ist die Aussicht frei,
Der Geist erhoben.
Dort ziehen Fraun vorbei,
Schwebend nach oben.
Die Herrliche, mitteninn,
Im Sternenkranze,
Die Himmelskönigin,
Ich seh's am Glanze.

entzückt

Höchste Herrscherin der Welt
Lasse mich, im blauen,

Ausgespannten Himmelszelt,
Dein Geheimnis schauen.   12000
Billige was des Mannes Brust
Ernst und zart beweget
Und mit heiliger Liebeslust
Dir entgegen träget.

Unbezwinglich unser Mut   12005
Wenn du hehr gebietest,
Plötzlich mildert sich die Glut,
Wie du uns befriedest.
Jungfrau, rein im schönsten Sinn,
Mutter, Ehren würdig,   12010
Uns erwählte Königin,
Göttern ebenbürtig.
    Um sie verschlingen
    Sich leichte Wölkchen,
    Sind Büßerinnen,   12015
    Ein zartes Völkchen;
    Um Ihre Knie
    Den Äther schlürfend,
    Gnade bedürfend.
Dir, der Unberührbaren,   12020
Ist es nicht benommen
Daß die leicht Verführbaren
Traulich zu dir kommen.

In die Schwachheit hingerafft
Sind sie schwer zu retten;   12025
Wer zerreißt aus eigner Kraft
Der Gelüste Ketten?
Wie entgleitet schnell der Fuß
Schiefem glattem Boden?
Wen betört nicht Blick und Gruß,   12030
Schmeichelhafter Odem?

MATER GLORIOSA *schwebt einher*

CHOR DER BÜSSERINNEN
        Du schwebst zu Höhen
        Der ewigen Reiche,
        Vernimm das Flehen
12035   Du Ohnegleiche,
        Du Gnadenreiche!
MAGNA PECCATRIX   (St. Lucae VII. 36)
        Bei der Liebe, die den Füßen
        Deines gottverklärten Sohnes
        Tränen ließ zum Balsam fließen,
12040   Trotz des Pharisäer-Hohnes;
        Beim Gefäße das so reichlich
        Tropfte Wohlgeruch hernieder,
        Bei den Locken die so weichlich
        Trockneten die heilgen Glieder –
MULIER SAMARITANA   (St. Joh. IV.)
12045   Bei dem Bronn, zu dem schon weiland
        Abram ließ die Herde führen,
        Bei dem Eimer der dem Heiland
        Kühl die Lippe durft berühren;
        Bei der reinen reichen Quelle
12050   Die nun dorther sich ergießet,
        Überflüssig, ewig helle,
        Rings durch alle Welten fließet –
MARIA EGYPTIACA   (Acta Sanctorum)
        Bei dem hochgeweihten Orte
        Wo den Herrn man niederließ,
12055   Bei dem Arm der von der Pforte
        Warnend mich zurücke stieß;
        Bei der vierzigjährigen Buße
        Der ich treu in Wüsten blieb,
        Bei dem seligen Scheidegruße
12060   Den im Sand ich niederschrieb –

ZU DREI

Die du großen Sünderinnen
Deine Nähe nicht verweigerst
Und ein büßendes Gewinnen
In die Ewigkeiten steigerst,
Gönn' auch dieser guten Seele   12065
Die sich einmal nur vergessen,
Die nicht ahnte daß sie fehle,
Dein Verzeihen angemessen.

UNA POENITENTUM *sich anschmiegend*
 sonst Gretchen genannt

Neige neige
Du Ohnegleiche,   12070
Du Strahlenreiche,
Dein Antlitz gnädig meinem Glück.
Der früh Geliebte
Nicht mehr Getrübte
Er kommt zurück.   12075

SELIGE KNABEN *in Kreisbewegung sich nähernd*

Er überwächst uns schon
An mächtigen Gliedern;
Wird treuer Pflege Lohn
Reichlich erwidern.
Wir wurden früh entfernt   12080
Von Lebechören,
Doch dieser hat gelernt
Er wird uns lehren.

DIE EINE BÜSSERIN
 sonst GRETCHEN genannt

Vom edlen Geisterchor umgeben
Wird sich der Neue kaum gewahr,   12085
Er ahnet kaum das frische Leben
So gleicht er schon der heiligen Schar.
Sieh! wie er jedem Erdenbande
Der alten Hülle sich entrafft,

12090   Und aus ätherischem Gewande
           Hervortritt erste Jugendkraft.
           Vergönne mir ihn zu belehren,
           Noch blendet ihn der neue Tag.
MATER GLORIOSA
           Komm! hebe dich zu höhern Sphären,
12095   Wenn er dich ahnet folgt er nach.
DOCTOR MARIANUS *auf dem Angesicht anbetend*
           Blicket auf zum Retterblick
           Alle reuig zarten,
           Euch zu seligem Geschick
           Dankend umzuarten.
12100   Werde jeder bessre Sinn
           Dir zum Dienst erbötig;
           Jungfrau, Mutter, Königin,
           Göttin bleibe gnädig.
CHORUS MYSTICUS
           Alles Vergängliche
12105   Ist nur ein Gleichnis;
           Das Unzulängliche
           Hier wird's Ereignis;
           Das Unbeschreibliche
           Hier ist es getan;
12110   Das Ewig-Weibliche
           Zieht uns hinan.

FINIS

THEATERZEICHNUNGEN ZUM FAUST

Abb. 2: Bühnenbild-Skizze zum *Prolog im Himmel*, 271 ff.
(Angaben dazu im Kommentar-Band, S. 165 f. und 821)

Abb. 3: Skizze zu *Faust I*, Szene *Nacht* (Studierzimmer), 354 ff.?
(Angaben dazu im Kommentar-Band, S. 821 f.)

Abb. 4: Skizze zu *Faust I*, Szene *Nacht*, 482 ff.:
Erscheinung des Erdgeistes
(Angaben dazu im Kommentar-Band, S. 217 f. und 822)

Abb. 5: Skizze zu *Faust I*, Szene *Studierzimmer* I, 1303 ff.:
Beschwörung des Pudels
(Angaben dazu im Kommentar-Band, S. 822)

Abb. 6: Bühnenbild-Skizze zu *Faust I*, Szene *Hexenküche*, 2337 ff.
(Angaben dazu im Kommentar-Band, S. 822 f.)

Abb. 7: Skizze zu *Faust I*, Szene *Walpurgisnacht*, 3835 ff. und 4183 ff. (Angaben dazu im Kommentar-Band, S. 823)

Abb. 8: Skizze zu *Faust II*, 2. Akt, *Szene Felsbuchten des Aegäischen Meers*,
wie Regieanmerkung vor 8034 (Angaben dazu im Kommentar-Band, S. 562 f. und 823)

Abb. 9: Luise von Göchhausen am Schreibtisch
Goethesche Bleistiftzeichnung, wohl um 1776
(Original: Goethe-Museum Düsseldorf)

FAUST · FRÜHE FASSUNG

Nach der Handschrift
des Hoffräuleins Luise von Göchhausen

Nacht.

In einem hochgewölbten engen gothischen Zimmer.
<u>Faust</u> unruhig auf seinem Sessel am Pulten

Hab nun ach die Philosophey
Medizin und Juristerey,
Und leider auch die Theologie
Durchaus studirt mit heisser Müh.
Da steh ich nun ich armer Tohr.   5
Und bin so klug als wie zuvor.
Heisse Docktor und Professor gar
Und ziehe schon an die zehen Jahr
Herauf herab und queer und krum
Meine Schüler an der Nas herum   10
Und seh daß wir nichts wissen können,
Das will mir schier das Herz verbrennen.
Zwar bin ich gescheuter als alle die Laffen
Docktors, Professors, Schreiber und Pfaffen
Mich blagen keine Skrupel noch Zweifel   15
Fürcht mich weder vor Höll noch Teufel.
Dafür ist mir auch all Freud entrissen
Bild mir nicht ein was rechts zu wissen
Bild mir nicht ein ich könnt was lehren
Die Menschen zu bessern und zu bekehren,   20
Auch hab ich weder Gut noch Geld
Noch Ehr und Herrlichkeit der Welt.
Es mögt kein Hund so länger leben
Drum hab ich mich der Magie ergeben
Ob mir durch Geistes Krafft und Mund   25
Nicht manch Geheimniß werde kund.
Daß ich nicht mehr mit sauren Schweis
Rede von dem was ich nicht weis.

KONKORDANZ-ZEILE:
Faust. Frühe Fassung, v. 1-28 entspricht (≈) *Faust I*, v. 354-381

Daß ich erkenne was die Welt
30 Im innersten zusammenhält
Schau alle Würkungskrafft und Saamen
Und thu nicht mehr in Worten kramen.

O sähst du voller Mondenschein
Zum lezten mal auf meine Pein
35 Den ich so manche Mitternacht
An diesen Pult heran gewacht.
Dann über Bücher und Papier
Trübseelger Freund erschienst du mir.
Ach könnt ich doch auf Berges Höhn
40 In deinem lieben Lichte gehn
Um Bergeshöhl mit Geistern schweben
Auf Wiesen in deinem Dämmer weben
Von all dem Wissensqualm entladen
In deinem Thau gesund mich baden.

45   Weh! steck ich in den Kerker noch
Verfluchtes dumpfes Mauerloch
Wo selbst das liebe Himmels Licht
Trüb durch gemahlte Scheiben bricht.
Beschränkt von all dem Bücherhauff
50 Den Würme nagen, Staub bedekt
Und bis ans hohe Gewölb hinauf
Mit angeraucht Papier besteckt
Mit Gläsern Büchsen rings bestellt
Mit Instrumenten vollgepropft
55 Uhrväter Hausrath drein gestopft,
Das ist deine Welt, das heisst eine Welt!

Und fragst du noch warum dein Herz
Sich inn in deinem Busen klemmt?
Warum ein unerklärter Schmerz
60 Dir alle Lebensregung hemmt.
Statt all der lebenden Natur
Da Gott die Menschen schuf hinein
Umgiebt in Rauch und Moder nur
Dich Tiergeripp und Todtenbein.

29-64 ≈ 382-417

Flieh! Auf hinaus in's weite Land!   65
Und dies geheimnissvolle Buch
Von Nostradamus eigner Hand
Ist dir das nicht Geleit genung?
Erkennest dann der Sterne Lauf
Und wenn Natur dich unterweist   70
Dann geht die Seelenkrafft dir auf
Wie spricht ein Geist zum andern Geist.
Umsonst daß trocknes Sinnen hier
Die heilgen Zeichen dir erklärt
Ihr schwebt ihr Geister neben mir   75
Antwortet mir wenn ihr mich hört.

/: er schlägt das Buch auf und erblickt das
Zeichen des Makrokosmus :/

Ha welche Wonne fließt in diesem Blick
Auf einmal mir durch alle meine Sinnen.
Ich fühle iunges heilges Lebens glück,
Fühl neue Glut durch Nerv und Adern rinnen.
War es ein Gott der diese Zeichen schrieb?   80
Die all das innre Toben stillen
Das arme Herz mit Freude füllen
Und mit geheimnissvollen Trieb
Die Kräffte der Natur enthüllen   85
Bin ich ein Gott? mir wird so licht!
Ich schau in diesen reinen Zügen
Die winkende* Natur vor meiner Seele liegen.
Jetzt erst erkenn' ich was der Weise spricht:
»Die Geister Welt ist nicht verschlossen   90
»Dein Sinn ist zu, dein Herz ist todt
»Auf bade Schüler unverdrossen
»Die irrdsche Brust im Morgenroth.«

/: er beschaut das Zeichen :/

---

* *Faust I, v. 441:* wirkende

Wie alles sich zum Ganzen webt
95   Eins in dem andern würkt und lebt
Wie Himmels kräffte auf und nieder steigen
Und sich die goldnen Eimer reichen!
Mit Seegenduftenden Schwingen
Vom Himmel durch die Erde dringen
100   Harmonisch all das all durchklingen.

Welch Schauspiel! aber ach ein Schauspiel nur
Wo fass ich dich unendliche Natur!
Euch Brüste wo! Ihr Quellen alles Lebens
An denen Himmel und Erde hängt
105   Dahin die welke Brust sich drängt.
Ihr quellt, ihr tränkt, und schmacht ich so vergebens!

/: er schlägt unwillig das Buch um und erblickt das
    Zeichen des Erdgeistes :/
Wie anders würckt dies Zeichen auf mich ein!
Du Geist der Erde bist mir näher
Schon fühl ich meine Kräffte höher
110   Schon glüh ich wie vom neuen Wein
Ich fühle Muth mich in die Welt zu wagen
All Erden weh und all ihr Glück zu tragen
Mit Stürmen mich herum zu schlagen
Und in des Schiffbruchs Knirschen nicht zu zagen.
115   Es wölckt sich über mir
Der Mond verbirgt sein Licht!
Die Lampe schwindet!
Es dampft! Es zucken rothe Stralen
Mir um das Haupt. Es weht
120   Ein Schauer vom Gewölb herab
Und faßt mich an.
Ich fühls du schwebst um mich
Erflehter Geist!
Enthülle dich.
125   Ha! wie's in meinem Herzen reisst!
Zu neuen Gefühlen
All meine Sinne sich erwühlen

Ich fühle ganz mein Herz Dir hingegeben!
Du musst! Du musst! Und kostet es mein Leben.
/: er fasst das Buch und spricht das Zeichen des Geists
    geheimnisvoll aus. Es zuckt eine röthliche Flamme,
    der Geist erscheint in der Flamme, in wiederlicher
    Gestallt :/

Geist.

Wer ruft mir!

Faust, abwendent
Schröckliches Gesicht! 130
Geist

Du hast mich mächtig angezogen
An meiner Sphäre lang gesogen,
Und nun –

Faust
Weh ich ertrag dich nicht.
Geist

Du flehst erathmend mich zu schauen
Meine Stimme zu hören mein Antliz zu sehn, 135
Mich neigt dein mächtig Seelen Flehn.
Da bin ich! Welch erbärmlich Grauen
Fasst Uebermenschen dich! Wo ist der Seele Ruf?
Wo ist die Brust die eine Welt in sich erschuf,
Und trug, und heegte, und mit Freude Beben 140
Erschwoll sich uns den Geistern gleich zu heben
Wo bist du Faust des Stimme mir erklang?
Der sich an mich mit allen Kräfften drang?
Du! der, den kaum mein Hauch umwittert
In allen Lebenstiefen zittert, 145
Ein furchtsam weggekrümmter Wurm.

Faust.

Soll ich dir Flammenbildung weichen!
Ich bin's, bin Faust, bin deines gleichen.

Geist

In Lebensfluthen im Thatensturm
Wall ich auf und ab 150
Webe hin und her

Geburt und Grab
Ein ewges Meer
Ein wechselnd Leben!*
155 So schaff ich am sausenden Webstul der Zeit
Und würke der Gottheit lebendiges Kleid
                    Faust.
Der du die weite Welt umschweiffst
Geschäfftger Geist wie nah fühl ich mich dir
                    Geist.
Du gleichst dem Geist den du begreiffst,
160 Nicht mir!

                /: verschwindet :/
                Faust zusammenstürzend :/

Nicht dir!
Wem denn?
Ich Ebenbild der Gottheit!
Und nicht ein mal dir!

                /: es klopft :/
165 O Todt! ich kenns das ist mein Famulus.
Nun werd ich tiefer tief zu nichte,
Daß diese Fülle der Gesichte
Der trokne Schwärmer stören muß.

                    Wagner im Schlafrock und der
                    Nachtmütze, eine Lampe in der
                    Hand. Faust wendet sich unwillig.

                    Wagner.
Verzeiht! ich hört euch deklamiren!
170 Ihr last gewiß ein griechisch Trauerspiel
In dieser Kunst mögt ich was profitiren
Denn heutzutage würkt das viel.
Ich hab es öffters rühmen hören
Ein Kommödiant könnt einen Pfarrer lehren.

---

* *Faust I, v. 506 f.*: Ein wechselnd Weben, | Ein glühend Leben,

Faust
Ja wenn der Pfarrer ein Commödiant ist.   175
Wie das denn wohl zu Zeiten kommen mag.
                        Wagner
Ach wenn man in sein Museum gebannt ist,
Und sieht die Welt kaum einen Feyertag.
Man weis nicht eigentlich wie sie zu guten Dingen
Durch Ueberredung hinzubringen.   180
                        Faust.
Wenn ihrs nicht fühlt ihr werdets nicht erjagen.
Wenns euch nicht aus der Seele dringt
Und mit urkräftigen Behagen
Die Herzen aller Hörer zwingt.
Sizzt ihr einweil und leimt zusammen,   185
Braut ein Ragout von andrer Schmaus,
Und blast die kümmerlichen Flammen
Aus eurem Aschenhäufgen aus
Bewundrung von Kindern und Affen
Wenn euch darnach der Gaumen steht!   190
Doch werdet ihr nie Herz zu Herzen schaffen,
Wenn es euch nicht von Herzen geht.
                        Wagner.
Allein der Vortrag nüzt dem Redner viel.
                        Faust.
Was Vortrag! der ist gut im Puppenspiel
Mein Herr Magister hab er Krafft!   195
Sey er kein Schellenlauter Thor!
Und Freundschafft, Liebe, Brüderschafft,
Trägt die sich nicht von selber vor.
Und wenns euch Ernst ist was zu sagen
Ists nöthig Worten nachzujagen.   200
Und all die Reden die so blinkend sind
In denen ihr der Menschheit Schnizzel kräuselt,
Sind neu erquicklich* wie der Nebelwind
Der herbstlich durch die dürren Blätter säuselt.

---

* *Faust I, v. 556:* unerquicklich

175-78 ≈ 528-31 | 179 nur hier | 180-93 ≈ 533-46 | 194-95 nur hier | 196 ≈ 549 | 197 nur hier |
198-204 ≈ 551-57

Wagner

205 Ach Gott die Kunst ist lang
Und kurz ist unser Leben!
Mir wird bey meinem kritischen Bestreben
Doch offt um Kopf und Busen bang
Wie schwer sind nicht die Mittel zu erwerben,
210 Durch die man zu den Quellen steigt,
Und eh man nur den halben Weeg erreicht,
Muß wohl ein armer Teufel sterben.

Faust.

Das Pergament ist daß der heilge Bronnen,
Woraus ein Trunk den Durst auf ewig stillt.
215 Erquikung hast du nicht gewonnen
Wenn sie dir nicht aus eigner Seele quillt.

Wagner

Verzeiht es ist ein gros Ergözzen
Sich in den Geist der Zeiten zu versezzen.
Zu schauen wie vor uns ein weiser Mann gedacht,
220 Und wie wirs dann zulezt so herrlich weit gebracht.

Faust

O ia bis an die Sterne weit.
Mein Freund die Zeiten der Vergangenheit,
Sind uns ein Buch mit sieben Siegeln.
Was ihr den Geist der Zeiten heisst
225 Das ist im Grund der Herren eigner Geist,
In dem die Zeiten sich bespiegeln.
Da ists denn warrlich offt ein Jammer
Man läufft euch bey dem ersten Blick davon.
Ein Kehrichtfass und eine Rumpelkammer,
230 Und höchstens eine Haupt und Staats aktion.
Mit trefflichen pragmatischen Maximen,
Wie sie den Puppen wohl im Munde ziemen.

Wagner

Allein die Welt! des Menschen Herz und Geist!
Mögt ieglicher doch was davon erkennen.

Faust.

235 Ja was man so erkennen heisst.

205-35 ≈ 558-88

Wer darf das Kind beym rechten Nahmen nennen?
Die wenigen die was davon erkannt
Die Thörig gnug ihr volles Herz nicht wahrten.
Den Pöbel ihr Gefühl ihr Schauen offenbaarten
Hat man von ie gekreuzigt und verbrannt.   240
Ich bitt euch Freund es ist tief in der Nacht
Wir müßen diesmal unterbrechen.
                    Wagner.
Ich hätte gern bis morgen früh gewacht,
Um so gelehrt mit euch mich zu besprechen.   /: ab :/
                    Faust:
Wie nur dem Kopf nicht alle Hoffnung schwindet,   245
Der immer fort an schaalen Zeuge klebt,
Mit gierger Hand nach Schätzen gräbt,
Und froh ist wenn er Regenwürmer findet.*

            Mephistopheles im Schlafrock eine grose
            Perrücke auf. Student.
                    Student.
Ich bin alhier erst kurze Zeit,
Und komme voll Ergebenheit   250
Einen Mann zu sprechen und zu kennen
Den alle wir mit Ehrfurcht nennen.
                    Mephistopheles
Eure Höflichkeit erfreut mich sehr,
Ihr seht einen Mann wie andre mehr.
Habt ihr euch hier schon umgethan.   255
                    Student
Ich bitt euch nehmt euch meiner an.
Ich komm mit allem gutem Muth,
Ein leidlich Geld und frischem Blut.
Meine Mutter wollt mich kaum entfernen,
Mögte gern was rechts hier aussen lernen.   260

---

* *Im Faust I folgen dem die Verse 606-1867, mit denen die ›große Lücke‹*
  der Frühen Fassung geschlossen wurde.

Meph:
Da seyd ihr eben recht am Ort.

Student
Aufrichtig! Mögt schon wieder fort!
Sieht all so trocken ringsum aus
Als säs Heishunger in iedem Haus.

Meph:
265 Bitt euch! dran euch nicht weiter kehrt,
Hier alles sich vom Studenten nährt.
Doch erst, wo werdet ihr logiren?
Das ist ein Hauptstück!

Student
Wolltet mich führen*
Bin warrlich ganz ein irres Lamm.
270 Mögt gern das gute so allzusamm,
Mögt gern das böse mir all vom Leib,
Und Freyheit, auch wohl Zeitvertreib,
Mögt auch dabey studiren tief,
Dass mirs über Kopf und Ohren lief!
275 O Herr helft dass meiner Seel
Am guten Wesen nimmer fehl.

Mephis: krazt sich.
Kein Logie habt ihr? wie ihr sagt.

Student.
Hab noch nicht 'mal darnach gefragt.
Mein Wirthshaus nährt mich leidlich gut,
280 Feines Mägdlein drinn aufwarten thut.

Meph:
Behüte Gott das führt euch weit!
Caffee und Billard! Weh dem Spiel!
Die Mägdlein ach sie geilen viel!
Vertripplistreichelt eure Zeit.
285 Dagegen sehn wirs leidlich gern,
Dass alle Studiosi nah und fern
Uns wenigstens einmal die Wochen

---

* *Gegen die Handschrift als 2. Halbvers von 268 zu lesen (Reimordnung!)*

261-62 ≈ 1880-81 | 263-71 nur hier | 272 ≈ 1906 | 273-87 nur hier

Kommen untern Absaz gekrochen.
Will einer an unserm Speichel sich lezzen
Den thun wir zu unsrer Rechten sezzen.   290
             Student.
Mir wird ganz greulich vorm Gesicht!
             Meph:
Das schadt der guten Sache nicht.
Dann fordersamst mit dem Logie
Wüßt ich euch wohl nichts bessers hie,
Als geht zu Frau Sprizbierlein morgen   295
Weis Studiosos zu versorgen.
Hats Haus von oben bis unten voll,
Und versteht weidlich was sie soll.
Zwar Noes Arche war saubrer gefacht,
Doch ists einmal so hergebracht.   300
Ihr zahlt was andre vor euch zahlten
Die ihren Nahm aufs –Haus* mahlten.
             Student.
Wird mir fast so eng um's Herz herum
Als zu Haus im Colegium.
             Meph:
Euer Logie wär nun bestellt.   305
Nun euren Tisch für leidlich Geld!
             Student.
Mich dünkt das gäb sich alle nach,
Wer erst von Geists Erweitrung sprach!
             Meph:
Mein Schatz! das wird euch wohl verziehn,
Kennt nicht den Geist der Akademien.   310
Der Mutter Tisch müßt ihr vergessen,
Klar Wasser geschiedne Butter fressen.
Statt Hopfen Keim und iung Gemüs,
Geniessen mit Dank Brennesseln süs,
Sie thun einen Gänse stuhlgang treiben,   315

* *'Anstandsstrich' als Auslassungszeichen (wohl der Schreiberin)*
   für Scheiß–

Aber eben drum nicht bass bekleiben,
Hammel und Kalb kühren ohne End,
Als wie unsers Herr Gotts Firmament.
Doch zahlend wird von euch ergänzt
320 Was Schwärmerian vor euch geschwänzt.
Müsst euren Beutel wohl versorgen,
Besonders keinem Freunde borgen
Aber redlich zu allen Maalen
Wirth, Schneider und Professor zahlen.

                              Student.
325 Hochwürdger Herr das findet sich.
Aber nun bitt ich leitet mich!
Mir steht das Feld der Weisheit offen,
Wäre gern so grade zu geloffen,
Aber sieht drinn so bunt und kraus
330 Auch seitwärts wüst und trocken aus
Fern thät sich's mir vor die Sinnen stellen,
Als wie ein Tempe voll frischer Quellen.

                              Meph:
Sagt mir erst eh ihr weiter geht,
Was wählt ihr für eine Fakultät?

                              Student
335 Soll zwar ein Mediziner werden,
Doch wünscht ich rings von aller Erden,
Von allem Himmel und all Natur,
So viel mein Geist vermögt zu fassen.

                              Meh:
Ihr seyd da auf der rechten Spur,
340 Doch müßt ihr euch nicht zerstreuen lassen
Mein theurer Freund ich rath euch drum,
Zuerst Collegium Logikum.
Da wird der Geist euch wohl dressirt,
In Spansche Stiefeln eingeschnürt,
345 Dass er bedächtger so fort an
Hinschleiche die Gedanken Bahn.
Und nicht etwa die Kreuz und Queer
Irrlichtelire den Weeg daher.

316-32 nur hier | 333-34 ≈ 1896-97 | 335 nur hier | 336-40 ≈ 1898-1903 | 341-48 ≈ 1910-17

Dann lehret man euch manchen Tag,
Daß was ihr sonst auf Einen Schlag   350
Getrieben wie Essen und trinken frey,
Eins! Zwey! Drey! dazu nöthig sey.
Zwar ists mit der Gedanken Fabrick
Wie mit einem Weber Meisterstück,
Wo ein Tritt tausend Fäden regt   355
Die Schifflein rüber hinüber schiessen
Die Fäden ungesehen fliessen.
Ein Schlag tausend Verbindungen schlägt.
Der Philosoph der tritt herein
Und beweist euch es müßt so seyn.   360
Das erst wär so, das zweyte so
Und drum das dritt und virte so.
Und wenn das erst und zweyt nicht wär
Das dritt und viert wär nimmermehr.
Das preisen die Schüler aller Orten   365
Sind aber keine Weber worden.
Wer will was lebigs erkennen und beschreiben,
Muß erst den Geist herauser treiben,
Dann hat er die Theil in seiner Hand,
Fehlt leider nur das geistlich Band.   370
Encheiresin naturae nennts die Chimie!
Bohrt sich selbst einen Esel und weis nicht wie.
           Student
Kann euch nicht eben ganz verstehen.
           Meph:
Das wird nächstens schon besser gehen.
Wenn ihr lernt alles reduziren,   375
Und gehörig klassifiziren.
           Student.
Mir wird von allem dem so dumm
Als ging mir ein Mühlrad im Kopf herum.
           Meph:
Nachher vor allen andern Sachen
Müßt ihr euch an die Metaphisick machen,   380
Da seht daß ihr tiefsinnig fasst,

Was in des Menschen Hirn nicht passt,
Für was drein geht und nicht drein geht,
Ein prächtig Wort zu Diensten steht.
385 Doch vorerst dieses halbe Jahr
Nehmt euch der besten Ordnung wahr.
Fünf Stunden nehmt ihr ieden Tag,
Seyd drinne mit dem Glockenschlag.
Habt euch zu Hause wohl preparirt,
390 Paragraphos wohl einstudirt.
Damit ihr nachher besser seht
Dass er nichts sagt als was im Buche steht.
Doch euch des Schreibens ia befleisst,
Als dicktirt euch der heilig Geist.

                              Student.
395 Verzeiht ich halt euch auf mit vielen Fragen
Allein ich muß euch noch bemühn.
Wollt ihr mir von der Medizin,
Nicht auch ein kräfftig Wörtgen sagen!
Drey Jahr ist eine kurze Zeit,
400 Und Gott das Feld ist gar zu weit.
Wenn man ein' Fingerzeig nur hat
Lässt sichs schon ehe weiter fühlen.

                    Meh:/: vor sich :/
Bin des Professor Tons nun satt,
Will wieder einmal den Teufel spielen.

                         /: laut :/
405 Der Geist der Medizin ist leicht zu fassen,
Ihr durchstudirt die gros und kleine Welt,
Um es am Ende gehn zu lassen
Wie's Gott gefällt.
Vergebens daß ihr ringsum wissenschafftlich schweift,
410 Ein ieder lernt nur was er lernen kann.
Doch der den Augenblick ergreift,
Das ist der rechte Mann.
Ihr seyd noch ziemlich wohl gebaut,
An Kühnheit wirds euch auch nicht fehlen,
415 Und wenn ihr euch nur selbst vertraut

Vertrauen euch die andern Seelen.
Besonders lernt die Weiber führen
Es ist ihr ewig Weh und Ach
So tausendfach,
Aus Einem Punckte zu kuriren.   420
Und wenn ihr halbweeg ehrbaar thut,
Dann habt ihr sie all unterm Hut.
Ein Titel muß sie erst vertraulich machen,
Dass eure Kunst viel Künste übersteigt
Zum Willkomm tappt ihr dann nach allen Siebensachen,   425
Um die ein andrer viele Jahre streicht.
Versteht das Pülslein wohl zu drücken,
Und fasset sie mit feurig schlauen Blicken,
Wohl um die schlanke Hüfte frey
Zu sehn wie fest geschnürt sie sey.   430
                    Student.
Das sieht schon besser aus als die Philosophie.
                    Meh:
Grau, theurer Freund, ist alle Theorie
Und grün des Lebens goldner Baum.
                    Student.
Ich schwör euch zu mir ists als wie ein Traum.
Dürft ich euch wohl ein andermal beschweeren,   435
Von eurer Weisheit auf den Grund zu hören.
                    Meph:
Was ich vermag soll gern geschen
                    Student.
Ich kann ohnmöglich wieder gehn,
Ich muß euch noch mein Stammbuch überreichen,
Gönn eure Gunst mir dieses Zeichen.   440
                    Meph:
Sehr wohl.
            /: er schreibt und giebts :/
                Student /: liest :/
Eritis sicut Deus scientis* bonum et malum.
        /: machts ehrbietig zu und empfielt sich :/

---

* *Faust I, v. 2048 richtig:* SCIENTES

416-42 ≙ 2022-48

Meph:
Folg nur dem alten Spruch von meiner Muhme der
                                        Schlange,
Dir wird gewiss einmal bey deiner Gottähnlichkeit bange.

Auerbachs Keller
in Leipzig.

Zeche lustiger Gesellen
Frosch
445 Will keiner sauffen keiner lachen!
Ich werd euch lehren Gesichter machen!
Ihr seyd ia heut wie nasses Stroh
Und brennt sonst immer lichterloh.
Brander
Das liegt an dir, du bringst ia nichts herbey,
450 Nicht eine Dummheit, keine Sauerey.
Frosch /: gießt ihm ein Glas
                        Wein übern Kopf :/
Da hast du beides!
Brander
Esel! Schwein!
Frosch
452 Muß man mit euch nicht beydes seyn.
Siebel.
1 Drey Teufel! ruht! und singt runda! und drein gesoffen
drein gekrischen. Holla he! Auf! He da!
Alten.
Baumwolle her! der sprengt uns die Ohren.
Siebel
Kann ich davor dass das verflucht niedrige Gewölbe so
5 wiederschallt. Sing.
Frosch.
A! Tara! Tara! lara! di! – Gestimmt ist! Und was nun

Das liebe heilge römsche Reich
Wie hälts nur noch zusammen.

Brander.
Pfuy ein garstig Lied! Ein politisch Lied, ein leidig Lied
Dankt Gott dass euch das heilige römische Reich nichts   10
angeht. Wir wollen einen Papst wählen.
Frosch
Schwing dich auf Frau Nachtigall
Grüs mein Liebgen zehntausendmal.
Siebel.
Wetter und Todt. Grüs mein Liebgen! – Eine Hammel-
mauspastete mit gestopften dürren Eichenblättern vom   15
Blocksberg, durch einen geschundnen Haasen mit dem
Hahnenkopf überschickt, und keinen Grus von der Nach-
tigall. Hatt sie mich nicht – Meinen Stuz bart und alle
Appartinenzien hinter die Thüre geworfen wie einen
stumpfen Besen, und das um – drey Teufel! Keinen Grus   20
sag ich dir als die Fenster eingeschmissen
Frosch /: den Krug auf den
Tisch stossend :/
Ruh iezt! – Ein neu' Lied Kammeraden, ein alt Lied wenn
ihr wollt! – Aufgemerkt und den Rundreim mit gesungen.
Frisch und hoch auf! –
Es war ein Ratt im Keller Nest,   25
Lebt nur von Fett und Butter,
Hätt sich ein Ränzlein angemäst
Als wie der – – – – *
Die Köchin hätt ihr Gift gestellt
Da wards so eng ihr in der Welt,   30
Als hett sie Lieb im Leibe!
Chorus iauchzend
Als hett sie Lieb im Leibe.
Frosch
Sie fuhr herum sie fuhr her aus
Und soff aus allen Pfüzzen,
Zernagt zerkrazt das ganze Haus,   35

* *Faust I, v. 2129:* Doktor Luther.

z. 9-10 ≈ v. 2092-94 | z. 11 ≈ v. 2098 | z. 12-13 ≈ v. 2101-02 | z. 14-20 nur hier |
z. 20-21 ≈ v. 2117-18 | z. 22-35 ≈ v. 2124-36

Wollt nichts ihr Wüten nützen.
Sie thät so manchen Aengstesprung
Bald hätt das arme Tier genung,
Als hett es Lieb im Leibe.
                    Chorus
40   Als hett es Lieb im Leibe
                    Frosch
Sie kam vor Angst am hellen Tag
Der Küche zu gelaufen,
Fiel an den Heerd und zuckt und lag
Und thät erbärmlich schnauffen.
45   Da lachte die Vergifftrinn noch:
Ha sie pfeift auf dem lezten Loch
Als hett sie Lieb im Leibe.
                    Chorus
          Als hett sie Lieb im Leibe.
                    Siebel.
Und eine hinlängliche Portion Rattenpulver der Köchin in
50 die Suppe. Ich bin nit mitleidig, aber so eine Ratte könnte
einen Stein erbarmen.
                    Brander
Selbst Ratte! Ich mögte den Schmeerbauch so am Heerde
sein Seelgen ausblasen sehn!

                    Faust, Mephistopheles.
                    Meph:
Nun schau wie sie's hier treiben! Wenn dirs gefällt, derglei-
55 chen Sozietät schaff ich dir Nacht nächtlich
                    Faust
Guten Abend ihr Herren
                    Alle
Grosen Dank!
                    Siebel
Wer ist der Storcher da!
                    Brander.
Still! das ist was vornehmes inkognito, sie haben so was
60 unzufriednes böses im Gesicht.

z. 36-48 ≈ v. 2137-49 | z. 49-53 ≈ (mit erheblichen Abweichungen) v. 2150-57 | z. 54-55 nur hier |
z. 56-57 ≈ v. 2183 | z. 58 nur hier | z. 59-60 ≈ v. 2177-78

Siebel

Pah! Commödianten wenns hoch kommt.

Meph: /: leise :/

Merks! den Teufel vermuthen die Kerls nie so nah er ihnen
immer ist.

Frosch.

Ich will 'en die Würme schon aus der Nase ziehn, wo sie
herkommen! – Ist der Weeg von Rippach herüber so 65
schlimm, dass ihr so tief in die Nacht habt reisen müssen.

Faust.

Wir kommen den Weeg nit

Frosch.

Ich meinte etwa ihr hättet bey den berühmten Hans drüben
zu Mittag gespeißt

Faust.

Ich kenn ihn nicht.   70

/: die andern lachen :/

Frosch.

O er ist von altem Geschlecht. Hat eine weitläufige Familie.

Meph:

Ihr seyd wohl seiner Vettern einer.

Brander /: leise zu Frosch :/

Stecks ein! der versteht den Rummel.

Frosch.

Bey Wurzen ists fatal, da muß man so lang auf die Fähre
manchmal warthen.   75

Faust.

So!

Siebel /: leise :/

Sie kommen aus dem Reiche man siehts 'en an. Lasst sie nur
erst fidel werden. – Seyd ihr Freunde von einen herzhaften
Schluck! Herbey mit euch.

Meph:

Immer zu. /: sie stoßen an und trinken :/   80

Frosch.

Nun Herrn ein Liedgen. Für einen Krug ein Liedgen, das
ist billig.

z. 61 ≈ v. 2179 | z. 62-63 ≈ v. 2181-82 | z. 64 ≈ (mit erheblichen Abweichungen) v. 2176 |
z. 65-73 ≈ (mit erheblichen Abweichungen) v. 2189-95 | z. 74-82 nur hier

Faust

Ich habe keine Stimme.

Meph:

Ich sing eins für mich, zwey für meinen Cammeraten,
85 hundert wenn ihr wollt, wir kommen aus Spanien wo
Nachs* so viel Lieder gesungen werden als Sterne am Himmel stehn.

Brander

Das verbät ich mir, ich hasse das Geklimpere, ausser wenn
ich einen Rausch habe, und schlafe daß die Welt untergehen
90 dürfte. – Für kleine Mädgen ists so was die nit schlafen
können, und am Fenster stehen Monden Kühlung einzu-
suckeln.

Meph:

Er** war einmal ein König
Der hett einen grosen Floh!

Siebel

95 Stille! Horch! Schöne Rarität! schöne Liebhaberey!

Frosch.

Noch ein mahl.

Meph:

Es war einmal ein König
Der hett einen grosen Floh
Den liebt er gar nit wenig
100 Als wie sein eignen Sohn,
Da rief er seinen Schneider,
Der Schneider kam heran:
Da mess den Junker Kleider
Und meß ihm Hosen an.

Siebel

105 Wohl gemeßen! Wohl! /: sie schlagen in ein Gelächter
aus :/ Daß sie nur keine Falten werfen!

Meph:

In Sammet und in Seide
War er nun angethan

---

*   *Schreibfehler für* Nachts
**   *Faust I, v. 2211:* Es

z. 83-84 nur hier | z. 85-87 ≈ (mit erheblichen Abweichungen) v. 2205-06 | z. 88-92 nur hier |
z. 93-108 ≈ (mit erheblichen Abweichungen) v. 2207-24

Hätte Bänder auf dem Kleide
Hätt auch ein Kreutz daran.   110
Und war so gleich Minister
Und hätt einen grosen Stern,
Da wurden sein Geschwister
Bey Hof auch grose Herrn.

Und Herrn und Fraun am Hofe   115
Die waren sehr geplagt,*
Und durften sie nicht knicken,
Und weg sie jagen nicht
Wir knicken und ersticken
Doch gleich wenn einer sticht.   120
         Chorus, iauchzend :/
Wir kniken und ersticken
Doch gleich wenn einer sticht.

         Alle durch einander.
Bravo! Bravo! Schön und trefflich! Noch eins! Noch ein
paar Krüg. Noch ein paar Lieder.
         Faust.
Meine Herren! Der Wein geht an! Geht an wie in Leipzig 125
die Weine alle angehn müssen. Doch dünckt mich ihr würdet erlauben daß man euch aus einem andern Fasse zapfte.
         Siebel
Habt ihr einen eignen Keller? Handelt ihr mit Weinen? Seid
ihr vielleicht von denen Schelmen aus 'm Reich? –
         Alten.
Wart ein bissgen! /: ersteht auf :/ Ich hab so eine Probe, 130
ob ich weiter trinken darf. /: Er macht die Augen zu und
steht eine Weile :/ Nun! nun! das Köpfgen schwanckt
schon!
         Siebel
Pah! eine Flasche! Ich wills vor Gott verantworten und vor
deiner Frauen. Euren Wein!   135

---

* *Faust I folgt v. 2233 f.:* Die Königin und die Zofe | Gestochen
  und genagt,

Faust.

Schafft mir einen Bohrer.

Frosch

Der Wirth hat so ein Körbel mit Werckzeug in der Ecke
stehn.

Faust. nimmt den Bohrer

Gut! Was verlangt ihr für Wein?

Frosch

140 He!

Faust

Was für ein Gläsgen mögtet ihr trinken? Ich schaffs euch!

Frosch.

He! He! So ein Glas Reinwein ächten Nierensteiner.

Faust

Gut! /: er bohrt in den Tisch an Froschens Seite :/ Nun
schafft Wachs!

Alten

145 Da ein Kerzenstümpfgen.

Faust

So! /: er stopft das Loch :/ Halt iezzo! – und ihr?

Siebel

Muskaten Wein! Spanischen Wein sonst keinen Tropfen. Ich
will nur sehn wo das hinaus läufft.

Faust /: bohrt und ver-
stopft :/.

Was beliebt euch?

Alten

150 Rothen Wein! Einen Französchen! – Die Franzosen kann
ich nicht leiden, so grosen Respeckt ich vor ihren Wein hab.

Faust /: wie oben :/

Nun was schafft ihr?

Brander

Hält er uns für'n Narren?

Faust

Schnell Herr nennt einen Wein!

Brander

155 Tockayer denn! – Soll er doch nicht aus dem Tische laufen!

z. 136-55 ≈ (mit erheblichen Abweichungen) v. 2257-76

Faust.

Stille iunger Herr! – Nun aufgeschaut! Die Gläser untergehalten. Jeder ziehe den Wachspfropfen heraus! Dass aber kein Tropfen an die Erde fällt, sonst giebts ein Unglük!

Alten

Mir wirds unheimlich. Der hat den Teufel.

Faust

Ausgezogen!   160

/: Sie ziehn die Pfropfen, iedem läuft der verlangte
    Wein in's Glas :/

Faust

Zugestopft! Und nun versucht!

Siebel

Wohl! trefflich wohl!

Alle

Wohl! Majestatisch wohl! – Willkommner Gast.

/: sie trinken wiederhohlt :/

Meph:

Sie sind nun eingeschifft.

Faust

Gehn wir!   165

Meph:

Noch ein Moment.

Alle singen.

    Uns ist gar kannibalisch wohl
    Als wie fünfhundert Säuen!

/: Sie trinken wiederholt, Siebel lässt den Pfropf fallen, es
    fliest auf die Steine und wird zur Flamme die an Siebeln
    hinauf lodert :/

Siebel.

Hölle und Teufel!

Brander

Zauberey! Zauberey!   170

Faust

Sagt ichs euch nicht.

/: er verstopft die Oeffnung und spricht eige Worte,
    die Flamme flieht :/

Siebel.

Herr und Satan! – Meynt er, er dürft in ehrliche Gesellschafft sich machen und sein Höllisches Hokuspokus treiben.

Faust

175 Stille Mastschwein!

Siebel.

Mir Schwein! Du Besenstil! Brüder! Schlagt ihn zusammen!
Stost ihn nieder! /: sie ziehn die Messer :/ Ein Zauberer
ist Vogelfrey! Nach den Reichsgesetzen Vogelfrey.
/: Sie wollen über Fausten her, er winckt, sie stehn in
    frohem Erstaunen auf einmal und sehn einander an :/

Siebel

Was seh ich! Weinberge!

Brander

180 Trauben um diese Jahrs zeit.

Alten

Wie reif! Wie schön!

Frosch

Halt das ist die schönste! /: sie greifen zu, kriegen einan-
                                der bey den Nasen, und heben
                                die Messer :/

Faust.

Halt! – Geht und schlaft euren Rausch aus!
    /: Faust und Meph: ab. Es gehen ihnen die Augen auf;
       sie fahren mit Geschrey aus einader* :/

Siebel

Meine Nase! War das deine Nase? Waren das die Trauben?
185 Wo ist er?

Brander

Fort! Es war der Teufel selbst.

Frosch

Ich hab ihn auf einem Fasse hinaus reiten sehn

Alten

Hast du! Da ist gewiß auf den Marckt nit sicher – Wie
kommen wir nach Hause.

---

* *Faust I, nach v. 2321:* aus einander.

z. 172-87 ≈ (mit erheblichen Abweichungen) v. 2306-30 | z. 188-89 nur hier

Brander

Siebel geh zu erst!   190

Siebel

Kein Narr!

Frosch

Kommt wir wecken die Häscher unterm Rathaus, für ein
Trinck geld thun die wohl ihre Schuldigkeit. Fort!

Siebel

Sollte wohl der Wein noch laufen.

/: er visitirt die Pfropfen :/

Alten

Bildt dirs nicht ein! Trocken wie Holz!   195

Frosch

Fort ihr Bursche! Fort!

/: alle ab :/

Land Strase.

Ein Kreuz am Weege, rechts auf dem Hügel ein altes
Schloß, in der Ferne ein Bauerhüttgen.

Faust

Was giebts Mephisto hast du Eil?   453
Was schlägst vorm Kreuz die Augen nieder?

Meph:

Ich weis es wohl es ist ein Vorurtheil,   455
Allein genung mir ists einmal zuwieder.

Strase.

Faust, Margarethe vorübergehend.

Faust.

Mein schönes Fräulein darf ichs wagen
Mein Arm und Geleit ihr anzutragen.

Margarethe.

Bin weder Fräulein weder schön
Kann ohngeleit nach Hause gehn./: sie macht sich los und   460
ab :/

z. 190-96 nur hier ‖ 453-56 [Land Strase] nur hier ‖ 457-60 ≈ 2605-08

Faust

Das ist ein herrlich schönes Kind
Die hat was in mir angezündt
Sie ist so sitt und tugendreich
Und etwas schnippisch doch zugleich
465 Der Lippen Roth der Wange Licht
Die Tage der Welt vergess ich's nicht
Wie sie die Augen niederschlägt
Hat tief sich in mein Herz geprägt
Wie sie kurz angebunden war
470 Das ist nun zum Entzücken gar.

Mephistopheles tritt auf.

Faust

Hör du must mir die Dirne schaffen.

Meph:

Nun welche?

Faust

Sie ging iust vorbey.*

Meph:

Da die! Sie kam von ihren Pfaffen
Der sprach sie aller Sünden frey.
475 Ich schlich mich hart am Stul herbey.
Es ist ein gar unschuldig Ding
Das eben für nichts zur Beichte ging.
Ueber die hab ich keine Gewalt.

Faust.

Ist über Vierzehn Jahr doch alt.

Meph:

480 Sprichst ey wie der Hans Lüderlich
Der begehrt iede liebe Blum für sich
Und dünkelt ihm es wär kein Ehr
Und Gunst die nicht zu pflücken wär.
Geht aber doch nicht immer an.

Faust

485 Mein Herr Magister Lobesan

---

* *Gegen die Handschrift als 2. Halbvers von 472 zu lesen (Reimordnung!)*

Lass er mich mit dem Gesez in Frieden.
Und das sag ich ihm kurz und gut
Wenn nicht das süse iunge Blut
Heut Nacht in meinen Armen ruht,
So sind wir um Mitternacht geschieden.   490
    Meph:
Bedenkt was gehn und stehen mag
Gebt mir zum wenigst vierzen Tag
Nur die Gelegenheit zu spüren.
    Faust
Hätt ich nur sieben Tage Ruh
Braucht keinen Teufel nicht dazu   495
So ein Geschöpfgen zu verführen.
    Meph:
Ihr sprecht schon fast wie ein Franzos.
Drum bitt ich lassts euch nicht verdriessen
Was hilft so grade zu geniessen.
Die Freud ist lange nicht so gros   500
Als wenn ihr erst herauf herum
Durch allerley Brimborium
Das Püppgen geknät und zugericht
Wies lehret manche Welch* Geschicht.
    Faust
Hab Apetit auch ohne das.   505
    Meph:
Jetzt ohne Schimpf und ohne Spas
Ich sag euch mit dem schönen Kind
Geht ein vor allmal nicht geschwind
Mit Sturm ist da nichts einzunehmen
Wir müssen uns zur List bequemen.   510
    Faust
Schaff mir etwas vom Engelsschatz
Führ mich an ihren Ruheplatz
Schaff mir ein Halstuch von ihrer Brust
Ein Strumpfband meiner Liebes Lust.

---

* *Faust I, v. 2652:* welsche

Meph:

515 Damit ihr seht dass ich eurer Pein
Will förderlich und dienstlich seyn,
Wollen wir keinen Augenblick verliehren
Will euch noch heut in ihr Zimmer führen.

Faust

Und soll sie sehn! Sie haben?

Meph:

Nein

520 Sie wird bey einer Nachbrinn seyn.
Indessen könnt ihr ganz allein
An aller Hoffnung künftger Freuden
In ihren Dunstkreis satt euch weiden.

Faust

Können wir hin.

Meph:

Es ist noch zu früh.

Faust

525 Sorg du mir für ein Geschenk für sie.   /: ab :/

Meph:

Er thut als wär er ein Fürsten Sohn
Hätt Luzifer so ein Duzzend Prinzen
Die sollten ihm schon was vermünzen
Am Ende kriegt' er eine Comission.   /: ab :/

Abend.
Ein kleines reinliches Zimmer
<u>Margrethe</u> ihre Zöpfe flechtend
und aufbindend.

530 Ich gäb was drum wenn ich nur wüsst
Wer heut der Herr gewesen ist.
Er sah gewiss recht wacker aus
Und ist aus einem edlen Haus
Das konnt ich ihn an der Stirne lesen.

535 Er wär auch sonst nicht so keck gewesen.   /: ab :/

515-25 ≈ 2663-73 | 526-29 nur hier || 530-35 ≈ 2678-83

Meph:, Faust.
Meph:
Herein, ganz leise nur herein.
Faust nach einigem Still-
schweigen.
Ich bitte dich lass mich allein.
Meph: herum spürend :/
Nicht iedes Madgen hält so rein.   /: ab :/
Faust rings aufschauend.
Willkommen süsser Dämmerschein
Der du dies Heiligthum durchwebst   540
Ergreif mein Herz du süse Liebespein
Die du vom Tau der Hoffnung schmachtend lebest.
Wie athmet rings Gefühl der Stille,
Der Ordnung, der Zufriedenheit,
In dieser Armuth welche Fülle!   545
In diesen Kerker welche Seeligkeit!
   /: Er wirft sich auf den ledernen Sessel am Bett :/
O nimm mich auf der du die Vorwelt schon
In Freud und Schmerz in offnen Arm empfangen!
Wie offt ach hat an diesem Väter Trohn
Schon eine Schaar von Kindern rings gehangen   550
Vielleicht hat dankbar für den heilgen Christ
Mein Liebgen hier mit vollen Kinderwangen
Dem Ahnherrn fromm die welke Hand geküsst.
Ich fühl o Mädgen deinen Geist
Der Füll und Ordnung um mich säußeln,   555
Der Mütterlich dich täglich unterweisst!
Den Teppich auf den Tisch dich reinlich breiten heisst
Sogar den Sand zu deinen Füssen kräuseln.
O liebe Hand so Göttergleich
Die Hütte wird durch dich ein Himmelreich.   560
Und hier!
            /: er hebt einen Bettvorhang auf :/
         Was faßt mich für ein Wonnegraus!
Hier mögt ich volle Stunden säumen
Natur! Hier bildetest in leichten Träumen

Den eingebohrnen Engel aus.
565 Hier lag das Kind, mit warmem Leben
Den zarten Busen angefüllt
Und hier mit heilig reinem Weben
Entwürckte sich das Götterbild.
        Und du! Was hat dich hergeführt?
570 Wie innig fühl ich mich gerührt!
Was willst du hie? Was wird das Herz dir schweer?
Armseelger Faust ich kenne dich nicht mehr.
        Umgiebt mich hier ein Zauberdufft?
Mich drangs so grade zu geniessen.
575 Und fühle mich in Liebestraum zerfliessen!
Sind wir ein Spiel von iedem Druck der Lufft.
        Und träte sie den Augenblick herein
Wie würdest du für deinen Frevel büssen
Der grose Hans, ach wie so klein
580 Läg weggeschmolzen ihr zu Füssen.
                Meph:
Geschwind ich seh sie dortunten kommen.
                Faust
Komm komm ich kehre nimmermehr!
                Meph:
Hier ist ein Kästgen leidlich schweer
Ich habs wo anderswo genommen.
585 Stellts hier nur immer in den Schrein,
Ich schwör euch ihr vergehn die Sinnen.
Ich sag euch es sind Sachen drein
Um eine Fürstin zu gewinnen.
Zwar Kind ist Kind und Spiel ist Spiel.
                Faust
590 Ich weis nicht soll ich?
                Meph:
                Fragt ihr viel!
Meynt ihr vielleicht den Schaz zu wahren
Dann rath ich eurer Lüsternheit
Die liebe schöne Tages Zeit
Und mir die weitre Müh zu spaaren.

564-94 ≈ 2712-42

Ich hoff nicht daß ihr geizig seyd.   595
Ich kraz den Kopf reib an den Händen.
     /: er stellt das Kästgen in Schrein und drückt das
         Schloß wieder zu :/
Nur fort geschwind –
Um euch das süsse iunge Kind
Nach eurem Herzens Will zu wenden
Und ihr seht drein   600
Als solltet ihr in Hörsaal 'nein.
Als stünden grau leibhafftig vor euch da
Phisick und Metaphisika.
Nur fort –   /: ab :/

       <u>Margarethe</u> mit einer Lampe.
Es ist so schwül und dumpfig hie   605
    /: sie macht das Fenster auf :/
Und macht doch eben so warm nicht draus
Es wird mir so! Ich weis nicht wie.
Ich wollt die Mutter käm nach Haus,
Mir läufft ein Schauer am ganzen Leib
Bin doch ein törig furchtsam Weib.   610

   /: sie fängt an zu singen indem sie sich auszieht :/

       Es war ein König in Tule
       Einen goldnen Bächer er hett
       Empfangen von seiner Bule
       Auf ihrem Todtesbett.

       Der Becher war ihm lieber.   615
       Trank draus bey iedem Schmaus.
       Die Augen gingen ihm über
       So offt er trank daraus.

       Und als es kam zu sterben
       Zählt' er seine Städt und Reich   620
       Gönnt alles seinen Erben
       Den Becher nicht zugleich.

                    Er sas beym Königs Mahle
                    Die Ritter um ihn her
625   Auf hohem Väter Saale
                    Dort auf dem Schloss am Meer.

                    Dort stand der alte Zecher
                    Trank lezte Lebens glut
                    Und warf den heilgen Becher
630   Hinunter in die Flut.

                    Er sah ihn stürzen, trincken,
                    Und sinken tief ins Meer
                    Die Augen thähten ihn sinken
                    Trank nie einen Tropfen mehr.

    /: sie eröffnet den Schrein ihre Kleider einzuräumen, und
       erblickt das Schmuckkästgen :/

635 Wie kommt das schöne Kästgen hier herein?
     Ich schloß doch ganz gewiß den Schrein.
     Was Guckguck mag dadrinne seyn?
     Vielleicht brachts iemand als ein Pfand
     Und meine Mutter lieh darauf?
640 Da hängt ein Schlüsselgen am Band
     Ich denke wohl ich mach es auf!
     Was ist das? Gott im Himmel schau
     So was hab ich mein Tage nicht gesehn!
     Ein Schmuck! drinn könnt eine Edelfrau
645 Am höchsten Feyertag gehn.
     Wie sollte mir die Kette stehn?
     Wem mag die Herrlichkeit gehören?
        /: sie putzt sich damit auf und tritt vor den Spiegel :/
     Wenn nur die Ohrring meine wären!
     Man sieht doch gleich ganz anders drein.
650 Was hilft euch Schönheit, iunges Blut
     Das ist wohl alles schön und gut,
     Allein man läßt auch alles seyn
     Man lobt euch halb mit Erbarmen.
     Nach Golde drängt

623-54 ≈ 2771-2802

Am Golde hängt   655
Doch alles! Ach wir Armen!

Allee.

Faust in Gedanken auf und abgehend zu ihm Mephistopheles
                        Meph:
Bey aller verschmähten Lieb! Beym höllischen Element!
Ich wollt ich wüsst was ärgers, daß ichs fluchen könnt
                        Faust
Was hast? was petzt dich dann so sehr?
So kein Gesicht sah ich in meinem Leben.   660
                        Meph:
Ich mögt mich gleich dem Teufel übergeben,
Wenn ich nur selbst kein Teufel wär.
                        Faust.
Hat sich dir was im Kopf verschoben?
Es kleidt dich gut das Rasen und das Toben.
                        Meph:
Denckt nur den Schmuck den ich Margreten schafft,   665
Den hat ein Pfaff hinweggerafft.
Hätt einer auch Engels blut im Leibe,
Er würde da zum Heerings Weibe.
Die Mutter kriegt das Ding zu schauen,
Es fängt ihr heimlich an zu grauen.   670
Die Frau hat gar einen feinen Geruch
Schnüffelt immer im Gebet buch,
Und riechts einem ieden Meubel an
Ist das Ding heilig oder profan.
Und an den Schmuck da spürt sie's klar   675
Daß dabey nit viel Seegen war.
Mein Kind rief sie ungerechtes Gut
Befängt die Seel, zehrt auf das Blut.
Wollens der Mutter Gottes weihen
Wird uns mit Himmels Mann' erfreun.   680
Margretlein zog ein schiefes Maul,

Ist halt dacht sie ein geschenkter Gaul
Und warrlich gottlos ist nicht der
Der ihn so fein gebracht hier her.
685 Die Mutter lies einen Pfaffen kommen;
Der hatte kaum den Spas vernommen,
Lies sich den Anblick wohl behagen,
Er sprach: ach kristlich so gesinnt!
Wer überwindet der gewint.
690 Die Kirche hat einen guten Magen.
Hatt ganze Länder aufgefressen
Und doch noch nie sich übergessen.
Die Kirch allein meine Lieben Frauen
Kann ungerechtes Gut verdauen.

Faust.

695 Das ist ein allgemeiner Brauch
Ein Jud und König kann es auch.

Meph:

Strich drauf ein Spange Kett und Ring
Als wärens eben Pfifferling
Dankt nicht weniger und nicht mehr
700 Als wenns ein Korb voll Nüsse wär,
Versprach ihnen allen himmlischen Lohn,
Sie wahren sehr erbaut davon.

Faust

Und Gretgen?

Meph:

Sitzt nun unruhvoll

Weis weder was sie will noch soll
705 Denkt ans Geschmeide Tag und Nacht,
Noch mehr an den ders ihr gebracht.

Faust.

Des Liebgens Kummer thut mir leid
Schaff du ihr gleich ein neu Geschmeid.
Am ersten war ia so nicht viel

Meph:

710 O ia, dem Herrn ist alles Kinderspiel.

682-710 ≈ 2828-56

Faust.
Und mach, und richts nach meinem Sinn
Häng dich an ihre Nachbarinn.
Sey Teufel doch nur nicht wie Brey
Und schaff einen neuen Schmuck herbey.
                    Meph:
Ja gnädger Herr von Herzen gerne.   715

                              /: Faust ab :/

                    Meph:
So ein verliebter Tohr verpufft
Euch Sonne Mond und alle Sterne
Zum Zeitvertreib dem Liebgen in die Lufft.

                                        /: ab :/

                    Nachbarinn Haus
                         Marthe.
Gott verzeihs meinem lieben Mann
Er hat an mir nicht wohl gethan   720
Geht da stracks in die Welt hinein
Und läßt mich auf dem Stroh allein.
Thät ihn doch warrlich nicht betrüben
Thät ihn weis Gott recht herzlich lieben.

                                        /: sie weint :/

Vielleicht ist er gar todt! – O Pein!   725

Hätt ich nur einen Todtenschein!
                    Margrethe kommt.
Frau Marthe!
                    Marthe.
              Gretgen was solls?
                    Margrethe.
Fast sinken mir die Knie nieder   730
Da find ich so ein Kästgen wieder
In meinem Schrein von Ebenholz,
Und Sachen herrlich ganz und gar
Weit reicher als das erste war.

Marthe.

735 Das muß sie nit der Mutter sagen
Thäts wieder gleich zur Beichte tragen

Margareth.

Ach seh sie nur! ach schau sie nur!

Marthe putzt sie auf.

O du glückseelige Creatur!

Margarethe

Darf mich ach leider auf der Gassen
740 Nicht in der Kirch mit sehen lassen.

Marthe

Komm du nur offt zu mir herüber,
Und leg den Schmuck hier heimlich an;
Spazier ein Stündgen lang dem Spiegelglas vorüber,
Wir haben unsre Freude dran.
745 Und dann giebts einen Anlas giebts ein Fest
Wo mans so nach und nach den Leuten sehen lässt.
Ein Kettgen erst, die Perle dann in's Ohr,
Die Mutter siehts wohl nicht man macht ihr auch was vor.

/: Es klopft :/

Margrete.

Ach Gott! mag das mein' Mutter seyn?

Marthe /: durchs Vorhängel
gukend :/

750 Es ist ein fremder Herr – Herein!

Mephistopheles tritt auf :/

Bin so frey grad herein zu treten
Muss bey den Fraun Verzeihn erbeten.

/: tritt ehrbietig vor Margreten zurük. /

Wollt nach Frau Marthe Schwerdlein fragen!

Marthe

Ich bin's, was hat der Herr zu sagen.

Meph: leise zu ihr :/

755 Ich kenn sie iezt mir ist das gnug
Sie hat da gar vornehmen Besuch.
Verzeiht die Freyheit die ich genommen
Will nach Mittage wiederkommen.

Marthe laut :/
Denk Kind um alles in der Welt!
Der Herr dich für ein Freulein hält.   760
Margarethe
Ich bin ein armes iunges Blut,
Ach Gott, der Herr ist gar zu gut.
Der Schmuck und Schmeid Herr ist nicht mein!
Meph:
Ach es ist nicht der Schmuck allein
Sie hat ein Wesen, einen Blick so scharf.   765
Wie freut michs daß ich bleiben darf.
Marthe
Was bringt er dann? Neugirde sehr.
Meph:
Ach wollt hätt eine frohre Mähr!
Ich hoff sie lässt michs drum nicht büsen!
Ihr Mann ist todt und läßt sie güsen.*   770
Marthe
Ist todt! Das treue Herz! O weh!
Mein Mann ist todt ach ich vergeh!
Margrethe
Ach liebe Frau verzweifelt nicht!
Meph:
So hört die traurige Geschicht.
Margrethe.
Ich mögte drum mein tag nicht lieben   775
Würd mich Verlust zu todt betrüben
Meph:
Freud muss Leid, Leid muss Freude haben.
Marthe
Erzählt mir seines Lebens Schluss.
Meph:
Er liegt in Padua begraben
Beym heiligen Antonius   780

---

* *Faust I, v. 2916:* grüßen.

An einer wohl geweihten Stäte
Zum ewig kühlen Ruhe bette.

Marthe

Habt ihr sonst nichts an mich zu bringen?

Meph:

Ja eine Bitte gros und schweer:
785 Lass sie doch ia für ihn drey hundert Messen singen!
Im übrigen sind meine Taschen leer.

Marthe

Was? nicht ein Schaustück? kein Geschmeid?
Was ieder Handwerckspursch im Grund des Sekels spaart
Zum Angedenken aufbewahrt
790 Und lieber hungert lieber bettelt!

Meph:

Madam, es thut mir herzlich leid
Allein er hat sein Geld wahrhafftig nicht verzettelt.
Und er bereute seine Fehler sehr,
Ach und bejammerte sein Unglück noch vielmehr.

Margareth

795 Ach daß die Menschen so unglücklich sind
Gewiss ich will für ihn manch *Requiem* noch beten.

Meph:

Ihr wäret werth gleich in die Eh zu treten
Ihr seyd ein liebens würdig Kind.

Margr:

Ach nein, das geht jezt noch nicht an.

Meph:

800 Ists nicht ein Mann seys derweil ein Galan.
Ist eine der grösten Himmelsgaben
So ein lieb Ding im Arm zu haben.

Margr:

Das ist des Landes nicht der Brauch.

Meph:

Brauch oder nicht! es giebt sich auch.

Marthe

805 Erzählt mir doch!

781-805 ≈ 2927-51

Meph:
Ich stand an seinem Sterbette.*   805
Es war 'was besser als von Mist
Von halb gefaulten Stroh; allein er starb als Christ
Und fand, dass er weit mehr noch auf der Zeche hätte.
Wie, rief er, muss ich mich von Grund aus hassen,
So mein Gewerb, mein Weib so zu verlassen.   810
Ach die Erinnrung tödtet mich.
Vergab sie mir nur noch in diesem Leben!
Marthe weinend :/
Der gute Mann ich hab ihm längst vergeben.
Meph:
Allein, weis Gott sie war mehr schuld als ich.
Marthe
Das lügt er! Was am Rand des Todts zu lügen   815
Meph:
Er fabelte gewiss in lezten Zügen.
Wenn ich nur halb ein Kenner bin.
Ich hatte, sprach er, nicht zum Zeitvertreib zu gaffen,
Erst Kinder, und dann Brodt für sie zu schaffen,
Und Brod im aller weitsten Sinn.   820
Ich konnte nicht einmal mein Theil in Frieden essen.
Marthe
Hat er so aller Treu, so aller Lieb vergessen.
Der Plakerey bey Tag und Nacht.
Meph:
Nicht doch er hat recht herzlich dran gedacht.
Er sprach, als ich nun weg von Malda ging,   825
Da, betet ich für Frau und Kinder brünstig.
Uns war denn auch der Himmel günstig
Dass unser Schiff ein Türkisch Fahrzeuch fing,
Das einen Schatz des grosen Sultans führte.
Da ward der Tapferkeit ihr Lohn,   830
Und ich empfing dann auch wie sichs gebührte
Mein wohlgemessen Theil davon.

---

* *Faust I, v. 2951:* Sterbebette,

Marthe
Ey wie? Ey wo? hat er's vielleicht vergraben?
Mephist:
Wer weis, wo nun es die vier Winde haben.
835 Ein schönes Fräulein nahm sich seiner an,
Als er in Napel fremd umher spazierte,
Sie hat an ihm, viel Liebs und Treu gethan,
Dass er's bis an sein seelig Ende spürte.
Marthe
Der Schelm! der Dieb an seinen Kindern!
840 Auch alles Elend alle Noth
Konnt nicht sein schändlich Leben hindern.
Meph:
Ja seht! dafür ist er nun Todt.
Wär ich nun iezt an eurem Platze
Betrauert ihn ein züchtig Jahr,
845 Visirt dann unterweil nach einem neuen Schatze.
Marthe
Ach Gott! Wie doch mein erster war,
Find ich nicht leicht auf dieser Welt den andern.
Es konnte kaum ein herzger Närgen seyn
Ihm fehlte nichts als allzugern zu wandern,
850 Und fremde Weiber und der Wein,
Und das verfluchte Würfel Spiel.
Meph:
Nun, nun das konnte gehn und stehen,
Wenn er euch ohngefähr so viel,
Von seiner Seite nach gesehen.
855 Ich schwör euch zu um das Geding,
Wechselt ich selbst mit euch den Ring.
Marthe
O es beliebt den Herrn zu scherzen
Meph: /: vor sich :/
Nun mach ich mich bey Zeiten fort
Die hielte wohl den Teufel selbst beym Wort.
/: zu Gretgen :/
860 Wie steht es denn mit ihrem Herzen?

Margr:
Was meint der Herr damit?
Meph: /: vor sich :/
Du gutts unschuldigs Kind!
/: laut :/
Lebt wohl ihr Fraun!
Marthe.
O sagt mir doch geschwind!
Ich mögte gern ein Zeugniss haben,
Wo, wie und wenn mein Schatz gestorben und begraben:
Ich bin von ie der Ordnung Freund gewesen.   865
Mögt ihn auch todt in Wochenblättgen lesen.
Meph:
Ja gute Frau durch zweyer Zeugen Mund
Wird allewegs die Wahrheit kund
Habe noch gar einen feinen Gesellen,
Den will ich euch vor den Richter stellen.   870
Ich bring ihn her.
Marthe
O thut das ia.
Meph:
Und hier die Jungfer ist auch da.
Ein braver Knab, ist viel gereist
Fräuleins alle Höflichkeit erweist.
Margr:
Müst vor solch Herren schamroth werden   875
Meph:
Vor keinem König der Erden.
Marthe
Da hintern Haus in meinem Garten,
Wollen wir der Herrn heut Abend warten.

[alle ab]

*Faust Mephistopheles.

Faust
Wie ist's? Wills fördern wills bald gehn?

---

* *Faust I Szenenüberschrift:* STRASSE

861-78 ≈ 3007-24 || 879 ≈ 3025

Meph:

880 Ach Bravo! find ich euch im Feuer!
In kurzer Zeit ist Gretgen euer,
Heut Abend sollt ihr sie bey Nachbaar Marthen sehn.
Das ist ein Weib wie auserlesen,
Zum Kuppler und Zigeunerwesen.

Faust

885 Sie ist mir lieb.

Meph:

Doch gehts nicht ganz umsunst,
Eine Gunst ist werth der andern Gunst.
Wir legen nur ein gültig Zeuchniß nieder,
Dass ihres Ehherrn ausgereckte Glieder
In Padua, an heilger Stätte ruhn.

Faust

890 Sehr klug! wir werden erst die Reise machen müssen.

Meph:

Sancta Simplicitas! Darum ist's nicht zu thun.
Bezeugt nur, ohne viel zu wissen.

Faust.

Wenn er nichts bessers hat, so ist der Plan zerrissen.

Meph:

O heilger Mann da wärt ihr's nun!
895 Es ist gewiss das erst in eurem Leben,
Daß ihr falsch Zeugniss abgelegt.
Habt ihr von Gott, der Welt, und was sich drinne regt,
Vom Menschen, und was ihm in Kopf und Herzen schlägt,
Definitionen nicht mit groser Kraft gegeben?
900 Und habt davon in Geist und Brust,
So viel als von Herrn Schwerdleins Todt gewusst.

Faust.

Du bist u. bleibst ein Lügner, ein Sophiste.

Meph:

Ja wenn man's nicht einbissgen tiefer wüste.
Denn morgen wirst in allen Ehren
905 Das arme Gretgen nicht bethören?
Und alle Seelenlieb ihr schwören?

Faust

Und zwar von Herzen.

Meph:

Gut und schön.

Dann wird von ewger Treu und Liebe!

Von einzig überallmächtgen Triebe –

Wird das auch so von Herzen gehn.   910

Faust

Lass das, es wird. Wenn ich empfinde

Und dem Gefühl und dem Gewühl

Vergebens Nahmen such und keine Nahmen finde.

Und in der Welt mit allen Sinnen schweife

Und alle höchsten Worte greife,   915

Und diese Glut von der ich brenne

Unendlich, ewig, ewig nenne

Ist das ein teuflisch Lügenspiel

Meph:

Ich hab doch recht.

Faust

Hör merk dir dies

Ich bitte dich und schone meine Lunge.   920

Wer Recht behalten will und hat nur eine Zunge

Der hälts gewiss.

Und komm ich hab des Schwäzens Uberdruss

Denn du hast Recht, vorzüglich weil ich muss.

Garten.

Margrete an Faustens Arm. Marthe mit Mephistopheles
auf und ab spazierend.

*

Ich fühl es wohl daß mich der Herr nur schont,   925

Herab sich lässt, bis zum Beschämen.

Ein Reisender ist so gewohnt

Aus Gütigkeit vorlieb zu nehmen,

---

* *Faust I Sprecherangabe vor v. 3073:* MARGARETE

907-24 ≈ 3055-72 ‖ 925-28 ≈ 3073-76

Ich weis zu gut dass solch erfahrnen Mann
930 Mein arm Gespräch nicht unterhalten kann.

Faust

Ein Blick von dir, ein Wort mehr unterhält
Als alle Weisheit dieser Welt.

/: er küsst ihre Hand :/

Margr:

Inkomodirt euch nicht! Wie könnt ihr sie nur küssen,
Sie ist so garstig, ist so rauh
935 Was hab ich nicht schon alles schaffen müssen,
Die Mutter ist gar zu genau

/: gehn vorüber :/

Marthe

Und ihr mein Herr, ihr reist so immer fort?

Meph:

Ach daß Gewerb und Pflicht uns dazu treiben!
Mit wie viel Schmerz verlässt man manchen Ort,
940 Und darf doch nun einmal nicht bleiben.

Marthe

In raschen Jahren gehts wohl an
So um und um frey durch die Welt zu streifen.
Doch kommt die böse Zeit heran,
Und sich als Hagestolz allein zum Grab zu schleifen,
945 Das hat noch keinen wohlgethan.

Meph:

Mit Grausen seh ich das von weiten.

Marthe

Drum werther Herr berathet euch in Zeiten. /: gehn
vorüber :/

Margr:

Ja aus den Augen aus dem Sinn
Die Höflichkeit ist euch geläufig.
950 Allein ihr habt der Freunde häufig,
Und weit verständger als ich bin.

Faust.

O Beste! Glaube dass was man verständig nennt,
Mehr Kurzsinn, Eigensinn und Eitelkeit ist.

929-53 ≈ 3077-3101

Margr:
                              Wie?
                        Faust
Ach dass die Einfalt daß die Unschuld nie
Sich selbst und ihren heilgen Werth erkennt!   955
Daß Demuth, Niedrigkeit die höchsten Gaben
Der Liebaustheilenden Natur –
                        Margr:
Denkt ihr an mich ein Augenblickgen nur
Ich werde Zeit genug an euch zu denken haben.
                        Faust
Ihr seyd wohl viel allein.   960
                        Margr:
Ja unsre Wirthschafft ist nur klein
Und doch will sie versehen seyn.
Wir haben keine Magt; muß kochen, fegen, stricken,
Und nehn, und lauffen früh und spat.
Und meine Mutter ist in allen Stücken   965
So accurat.
Nicht dass sie iust so sehr sich einzuschränken hat,
Wir könten uns weit eh als andre regen
Mein Vater hinterlies ein hübsch Vermögen
Ein Häusgen und ein Gärtgen vor der Stadt.   970
Doch hab ich iezt so ziemlich stille Tage
Mein Bruder ist Soldat
Mein Schwestergen ist todt
Ich hatte mit dem Kind wohl meine liebe Noth
Doch übernähm ich gern noch ein mal alle Plage,   975
So lieb war mir das Kind.
                        Faust
                        Ein Engel wenn dir's glich.
                        Margr:
Ich zog es auf und herzlich liebt es mich.
Es war nach meines Vaters Todt gebohren,
Die Mutter gaben wir verlohren
So elend wie sie damals lag   980
Und sie erholte sich sehr langsam nach und nach.

Da konnte sie nun nicht dran denken
Das arme Würmgen selbst zu tränken
Und so erzog ichs ganz allein
985   Mit Wasser und mit Milch, und so wards mein
Auf meinem Arm, in meinem Schoos
Wars freundlich zappelich und gros.

Faust.
Du hast gewiss das reinste Glück empfunden!

Margr:
Doch auch gewiss gar manche schweere Stunden.
990   Des Kleinen Wiege stund zu Nacht,
An meinem Bett es durfte kaum sich regen
War ich erwacht.
Bald must ich's tränken bald es zu mir legen,
Bald wenns nicht schweigen wollt vom Bett aufstehn
995   Und tänzelnd in der Kammer auf und nieder gehn.
Und früh am Tag schon an den Waschtrog stehn,
Dann auf dem Markt und an dem Heerde sorgen,
Und immer so fort heut und morgen.
Da gehts mein Herr nicht immer mutig zu,
1000   Doch schmeckt dafür das Essen und die Ruh.

/: gehn vorüber :/

Marthe
Sagt grad mein Herr, habt ihr noch nichts gefunden,
Hat sich das Herz nicht irgendwo gebunden?

Meph:
Das Sprüchwort sagt ein eigner Heerd
Ein braves Weib sind Gold und Perlen werth.

Marthe
1005   Ich meyne: ob ihr niemals Lust bekommen.

Meph:
Man hat mich überall recht höflich aufgenommen.

Marthe
Ich wollte sagen: ward's nie Ernst in eurem Herzen?

Meph:
Mit Frauens soll man sich nie unterstehn zu scherzen.

Marthe

Ach ihr versteht mich nicht.

Meph:

Das thut mir herzlich leid,

Doch ich versteh – dass ihr sehr gütig seyd.   1010

/: gehn vorüber :/

Faust.

Du kanntest mich o kleiner Engel wieder

Gleich als ich in den Garten kam?

Margr:

Saht ihr es nicht, ich schlug die Augen nieder.

Faust.

Und du verzeihst die Freyheit die ich nahm?

Was sich die Frechheit unterfangen   1015

Als du lezt aus dem Dom gegangen?

Margr:

Ich war bestürzt, mir war das nie geschehn

Es konnte niemand von dir übels sagen

Ach dacht ich hat er in deinem Betragen

Was freches, unanständiges gesehn.   1020

Dass ihm sogleich die Lust mogt wandeln

Mit dieser Dirne gradehin zu handeln.

Gesteh ich's doch! Ich wuste nicht was sich

Zu euerm Vortheil hier zu regen gleich begonnte.

Allein gewiss ich war recht bös auf mich   1025

Daß ich auf euch nicht böser werden konte.

Faust.

Süs Liebgen!

Margr:

Lasst einmal.

/: sie pflückt eine Stern Blume und zupft
die Blätter ab eins nach dem andern :/

Faust.

Was soll das? Keinen Straus?

Margr:

Nein es soll nur ein Spiel.

Faust.

Wie?

1009-28 ≈ 3161-80

Margr:
> Geht ihr lacht mich aus.

/ : sie rupft und murmeld :/

Faust.

Was murmelst du?

Margr: halb laut :/
> Er liebt mich – Liebt mich nicht.

Faust

1030 Du holdes Himmels Angesicht!

Margr: färt fort :/
> Liebt mich – Nicht – Liebt mich – Nicht –
> / : das lezte Blat ausrupfend mit holder Freude :/
> Er liebt mich!

Faust

Ja mein Kind! Lass dieses Blumenwort
Dir Götter Auspruch seyn: Er liebt dich!
1035 Verstehst du, was das heist: Er liebt dich!

/ : er fasst ihr beyde Hände :/

Margr:

Mich überläufts!

Faust

O schaudre nicht! Lass diesen Blick
Lass diesen Händedruk dir sagen
Was unaussprechlich ist.
1040 Sich hinzugeben ganz und eine Wonne
Zu fühlen die ewig seyn muss!
Ewig! – Ihr Ende würde Verzweiflung seyn.
Nein kein Ende! Kein Ende!

Margr: drückt ihm die Hände.
> macht sich los und läufft
> weg. Er steht einen
> Augenblick in Gedanken,
> dann folgt er ihr.

Marthe.

Die Nacht bricht an.

Meph:
> Ja und wir wollen fort.

Marthe
Ich bät euch länger hier zu bleiben   1045
Allein es ist ein gar zu böser Ort.
Es ist als hätte niemand nichts zu treiben
Und nichts zu schaffen,
Als auf des Nachbaarn Schritt und Tritt zu gaffen.
Und man kommt in's Gespräch wie man sich immer stellt   1050
Und unser Päärgen?
                          Meph:
                    Ist den Gang dort aufgeflogen
Muthwillge Sommervögel
                          Marthe
                    Er scheint ihr gewogen.
                          Meph:
Und sie ihm auch. Das ist der Lauf der Welt.

                    Ein Gartenhäusgen.

<u>Margrete</u> mit Herz klopfen herrein steckt sich hinter die
               Thüre, hällt die Fingerspizze an die Lippen und
               guckt durch die Ritze.
Er kommt!
                          Faust.
               Ach Schelm so neckst du mich!
Treff ich dich!
                    /: er küsst sie :/
                          Margr. ihn fassend und den Kuss
                             zurückgebend :/
               Bester Mann schon lange lieb ich dich.   1055
                    Meph: klopft an :/
                    Faust stampfend :/
Wer da!
                          Meph:
               Gut Freund.
                          Faust.
               Ein Tier!
                          Meph:
                    Es ist wohl Zeit zu scheiden.

Marthe.

Ja es ist spät mein Herr.

Faust.

Darf ich euch nicht geleiten?

Margr:

Die Mutter würde mich! Lebt wohl!

Faust.

Muss ich dann gehn.

Lebt wohl!

Marthe

Ade.

Marg:

Auf baldig Wiedersehn.

/: Faust, Meph: ab :/

Margrete.

1060 Du lieber Gott was so ein Mann
Nit alles alles denken kann.
Beschämt nur steh ich vor ihm da
Und sag zu allen Sachen ia
Bin doch ein arm unwissend Kind
1065 Begreif nicht was er an mir findt.

/: ab :/

Gretgens Stube.

Gretgen am Spinn rocken allein.

Meine Ruh ist hin
Mein Herz ist schweer
Ich finde sie nimmer
Und nimmer mehr.

1070 Wo ich ihn nicht hab
Ist mir das Grab,
Die ganze Welt
Ist mir vergällt.

Mein armer Kopf
Ist mir verrückt,   1075
Mein armer Sinn
Ist mir zerstückt.

Meine Ruh ist hin
Mein Herz ist schweer
Ich finde sie nimmer   1080
Und nimmermehr.

Nach ihm nur schau ich
Zum Fenster hinaus
Nach ihm nur geh ich
Aus dem Haus.   1085

Sein hoher Gang
Sein edle Gestalt
Seines Mundes Lächlen
Seiner Augen Gewalt

Und seiner Rede   1090
Zauberfluss
Sein Händeduck*
Und ach sein Kuss.

Meine Ruh ist hin
Mein Herz ist schweer   1095
Ich finde sie nimmer
Und nimmer mehr.

Mein Schoos! Gott! drängt
Sich nach ihm hin
Ach dürft ich fassen   1100
Und halten ihn

Und küssen ihn
So wie ich wollt
An seinen Küssen
Vergehen sollt.   1105

---

* *Faust I, v. 3400:* Händedruck,

Marthens Garten.

Margrete, Faust.
Gretgen.
Sag mir doch Heinrich!

Faust
Was ist dann

Gretgen
Wie hast du's mit der Religion?
Du bist ein herzlich guter Mann
Allein ich glaub du hältst nich viel davon.

Faust
1110 Lass das mein Kind, du fühlst ich bin dir gut.
Für die ich liebe lies ich Leib und Blut,
Will niemand sein Gefühl und seine Kirche rauben.

Margr:
Das ist nicht recht, man muss dran glauben!

Faust
Muss man?

Gretgen
Ach wenn ich etwas auf dich könnte,
1115 Du ehrst auch nicht die heilgen Sakramente.

Faust.
Ich ehre sie.

Gretgen.
Doch ohne Verlangen.
Wie lang bist du zur Kirch zum Nachtmal nicht gegangen?
Glaubst du an Gott?

Faust
Mein Kind wer darf das sagen,
Ich glaub einen Gott!
1120 Magst Priester, Weise fragen
Und ihre Antwort scheint nur Spott
Uber den Frager zu seyn.

Gretgen
So glaubst du nicht.

1106-22 ≈ 3414-30

Faust.

Mishör mich nicht du holdes Angesicht.
Wer darf ihn nennen?
Und wer bekennen?   1125
Ich glaub ihn!
Wer empfinden?
Und sich unterwinden
Zu sagen ich glaub ihn nicht!
Der Allumfasser   1130
Der Allerhalter
Fasst und erhält er nicht
Dich, mich, sich selbst!
Wölbt sich der Himmel nicht dadroben
Liegt die Erde nicht hierunten fest   1135
Und steigen hüben und drüben
Ewige Sterne nicht herauf!
Schau ich nicht Aug in Auge dir!
Und drängt nicht alles
Nach Haupt und Herzen dir   1140
Und weht in ewigem Geheimniß
Unsichtbaar Sichtbaar neben dir,
Erfüll davon dein Herz so gros es ist
Und wenn du ganz in dem Gefühle seelig bist,
Nenn das dann wie du willst,   1145
Nenns Glük! Herz! Liebe! Gott!
Ich habe keinen Nahmen
Dafür. Gefühl ist alles
Nahme Schall und Rauch
Umnebelnd Himmels Glut.   1150

Gretgen

Das ist alles recht schön und gut
Ohngefähr sagt das der Cathechismus auch
Nur mit ein bisgen andern Worten.

Faust

Es sagens aller Orten
Alle Herzen unter dem Himmlischen Tage,   1155
Jedes in seiner Sprache
Warum nicht ich in der meinen.

Gretgen

Wenn man's so hört, mögts leidlich scheinen
Steht aber doch immer schief darum,
1160 Denn du hast kein Christenthum.

Faust

Liebes Kind!

Gretgen

Es thut mir lang schon weh!
Dass ich dich in der Gesellschafft seh.

Faust

Wie so?

Gretgen

Der Mensch den du da bey dir hast
Ist mir in tiefer innrer Seel verhasst
1165 Es hat mir in meinem Leben
So nichts einen Stich in's Herz gegeben,
Als des Menschen sein Gesicht.

Faust

Liebe Puppe fürcht ihn nicht.

Gretgen.

Seine Gegenwart bewegt mir das Blut
1170 Ich bin sonst allen Menschen gut
Aber wie ich mich sehne dich zu schauen
Hab ich vor den Menschen* ein heimlich Grauen.
Und halt ihn für einen Schelm dazu.
Gott verzeih mir's wenn ich ihm Unrecht thu.

Faust.

1175 Es ist ein Kautz wie's mehr noch geben.

Gretgen.

Mögt nicht mit seines Gleichen leben.
Kommt er einmal zur Thür herein
Er sieht immer so spöttisch drein
Und halb ergrimmt
1180 Man sieht daß er an nichts keinen Antheil nimmt.
Es steht ihn an der Stirn geschrieben
Dass er nicht mag eine Seele lieben.

_____

* *Faust I, v. 3480:* dem Menschen
1158-83 ≈ 3466-91

Mir wirds so wohl in deinem Arm
So frey, so hingegeben warm,
Und seine Gegenwart schürt* mir das Innre zu.   1185
     Faust.
Du ahndungsvoller Engel du.
     Gretgen
Das übermannt mich so sehr
Dass wo er mag zu uns treten,
Meyn ich so gar ich liebte dich nicht mehr.
Auch wenn er da ist könnt ich nimmer beten.   1190
Und das frisst mir ins Herz hinein
Dir Heinrich muß es auch so seyn.
     Faust
Du hast nun die Antipathie!
     Gretgen.
Ich muß nun fort.
     Faust
     Ach kann ich nie,
Ein Stündgen ruhig dir am Busen hängen   1195
Und Brust an Brust und Seel an Seele drängen.
     Gretgen.
Ach wenn ich nur alleine schlief
Ich lies dir gern heut Nacht den Riegel offen.
Doch meine Mutter schläfft nicht tief.
Und würden wir von ihr betroffen   1200
Ich wär gleich auf der Stelle todt.
     Faust.
Du Engel das hat keine Noth.
Hier ist ein Fläschgen und drey Tropfen nur
In ihren Tranck umhüllen
In tiefen Schlaf gefällig die Natur.   1205
     Gretgen.
Was thu ich nicht um deinet willen.
Es wird ihr hoffentlich nicht schaden!
     Faust
Würd ich sonst Liebgen dir es rathen.

---

* *Faust I, v. 3493:* schnürt

Gretgen.
Seh ich dich bester Mann nur an
1210 Weis nicht was mich nach deinem Willen treibt,
Ich habe schon für dich so viel gethan,
Dass mir zu thun fast nichts mehr überbleibt.   /: ab :/
Mephistopheles tritt auf :/
Der Grasaff ist er weg!
Faust
Hast wieder spionirt.
Meph:
Ich habs ausführlich wohl vernommen.
1215 Herr Docktor wurden da kathechisirt.
Hoff es soll ihnen wohl bekommen.
Die Mädels sind doch sehr interessirt,
Ob einer fromm und schlicht nach altem Brauch,
Sie denken duckt er da, folgt er uns eben auch!
Faust
1220 Du Ungeheuer siehst nicht ein
Wie diese Engels liebe Seele
Von ihren Glauben voll
Der ganz allein
Ihr seelig machend ist sich heilig quäle
1225 Daß der nun den sie liebt verlohren werden soll.
Meph:
Du übersinnlicher, sinnlicher Freyer
Ein Mägdelein nasführet dich.
Faust
Du Spott geburt von Dreck und Feuer!
Meph:
Und die Phisiognomie versteht sie meisterlich.
1230 In meiner Gegenwart wirds ihr sie weis nicht wie!
Mein Mäskgen da weissagt ihr borgnen* Sinn,
Sie fühlt daß ich ganz sicher ein Genie
Vielleicht wohl gar ein Teufel bin.
Nun heute Nacht –?

---

* *Faust I, v. 3539:* verborgnen

1209-34 ≈ 3517-42

Faust.
Was geht dich's an.
Meph:
Hab ich doch meine Freude dran.   1235

Am Brunnen

Gretgen und Liesgen mit Krügen.

Liesgen.
Hast nichts von Bärbelgen gehört?
Gretgen.
Kein Wort ich komm gar wenig unter Leute.
Liesgen.
Gewis Sibille sagt mirs heute!
Die hat sich endlich auch bethört.
Da ist das vornehm thun.

Gretgen
Wie so?
Liesgen
Es stinckt!   1240
Sie füttert zwey iezt wenn sie isst und trinckt.
Gretgen.
Ach
Liesgen
Ja so ist's ihr endlich gangen
Wie lang hat's an den Kerl gehangen!
Das war ein gespazieren
Auf Dorf und Tanzplatz führen   1245
Must überall die erste seyn.
Curtesirt ihr immer mit Pastetgen und Wein.
Bildt sich was auf ihre Schönheit ein.
War doch so ehrlos sich nicht zu schämen
Gesenke* von ihn anzunehmen.   1250
War ein Gekos und ein Geschleck,
Ja da ist dann das Blümgen weg.

---

* *Faust I, v. 3559:* Geschenke

Gretgen

Das arme Ding.

Liesgen

Bedauer sie kein Haar
Wenn unser ein's am Spinnen war
1255 Uns Nachts die Mutter nicht n'abe lies
Stand sie bey ihren Bulen süs
Auf der Thürbanck und dem dunkeln Gang
Ward ihnen keine Stund zu lang.
Da mag sie denn sich ducken nun
1260 Im Sünderhemdgen Kirchbus thun!

Gretgen

Er nimmt sie gewiss zu seiner Frau.

Liesgen

Er wär ein Narr. Ein flinker Jung
Hat anderwärts noch Lufft geung.*
Er ist auch durch.

Gretgen

Das ist nicht schön.

Liesgen

1265 Kriegt sie ihn solls ihr übel gehn.
Das Kränzel reissen die Buben ihr
Und Hexel streuen wir vor die Thür!   / ab :/

Gretgen heime gehend :/

Wie konnt ich sonst so tapfer schmälen
Wen** thät ein armes Mägdlein fehlen
1270 Wie konnt ich über andrer Sünden
Nicht Worte gnug der Zunge finden.
Wie schien mirs schwartz und schwärzts noch gar.
Mir nimmer doch nit schwarz gnug war.
Und seegnet mich und that so gros
1275 Und bin nun selbst der Sünde blos
Doch – alles was mich dazu trieb
Gott! war so gut! ach war so lieb!

---

 * *Faust I, v. 3572:* genung,
 ** *Faust I, v. 3578:* Wenn

1253-77 ≈ 3562-86

Zwinger

In der Mauerhöle ein Andachts Bild der *Mater dolorosa*,
Blumenkrüge davor.

Gretgen gebeugt schwenckt die Krüge im nächsten Brunn
füllt sie mit frischen Blumen die sie mitbrachte.

Ach neige
Du schmerzenreiche
Dein Antliz ab zu meiner Noth   1280

Das Schwert im Herzen
Mit tauben Schmerzen
Blickst auf zu deines Sohnes Tod!
Zum Vater blickst du
Und Seufzer schickst du   1285
Hinauf um sein und deine Noth!

Wer fühlet
Wie wühlet
Der Schmerz mir im Gebein?
Was mein armes Herz hier banget,   1290
Was es zittert, was verlanget
Weißt nur du, nur du allein

Wohin ich immer gehe,
Wie Weh wie Weh wie wehe
Wird mir im Busen hier.   1295
Ich bin ach kaum alleine
Ich wein ich wein ich weine
Das Herz zerbricht in mir.

Die Scherben vor meinem Fenster
Bethaut ich mit Trähnen ach!   1300
Als ich am frühen Morgen
Dir diese Blumen brach

Schien hell in meine Kammer

Die Sonne früh herauf
1305 Sass ich in allem Jammer
In meinem Bett schon auf.

Hilf retten mich von Schmach und Todt!
Ach neige
Du schmerzenreiche
1310 Dein Antliz ab zu meiner Noth!

Dom.

Exequien der Mutter Gretgens.

Gretgen alle Verwandte. Amt, Orgel und Gesang

Böser Geist hinter Gretgen.

Wie anders Gretgen war dirs
Als du noch voll Unschuld
Hier zum Altar tratst.
Und im verblätterten Büchelgen
1315 Deinen Gebeten nachlalltest,
Halb Kinderspiel
Halb Gott im Herzen.
Gretgen!
Wo steht dein Kopf?
1320 In deinem Herzen
Welche Missethat?
Betest du für deiner Mutter Seel
Die durch dich sich in die Pein hinüberschlief.
– Und unter deinem Herzen,
1325 Schlägt da nicht quillend schon,
Brandschande Maalgeburt!
Und ängstet dich und sich
Mit ahnde voller Gegenwart.
                              Gretgen.

Weh! Weh!
1330 Wär ich der Gedanken los

1304-10 ≈ 3613-19 || 1311-25 ≈ 3776-91 | 1326 nur hier | 1327-30 ≈ 3792-95

Die mir rüber und nüber gehn,
Wieder mich.

                                    Chor

Dies irae dies illa
Solvet Saeclum in favilla.

                        /: Orgelton :/
                            Böser Geist

Grimm fasst dich!   1335
Der Posaunen Klang!
Die Gräber beben
Und dein Herz
Aus Aschenruh
Zu Flammenquaalen   1340
Wieder aufgeschaffen
Bebt auf.

                                Gretgen.

Wär ich hier weg.
Mir ist als ob die Orgel mir
Den Athem versezzte   1345
Gesang mein Herz
Im tiefsten löste

                                Chor.

Iudex ergo cum sedebit
Quid quid latet adparebit
Nil inultum remanebit   1350

                                Gretgen.

Mir wird so eng
Die Mauern Pfeiler
Befangen mich
Das Gewölbe
Drängt mich! – Lufft!   1355

                            Böser Geist

Verbirgst du dich!
Blieben verborgen
Dein Sünd und Schand!
Lufft! Licht!
Weh dir!   1360

                                    1331-60 ≈ 3796-3824

Chor

Quid sum miser tunc dicturus
Quem patronum rogaturus
Cum vix iustus sit securus.

Böser Geist

Ihr Antliz wenden
1365 Verklärte von dir ab
Die Hände* reichen
Schauerts ihnen
Den Reinen!
Weh!

Chor

1370 *Quid sum miser tunc dicturus*

Gretgen.

Nachbarin! Euer Fläschgen! –

/ : sie fällt in Ohnmacht : /

Nacht.
———

Vor Gretgens Haus
===

Valentin Soldat   Gretgens Bruder.

Wenn ich so sas bey 'em Gelag
Wo mancher sich berühmen mag
Und all und all mir all den Flor
1375 Der Mägdlein mir gepriesen vor
Mit vollem Glas das Lob verschwemmt
– Den Ellebogen aufgestemmt
Sass ich in meiner sichern Ruh.
Hört all dem Schwadroniren zu.
1380 Und striche lachend meinen Bart
Und kriege das volle Glas zur Hand,
Und sage: alles nach seiner Art
Aber ist eine im ganzen Land
Die meiner trauten Gretel gleicht

———

* *Faust I, v. 3830 folgt:* dir zu

1361-71 ≈ 3825-34 || 1372-84 ≈ 3620-32

Die meiner Schwester das Wasser reicht   1385
Top! Top! Kling! Klang! das ging herum
Die einen schrien er hat Recht
Sie ist die Zier vom ganzen Geschlecht!
Da sassen alle die Lober stumm.
Und iezt! – das Haar sich auszurauffen   1390
Um an den Wänden 'nauf zu lauffen!
Mit Stichel reden Nasenrümpfen
Soll ieder Schurke mich beschimpfen,
Soll wie ein böser Schuldner sitzen
Bey iedem Zufalls Wörtgen schwizzen.   1395
Und sollt ich sie zusammen schmeissen
Könnt ich sie doch nicht Lügner heissen.

Faust. Mephistopheles.

Faust

Wie von dem Fenster dort der Sakristey
Der Schein der ewgen Lampe aufwärts flämmert,
Und schwach, und schwächer seitwärts dämmert,   1400
Und Finsterniss drängt rings um bey;
So siehts in diesen Busen mächtig.*
Meph:
Und mir ists wie den Käzlein schmächtig
Das an den Feuerleitern schleicht,
Sich leis so an die Mauern streicht.   1405
Wär mir ganz tugendlich dabey,
Ein bissgen Diebsgelüst ein bissgen Rammeley.
Nun frisch dann zu! Das ist ein Jammer
Ihr geht nach eures Liebgens Kammer
Als gingt ihr in den Todt.   1410
Faust
Was ist die Himmels Freud in ihren Armen
Das durch erschüttern durcherwarmen?
Verdrängt es diese Seelen Noth.

---

* *Faust I, v. 3654:* in meinem Busen nächtig.

Ha bin ich nicht der Flüchtling, Unbehauste
1415 Der Unmensch ohne Zweck und Ruh
Der wie ein Wassersturz von Fels zu Felsen brauste
Begierig wüthend nach dem Abgrund zu
Und seitwärts sie mit kindlich dumpfen Sinnen,
Im Hüttgen auf dem kleinen Alpenfeld
1420 Und all ihr häusliches Beginnen
Umfangen in der kleinen Welt.
Und ich der Gott verhasste
Hatte nicht genug
Daß ich die Felsen fasste
1425 Und sie zu Trümmern schlug!
Sie! Ihren Frieden musst ich untergraben,
Du Hölle wolltest dieses Opfer haben!
Hilf Teufel mir die Zeit der Angst verkürzen,
Mags schnell geschehn was muss geschehn.
1430 Mag ihr Geschick auf mich zusammen stürzen.
Und sie mit mir zu Grunde gehn.
                    Meph:
Wies wieder brozzelt! wieder glüht!
Geh ein und tröste sie du Thor
Wo so ein Köpfgen keinen Ausgang sieht,
1435 Stellt es sich gleich das Ende vor.

———

                    *Faust, Mephistopheles.
                    Faust.
Im Elend! Verzweifelnd! Erbärmlich auf der Erde lang verirrt! Als Missetäterinn im Kerker zu entsetzlichen Quaalen
eingesperrt, das holde unseelige Geschöpf! Biss dahin! –
Verrätrischer nichtswürdiger Geist, und das hast du mir
5 verheimlicht! Steh nur, steh, wälze die Teuflischen Augen
inngrimmend im Kopf herum, steh und truzze mir durch
deine unerträgliche Gegenwart. Gefangen! Im unwiederbringlichen Elend bösen Geistern übergeben, und der richtenden gefühllosen Menschheit. Und du wiegst mich indess

———

* *Faust I Szenenüberschrift:* TRÜBER TAG · FELD

in abgeschmackten Freuden ein, verbirgst mir ihren wach- 10
senden Jammer, und lässest sie hülflos verderben.

Meph:

Sie ist die erste nicht!

Faust

Hund! Abscheuliches Untier! – Wandle ihn du unendlicher
Geist wandle den Wurm wieder in die Hundsgestalt in der
er sich nächtlicher Weile offt gefiel vor mir herzutrotten, 15
dem harmlosen Wandrer vor die Füsse zu kollern und dem
Umstürzenden sich auf die Schultern zu hängen Wandl' ihn
wieder in seine Lieblingsbildung, dass er vor mir im Sand
auf dem Bauch krieche ich ihn mit Füssen trete den Verworfnen – Die erste nicht! – Jammer! Jammer! von keiner 20
Menschenseele zu fassen dass mehr als ein Geschöpf in die
Tiefe dieses Elends sank, dass nicht das erste in seiner windenden Todtes noth genug that für die Schuld aller übrigen
vor den Augen des Ewigen. Mir wühlt es Marck und
Leben durch das Elend dieser einzigen und du grinsest ge- 25
lassen über das Schicksaal von Tausenden hin:

Meph:

Gros Hans! nun bist du wieder am Ende deines Witzes, an
dem Fleckgen wo euch Herrn das Köpfgen überschnappt.
Warum machst du Gemeinschafft mit uns *auswirthschafft-
ten kannst. Willst fliegen und der Kopf wird dir schwind- 30
lich. Eh! drangen wir uns dir auf oder du** uns?

Faust

Bläcke deine gefräsigen Zähne mir nicht so entgegen, mir
eckelts – Groser herrlicher Geist der du mir zu erscheinen
würdigtest, der du mein Herz kennst und meine Seele
warum mustest du mich an den Schandgesellen schmieden, 35
der sich am Schaden weidet und am Verderben sich lezt!

---

* *Faust I*, TRÜBER TAG · FELD z. 31 f. *folgt:* wenn du sie nicht
durchführen kannst? *Die Auslassung hier wohl zu ergänzen:* wenn
du sie nicht *oder:* wenn du nicht mit uns
** *Faust I*, TRÜBER TAG · FELD z. 34 *folgt:* dich

Meph:

Endigst du?

Faust

Rette sie oder weh dir! den entsezlichsten Fluch über dich
auf Jahrtausende. Rette sie!

Meph:

40 Ich kann die Bande des Rächers nicht lösen, seine Riegel
nicht öffnen. – Rette sie – ? Wer wars der sie in's Verderben
stürzte? Ich oder du?

Faust blickt wild umher.

Meph:

Greiffst du nach dem Donner? Wohl daß er euch elenden
Sterblichen nicht gegeben ward. Ist's doch das einzige
45 Kunststück auch in euern Verworrenheiten Lufft zu machen, dass ihr den entgegnenden Unschuldigen zerschmettert.

Faust.

Bring mich hin! sie soll frey seyn!

Meph:

Und die Gefahr der du dich aus sezzest! Wisse daß auf der
50 Stadt noch die Blutschuld liegt die du auf sie gebracht hast.
Daß über der Stäte des Erschlagenen rächende Geister
schweben, die auf den rückkehrenden Mörder lauern.

Faust

Noch das von dir! Mord und Todt einer Welt über dich
Ungeheuer. Führe mich hin sag ich dir, und befrey sie

Meph:

55 Ich führe dich und was ich thun kann höre! Hab ich alle
Macht im Himmel und auf Erden? Des Türners Sinne will
ich umnebeln, bemächtige dich der Schlüssel und führe sie
heraus mit Menschenhand. Ich wach' und halte dir die
Zauber Pferde bereit. Das vermag ich.

Faust

60 Auf und davon.

z. 37-60 ≈ z. 41-63 [hier S. 189 f.]

Nacht. Offen Feld.

<u>Faust</u>, <u>Mephistopheles</u> auf schwarzen
Pferden daher brausend.

Faust.
Was weben die dort um den Rabenstein?   1436
Meph:
Weis nicht was sie kochen und schaffen.
Faust
Schweben auf und ab. Neigen sich beugen sich.
Meph:
Eine Hexenzunft!
Faust.
Sie streuen und weihen!   1440
Meph:
Vorbey! Vorbey!

Kerker.

Faust mit einem Bund Schlüssel und einer Lampe
an einem eisernen Türgen.
Es fasst mich längst verwohnter Schauer. Inneres Grauen
der Menschheit. Hier! Hier! – Auf! – Dein Zagen zögert den
Todt heran!
/: er fasst das Schloss es singt innwendig :/

Meine Mutter die Hur
Die mich umgebracht hat   5
Mein Vater der Schelm
Der mich gessen hat
Mein Schwesterlein klein
Hub auf die Bein
An einen kühlen Ort,   10
Da ward ich ein schönes Waldvögelein
Fliege fort! Fliege fort!

1436-41 ≈ 4399-4404 ‖ Z. 1-12 ≈ V. 4405-20

Faust /: zittert wankt ermannt sich und schließt auf, er hört
   die Ketten klirren und das Stroh rauschen :/

                           Margarethe /: sich verbergend auf
                                        ihrem Lager :/
Weh! Weh! sie kommen. Bittrer Todt!
                    Faust / leise :/
Still! Ich komme dich zu befreyn. /: erfasst ihre Ketten sie
                                  aufzuschliessen :/
                    Marg: /: wehrend :/
15 Weg! Um Mitternacht! Hencker ist dir's morgen frühe nicht
   zeitig gnug.
                           Faust
Lass!
                    Marg: /: walzt sich vor ihn hin :/
Erbarme dich mein und laß mich leben! Ich bin so iung, so
   iung, und war schön und bin ein armes iunges Mädgen.
20 Sieh nur einmal die Blumen an, sieh nur einmal die Kron.
   Erbarme dich mein! Was hab ich dir gethan? Hab dich mein
   Tage nicht gesehn.
                           Faust.
Sie verirrt und ich vermags nicht.
                           Marg:
Sieh das Kind! Muss ich's doch tränken. Da hatt ich's eben!
25 Da! Ich habs getränckt! Sie nahmen mirs, und sagen ich hab
   es umgebracht, und singen Liedger auf mich! – Es ist nicht
   wahr – es ist ein Märgen das sich so endigt, es ist nicht auf
   mich daß Sie's singen.
                    Faust /: der sich zu ihr hinwirft :/
Gretgen!
                    Margr: / die sich aufreist :/
30 Wo ist er! Ich hab ihn rufen hören! er rief Gretgen! Er rief
   mir! Wo ist er! Ach durch all das Heulen und Zähnklappen
   erkenn ich ihn, er ruft mir: Gretgen! /: Sich vor ihm nieder-
   werfend :/ Mann! Mann! Gieb mir ihn schaff mir ihn! Wo
   ist er!

z. 13-34 ≈ (mit erheblichen Abweichungen) v. 4421-69

Faust /: erfasst sie wütend um
den Hals :/

Meine Liebe! Meine Liebe!   35
Margr:
/: sinckt ihr Haupt in seinen Schoos verbergend :/
Faust
Auf meine Liebe! Dein Mörder wird dein Befreyer. Auf! –
/: Er schliesst über ihrer Betäubung die Arm Kette auf :/
Komm, wir entgehen den schröcklichen Schicksaal.
Margr /: angelehnt :/
Küsse mich! Küsse mich!
Faust
Tausendmal! Nur eile Gretgen eile!
Margr:
Küsse mich! Kannst du nicht mehr küssen? Wie! Was! Bist   40
mein Heinrich und hast's Küssen verlernt! Wie sonst ein
ganzer Himmel mit deiner Umarmung gewaltig über mich
eindrang. Wie du küsstest als wolltest du mich in wollüsti-
gem Todt ersticken. Heinrich küsse mich, sonst küss ich
dich /: sie fällt ihn an :/ Weh! deine Lippen sind kalt! Todt! 45
Antworten nicht!
Faust
Folge mir, ich herze dich mit tausendfacher Glut. Nur folge
mir.
Margr: /: sie setzt sich und bleibt
eine Zeitlang stille :/
Heinrich bist du's?
Faust
Ich bin's. komm mit.   50
Margr:
Ich begreiffs nicht! Du? Die Fesseln los! Befreyst mich. Wen
befreyst du! Weist du's?
Faust.
Komm! Komm!
Margr:
Meine Mutter hab ich umgebracht! Mein Kind hab ich
ertränckt. Dein Kind! Heinrich! – Groser Gott im Himmel   55

z. 35-37 nur hier | z. 38-55 ≈ (mit erheblichen Abweichungen) v. 4481-4510

soll das kein Traum seyn! Deine Hand Heinrich! – Sie ist
feucht – Wische sie ab ich bitte dich! Es ist Blut dran –
Stecke den Degen ein! Mein Kopf ist verrückt.

Faust.

Du bringst mich um.

Margr:

60 Nein du sollst überbleiben, überbleiben von allen. Wer
sorgte für die Gräber! So in eine Reihe ich bitte dich, neben
die Mutter den Bruder da! Mich dahin und mein Kleines an
die rechte Brust. Gieb mir die Hand drauf du bist mein
Heinrich.

Faust /: will sie weg ziehen :/

65 Fühlst du mich! Hörst du mich! komm ich bins ich befreye
dich.

Margr:

Da hinaus.

Faust

Freyheit!

Margr:

Da hinaus! Nicht um die Welt. Ist das Grab draus, komm!
70 Lauert der Todt! komm. Von hier in's ewige Ruhe Bett
weiter nicht einen Schritt. Ach Heinrich könnt ich mit dir
in alle Welt.

Faust.

Der Kerker ist offen säume nicht.

Margr:

Sie lauren auf mich an der Strase am Wald.

Faust.

75 Hinaus! Hinaus!

Margr:

Ums Leben nicht – Siehst du's zappeln! Rette den armen
Wurm er zappelt noch! – Fort! geschwind! Nur übern Steg,
gerad in Wald hinein links am Teich wo die Planke steht.
Fort! rette! rette!

Faust

80 Rette! Rette dich!

---

z. 56-74 ≈ (mit erheblichen Abweichungen) v. 4511-45 | z. 75 nur hier | z. 76-80 ≈ (mit erheblichen
Abweichungen) v. 4552-64

Margr:

Wären wir nur den Berg vorbey, da sizzt meine Mutter auf
einem Stein und wackelt mit dem Kopf! Sie winckt nicht sie
nickt nicht, ihr Kopf ist ihr schweer. Sie sollt schlafen daß
wir könnten wachen und uns freuen beysammen.

Faust.

/: ergreifft sie und will sie wegtragen :/

Margr:

Ich schreye laut, laut dass alles erwacht.   85

Faust

Der Tag graut. O Liebgen! Liebgen!

Margr:

Tag! Es wird Tag! der lezte Tag! der Hochzeit Tag! – Sags
niemand dass du die Nacht vorher bey Gretgen warst. –
Mein Kränzgen! – Wir sehn uns wieder! – Hörst du die
Bürger schlürpfen nur über die Gassen! Hörst du! Kein 90
lautes Wort. Die Glocke ruft! – Krack das Stäbgen bricht! –
Es zuckt in iedem Nacken die Schärfe die nach meinem
zuckt! – Die Glocke hör.

Meph: erscheint.

Auf oder ihr seyd verlohren, meine Pferde schaudern, der
Morgen dämmert auf.   95

Marg:

Der! der! Lass ihn schick ihn fort! der will mich! Nein!
Nein! Gericht Gottes komm über mich, dein bin ich! rette
mich! Nimmer nimmermehr! Auf ewig lebe wohl. Leb
wohl Heinrich.

Faust. sie umfassend.

Ich lasse dich nicht!   100

Margr:

Ihr heiligen Engel bewahret meine Seele – mir grauts vor
dir Heinrich.

Meph:

Sie ist gerichtet! /: erverschwindet mit Faust, die Thüre
rasselt zu man hört verhallend :/

Heinrich! Heinrich!

z. 81-104 ≈ (mit erheblichen Abweichungen) v. 4565-4612

PARALIPOMENA

ZUM FAUST

VORBEMERKUNGEN

*Für die in Goethes Nachlaß handschriftlich überlieferten Arbeits-
notizen, Schemata, Entwürfe, ausgelassenen Passagen und anderen
Texte zum* Faust *hat sich die Sammelbezeichnung* Paralipomena
*eingebürgert (›Beiseitegelassenes‹). Ihre Wiedergabe erfolgt hier
auf der Grundlage der Dokumentation von Anne Bohnenkamp
1994 und unterscheidet sich damit von allen früheren Paralipomena-
Drucken durch eine erweiterte Auswahl der Texte, durch deren an
den Überlieferungsträgern orientierte entstehungsgeschichtliche Anordnung, durch eine Darbietung, welche die für ein zulängliches
Verständnis oft unentbehrlichen Kontexte der Handschriften berücksichtigt und ihre graphischen Besonderheiten beibehält, durch
Wiedergabe der authentischen Schreibweise und vielfach auch hinsichtlich des korrekten Wortlauts.*

*Abweichend aber von Bohnenkamps Edition teilt die vorliegende
Lese- und Studienausgabe (buchstaben- und zeichengetreu) allein
die jeweils letzte Fassung der Texte mit; lediglich in besonders
interessanten Fällen werden auch Entstehungsvarianten verzeich-
net. Außerdem wurden hier als Lesehilfe Abkürzungen aufgelöst
und Sprecherbezeichnungen eingefügt sowie unvollständige Wörter
ergänzt, wo das möglich war und (wegen denkbarer Mißverständ-
nisse) nötig erschien. Diese Zusätze und alle anderen Ein-
schaltungen des Herausgebers sind durch Kursivdruck kenntlich
gemacht, ggf. außerdem in ⟨Winkelklammern⟩ gestellt worden.*

*Nähere Angaben zur Überlieferung der Paralipomena und zur
Textgestaltung findet man im Kommentar-Band S. 84ff. bzw. 102ff.*

*Wie dort begründet, ist die in der Weimarer Ausgabe (WA)
vorgenommene Numerierung der Paralipomena beibehalten worden,
obgleich diese Texte hier in eine andere Reihenfolge gebracht werden
mußten. Ein gesuchtes Paralipomenon nach seiner WA-Zählung
aufzufinden, helfen die P-Nummern links und rechts am Seitenrand
(während in der Kolumne über jeder rechten Seite die Sigle der betr.
Handschrift steht). Außerdem findet sich im Kommentar-Band
S. 1065-68 eine* KONKORDANZ DER PARALIPOMENA, *welche von
der Zählung der WA ausgeht und die jeweilige Seitenzahl im
vorliegenden Text-Band angibt.*

ABKÜRZUNGEN UND BEZEICHNUNGEN

H P6   *(usf.)*
Handschrift mit dem Paralipomenon 6 (nach der durch die Weimarer Ausgabe eingeführten, hier beibehaltenen Paralipomena-Zählung); ggf. auch weitere, dann nur noch am Seitenrand bezeichnete Paralipomena enthaltend.

III H^{58} *(usf.)*
Handschrift 58 zum III. Akt des Faust II *(nach der Handschriften-Zählung der Weimarer Ausgabe); solche Bezeichnungen nur bei Handschriften, die kein bisher als Paralipomenon veröffentlichtes Textstück enthalten.*

P21   *Paralipomenon 21 (usf.) nach der WA-Zählung. Bei nicht in den* Faust-*Bänden der Weimarer Ausgabe enthaltenen Paralipomena stehen zusätzliche Kleinbuchstaben: P62a. Zusätzliche Großbuchstaben bezeichnen unterschiedliche Fassungen: H P123A.*

P97v   *Variante oder Bruchstück von Paralipomenon 97 (usf.).*

—   *Trennstrich am Seitenrand markiert das Ende eines Paralipomenons, sofern das anders nicht eindeutig ist.*

4166   *entspricht dem* Faust-*Vers 4166 (usf.).*

331v   *Variante von* Faust-*Vers 331 (usf.).*

[ ]   *in der Handschrift als erledigt durchgestrichen, weil für den endgültigen* Faust-*Text berücksichtigt oder verworfen.*

{ }   *unsichere Lesung.*

x   *unleserlicher Buchstabe.*

xx   *unleserliche Buchstabengruppe.*

xxx   *unleserliches Wort.*

PARALIPOMENA AUS DER ZEIT BIS ZUM ERSCHEINEN VON FAUST I (vor 1808)

H P6
Sammelblatt eigenhändig

P21 [Land Strase.
Ein Kreuz am Wege, rechts auf dem Hügel ein altes
Schloss, in der Ferne ein Bauerhüttgen.]
        Faust
Was giebts Mephisto hast du Eil?
Was schlägst vorm Kreuz die Augen nieder?   5
        Meph.
Ich weis es wohl es ist ein Vorurteil,
Allein genug mir ists einmal zu wider.

          ———

P6   Meph.   10
Mich darf niemand auf's Gewissen fragen
Ich schäme mich offt meines Geschlechts
Sie meynen wenn sie Teufel sagen;
So sagen sie was rechts.

          ———

P7 Mein Freund wenn je der Teufel dein begehrt   15
Begehrt er dein auf eine Andre Weise
Dein Fleisch und Blut ist wohl schon etwas werth
Allein die Seel ist unsre rechte Speise.

          ———

⟨*Wiedergabe dieser Handschrift: hier Abb. 10*⟩

H P54
Sammelblatt eigenhändig

Ey   was ich weis das brauch ich nicht zu glauben,   P54
Der Mensch ist gar erbärmlich dran
Und es steht nur dem Teufel an
Ihm noch das Bischen Sicherheit zu rauben.

5 [Und der zuerst sich wie ein Gott erging   P55
Befindet sich noch wohl am Schweinekoben.]

Auf diesem Wege rollt es eben   P56
Recht hurrliburli durch das Leben
Er nagt nicht lang' an Einem Knochen
10 Ich muß es ihm gepfeffert kochen.

Wenn du nur von den Bissen leben solltest   P57
Die dieser oder jener dir gegönnt.

[Den Geistes despotismus leid ich nicht   4166
Mein Geist kann ihn nicht exerziren.]   4167

15   etwa zu 8   P58
Der ganze Fehler ist daher entstanden
Das was ihr wißt, das könnt ihr nicht genießen

Was man genießt, das braucht man nicht zu wissen

Denn zum erkennen ist der größte viel zu klein   P59
20 Und zum genießen ist der kleinste groß genug

Denn dein Gespräch gefällt mir nicht   P60

[Gibts ein Gespräch wenn wir uns nicht betrügen
Mehr oder weniger versteckt
So ein Ragout von Wahrheit und von Lügen
25 Das ist die Köcherey die mir am besten schmeckt.]

P61 Die bloße Wahrheit ist ein simpel Ding
     Die jeder leicht begreifen kann
     Allein sie scheint euch zu gering
     Und sie befriedigt nicht den Wundermann
     Drum wollt ihr daß man euch betrüge   30
     Und {kundet} daß {man} es halb verstanden

H P13
Exzerptnotiz eigenhändig

P13 Schola Druidica
        Faustus Scholasticus vagans.
                    Murr 699

H P2
Sammelblatt, teils von der Hand des Schreibers Geist,
teils eigenhändig

     〈*Mephistopheles*〉
P36 Vier Beine lieb ich mir zu sichrem Stand und Lauf
     Er klettert stets und kommt doch nicht hinauf

P37 Und selbst die allerkürzten Flügel
     Sind doch ein herrliches Organ.

331v [Es ist mir gar nicht bange   5
334   Staub soll er fressen und mit Lust
335   Wie meine Muhme die berühmte Schlange]
      〈*folgt teilweise variante Niederschrift von 336-353*〉

P49 Siehst du er kommt den Berg hinauf
     Von Weitem steht des Volckes Hauf.
     Es segnen staunend sich die Fromm*en*
     Gewiss er wird als Sieger kommen.   10
     ———

Meph als Phisicien de la cour   P70

Und wenn du ganz was falsches perorirt   P71
Dann glauben sie was rechts zu hören.

---

15 Mit pathetischem Dünkel   P18
Quadrirt der Zirkel
Bissecirt den Winckel
Und wo die Klügsten selbst sich wunderlich gebärden
Das kann hier Schüler Arbeit werden

---

20 Faust wie er regiren u nachsichtig seyn wolle   P70
Meph. Schade für die Nachkömmlinge.

[Mit diesen Menschen umzugehen   P72
Ist warlich keine große Last
Sie werden dich recht gut verstehen
25 Wenn du sie nur zum besten hast.]

Wann du sie nicht zum besten hast   P73
So werden sie dich nie für gut u redlich halten.

[Und was sie gerne wissen wollen   P74
Ist grade das was ich nicht weis.]

---

30 O wo ist der Genuß der der Begierde gleich   P51
Und wo ist ein Genuß der die Begier erreicht.

Treten des Elements des Glückes   P2
Insufficienz

Was für ein hölzern Bild sie an dem Halse hat   P45
35 Ein heiligs oder ein lebendigs.

Fiel vor mir hin u küßte mir die Hand   P46
Es brennt mich noch.

H P10
Sammelblatt vorwiegend eigenhändig

P39 Ich wäre nicht so arm an Witz
     Wär ich nicht gar so arm an Reimen.

P33 Wie man nach Norden weiter kommt
     Da nehmen Rus und Hexen zu.

P44 [Musick nur her und wärs ein Dudelsack   5
     Wir haben wie manche edle Gesellen
     Viel apetit u wenig Geschmack.]

     ——

P34 Leuchtende Finger des Meph.

     ——

P35 Ihr Leben ist ein bloser Zeitvertreib
     Zwey lange Beine keinen Leib
     Sie kiken   10
               den Unfug den sie jüngst in Deutsch*land*
                                        angestiftet

P97v [Das Leben ist ein episches Gedicht
     Es hat wohl einen Anfang u ein Ende
     Allein ein ganzes ist es nicht.]   15

     ——

P19 Die Wahrheit zu ergründen
     Spannt ihr vergebens euer blöd Gesicht
     Das Wahre wäre leicht zu finden
     Doch eben das genügt euch nicht.

P52 [Die spindelförmigen Gestalten!   20
     Und sind für mich die edlen Held*en* todt
     So muß ich mich doch wohl zu diesen Schluckern halten]

P53 Fleisch dorrt wie Heu und Bein zerbricht wie Glas
     Und alle Schönheit ist ein wahrer Mottenfras.

25 Bestünde nur die Weisheit mit der Jugend   P38
Und Republiken ohne Tugend
So wär die Welt dem höchsten Ziele nah.

[Und es verzeihen ⟨*gestrichen*: selbst gestrenge Damen⟩   P10v
         sogar gelegentlich die Frauen
Wenn man mit Anstand den Respeckt vergißt.]

———

30 [Die Guten Weiber sind doch übel dran   *3149v*
Ein ⟨*gestrichen*: Misogyn⟩ Frauenfeind ist schwerlich zu   *3150v*
         bekehren
Es käme nur auf eures gleichen an   *3151*
Mich eines bessern zu belehren.]   *3152*

———

[[Seht mir nur ab wie man vor leute tritt   P10
35 Ich komme lustig angezog*en*
So ist mir jedes Herz gewog*en*
Ich lache jeder lacht mir mit]
Ihr müßt wie ich erst nur euch selbst vertrau*en*
Und dencken dass hir was zu wagen ist
40 Denn es verzeihen selbst gelegentlich die Frauen
Wenn man mit Anstand den Respeckt vergisst.
Nicht Wünschelruthen nicht Alraune
Die beste Zauberey ⟨*gestrichen*: {würkt} aus⟩ liegt in der
         guten Laune
Bin ich mit allen gleich gestimmt
45 So seh ich nicht daß man was übelnimmt
Drum frisch an*s* Werk u zaudert mir nicht lange
Das Vorbereiten macht mir bange
     D.]

H P9
Sammelblatt eigenhändig

P43 Was an dem Lumpenpack mich noch am meisten freut
     Ist daß es wechselsweis von Herzen sich verachtet.

———

P9 [Wenn du von aussen ausgestattet bist
     So wird sich alles zu dir drängen
     Ein Kerl der nicht ein wenig eitel ist
     Der mag sich auf der Stelle hängen.]   5

—   ———

          er heißt sogar der große
  und doch ist ein Gedicht nur unvernünftigre Prose.

———

P62 Die Welt geht auseinander wie ein fauler Fisch
     Wir wollen sie nicht balsamiren   10

P64 [C Ad Partem II.
     Bedauren der traurig zugebrachten frühern Zeit.
     Kühnheit sich in Besiz zu setzen balancirt allein die
                    Möglichkeit der Unfälle.]

H P42
Sammelblatt eigenhändig

P42.1 Nur Hunger schärft den Geist der subalternen Wesen
      Ein sattes Thier ist gräßlich dumm.

———

P42.2 Und mein Verdienst worauf ich stolz bin
      Ich schlepp es nicht am Hintern hinten nach

———

H P78
Sammelblatt eigenhändig

[Kennst du das Spiel wenn man im lustigen Kreis
Das Pfeifchen sucht und niemals findet
Weil mans dem Sucher ohne daß ers weiß
In seines Rockes hintre Falte*n* bindet.
5 Das heißt an sein*en* Steis.]

Ist völlig eins bey Hof und in der Stadt   P78

Wer den geringsten Vorzug hat   P79
Wird sich des Vorzugs überheben.

—

Das Wissen wächst die Unruh wächst mit ihm.   P80

H P8
Entwurf eigenhändig

Und schleppe noch ⟨*gestrichen*: bey jedem frey*en*⟩ bey diesem P8
                                        Sclaven Schrit*t*
Das lange Kleid die weiten Ermel mit
                ad 6.

H P26
Reinschrift von der Hand des Schreibers Geist

                                        ad 16 e. P26

        Mephisto.
Der junge Herr ist freylich schwer zu führen
Doch als erfahrner Gouverneur
5 Weiß ich den Wildfang zu regieren
Und afficirt mich auch nichts mehr
Ich laß ihn so in seinen Lüsten wandeln

Mag ich doch auch nach meinen Lüsten handeln
Ich rede viel und laß ihn immer gehn
Ist ja ein allzudummer Streich geschehn   10
Dann muß ich meine Weisheit zeigen
Dann wird er bey den Haarn herausgeführt
Doch giebt man gleich, indem manns reparirt,
Gelegenheit zu neuen dummen Streichen

H P50
Arbeitsmundum eigenhändig

P50   1
                                                    ad 17.

Gipfel Nacht
Feuer Koloss. nächste Umgebung
Massen, Gruppen. Rede.   5

                                                            2
⟨*bis auf die Paginierung unbeschriebenes Blatt*⟩

                                                            3
     Satan.
Die Böcke zur rechten,
Die Ziegen zur lincken   10
Die Ziegen sie riechen   wincken
Die Böcke sie stincken   fechten
Und wenn auch die Böcke
Noch stinckiger wären
So kann doch die Ziege
Des Bocks nicht entbehren.   15

     Chor.
Aufs Angesicht nieder
Verehret den Herrn
Er lehret die Völcker
Und lehret sie gern   20

Vernehmet die Worte
Er zeigt euch die Spur
Des ewigen Lebens
25 Der tiefsten Natur.

Satan rechts gewendet.
Euch giebt es zwey Dinge
So herrlich und groß
Das glänzende Gold
30 Und der weibliche Schoos.
Das eine verschaffet
Das andre verschlingt
Drum glücklich wer beyde
Zusammen erringt.

35 Eine Stimme.
Was sagte der Herr denn? –
Entfernt von dem Orte
Vernahm ich nicht deutlich
Die köstlichen Worte
40 Mir bleibet noch dunckel
Die herrliche Spur
Nicht seh ich das Leben
Der tiefen Natur.
⟨Wiedergabe der Handschrift Z. 26-43: hier Abb. 14⟩

4

45 Satan lincks gewendet.
Für euch sind zwey Dinge
Von köstlichem Glanz
Das leuchtende Gold
Und ein glänzender Schwanz
50 Drum wißt euch ihr Weiber
Am Gold zu ergötzen
Und mehr als das Gold
Noch die Schwänze zu schätzen.

Chor
Aufs Angesicht nieder   55
Am heiligen Ort.
O glücklich wer nah steht
Und höret das Wort.

Eine Stimme
Ich stehe von ferne   60
Und stutze die Ohren
Doch hab ich schon manches
Der Worte verlohren
Wer sagt mir es deutlich
Wer zeigt mir die Spur   65
Des ewigen Lebens
Der tiefsten Natur.
        ⟨*Wiedergabe der Handschrift Z. 45-61: hier Abb. 15*⟩

Meph zu einem jungen Mädchen.
Was weinst du? artger kleiner Schatz
Die Thränen sind hier nicht am Plaz
Du wirst in dem Gedräng wohl gar zu arg gestoßen?   70

Mädchen.
Ach nein! der Herr dort spricht so gar kurios,
Von Gold u Schwanz von Gold u Schoos,
Und alles freut sich wie es scheint!   75
Doch das verstehn wohl nur die Großen?

                                                              5
Meph.
Nein liebes Kind nur nicht geweint.
Denn willst du wissen was der Teufel meynt,   80
So greife nur dem Nachbar in die Hosen.

Satan grad aus.
Ihr Mägdlein ihr stehet
Hier grad in der Mitten

85 Ich seh ihr kommt alle
   auf Besmen geritten
   Seyd reinlich bey Tage
   Und säuisch bey Nacht
   So habt ihrs auf Erden
90 Am weitsten gebracht.

                                              6

   Einzelne Audienzen.
   Ceremonien M*eist*er.
                                              7
95   ad 17.

       X
       und kann ich wie ich bat
   Mich unumschränckt in diesem Reiche schauen
   So küß ich, bin ich gleich von Haus aus Demokrat
100 Dir doch Tyrann voll Danckbarkeit die Klauen.

          Ceremonienmstr.
       Die Klauen! das ist für einmal
       Du wirst dich weiter noch entschließen müssen.

       X
105 Was fordert denn das Ritual.

          Cer Mstr.
       Beliebt dem Herrn den Hintern Theil zu küssen.

       X
   Darüber bin ich unverworrn
110 Ich küsse hinten oder vorn.

   Scheint oben deine Nase doch
   Durch alle Welten vorzudringen,
   So seh ich unten hier ein Loch
   Das Universum zu verschlingen
115 Was duftet aus dem kolossalen Mund!

So wohl kanns nicht im Paradiese riechen
Und dieser wohlgebaute Schlund
erregt den Wunsch hinein zu kriechen.
Was soll ich mehr!

      Satan   120
             Vasall du bist erprobt
Hierdurch beleih ich dich mit Millionen seelen
Und wer des Teufels Arsch so gut wie du gelobt
Dem soll es nie an Schmeichelphrasen fehlen.

                             8 125

     ⟨Chor der Hexen⟩
Und wie wir nun nach Hause ziehn
Die Saat ist gelb die Stoppel grün,
Zum Schlusse nimmts kein Mensch genau
Es speyt die Hexe es scheißt die Sau.

        F.⟨aust⟩   130
Schöpfung des Menschen durch die ewige Weisheit
——————— der Hexen zufällig wie Python

        Meph.
Dem Ruß den Hexen zu entgehen
Muß unser Wimpel südwärts wehen;   135
Doch dort bequeme dich zu wohnen
Bey Pfaffen und bey Scorpionen.

        F.⟨aust⟩
Verändrung ist schon alles
Kranckheit das Mittel ein Choc damit die Natur nicht   140
                          unter liege

     M⟨ephistopheles⟩
Will einige Nacht Mahre zaumen u Fausten eine Falle legen.
gelingts so hohlt er ihn

9

145   Faust allein
Schmeichel Gesänge

        F.⟨aust⟩
Wer ist in der Nähe dem das gelten kann
Fortgesetzte Schmeichelgesänge

150   Meph.
Deutet sie auf Faust

        Fausts
Unwille

        Meph
155 Keck verräth sich

        Faust
Er solls wo anders anwenden.

        Meph
Pferde

160   sie reiten

Schnelligkeit

Falsche Richtung

Zug nach Osten

Hochgerichtserscheinung.

10   165

⟨*Chor*⟩   ad 17a
Wo fließet heißes Menschen Blut
Der Dunst ist allem Zauber gut
Die grau und schwarze Brüderschafft
Sie schöpft zu neuen Wercken Krafft   170
Was deutet auf Blut ist uns genehm,
Was Blut vergießt ist uns bequem.
Um Glut und Blut umkreißt den Reihn
In Glut soll Blut vergossen seyn.

Die Dirne winckt es ist schon gut   175
Der Säufer trinckt es deutet auf Blut
Der Blick der Tranck er feuert an
Der Dolch ist blanck es ist gethan.
Ein BlutQuell rieselt nie allein
Es laufen andre Bächlein drein   180
Sie wälzen sich von Ort zu Ort
Es reisst der Strom die Ströme fort.

Gedräng

Sie ersteig*en* einen Baum

        G.   185
Reden des Volckes

                                              11
Auf glühndem Boden

Nackt das Idol

Die Hände auf dem Rücken   190

Bedeckt nicht das Gesicht u nicht die Scham

Gesang

Der Kopf fällt ab

Das Blut springt u löscht das Feuer

195 Nacht.

Rauschen

Geschwäz von Kielkröpfen
Dadurch Faust erfährt

    Faust Meph.

H P62a
Versbruchstück eigenhändig

Ein Tritt von seinem Fusse   P62a
Aufs Haupt ist meine Krone

H P27
Exzerpt und Sammelblatt eigenhändig

[Bezahlung der Inquisitions-Kosten in Criminal fällen wenn   P27
der Inquisite schuldig, unvermögend und kein Ankläger da
ist.]

Juncker der böse Feind
5 Weisse Würmer, schwarze Köpfe
Schwarz Kleid rother Federbusch gelbe rothe Strumpf
Eselsfus. Blauen Hut roth und weiss Strüpplen

Im Thume
Steht die Rosenblume
Sie ist weder Braun noch fahl   10
so müssen die Huffdinger verstauben und zerfahren
Und kommen Margrethen ins Teufels nahmen an
3 pf. Lohn.
Böse Dinger
Wolle er ihr den Hals brechen   15
Begiessen, anspeyen, anblasen
Die Pfoten Esels Pferde fus lange Nägel Rauhe Latschen.
Fahrt auf den Blocksberg. Kuchen getanzt.
Der Alf Hinckepinck. Tauft f P. W. 33 bringt dessen Frau
                                                              um.
Die Elben zu bringen und abnehmen.   20
Gar rauh und nicht gros ist Juncker, sein thun sehr kalt
Werck Hadern Zaubrisch Geschoss von Gänsefedern u
Stecknadeln in ein schwarzes Lederlein gebunden. /
Weiser Dornbusch drey gelbe Stecknadeln.
Du hast mich geschossen ich schiese dich wieder   25
ins Teufels nahmen
Pulver aus einem Todtenkopf und Erde aus dem Grabe. in
die Häuser gestreut.
Juncker als ein schwarzes Mängen wie ein Esel gros.
Er habe ihr nichts gelernt als die Leute verderben   30
Sein Thun währt eine halbe Stunde wohl ganze Stunde hat
ein Ding wie ein Esel gros
auch wie ein kalt hörnchen
Zwey Kinder gestaltet wie der böse Volant
Wetter machen   Die Leute blenden daß sie nicht in Verhafft 35
genommen würden

Elben.
gute Kinder
reisende gute Kinder
fahrende Dinger   40
Gute Holden.
Weisgelb ein Paar schwarze Flügel dazu

Bestünde nur die Weisheit mit der Jugend   P38
Und Republicken ohne Tugend
45 So wär die Welt dem höchsten Ziele nah.

Ich wäre nicht so arm an Wiz   P39
Wär ich nur nicht so arm an Reimen.

                    Der liebe Sänger   P40
Von Hameln auch mein alter Freund
50 Der Vielbeliebte Rattenfänger.
Wie geht
            Rattenfänger von Hameln
recht wohl mein Herr! zu dienen
Ich bin ein wohl genährter Mann
55 Patron von zwölf Philantropinen
Daneben
⟨gestrichen: Schreibe eine Kinder Bibliothek⟩

Wegen Papierner Flügel bekant
Sieht euch auch hier ein jeder an
60 Ein Paar Löcher sind hinein gebrant
Daß haben die verfluchten Xenien gethan.
         Mus.⟨aget⟩
Ich folge
Als Musen anzuführen.

                    H P28
                Notizen eigenhändig

Jüngster Tag.   \Praetorii übrige Werke   P28
Praeadamiten.
Grausam wilde Menschen
Ungethüm

H P29
Exzerptnotizen eigenhändig

P29 Hagestolz
Träume.
Alp. Nahmen zu brauchen
  Weise Frau
Trutten Schu Alpfuß   5
Lieb Leib u Bley
Nachtraben saugen an Kindern
Rothe Maus aus dem Munde
Gewachsene Töpfe
Musiker der Rattenfänger   10
Chaos festes durch welches die Geister durchgehn

Undenen ohne Seele
  das Bündniß giebt die Seele
Das mindere geneußt des mehreren
Unterschied im reden   15
p. 86.

H P30
Exzerptnotizen eigenhändig

P30   Faust
Hippomanes.
lnsomnia
  paucis noct.*urnis* hor.*is* ne quidem placida quiete sed
                  pavida miris rerum imaginibus.   5
Furor.
Somnambule.
Summa Confidentia et nimius metus.
τοις ευτυχουσι και τριμενα παιδια
a sinistra cornix et picus   10
a dextra corvus et aquila

O welch ein Glück
Welch ein frühzeitig Glück
Andre müssen sich 9 Monat schleppen
₁₅ Ein ander Weib muß sich 9 Monat schleppen

Wilh.
Pl. ep. 443.
Lymphati terrificis vaticinationibus et sua et aliena mala
ludificabantur.
₂₀ 445.
Non illi vis non granditas non subtilitas. non amaritudo,
non dulcedo non lepor defuit.

H P22
Schema-Entwürfe eigenhändig

<u>Faust</u> <u>Meph</u>   P22
F. Umgekehrte Richtung der Jugend
M. Gegen Roheit.
F. Widerspricht.   Jugend Elasticität,
    der Theilnahme fehlend.
₅   Vortheile der Roheit. u Abgeschmacktheit.
M. Vorschlag. Geschichte des Trancks.

Kleine Reichsst.*adt*   P24
Das anmuthige beschränckte des bürgerlichen Zustands.
Kirchgang
₁₀ Neugetauftes Kind
Hochzeit.

    Aufmunterung zu Walp.*urgis*   P31
                Nacht
                ─────

Daselbst.
₁₅   Frauen über die Stücke.
    Männer über das L'hombre.

Rattenfänger von Hameln.
Hexe aus der Küche.

———

P48   Nach dem Intermezz
Einsamkeit, Oede   20
Trompeten Stöße
Blitze, Donner von oben.
Feuersäulen, Rauch Qualm.
Fels der daraus hervorragt.
Ist der Satan.   25
Großes Volck umher.
Versäumniß
Mittel durchzudringen.
Schaden.
Geschrey   30
Lied.
Sie stehen im nächsten Kreise.
Man kanns für Hitze kaum aushalten.
Wer zunächst im Kreise steht.
Satans Rede pp   35
Präsentationen.
Beleihungen.

Mitternacht.
Versincken der Erscheinung
Volckan.   40
Unordentliches Auseinanderströmen. Brechen u Stürmen.

H P32
Entwurf eigenhändig

P32   welch hohe Pracht
In den Bergen waldes Nacht

H P67
Reinschrift von der Hand des Schreibers Geist

ad 20. P67

Mephist:
Pfui schäme dich daß du nach Ruhm verlangst
Ein Charlatan bedarf nur Ruhm zu haben.
5 Gebrauche besser deine Gaben
Statt daß du eitel vor den Menschen prangst.
Nach kurzem Lärm legt Fama sich zur Ruh,
Vergessen wird der Held so wie der Lotterbube,
Der größte König schließt die Augen zu
10 Und jeder Hund bepißt gleich seine Grube.
Semiramis! hielt sie nicht das Geschick
Der halben Welt in Kriegs und Friedenswage?
Und war sie nicht so groß im letzten Augenblick
Als wie am ersten ihrer Herschertage?
15 Doch kaum erliegt sie ohngefähr
Des Todes unversehenem Streiche,
So fliegen gleich, von allen Enden her,
Skarteken tausendfach und decken ihre Leiche.
Wer wohl versteht was so sich schickt und ziemt
20 Versteht auch seiner Zeit ein Kränzchen abzujagen;
Doch bist du nur erst hundert Jahr berühmt;
So weiß kein Mensch mehr was von dir zu sagen.

H P68
Reinschrift von der Hand des Schreibers Geist

ad 20. P68

Mephistopheles
Geh' hin versuche nur dein Glück!
Und hast du dich recht durchgeheuchelt,
5 So komme matt und lahm zurück.
Der Mensch vernimmt nur was ihm schmeichelt.

Sprich mit dem Frommen von der Tugend Lohn,
Mit Ixion sprich von der Wolke,
Mit Königen vom Ansehn der Person,
Von Freyheit und von Gleichheit mit dem Volke!   10

      Faust.
Auch diesmal imponirt mir nicht
Die tiefe Wuth mit der du gern zerstöhrtest,
Dein Tigerblick, dein mächtiges Gesicht.
So höre denn wenn du es niemals hörtest: 15
Die Menschheit hat ein fein Gehör,
Ein reines Wort erreget schöne Thaten.
Der Mensch fühlt sein Bedürfniß nur zu sehr
Und läßt sich gern im Ernste rathen.
Mit dieser Aussicht trenn ich mich von dir,   20
Bin bald und triumphirend wieder hier

      Mephist:
So gehe denn mit deinen schönen Gaben!
Mich freuts wenn sich ein Thor um andre Thoren quält.
Denn Rath denkt jeglicher genug bey sich zu haben,   25
Geld fühlt er eher wenns ihm fehlt.

⟨*varianter Entwurf zu den beiden letzten Zeilen, auf separatem
Blatt eigenhändig:*⟩

P68v Denn Rath denckt ieglicher genug bey sich zu haben
      Gold fühlt er eher wenns ihm fehlt

H P65
Eigenhändiger Entwurf und vorwiegend eigenhändiges Sammelblatt

P65 Bravo alter Fortinbras, alter Kauz, dir ist übel zu Muthe ich
bedaur dich von Herzen. Nimm dich zusammen   Noch ein
Paar Worte wir hören sobald kein*en* König wieder reden.

Canz.*ler*

5 Dafür haben wir das Glück die Weisen Sprüche Ihrer Majestät deß Kaysers desto öfter zu verneh*men*

M⟨*ephistopheles*⟩

Das ist was ganz anders. Ew Ex*zellenz* brauchen nicht zu protestiren was wir and*re* Hexenmeister sagen ist ganz un-

10 praejudicirlich

Faust

Stille stille er regt sich wieder.

——

Fahr hin du alter Schwan! Fahr hin   Gesegnet seyst du vor einem let*zten* gesang und alles was du uns zuv*or* gesagt

15 hast. Das Übel was du thun mußtest ist klein dage*g*en

Marsch*alk*

Redet nicht so laut der Kayser schläft   Ihre Maj*estät* scheinen nicht wol

M⟨*ephistopheles*⟩

20 Ihro Majest*ät* haben zu befehlen ob wir aufhören sollen. Die Geister haben ohne dies nichts weiter zu sagen

F⟨*aust*⟩

Was siehst du dich um

M.⟨*ephistopheles*⟩

25 Wo nur die Meerkatzen stecken mögen ich höre sie {immer reden}

———

Es ist wie ich schon sagte ein {ketzerischer} König.

B.⟨*ischof*⟩

Es sind heidnische Gesinnungen ich habe dergleichen im

30 Mark aurel gefunden. Es sind die heidnischen Tugend*en*

M⟨*ephistopheles*⟩
Glänzende Laster! Und billig daß die Gs. ⟨*wohl für: Gesinnungen*⟩ deshalb sämtlich verdammt werden

K.⟨*aiser?*⟩
Ich finde es hart was sagt Ihr Bischof   35

B⟨*ischof*⟩
Ohne dem Ausspruch unsrer allweisen Kirche zu entgeg-
nen sollte ich glauben daß gleich –

M⟨*ephistopheles*⟩
Vergeben! – heidnische Tugenden ich hätte sie gern gestraft   40
gehabt wenns aber nicht anders ist so wollen wir sie vergeben – du bist vors erste absolvirt – weiter im Text

Sie verschwinden – Ohne Gestanck
Riecht ihr was
Ich nicht   45
Diese Art Geister stincken nicht meine Herren

P66   20.

Ein Leibarzt muß zu allem taugen
Wir fingen bey den Sternen an
Und endigen mit Hühneraugen.   50

–

Als Phisicus des Hofs auf Taschenspiel Künste.

H P69
Reinschrift von der Hand des Schreibers Geist

Mephist.   P69
Herr Kanzler protestirt nur nicht
Das was ein Geist in seinem Taumel spricht
Das ist politisch unverfänglich

H P75
Sammelblatt von der Hand des Schreibers Geist

Wenn du was recht verborgen halten willst   P75
So mußt du's nur vernünftig sagen

Er gefällt mir so besonders nicht   P76
Ob er wohl auch französisch spricht
5   Er führt sich selbst ein wie er glaubt
Einem Zaubrer ist alles erlaubt

Er will nur deine Künste sehn   P77
Und dir die seinen Produciren.

H P81
Reinschrift von der Hand des Schreibers Geist

ad 22. P81
Meph.
Worum man sich doch ängstlich müht und plackt.
Das ist gewöhnlich abgeschmackt.
5   Zum Beyspiel unser täglich Brot
Das ist nun eben nicht das feinste
Auch ist nichts abgeschmackter als der Tod
Und grade der ist der gemeinste

H P20
Entwürfe eigenhändig

P82v Das hat schon der Prophet gewußt
　　　 Es ist gar eine schlechte Lust
　　　 Wenn Ohim mit den Zihim sich begegnen.

—

　　　 Und Freude schwebt wie Sternen klang
　　　 Uns nur im Traume vor.   5

　　　 In goldnen Frühlings Sonnen Stund*en*
　　　 Lag ich gebunden
　　　 An dies Gesicht
　　　 In holder Dunkelheit der Sinn*en*
　　　 Konnt ich wohl diesen Traum begin*nen*   10
　　　 Vollenden nicht.

────

P20 Und merck dir ein für allemal
　　　 Den wichtigsten von allen Sprüchen
　　　 Es liegt dir kein Geheimniß in der Zahl
　　　 Allein ein grosses in den Brüchen   15

P41 Ein Mensch der von sich spricht u schreibt
　　　 Wie einst ein Biograph von ihm geschr*ieben* hätte

H P121a
Sammelblatt von der Hand des Schreibers Geist

P121a　　　 Mephistopheles.
　　　 Wie man bey Hof sich zwischen Fensterpfeiler
　　　 Mit einer schönen Dame stellt

────

P83v Aller Trost ist niederträchtig
　　　 Und Verzweiflung nur ist Pflicht   5

────

H P82
Sammelblatt eigenhändig

ad 22   P82

Das haben die Propheten schon gewußt
Es ist gar eine schlechte Lust
Wenn Ohim, sagt die Schrift, und Zihim sich begegnen.

5   ad 24   P83

Jeder Trost ist niederträchtig
Und Verzweiflung nur ist Pflicht.

II H5
Sammelblatt eigenhändig

⟨Faust⟩

So hab' ich denn auf immerdar verlohren   P86
Was mir das Herz zum letztenmal erquickt.

Ein irdischer Verlust ist zu bejammern   P87
Ein geistiger treibt zu Verzweiflung hin.

5 Ich lernte diese Welt verachten   P88
Nun bin ich erst sie zu erobern werth

Der leichte hohe Geist riß mich aus dieser Enge   P89
Die Schönheit aus der Barbarey

Und wenn das Leben allen Reiz verlohren   P90
10 Ist der Besiz noch immer etwas werth.

⟨folgt Entwurf zu 6863 f.⟩

H P91
Entwurf eigenhändig

P91   ad 27.

[NB. Taubheit.

M.⟨*ephistopheles*⟩
Und Mitternacht bezeichnet dieser Schlag
            F.⟨*aust*⟩   5
Was fabelst du es ist ja hoch Mittag
Wie herrlich muß die Sonne scheinen
Sie thut so wohl den alten Beinen.
Komm mit
                M.⟨*ephistopheles*⟩   10
            Du willst
                F.⟨*aust*⟩
                ich fordr es selbst von dir.]

H P92
Eigenhändig überarbeitete Reinschrift
von der Hand des Schreibers Geist

P92   ad 27.

[Lied.
11531 Wie jung ich war und lebt und liebt
11532 Mich däucht das war wohl süße
11533 Wo's fröhlich klang und lustig ging   5
11534 Da rührten sich meine Füße.

11535 Nun hat das tückische Alter mich
11536 Mit seiner Krücke getroffen.
11537 Ich stolpert über Grabes Thür
11538 Warum stand sie just offen!]   10

11604 [Wer hat das Haus so schlecht gebaut
11605 Mit Schaufeln und mit Spaten?
11606 Dir dumpfer Gast im hänfnen Gewand
11607 Ists viel zu gut gerathen.]

H P96
Reinschrift eigenhändig

ad {28.} P96

Meph.
Das zierlich höfische Geschlecht
ist uns nur zum Verdruß gebohren
5 Und hat ein armer Teufel einmal Recht,
So kommts gewiß dem König nicht zu Ohren.

H P97
*Eigenhändig überarbeitete Reinschrift
von der Hand des Schreibers Geist*

ad 30 P97

[Abkündigung.
Den besten Köpfen sey das Stück empfohlen
Wir möchtens gerne wiederholen
5 Allein der Beyfall giebt allein Gewicht.
Vielleicht daß sich was bessres freylich fände. –
Des Menschen Leben ist ein ähnliches Gedicht
Es hat wohl seinen Anfang und sein Ende.
Allein ein Ganzes ist es nicht.
10 Ihr Herren seyd so gut und klatscht nun in die Hände.   ]

H P98
*Eigenhändig fortgesetzte Reinschrift
von der Hand des Schreibers Geist*

ad 30 P98

Abschied.
[Am Ende bin ich nun des Trauerspieles
Das ich zuletzt mit Bangigkeit vollführt
5 Nicht mehr vom Drange menschlichen Gewühles

Nicht von der Macht der Dunkelheit gerührt
Wer schildert gern den Wirrwarr des Gefühles
Wenn ihn der Weg zur Klarheit aufgeführt
Und so geschlossen sey der Barbareyen
Beschränkter Kreis mit seinen Zaubereyen   10

Und hinterwärts mit allen guten Schatten
Sey auch hinfort der böse Geist gebannt
Mit dem so gern sich Jugendträume gatten
Den ich so früh als Freund und Feind gekannt
Leb alles wohl was wir hiemit bestatten   15
Nach Osten sey der sichre Blick gewandt.
⟨*gestrichen*: Dem neuen Triebe, diesem neuen Streben
            Begegne neue Kunst und neues Leben.

        Auf neue Scenen ist der Geist gewandt⟩
Begünstige die Muse jedes Streben   20
Und Lieb und Freundschaft würdige das Leben.]

[Denn immer halt ich mich an Eurer Seite
Ihr Freunde die das Leben mir gesellt
Ihr fühlt mit mir was Einigkeit bedeute
Sie schafft aus kleinen Kreisen Welt in Welt   25
Wir fragen nicht in eigensinngem Streite
Was dieser schilt was jenem nur gefällt,
Wir ehren froh mit immer gleichem Muthe
Das Alterthum und jedes neue Gute.

O glücklich! wen die holde Kunst in Frieden   30
Mit jedem Frühling lokt auf neue Flur
Vergnügt mit dem was ihm ein Gott beschieden
Zeigt ihm die Welt des eignen Geistes Spur
Kein Hinderniß vermag ihn zu ermüden
Er schreite fort so will es die Natur.   35
Und wie des wilden Jägers braust von oben
Des Zeiten Geists gewaltig freches Toben.]

H P3
Entwürfe eigenhändig

⟨*Lustige Person*⟩
[Und wer euch heut recht derb die Wahrheit sagt,   P4v
Der sagt sie euch auf tausend Jahre.]

Und wenn der Narr durch alle Scenen läuft,   P3
So ist das Stück genug verbunden.

H P4
Entwurf eigenhändig

⟨*Lustige Person?*⟩
Und wenn ihr scheltet wenn ihr klagt   P4
Dass ich zu grob mit euch verfahre,
Und wer euch heut recht derb die Wahrheit sagt
Der sagt sie euch auf tausend Jahre.

H P5
Entwurf eigenhändig

⟨*Direktor*⟩
Nur heute schränckt den weiten Blick mir ein   P5
Nur heute laßt die Strenge mir nicht walten
Laßt unser Stück nur reich an Fülle seyn
Dann mag der Zufall selbst als Geist der Einheit schalten

Wenn Poesie nicht reicht mag Laune sie verbinden

H P5a
Entwurf eigenhändig

⟨*Direktor*⟩

91 [Wird Vieles vor den Augen abgesponn*en*
92 So daß die Menge staunend gaffen kann
93v Da habt ihr in der Breite gleich gewonn*en*
94v Ihr seyd ein vielbeliebter Mann.
95 Die Masse könnt ihr nur durch Masse zwingen   5
96 Ein jeder sucht sich endlich selbst was aus
97 Wer vieles bringt wird manch⟨*em?*⟩ etwas b*ringen*
98v Und mancher geht zufrieden aus dem Haus]

⟨*Dichter*⟩

P5a Wenn sichs in me*inem* Busen regt
Wen*n* sich m*ein* Auge feuchtet   10
Auch noch ein Herz das mir entgegen schlägt
Noch ein Geist der mir entgegen leuchtet.

Das wenige Talent das ich besitze raube*n*
Den*n* etwas guts zu machen und zu thun
Muß man erst an die Gute*n* glauben   15

H P1
Arbeitsnotizen eigenhändig

P1 Ideales streben nach Einwircken u Einfühlen
in die ganze Natur.
Erscheinung des Geists als Welt u Thaten Genius.

Streit zwischen Form- u Formlosen.
Vorzug dem formlosen Gehalt
Vor der leeren Form.   5
Gehalt bringt die Form mit
Form ist nie ohne Gehalt.

Diese Widersprüche statt sie zu vereinigen disparater zu
machen.

Helles kaltes Wissensch. Streben   Wagner
10 Dumpfes warmes ——— ———   Schüler.

⟨*gestrichen*: Lebens Thaten Wesen.⟩
Lebens Genuß der Person von aussen ges{eh} I. Theil
    in der Dumpfheit Leidensch.*aft*
Thaten Genuß   nach aussen   zweyter ———
15   und Genuß mit Bewußtsey.*n* Schönheit.
Schöpfungs Genuß von innen.   Epilog im Chaos auf dem
                                    Weg zur Hölle.
        ⟨*Wiedergabe der Handschrift: hier Abb. 11*⟩

                    H P11
                Schema eigenhändig

                Disputation.   P11

Das Gedräng die Wach*e*
das ein und ausströmen.
Halbchor   ⎫
5   andre Hälfte ⎬ der Studenten
        Tutti.   ⎭ den Zustand ausdrückend.

Wagner als Opponent letzt*er*
Macht ein Compl.*iment*
Einzelne Stimmen.
10 Recktor zum Pedell
Die Pedellen die Ruhe gebieten
Fahrender Scholasticus tritt auf.
Schilt die Versammlung
Chor der Studenten
15   halb. Ganz

Schilt den Respondenten
Bescheiden dieser lehnts ab.
Faust nimmts auf
Schilt sein Schwadronir*en*
Verlangt daß er articulir*e*   20
Meph. thuts fällt aber gleich ins Lob des Vagirens und der
daraus entstehend*en* Erfahrung
    <u>Chor</u>. halb
F⟨*aust*⟩   Ungünstige Schilderung des Vaganten
    <u>Chor</u> halb.   25
M⟨*ephisto*⟩ Kenntnisse die dem Schulweisen fehlen
F.⟨*aust*⟩   γνωϑι σεαυτον.   im schön*en* Sinne.
    Fordert den Gegner auf Fragen aus der Erfah-
    rung vorzulegen. Die F.*aust* alle beantworten
    wolle.
M.⟨*eph*⟩   Gletscher   30
    Bolog. Feuer
    Charibdis
    Fata Morg.
    Thier
    Mensch   35
F.⟨*aust*⟩   Gegenfrage wo der schaffende Spiegel sey
M.⟨*eph*⟩   Compliment die Antwort einandermal
F.⟨*aust*⟩   Schluß   Abdanckung
    Majorität
    Minorität der Zuhör*er* als Chor.   40

Wagners Sorge die Geister mögten sprechen was der
Mensch zu sich zu sagen glaubte

H PI2
Reinschrift eigenhändig

Auditorium.

———

Disputation.

Schüler von innen.
Lasst uns hinaus! wir haben nicht gegessen.
5 Wer sprechen darf wird Speis und Tranck vergessen,
Wer hören soll wird endlich matt.

Schüler von aussen
Lasst uns hinein wir kommen schon vom Kauen;
Denn uns hat das Convickt gespeist.
10 Lasst uns hinein wir wollen hier verdauen,
Uns fehlt der Wein, und hier ist Geist.

Fahrender Scholasticus.
Hinaus! Hinein! Und keiner von der Stelle!
Was drängt ihr euch auf dieser Schwelle!
15 Hier aussen Platz u lasst die innern fort,
Besetzt dann den verlassnen Ort.

Schüler.
Der ist vom fahrenden Geschlecht.
Er renomiert, doch er hat recht.

H PI4
Reinschrift von der Hand des Schreibers Geist

⟨*Faust*⟩
Zu suchen wo auf Erden dieß geworden
Das steht dem Herrn Vaganten frey
Ob es in Süden oder Norden
Mir ist es alles einerley.

H P15
Entwürfe eigenhändig

P15 ⟨*gestrichen*: Das was uns trennt das ist die Wirklichkeit
                      Was uns verbindet das sind Worte.⟩
   Was uns zerspaltet ist die Wirklichkeit
   Doch was uns einigt das sind Worte.

P16 Als Pudel als Gespenst u als Scholasticus
   Ich habe dich als Pudel doch am liebsten

5

P17   M.⟨*ephistopheles*⟩
   Wer spricht von Zweifeln laßt {michs} hö*ren*
   Wer zweifeln will der muß nicht lehren
   Wer lehren will der gebe {was}.

10

H P25
Schema-Entwurf eigenhändig

P25   Doppel   =   Scene

               Andreas Nacht.
                Mondschein
Feld u Wiesen.   Vorstadt oeder Platz
   Faust.   Gretchen.

5

H P47
Reinschrift eigenhändig mit Korrekturen

Blocksbergs=Candidaten   P47

Stilling
Das Geisterreich hier kommts zur Schau,
Den Gläubigen ersprieslich;
5   Doch find ich nicht die weisse Frau,
So bin ich doch verdrieslich.

Gräfin.
Der weisen Frauen giebts genung
Für ächte Weiberkenner;
10 Doch sage mir, mein lieber Jung,
Wo sind die weisen Männer?

Ptolemaeer.
Da tritt die Sonne doch hervor
Am alten Himmelsfenster.

15 Copernikus
Nicht doch! es ist ein Meteor,
Ihr Narren und Gespenster

Eutiner
Mit Fleiß und Tücke webt ich mir
20 Ein eignes Ruhmgespinste
Doch ist mirs unerträglich hier
Auch hier find ich Verdienste

Wunderhorn.
Hinweg von unserm frohen Tanz
25 Du alter neidscher Igel.
Gönnst nicht dem Teufel seinen Schwanz
Dem Engel nicht die Flügel

ZUSATZTEXTE FÜR DIE BÜHNE

I

Weimarischer Inszenierungsversuch
*Eigenhändig überarbeitetes Schema für eine Bühneneinrichtung
von der Hand des Schauspielers P. A. Wolff*

Act. I.

1) Zueignung.
   Vorspiel auf dem Theater.
2) Prolog im Himmel.   {Spazzefanger.}

Act. II.

  Sc.*ene* 1.
3) Nacht. Faust.
  Sc. 2.
Faust. Weltgeist.
  Sc. 3.
Faust. Wagner.
  Sc. 4.
Faust. Chorgesang.
  Sc. 5.
4) Vor dem Thor.
Spaziergänger, Faust, Wagner. Baurenhochzeit.
  Sc. 6.
Faust. Wagner. Pudel.
5=3) Sc. 7.
Studierzimmer.
Faust, Pudel, Geister vor der Thür.
Sc. 8.
Faust erwacht.   NB.

Act. III.

Sc. 1.
Faust. nacher Mephistopheles.
Sc 2.
Mephist.
Sc. 3
Mephist. Schüler.
Sc. 4.
Mephist. Faust.
Sc 5.
Strasse. pag. 96.   NB.   Kleine Teufel.   Techn
                                Einsch ⟨wohl für: Techni-
                                sches Einschiebsel⟩

Sc. 6.
Auerbachs Keller.
Sc. 7.
Hexenküche.
Sc. 8.
Straße. pag. 129.
Sc. 9.
Margarethens Stube.

Act. IV.

Sc. 1.
Spaziergang.
Faust. Mephist.
Sc 2.
Marthens Zimmer
Margarethe, Marthe.
Sc. 3.   Spaziergang
Wald und Höhle.   Faust   Meph
                                 Margr. Marthe

Sc. 4
Gretchens Stube
Margarethe.   Combination
  Sc. 5.
Margarethe   Faust.   NB.
  Sc. 6.
  Strasse.
Valentin p.
  Sc. 7.
Faust. Mephist.
  Sc. 8.
  Volk.
  Sc. 9.
Vorhalle des Dom's   Lieschen
Gretchens. Ach neige Du Schmerzensreiche p
  Sc. 10.   NB.
Böser Geist.

Act. V.

Sc 1.
Felsen Gegend
  Sc. 2.
BloksBerg.
  Sc. 3.
Kerker.

2
Zusätzliche Szene (›Zwey Teufelchen und Amor‹)
Text nach dem Erstdruck in C 4, S. 220-224

Zu Faust.

———

Zwey Teufelchen tauchen aus der rechten Versenkung.

A.

Nun, sagt' ich's nicht, da sind wir ja!

B.

Das ging geschwind! wo ist denn der Papa?
Wir kriegen's ab für unsern Frevel.

(sie sind herausgetreten.)

A.

Er ist nicht weit, es riecht hier stark nach Schwefel.
Wir gehn drauf los, so sind wir bald am Ziel.

Amor

mit übereinander geschlagenen Füßen und Händen wird
durch die Versenkung links schlafend hervorgehoben.

B.

Sieh dort!

A.

Was gibt's?

B.

Da kommt noch ein Gespiel.
O der ist garstig! der ist greulich!

A.

So weiß und roth, das find' ich ganz abscheulich.

B.

Und Flügel hat er wie ein Strauß.

A.

Ich lobe mir die Fledermaus.

B.

Es lüstet mich ihn aufzuwecken.

A.

Den Laffen müssen wir erschrecken.
A, a! E, e! I, i! O! U!

B.

Er regt sich, still! wir horchen zu.

Amor an die Zuschauer.

In welches Land ich auch gekommen,
Fremd, einsam werd' ich nirgend seyn.
Erschein' ich – Herzen sind entglommen,
Gesellig finden sie sich ein;

Verschwind' ich, jeder steht allein.   40
              A. nachäffend.
Allein.
              B.
      Allein.
              Beide.   45
      Wir beide sind doch auch zu zweyn.
              Amor.
Ja die Gesellschaft ist darnach!
              A.
Er muckt noch!   50
              B.
      Sing' ihm was zur Schmach!
              A.
Das ärmliche Bübchen!
O wärmt mir das Stübchen,   55
Es klappert, es friert.
              B.
O wie das Kaninchen,
Das Hermelinchen,
Sich windet, sich ziert!   60
              Amor.
Vergebens wirst du dich erbittern,
Du garstig Fratzenangesicht!
Verlust der Neigung macht mich zittern,
Allein der Haß erschreckt mich nicht!   65
              (in den Hintergrund.)
              B.
Das ist mir wohl ein saubres Hähnchen!
              A.
Ein wahres derbes Grobiänchen!   70
              B.
Gewiß ein Schalk wie ich und du.
              A.
Komm, sehn wir etwas näher zu!
Wir wollen ihn mit Schmeicheln kirren.   75

B.

Das kleine Köpfchen leicht verwirren,
So gut als ob's ein großer wär!
   (beide verneigend:)
80 Wo kommt der schöne Herr denn her?
Von unsersgleichen gibt es Hundert;
Nun stehn wir über ihn verwundert.

   Amor.

Aus diesen krummgebognen Rücken,
85 Aus den verdrehten Feuerblicken,
Will immer keine Demuth blicken;
Ihr mögt euch winden, mögt euch bücken,
Euch kleidet besser Trotz und Grimm.
Ja, ihr verwünschten Angesichter,
90 Du erzplutonisches Gelichter,
Das was du wissen willst, vernimm!

Ich liebe von Parnassus Höhen
Zur Pracht des Göttermahls zu gehen,
Dann ist der Gott zum Gott entzückt.
95 Apoll verbirgt sich unter Hirten,
Doch alle müssen mich bewirthen,
Und Hirt und König ist beglückt.
Bereit' ich Jammer einem Herzen,
Dem wird das größte Glück zu Theil.
100 Wer freuet sich nicht meiner Schmerzen!
Der Schmerz ist mehr als alles Heil.

   A. und B.

Nun ist's heraus und offenbar;
So kannst du uns gefallen!
105 Erlogen ist das Flügelpaar,
Die Pfeile, die sind Krallen.
Die Hörnerchen verbirgt der Kranz:
Er ist ohn' allen Zweifel,
Wie alle Götter Griechenlands,
110 Auch ein verkappter Teufel.

Amor.
Ihr zieht mich nicht in eure Schmach!
Ich freue mich am goldnen Pfeil und Bogen,
Und kommt denn auch der Teufel hinten nach,
Bin ich schon weit hinweggeflogen.   115

3
Bearbeitung der Gartenhäuschenszene
Reinschrift von der Hand Riemers

Ein Gartenhäuschen.

Margarete spingt herein, steckt sich hinter die Thür, hält
die Fingerspitzen an die Lippen, und guckt durch die Ritze.

Margarete.
3205ᵛ Er kommt! Er kommt so schnell,   5
Er wird mich fragen.
Da draußen ist's so hell –
Ich kann's nicht sagen.

Faust   kommt.
3206 Ach Schelm, so neckst du mich!   10
Willst du's nicht sagen?
Ich lieb' ich liebe dich!
Sollt' ich nicht fragen?

Margarete.
Was soll denn aber das?   15
Warum verfolgst du mich?

Faust.
Ich will kein ander Was,
Ich will nur dich!

20   Margarete.
Verlangst du noch einmal
Was du genommen? –
Komm an mein Herz! du bist
Du bist willkommen!

25   Faust.
O welchen süssen Schatz
Hab' ich genommen!
So sey denn Herz an Herz
Sich hoch willkommen!

30   Marthe und Mephistopheles
            außen.
Kluge Frau und kluger Freund
Kennen solche Flammen;
Bis der Herr es redlich meynt
35 Lasst sie nicht beysammen.

      Faust.
Wer da?   3207

      Mephistopheles.
Gut Freund!

40   Faust.
            Ein Thier!

      Mephistopheles
mit Marthe hereintretend
Nun endlich, so gefällst du mir!

45   Mephistopheles und Marthe
Wer Gelegenheit gegeben
      Der soll leben;
Wer Gelegenheit benommen,
      Schlecht willkommen!

Margarete und Faust.   50

Sag wer hat es uns gegeben
    Dieses Leben?
Niemals wird es uns genommen
    Diess Willkommen.

4
Zwei Geisterchöre für die Paktszene
Reinschrift eigenhändig

Faust
1759 So mag es bey der Fratze bleiben.
    1. Halb Chor.
Wird er schreiben.
      2. Halb Chor   5
          Er wird schreiben
    1 Halb Chor
Er wird nicht schreiben.
      2. Halb Chor
          Er wird schreiben   10
    Chor.
Blut ist ein ganz besondrer Saft.
Wirkend im Innern Kraft aus Kraft.
Reisst ihn die Wunde rasch nach Aussen,
Draussen wird er wilde, wilder haussen.   15
    Meph.
1740 Blut ist ein ganz besondrer Saft.

    Meph.
2072 Ich gratulire dir zum neuen Lebenslauf
    Chor.   20
Hinaus! Hinauf!
Kühn und munter.
Sind wir einmal oben drauf
Gehts wieder hinunter.

5
›Faust‹ als Monodrama
Abschrift von der Hand des Schreibers John

Zum verkürzten Melodrama Faust.
/: nach: »Ins ungewiße Menschenloos.« :/
Hier soll ich bangen, soll ich wähnen,
Und hoffen in erneuter Pein,
5 Soll an Verzweiflung mich gewöhnen
Und größer als Verzweiflung seyn.
Du Erdengeist, kennst du die Macht
Was eine Menschenbrust vermag?
Ich breche durch! Nach dieser Nacht
10 Was kümmert mich ein neuer Tag
Ich sollte wohl im Jammer weilen,
Nachdem ich einmal dich geschaut.
Sieh mich entschloßen, sieh mich eilen.
Das Ende such ich, keine Braut.
15 /: folgt: »Doch warum heftet sich mein Blick auf jene
Stelle.« :/

6
Zwei zusätzliche Chöre für die erste Weimarer Aufführung
am 29. August 1829
Texteinträge in Partitur von Schreiberhand

No 8 Chor.
Allegro
Und wird er schreiben?
Ja er wird schreiben
5 Er wird nicht schreiben!
Nicht! nein nein!
Er schreibt! Er schreibt,
und zwar mit ganz besonderm Saft
⟨folgt 1740⟩

No 26 Schlußchor
Allegro
Meph.: Sie ist gerichtet.
Chor. Ist gerettet!
Meph.: Her zu mir!
Chor
Andante dol*ce*
Im Wolkenschoos gebettet,
im Wolkenschoos gebettet!
Heran! heran
In Engelsarmen
entsühnt zu erwarmen
find Erbarmen,
Erbarmen, Erbarmen!

                        ‖ : Fine : *‖*

BERICHT FÜR ›DICHTUNG UND WAHRHEIT‹

H P63
Überarbeitete Reinschrift von der Hand Kräuters
(unvollständig überliefert)

jenen früher theilnehmenden Freunden gleich zu achten P63
und hier den Plan kürzlich vorzutragen.

Zu Beginn des zweiten Theiles findet man Faust schlafend. Er ist umgeben von Geister Chören die ihm in
5 sichtlichen Symbolen und anmuthigen Gesängen die Freuden der Ehre, des Ruhms, der Macht und Herrschaft vor-
spiegeln. Sie verhüllen in schmeichelnde Worte und Melo-
dien ihre eigentlich ironischen Anträge. Er wacht auf, fühlt
sich gestärkt, verschwunden alle vorhergehende Abhän-
10 gigkeit von Sinnlichkeit und Leidenschaft. Der Geist, gereinigt und frisch, nach dem Höchsten strebend.

Mephistophles tritt zu ihm ein und macht ihm eine lustige aufregende Beschreibung von dem Reichstage zu
Augsburg, welchen Kaiser Maximilian dahin zusammen
15 berufen hat, indem er annimmt, daß alles vor dem Fenster,
drunten auf dem Platze, vorgeht, wo Faust jedoch nichts
sehen kann. Endlich will Mephistophles an einem Fenster
des Stadthauses den Kaiser sehen, mit einem Fürsten sprechend, und versichert Fausten, daß nach ihm gefragt wor-
20 den, wo er sich befinde und ob man ihn nicht einmal an Hof
schaffen könne. Faust läßt sich bereden und sein Mantel
beschleunigt die Reise. In Augsburg landen sie an einer
einsamen Halle, Mephistophles geht aus zu spioniren. Faust
verfällt indeß in seine früheren abstrusen Speculationen
25 und Forderungen an sich selbst und als jener zurückkehrt,
macht Faust die wunderbare Bedingung; Mephistophles
dürfe nicht in den Saal, sondern müsse auf der Schwelle

bleiben, ferner daß in des Kaisers Gegenwart nichts von
Gaukeley und Verblendung vorkommen solle. Mephistophles giebt nach. Wir werden in einen großen Saal ver- ₃₀
setzt, wo der Kaiser, eben von Tafel aufstehend, mit einem
Fürsten ins Fenster tritt und gesteht, daß er sich Faustens
Mantel wünsche um in Tyrol zu jagen und morgen zur
Sitzung wieder zurück zu seyn. Faust wird angemeldet und
gnädig aufgenommen. Die Fragen des Kaisers bezie- ₃₅
hen sich alle auf irdische Hindernisse, wie sie durch Zauberey zu beseitigen. Fausts Antworten deuten auf höhere
Forderungen und höhere Mittel. Der Kaiser versteht ihn
nicht, der Hofmann noch weniger. Das Gespräch verwirrt
sich, stockt und Faust, verlegen, sieht sich nach Mephi- ₄₀
stophles um, welcher sogleich hinter ihn tritt und in seinem
Namen antwortet. Nun belebt sich das Gespräch, mehrere
Personen treten näher und jedermann ist zufrieden mit dem
wundervollen Gast. Der Kaiser verlangt Erscheinungen,
sie werden zugesagt. Faust entfernt sich der Vorbereitun- ₄₅
gen wegen. In dem Augenblick nimmt Mephistophles
Fausts Gestalt an, Frauen und Fräuleins zu unterhalten und
wird zuletzt für einen ganz unschätzbaren Mann gehalten,
da er durch leichte Berührung eine Handwarze, durch einen
etwas derbern Tritt seines vermummten Pferdefußes ein ₅₀
Hühner Auge curirt, und ein blondes Fräulein verschmäht
nicht ihr Gesichtchen durch seine hagern und spitzen Finger betupfen zu lassen, indem der Taschenspiegel ihr sogleich, daß eine Sommersprosse nach der andern verschwinde, tröstlich zusagt. Der Abend kommt heran, ein ₅₅
magisches Theater erbaut sich von selbst. Es erscheint die
Gestalt der Helena. Die Bemerkungen der Damen über
diese Schönheit der Schönheiten beleben die übrigens
fürchterliche Scene: Paris tritt hervor und diesem ergehts
von Seiten der Männer, wie es jener von Seiten der Frauen ₆₀
ergangen. Der verkappte Faust giebt beiden Theilen recht
und es entwickelt sich eine sehr heitere Scene.

Über die Wahl der dritten Erscheinung wird man nicht
einig, die herangezogenen Geister werden unruhig; es

65 erscheinen mehrere bedeutende zusammen. Es entstehen sonderbare Verhältnisse, bis endlich Theater und Phantome zugleich verschwinden. Der wirkliche Faust, von drei Lampen beleuchtet, liegt im Hintergrunde ohnmächtig, Mephistophles macht sich aus dem Staube, man ahndet etwas 70 von dem Doppeltseyn, niemanden ist wohl bey der Sache zu Muthe.

Mephistophles als er wieder auf Fausten trifft, findet diesen in dem leidenschaftlichsten Zustande. Er hat sich in Helena verliebt und verlangt nun daß der Tausendkünstler 75 sie herbey schaffen und ihm in die Arme liefern solle. Es finden sich Schwierigkeiten. Helena gehört dem Orkus und kann durch Zauberkünste wohl herausgelockt aber nicht festgehalten werden. Faust steht nicht ab, Mephistophles unternimmts. Unendliche Sehnsucht Faust's nach der einmal 80 mal erkannten höchsten Schönheit. Ein altes Schloß, dessen Besitzer in Palestina Krieg führt, der Castellan aber ein Zauberer ist, soll der Wohnsitz des neuen Paris werden. Helena erscheint: durch einen magischen Ring ist ihr die Körperlichkeit wieder gegeben. Sie glaubt so eben von 85 Troja zu kommen und in Sparta einzutreffen. Sie findet alles einsam, sehnt sich nach Gesellschaft, besonders nach männlicher, die sie ihr lebelang nicht entbehren können. Faust tritt auf und steht als deutscher Ritter sehr wunderbar gegen die antike Heldengestalt. Sie findet ihn abscheulich, 90 allein da er zu schmeicheln weiß, so findet sie sich nach und nach in ihn, und er wird der Nachfolger so mancher Heroen und Halbgötter. Ein Sohn entspringt aus dieser Verbindung, der, sobald er auf die Welt kommt, tanzt, singt und mit Fechterstreichen die Luft theilt. Nun muß man wissen 95 daß das Schloß mit einer Zaubergränze umzogen ist, innerhalb welcher allein diese Halbwirklichkeiten gedeihen können. Der immer zunehmende Knabe macht der Mutter viel Freude. Es ist ihm alles erlaubt, nur verboten über einen gewissen Bach zu gehen. Eines Festtags aber hört er drüben 100 Musik und sieht die Landleute und Soldaten tanzen. Er überschreitet die Linie, mischt sich unter sie und kriegt

Händel, verwundet viele wird aber zuletzt durch ein ge-
weihtes Schwerdt erschlagen. Der Zauberer Castellan rettet
den Leichnam. Die Mutter ist untröstlich und indem Helena in Verzweiflung die Hände ringt, streift sie den Ring ab   105
und fällt Faust in die Arme der aber nur ihr leeres Kleid
umfaßt. Mutter und Sohn sind verschwunden. Mephistophles der bisher unter der Gestalt einer alten Schaffnerin
von allem Zeuge gewesen, sucht seinen Freund zu trösten
und ihm Lust zum Besitz einzuflösen. Der Schloßherr ist in   110
Palestina umgekommen, Mönche wollen sich der Güter
bemächtigen, ihre Seegensprüche heben den Zauberkreis
auf. Mephistophles räth zur physischen Gewalt und stellt
Fausten drei Helfershelfer, mit Namen: Raufebold, Habebald, Haltefest. Faust glaubt sich nun genug ausgestattet   115
und entläßt den Mephistophles und Castellan, führt Krieg
mit den Mönchen, rächt den Tod seines Sohnes und gewinnt große Güter. Indessen altert er, und wie es weiter
ergangen wird sich zeigen, wenn wir künftig die Fragmente, oder vielmehr die zerstreut gearbeiteten Stellen dieses   120
zweiten Theils zusammen räumen und dadurch einiges retten was den Lesern interessant seyn wird.

   Dergleichen dichterische Seltsamkeiten, theils erzählt als
Plan und Vorsatz, theils stellenweis fertig vorgelesen, gaben denn freilich eine sehr geistreiche und anregende   125

PARALIPOMENA ZU FAUST II · ERSTER AKT

III H58
Schema-Entwurf eigenhändig

[F.⟨aust⟩   Schlafend   Geister des Ruhms der großen That P100
F.⟨aust⟩ M.⟨ephistopheles⟩   Notiz von des Kaysers Wunsch.
    Streit.
    ─────

    Kaysers Hof
5 M.⟨ephistopheles⟩ u Marschalk. Wunsch
Faust erscheint als {Pracht}mann
Kayser Irdisches Verh.⟨indern?⟩
Faust höheres Unmögliches / Geister citiren
Misverständniß
10 Meph. hinter Faust.
Ausgeglichen
Faust zur Magie
Meph. als Curtisan
Erscheinungen
15 Paris die Frauen loben
        die Männer tadeln
Helena die Frauen tadeln
        die Männer loben
Gebärdenspiel
20 Schreckniß.
Faust ohnmächtig.
Alles ein tumultuarisch Ende.]

H P101
Schema von der Hand des Schreibers John

P101 [Andeutungen auf die verborgenen Schätze.
Sie gehören im ganzen Reiche dem Kaiser
Man muß sie auf kluge Weise zu Tage bringen
Man entgegnet aus Furcht vor Zauberey.
Der lustige reduzirt alles auf Naturkräfte.   5
Wünschelruthe und Persönlichkeit.
Andeutung auf Faust
Fromme Vorbereitung
Erst Beendigung des Carnevalls
Wegen Bedingung des Schatzhebens, Sammlung u. Buse   10
Erwünschter Aschermittwoch.]

H P101a
Schemastichworte von der Hand des Schreibers John

P101a Drey Stände:

        Heilige
        Ritter
        Hexenmeister.

H P102
Schema von der Hand des Schreibers John

P102 Zur Mummenschanz

Maskenzüge.

[Gärtnerinnen
        Blumen für alle Jahrszeit bringend

5 Gärtner:
       Gelegenheit für alle Pflanzen zu finden.]

[Vogelsteller]
       Mit Leimruthen, Schlingen und Netzwänden.

[Fischer]
10   mit Netzen, Reißen   Angeln.

[Holzhauer.]

[Buffone und Parasiten]

Musikanten

[Poeten.]

15 [Hofpoet,]
              [Italiäner]
              [Mythologie]

[Furien]

[Parzen.]

20 [Mütter und Töchter]

Juwelier

[Klatschen]

Klugheit
       [auf dem Elephanten führt gefangen Hoffnung und
                                          Furcht.

25 Triumph des Plutus
       Verschwendung vor ihm wirft aus

Gefieder
Grillen
Farfarellen.

Geitz hinter ihm.
Eisenkasten mit Drachenschlößern.]   30

H P108b
Reinschrift eigenhändig

P108b   ⟨*Fischer*⟩
Und in stets bewegten Fluten
Haschen wir lebendige Schätze,
Lieben Angeln, Leine, Ruthen
Und verehren unsre Netze.

H P108c
Entwurf eigenhändig

P108c [Nicht so eilig eure Straß ⟨*für: Straßen?*⟩
Gute Frau*en* schöne Kinder
Den*n* es lernet sich im Spaß ⟨*für: Spaßen?*⟩
          nicht minder

Fische fange   Vogelstell   5
⟨*wohl für: Fische fangen Vogelstellen*⟩]

H P110a
Arbeitsmundum eigenhändig

19   P110a

<u>Poeten.</u>

I
Natur u Liebe.

5 Wüßt ich irgend'

Als was mir vor Augen steht
Als was mir zur Seite geht

20

Leben heist's und leben lassen
10 Und so sey es auch fortan.

II
Ruhm u Leidenschaft

Nein! was meine Brust beschäftigt
Sprech ich aus in holdem Drang
15 Denn so wie die That bekräftigt,
So erkräftigt der Gesang.
Aus umdämmernden Gedancken
Aus des Haynes Zitterlicht
Rief der Hof mich in die Schrancken
20 Und ich übte Ritterpflicht.

Da ein Reiten, streiten, stoßen
Lanze da und Rippe brach,
So die Mittlern wie die Großen
Strebten Allerhöchstem nach

Einen Beyfall zu gewinnen   25
Barg ich mich in stillen ⟨*über der Zeile:* treuen⟩ Fleis
Denn der darf das Höchste sinnen
Der sich zu bescheiden weis.

III

5295 Wißt ihr was mich Poeten   30
5296 Erst recht erfreuen sollte?
5297 Dürft ich singen u reden.
5298 Was niemand hören wollte.

                                                                   17
      Heisa Wirth u Wirthin heisa   35
      Hier den Krug
      Denn man danket {brüderlich}

      IIII
      Hans Liederlich.
      Nennt ihr mich auf meinen Wegen   40
      Scheltend Bruder Liederlich
      Doch entgegen
      Überall auf Pfad' und Stegen
      Grüßet man mich brüderlich

                                                              18 45

Fehlt es mir nicht an Gesellen
Ey so fehlt es mir an nichts.

I H¹²
Entwürfe eigenhändig

Atropos.
⟨*teils variante Entwürfe zu 5305-5316*⟩
⟨*Lachesis*⟩
Wenn ich nicht weifte
Wo gäb es Stränge
Wenn ich nicht mäße
₅ Wenn ich nicht zählte
Wer wollte weben

⟨*folgt varianter Entwurf zu 5333-5344*⟩
⟨*Mutter*⟩
[Mädchen ⟨xxx⟩ kamst ins Licht   *5178v*
Schmückt ich d*ich* im Häubchen]   *5179*
[Den ⟨xxx⟩ {Leibchen}   *5181v*
₁₀ Dachte dich soglei*ch* als Braut   *5182*
Gleich dem schönsten dich getr*aut*   *5183v*
Dachte dich als Weibchen.]   *5184*

Sieht er sich schon seitwärts {um}
Und sie thut desgleichen

⟨*folgt varianter Entwurf zu 5317-5332*⟩
⟨*Mutter*⟩
₁₅ [Ach nun ist schon manches Jahr   *5185*
Ungenutzt verflogen   *5186*
Der Sponsi*rer* bunte Sch*ar*   *5187*
Ist vorb*ei* gezoge*n*   *5188v*
Tanztest mit dem eine*n* flink   *5189*
₂₀ Gabst dem ander*n* stillen Wink   *5190v*
Mit dem Ellenbogen]   *5191*

[Heute sind die Nar*ren* los   *5196*
Lieb*chen* öff*ne* de*inen* Schos   *5197*
Aber halt ihn feste]   *5198v*

[⟨xxx⟩ Spiele Rath ⟨xxx⟩   25
5192ᵥ Alles war vergebens
Lange suchten wir den {Stamm}
Eines   Lebens
{Phillis} selbst den {heilig} M*ann*]

I H19
Entwürfe eigenhändig

⟨*variante Entwürfe zu 5457-5471*⟩

5492ᵥ [Und verdorben ist der Spas
5493ᵥ Diese Bestien wissen das.
Gem*urmel*
5490ᵥ Ist das Auge doch verlez*t*
5491ᵥ Sind wir doch in Furcht versez*t*   5
5486 Fühlst du wie uns das umflicht
5487 Das gespenstische Gezücht
Zwar ist es hinweg gescheucht
Doch]

⟨*folgt teilweise varianter Entwurf zu 5484-5493 und 5486-5489*⟩
5490ᵥ [Ist auch keiner schon verletzt   10
5491ᵥ Sind wir doch in Furcht gesetzt
Zwar ist es hinweg gescheucht
Seht ihr wie das fliegt und kreuch*t*
5492ᵥ Und verdorben ist der Spas
5493ᵥ Und die Bestien wissen das   15

5484ᵥ Frisch dorthinten tanzt m*an* scho*n*
5485 Nein ich wollt ich wär davon]

⟨*Gärtnerin?*⟩
P108 Grüßet mich in meiner Laub*e*
Den*n* ich bin nicht gern allein

20 Oben drängt die reife Traube
Bricht ein Sonnen Blick herein

I H⁹a
Entwürfe eigenhändig

Theophrast u Humboldt stutzen   *5137ᵛ*
{u dann}
Wohl ein schönes Kind zu putzen
Denn das Falsche wie das Wahre   P108a
5 Haben ihren eignen Reiz

Würden uns bestimmt zu nennen   *5136ᵛ*
Selbst Linné u Humboldt stutzen   *5137ᵛ*
Und doch werdet Ihr bekennen
{Sind} ein schönes Kind zu putzen

10 Denn das Falsche wie das Wahre   P108av
Ueben oft geheimen Reiz

I H¹⁰
Entwürfe eigenhändig

[Knab⟨e Lenker⟩
Nun heben Tragen sie den Schatz
Die Eisenkiste
Und setzen sie am Boden nieder]

⟨*folgen Entwürfe zu 5650-5653 und 5168f.*⟩

I H23
Entwurf eigenhändig

P110   Mummenschanz
Irrst du nicht hier so irrst du andrer Orten.

Narren giebt es heut zu Haufen
Doch so viele da und dort
Auf dem Markt sich {stoßend} laufen   5
Größre giebt es wahrlich nicht
Als die sich mit Lasten schleppen

Euph.⟨orion⟩
Das hast du Herold gut getroffen
Beschreib ihn die Gestalt ist offen   10
Herold.
Das ist nicht nöthig allein {fang}
Er

P109 Dich, Poesie, den Reichthum jenen Geiz

I H18
Entwürfe eigenhändig

⟨variante Entwürfe zu 5439 f. und 5407-5418⟩
5441 [Zwey der größten Menschenfeinde
5442 Furcht u Hoffnung angekettet
5443 Halt ich ab von der Gemeinde
5444 Plaz gemacht ihr seyd gerettet
5445ᵛ Klugheit führt den ⟨gestrichen: Elephanten⟩ Colossen   5
      Der an sichern Tritt gewohnt
      Hinter uns auf ihrem Thron
      Waltet {hehre} Thätigkeit]

⟨folgen variante Entwürfe zu 5419-5422, 5521 f. und 5531-5535⟩

I H²⁴
Entwürfe eigenhändig

Her*ol*d

[Wie greift u grabst die liebe Meng*e*   *5590v*
Fast komt der Gebe*r* ins Gedränge   *5591*
Kleinode schnipt er wie {im} Tra*um*   *5592v*
Die Menge hascht im weit*en* Raum   *5593v*
Doch da erlebt ich neue Pfiffe   *5594v*
Was der u jener ängstlich griffe   *5595v*
Des' hat er wirklich schlechten Lohn   *5596*

Die Gabe flattert ihm davon   *5597*
Es löst sich auf das Perlenband   *5598*
Ihm krabeln Käfer in der Hand   *5599*
Er wirft sie weg, der Arme Tropf   *5600*
Und sie umsummen ihm den Kopf   *5601*
Das ist die Münze der Poeten
Die Fülle jederm*ann* verheist   *5604v*
Und selten Gold so sehr es gleist]   *5605v*

[Plutus /: herabsteigend
Die andern statt der   Dinge   *5602v*
Erhaschten nichts als Schmet*ter*linge   *5603v*
Sie stehn in ⟨xxx⟩   {Runde}
Wie eine Wolck*e* füllts den Saal]

Ver{steh} nicht
                    Ich verspreche

H P104
Schema-Entwurf eigenhändig

⟨*am Rand:*⟩ [Knabe   P104
            Flämmchen. deutet athmendes Wachs-
                              thum dersel⟨*ben?*⟩

Respekt. Äuserlich]
[Das Würdige nicht zu beschreiben
Doch indireckt beschrieben   5
    Talar
    Turban
    Mondgesicht
    Behagliches
Name.   10
Poesie
    Schnippchen als Geschenck
    Verwandlung derselben]

5628v ⟨*am Rand:*⟩ [Und ich verkündige vor allen
5629   Mein lieber Sohn an dir hab' ich gefallen]   15

Plutus
    Steigt ab.
[Avaritia   Geiz
    weigerung]
Drachen holen herab   20
Knabe jagt fort
⟨*am Rand:*⟩ [Knabe
        Verherrlichen des Reichthums
        Lorbeerkranz auf dem Haupte des Plutus]

Faunen kommen an.   25
Kreisen umher
Begaffen.
Eröffnen der Kiste
Hineinschauen
Maske fällt hinein   30
Kayser.
Faust {mit} Heroldstab
Schließt die Maskerade
Hof u der Kayser
Forderung der Gestalt⟨en?⟩   35
Versprechen.
Meph. schwürig. ⟨*wohl für: schwierig*⟩

⟨*am Rand:*⟩
[Auch Flämmchen spend ich dann und wann   *5588*
Erwartend wo es zünden kann]   *5589*

H P105
Schema-Entwurf eigenhändig

    Knabe   P105
[Zu Plutus]
    [Plutus
Zeugniß.]
5   [Knabe
Geistes Gaben]
      [W.*eiber* Geklatsch
Gegen den Geiz]
      [d*er* Abgemagerte
10 Invecktiven.]
      [W.*eiber* Gege*n*geklatsch
Angriff.]
      [Der Herold
Ruhe gebietend.
15 Drachen regen die Flügel
Speyen Feuer
die W*ei*b*er* entfernen sich]
[Kiste mit dem Geiz
Hebt sich los.
20 Setzt sich nieder
Plutus steigt aus]
    [Plutus
Verabschiedet den Wag*en*
      Lencker
25 Adieu.
    Faunen
Kommen an.
    Herold
Verkü*n*det u. beschreibt.]

[Faunen. Wilder Kreis kreisend.   30
[Kiste springt auf u flammt.]
Sie schauen hinein
Maske fällt hinein
Kiste schlägt zu fliegt davon
Der Kayser ist entdeckt   35
Faust den Heroldstab fassend
Entwast das Ganze
{Stücke} trennen sich
Vereinigen sich
Fliehen, bleiben   40
Kreis um den Kayser
Plutus anredend
⟨gestrichen: Kays⟩ ajournirt
Kayser zur Unterhaltung
Geistererscheinungen   45
Wahl. Paris u Helena
Meph. widersetzt sich
Faust verspricht]

I H28
Entwürfe eigenhändig

⟨*Entwürfe zu 5666-5681*⟩

P112 Irrthum d{u} bist {gar zu} sch⟨*ön?*⟩
Könnt ich dich nur wider finden

I H29
Entwürfe eigenhändig

⟨*variante Entwürfe zu 5675-5682*⟩

P113 [Er mag sich wie er will gebärden
Er muß zuletzt ein Zaubrer werden

Plutus
Bist's, unbewußt
5   Der Herold ist ein heilig Man*n*
Ein Faunen Tanz
          das hilft ihm daß er hexen kann.
Es sieht so wild
          Gieb dein*en* Stab hier muß ich enden
10 Die Menge weich*t*   *5759*
Und wie verscheuch*t*   *5760v*
Tritt alles an die Seit

          Dichter
               erdreist⟨*en?*⟩
15 Und nur der Dichter kan*n* es leisten.

          Geiz
Nur alle hundert Jahr einmal
Doch heute bin ich liberal
          Ch.⟨*or*⟩
20 Ach in den Zauberkreis Geban*n*t
Bis auf die Knochen ausgebr.*annt*]

          ⟨*Knabe Lenker*⟩
[[Forschet wollt ihr mich entde*cken*   P114v
Leisen Ton u. laute*n* Schall
Und so werde*n* {wir} uns spre⟨*chen?*⟩
25 Nirgends oder überall]
          ich werde nicht verstecken

Kann ich nie doch mich verstecken   P114
Leises Lispeln lauter Schall
Und so bin ich zu entdecken
30 Nirgends oder überall
          ―――

Lebe wohl du voller {Sonnenschein}
Eilig mach ich mich davon

5689v Nun bist du los der unbe*quemen* Last
5690v Bist leicht u frey wie dus am Liebsten hast]

H P106
Schema eigenhändig

P106   Dez. 16.
        [Plutus
    Verabschiedet den Wagen.
        Lencker.
    Adieu.   5
        Plutus
    Dem Geiz befehlend
    [Der gern verheimlicht
    Doch auch grosthuisch]
    Öffnung der Kiste]   10
        Herold
    ⟨*gestrichen:* Inhalt.
    Andrängen der Menge.
    Faunen wilder Kreis.⟩
        [Plutus   15
    Den Stab ergreifend.
    Platz machend
    Den Kreis beschreitend]
        Gemurmel
    ⟨*gestrichen:* Beschwert sich⟩   20
        Plutus
    ⟨*gestrichen:* Ankündigung, Stab⟩
        [Faunenchor]
        [Gemurmel]
    [Tanz u. Sang.
    Annäherung an die Kiste.   25
    Maske fällt hinein
    [Flammt auf
    Entzündet den Faun
    Dann die Faunen.]   30

Kiste schlägt zu fliegt fort
⟨*gestrichen:* Einer verhüllt das Ges*icht*⟩]
Der Kayser ist entdeckt.
⟨*gestrichen:* Der Dichter.⟩
₃₅ Faust den Heroldst.*ab* fassend
En*t*hüllt das Ganze

I H⁴³
Schema-Entwurf eigenhändig

Dez. 22.   P106v

[Plutus.
[Verabschiedet den Wagen.]
           Lencker
₅ Adieu
           Plutus
Dem Geiz befehlend
dem Verheimlicher
dem Prahler
₁₀ Oeffnung der Kiste]
           Herold
[Inhalt
Wachsende Erscheinung desselb*en*
           Menge.
₁₅ Andrängend.
           Plutus
Den Herolds Stab ergreifend
Platz machend.]

⟨*am Rand, durch Abschneiden unvollständig:*⟩
[Die sich aus
₂₀   entwickel
           Das Feuer
              Enthüllt
                 Kaysers

Tren*n*ung der
        Fau
    Knieend pp]   25

⟨*Hier ursprünglich wohl auch:*⟩
P103
Schema-Entwurf eigenhändig

P103   Plutus
    [Ankündigend.

    Faunenchor.
Tanz u Sang.
Annäherung der Kiste.
Maske fällt hinein   5
lodert auf.
        Herold
Die Kiste schlägt zu
Fliegt fort.   10
        Faun⟨*en?*⟩
Entzündet. Der erste]

I H³⁹
Entwürfe eigenhändig

P115   ⟨*Faunen Chor*⟩
    [Seht ihr die Quelle da
Lustig sie sprudelt ja
Wie ich noch keine sah
Kostete gern.]

—

    [Der Faunen Kranz   5
5820v Im Wilden Tanz
5815 Geputztes Volck du Flitterschau
5816v Sie kommen wild sie kommen rauh

In hohem Sprung u raschem Lauf   *5817v*
10 Sie treten derb u tüchtig auf.   *5818*
Wir brechen durch den Zauberkreis
Und wissen was das keiner weis]

I H40
Entwürfe eigenhändig

[Wir wissen doch was keiner weis
Und sprengen diesen Zauberkreis
      Plut*us*
Sie dringen ein. Wie wird es gehn,
5 Sie haben sich nicht vorgesehn.]   *5814*
Erblicken den Schaz der immer noch
siedet u aufquill*t*
[Stehe Alter Pan.]

Feuer Quelle.

I H42
Entwürfe eigenhändig

     ⟨*Herold*⟩
O Jugend Jugend   *5958v*
O Hoheit Hoheit   *5960v*

     ⟨*am Rand, quer*⟩
Soll immerfort das Übermaas   P116
Das allerherrlichste zerstören

⟨*auf diesem Blatt finden sich außerdem Entwürfe zu 5931-5943*⟩

I H³¹
Entwürfe eigenhändig

P113v [Ach in den Zauberkreis gebannt
Bis auf die Knochen schon verbrannt]

⟨*auch auf diesem Blatt Entwürfe zu 5709-5714. Rückseite:*⟩

[Nur alle hundert jahr einmal
Doch heute bin ich liberal]

⟨*folgen variante Entwürfe zu 5977, 5689-5708*⟩

I H³²
Arbeitsmundum zum Teil eigenhändig

[Herold tritt vor
Die Menge wirds gewahr
und drängt
P113v In hundert Jahren nur einmal
Doch heute bin ich liberal

—

Menge umdrängt.   5

Herold eingeengt

Herold bedrängt]

⟨*folgen 5739-5766*⟩

⟨*auf nachträglich eingeklebtem Blatt:*⟩
[Der Geitz der einen goldnen Becher aus dem Schatze nahm
geht in dem Kreise umher und neckt sich mit den Frauen
nicht auf die schicklichste Weise; er hört nicht auf die War-   10

nungen des Herolds wird aber zuletzt von einbrechend*e*m
wilden Heer überstürmt und an den Kasten zurückgetrie-
ben.]

Geiz die Runde machend
         ⟨xxx⟩ Schatz anlachend

₁₅ In hundert Jahren nur einmal   P113v
Doch heute bin ich liberal

                                                              —

Faunen Chor.

⟨*auf nachträglich eingeklebtem Blatt:*⟩
[Der Faunentanz
In Laub und Kranz   *5821v*
₂₀ Aus Waldes Nacht
Nur Platz gemacht
Geputztes Volk du Flitterschau   *5815*
Sie kommen roh sie kommen rauh   *5816*
In hohem Sprung und raschem Lauf   *5817*
₂₅ Sie treten derb und tüchtig auf   *5818*
Und wissen doch was keiner weis   *5805v*
Und dringen in den leeren Kreis]   *5806v*
         Plutus.
[Ich kenne dich vermumter Pan   *5807v*
₃₀ Hast einen kühnen Schritt gethan   *5808v*
Sie dringen ein wie wirds ergehn
Sie haben sich nicht vorgesehn.]   *5814*

⟨*folgen 5864-5871, 5931-5986*⟩

⟨*auf der Rückseite eines in das Mundum eingeklebten Blattes findet
sich P103, hier S. 614*⟩

H P107
Schema eigenhändig

P107 [Noch zum ersten Acte.

1. Faust Mephistopheles Kaiserl.*icher* Hof.
Beyde kniend. Verzeihung wegen des Zauberscherzes
            bittend.
Kayser vergnügt darüber
  Erzählung wie ihm zu Muthe gewesen.   5
   [Fürst von Salamand*ern*
    Meph
   Das bist du auch
   Elem.
    im Feuer   10
    stürze dich ins Wasser es wird Crystallgewölbe um
             dich bilden]
Neues wünschend.

Marschalck.
  Interesse an Geistererscheinungen.
  Streit zwischen Dame⟨*n?*⟩ u Herr⟨*n?*⟩.   15
Helena u Paris
Meph. Warnung
Kayser assentirt
⟨*gestrichen:* Me⟩ Faust verspricht.]

I H45
Entwürfe eigenhändig

P117 Wer schildert solchen Übermuth
Wenns nicht der Dichter selber thu*t*

Nun tret ich nothgedrungen vor
Der Dichter

⟨außerdem auf diesem Bogen Entwürfe zu 6027-6030 und 6019 f.⟩

5 [Und wenn du rufst sie folgen Mann für Mann.   P118
Und Fraun für Fraun die Großen wie die Schönen
Die bringen her so Paris wie Helenen.]

I H46
Entwurf eigenhändig

⟨variante Entwürfe zu 6057-6065⟩

⟨Schatzmeister⟩
[Erinner dich zu standst als großer Pan   6066v
Erst   6067v
Das D⟨xx⟩ es trat an dich heran   6068v

Du kanntest die Vertrauten

5   Nacht
Durch große Künste schnell vertausendfacht   6072v
Denn jeder weis die Schätze liegen da]

⟨Mephistopheles⟩
[Ein schönes Kind mit seinem {Pfauen Wedel}   6099v
Es schmunzt uns an und blickt ein holder Schedel   6100v
10 Und ob dein Nahme gleich die Welt beglückt   6079v
Man hat ihn nie mit größrer Lust erblickt   6080v
Was soll man sich mit Börs u Beutel schlagen   6103v
Ein Blättchen ist im Busen leicht zu tragen   6104
Der Pfaffe steckts bequemlich ins Brevier   6106v
15 Und ein Gebetbuch das man uns verehrt
Ist in geheim schon hundert Kronen werth]
⟨folgen 6073-6078⟩

I H60
Entwurf eigenhändig

⟨*Faust*⟩
⟨*Entwurf zu 6549-6557*⟩
6558v [Wohlan Ihr Mütter Mütter müßts gewähren
Da wars
6559v Wer sie erkannt er kan sie nicht entbehren!
Dämmerschein
Der Dichter tritt ein]   5

I H48
Entwurf eigenhändig

⟨*Entwürfe zu 6189-6198*⟩

F⟨*aust*⟩
6207v [Mit wenig Murmeln ists gethan
6208v Ich weis es schon du bringst sie gleich zur Stelle
M⟨*ephistopheles*⟩
6209 Das Heidenvolck geht mich nichts an   5
6210 Es haust in seiner eignen Hölle
6211v Doch giebt ein Mittel
⟨*Faust*⟩
Sprich u ohne Säumniß
⟨*Mephistopheles*⟩
6212 Ungern entdeck ich höheres Geheimniß.
6213v Göttinnen wohnend in der Einsamkeit   10
6214 Um sie kein Ort, noch weniger eine Zeit
6216 Die Mütter sind es
⟨*Faust*⟩
Mütter
⟨*Mephistopheles*⟩
Schauderts dich
F⟨*aust*⟩   15
6217 Die Mütter Mütter   's klingt so wunderlich

Meph
Das ist es auch. Göttin*nen* ungekant   6218
⟨*gestrichen:* Auch von uns selbst⟩
20 Euch Sterblichen, von uns nicht gern gen*annt*   6219

Nicht Nacht nicht Tag in ewger Dämme*rung*   P119
    Es war u es will ewig seyn]

I H⁵⁰ᵃ
Entwurf eigenhändig

⟨*Mephistopheles*⟩
Ein klein*er* Schlüssel leuchtend klar im Dunkel*n*
Er wächst an Größe wächst an Sprü*h*ndem Funkel*n*
    ⟨*Faust*⟩
Was soll's damit

I H⁵⁰
Sammelblatt eigenhändig

[Am glühnd*en* Schlüssel führst du ihn gefangen   P120
Durch Wunder nur sind Wunder zu erlangen]

    ———

Und um nicht ganz allein zu seyn   6257v
Dem Teufel mußt ich mich ergeben   6258v

5 [Versinke stampfend stamp*fend* steig*s*t d*u* wie*der*]   6304

    ———

[Wenn ihm der Schlüssel nur zum Besten frommt   6305
Neugierig bin ich ob er wiederkomt]   6306

    laßt mich ich in Ruh   6479v
{Es} ist wohl schön doch sagt {es} mir nicht zu   6480v

F.⟨*aust*⟩   10

6261 [Er wächst in mei*n*er Hand er leuchte*t* blizt

M.⟨*ephistopheles*⟩

6262 Merkst Du nun bald was man an ihm besitzt]

I Hⁿ

Entwürfe eigenhändig

⟨*Mephistopheles*⟩

6239 Und hättest du den Ocean durchschwommen

6240v Das Gränzlos'-einsame dort geschaut

6241v Du sahst ⟨*wohl für: sähst*⟩ doch Well auf Welle schäumend
kom*m*en

6242v Berghaft bewegt auf dich herangegraut,

6243v Du sahst ⟨*wohl für: sähst*⟩ doch etwas; sahst ⟨*wohl für: sähst*⟩ 5
auch wohl, im Grüne*n*

6244 Gestillter Meere, streichend*e* Delphine

6245 Sahst ⟨*wohl für: sähst*⟩ Wolcken ziehen, Sonne Mond u
Sterne

6246v Von allem diesem Nichts in grauer Dämmerferne.

P121 Musst mit Bedacht des Schlüssels Kräfte führen

Sie anzuziehen, nicht sie zu berühren.   10

Worauf du trittst es bleib ⟨*für: bleibt?*⟩ dir unbewußt

Es dehnt sich nicht es klemt sich nicht die Brust

Wohin sich auch dein Blick begierig wende

Nicht Finsterniß doch keine Gegenstände

I H⁵⁷
Entwürfe eigenhändig

⟨*Faust*⟩
⟨*Entwürfe zu 6427-6434*⟩
[Die einen faßt   des Lebens holder Lauf   6435
Die andern sucht getrost der Dichter auf   6436v
Der spendet uns den Weirauch voll Vertrauen   6437v
Was jeder will das Schöne läßt er schauen.]   6438v

I H⁵⁸
Entwurf eigenhändig

4

D⟨ame⟩ b⟨xx⟩ ⟨xxx⟩   P122
[Man kleid' ihn ritterlich
Ihr guten Herrn von euch hält keiner Stich

                                                —

⟨*Ritter*⟩
₅ Läßt doch der Tölpel gleich den Schafs Knecht spüren   6459v
Vom Prinzen nichts u nichts von Hofmanieren   6460
                                                              6460

⟨*Damen*⟩
Ah welch ein Glanz   Jugendkraft   6453v
Wie eine Pfirsche frisch u voller Saft   6454

          fein gebognen süß geschwollnen Lippen   6455v
₁₀ du möchtest wohl an solchem Becher   6456v

Da schweig ich nun den brauch ich nicht zu nennen   6451v
Wer würde nicht den holden Paris kennen]   6452v

PARALIPOMENA ZU FAUST II · ZWEITER AKT

III H⁴⁹

Entwürfe eigenhändig

⟨*Chor*⟩

9393v [Frauen MännerLiebe gewohnte
9394 Wählerin*nen* sind sie nicht
9396v Goldlockige*n* Hirten
9397v Schwarzborstige*n* Faunen
 Gestatten sie   5
9399 Über die schwellenden Glieder
9400v Ein gleiches Recht.

9385v Wer verdächt es unsrer Herrscher*in*
9386v Daß sie dem Herrn der Burg
9387v sich gefällig erweist   10
9388v Denn gesteht es euch nur
9389v Gefangene sind wir
 Wie schon oft genug
9390 Seit dem schmälichen Unter*gang*
9391v Ilions und der Labyrinth*isch*   15
9392v Angst – kummervollen Irrfahrt]

9629 [Nennst du ein Wunder dieß
9630v Cretas erzeugte du?
9631v Dichtend belehrenden
9632v Hast denn du niemals zugelauscht   20
9633v Hast du von alter Zeit
 Niemals gehört
9634v Nie vernomm*en* Hellas
9635 Urväterlicher Sagen
9636 Göttlich-heldenhaften Reichthum   25

Alles was je geschieht   *9637*
Nur ein Nachklang ists   *9639v*
Unserer Tage der Tage   *9638v*
Herrlicher A*h*nherr*n*   *9640v*
30 Dein Erzählen vergleicht sich nicht   *9641v*
Jenem was mir lieblich glaubliche Lüge   *9642v*
Von dem Sohne der Maja sang.]   *9644v*

[Faust
Das wohlgedachte glaub ich spricht sich ebenso   P158
35 In solchen ernsten langgeschwänzten Zeilen aus
Und ist es die Bedingung jene göttliche
Zu sehn, zu sprechen, ihr zu nahn von Hauch zu Hauch
So wage sonst noch andres babylonische
Mir zuzumuthen, schülerhaft gehorch ich dir.
40 Mich reizt es schon von Dingen sonst mit kurz*em* Wort
Leicht abgethan mich zu ergehen redehafft]

[M⟨*ephistopheles*⟩
Verspare dies bis du zur aller ältesten kommst
Die Lust giebt lange {Weile} die man genießt
45 Die Frauen liebens allermeist die Tragische*n*
Da spricht ein jeder sinnig mit verblü*m*tem Wort
Weitläufig aus was ohn gefäh*r* ein jeder weis.
Doch still hievon gesamm*elt* steh zur Seite scheu
Man spaße nicht wenn sich der Orkus öffnen will]

III H7
Entwürfe eigenhändig und von Riemers Hand

[Wenn er mit seiner Frau sich {zankt}   P142v
Dann sprühen oben die Vulkane]

[Uralt berühmter Felsen Spur   P141v
An d⟨*wohl für: deinem*⟩ Gürtelkreis Natur

Und dein Gürtel⟨xxx⟩ Natur   5
Auf Urberühmter Felsen Spur]

8812 Von Va/ter Ére/bos mel/de mel/de von Mút/ter Nacht

P140v [Du schärfe deiner Augen Licht
In ihren Gauen ists zu blöde
Von Teufeln ist die Frage nicht   10
Von Göttern ist allhier die Rede]

8775 Wähnt ihr verborgen sey mir welch Geschlecht ihr seyd

8777v mannlust'ge du, so wie verführt, verführend auch
8779v Zu Hauf gesehen
8785v Antastet er das Hausrecht der Gebieterinn   15
8785v Die Hoheit der Gebieterinn beleidigt er
8785v Hausrecht beleidigt er u Hoheit der Geb.
             v—/v v   v   v/
8785v   beleidiget der Gebieterinn

8785v Hausrecht u Würde   tastet an   20
8785v In Recht u Würde greift er der Gebietrinn

                    H P140
             Sammelblatt eigenhändig

P140 Du! schärfe deiner Augen Licht
In diesen Gauen scheints zu blöde
Von Teufeln ist die Frage nicht
Von Göttern ist alhier die Rede.

P141 An deinem Gürtelkreis Natur
Auf Urberühmter Felsen Spur   5

P142 Wenn er mit seinem Weibe keift

Dann sprüht der Erdkreis von Vulkanen.
Und Alpen steigen spizzig auf

10   Ich kenne dich genau   P143
Da wo du bist ist mir der Himmel blau
Du bist des Lebens {eignes} ⟨xxx⟩
Ich sehe dich nicht {gerne} in den Lichten {Höhlen}

Hascht nach dem nächtgen Wetterleuchten.   P144

15 quid quid non creditur ars est.   P145
tonat coelum ignaro iove

Das sind Gewitter
Von denen Jupiter nichts weis

Nicht so direkt doch wohl im Kreise   P146
20 Führ ich sie deinem Thron heran
Verführen will ich dir sie duzzendweise
Doch sie zu schlachten geht nicht an.

H P123A
Reinschrift von der Hand Schuchardts
mit eigenhändigen Korrekturen

Helena, klassisch-romantische Phantasmagorie, Zwischen-   P123A
spiel zu Faust.

    Dem alten, auf die ältere von Faust umgehende Fabel
gegründeten Puppenspiel gemäß, sollte im zweiten Theil
5 meiner Tragödie gleichfalls die Verwegenheit Faust's dargestellt werden, womit er die schönste Frau, von der uns die
Ueberlieferung meldet, die schöne Helena aus Griechenland in die Arme begehrt. Dieses war nun nicht durch
Blockbergs Genossen, ebensowenig durch die häßliche,
10 nordischen Hexen und Vampyren nahverwandte Ennyo zu

erreichen, sondern, wie in dem zweiten Theile alles auf einer
höhern und edlern Stufe gefunden wird, in den Bergklüfte*n*
Thessaliens unmittelbar bey dämonischen Sibyllen zu suchen, welche durch merkwürdige Verhandlungen es zuletzt
dahin vermittelten, daß Persephone der Hellena erlaubte,   15
wieder in die Wirklichkeit zu treten, mit dem Beding, daß
sie sich nirgends als auf dem eigentlichen Boden von Sparta
des Lebens wieder erfreuen solle; nicht weniger, mit fernerer Bedingung, daß alles Uebrige, so wie das Gewinnen
ihrer Liebe, auf menschlichen Wege zugehen müsse; Mit   20
phantastischen Einleitungen solle es so streng nicht genommen werden.

    Das Stück beginnt also vor dem Pallaste des Menelaus zu
Sparta, wo Helena, begleitet von einem Chor trojanischer
Frauen als eben gelandet auftritt, wie sie in den ersten Wor-   25
ten sogleich zu verstehen giebt:

8489 Vom Strande komm' ich, wo wir erst gelandet sind,
8490 Noch immer trunken von des Gewoges regsamen
8491 Geschaukel, das vom Phrygischen Blachgefild uns her
8492 Auf sträubig-hohem Rücken, durch Poseidons Gunst   30
8493 Und Euros Kraft in vaterländische Buchten trug.
8494 Dort unten freuet nun der König Menelas
8495v Der Rückkehr, sammt der tapfersten seiner Krieger, sich,
8496 Du aber heiße mich willkommen Hohes Haus, u.s.w.

    Mehr aber dürfen wir von dem Gang und Inhalt des   35
Stücks nicht verrathen.

    Dieses Zwischenspiel war gleich bey der ersten Concep-
tion des Ganzen ohne Weiteres bestimmt; und von Zeit zu
Zeit an die Entwickelung und Ausführung gedacht, worüber ich jedoch kaum Rechenschaft geben könnte. Nur   40
bemerke ich, daß in der Schillerschen Correspondenz vom
Jahr 1800 dieser Arbeit als einer ernstlich vorgenommenen
Erwähnung geschieht; wobey ich mich denn gar wohl er-
inner, daß von Zeit zu Zeit, auf des Freundes Betrieb,
wieder Hand angelegt wurde, auch die lange Zeit her, wie   45
gar manches Andere, was ich früher unternommen, wieder
ins Gedächtniß gerufen ward.

Bey der Unternehmung der vollständigen Ausgabe meiner Werke ward auch dieses wohlverwahrte Manuscript
50 wieder vorgenommen und mit neu belebtem Muthe dieses
Zwischenspiel zu Ende geführt, und um so mehr mit an-
haltender Sorgfalt behandelt, als es auch einzeln für sich
bestehen kann und in dem 4en Bande der neuen Ausgabe,
unter der Rubrick: Dramatisches, mitgetheilt werden soll.

55   Weimar den 10en Juny 1826.

H P99A
Schema von der Hand des Schreibers John

[7., Faust, niedergelegt an einer Kirchhofsmauer.   P99A
        Großer Monolog, zwischen Gretchens und Helenas
        〈*gestrichen:* Todt〉 Wahnerscheinung;
   8., Fausts Leidenschafft zu Helena durch Zerstreuung
5   des listigen Mephistopheles unterbrochen und abge-
        leitet.
   9., Wagners Laboratorium
        Chemisch Menschlein.
  10., Verschiedene andere Ausweichungen und Ausflüchte.
10 11. Sie gelangen endlich nach Thessalien.
        Sie finden die häßliche Enyo
        Mephistopheles schaudert selbst.
        Ueberwirft sich mit ihr
        Doch lenkt ein, wegen ihrer hohen Ahnen und wich-
15   tigen Einflusses.
        Er macht ein Bündniß mit ihr.
        Die offenbaren Bedingungen wollen nichts heißen.]
        [Die geheimen Artikel desto mehr.]
  [12. Sie gelangen zur Thessalischen Ursybille.
20   Wichtige Unterhandlung.
  13., Proserpina wird angegangen.
        Die Beyspiele von Protesilaus Alceste Euridice ange-
        führt

Helena selbst hat schon einmal die Erlaubniß gehabt
ins Leben zurückzukehren.   und mit dem Achill sich   25
zu verbinden.
Aber bestimmt auf der Insel Leuce.
So soll nun Helena auf den Boden von Sparta zurückkehren und in dessen Bereich als lebend dort in dem
Hause des Menelaus empfangen und dem neuen Frey-   30
er überlassen werden inwiefern er auf ihren hohen
Geist und ihren empfänglichen Sinn einwirken könne.]

W.*eimar* d. 9. Novbr. 1826

H P99B
Schema von der Hand Schuchardts

P99B   7.,   Faust niedergelegt an einer Kirchhofsmauer. Träume.
Darauf großer Monolog zwischen der Wahnerschei-
nung von Gretchen und Helena.

8.,   Faust's Leidenschaft zu Helena bleibt unbezwinglich.
Mephistopheles sucht ihn durch mancherley Zerstreu-   5
ungen zu beschwichtigen.

9.,   Wagners Laboratorium. Er sucht ein chemisch
Menschlein hervorzubringen.

10., Verschiedene andere Ausweichungen und Ausflüchte.

11. Antike Walpurgisnacht in Thessalien.   10
⟨*am Rand:*⟩ auf der Pharsalischen Ebene

12. Erichtho macht die Honneurs und Erichthonius zu ihr
gesellt. Etymologische u Symbolische Verwandtschaft
beyder

13., Mephistopheles mit den antiken Ungeheuern und   15
Mißgestalten findet sich zu Hause
⟨*am Rand:*⟩ Ad 13., Centauren, Sphynxe Chimären,
Greife, Sirenen, Tritonen und Nereiden,
die Gorgonen, die Graien.

14., Mephistopheles und Enyo; schaudert vor ihrer Häß-   20

lichkeit; im Begriff sich mit ihr zu überwerfen, lenkt er
ein. Wegen ihrer hohen Ahnen und wichtigen Einflusses macht er ein Bündniß mit ihr. Die offenbaren
Bedingungen wollen nichts heißen, die geheimen Artikel sind die wirksamsten.

15., Faust gelangt zu der Versammlung der Sibyllen.
⟨*am Rand:*⟩ Manto des Tiresias Tochter
Wichtige Unterhaltung; günstiger Moment.

16. Der Hades thut sich auf, Proserpina wird angegangen

17., Die Beispiele von Protesilaus, Alceste und Euridice
werden angeführt. Helena selbst hat schon einmal die
Erlaubniß gehabt ins Leben zurückzukehren, um sich
mit dem Achill zu verbinden, mit eingeschränkter
Wohnung auf die Insel Leuce

18., So soll nun Helena auf den Boden von Sparta zurückkehren und als lebendig dort im Hause des Menelaus
empfangen werden, und dem neuen Freyer überlassen
seyn, in wie fern er auf ihren Geist und ihre empfänglichen Sinne einwirken könne.

H P123B
Reinschrift von der Hand Johns mit eigenhändigen Korrekturen

[Bey einem großen Feste an des deutschen Kaisers Hofe, P123B
werden Faust und Mephistopheles aufgefordert eine Gei-
stererscheinung zu bewirken, ungern zwar aber gedrängt
rufen sie die Idole von Helena und Paris hervor. Paris tritt
auf, die Frauen entzücken sich gränzenlos, die Herren suchen durch Einzelnen Tadel den Enthusiasmus abzuk*ühlen*.
Helena tritt auf, die Männer sind außer sich; die Frauen
wissen durch Misrede*n* die herrliche Persönlichkeit verächt-
lich zu machen. Faust von der Gestalt der Helena hingerissen wagt es den Paris der sie eben umarmen will wegdrängen zu wollen; ein Donnerschlag streckt ihn nieder
Die Erscheinungen verschwinden, das Fest endet tumultuarisch.

Faust schwer ins Leben zurück gerufen tritt auf, exaltirt
und paralisirt vom Anschauen der Helena, und fordert ihren Besitz dringend von Mephistopheles. Dieser der nicht
bekennen mag daß er im klassischen Hades nichts zu sagen
habe, bedient sich seines früheren probaten Mittels und
zerstreut Fausten auf die mannigfaltigste Weise. Hier werden gar manche Schubladen (tiroirs) aufgezogen, genugsa-
me Aufmerksamkeit fordernd; endlich da Fausts Ungeduld
nicht mehr halten will, beredet er ihn noch im Vorbeygehen
den Doctor und Professor Wagner zu besuchen, den sie in
seinem Laboratorium finden, sehr gloriirend daß eben ein
chemisch Menschlein zu Stande gekommen sey. Dieses zersprengt augenblicks den Glaskolben und tritt als bewegliches wohlgebildetes Zwerglein auf. Sein Entstehen wird
mystisch angedeutet, von seinen Eigenschaften legt es Proben ab, besonders tritt hervor daß in ihm ein allgemeiner
Weltkalender enthalten sey, er weis jeden Augenblick was
seit Adams Bildung bey gleicher Sonn Mond Erd- und
Planeten Stellung unter Menschen vorgegangen sey daher
er den⟨n?⟩ den Zusammenhang der Weltgeschichte gründlich ableitet und zugleich verkündet daß die gegenwärtige
Nacht gerade mit der Stunde zusammentreffe wo die pharsalische Schlacht geliefert worden, wie denn auch zu gleicher Zeit das Fest der klassischen Walpurgisnacht eintrete.
⟨*eingefügt und wieder gestrichen:* Seit dem tiefsten Alterthum
gefeyert die eigentlich Ursache an jenem Unglück gewesen⟩
Alle vier entschließen sich nun dorthin zu wandern welches
denn auch durch vereinte übernatürliche Kräfte leicht
zu bewirken ist. Sie kommen an und treffen zuerst auf
Erichtho welche den untilgbaren Modergeruch dieser Felder begierig einzieht. Zu ihr hat sich Erichtonius gesellt
und nun wird ihre Verwandtschaft von der das Alterthum
nichts weiß ethymologisch bewiesen, leider muß sie ihn da
er nicht gut zu Fuße ist öfters auf den Armen tragen. Eine
seltsame Leidenschaft aber ergreift diesen Wunderknaben
zu dem Chemischen Männlein so starck daß Erict*ho* ihn
auch auf den Arm nehmen muß. Mephist*opheles* hinten seine
Glossen keineswegs verbergen kann.

Faust hat sich in's Gespräch mit einer Sphynx eingelassen, wo die wichtigsten Fragen durch gleich räthselhafte
Antworten ins Unendliche gespielt werden. Ein daneben
55 in gleichsitzender Stellung aufpassender Greif, einer der
Goldhüthenden spricht mit ein ohne deshalb aufzuklären,
colossale Ameisen-Goldhüter, welche sich hinzugesellen,
machen die Unterhaltung noch verwirrter. Nun aber vermehren sich Sphynxen und Greifen sich gleichsam aus-
60 einander entwickelnd; hin und her schwärmen ferner die
übrigen Ungethüme des Alterthums, Chimären, vielköpfige Schlangen in Unzahl, verfolgt von Harpyen auch Python
erscheint im Plural und die stymphalischen Vögel schnurren hin- und wieder. Unsere Reisende an solchen Geister-
65 spuck gewohnt, lassen das alles wenig bemerkt um sich her
her summen. Das chemische Menschlein klaubt indessen
aus dem Humus eine Menge phosphoreszirender Atome
auf die eine Blaues, die andere Scharlachfeuer von sich
strahlend, er giebt sie fleißig Wagnern in die Phiole, freylich
70 nicht um ein chemisch Weiblein künftig daraus zu bilden.
Als aber Wagner um sie näher zu betrachten sie stark schüttelt, erscheinen Kohortenweis Pompejaner und Cäsareaner
um zu legitimer Auferstehung sich die Bestandtheile ihrer
Individualitäten wieder zuzueignen. Als Geistern gelingt
75 ihnen beynah sich diese Körperlichkeiten zuzueignen
doch nehmen sich die vier Winde, welche diese Nacht ge-
geneinander unablässig wehen, des gegenwärtigen Be-
sitzers an, und die Gespenster überzeugen sich, daß die
Bestandtheile Ihres Heldenthums längst durch alle Lüfte
80 zerstoben, von Millionen Bildungen aufgenommen worden. Der Tumult wird dadurch nicht geringer; allein ge-
wissermassen auf einen Augenblick beschwichtigt indem
die Aufmerksamkeit auf die Gegend bey Skotusa hingerichtet wird wo die Erde bebt, sich aufbläht und berstend
85 Haupt und Schultern des Enceladus sehen läßt, der nicht
ermangelte unter Land und Meer heranreisend den wichtigen Tag zu verherrlichen. Die Klüfte fahren fort zu flammen, die Naturphilosophen die bey dieser Gelegenheit auch

nicht fehlen, Thales und Anaxagoras kommen in Streit;
jener dem Wasser alles zuschreibend, dieser überall feurige   90
geschmolzene, schmelzende Massen erblickend, sie machen
disputirend Chorus mit den übrigen Hexen und Teufels-
lärm, doch kaum haben sich die Gluten einigermaßen
entfernt so bemächtigen sich schon die Pygmäen, die
aus weit umherklaffenden Schlünden hervorwimmeln, der   95
Oberarme und Schultern des noch gebeugten Riesen und
bedienen sich deren als Tanz- und Tummelplatz, indessen
ein unzählbares Heer von Kranichen dessen Haupt und
Haar als wärens undurchdringliche Wälder umschwärmt
und dem wichtigen Feste zum Schluß ein ergötzliches   100
Kampfspiel ankündigt.

Mephistopheles hat indessen mit Enyo Bekanntschaft
gemacht, vor deren antiken Häßlichkeit er allen Respect
hat, sich auch mit ihr wohl versteht und ein Bündniß ab-
schließt, wovon die offenbaren Bedingungen nicht viel   105
heißen wollen, die geheimen Artikel aber die merkwürdigsten und folgereichsten sind. Faust indessen ist an den
Chiron getreten der als benachbarter Gebirgsbewohner
hier seine Runde macht; ernstes Gespräch mit diesem Ur-
Hofmeister der ersten und größten Helden. Dieser fragt ihn   110
zuletzt um seine Absichten und Geschäfte, das große Unternehmen billigt sich der Helena nochmals zu bemächtigen. Habe er doch immer auch an seinen Zöglingen solchen
Unternehmungsgeist gebilligt und bietet dem modernen
Helden seine Dienste an, nimmt ihn auf den Rücken und   115
führt ihn durch Furthen, Krümmungen und Kiesstrecken
so gehts den Peneus abwärts bis an den Fuß des Olymps.
Hier stoßen sie auf eine lange Prozession von Sibyllen weit
mehr als Zwölfen. Chiron schildert die ersten vorbeyzie-
henden als alte Bekannte und empfiehlt seinen Schützling   120
der sinnigen wohldenkenden Manto, des Tiresias Tochter.

Diese eröffnet ihm daß der Weg zum Orkus sich so eben
aufthun werde, zur Stunde wo ehmals so viele große Seelen
hinabgestiegen. Es ereignet sich und, begünstigt von dem
horoskopischen Augenblick steigen sie sämmtlich hinunter   125

und treten vor Proserpinas Thron. Dieser Abstieg, so wie das große Bild des ewigen Hoflagers giebt zu gränzenlosen Incidenzien Gelegenheit, so wie der präsentirte Faust als zweiter Orpheus gut aufgenommen, Vortrag und Bitte aber
130 etwas seltsam gefunden wird.

Die Rede der Manto ist hier von Bedeutung, sie beruft sich auf die Macht der Beyspiele, führt die Begünstigung des Protesilaus, der Alceste und Euridice umständlich vor. Helena selbst hat schon einmal die Erlaubniß gehabt ins
135 Leben zurück zu kehren, um sich mit dem Achill zu verbinden, und zwar mit eingeschränckter Wohnung auf die Insel Leuce. es steht zu erwarten inwiefern sie sich hier als Meistrin der Redekunst erweisen wird

Nach manchem Hin- und Widerreden, wobey denn auch
140 die drey ernsten Richter laconische Worte mitsprechen, wird endlich zugegeben: daß Helena auf den Boden von Sparta zurückkehren solle, um als wahrhaft lebendig dort in einem vorgebildeten Hause des Menelas aufzutreten, dem neuen Werber jedoch solle überlassen seyn inwiefern er auf
145 ihren Geist und ihren empfänglichen Sinne einwirken und sich ihrer Gunst erwerben könne.

Dieses kurze Schema, wäre mit allen Vortheilen der Dicht- und Redekunst auszuschmücken, wie es aber da liegt diene es einsweilen die Antecedenzien bekannt zu machen
150 welche der angekündigten Helena, einer klassischromantischen Phantas-Magorie, als Zwischenspiel zu Faust, voraus gekannt und gedacht seyn müßten.]

W.*eimar* d. 15. Decbr. 1826

H P123C
Reinschrift von der Hand Johns mit eigenhändigen Korrekturen

P123C [Helena, Zwischenspiel zu Faust.
Ankündigung.

Fausts Charakter, auf der Höhe wohin die neue Ausbil-
dung aus dem alten rohen Volksmährchen denselben hervorgehoben hat stellt einen Mann dar, welcher, in den   5
allgemeinen Erdeschranken sich ungeduldig und unbehag-
lich fühlend, den Besitz des höchsten Wissens, den Genuß
der schönsten Güter für unzulänglich achtet seine Sehnsucht auch nur im mindesten zu befriedigen, einen Geist
welcher deshalb nach allen Seiten hin sich wendend immer   10
unglücklicher zurückkehrt.
    Diese Gesinnung ist der modernen so analog daß meh-
rere gute Köpfe die Lösung einer solchen Aufgabe zu
unternehmen sich gedrängt fanden. Die Art wie ich mich
dabey benommen hat sich Beyfall erworben; vorzügliche   15
Männer haben darüber gedacht und meinen Text comentirt,
welches ich dankbar anerkannte. Darüber aber mußte ich
mich wundern daß diejenigen, welche eine Fortsetzung und
Ergänzung meines Fragmentes unternahmen nicht auf den
so nahe liegenden Gedancken gekommen sind, man müsse   20
bey Bearbeitung eines zweyten Theils sich nothwendig aus
der bisherigen kummervollen Sphäre durchaus erheben
und einen solchen Mann, in höheren Regionen, durch wür-
digere Verhältnisse durchführen.
    Wie ich nun von meiner Seite dieses begonnen lag im   25
Stillen vor mir, von Zeit zu Zeit mich zu einiger Bearbeitung aufrufend, wobey ich mein Geheimniß vor allen und
jeden sorgfältig verwahrte, immer in Hoffnung das Werck
einem gewünschten Abschluß entgegen zu führen. Jetzo
aber darf ich nicht mehr zurückhalten und bey Herausgabe   30
meiner sämmtlichen Bestrebungen kein Geheimniß mehr
vor dem Publicum verbergen, vielmehr fühle ich mich ver-

pflichtet alles mein Bemühen auch fragmentarisch nach und
nach vorzulegen.

35   Deshalb entschließ ich mich zuerst oben benanntes, in
den zweyten Theil des Faustes einzupassendes, in sich ab-
geschlossenes kleineres Drama bey der nächst ersten Sendung sogleich mitzutheilen.

    Damit aber die große Kluft zwischen dem bekannten
40 jammervollen Abschluß des ersten Theiles und dem Eintritt einer griechischen Heldenfrau einigermaßen über-
brückt werde, so nehme man vorerst eine Schilderung des
Vorausgegangen*en* freundlich auf und finde solche einsweilen hinreichend.

45   Die alte Legende sagt nämlich, und das Puppenspiel verfehlt nicht die Scene vorzuführen: daß Faust in seinem
herrischen Uebermuth durch Mephistopheles den Besitz der
schönen Helena von Griechenland verlangt, und ihm dieser
nach einigem Widerstreben willfahrt habe. Ein solches be-
50 deutendes Motiv in unserer Ausführung nicht zu versäumen
war uns Pflicht und wie wir uns derselben zu entledigen
gesucht, welche Einleitung dazu wir schicklich gefunden
möge Nachstehendes einsweilen aufklären.

    Bey einem großen Feste an des deutschen Kaisers Hof
55 werden Faust und Mephistopheles aufgefordert eine Gei-
stererscheinung zu bewirken; ungern zwar, aber gedrängt
rufen Sie die verlangten Idole von Helena und Paris hervor.
Paris tritt auf, die Frauen entzücken sich gränzenlos; die
Herren suchen durch einzelnen Tadel den Enthusiasmus
60 abzukühlen, aber vergebens. Helena tritt auf, die Männer
sind außer sich, die Frauen betrachten sie aufmerksam und
wissen spöttisch den plumpen heroischen Fuß, eine höchst
wahrscheinlich angemahlte elfenbeinartige Gesichtsfarbe
hervorzuheben, besonders aber durch bedenkliche, freylich
65 in der wahrhaften Geschichte nur allzusehr gegründete
Nachreden, auf die herrliche Persönlichkeit einen veräcdt-
lichen Schein zu werfen. Faust, von dem Erhaben-Schönen
hingerissen, wagt es den zu ihrer Umarmung sich neigen-
den Paris wegdrängen zu wollen; ein Donnerschlag streckt

ihn nieder, die Erscheinungen verschwinden, das Fest en-   70
det tumultuarisch.

Faust aus einer schweren, langen Schlafsucht, während
welcher seine Träume sich vor den Augen des Zuschauers
sichtbar umständlich begeben, ins Leben zurückgerufen,
tritt exaltirt hervor und fordert von dem höchsten An-   75
schauen ganz durchdrungen den Besitz heftig von Mephistopheles. Dieser, der nicht bekennen mag, daß er im
klassischen Hades nichts zu sagen habe, auch dort nicht
einmal gern gesehen sey, bedient sich seines früheren probaten Mittels seinen Gebieter nach allen Seiten hin und her   80
zu sprengen. Hier gelangen wir zu gar vielen Aufmerksamkeit fordernden Mannigfaltigkeiten und zuletzt noch die
wachsende Ungeduld des Herrn zu beschwichtigen beredet
er ihn, gleichsam im Vorbeygehen auf dem Weg zum Ziele
den academisch-angestellten Doctor und Professor Wagner   85
zu besuchen den sie in seinen Laboratorium finden hoch
gloriirend daß eben ein chemisch Menschlein zu Stande
gekommen sey.

Dieses zersprengt Augenblicks den leuchtenden Glaskolben und tritt als bewegliches wohlgebildetes Zwerglein   90
auf. Das Recept zu seinem Entstehen wird mystisch angedeutet, von seinen Eigenschaften legt es Proben ab, besonders zeigt sich daß in ihm ein allgemeiner historischer
Weltkalender enthalten sey, er wisse nämlich in jedem
Augenblick anzugeben was seit Adams Bildung bey glei-   95
cher Sonn- Mond- Erd- und Planetenstellung unter Menschen vorgegangen sey. Wie er denn auch zur Probe sogleich verkündet daß die gegenwärtige Nacht gerade mit
der Stunde zusammentreffe wo die pharsalische Schlacht
vorbereitet worden und welche sowohl Caesar als Pompe-   100
jus schlaflos zugebracht. Hierüber kommt er mit Mephistopheles in Streit, welcher, nach Angabe der Benedictiner,
den Eintritt jener großen Weltbegebenheit zu dieser Stunde
nicht will gelten lassen, sondern denselben einige Tage weiter hinausschiebt. Man macht ihm die Einwendung: der   105
Teufel dürfe sich nicht auf Mönche berufen. Da er aber

hartnäckig auf diesem Rechte besteht, so würde sich der
Streit in eine unentscheidbare chronologische Controvers
verlieren, wenn das chemische Männlein nicht eine andere
Probe seines tiefen historisch-mythischen Naturells ablegte
und zu bemerken gäbe: daß zu gleicher Zeit das Fest der
klassischen Walpurgisnacht hereintrete das seit Anbeginn
der mythischen Welt immer in Thessalien gehalten worden
und, nach dem gründlichen durch Epochen bestimmten
Zusammenhang der Weltgeschichte, eigentlich Ursach an
jenem Unglück gewesen. Alle vier entschließen sich dorthin zu wandern und Wagner bey aller Eilfertigkeit vergißt
nicht eine reine Phiole mitzunehmen um, wenn es glückte,
hie und da die zu einem chemischen Weiblein nöthigen
Elemente zusammenzufinden. Er steckt das Glas in die linke Brusttasche, das chemische Männlein in die rechte, und
so vertrauen sie sich dem Eilmantel. Ein gränzenloses Ge-
schwirre geographisch historischer Notizen auf die Gegen-
den worüber sie hinstreifen bezüglich, aus dem Munde des
eingesackten Männleins läßt sie bey der Pfeilschnelle des
Flugwercks unterwegs nicht zu sich selbst kommen, bis sie
endlich beim Lichte des klaren obschon abnehmenden
Mondes zur Fläche Thessaliens gelangen. Hier auf der Hai-
de treffen sie zuerst mit Erichto zusammen, welche den
untilgbaren Modergeruch dieser Felder begierig einzieht.
Zu ihr hat sich Erichtonius gesellt und nun wird beyder
nahe Verwandtschaft, von der das Alterthum nichts weiß,
etymologisch bewiesen; leider muß sie ihn da er nicht gut
zu Fuße ist, öfters auf dem Arme tragen und sogar, als das
Wunderkind eine seltsame Leidenschaft zu dem chemischen
Männlein darthut diesen auch auf den andern Arm nehmen,
wobey Mephistopheles seine bösartigen Glossen keineswegs zurückhält.

    Faust hat sich ins Gespräch mit einer, auf den Hinter-
füßen ruhenden Sphynx eingelassen, wo die abstrusesten
Fragen durch gleich räthselhafte Antworten ins Unendliche
gespielt werden. Ein daneben, in gleicher Stellung aufpassender Greif, der goldhütenden einer spricht dazwischen

ohne das Mindeste deshalb aufzuklären. Eine kolossale,
gleichfalls goldscharrende Ameise welche sich hinzugesellt, 145
macht die Unterhaltung noch verwirrter.

Nun aber da der Verstand im Zwiespalt verzweifelt sollen auch die Sinne sich nicht mehr trauen. Empusa tritt
hervor die dem heutigen Fest zu ehren einen Eselskopf
aufgesetzt hat, und, sich immer umgestaltend, zwar die üb- 150
rigen entschiedenen Gebilde nicht zur Verwandlung aber
doch zu unsteter Ungeduld aufregt.

Nun erscheinen unzählbar vermehrt Sphynxe, Greife
und Ameisen, sich gleichsam aus sich selbst entwickelnd.
Hin und her schwärmen übrigens und rennen die sämmt- 155
lichen Ungethüme des Alterthums, Chimären, Tragelaphe,
Gryllen, dazwischen vielköpfige Schlangen in Unzahl. Harpyen flattern und schwanken fledermausartig in unsichern
Kreisen; der Drache Python selbst erscheint im Plural
und die stymphalischen Raubvögel, scharf geschnabelt mit 160
Schwimmfüßen schnurren einzeln pfeilschnell hintereinan-
der vorbey. Auf einmal jedoch über allen schwebt wolken-
artig ein singender und klingender Zug von Sirenen, sie
stürzen in den Peneus und baden rauschend und pfeifend,
dann baumen sie auf im Gehölze zunächst des Flusses, sin- 165
gen die lieblichsten Lieder. allererst nun Entschuldigung
der Nereiden und Tritonen, welche durch ihre Conforma-
tion, ohngeachtet der Nähe des Meeres, diesem Feste bey-
zuwohnen gehindert werden. Dann aber laden sie die ganze
Gesellschaft aufs dringendste sich in den mannigfaltigen 170
Meeren und Golfen, auch Inseln und Küsten der Nachbarschaft insgesammt zu ergötzen; ein Theil der Menge folgt
der lockenden Einladung und stürzt meerwärts.

Unsere Reisenden aber, an solchen Geisterspuk mehr
oder weniger gewöhnt, lassen das alles fast unbemerkt um 175
sich her summen. Das chemische Menschlein, an der Erde
hinschleichend, klaubt aus dem Humus eine Menge phos-
phorescirender Atome auf, deren einige blaues, andere
purpurnes Feuer von sich strahlen. Er vertraut sie gewissenhaft Wagnern in die Phiole, zweifelnd jedoch ob daraus 180

künftig ein chemisch Weiblein zu bilden sey. Als aber Wagner um sie näher zu betrachten sie stark schüttelt erscheinen,
zu Kohorten gedrängt, Pompejaner und Cäsareaner, um zu
legitimer Auferstehung, sich die Bestandtheile ihrer Indi-
185 vidualitäten stürmisch vielleicht wieder zuzueignen. Beynahe gelänge es ihnen sich dieser ausgegeisteten Körperlichkeiten zu bemächtigen, doch nehmen die vier Winde,
welche diese Nacht unablässig gegen einander wehen, den
gegenwärtigen Besitzer in Schutz und die Gespenster müs-
190 sen sich gefallen lassen von allen Seiten her zu vernehmen:
daß die Bestandtheile ihres römischen Großthums längst
durch alle Lüfte zerstoben, durch Millionen Bildungsfolgen
aufgenommen und verarbeitet worden.

    Der Tummult wird dadurch nicht geringer, allein gewis-
195 sermaßen auf einen Augenblick beschwichtigt, indem die
Aufmerksamkeit zu der Mitte der breit und weiten Ebene
gerichtet wird. Dort bebt die Erde zuerst, bläht sich auf und
ein Gebirgsreihen bildet sich aufwärts bis Scotusa abwärts
bis an den Peneus bedrohlich sogar den Fluß zu hemmen.
200 Haupt und Schultern des Enceladus wühlen sich hervor,
der nicht ermangelte, unter Meer und Land heranschlei-
chend, die wichtige Stunde zu verherrlichen. Aus mehreren
Klüften lecken flüchtige Flammen; Naturphilosophen die
bey dieser Gelegenheit auch nicht ausbleiben konnten, Tha-
205 les und Anaxagoras gerathen über das Phänomen heftig in
Streit, jener dem Wasser wie dem Feuchten alles zuschreibend, dieser überall geschmolzene, schmelzende Massen
erblickend, peroriren ihre Solos zu dem übrigen Chor-Ge-
sause, beide führen den Homer an und jeder ruft Vergan-
210 heit und Gegenwart zu Zeugen. Thales beruft sich vergebens auf Spring- und Sündfluthen mit didaktisch wogen-
dem Selbstbehagen; Anaxagoras, wild wie das Element das
ihn beherrscht, führt eine leidenschaftlichere Sprache, er
weissagt einen Steinregen, der denn auch alsobald aus
215 dem Monde herunter fällt. Die Menge preist ihn als einen
Halbgott, und sein Gegner muß sich nach dem Meeresufer
zurückziehen.

Noch aber haben sich Gebirgsschluchten und Gipfel
nicht befestigt und bestätigt, so bemächtigen sich schon aus
weit umherklaffenden Schlünden hervorwimmelnde Pyg-   220
mäen der Oberarme und Schultern des noch gebeugt auf-
gestemmten Riesen und bedienen sich deren als Tanz- und
Tummelplatz, inzwischen unzählbare Heere von Kranichen, Gipfelhaupt und Haare, als wären es undurchdringliche Wälder, kreischend umziehen und, vor Schluß des   225
allgemeinen Festes, ein ergötzliches Kampfspiel ankündigen.

So vieles und noch mehr denke sich wem es gelingt als
gleichzeitig wie es sich ergiebt. Mephistopheles hat indessen mit Enyo Bekanntschaft gemacht, deren grandiose   230
Häßlichkeit ihn beynahe aus der Fassung gebracht und
zu unhöflichen beleidigenden Interjectionen aufgeschreckt
hätte. Doch nimmt er sich zusammen und in Betracht ihrer
hohen Ahnen und bedeutenden Einflusses sucht er ihre
Gunst zu erwerben. Er versteht sich mit ihr und schließt ein   235
Bündniß ab, dessen offenkundige Bedingungen nicht viel
heißen wollen, die geheimen aber desto merkwürdiger und
folgereicher sind. Faust an seinem Theile ist an den Chiron
getreten, der als benachbarter Gebirgsbewohner seine ge-
wöhnliche Runde macht. Ein ernst pädagogisches Ge-   240
spräch mit diesem Urhofmeister wird, wo nicht unterbrochen doch gestört durch einen Kreis von Lamien, die sich
zwischen Chiron und Faust unablässig durch bewegen; Reizendes aller Art, blond, braun, groß, klein, zierlich und
stark von Gliedern, jedes spricht oder singt, schreitet oder   245
tanzt, eilt oder gestikulirt, so daß wenn Faust nicht das
höchste Gebild der Schönheit in sich selbst aufgenommen
hätte er nothwendig verführt werden müßte. Auch Chiron
indessen, der Alte unerschütterliche, will dem neuen sinnigen Bekannten die Maximen klar machen wornach er seine   250
schätzbaren Helden gebildet, da denn die Argonauten her-
erzählt werden und Achill den Schluß macht. Wenn aber
der Pädagog auf das Resultat seiner Bemühungen gelangen
will; so ergiebt sich wenig Erfreuliches; denn sie leben und
handeln gerade fort als wenn sie nicht erzogen wären.   255

Als nun Chiron das Begehren und die Absicht von Faust erfährt, erfreut er sich doch auch wieder einmal einen Mann zu sehen der das Unmögliche verlange, wie er denn immer an seinen Zöglingen dergleichen gebilligt. Zugleich bietet er dem modernen Helden Förderung und Leitung an, trägt ihn auf breitem Rücken kreuzweis hinüber herüber durch alle Furthen und Kiese des Peneus, läßt Larissa zu rechten und zeigt seinem Reuter nur hie und da die Stelle wo der unglückliche König von Macedonien Perseus auf der bänglichsten Flucht wenige Minuten verschnaufte. So gelangen sie abwärts bis an den Fuß des Olympus; hier stoßen sie auf eine lange Prozession von Sibyllen, an Zahl weit mehr als zwölfe. Chiron schildert die ersten Vorüberziehenden als alte Bekannte und empfiehlt seinen Schützling der sinnigen, wohldenkenden Tochter des Tiresias, Manto.

Diese eröffnet ihm daß der Weg zum Orkus sich soeben aufthuen werde, gegen die Stunde wo ehmals, um so viele große Seelen hinabzulassen, der Berg klaffen müssen. Es ereignet sich wirklich und, von dem horoskopischen Augenblick begünstigt steigen sie sämmtlich schweigend hinunter. Auf einmal deckt Manto ihren Beschützten mit dem Schleyer und drängt ihn vom Wege ab gegen die Felsenwände, so daß er zu ersticken und zu vergehen fürchtet. Dem bald darauf wieder enthüllten erklärt sie diese Vorsicht, das Gorgonenhaupt nämlich sey ihnen die Schlucht herauf entgegen gezogen, seit Jahrhunderten immer größer und breiter werdend; Proserpina halte es gern von der Festebene zurück weil die versammelten Gespenster und Ungethüme durch sein Erscheinen aus aller Fassung gebracht sich alsobald zerstreuten. Sie Manto selbst als hochbegabte wage nicht es anzuschauen, hätte Faust darauf geblickt so wär er gleich vernichtet worden, so daß weder von Leib noch Geist im Universum jemals wieder etwas von ihm wäre zu finden gewesen. Sie gelangen endlich zu dem unabsehbaren, von Gestalt um Gestalt überdrängten Hoflager der Proserpina; hier giebt es zu gränzenlosen Incidenzien Gelegenheit, bis der präsentirte Faust als zweyter Orpheus

gut aufgenommen, seine Bitte aber doch einigermaßen seltsam gefunden wird. Die Rede der Manto als Vertreterin,
muß bedeutend seyn, sie beruft sich zuerst auf die Kraft der 295
Beyspiele, führt die Begünstigung des Protesilaus, der Alceste und Euridice umständlich vor. Hat doch Helena
schon einmal die Erlaubniß gehabt ins Leben zurückzukehren, um sich mit dem frühgeliebten Achill zu verbinden!
Von dem übrigen Gang und Fluß der Rede dürfen wir 300
nichts verrathen, am wenigsten von der Peroration, durch
welche die bis zu Thränen gerührte Königin ihr Jawort
ertheilt und die Bittenden an die drey Richter verweist, in
deren ehrenes Gedächtniß sich alles einsenckt was in dem
Lethestrome zu ihren Füßen vorüberrollend zu verschwin- 305
den scheint.

Hier findet sich nun, daß Helenen das vorigemal die
Rückkehr ins Leben vergönnt worden, unter der Bedingung eingeschränkten Wohnens und Bleibens auf der Insel
Leuce. Nun soll sie ebenmäßig auf den Boden von Sparta 310
zurückkehren, um, als wahrhaft lebendig, dort in einem
vorgebildeten Hause des Menelas aufzutreten, wo denn
dem neuen Werber überlassen bleibe inwiefern er auf ihren
beweglichen Geist und empfänglichen Sinn einwirken und
sich ihre Gunst erwerben könne. 315

Hier tritt nun das angekündigte Zwischenspiel ein, zwar
mit dem Gange der Haupthandlung genugsam verbunden,
aus Ursachen aber, die sich in der Folge entwickeln werden,
als isolirt für diesmal mitgetheilt.

Dieses kurze Schema sollte freylich mit allen Vortheilen 320
der Dicht- und Redekunst ausgeführt und ausgeschmückt
dem Publicum übergeben werden, wie es aber da liegt,
diene es einsweilen die Antecedenzien bekannt zu machen
welche der angekündigten Helena, einem klassisch-roman-
tisch-phantasmagorischen Zwischenspiel zu Faust als vor- 325
ausgehend genau gekannt und gründlich überdacht werden
sollte.

W.*eimar* d. 17. Decbr. 1826.   ]

II H4
Notizen eigenhändig

⟨*Baccalaureus*⟩
[Wenn ich nicht will; so muß kein Teufel seyn.   *6791v*
    Meph.
Der Teufel stellt dir nächstens doch ein Bein.]   *6792*

[Das hätt er dencken sollen   P130
₅ Das Böse (Übel) kommt {so wenig} vor]

II H2c
Notiz eigenhändig

Und wenns der Teufel ernstlich mey*n*t,   P129
So sind es warlich keine Späße

II H2b
Notizen eigenhändig

Das muß dich nicht verdrieße*n*   P127
Wer kuppelt nicht ein*m*al um selb⟨*er?*⟩ zu genießen
So
        Blut das ich ihm abgelo*ckt*   *6579v*
₅ Vertrockn*et*
Sogar hier in de*m* Rohr*e* stockt.   *6578v*

II H2a
Notiz eigenhändig

Von dem was sie versteh*n*   P128
Woll'n sie nichts weiter wissen.

I H³⁷
Reinschriftblatt von der Hand des Schreibers John,
dazwischen eigenhändige Entwürfe

<u>Wilder Gesang von Ferne.</u>

Das wilde Heer

Der Faunentanz
In Laub und Kranz   Von berges Höhe de*n*
Aus Waldes Nacht   dunklen Wald   5
Nur Platz gemacht

[<u>Plutus.</u>   Wildes Heer
5807v Ich kenne dich du großer Pan
         Du kommst mir ganz erwünscht heran
5809v Schon weis ich was nicht jeder weis   10
5810v Und öffne diesen Zauber Kreis.

         <u>Faunen</u>
5815   Geputztes Volk
         Du Flitterschau
5816   Sie kommen roh   15
         Sie kommen rauh
5817v In hohem Sprung
         Und raschem Lauf
5818   Sie treten derb
         Und tüchtig auf   20
5805v Wir wissen doch was keiner weis
5806v Und dringen in den leeren Kreis

         <u>Plutus.</u>
5807v (Ich kenne dich vermummter Pan
5808v Du hast einen kühnen Schritt gethan   25
5812v Doch wunderlichstes kann geschehn
5814   Sie haben sich nicht vorgesehn.)]

⟨*nach 5810v eigenhändig eingefügt:*⟩
⟨*Homunculus*⟩
[Bleib deinen ruhigen Bezirken
Treu deiner Lampe Nachtrevier
30 Auf Menschen ist nicht recht zu wirken
Wohl aber aufs Papier]

O! Bleibe ruhigen Bezirken
Treu, deiner Lampe Nacht Rev.*ier*
Auf Menschen ist nicht leicht zu wirken
35 Doch auf das willige Papier.

H P149
Notiz eigenhändig

17. 10.
[Wenn du entstehn willst thust du immer besser   P149
Du wirfst dich ins ursprüngliche Gewässer.
Es ist zu klar]

II H18a
Entwürfe eigenhändig

Denn wo man die Geliebte sucht   7193
Ist alles Fratzen zeug erträglich.   7194v

[Die Cäsarn die Pompejus angehörten
Sie waren beyderseits nicht frey]

5   Greife   /: schnarend :/
Was er will es ist nicht deutlich   7138v
Denn hi{er}her gehört er nicht.   7139v

        Chiron.
            [Man thue was man mag]

I H56
Arbeitsmundum von der Hand des Schreibers John

[Meph.
In welcher Sprache weis doch selbst nicht wie
7118v Sind Britten hier, sie reisen sonst ja viel
.

.
7122v Mag seyn jedoch In ihrem Bühnenspiel   5
7123v Dem ältsten tret ich auf als old Iniquity

Sphynx
Da brauchts fürwahr kein vieles Übersetzen
Als alten Schalk, weiß man dich wohl zu schätzen   10

Meph.
7131v Gebt mir ein Räthsel, aus dem tiefsten Schrein.]

⟨folgt varianter Entwurf zu 7132-7139⟩

II H15
Entwürfe eigenhändig

P133v Ohne gräßliches Gepolter
Durfte keine Welt entstehn

[Ohne wildest*es* Gep*olter*]

[Nur durch plutonisches Gepolder
Konnt eine schöne Welt entsteh*n*]   5

7558v [Ahnen
W⟨xx⟩ und die Gegend⟨xx⟩ ⟨xxx⟩
7561v Mit Pelion und Ossa Ball gespielt
7560v Und übermüthig mit Titanen]

10 [Und setzen sie wie eine Mütze   *7564v*
    Dem grämlichen Olymphus auf]

    ⟨*Mephistopheles*⟩
    [Denn da wo sich Gespenster häufen   *7843v*
    Da ist der Philosoph zu Haus   *7844v*
    Und daß man seiner Gegenwart sich freue   *7845v*
15 Er macht sogleich ein duzzend Neue.]   *7846v*

                        II H⁶
                  Entwürfe eigenhändig

    ⟨*Homunculus*⟩
    [Gold Überfluß u lang gesundes Leben   *6997v*
    Und will uns Gott auch Tugend]   *6998v*

    [Ich seze dir das Tüpfchen auf das i   *6994v*
    Da ist ein Buchstab und uns fehlt es nie

5   Wenn ich froh u guter Dinge
    An die dustre ⟨*wohl für: düstre*⟩ Scheibe klinge
    Thun sie wohl]
    ⟨*folgt varianter Entwurf zu 6995-7000*⟩

    Ohne gräßliches Gepolter   P133
    Konnte keine Welt entstehn

10 [Als ich einstmal stark gehustet   P134v
    Wußt ich gar nicht was geschah
    [Hab ich sie heraus gepustet
    Und sie stehn wie Götter da]

              nicht wie mir geschah

P134 [Als ich einstmal stark gehustet   15
      Wußt ich nicht wie mir geschah]
      Hatt ich sie heraus gehustet
      Und sie stehn als Berge da

P135 Und {nun} sagt {man} die Tittanen
      Hätten alles das erstürmt   20
      Und zu unerstiegnen Bahnen
      Das Gebirgs werck aufgethürmt

      ⟨am Rand:⟩ Psychestre Semestr {Sylves} Pedestre

P136 Diese schöne glate Flur
      Und es ist das Gas sylvestren   25
      Daß mir einst im Schlaf entfuhr

      ─────

P138 [Reden mag man noch so griechisch
      Hörts ein Deutscher der verstehts]

P137 So bin ich der Gott der Winde
      All das alte dumme Zeug   30
      Nord und {Süd und} West gesinde
      Fahren {über} Meer und Reich
      {Steigt durch losgelaßne Kräfte
      Himmelan   ⟨xxx⟩ ⟨xxx⟩ ⟨xxx⟩
      Weil sich gibt geschrey   35
      Plutus hat es nie vermocht}]

P139 [Wer's mit der Welt nicht lustig nehmen will
      Der mag nur seinen Bündel schnüren]

II Hᵃ
Entwürfe eigenhändig

H.⟨*omunculus*⟩
Du darfst dich nur bequem*en*
Mir hinten den nächsten Weg zu nehm*en*
Ich schwebe vor. Du packe diesen ein
5 Der alte Mantel mag das Flugwe*r*k seyn.

Das Böse das Gute   P131
Ich weis es nicht doch ist {mir} schlecht zu Muth*e*

[Indessen wir in's Fäustchen lache*n*   P132
So brüsten sie sich ohne Scheu,
10 Sie dencken, weil sie's anders machen:
Es wäre neu!]

II H²⁰
Schema-Entwurf eigenhändig

[Die Pharsalische Eb*ene*

Mond u Sternhelle Nacht

Erichto
Zelten. Bivou*a*cs. als Nachgesicht]

5 {Der} Schatten des Jüngeren Pompejus

Erichthon*iu*s

E⟨xx⟩

H P124
Schema von der Hand des Schreibers John
mit eigenhändigen Ergänzungen

P124 [<u>Schema.</u>

⟨*am Rand:*⟩ [Pharsalische Ebene
            Peneus
            Mond u Sternhelle Nacht
            Erichto   5
            Zelte Bivouak der beyden Heere als Nachge-
                                                      sicht]

[Erichto
Erichtonius]
[Der jüngere Pompejus.
Die Luftwandler.   10
Faust auf klassischen Boden
Sie trennen sich]
[Mephistoph. umherwandelnd]
[Kommt zu den Greifen und Sphynxen]
[Ameisen und Arimaspen treten auf]   15
[Mephist. die Sphynxe und Greife, Fortsetzung.]
[Die Sirenen]
[Faust, in Betrachtung der Gestalten]

⟨*am Rand:*⟩ [Rohr u. Schilf, Weidengelisp*el* u Pappelzweig*e*]
            [Meph u Lamien   20
            Faust am Peneus.]
            Rohr Gelispel Pappelzw*eige*
            Faust Chiron

[Hinweisung auf Chiron]
[Die Stymphaliten]   25
[Köpfe der Lernea]
⟨*am Rand:*⟩ [Mephist. u die Lamien.
            Faust und Chiron.]

Sirenen sich badend
30 Erderschütterung
[Seismos]
Flucht nach dem Meere eingeleitet.
Beschreibung des Bergwachsens.
Sphynxe zum Entstehen des Berges.]

35 [Steinregen
Thales
Anaxag*oras*]
[[Ameisen]
[Greife]
40 [Pygmäen]
Kranniche
Wettstreit
Daktile sonst Däumchen genannt.
[Mephist. von Lamien zurückkehrend.]
45 Motiv seiner weitern Forschung.
Meeresgestade
Sirenen flötend und singend.
Mond im Gewässer
Najaden
50 Tritone
Drachen und Meerpferde
Der Muschelwagen der Venus
Telchinen von Rhodus
Kabiren von Samothrace
55 Kureten und Koribanten von Creta
Faust mit Chiron und Manto
Exposition des Sibyllenzuges
Zug selbst
Unterirdisch reich
60 Verhandlung
Rede der Mando
Abschluß die drey Richter.]

II H[17]
Entwurf eigenhändig

⟨*Sirenen*⟩
[O we*lch* Beben! Welche Sch{recken}
In de*m* flachen Mit*t*ellande
7495v Stürzt euch in des Peneus Fluth
7496v Da noch gilt es platschend ⟨*wohl für: plätschernd*⟩

schwimmen

7497 Lied um Lieder anzustimmen　　　　　　　　　　5
7498v Dem unzähligen Volk zu gut.
/: Erdbeben :/


```
        v   –  v    –  v  v – v   v   –
```
7263/64v Am besten wär es du legtest d*ich* nieder
　　　Die Buschufer des Peneus　　　　　　　　　10

```
        v   –  v       –  v  v – v   v    – v
```
7263/64 Am besten geschäh dir du legtest d*ich* nie*der*
7265/66v Erholtest im Rohre die schmachten*den* ⟨*über der Zeile:*
　　　　　　　　　　　　　　　ermüde*ten*⟩ Glie*der*

7267/68v Genieße der ewig entbehrteste*n* Ruh
7269/70 Wir säusel*n* wir riesel*n* wir flüst*ern* dir zu　　　　15

Schilf u Rohr Gelispel
Säußeln des Weidengesträuchs
　　　des PappelGezweich]

　{Droller*ei*} u Taumel
　　　S{eismos}　　　　　　　　　　　　20
　　　{Erdbeben}

Flucht nach dem Meer

II H⁴⁶
Entwurf eigenhändig

⟨*Sirenen*⟩
[D{ir} w{i}rds vor unserm Zauber bang   P151
Der {D}ich so gar hernieder zwang
Jetzt im mitten stille stehn
Zu {ihren heiligen} Festen sehn.]

⟨*Mephistopheles*⟩
₅ [Bin denn gar in fremden Landen   7801v
Ist hier ein neuer Berg entstanden
        Oreas
Komm hier herauf mein Fels ist alt   7811v
Und von ursprünglicher Gestalt   7812v
₁₀ Darunter das Gebild des Wahns   7817v
        Dryas
Verschwindet schon beym Krähn des Hahns.]   7818

II H²²
Entwurf eigenhändig

[Sirenen
Halte still am Mittel Himmel
Scheine milder das Gewimmel
Die Wasser Blitze leuchten
₅ Diese Wellen   feuchten
Denen die daraus entstehen
Schwebend auf und niedergehen
Telchinen von Rhodus Kabiren von Samothrace
Corybanten von Creta]

II H25
Eigenhändig überarbeitete Reinschrift von der Hand
des Schreibers John

[Buchten des Aegäischen Meeres.

———

Sirenen.

⟨*nach Spatium folgen 8034-8041*⟩

Kabiren.
8076v Götter die sich selbst erzeugen
8077v Und nicht wissen was sie sind   5
Telchinen.
8275v Wir haben den Dreyzack Neptunus geschmiedet

Sirenen.
7495v Stürzt euch in des Peneus Fluth
7496 Plätschernd ziemt es da zu schwimmen   10
7497 Lied um Lieder anzustimmen
7498 Dem unseligen Volk zu gut.

[Schilf und Rohrgelispel
Säuseln der Weidengesträuche
der Pappelgezweige]   15

7263/64v Am besten geschieht dir du legtest dich nieder
7265/66 Erholtest im Kühlen ermüdete Glieder
7267/68 Genössest der immer dich meidenden Ruh
7269/70 Wir säuseln wir rieseln wir flüstern dir zu]

[Faust / am Peneus :/   20
Noch ist ihm nicht geholfen
Alles hat nicht an sie herangereicht
Deutet auf eine wichtige Vorwelt

Sie aber tritt in ein gebildeteres Zeitalter
₂₅ Göttlichen Ursprungs
Lebhafte Erinnerung an den Traum Letha und die
Schwäne.]

II H²⁴
Entwurf eigenhändig

[　Meph.
Ihr seyd noch hier?　　　　　　　　　　　　　　　7239ᵛ
　　Sph.⟨inxe⟩
　　　　　　Das ist nun unsre Lage,　　　　　　7243ᵛ
₅ So gleichen wir die Mond u Sonnentage　　　　7244ᵛ
　　　Sitzen vor den Pyramiden,　　　　　　　7245
　　　Zu der Völcker Hochgericht,　　　　　　7246
　　　Überschwemmung Krieg u Frieden,　　　7247
　　　Und verziehen kein Gesicht.　　　　　　7248
₁₀ Sehr eilig hast du dich benommen,
Und bist wohl übel angekommen.
　　　　　Meph.
Ich ging – Ihr laßt euch nicht belügen –
Mich ein Momentchen zu Vergnügen,
₁₅ Doch, hinter holder Masken Zügen　　　　　　7797ᵛ
Sah ich Gesichter daß mich's schauerte,　　　　7798ᵛ
Gar gerne ließ ich mich betrügen　　　　　　　7799ᵛ
Wenn es nur länger dauerte.]　　　　　　　　　7800

H P125
Reinschrift von der Hand des Schreibers John
mit eigenhändigen Ergänzungen

[　Schema　　　　　　　　　　　　　　　　　　P125
den 6. Febr. 1830.
————

Pharsalische Ebene

links der Peneus
Rechts das Gebirg
Erichto
Zelte,   Wachfeuer röthlich flammend.
Bivouac der beiden Heere

Das Ganze Als Nachgesicht
Erichto führt sich ein, commentirt die Er*scheinung*
Der jüngere Pompejus
[Anfrage u Unterh.*altung*
Aufgang den Mondes.
Die Luftwandler sencken sich
Anrede der E.*richtho*
Faust auf klassischen Boden
Die Zelten verschwind*en*
Die Feuer brennen fort bläulich]
Sie trennen sich.

———

Faust am Peneus
[Rohr- u. Schilfgeflüster]
[Weidenbusch und Pappelzweig Gesäusel.]
Faust u. Chiron sich entfernend.
Sirenen sich badend
Erderschütterung
Flucht nach dem Meere eingeleitet
Sphynxe incomodirt.]
[Anaxagoras Steinregen veranlassend
Thales den Homunkulus zum Meere einladend
Mephist. u. Dryas
⟨*gestrichen:* Derselbe die Phorkyaden
Abschluß dieser Unterhaltung⟩
Begegnen Schlangen
Findet die Sphynxe wieder
Verwandelt sich in ihrer Gegenwart.
Abscheu und Abschluß
Heißer Wind und Sandwirbel
Der Berg scheint zu versinken.

Mephist. flüchtet.]

40 [Buchten des ägäischen Meers
Sirenen
Thales u. Humunkulus.
Nereus und Proteus
Najaden
45 Tritonen
Drachen und Meerpferde
Muschelwagen der Venus.]

[Telchinen von Rhodus.
Kabiren v. Samothrace
50 Kureten und Korybanten von Kreta.

[Faust mit Chiron ud. Manto.
⟨*gestrichen:* Exposition des Sibyllenzuges.
Zug selbst.⟩
Unterirdisches Reich.
55 Verhandlung
Rede von Manto
Abschluß die drey Richter]]

⟨*eigenhändig ergänzend am Rand neben Zeile 51 ff.:*⟩
[Chiron über Manto sprechend
Fausten bey ihr einführend.
60 Übereinkunft.
Geheimer Gang
Medusenhaupt
Proserpina verhüllt
Manto ihre Schönheit rühmend
65 Vortrag
Zugeständniß. Melodisch unverneh*mlich*
Manto erklärt.]

II H⁵⁵
Überarbeitete Reinschrift von der Hand des Schreibers John,
eigenhändige Zusätze

⟨*Proteus*⟩

8331ᵥ [Bist du einmal ein Mensch geworden

8332 Dann ist es völlig aus mit dir.

P155   [Kennte der Jüngling die Welt genau
                       Er würde im ersten Jahre grau.]

      Thales.   5

8333ᵥ Nach dem es kommt ist's auch wohl fein

8334 Ein wackrer Mann zu seiner Zeit zu seyn.]

⟨*folgen 8335-8338*⟩

                    S⟨*phinx?*⟩
         Du bist ein {Gast} das kann ich leiden
         {Die unsern eil ich meist zu meiden}   10

⟨*varianter Entwurf zu 8082-8093*⟩
                    Th⟨*ales*⟩

8093 [Nicht gleich wirds Glas u Flamme kosten]

P154 [In {einem} Irrthum {euch} entst⟨xx⟩
     Die Welt {durch euch} nicht kann be⟨xx⟩]
     [Im Eigensinn bedächtig   15
     Stets Rath bedürfend keinen Rath im Ohr]

     [Und in Verzweiflung doch zuletzt
     Wenn Übermas sich selbst ein Ziel gesezt,]

H P204
Entwurf eigenhändig

⟨*Mephistopheles*⟩
Mir grillts im Kopf   P204
            kan*n* ichs erreich*en*
Der listigste von mein*en* Streich*en*

II H⁴⁸
Entwurf eigenhändig

H⟨*omunculus*⟩
[Laßt mich an eurer Seite gehn   7857
Mich selbst gelüstets zu entstehn   7858
      A⟨*naxagoras*⟩   7895*v*
5 Hast du in Einer Nacht   7860*v*
Solch einen Berg heraufgebrach*t*
{Sie ist die Macht}
D⟨xx⟩]

[Solch ein {fürchterliches} Bild
10   eingehüllt

Ich such ihn auf an allen {Ecken}
Den alten Sat*a*n zu erschr{ecken}
         Meph
Wird man die ur*v*erworfnen Sünden   7973
15 Im mindesten noch häßlich finden   7974
Wen*n* man das Abgrunds Ding erblickt   7975*v*
Wir litten sie nicht auf der Schwelle   7976*v*
Zu unsrer grauenvoll⟨*en?*⟩ Hölle   7977*v*
[Das duldet man in der Schö*n*heits L*and*   7978*v*
20 Das wird noch jetzt antic genannt.   7979*v*
Wir {duld}]

P204v   Mir   {fehlt}   was ⟨xxx⟩ kann ichs erreichen
        Es ist wenn es nur glückt
                Der listigste von allen meinen Streichen
        Wir {schwan}   25
P152   M.⟨ephistopheles⟩
        Zum edlen Zweck es abzutreten frey]

II H42
Notiz eigenhändig

P153v   Seismos
        Von Scotusa bis an den Peneus

II H49
Entwürfe eigenhändig

7865v   [Hier war es ⟨xxx⟩ Plutonisch {grauses} Feuer
7866v   Aeolischer Kraftwind wirksam ungeheuer
7867v   [durchbrachen diesen Boden⟨s?⟩ alte Kruste
7868v   Daß alsogleich ein Berg entstehen mußte]]
P153   ⟨gestrichen: Hier von Scotusa bis zum Peneus dort⟩   5
        [W{o}
8026v?   Viel Ehr thut ihr mir
        Und mein Eckzahn mächtig so wie wir

                Viel ehr thu
        und ⟨xxx⟩ durfte {den Eckzahn} dem   10
        Wo{bei} zu ⟨xxx⟩ überläßt]
7865v   [Hier war es wo Plutonisch grimmig Feuer
7866v   Aeolischen Dunst ausdehnend ungeheuer
7867   Durchbrach des flachen Bodens alte Kruste
7868   Daß neu ein Berg sogleich entstehen mußte]   15

        ⟨folgt varianter Entwurf zu 8000 f. und 7965-7969⟩

H P126
Schema eigenhändig

[Interloc.⟨*utio?*⟩   P126
Sirene*n* (Chorus
Nereus
Proteus
₅ Thales
Homunkul*us*]

II H⁷⁴
Mundum von der Hand des Schreibers John
mit eigenhändigen Zusätzen

⟨*Reinschrift 7005-7089*⟩
        ⟨*Mephistopheles*⟩
Das Auge fordert seinen Zoll.   P150
Was hat man an den nackten Heiden?
Ich liebe mir was auszukleiden,
Wenn man doch einmal lieben soll.

⟨*Reinschrift 7090-8081 ohne 7395-7494 und 7676-7695. Nach 8031*
am Schluß der Szene zwischen Mephistopheles und den Phorkya-
den:⟩
₅   Meph./: laut :/
Ich eile nun und such im vollem Lauf   P150a
Der neusten Tage kühnsten Meisel auf
Mit Gott und Göttin laßt eu*ch*s dann gefallen
Gesellt zu stehn in heiligen Tempelhallen.
₁₀   /: zum Parterre :/
Vor aller Augen muß ich mich verstecken,   *8032*
Im Höllenpfuhl die Teufel zu erschrecken.   *8033*
⟨*folgt Reinschrift bis 8338*⟩

H P157
Schema von der Hand des Schreibers John

P157 [Prolog des dritten Acts.

———

Geheimer Gang
Manto und Faust
Einleitung des Folgenden
Medusenhaupt   5
Fernerer Fortschritt.
Proserpina verhüllt.
Manto trägt vor
Die Königin an ihr Erdeleben erinnernd.
Unterhaltung von der verhüllten Seite, melodisch artikulirt   10
                    scheinend aber unvernemlich.
Faust wünscht sie entschleyert zu sehen.
Vorhergehende Entzückung
Manto führt ihn schnell zurück.
Erklärt das Resultat
Ehre den Antecedenzien   15
Die Helena war schon einmal auf die Insel Leuce
                              beschränkt.
Jetzt auf Spartanischem Gebiet soll sie sich lebendig
                              erweisen.
Der Freyer suche ihre Gunst zu erwerben.
Manto ist die Einleitung überlassen.]
                    W.*eimar* d. 18. Juni. 30.   20

H P159
Entwurf eigenhändig

⟨*Manto?*⟩
P159 Nur wandle den Weg {hier} ungest*ört*
Ein jeder stutzt der Unbegreiflich*s* hört.

H P160
Entwurf eigenhändig

⟨*Manto?*⟩
Sieh hier die Tiefe dieses Ganges   P160
Es deckt sie uns ein dumpf*er* Flor
⟨*Faust?*⟩
Mich däuch*t* was Riesenha*ftes* langes
Tritt aus der Finsterniß hervor

H P161
Entwurf eigenhändig

[Faust   P161
Was hüllst du mich in dein*en* Mantel ein?
Was drängst du mich gewaltsam an die Seite
          Manto
⁵ Ich wahre dich vor größrer Pein,
  Verehr*e* weisliches Geleite.]

PARALIPOMENA ZU FAUST II · DRITTER AKT

H P84
Schema-Entwurf eigenhändig

P84 [Helena Egypterin Mägde
H.   M{orgen} befiehlt eine Spartanische Fürstin
Eg.   Alberne Späße
H.   Verdrießlichkeit
Eg.   Weitere Reden   5
H.   Drohung
Eg.   Und das heilige Menschenrecht
      Gilt dem Herren wie dem Knecht
      Brauch nichts mehr nach euch zu fragen
      Darf der Frau ein schnipp*chen* schlag*en*   10
      Bin dir längst nicht mehr verkauft
      Ich bin Christin bin getauft
⟨*am Rand:*⟩ Schwäne
            Rohr
            Tanz   15
            Grad od. ungrad.
            Schöne Weiber.

H.   Erstaunen
Eg.   Zeigt auf die Architek*tur* freundl*icher* Ort. Rheinthal
⟨*am Rand:*⟩ [Schweigen der Orakel   20
            Kartenschlagen u Händedeutung]

H.   Jammer daß Venus sie wieder belogen
      Klage der Schönheit
Eg.   Lob der Schönheit
H.   Bangigkeit wem sie angehöre   25
Eg.   Trost Faust gerühmt.]

Faust

H   Will zu den ihrigen
F   Alle dahin. Sie selbst aus Elysium gehohlt.
30 H   Danckbarkeit. Heidnische Lebens liebe
F.   Leidenschaft u Antheil
H.   Wiedmet sich Fausten

⟨*gestrichen:* Wie häßlich neben Schönheit ist die   *8810v*
                                        Häßlichkeit⟩

H P167
Entwürfe und Schema, eigenhändig

[O daß die Götter sterbliche ⟨*wohl für: Sterblichen*⟩ zu heiser   P172v
                                        Quaal

So wird die Schönheit köstlicher als alles Gold
Geachtet von den Menschen u sie bringt

Denn sie erregt der wüthenden Begier Gewalt
5 Das Alter u die Jugend ruft sie auf.]

[Die schönen Weiber jung u. alt   P52v
sind nicht gemacht sich abzuhärmen.
Und sind einmal die edlen Helden kalt,
So kann man sich an Schluckern wärmen.]

10 [[Leere   P167
Als Ritterfrau
Annäherung an Faust
Liebschaft / Hymenae⟨*on*⟩]
Chor sich zu unterhal*ten*
15 Geschichten
    {Entführung}

Freyer
Beklagen die Helden die sie nicht gekan*n*t den Herkules

pp

Wahl des Menelas
Flucht mit Paris   20
    Duft beyder
⟨*am Rand:*⟩ [Schwangerschaft
            Phorkyas Ermahnung zu wachen]
Halb Chor
    Trojanischer Krieg {weis nicht wie}   25
    [Wiederkehr von Menelas
    Neues Abenteuer, Woher Wohin wissen sie selbst nicht
    Der Schönen geht es überall wohl.
Phorkyas. Nachricht
    Entbindung. Sohn]]   30
Chor
    Geburt des Merkur

III H10
Entwurf eigenhändig

⟨*varianter Entwurf zu 8779-8783*⟩
            H.⟨*elena*⟩

8784v [Wer in der Frauen Gegenwart die Mägde schilt
8785v Beleidiget die Hoheit der Gebieterinn,
8786   Denn ihr gebührt allein das Lobenswürdige
8787v Zu rühmen und zu strafen das verwerfliche   5
8788v Auch bin ich wohl zufrieden mit dem Dienst den
8789v Sie mir geleistet als die Kraft von Ilion
8790v Die hohe stand und fiel und lag nicht weniger
8791v Als wir des Meeres kummervollen Wechselmuth
8792v Ertrugen wo fast jeder sich der nächste bleibt.   10
8794v Nicht was der Knecht sey fragt der Herr nur wem er dient.
8793   Auch hier erwart' ich gleiches von der muntern Schaar
8795   Drum schweige du und grinse sie nicht länger an.
8796   Hast du das Haus des Königs wohl verwahrt bisher

15 Anstat der Hausfrau, dienet es zum Ruhm dir   *8797v*
Doch jetzo komt sie selbst tritt nun du zurück   *8798v*
Damit nicht Strafe werde statt des Lohnes dir.   *8799v*
Den Hausgenossen drohen ist ein großes Recht.   *8800v*
Das, eines gottbeglückten Herrschers Gattin sich   *8801v*
20 Durch langer Jahre weise Leitung sich verdient   *8802v*
Doch die es einmal verscherzte nie vermögte sie   *P85*
Sichs wieder zuzueignen denn sie steht beschämt.]

     Phorkyas

[Ohnmächtig steht sie vor den eignen Mägden da.
25 Zerbrochen ist der goldne Scepter den sie trug
Dem Jeder sonst sich beugte in des Königs Haus
Zerrissen ist die Schlinge die die holde Scham
Auf ihre Stirne drückt]
Im Innern herrschet sie über das erworbene
30 Das erst durch Ordnung zur erwünschten Habe wächst
Von dem vorhandnen theilet sie jedermann
Nach sein*em* Dienste aus u hält den Sch⟨at*z*?⟩

         III H⁹
        Entwürfe eigenhändig

     ⟨*Chor*⟩
[Wagest du gräßliche   *8736v*
Neben der Schönheit   *8737*
Vor dem Kenner   *8738v*
Phöbos   dich zu zeig*en*   *8739v*
5 Doch tritt immer herv*or*   *8740v*
Denn das häßliche   *8741v*
Sieht er nicht
Wie sein heilig*es* Aug   *8742v*
Niemals den Schatten sieht   *8743v*

8744ᵥ Aber uns nöthigt   10
8745ᵥ Ein trauriges Gesch*ick*
8746ᵥ Zu dem Augenschmerz
8747ᵥ Den das Verwerfliche
8748ᵥ Schönheitslieben ⟨*wohl für: Schönheitsliebenden*⟩ rege macht.

8749ᵥ Ja so höre denn   15
      Wenn du frech
8750ᵥ uns entgegen stehst
8751ᵥ Höre Fluch u Schelten,
8752ᵥ Aus dem Munde der glücklich
8753ᵥ Von den Göttern gebild*eten*   20

      Stehe lange lang und grins u*ns* an
      Starre lange lang häßlicher wirst du nu*r*
      Ausgeburt du des Zufalls
      Du verworrener,
      Du erschöpfter Krafft   25
      Leidige {hohle} Brut.]

            ‒ ‒ ‒ | ‒ v | ‒ v | v ‒   v | v ‒ | ‒   v v
P171 O das ist | unter | allem | verwünschten | das ver | wünschteste

                  Chor
                        sag es an du Häßliche   30
                  Phorkias
      Ihr Schönen! denn so belobt man wechselsweise sich
      Gesang blos giebt so

      Der Herr verpflichtet sich dem Dien*er* wie de*m* Her*rn*
      Der Diener sich.   35
      Der Herr verpflichtet wie dem Herrn der Diener sich

III H1
Mundum von der Hand des Schreibers Geist
mit eigenhändigen Ergänzungen

Helena   im   Mittelalter

Satyr=Drama,
Episode zu Faust

Concept.

5   Helena.
Vom Strande komm ich, wo wir erst gelandet sind,   *8489*
Noch immer trunken von der Woge schaukelndem   *8490v*
Bewegen, die vom phrygischen Gefild' uns her,   *8491v*
Auf ihrem hohen Rücken, mit Poseidons Gunst   *8492v*
10 Und Euros Krafft, an heimisches Gestade trug.   *8493v*
Dort unten freut sich nun der König Menelas   *8494v*
Der Rückkehr, mit den tapfersten der Krieger sich.   *8495v*
Du aber heiße mich willkommen, hohes Haus,   *8496*
Das Tyndareus, mein Vater, an dem Hang sich   *8497v*
15 Von Pallas Hügel, wiederkehrend, aufgebaut,   *8498*
Und als ich hier, mit Clytemnestren, schwesterlich,   *8499*
Mit Castor und mit Pollux, fröhlich spielend, wuchs,   *8500v*
Vor allen Häusern Spartas herrlich ausgeschmückt.   *8501*
Seyd mir gegrüßt der ehrnen Pforte Flügel ihr,   *8502v*
20 Durch deren weit einladendes Eröffnen einst   *8503v*
Der mir aus vielen Auserwählte Menelas,   *8504v*
In Bräutigams Gestalt entgegen leuchtete.   *8505*
Eröffnet mir sie wieder, daß ich das Gebot   *8506v*
Des Königes erfülle, wie der Gattin ziemt.   *8507v*
25 Laßt mich hinein! und alles bleibe hinter mir,   *8508*
Was mich bisher und andere verworren hat.   *8509v*
Denn seit ich diese Schwelle sorgenlos verließ,   *8510*
Zu Cypris Tempel wandelnd, heilger Pflicht gemäß,   *8511v*
Mich aber dort ein Räuber griff, der phrygische,   *8512*

8513 Ist viel geschehen, was die Menschen weit und breit   30
8514 So gern erzählen, aber der nicht gerne hört
8515v Von dem die seltne Fabel ihren ersten Ursprung nahm.
8524 Genug! mit meinem Gatten bin ich hergeschifft
8525v Und bin von ihm zu seiner Stadt vorausgesandt;
8526 Doch welchen Sinn er hegen mag errath' ich nicht.   35
8527 Komm ich als Gattin? komm ich eine Königin?
8528 Komm ich ein Opfer für des Fürsten bittern Schmerz
8529 Und für der Griechen lang erduldetes Mißgeschick?
8530 Erobert bin ich, ob gefangen weiß ich nicht!
8531v Denn Ruf und Schicksal gaben die Unsterblichen   40
8532v Zweydeutig mir, der Schönheit zu bedenklichen
8533v Begleitern, die mir an der Schwelle des Pallasts,
8534v Mit ihrer düstern Gegenwart, zur Seite stehn.
8535v Denn schon im hohlen Schiffe blickte der Gemahl
8536v Mich selten an und redete kein freundlich Wort.   45
8537 Als wenn er Unheil sänne saß er gegen mir.
8538v Nun aber als wir des Eurotas tiefe Bucht
8539v Hineingefahren und die ersten Schiffe kaum
8540v Das Land berührten, sprach er, wie vom Gott bewegt:
8541 Hier steigen meine Krieger, nach der Ordnung, aus,   50
8542 Ich mustre sie, am Strand des Meeres hingereiht;
8543v Du aber ziehe weiter, an des heiligen,
8544v Befruchtenden Eurotas Ufer immer fort
8545v Die Pferde lenkend auf der feuchten Wiese Schmuck,
8546v Biß du zur schönen Ebene gelangen magst,   55
8547 Wo Lakedämon einst ein fruchtbar weites Feld,
8548 Von ernsten Bergen nah umgeben, angebaut.
8549v Betrete dann das hochgebaute Fürstenhaus
8550v Und mustere die Mägde, die ich dort zurück
8551v Gelassen mit der klugen alten Schaffnerinn.   60
8552 Die zeige dir der Schätze reiche Sammlung vor,
8553v Die einst dein Vater hinterlies und die ich selbst,
8554 In Krieg und Frieden, stets vermehrend, aufgehäuft.
8555 Du findest alles nach der Ordnung stehen. Denn
8556 Das ist des Fürsten Vorrecht daß er alles treu   65
8557 In seinem Hause, wiederkehrend, finde, noch

An seinem Platze jedes wie er es verlies.   8558v

Denn nichts zu ändern hat für sich der Knecht Gewalt.   8559

Wenn du nun alles nach der Ordnung durchgesehn,   8569

70 Dann nimm so manchen Dreyfuß als du nöthig glaubst   8570

Und mancherley Gefäße, die der Opfrer sich   8571

Zur Hand verlangt, um die Gebräuche zu vollziehn.   8572v

Die Kessel und die Schaalen, wie das flache Rund.   8573v

Das reinste Wasser aus der heilgen Quelle sey   8574

75 In hohen Krügen, ferner sey das trockne Holz   8575v

Das Flammen schnell empfangende bereit,   8576v

Ein wohlgeschliffnes Messer fehle nicht zuletzt;   8577

Doch alles andre geb ich deiner Sorge heim.   8578

So sprach er, mich zum Scheiden drängend; aber nichts   8579

80 Lebendiges bezeichnet mir der Ordnende,   8580v

Das er, die Götter zu verehren, schlachten will.   8581v

Bedenklich ist es, doch ich sorge weiter nicht   8582

Und alles bleibe hohen Göttern heimgestellt,   8583

Die das vollenden, was in ihrem Sinn sie däucht,   8584

85 Es werde gut von Menschen, oder werde bös   8585v

Geachtet und wir Sterblichen ertragen das.   8586v

Chorführerinn.

Verlasset des Gesanges freudumgebnen Pfad   8638v

Und wendet zu der Thüre Flügel euren Blick.   8639v

90 Was seh ich, Schwestern! schreitet nicht die Königin,   8640v

Mit heftiger Bewegung, wieder zu uns her?   8641v

Was ist es, große Königin? was konnte dir   8642

In deines Hauses Hallen, statt der Deinen Gruß,   8643

Erschütterndes begegnen? Du verbirgst es nicht;   8644

95 Denn Widerwillen seh ich an der Stirne dir,   8645

Ein edles Zürnen das mit Ueberraschung kämpft.   8646

Helena.

Der Tochter Zeus geziemet nicht gemeine Furcht   8647

Und flüchtig, leise Schreckenshand berührt sie nicht;   8648

100 Doch das Entsetzen, das dem Schoos der alten Nacht,   8649

Von Urbeginn entsteigend, vielgestaltet noch   8650

8651 Wie glühende Wolken, aus des Berges Feuerschlund,
8652 Herauf sich wälzt, erschüttert auch des Helden Brust.
8653v So haben mir die Götter heute grauenvoll
8654v Den Eintritt in mein Haus bezeichnet, daß ich gern   105
8655 Von oft betretner, lang ersehnter Schwelle mich,
8656v Gleich einem Fremden, scheidenden entfernen mag.
8657v Doch nein! gewichen bin ich her, ans Licht, und weiter sollt
8658v Ihr mich nicht treiben, Mächte, wer ihr immer seyd.
8659v Auf Weihe will ich sinnen und, gereinigt, soll   110
8660v Des Heerdes Gluth die Frau begrüßen und den Herrn.

Chor.

8661 Entdecke deinen Dienerinnen, edle Frau,
8662v Die dir verehrend beystehen, was begegnet ist.

Helena.   115

8663 Was ich gesehen, sollt ihr selbst mit Augen sehn,
8664 Wenn ihr Gebilde nicht die alte Nacht sogleich
8665v Zurückgeschlungen, in den Tiefen Wunderschoos.
8666 Doch daß ihrs wisset, sag ichs euch mit Worten an:
8667v Als ich des königlichen Hauses Tiefe nun,   120
8668 Der nächsten Pflicht gedenkend, feyerlich betrat,
8669v Erstaunt' ich ob dem öden, weiten Hallenraum.
8670v Kein Schall der emsig wandelnden begegnete
8671v Dem Ohr, kein Eilen des Geschäftigen dem Blick;
8672v Und keine Magd und keine Schaffnerinn erschien,   125
8673 Die jeden Fremden freundlich sonst begrüßenden.
8674v Als aber ich des Heerdes Busen mich genaht,
8675 Da sah ich, bey verglommner Asche lauem Rest,
8676v Am Boden sitzen ein verhülltes, großes Weib,
8677v Der Sinnenden vergleichbar, nicht der Schlafenden.   130
8678 Mit Herrscherworten ruf ich sie zur Arbeit auf,
8679v Die Schaffnerinn vermuthend, die, mir unbekannt,
8680v Des scheidenden Gemahles Vorsicht angestellt.
8681 Doch eingefaltet sitzt die Unbewegliche;
8682 Nur endlich rührt sie, auf mein Dräun, den rechten Arm,   135
8683 Als wiese sie von Heerd und Halle mich hinweg.

Ich wende zürnend mich von ihr und eile gleich   *8684v*
Den Stufen zu, auf denen sich der Thalamos   *8685v*
Und nah daran der königliche Schatz erhebt.   *8686v*

140 Allein das Wunder reißt sich schnell vom Boden auf,   *8687*
Gebietrisch mir den Weg vertretend, zeigt es sich   *8688*
In hagrer Größe, hohlen, blutigtrüben Blicks,   *8689*
Seltsamer Bildung, wie sie Aug und Geist verwirrt.   *8690*
Doch red ich in die Lüfte; denn das Wort bemüht   *8691*

145 Sich nur umsonst Gestalten schöpfrisch aufzubaun.   *8692v*
Da seht sie selbst! sie waget sich ans Licht heraus.   *8693v*
Hier sind wir Meister, bis der Herr und König kommt.   *8694*
Die grausen Nachtgeburten drängt der Schönheitsfreund,   *8695*
Phöbus hinweg in Höhlen, oder bändigt sie.   *8696*

150   Chor.
Vieles erlebt ich, obgleich die Locke,   *8697*
Jugendlich, wallet mir um die Schläfe!   *8698*
Schreckliches hab ich vieles gesehen,   *8699*
Kriegrischen Jammer, Ilions Nacht,   *8700v*

155 Als es fiel!   *8701*

Durch das umwölkte, staubende, Tosen,   *8702*
Drängender Krieger hört ich die Götter   *8703*
Fürchterlich rufen, hört ich der Zwietracht   *8704*
Ehrene Stimme schallen durchs Feld,   *8705*

160 Mauerwärts!   *8706*

Ach! sie standen noch   *8707v*
Ilions Mauern;
Aber die Glut zog   *8708v*
Schon, vom Nachbar   *8709v*

165 Zum Nachbar sich
Verbreitend,   *8710v*
Hier und dort her,
Ueber die Stadt.   *8712v*

Flüchtend sah ich,   *8713v*

Durch Rauch und Gluth,   170
8715v Zürnender Götter
       Gräßliches Nahen;
8716v Wundergestalten,
8717v In dem Düstern
8718v Feuerumleuchteten Qualm.   175

8719   Sah ichs? oder bildete
8720v Mir der angstumschlungene
8721v Geist solches Verworrene?
       Sagen kann ichs nicht;
8722v Aber daß ich dieses   180
8723v Gräßliche hier
       Mit Augen sehe
8724v Weiß ich.

8725v Könnt' es mit Händen fassen,
8726v Hielte die Furcht   185
       Vor dem Gefährlichen
8727v Mich nicht zurück.

8728   Welche von Phorkos
8729v Töchtern bist du?
8730   Denn ich vergleiche Dich   190
8731v Diesem Geschlecht.
8732v [Bist du der Gorgonen
       Eine? bist du
       Eine der fürchterlich sie,
       Schwesterlich hütenden?]   195
8732v Bist du der graugebohrnen,
8733v Einäugigen, einzähnigen,
8735   Graien eine gekommen.

8736v Wagest du Gräßliche
8737   Neben der Schönheit,
8738v Vor dem Kenner   200
8739v Phöbos dich zu zeigen?

Doch tritt immer hervor;   *8740ᵛ*
Denn das Häßliche   *8741ᵛ*
205 Sieht er nicht,
    Wie sein heiliges Aug   *8742ᵛ*
    Niemals den Schatten sieht.   *8743ᵛ*

    Aber uns nöthigt   *8744ᵛ*
    Ein trauriges Geschick   *8745ᵛ*
210 Zu dem Augenschmerz;   *8746ᵛ*
    Den das Verwerfliche   *8747ᵛ*
    Schönheitsliebenden rege macht.   *8748ᵛ*

    Ja! so höre denn,   *8749ᵛ*
    Wenn du frech
215 Uns entgegenstehst,   *8750ᵛ*
    Höre Fluch und Schelten,   *8751ᵛ*
    Aus dem Munde der glücklich   *8752ᵛ*
    Von den Göttern gebildeten.   *8753ᵛ*

    Stehe länger, länger!
220 Und grins' uns an.
    Starre länger, länger!
    Häßlicher wirst du nur.
    Ausgeburt du des Zufalls,
    Du, verworrener,
225 Du erschöpfter Krafft
    leidige hohle Brut.

Phorkyas.
    Alt ist das Wort, doch bleibet wahr und hoch der Sinn: *8754ᵛ*
    Daß Schaam und Schönheit, nie zusammen, Hand in Hand,   *8755ᵛ*
230 Den Weg verfolgen, auf des Menschen Lebenspfad.   *8756ᵛ*
    Tief eingewurzelt wohnet in beyden alter Haß,   *8757ᵛ*
    Und wenn sie auf dem Wege sich auch irgendwo   *8758ᵛ*
    Begegnen, jede sogleich der Gegnerin den Rücken kehrt.   *8759ᵛ*
    Dann eilet jede wieder heftiger, weiter fort,   *8760*
235 Die Schaam betrübt, die Schönheit aber frech gesinnt,   *8761*

8762 Bis sie zuletzt des Orkus hohle Nacht umfängt,
8763 Wenn nicht das Alter sie vorher gebändigt hat.
8764 Euch find ich nun ihr frechen, aus der Fremde her,
8765 Mit Uebermuth ergossen, gleich der Kraniche
8766v Laut, heißer klingendem Zug, der über unser Haupt,   240
8767v Wie eine Wolke ziehend, krächzendes Getön
8768v Herabschickt, das den stillen Wandrer über sich
8769 Zu blicken lockt; doch ziehn sie ihren Weg dahin,
8770 Er geht den seinen, also wirds mit uns geschehn.
8771v Wer seyd denn ihr? daß ihr des Königs hohes Haus   245
8772v Mit der Mänaden wildem Getümmel umtönen dürft?
8773v Wer seyd ihr? daß ihr seiner ernsten Schaffnerinn
8774 Entgegenheulet, wie dem Mond der Hunde Schaar.
8775v Wähnt ihr daß ich nicht wisse welch Geschlecht ihr seyd,
8776 Du kriegerzeugte, schlachterzogne, junge Brut.   250
8777v Du männerlustige, verführt verführende
8778v Entnervende des Kriegers und des Bürgers Kraft.
8779v Seh ich zu Hauf euch scheint mir ein Cicaden Schwarm
8780v Herabzustürzen auf des Feldes grüne Saat.
8781 Verzehrerinnen fremden Fleißes! Naschende   255
8782 Vernichterinnen aufgekeimten Wohlstands ihr.
8783v Eroberte, verkauft, vertauschte Waare du.

Helena.

8784v Wer in der Frauen Gegenwart die Mägde schilt,
8785v Beleidiget die Hoheit der Gebieterinn.   260
8786 Denn ihr gebührt allein das Lobenswürdige
8787v Zu rühmen und zu strafen das Verwerfliche.
8788v Auch bin ich wohl zufrieden mit dem Dienste den
8789v Sie mir geleistet als die Kraft von Ilion
8790v Die Hohe stand, und fiel und lag. Nicht weniger   265
8791 Als wir der Irrfahrt kummervolle Wechselnoth
8792 Ertrugen, wo sonst jeder sich der nächste bleibt.
8793 Auch hier erwart ich gleiches von der muntren Schaar.
8794 Nicht was der Knecht sey fragt der Herr, nur wie er dient.
8795 Drum schweige du und grinse sie nicht länger an.   270
8796 Hast du das Haus des Königs wohl verwahrt bisher,

Anstat der Hausfrau, dienet es zum Ruhme dir;   *8797v*
Doch jetzo kommt sie selber, tritt nun du zurück,   *8798*
Damit nicht Strafe werde statt des Lohnes dir   *8799v*

275   Phorkyas
Den Hausgenossen drohen ist ein grosses Recht,   *8800v*
Das eines gottbeglückten Herrschers Gattinn sich   *8801v*
Durch langer Jahre weise Leitung wohl verdient.   *8802*

III H¹²
Sammelblatt eigenhändig

Die schönen Frauen jung und alt   P52v
Sind nicht gemacht sich abzuhärmen,
Und sind einmal die edlen Helden kalt,
So kann man sich an Schluckern wärmen.

5   So wird die Schönheit köstlicher als alles Gold   P172
Geachtet von den Menschen, bringt sie doch

Denn sie erreget wüthender Begier Gewalt
Das Alter und die Jugend regt sie   auf

O daß die Götter Sterblichen zu heißer Quaal!

———

10   [Wie häßlich neben Schönheit ist das Häßliche   *8810v*
Wie unverständig neben Weisheit Unverstand]   *8811v*

⟨*gestrichen:* Verblendung durch das Schwerdter Blitzen.⟩
Mulieres Bohemae magae Bohemiennes.

III H⁸

Schema-Entwurf eigenhändig

P162 [Helena von den Schiffen
　　Chor

　　　　　　UrAlte Mythologien
　　　　　　⟨xxx⟩ Säuberung d⟨xx⟩ W⟨xx⟩
　　　　　　Übergang zur Schönheit
　　　　　　Lacedämon ⟨xxx⟩
　　　　　　Tyndareus u Leda
　　　　　　Entspringen der Schönhei*t*
　　　　　　Helena Cly*taimnestra* Cast*or* Pollux
　　　　　　　　　　　　　　Ewige Jünglinge
　　　　　　　　　　　　　　Anrufung
　　　　　　Helena aus dem Pallast
　　　　　　Chor scheltend das Ungeth*üm*
　　　　　　Phorkyas dazu. Increpatio
　　　　　　Helena die Dienerinnen sch⟨*ilt*⟩
　　　　　　Phorkyas schmeichelt sich ein
　　　　　　Erscheint nicht so häs*s*lich
　　　　　　Übergang ins magische
　　　　　　Unheimliches
　　　　　　Ring Versuch Chor fühlt mit
　　　　　　⟨*am Rand:*⟩ Gefühl des Orkus Chor fühlts mit
　　　　　　Phorkyas Kuppeley
　　　　　　Faust. Anstoß an d*er* Kleidung pp
　　　　　　Phorkyas fortgesetzte Kuppe*ley*
　　Chor　Erinnerung an die vielen Liebhaber u Zu{stände}
　　　　　　Auch Localitäten Ergezl.
　　　　　　Nachgiebigkeit
　　　　　　Schloß Mittelalter
　　　　　　Ahnung großer Entfernung der Zeit u des Raum*es*]

H P163
Schema-Entwurf eigenhändig

[Helen*a*   P163

    Kind   [Theseus
    Gefreyt   Patroklus
    Verhey*ratet*   Menelaus.
5   Str*oh*W.*itwe*   Paris
    1 Witwe   Deiphobus.
    2 Witw*e*]   Menelaus,
    Geist   Achilles.
    ⟨*gestrichen:* NichtigkeitsGefühl
10   Vermehrt⟩
    Menelaus Rache
    Deiphobus
    Opferfurcht.
    Men*elaus* wieder Piraten
15   Befürchtung zu s.*einer* Rückk*ehr*
    Ihr sey sie zu hüten gegeb*en*
    Bis zu jenem traurig*en* Geschick]

[Mitleiden]

III H¹³
Entwürfe eigenhändig

    ⟨*Phorkyas*⟩
[Wer langer Jahre mannigfaltiges Glück genoß,   8843*v*
Ihm scheint zulezt die höchste Göttergunst ein Traum.   8844
Du freylich, ohne Maas u Ziel Begünstigte   8845*v*
Du schön geborne, schöner noch gewachs*ne*,   P173
5 Ganz früh begehrter bald entführ*ter* Blütenzweig
Umworben dann von Helden ungezählt
Du schädlicher als schädlich, allen doch begehrt

H⟨elena⟩
Mir schein*en* dein*e* Worte nicht beruhigend,
Du regest schlimmer Übel als das Schelt*en* auf.   10
            Ph.⟨*orkyas*⟩
Wer Schaden heilen möchte muß erst schädigen
Siehst du zurück du siehst nur unbegreifliche*s*
Undenkb*a*r, unvereinbar, wechselnd Freud u Schmertz
Erinnerst dich des einzeln*en*   15
Umschauend Äuglen, männerwechselnde]
    ⟨*am Rand:*⟩ [dem Gatten durch des Vaters wählen anver-
                                              traut]

                    III H14
              Entwürfe eigenhändig

            ⟨*Phorkyas*⟩
8843v   [Wer langer Jahre mannigfaltges Glück genoß
8844   Ihm scheint zuletzt die höchste Göttergunst ein Traum
8845v   [Du freylich ohne Maas u Ziel begünstigte
P173v   Du schön gebohren, schöner noch erwachsene drauf.]
        So früh begehrter bald entführter Blütenzweig   5
        Umworben dann von Helden-Jugend ohne Zahl,
        Dem Gatten durch des Vaters Wählen angetraut,
        Halb wittwe dann, umsichtig männerwechslend oft,
        Du, schädlicher als schädlich, allen doch begehrt.
            H⟨elena⟩   10
        Mir scheinen deine Worte nicht beruhigend
        Du regest schlimmer Übel als im Schelten auf.
            Ph⟨*orkyas*⟩
        Wer Schaden heilen möchte, schädige vorher
        Und unerwartet fällt sodann d*er* Heilung Loos.   15
        Siehst du zurück, und unbegreiflichs tritt hervor
        Undenckbar, unvereinbar, alles räthselhafft,
        So Schmerz als Freude, Fliehen oder Wiederkehr.]

⟨*Helena*⟩
[Ich ein Idol ihm dem Idol verband ich mich,   *8879v*
20 Es war ein Traum, so sagens ja die Worte selbst]   *8880v*
                    Ph⟨*orkyas*⟩   *P174*
Wenn Wahres Traum ist kan*n* der Traum das Wahre sey*n*
Du träumest hier

                    H⟨*elena*⟩
25 [Ich kehre wieder ich erkenn*e* {mich} alzu wohl
An diese Pforte, diese Angeln mächtiglich
An dieser Säulen riesenhaften festen Bau
W{o} Tyndareus mein Vater]

[ich war ein Kind
                    ⟨*Phorkyas*⟩
30 Und schon als Kind verwirrtest du der Män*n*er Sinn
                    ⟨*Helena*⟩
Nicht meine Schuld ists Cypris hat allein die Schuld]

III H¹⁷
Reinschrift eigenhändig

[Ph.⟨*orkyas*⟩
Sie sagen ferner hohlem Schattenreich entstürmt   *8876v*
Gesellte sich inbrünstig noch Achill zu dir   *8877*
Dich früher heftig liebend gegen des Geschick*s* Beschluß.   *8878v*
5   H.⟨*elena*⟩
Ich als Idol ihm dem Idol vertraut ich mich;   *8879v*
Es war ein Traum, so sagen ja die Worte selbst . . .   *8880*
Ich schwinde hin und werde selbst mir zum Idol   *8881v*
          /: sie sinkt dem Halbchor in die Arme :/
10   And*r*er Halbchor
Schweige! Schweige! pp   *8882v*

Denn der Bösartige pp   *8887v*

8891v Ängstlich sorgsam p

8895v Nun denn, statt beruhigen*den*
8896v Lethegeschöpften   15
Hold mildesten Wortes
8897v Regst du auf aller Vergangenheit
8898v Böses mehr als Gutes
8899f.v Und zerstörst mit der Gegenwart
8901v Heiter*n* Vergnügung*en* zug*leich* die Zukunft.   20

Denn was wäre das Künftige,
Löschte sich nicht der Vergangenheit
Kreisend in Schuld u Unglück
Rollende Tagesbewegung,
Leise glücklich auf eben wieder   25
Durch den bewegten unschuldigen Tag.

8903 Schweige. Schweige]

III H30
Entwurf eigenhändig

⟨*varianter Entwurf zu 8957-8981, ohne 8966-8970*⟩
[H⟨*elena*⟩
8983v Erzählen willst du sagst nur unerfreuliches]
Ph⟨*orkyas*⟩
8984v [Es ist geschichtlich, keineswegs vorwürflich ists.
8985v Zog Menelas hinweg, du auch und er sodann   5
Zog weiter und das Haus u Erbe stand verwaist
Wie sichs Laomedon nicht hoffte dich mit ihm
Und ihn mit dir am Hochzeit Tag verband
H.⟨*elena*⟩
Was soll das Alles ungeduldig machst du mich]
Nicht gute*n* Wille*n* ⟨xxx⟩ deine Reden an.   10

Ph⟨orkyas⟩
Du hörst sogleich was eigentlich die Rede sey
[Verlassen stand so viele Jahre dies Gebirg   *8994v*
15 Das hinter Sparta Nordwärts sich erhöht   *8995v*
Taygetos und alle Höhen   *8996v*
Und manches Thales Kreis u Raum sich umschließt]

H P165
Schema von der Hand des Schreibers John
mit eigenhändigen Zusätzen

[[Burg von außen]   P165
[Besitzer]
[Dessen Art und Weise]
[Großmüthige Protektorschaft]
5 [Burg inwendig.]
[Lüsterne Beschreibung.]
[Widerstreben der Helena.]
[Trompeten von Ferne.]
[Phorkyas geht zum Pallaste]
10 [Kommt mit verhüllten Zwergen zurück, welche die sämt-
lichen Opfergeräthschaften bringen.]
[Phorkias will sich mit ihnen entfernen.]
[Aufgehalten durch den Chor dem er die Stricke vorzeigte.]
Endliche Einstimmung der Helena
15 ⟨*am Rand:*⟩ mitzugehen, versagendes ja.
           [Alte geh voran
           Bewegen wir den Fuß oder nicht zu dem Er-
                                              wünschten Ziel
           Nebel hüllet die Gibel
           Hüllet die Säulen schon]
20 Wolkenzüge alles verdeckend
Sich endlich aufklärend.
Sie befinden sich in dem Hofe einer Ritterburg.
Ohne Phorkyas.]

Allein die Frauen
Betrachtende Beschreibung   25
Helena Monolog
    Gesez des Rings
    Gefühle
Knapen Ritter
Faust   30
Z{or}⟨niger?⟩ Empfang
[Ohne Anmeldung u Einführung
Schutz gesucht
Ritterlich beantwortet]
[Gegeneinander angewiesen   35
Handkuß
Verwundrung]
[Kniet widmet sich {ihr zum} Ritter
Schärpe
Versprechen der Regierung des Peloponnes   40
Anweisung zur Seite
Geht ab die Ritter {ziehen} ab]
[Helena Monolog
Phorcyas nachricht
    Von Menelaus {Abreise}   45
    {Braut schaz} Sparta
Nachricht von den R{üst}ungen
Einladung auf den Thurm
Nicht {Belagerer}]

III H31
Entwürfe eigenhändig

     ⟨Phorkyas⟩
9000v [Nacht.
9013v Man schilt
9014v Daß einer
9015v Gar mancher
9016v Ich acht   5

        dort   *9021v*

Ist alles nett und starck zugleich und gros.   *9022v*

An solchen Wänd*en*

Steilig

₁₀ Auch der Gedancke gleitet ab.   *9025v*

Und innerlich   *9026v*

So würdig als ergözlich

Hofma*nn*

Galan

₁₅ Säulen Knäufe Bog*en*   *9028v*

Doch sch*ein*t alles immer hin u herzugehen

Die Wap*p*en Ritterbilder   *9030v*

Die Treppe stattlich nach dem Hofe zugewandt

Und Säle wie die Welt so weit   *9043v*

₂₀   Da ⟨xxx⟩

Da könnt ihr tanzen   *9044*

Und Säle grenzenlose wie die Welt so weit   *9043v*

Da könnt ihr tanzen]   *9044*

III H34
Entwürfe eigenhändig

[H⟨*elena*⟩

Das that er ihm um meinetwillen that er das   *9059v*

    Ph⟨*orkyas*⟩

Um seinetwillen wird er dir das Gleiche thun   *9060v*

₅ [Die Schönheit ist ein einzig hohes Gut

Getheilt nicht denckbar, man zerstört sie lieber selbst]

Zum zehnten Mal den Mann veränd*ern* ist nicht gut

Untheilbar ist die Schönheit, wer sie ganz besas   *9061v*

Zerstört sie lieber als des Höchsten sich zu trenn*en*   *9062v*

₁₀ Zum zweyten mal schon dächt ich wäre schlim genug

Reichthum steckt in jeder Tugend
Jeder Vorzug jedes Glück]

III H⁶
Schema-Entwurf eigenhändig

P164 [Tadel des Run away
———— des Piraten schweifens
H⟨*elena*⟩
Ausweichend
Vigilantibus iura scripta sunt   5
Nördlicher Einfall der Gallier
Anachronism.
Anbau
Nachbar
{Vorsch.⟨*lag?*⟩}   10
H⟨*elena*⟩
Ablehnen
Ob denn auch.
Ph⟨*orkyas*⟩
Wirckung der Eifersucht   15
Ruhm der Schönheit
Ch.⟨*or*⟩
Belobts.
H⟨*elena*⟩
Zaudert   20
Phork.
Mit Opfergerät Beil u Strick]

[Zusage
Magie
Luft Erscheinungen   25
Anäpäste.
von Best⟨*immung?*⟩ {des Rings}
Von ⟨xxx⟩]

III H⁴²
Entwürfe eigenhändig

⟨*Chor*⟩

   –   –   v   v – – –   v   v –

[Das | Herz geht mir auf | o seht nur dahin | *9152ᵛ*
Wie | sie schreiten u stehen | wie sie wallen herab   *9153ᵛ*

Die | Stufen anmuthig
₅ Das Herz geht mir auf.]   *9152ᵛ*

[Das Herz geht mir auf o seht nur dahin   *9152ᵛ*
Wie sittig herab verweilenden Tritts   *9153ᵛ*
Die holdeste Schaar, anständig bewegt   *9154ᵛ*
{geregelter} Zug. Auf wessen Befehl   *9155ᵛ*
₁₀ Was wundert mich [mich mehr ists lockiges Haupt]   *9158ᵛ*
Ists röthliche Wang sinds   *9160ᵛ*
Erscheinen gereiht so gebildet u jung   *9156ᵛ*
Von Jünglings-Knaben das liebliche Volck   *9157ᵛ*
Was wundert mich mehr ists zierlicher Gang   *9158ᵛ*
₁₅ Das lockige Haupt? Die blendende Stirn?   *9159ᵛ*
Der Wängelein Paar, wie Äpfelchen roth   *9160ᵛ*
Gern biss ich hinein, doch schaudr ich davor,   *9162ᵛ*
In ähnlichem Fall erfüllte der Mund   *9163ᵛ*
Sich, gräßlich zu sagen,   *9164ᵛ*
₂₀   Mit Asche!]

⟨*Faust*⟩
Schon find ich dich zu mein*em* Hof gelangt
Kein Schall des Wächters kündete dich an
Ich wäre dir entge*gen*

III H³⁶
Entwürfe eigenhändig

⟨*variante Entwürfe zu 9074-9082*⟩

⟨*Chor*⟩
[Stärker herrlicher als Ilion
Und beschüzt von tapfern
Rüstigen Mann ⟨*wohl für: Männern*⟩ die den {stärksten}
Von allen Griechen kühn wiederstehn]

⟨*Faust*⟩
P175 [Peloponnes den ganzen unterwerf ich d*ir*   5
⟨*Helena*⟩
Was nennst du mir ein völlig unbekanntes Land
⟨*Faust*⟩
Du wirst es kenn*en* wenn es dein gehört
⟨*Helena*⟩
So sage liegt es fern von hier
⟨*Faust*⟩
Mit nichten du gebietst]

III H²⁷
Entwurf eigenhändig

⟨*Chor*⟩
9645ᵥ [Jenen zierlich kräftig
9646ᵥ Gebohren*en* kaum
9647ᵥ Wicklet in reine Windeln
9648ᵥ Strenget in köstlich Wickeln
9649ᵥ Klatschender Wärterin ⟨*für: Wärterinnen?*⟩   5
9650ᵥ Unvernunft.
9651ᵥ Kräftig u zierlich aber
9652ᵥ Zieht die schon beugsamen
Glieder lustig zur purpurnen Schaal*e*

10 Lustig heraus   9654v
   So wie der Schmetterling   9657v
   Aus dem starren Puppenzwang   9658v
   Flügel entfaltet u schlüpft   9659v
   Sonnen durchstrahlender Aether   9660v
15 Muthwillig durchflatternd   9661v

   So auch er der Behendeste   9662
   Daß er den Dieben sey,   9663v
   Vortheilsuchenden allen   9664v
   Ewig günstiger Dämon   9665v
20 Das bethätiget er gleich   9666v
   Nicht verschont er des Vaters
   Nicht des Oheims
   Würdige Herrscherkrafft.

   Schwingt zum hellen Olymp sich auf
25 Nieder zum tosenden Ocean –
   Über der Erde Breites hinweg]

⟨außerdem auf diesem Blatt Entwürfe zu 8936-8944⟩

                    H P164a
              Schema eigenhändig

      S. 11   P164a
   [Einschaltung Zwergen, Altar pp.
             Chorf.⟨ührerin⟩
                   Spricht ein.
5   Sodann   Ist leicht zu sagen.
     Fortgefah. Bis Niederträchtiger List erlag
       Sodann   Wie aber wie. bis
                       ewig Leeren Hades
   Zu suppliren Gegenwart der Burg
10   Helena   Anrede an Pythonissa.
                  Da sie fehlt.
                  Bewegung in der Galerie

Herabschreit*en*
Das Herz geht mir auf
Faust Helena.   15
Phorkyas   Nachricht vom Menelaus.
Einführung ins Gyneceum
Helena Faust Einigkeit
Chor. Nicht zu verdenk*en*
Phorkyas Nachricht   20
    Schwangersch.*aft* Niederkunft.
    Drey Einheit.]

H P176a
Entwurf eigenhändig

⟨*Phorkyas*⟩
P176a [Erst gings nach Sparta willig fandet ihr Euch ein
Doch war's nicht Sparta euch und uns gefiels nur so
Jetzt sind wir in der Ritterlichen Burg.]

H P166a
Schema von der Hand des Schreibers John

P166a [Faust tritt ein.
Ausgesprochener Zorn über den Thurmwärter.
Gebändigt durch die Gegenwart der höchsten Schönheit.]
[Er läßt Helena nicht zum Wort kommen.]
[Thron, Schemel und Baldachin werden herbeygeschafft   5
und aufgestellt]
[Faust erbittet sich Ihre Befehle.]
[Schickliche Rede der Helena. Faust erklärt die bedeutende
Gelegenheit zu der sie kommt um von dem ihr bestimten
Reiche Besitz zu nehmen.]   10
[Das Heer tritt auf und zieht vorbey]
[Herzoge werden genannt
Corinth

Argos
15 Elis
Messene
Mantinea]
[Sparta vorbehalten als Oberbesitz.
Jene seine Lehnsleute, Er der Königin Lehnmann.]
20 [Helenas Zweifel wegen Menelas und der Vergangenheit.]
[Faust Darstellung des gegenwärtigen Zustands.
Aufgehobene Seeräuberei.
Flotte.
Schießpulver.]
25 [Kanonade von den Zinnen.
Donnergott.
Annäherung.
Verwandlung des Throns in ein Gezelt.]
[Chorführ. und Chor.
30 Gespräch zwischen Faust und Helena.]
[Das Zelt schließt sich und wird weggeschafft.]
[Chor: Wer verdächt es unsrer Herrscherin]
[Tanz in den oberen Säälen
Phork. als Zwischenredner.
35 Chor tumultuarisch wieder eintretend.
Phork. Nachricht von Schwangerschaft und Entbindung.
Chor: Nennst du ein Wunder dies
Faust, Helena und Euphorion]
[Phorkyas Schwangerschaft verkündigend.
40 Aufforderung zum Wachen
Halbchor wacht auf
    Trojanische Krieg verschlafen.
    Wiederkehr zum Menelaus
    Neues Abenteuer
45   Woher wohin wissen sie selbst nicht.]
    [Trost den Schönen gehe es überall wohl.
Halbchor erwachend
    Geschichte der Entbindung als Traum.
    Zugleich des wunderbaren Sohnes
50   Euphorion genannt]
[Halbchor Erinnerung an die Geburt des Merkurs.]

H P176v
Entwurf eigenhändig

⟨*Phorkyas*⟩

P176v Denn Liebespaaren zeigtet ihr euch stets geneigt
Euch selbst ertappend auf dem Weg zum Labyrinth.
Doch werdet ihr sogleich dieselben sehn
Durch einen Knaben elterlich vereint
Sie nennen ihn Euphorion so hies einmal   5
Sein Stief-Stief Bruder, fraget hier nicht weiter nach
Genug ihr seht ihn ob es gleich viel schlimmer ist
Als auf der brittischen Bühne wo ein kleines Kind
Sich nach u nach herauf zum Helden wächst
Hier ist's noch toller. Tadeln viele das   10
So denken andre dies sey nicht so grad
Und gröblich zu verstehen dahinter stecke was
Man witter ⟨*für: wittert?*⟩ wohl mysterien vielleicht wohl
gar

Mystificationen, Indisches, und auch
Egyptisches und wer das recht zusammen fasst   15
Zu sammen braut, Etymologisch hin u her
{Sich} zu bewegen Lust hat sey der rechte Mann.
Wir sagens auch, und unsers tiefen Sinnes wird
Der neueren Symbolik treuer Schüler seyn
Desgleichen viele gnug gewiß zugegen sind.   20
Ich aber bin nichts nütze mehr an diesem Plaz
    wo ihr mich wieder findet auch gewiß verjagt.

Gespenstisch spinnt der Dichtung Faden sich {mir} fort
Und reißt am Ende tragisch. Alle seyd gegrüst
Wo ihr mich wieder findet seys zu Eurer Lust   25

III Hf
Überarbeitete Reinschrift von der Hand des Schreibers John

⟨*Phorkyas*⟩
Denn Liebespaaren zeigtet ihr euch stets geneigt   P176
Euch selbst ertappend gleichfalls in dem Labyrinth
Doch werdet ihr dieselben alsbald wieder sehen
Durch eines Knaben Schönheit elterlich vereint
5 Sie nennen ihn Euphorion so hieß einmal
Sein Stief-Stiefbruder, fraget hier nicht weiter nach
[Genug ihr seht ihn, ob es gleich viel schlimmer ist
Als auf der brittischen Bühne, wo ein kleines Kind
Sich nach und nach herauf zum Helden wächst
10 Hier ists noch toller kaum ist er gezeugt so ist er auch
                             geboren
Er Springt, tanzt und ficht schon, ⟨*über der Zeile:* spricht ein
zierlich Wort⟩ tadeln viele das,
So denken andere dies sey nicht so grad
Und gröblich zu verstehen, dahinter stecke was
Man wittere ⟨*wittert?*⟩ wohl Mysterien vielleicht auch gar
15 Mistificationen indisches und auch
Aegyptisches und wer das recht zusammenkneipt
Zusammenbraut ethymologisch hin und her
Sich zu bewegen Lust hat ist der rechte Mann.

Wir sagens auch und unseres tiefen Sinnes wird
20 Der neueren Symbolik treuer Schüler seyn.
Ich aber bin nichts nütze mehr an diesem Platz
Gespenstisch spinnt der Dichtung faden sich immerfort
Und reißt am Ende tragisch! alle seyd gegrüßt,
Wo ihr mich wieder findet werd es euch zur Lust.]

III H53
Exzerptnotizen eigenhändig

P169   Hohes Gebirg
Gebirgs weiden unzugänglich Schaaf und Ziegen nur Wei-
den.
        Ufer Plätze
Den Pferden gewidmet
        Hügel u Thäler   5
        Oelbaum
        Castan*ie*
        Bien*en*
        Honig
        Flöz erhöhtes Land   Feldb*au*   10
        Weinberge   Weizen
        Feigen   Gerste
        Maulb*eeren*   Baumwolle
Garten-Quitten

        Wälder   15
        Eichen   Cypressen
        Tannen   Lorbeer
        Ahorn   Myrthe
                          Mastix Strauch
                          Balsam Kraut.   20
        _____

                          Bien*en*
                          Honig

III H43
Schema-Entwurf eigenhändig

P166 ⟨*am Rand:*⟩ [Ring (NB)
              Handkuß
              Schärpe]

[H⟨*elena*⟩
Zu sich einladend
      F.⟨*aust*⟩
Gegen kompl.*iment*
Thorwächter mit Geschenken {zurück}
Wuth.
      H.⟨*elena*⟩
Frage nach dem Reim
      F.⟨*aust*⟩
Erklärung. Nationalit*ät*
⟨*am Rand:*⟩ [Anklang der Entfernung von Ort u Zeit]
      Ph.⟨*orkyas*⟩
Heftige Nachricht von Menelas Anrücken.]
⟨*am Rand:*⟩ [Aus der großen Leere Bedürfniß des Ergrei-
                                                        fens]
      H.⟨*elena*⟩
   [Schu*tz* verlangend
      Faust
   Regierung verspr.*echend* des Pe*loponnes*
   Vorüberziehen*de* Vorst.*ellung*]
   ⟨*am Rand:*⟩ [Germanen   Corint
                  Gothen   Argos
                  Franken   Elis
                  Sachsen   Messene
                  Normannen   Mantinea]
                  [Sparta Siz der K. ⟨*wohl für: Königin*⟩]
      [Siegerchor
      Schicksal Menelas
      Seeräuber.
   Im Geschüz (Explosion)]
         He⟨*lena*⟩
   [Furchtsam sich anschm*iegend*
   Zelt statt des Thr*ons*]
   [Hinweggeholt
      Chor
   /Wer verdächt es unserer Königin.]
      [Tanz oben

Phorkyas interloquirt   40
Chor{ges}*ang* Phorkyas schilt
/Nachricht der Entbindung
/Nennst du ein Wunder das?]
[Faust, Helena Euphorion
Kunststück und Todt.]   45

H P168
Schema von der Hand des Schreibers John

P168 Abzug der Fürsten.
      Beschreibung des Friedens
      Fernes Donnern.
      Freudenschießen.
      Anschmiegen.   5
      Zelt statt des Throns.
      Chor schläft ein.
      Phorkyas erweckend.
      Nachricht von der Entbindung.
      Chor: <u>Nennst du ein Wunder das</u>   10
      Helena
      Faust
      Euphorion.
      Kunststücke.
      Freudige Eitelkeit   15
      Tod.
      Aufgehobener Zauber.

III H55
Entwurf eigenhändig

        ⟨Chor⟩
9482v [Wer der Schönheit begehrt
9483v Vor allen Dingen
9484v Seh er sich nach Waffen um

Den*n* gewinnt er sie auch   *9485v*
5 Durch freundliches Schmeicheln
Abschmeicheln wird man
Sie ihm nicht
Räuber entreisen sie
Mit trotziger Gewalt]

⟨*folgen variante Entwürfe zu 9491-9499 und 9500-9505*⟩

H P170
Arbeitsnotizen eigenhändig

31. P170

S 27. Wechselrede
Faust, Phorkyas, Helena.
28ₐ. ⟨*gestrichen:* Chor Lob der Tapfern.⟩
5 28 Helena?
30a Phorkyas
Erzählung der Wunder
Bedingungen des Daseyns
33. Helena, Faust, Euphorion, Chor
10   Hauptscene.
36a. Chorführerin zum Aufbruch

Polytheism*us* u Heroismus ganz edel Mytholog ⟨*für: mytho-
logisch?*⟩
Anklang vom wunderlichen
Wunderbaren, Mährchenhaften
15   Folge
Ritterthum Galanterie
Natürlich Rührendes, natürlich schalk*haftes*
Ideale Rettung, Fassung in der Mythologie, Pantheismus.

III H57
Entwürfe eigenhändig

⟨*Faust*⟩

9506v [Wie groß die Gaben sind die du verleihst
Glückselig Land
9512v Nichtinsel du mit leichtem Hügelfaden
9513v Europens letztem Berg Ast angeknüpft
9529v [Die Ziege nimmt genäschig ihren Theil]]　　　　　5

9530v [Die Quelle springt und vereinigt stürzen Bäche
9531v Und schon sind Schluchten, Hänge Matten grün]
9533v [Schon heerdet sich das Schaaf u Rinder weiden
9534v Die Schaafe sind vertheilt vorsichtgen Schritts]
9536v [Auch Wohnung ist den Wandernden ⟨*über:* Liebenden⟩　　10
　　　　　　　　　　　　　　　bereitet
9537v Zu hundert Hölen wölbt der Fels sich aus
　　　　　　　sich Felsen Wand]
9538v [Pan schützt sie dort der Nymphen jede
Besucht sie {hascht} sie scherzt alda
9540v Und in Aetherischen Regionen　　　　　15
9542v Im nahen Eichwald　　　　Schatten
9544v Des Ahorns Breite
9557v 　　　　　　　Obs Götter oder Menschen sind]
9560v [Denn wo Natur am allerreinsten waltet
⟨*gestrichen:* Berühren beide sich unmittelbar⟩　　20
O laß uns dort
9564v Denn du die Gottgebohrene
9565v Arkadien gehörst du an.]

⟨*Chor*⟩
Laßt uns eilen laßt uns schweben
Ohne Ziel und ohne Richtung　　　　　25
Doch verlasset nicht den leichten
Grün beblumten Boden
Hellas soll die unsre bleiben

Wir erbauens, hier stellens
30 Wie es immer wird u sey

Um zu {zirpen} u zu flüstern
Nichtiger als nichtig dort
Nicht wer einmal sich des Lichtes
Zarter Kräfte sich erfreut
35 Der verläßt sie nicht mit Willen
Augenlos empfand er sich

[Theilen wir {Schwestern} uns an den
Felsenwänden schmeichelnd an   *10000v*
Horchen lauschen, jedem Laute   *10001v*
40 Antwort sey von uns bereit   *10002v*
Donnerts, donn   *10003v*
Verdoppeln wetteifernd]   *10004v*

[Wir in dieser tausend Zweige   *9992v*
Flüsterungen plauderhaften
45 Reizen Tändelnd und locken leise   *9993v*
Wenn die Stimme des Lebens Quelle
In den Zweigen und mit Blüte*n*   *9994v*
Zieren wir das Locken Haar   *9995v*
Fällt die Frucht sogleich versamm*eln*   *9996v*
50 Lebens lustig Volck Thier]

[Schwestern wir bewegtern Lebens   *10005v*
Eilen mit dem Bache fort
Immer nieder eilig nieder   *10007v*
Zu des Weinberg*s*]
55 Laß uns dort der Trauben pflegen
Laß sie keltern laßt sie ⟨xxx⟩
Winzer dann u Winzerinnen
Theilen jauchzend wir die Lust

III H66
Entwurf eigenhändig

P177 [Alle
So vertheilen wir uns Schwestern nicht
        zum scheiden zum Begegnen
Ewig auf und Nieder steigend, suchend
        dieses Landes Raum.]   5

H P148
Entwurf eigenhändig

⟨*Euphorion?*⟩
P148 Auch d{ie} Gesunde*n*
Will ich d{en} Todten gleich
Wüthende*r* Streich
Gräslich zu {nennen}
{Willen verwunden}   5

III H60
Entwürfe eigenhändig

⟨*variante Entwürfe zu 9574-9588*⟩

        Ph.⟨*orkyas*⟩
9588   Abgesonder*t*
9589v Von der Welt nur mich allein
        Riefen sie zu ihrem Dienste
9590 Hochgeehrt stand ich zur Seite   5
        Doch wie es Vertrauten ziem*et*
9591v Wendet ich mich hie und dort
        Aber nach dem Paar*e* nicht
9592v Suchte Wurze*l*n Moos und Rinde
        Kundig solc*her* Wirksamkei*ten*   10

Schalkisch wie der jüngste Faun
    schmiegend mich ins Labyrinthe

[Doch auf einmal ein Gelächter   *9598*
Echo't in den Holen ⟨*wohl für: Höhlen*⟩ Räumen
15 Sehe mich um da springt ein Knabe   *9599v*
Von der Mutter schoos zum Vater
Nackt wie amor, nett und zierlich
Etwas blässlich doch behende
Springt er bald zum Boden nieder   *9604v*
20 Hüpft von]
  ⟨*folgen variante Entwürfe zu 9623-9628*⟩

Allgemeiner Tumult
Der Vorhang f⟨*ällt?*⟩
Der Lärm klingt ab

    zum Märchen spann   *8515v*
25 Doch ver⟨xx⟩ nicht ⟨xxx⟩ d{ir}
{Ruh} ⟨xxx⟩ ⟨xxx⟩ {genannt zu werden} Mu

    Knecht gewalt   *8559v*

    Gottes Zwischenkunft   *8590v*

⟨*am Rand:*⟩
Tritt er franck und frey den Boden   *9604v*
30 Tritt und springt, mit solchen Sprüngen

III H73
Entwurf eigenhändig

  ⟨*Helena*⟩
[An mir bewährt sich leider auch das alte Wort   *9939v*
Daß hoher Schönheit holdes Glück sich nicht gesellt   *9940v*

9940ν Daß daurend Glück die Schönheit nicht begleiten mag
9940ν Daß nie vom Glück begleite*t* sey die schönste Frau
9940ν Erfreuen darf sich nie die Schönheit   5
9940ν {Die schönste} Frau entbehrt gewiß des {höchste*n*} Glücks]
9940ν Nie war ein daurend Glück der Schönst*en* zugetheilt
9940ν Ein daurend Glück ⟨*gestrichen:* entbehrte stets die
        schönste Frau⟩ entbehren wirds die schönste Frau

III H74
Entwurf eigenhändig

        ⟨*Helena*⟩
9939 [Ein altes Wort bewährt sich leider auch an mir
9940ν Vor allen unglückselig ist die schönste Frau.]

von Riemers Hand

9940ν [Daß Glück und Schönheit dauerhaft, sich nicht gesellt]

PARALIPOMENA ZU FAUST II · VIERTER AKT

H P179a
Schema-Entwurf eigenhändig

[Meph im Gebirg der Wolcke nach   P179a
Faust läßt sich nieder die Wolcke steigt als Helena.
    Ab{lösen} dieser Vision
Meph. Faust umwendung zum Besitz
5 Gewalt. Aufregung der Völcker.
Meph. als Werber. der drey Hauptf.*iguren*
Die drey Hauptf.*iguren*
Chor als That.
Reichstag.
10 Andr*er* Kayser
Große Belehn*ung⟨en?⟩*
Fausts Forderungen.
Zugestand*en*
H.⟨*err?*⟩ des Delta]

15 Triumph. {Gewinn} gegen das Meer

{Wanderer   Ruhm ⟨*oder* Ruhen*?*⟩}
Faust.   {St. NB.}

H P179
Eigenhändige Schema-Entwürfe und Schema-Reinschrift von der
Hand des Schreibers John mit eigenhändigen Korrekturen

[Paralogus   P179.1
    Im Proscenium
Faust Wolce

    Helena
    Gretchen   5
Meph. ⟨xxx⟩
    Confusion im Reiche
    Thöriger Kayse*r*
    Schilderung fortgese*tzt* jene*r* Hof Scenen
    Weise*r* Fürst, {der} sie auf den Thron setze*n* woll ⟨*wohl* 10
                               für: wolle⟩
    Meph. hofft ihn zu bethören.
    Faust soll sich rüsten
    Die Bergvölke*r* aufrufen
    Drey Bursche
Weiser Fürst   15
    Deputation
    Ableh*nung*
    Rath {den} Mächtig⟨*sten?*⟩ zu wählen]

P179.2 [Der weise Fürst
    Deputation der Stände   20
    Meph. als Sprecher
    Ablehnung der Kayserwürde
    Andeutung {des} <u>rechten.</u>]

P179.3 [Mephistopheles im rauhen Gebirg
    mit siebenmeilen Stiefeln der Wolke nachschreitend. 25

    Sie sinkt nieder
    Dolmetsch zum zweyt*en* male deshalb sprech*end*
    Die Wolke steigt halb als Helena nach Süd Osten halb als
                       Gretchen nach Nordwesten
    Erwachen.
    Mephistopheles und Faust.   30
    Umwendung zum Besitz.
    Aufregung der Bergvölker
    Mephistopheles als Werber.
    Die drey Hauptfiguren treten auf.

35 Chorgesang zur That auftretend
Wäre mit dem Kriegerschritt von Pandora und Helena zu
rivalisiren.
Die Masken sind von Stahl u Eisen
Ihr Thyrsus blinkt das schärfste Schwerdt]

H P180
Schema eigenhändig

[Vierter Ackt.   P180

Starres Gebirg
Faust sich niedersenckend.
Wolke nach zwey Seiten
5   Monolog
Meph. Freude über die Verwirrung des Reichs
auffordernd zu Kriegsthaten.
Ruhm u Mittel gemein
Die drey Bursche
10 Werbung, Trommeln.]

IV H²²
*Schema von der Hand des Schreibers John,
eigenhändige Entwürfe*

Scenario zum 4. Act des Faust.   P178
                    ———

[Faust aus der Wolke im Hochgebirg.]
[Siebenmeilen Stiefeln.]
[Mephisto. steigt aus.]
5 [Sagt Faust habe nun die Reiche der Welt und ihre
Herrlichkeit gesehen]
[Ob er sich etwas ausgesucht habe.]
[Faust läßt den Schein der Welt am Sonnentage gelten.]
[Jener schildert die Zustände der besitzenden Menschen]

[Faust hat immer etwas Widerwärtiges.

Meph. schildert ein Sardanapalisches Leben.]   10

[Faust entgegnet durch Schilderung der Revolte]

[Beneidenswerth sind ihm die Anwohner des Meeres-Ufers,
                    das sie der Fluth abgewinnen wollen.]

[[Zu diesen will er sich gesellen.]

[Erst bilden und schaffen

Vorzüge der menschlichen Gesellschaft in ihren Anfängen.]   15

⟨am Rand:⟩ Später zu bringen

[Mephist. läßts gelten, zeigt die Gelegenheit dazu.]

[Trommeln u. kriegerische Musik im Rücken der
                    Zuschauer]

[Fern von der rechten Seite her.]

[Mephist. macht das Bedrängniß des Kaisers anschaulich.]   20

[Die Verwirrung des Reichs pp.]

Faust aus alter Neigung wünscht dem Monarchen zu
                    helfen.

[Vorschlag die Bergvölker aufzuregen.]

[Mephist. macht sie lächerlich.]]

[[Offerirt höhern Beystand.]   25

[Und präsentirt die drey Rüstigen.]

Des Kaisers Zelt wird aufgeschlagen.

Gefährliche Lage

Der Kaiser tritt auf mit seinen Getreuen]

[Trommeln im Rücken der Zuschauer von der linken Seite.   30

Nachricht daß der gehoffte Succurs sich zum Feinde ge-
                    schlagen habe.

Alles in Beängstigung.

⟨am Rand:⟩ Gegen Kayser
                    Ausfoderung

Faust tritt auf geharnischt.   35

Erklärung und Warnung.

Die Stellung der Kaiserl. Armee wird gebilligt.

Mephist. tritt auf mit den drey Tüchtigen.

[Haltefest zur Linken

Habebald zur Mitte gesellt   40

Eilebeute die Marketenderin ist bereit.

Die Eigenschaften eines jeden werden geprießen.
Trompeten u. Freudengeschrei im feindl. Lager.]
Der Gegenkaiser sey erwählt u. angekommen.
45 Der rechte Kaiser fordert ihn zum Zweykampfe.
Faust zeigt das Nutzlose.
Die verneinende Antwort kommt.
Das Gebirg glänzt von Helmen, Panzern, Spießen,
                              Schwerdtern und Fahnen.]
[Trompeten von jener Seite verklingen im Winde
50 Fürchterliche Posaunenzinken Töne von diesseits
Das Gefecht bricht los.
Die drey Bursche thun Wunder
Völlige Niederlage der Feinde.
Scherzhafte Fälle bey dieser Gelegenheit.
55 Faust u. Mephist. vom Kaiser als frühere Diener anerkannt.
Die treuen Fürsten werden in ihre Besitzthümer eingesetzt.
Haben auch schon Ansprüche auf die Confiscirten
Faust bringt seine Ansprüche vor an die unfruchtbaren
                                        Meeresufer.
Man ist zufrieden ihn so leicht abzufinden.
60 Er wird damit beliehen und geht um davon Besitz zu neh-
                                              men.]
                                                G

d. 16. May 1831

⟨eigenhändiger Zusatz:⟩
[Plateau auf dem Vorgebirge
man übersieht das Thal
65 Trommeln kriegerische Musik.
Das Heer in Schlachtordnung.
Des Kaysers Zelt wird aufgeschlagen
Kayser Obergeneral
Leibwache
70   Ober G.eneral]

⟨an den Rändern eigenhändige Entwürfe 10598-10611, 10624-10627,
10630-10639⟩

K⟨aiser⟩

Zufällig ritt ich dort vorbei
Macht ihn vom grausen Pfahle frey
_10618v_ Nun soll ich nach so manchen Jahren
_10619v_ Die Wirkung seines Geists erfahren   75

F⟨aust⟩

_10620v_ Die freye Wohltat wuchert reich
_10621_ Laß deinen Blick sich aufwärts wenden
_10622v_ Mir scheint er will ein Zeichen senden
_10623v_ Die Deutung finde es sogleich   80

IV H⁶
Entwürfe eigenhändig

_10156_ [Man freut sich daß das Volck sich mehrt
_10159_ Und man erzieht sich nur Rebellen.]

P185 Das Menschengeschlecht es quält sich eben
Im Besondern u Allgemeinen.

_10247v_ [Wie er so jung zum Throne kam   5
_10248v_ Beliebts dem Herren falsch zu schließen
_10249v_ Das könnte wohl zusammen gehn
_10251v_ Regieren u genießen.
_10250_ Und sey recht wünschenswerth und schön.]

P186 Bin ich denn nicht der Kayser mehr   10

———

Der Gegen Kayser rückt heran
O Herr das ist geschwind gethan

⟨folgen variante Entwürfe zu 10297f. und 10313-10318⟩

IV H⁵
Entwürfe eigenhändig

F⟨*aust*⟩
[Mir ist es lieb das das Gebirge stu*mm* ist
Und {mach} dich nicht vergeb*ne* Pein
So lang das Volk so übermäßig du*mm* ist
₅ Der Teufel braucht nicht klug zu sey*n*]

[Eh ist es so verbracht ⟨*wohl für: verbrächt*⟩ ich mei*ne* Zeit   *10172v*
In allerliebst geselliger Einsamkeit   *10173*
Da giebt es Wald u Hügel Feld u Rain   *10162v*
Dan*n* aber ließe ich schön*en* Frauen   *10170v*
₁₀ Vertraut bequeme]   *10171v*

{Da kam mir der Gedan*ke*
Wenn sie sagt ich ⟨xxx⟩ ⟨xxx⟩ ⟨xxx⟩   der Schran*ke*}

das dauert mir zu lange   P187
Ich nehme lieber als empfange

₁₅ [Unfruchtbar kams, unfruchtbar weichts zurück   P189
Und daß es ja unfruchtbar bleib*e*]

[Ein H⟨xx⟩, ein Erd Streiff halt ⟨*wohl für: hält*⟩ es auf
Ich glaub man hem*m*te sein*en* Lauf
Mit einer Reihe Maulwurfshaufen]   —
₂₀   Meph
⟨*folgt varianter Entwurf zu 10547-10553*⟩

⟨*varianter Entwurf zu 10160-10176*⟩

⟨*Faust*⟩
      das Ungehe*ue*r klaft   P188v

Mit tausend Rachen, all ⟨*wohl für: alles*⟩ weggerafft,
Vor mächtig*em* Dräng*en* Drange, sachte*m* Schieben
Dann wie vom Sturm unsinnig angetrieb*en*
Mit diese⟨x⟩ W⟨xx⟩ möcht ich kämpf*en*   25
Den scharfen Zahn {gekrauster} Welle dämpf*en*

Welch ein {wüste} {läst} d⟨xx⟩ {Wuth} {zur}*ück*

⟨*folgen variante Entwürfe zu 10130-10158*⟩

H P188a
Exzerptnotizen eigenhändig

P188a Maree   Fluth u. Ebbe
       basse   Ebbe
   Flux reflux
   Und wenn die Fluth dich noch so vorwärts führt
   Die Ebbe gleich wird dich zurücke reissen.   5

H P188
Entwurf eigenhändig

       ⟨*Faust*⟩
P188 Von ferne schwillt der Kam*m*. Es klafft
   Mit tausend Rachen, schon hinweg geraft
   Vom mächtigen Drängen, sachten Schieb*en*
   Dann wie vom Sturm unsinnig angetrieb*en*
   Rollts, bäumt sich wogt
   Mit diesem Ungeheuer möcht ich kämpfen   5
   Mit Menschengeist die Elemente dämpfen

H P190a
Entwurf eigenhändig

Ein altes Wrack die längst entblösten Rippen   P190a

Grünliebend, Luft bedürfend, Früchte spendend

Unfruchtbar ists Unfruchtbarkeit sein Kommen

Von Stürmen rege, Sturm erregend wüthet.

H P190
Entwurf eigenhändig

⟨*gestrichen:* Doppel Brandung. Gefährlich die Landung⟩   P190
Doppelt schreckliches der Brandung
Flaches Ufer, Todt u Landung
In der Weite fern von Klippen
5 Alter Wracks entblöste Rippen
Wie nur auch das Auge {schweife}
Nirgens Wachsthum nirgens {Reife}

H P190b
Notiz eigenhändig

                                                                100
Das weite Land noch unbesessen liegt   P190b

H P181/182 / IV H20
Schema von der Hand des Schreibers John
mit eigenhändigen Zusätzen

Plateau auf dem Vorgebirge
Man übersieht das Thal
Trommeln kriegerische Musick von unten auf.
Das Heer in Schlachtordnung
Des Kaisers Zelt wird aufgeschlagen.   5

———

Kaiser   Obergeneral   Leibwache
Hier übersiehst du
Das Heer bedächtig aufgestellt
Der Boden ungleich abhängig
Zum Angriff schwer den Feinden   10
Zum Vertheidigen auch wohl
        zum Angriff starck diesseits
Und ganz natürlich finden wir bewährt
Wie es die Kriegskunst nur begehrt.
        Die Reiterey ist ihnen unnütz   15
        Unser Fußvolk tüchtig
        Unser rechter Flügel die Muthigsten Streitbegierigsten
        Der Phalanx in der Mitte

        Kräftig und unerschütterlich
        Die linke Flanke eigens fest   20
        Auf Felsenhorsten unersteiglich.
        Nicht zu umgehen nicht zu vermeiden.
        Geschoß und Steinwurf zu Beschädigung des Feindes.
        So hast du es so haben es die Deinigen angeordnet
        Dem Glück ist wenig überlassen   25
Das Größte was man ausgedacht
Durch anderer Kraft vollführt zu sehen
        Des Kaisers Unmuth gegen die Menge
                ⟨am Rand:⟩
                Der {Vortrab} des Feindes
                Masse mit Picken   30

Das ist die Menge
Vorstadt
{Sperrte mich in meine} Hauptstadt ein
Hoffnung auf die Getreuen festgehalten
Ein Spion wird eingeführt
Nachricht vom Z⟨xx⟩ [Abfall der] Besseren
Gegenkaiser
        Kaiser
[Erhöhter Sinn
Ausforderung]
            ⟨am Rand:⟩ Nur wenn ich falle steht er fest.
[Die Herolde gehen ab]
[Faust, Mephisto und die drey Gewaltigen]

[Vorstellung derselben]   P182
[Die Ausforderung ward verworfen.]
            ⟨am Rand:⟩
            [Zweykampf Faustsche Rede dagegen
            Haupt das von den Gliedern vertheidigt wird]
[Eilige Schlacht]
[Vertheilung der drey Gewaltigen]
Posaunenton
Erschütterung des feindlichen Heeres.
[Blanke Rüstungen, Waffen Speere Fahnen u. dergl.]
[Lassen sich zwischen den Felsen sehen.]
[Posaunen wiederholt
Habe freylich nicht gesäumt,   10555v
Die Waffensäale ringsum ausgeräumt.   10556
Gar manch Gespenst hat sich damit geputzt   10561v
Das Mittelalter lebhaft aufgestutzt.   10562
        Furchtbarer Posaunen Schall von oben.]

Die Schlacht geht fort
Wird von den Zuschauern im Einzelnen beschrieben.
Der Feind flieht
            ⟨am Rand:⟩
            Zelt des Gegenkaysers
            Habebald Eilebeute

Die Getreuen versammeln sich um den Kaiser.   65
Belohnungen.
Beleihungen.
Zuletzt mit dem Meeresstrande.

IV H[19]
Entwurf eigenhändig

⟨*Entwurf zu 10512-10518*⟩

⟨*Habebald*⟩
[Wir fahren zu wie Flam*men* Gluth
Die Habsucht giebt den Wahren Muth]

⟨*Eilebeute*⟩
10534v [Das Weib ist grausam wenn sie gr ⟨*wohl für: greift*⟩]

⟨*Raufebold*⟩
                        zu zuschlagen
[Dem Donn*er*keile {zeigt}, Zeus bleibt im Stich   5

⟨*Haltefest*⟩
10546v Kein Donnerstrahl zerspaltet was ich halte]

Der Ruhm ist Narrheit Weisheit d*er* Besi*tz*

⟨*Kaiser*⟩
P191v [Die Menge steht dem Kayser nie entgeg*en*
Will sie von ihm sich tren*nen* ists Verrath,
Rebellion, stets bleibt sie unter ihm   10
Hebt er sie nicht durch Neigung zu sich auf
Drückt an die Brust sie liebend väterlich
Nun flucht er ihr als dem ungerath*enen*
Verwilderten Geschlecht. Tritt aber tritt
Ein Mann hervor u sagt: ich bin der Kayser   15
Das klingt schon anders. Klingt persönlich gr*os*

Ein GegenKayser. Gut er stell*e* sich.
So seys denn Kayser geg*en* Kayser gleich gew*agt*]

IV Hᶜ
Reinschrift eigenhändig

[M.⟨*ephistopheles*⟩
Das alles wär*e* wunderschön   *10762*
Nun aber braucht*s* auch ein Getön.   *10763v*
Erschreckend, widerwärtig, panisch   *10780v*
₅ Mitunter grell u scharf satanisch   *10781*
[Dadroben klapperts u rasselt schon.   *10766v*
Die alten Waffen aus der Säle Grüften,   *10764v*
Empfinden sich in freyen Lüften   *10765v*
Und geben wunderbar*en* Ton.]   *10767v*
₁₀ Ganz recht! Sie sind nicht mehr zu zügel*n*   *10768*
Es geht schon wied*er* an ein feindlich Prügeln   *10769v*
Wie in der holden alten Zeit   *10770*
Der Arme wie der Beine Schienen   *10771v*
Als Guelfen u als Ghibellin*en*   *10772*
₁₅ Erneuen sie den alten Streit.   *10773v*
Und nicht dem   Sinn gewöhnlich   *10774v*
Erweisen sie sich unversöhnlich]   *10775*

IV H¹²
Reinschrift von der Hand des Schreibers John
und eigenhändiges Schema

[Kaiser: / nach einigem Nachdenken:/   P191
Die Menge steht dem Kaiser nie entgegen
Will sie von ihm sich trennen ists Verrath,
Rebellion; stets blieb sie unter ihm
₅ Hub er sie nicht durch Neigung zu sich auf,
Drückt an die Brust sie, liebend väterlich.
Nun flucht er ihr, als einem ungerathnen,

Verwilderten Geschlecht. – Tritt aber tüchtig
Ein Mann hervor und ruft: ich bin der Kaiser
Das klingt schon anders, klingt persönlich groß   10
Ein Gegenkaiser, gut! er stelle sich
So seys denn Kaiser gegen Kaiser frisch gewagt.]
        Die Herolde /: gehen ab :/

⟨folgt 10407-10422⟩

P183   Kayser   Obergeneral

            ObG.   15
Legt die Stellung des Heeres aus
Vortheile. Hoffnungen
[Erster Kundschafter
Hie u da Abfall
Im Ganzen Läßigkeit   20
Wenig Trost.]
        ⟨am Rand:⟩ Kayser
[Zweyter Kundschafter
Gegen Kayser
Aufregung   25
Ausforderung
Herolde ab.]

Kaysers vorerst ablehnende Antwort an Faust

Schlacht.
Motive der beyden Flügel   30
Und der Mitte.

        ⟨Mephistopheles⟩
P192 Der Herr ist jung man merckts ihm an

IV H¹¹
Entwürfe eigenhändig

⟨*Kaiser*⟩
Sey uns gegrüßt, denn zu der best*en* Zeit
Kommt jeder neu Verbündete zu Ehren
Wie anders muß bey zweifelhaft*em* Streit
Ein neuer Tapfrer uns behaglich mehren.
⟨*folgt teilweise varianter Entwurf zu 10427-10438*⟩

5   K.⟨*aiser*⟩
Sey uns willkomm*en*. Zu den besten Zeit*en*
Der ⟨xxx⟩

IV H²²ᵃ
Entwurf eigenhändig

⟨*Erzbischof*⟩
[Die Fläche wo dein Kriegszelt aufgeschl*agen*   *10993v*
Verehrst du zugunsten deiner {Tath*en*}
Damit ⟨xxx⟩ er sich als Gottesgrund ern*eue*
Der bösen Geister Athem sich zerstreue
5   Da wird ein hohes Chor zugleich entstehn
Wo das Gebet sich durch Gesang erhöht
Das {Schiff} wird sich zum Schiffe gleich verläng*en*
Die Nebengänge
Da steig ein Thurm auf gleichem Z

10 Von dort her wer*den* volle Glock*en*
Die Gegend zum Gebete locken

So weit man diese Glock*en* hört
So weit verehrest du das Land dem Stift]

K.⟨aiser⟩
Gescheh es alles wie du sprichst   15

IV H⁸

Schema von der Hand des Schreibers John im
Arbeitsmundum zu 10296-10848

P184 Erzbischoff /tritt ein/
Der Kaiser meldet ihm wie er Haus und Hof bestellt.
Präsentirt ihm die vier Erzfürsten,
Der allgemein gültigen Form wegen erklärt er ihn zum
                                                Erzkanzler.
Sowohl das Innere als das Äußere durch die nöthigen For- 5
                              men zu bekräftigen
Hohe Bedeutung der Fünfe
Sollen mächtige Fürsten seyn
Ihre Länder werden Ihnen verliehen
Vermehrung hinzugethan
Weitere Erwerbungen erlaubt   10
Große Gerechtsame innerhalb dieser Länder.
Bestellung zu Churfürsten
Wahl und Krönung durch sie entschieden
Glückwunsch und Dank
Der Erzbischoff wünscht als Beichtiger den Kaiser allein zu 15
                                                sprechen.

—

⟨am unteren Rand:⟩
Faust   Habebald.

IV H¹³
Reinschrift von der Hand des Schreibers John
mit eigenhändigen Zusätzen

⟨*Reinschrift 10541-10546*⟩

Mephist. /: zurückkommend von oben herunter :/
Sie habens wohl und richtig ausgedacht,
Doch schwächte dieß des Heers gesammte Macht
Und prallen hier mit Noth und Mißgeschick
5 Vom starren Fels vom starren Volk zurück.
⟨*am Rand:*⟩ später
⟨*folgt Reinschrift 10547-10558, am Rand 10563f.*⟩

IV Hᶜ
Arbeitsmundum teilweise eigenhändig

Der Kanzler /: liest :/   P193
Sodann ist auch vor unserm Thron erschienen
Faustus, mit Recht der Glückliche genannt,
Denn ihm gelingt wozu er sich ermannt,
5 Schon längst bestrebsam uns zu dienen,
Schon längst als klug und tüchtig uns bekannt.

Auch heut am Tage glückts ihm hohe Kräffte
Wie sie der Berg verschließt hervorzurufen,
Erleichternd uns die blutigen Geschäfte.
10 Er trete näher den geweihten Stufen,
Den Ehrenschlag empfang er!
        Faust /: knieet :/
        Kayser.   Nimm ihn hin!
Duld ih*n* von keinem andern!

⟨*außerdem auf diesem Bogen Reinschrift 10565-10570*⟩

PARALIPOMENA ZU FAUST II · FÜNFTER AKT

H P93
Sammelblatt von der Hand des Schreibers John

Vor dem Pallast.

⟨*Mephistopheles*⟩

P93 Das Leben, wie es eilig flieht,
Nehmt ihr genau und stets genauer,
Und wenn man es beym Licht besieht,
G'nügt euch am Ende schon die Dauer.   5

────────

P94 So ruhe denn an deiner Stätte!
Sie weihen das Paradebette,
Und, eh das Seelchen sich entrafft,
Sich einen neuen Körper schafft,
Verkünd ich oben die gewonnene Wette.   10
Nun freu ich mich aufs große Fest
Wie sich der Herr vernehmen läßt.

────────

P95 Nein! diesmal gilt kein Weilen und kein Bleiben:
Der Reichsverweser herrscht vom Thron,
Ihn und die Seinen kenn' ich schon,   15
Sie wissen mich, wie ich die Ratten, zu vertreiben.

────────

V H24
Entwürfe eigenhändig

⟨*Engel*⟩
[Sündern vergeben   *11679*
Staub zu beleben   *11680*
Allen Naturen   *11681*
Freundliche Spuren   *11682*
₅ {Weichet} zur Seite
Des weilenden Zugs   *11684*

⟨*Mephistopheles*⟩   P205

          Du {kommst} mir eben recht
Lang{weilig} ⟨xxx⟩ ⟨xxx⟩
       weich Geschlecht]

⟨*Engel*⟩
₁₀ [Folget Gesandte   *11676*
Himmels verwandte   *11677*
Gemächlichen Flugs   *11678*

⟨*Mephistopheles*⟩
Es brennt der Kopf das Herz die Leber brennt   *11753v*
Das ist ein Teufels Element   *11754v*
₁₅ Weit spitziger als höllisch Feuer]   *11755v*

[Du wanstig*er* Schuft mit de*inen* Feu*er*back*en*   *11656v*
Du siehst so recht vom Höllenschw*efel* satt   *11657v*
Den hagern tristen krummgezognen Nacken   *11658v*
Nun haucht mir glühend Blum u Blatt
₂₀   Matt
Seht wie sie schrumpfen]

V H23
Sammelblatt eigenhändig

⟨*Mephistopheles*⟩
11638v [Ihr von altem Teufels=Schrot u Korne
11639v Ihr bringt sogleich den Höllenrachen mit]

P199 Willst du zu deinem Zweck gelange*n*
Mußt dir nicht selbst im Wege stehn,
Die Griechen wußten wir zu fangen
Wir machten uns auf eine Weile schön.   5

P200 Wir sind noch keineswegs geschieden
Der Narr wird noch zuletzt zufrieden
Da läuft er willig mir in's Garn

P201   ⟨*Faust?*⟩
                                   Muß befehlen   10
          S.⟨*orge*⟩
Das hilft dir nichts du wirst uns doch nicht los
Grad im Befehlen wird die Sorge gros.

          ⟨*Mephistopheles*⟩
P202 [Gethan geschehn sogleich
Verdumpft verschrumpft u wie die Leiche bleich]   15

          ⟨*Engel*⟩
11779 [Wir nähern uns, und wenn du kannst so bleib.
          Meph.
11780 Ihr scheltet uns Verdammte Geister;
11781 Ihr seyd die wahren Hexenmeister,
11782 Denn ihr verführ*t* Mann u Weib.]   20

P206 Es war genau in unserm Packt bestimmt
Ich will doch sehn wer mir den nimmt.

⟨*Engel?*⟩
[Zart schwebend aufnehmend   P207
Das oberste zu unterst kehrend.
      ⟨*Mephistopheles*⟩
25 [O ewige Schande solchen Tröpfen   *11735ᵛ*
Satane stehen auf den Köpfen]   *11736*
Und stürzen ärschlings in die Hölle   *11738*
Gesegne euch das heiße Bad.   *11739ᵛ*
Ich aber bleib auf meiner Stelle   *11740*
30 Die Buben schlagen Rad auf Rad]   *11737ᵛ*

[Gefangen ist's ein eckler Gallert-Quark.]   *11742ᵛ*

V H⁴
Entwurf eigenhändig

[Er hat die Händel angefange*n*   P198
Laß mich davon den Vorteil ziehn.

     ⟨*Faust*⟩
Es klang so hohl gespensterh*aft* gedämpft   *11402ᵛ*
Ich habe längst schon die Magie entfernt.   *11404ᵛ*
5   Magie hab ich schon lang
Die Zaubersprüche williglich verlernt   *11405ᵛ*
Ihr seyd mir fremd ich mag euch nicht beschwören   P202a
Doch ist die Welt vom Geister Spuk so voll   *11410ᵛ*
Daß man nicht weis wie man ihn meiden soll   *11411ᵛ*
10 Ist jem*and* hier   *11420*
     ⟨*Sorge*⟩   Die Frage fordert ja
Und du wer bist du   *11421ᵛ*
         Ich bin nun einmal da.
Entferne dich   *11422ᵛ*
15   Und bin am rechten Ort]

V H11
Entwurf eigenhändig

⟨*11467-11486*⟩
    Faust
[Die armen Menschen! gar zu gern
Verstricket ihr sie solchen Schlingen
            Sorge.
11495v [Erfahre sie wie ich mich von dir wende!   5
Sie sind im Leben blind, sey du's am Ende.]]

V H8
Entwürfe eigenhändig

⟨*variante Entwürfe zu 11407-11409 und 11414 f.*⟩

        ⟨*Faust*⟩
11419 [die Pforte knarrt u niemand komt herein]
Doch man durchdringt des Raums gedehnte Schrank*e*
Und uns ergreift ein Liebender Gedanke
11416v [Vom Aberglauben sind wir so umg.*arnt*
11417 Es eignet sich es zeigt s*ich* an es warnt]   5
11415v [Ein Vogel krächzt er scheint zu prophezeihn
Ein Traum
11413v Ein Lügentraum scheint mein bestimmt Geschick]

V H20
Entwürfe eigenhändig

        ⟨*Mephistopheles*⟩
11624v [Ich paß ihr auf wie einer Grillenmaus
11622 Man kann auf gar nichts mehr vertrauen
11623 Sonst mit dem letzten Athem fuhr sie aus
11625v Schon hatt' ich sie in festgeschloßnen Klauen

5 Nun hat sie das besonderste Gelüst
   Erst die Verwesung abzuwarten
   Und promenirt sich durch verstockten Mist
   Als wär es hold u glatt ein Roseng*arten*
   Sonst war sie gern aus diesem Kerker los
10 Und sehnte sich nach andren Tagen

   Jetzt läßt sie sich vom Element verjag*en*
            der Streit der Elemente]

V H²⁸
Entwürfe eigenhändig

⟨*Mephistopheles*⟩
[Was weicht ihr von der rechten Seite
Entschließt euch kurz u gut zum Streite
Seyd keck nach altem Teufels Brauch
Was fürchtet ihr die Blümeleyen   *11713v*
5 Laßt sie doch schütteln laßt sie streuen
Es ist nur Schnee und schmilzt vor eurem Hauch.   *11715v*
Nun pustet fort ihr Püstriche]   *11716v*
⟨*folgt weiterer Entwurf zu 11710-11716*⟩

V H³⁰
Entwürfe eigenhändig

⟨*Engel. Chor*⟩
[Blüten die seel*igen*   *11726*
Flam*men* die fröhlichen   *11727*
Liebe verbreiten sie   *11728*
Wonne bereiten sie,   *11729*
5 /Nichts unbezwingl*ich*,
[Alles durchdringlich
⟨*gestrichen:* Nichts ist unmöglich⟩
Dem Wahren dem Licht]

11734 Überal Tag

Nichts unbezwingli*ch*   10
Alles durchdringlich
Dem Wahren dem Licht]

11745v [Was uns nicht angehört
11746v Müssen wir meiden
11747v Was euch im Innern stört,   15
11748v /bringet nur leiden
11749v Dringet es auf uns ein
11750 Müssen wir tüchtig seyn
11751 Liebe {nur} Liebenden
11752 Führet herein.]   20

V H²

Mundum von der Hand des Schreibers John
mit eigenhändigen Zusätzen

⟨*Reinschrift 11384-11550, noch ohne 11400 f. u. 11507-10. Dann:*⟩

Faust
11555 Mit jedem Tage will ich Nachricht haben
11556v Wie sich verlängt der ungeheure Graben,
Meph. / halblaut :/
11557 Man spricht, wie man mir Nachricht gab,   5
11558 Von keinem Graben doch vom Grab.
Faust
Dem Graben, der durch Sümpfe schleicht
Und endlich doch das Meer erreicht.
Gewinn ich Plaz für viele Millionen
Da will ich unter ihnen wohnen,   10
11580r Auf wahrhaft eignem Grund und Boden stehn.
11581v Ich darf zum Augenblicke sagen:
11582 Verweile doch du bist so schön!
11583 Es kann die Spur von meinen Erdetagen   15

Nicht in Aeonen untergehn.   11584

/: Faust sinckt zurück, die Lemuren faßen
ihn auf und legen ihn auf den Boden :/

⟨folgt 11587-11831, noch ohne 11591f.⟩

⟨Wiedergabe des den Faust II-Versen 11539-90 entsprechenden
Handschriften-Blattes: hier Abb. 18⟩

Engel   P203v

₂₀ Liebe, die gnädige,
Hegende, thätige,
Gnade die liebende
Schonung verübende
Schweben uns vor.

₂₅ Fielen der Bande
Irdischer Flor,
Wolkengewande
Tragt ihn empor.

Nichts unbezwinglich
₃₀ Alles durchdringlich
Dem Wahren dem Licht

1 P97v

Abkündigung.
Den besten Köpfen sey das Stück empfohlen
₃₅ Der Deutsche sitzt verständig zu Gericht.
Wir möchtens gerne wiederholen,
Allein der Beyfall giebt allein Gewicht.
Vielleicht daß sich was bessres freylich fände. –
Des Menschenleben ist ein ähnliches Gedicht
₄₀ Es hat wohl Anfang hat ein Ende.
Allein ein Ganzes ist es nicht.
Ihr Herren seyd so gut und klatscht nun in die Hände.

P98v   Schluß

                                                                        m

             Abschied.   45
Am Ende bin ich nun des Trauerspieles
Das ich zuletzt mit Bangigkeit vollführt,
Nicht mehr vom Drange Menschlichen Gewühles
Nicht von der Macht der Dunkelheit gerührt.
Wer schildert gern den Wirrwarr des Gefühles   50
Wenn ihn der Weg zur Klarheit aufgeführt
Und so geschlossen sey der Barbareyen
Beschränckter Kreis mit seinen Zaubereyen.

Und hinterwärts mit allen guten Schatten
Sey auch hinfort der böse Geist gebannt   55
Mit dem so gern sich Jugendträume gatten
Den ich so früh als Freund und Feind gekannt.
Leb alles wohl was wir hiemit bestatten
Nach Osten sey der sichre Blick gewandt
Begünstige die Muse jedes Streben   60
Und Lieb und Freundschaft würdige das Leben.

Denn immer halt ich mich an Eurer Seite
Ihr Freunde die das Leben mir gesellt
Ihr fühlt mit mir was Einigkeit bedeute
Sie schafft aus kleinen Kreisen Welt in Welt.   65
Wir fragen nicht in eigensinngem Streite
Was dieser schilt was jenem nur gefällt,
Wir ehren froh mit immer gleichem Muthe
Das Alterthum und jedes neue Gute.

O glücklich! wen die holde Gunst ⟨für: Kunst⟩ in Frieden 70
Mit jedem Frühling lockt auf neue Flur
Vergnügt mit dem was ihm ein Gott beschieden
Zeigt ihm die Welt des eignen Geistes Spur
Kein Hinderniß vermag ihn zu ermüden
Er schreite fort so will es die Natur.   75
Und wie des wilden Jägers braust von oben
Des Zeiten Geists gewaltig freches Toben.

H P195
Schema-Entwurf eigenhändig

[Leiche   P195
Lemuren legen ihn ins Grab
Ziehen sich zurück
Satane
5 Verwesung
Seele entflieht.
    Später
Satane in Angst zu erhaschen
Gesang fern
10 Meph. Ärgerlich
Engel nah
Wort Streit
Die Engel streun Rosen
Die Satane hauchen
15 Sie welken]
[Die Rosen in Flammen verwandelt fliegen auf
Gegen die Satane
    diese entfliehen
Meph. hält aus.
20   Liebespein
Engel schaaren
Satane drohn
Meph. ab zur Appellation.
Da Capo.
25   Himmel
Christus Mutter u Evangelisten u alle Heiligen
Gericht über Faust.]

H P194
Schema von der Hand des Schreibers John

P194 [Vier graue Weiber.
Faust und Sorge.
Mephist. und Lemuren.
Faust Zufriedenheit
Vorbey.   5
Leiche.
Lemuren begrabend.
Entfernt.
Satane und Höllenrachen.
Verwesung erwartend.   10
Weil die Seele später als sonst entflieht.
Satanische Posituren sie zu erhaschen.
Engel Himmelsglorie
Schweben heran
Mephist. Widersetzen   15
Engel streuen Rosen.
Die verwelken auf den Hauch der Satane.
Verwandelt in Liebesflammen
Satane fliehen
Mephist. Liebespein.   20
Engel entschweben.
Mephist. zur Appellation.]

V He
Entwürfe eigenhändig

⟨*Arbeitsmundum 11981-11996, am Rand:*⟩
   ⟨*Doctor Marianus?*⟩
Badet in der reinsten Quell*e*   P209v
Der bestaubte Wandr*er* sich

⟨*Arbeitsmundum 12013-12019, am Rand:*⟩
In der allerreinsten Quelle   P209
Badet der bestaubte ja

V Hd
Reinschrift von der Hand des Schreibers John
und eigenhändiger Entwurf

[<u>Chor der Engel.</u>
    /: Faustens Entelechie heran bringend :/
⟨*Reinschrift 11954-11957*⟩

Nebelnd um Felsenhöh   *11966*
Spür ich so eben,   *11967*
5 Regend sich, in der Näh,   *11968*
Ein Geisterleben.   *11969*
Die Wölckchen werden klar   *11970*
[Die hohe Geisteskraft
Sie ist gerettet]]

⟨*Reinschrift 11971-11980*⟩

10 [Doctor marianus
    /: in der höchsten, reinsten Zelle :/
    ⟨*Entwurf 11991-11996*⟩]
    [In heilige*m* Liebes brand   P208v
    Was männlich in der Brust

Zu dir zu wenden]
⟨*Entwurf 12013-12019*⟩

P209v [In der allerreinsten Quelle   15
       Der bestaubte Wandrer sich]

H P196
Schema eigenhändig

P196 [Chor der Büßerin*nen*

      Maria Magdalen*a*
      Die Samariterin
          Chor
      Gretchen
      Seel.*ige* Knabe*n*   5
      Gretchen
      Mater gloriosa
      Doctor Marianus
      Chor in Excelsis]   10

      _____

      [Chor der Büßerin*nen*]
      [Magna Peccatrix
          zu drey]
      [Mulier Samaritana]
          zu drey   15
      [Maria Egyptiaca]
          zu drey
      [Gretchen
      Seel.*ige* Knaben Fortsezung
      [Gretchen]   20
      Mater gloriosa
      Doctor Marianus
      Chorus in Excelsis]

V Hg¹
Entwurf eigenhändig

⟨*Gretchen?*⟩
[Du schwebst zu Höhen   *12032*
Der ewigen Reiche   *12033*
Vernim das Flehen   *12034*
Du Ohnegleiche   *12035/70*
5 Du Strahlenreiche,   *12071*
Jetzt neige neige   *12069v*
Dein Antlitz gnädig meine*m* Glück.   *12072*
Der früh geliebte   *12073*
Nicht mehr getrübte,   *12074*
10 Er kommt zurück.   *12075*
Verweile, weile!
Den Erdball zu Füßen
Im Arme den Süßen
Den göttlichsten Knaben
15 Von Stern*en* umkränzet
Zum SternAll entsteigst du]

V Hᶜ
Entwürfe eigenhändig

⟨*Entwürfe zu 11926-11941, 11954-11965, 12076-12079
sowie 9 Zeilen Gedichtentwurf*⟩

[In heiliger Liebes Lu*st*   P208
Was männlich in der Brust
Zu dir zu wenden]

⟨*am Rand:*⟩
[Ich habe mißgehandelt   *11836v*
5 Der Aufwand ⟨*gestrichen:* Die Kosten sind⟩ verthan   *11837v*
Gelüst u Thorheit wandelt   *11838v*
Auch selbst den Teufel an]   *11839v*

H P197a
Stichworte eigenhändig

P197a Landes Besiz

Haltefest Eindämmung
Raufebold Seefahrt
Habebald. Hafenbau.

IV H^b
Entwurf eigenhändig

P197   Faust   Haltefest

H
⟨folgt, auf dem Kopf stehend, Entwurf zu 10419 f. Dann:⟩

Faust

Sie flieht, da liegt ein weites Land vor mir,
Sie kehrt zurück und insultirt mich hier.   5

H. F. ⟨für: Haltefest oder Haltefest Faust?⟩
Mit jedem Tag wird man gescheidter!
Du bist nun hundert Jahr, ich bin schon etwas weiter,
Wir haben Lust und guten Blick.
Gedacht, gethan das Meer es muß zurück.   10
Die längsten Gräben sollen niedergehn,
Die höchsten Dämme stolz entgegen stehn.
Wir halten fest recht weit in's Meer hinaus.
Wie braust Neptun! Tyrannen lacht man aus.
        Faust
Nur frisch ans Werk   15

HANDSCHRIFTEN-ABBILDUNGEN

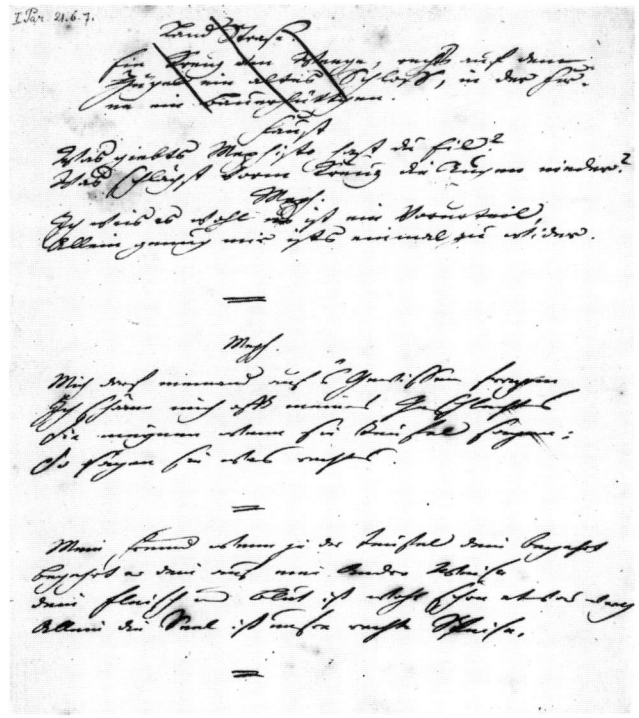

Abb. 10: Sammelblatt zum *Faust*
mit dem Paralipomenon 21 (vermutlich aus Goethes ältestem
Manuskript) und den Paralipomena 6 und 7 (wohl spätere
Eintragungen); vgl. hier S. 544

(Goethe- und Schiller-Archiv Weimar: 25/XVII 2,13)

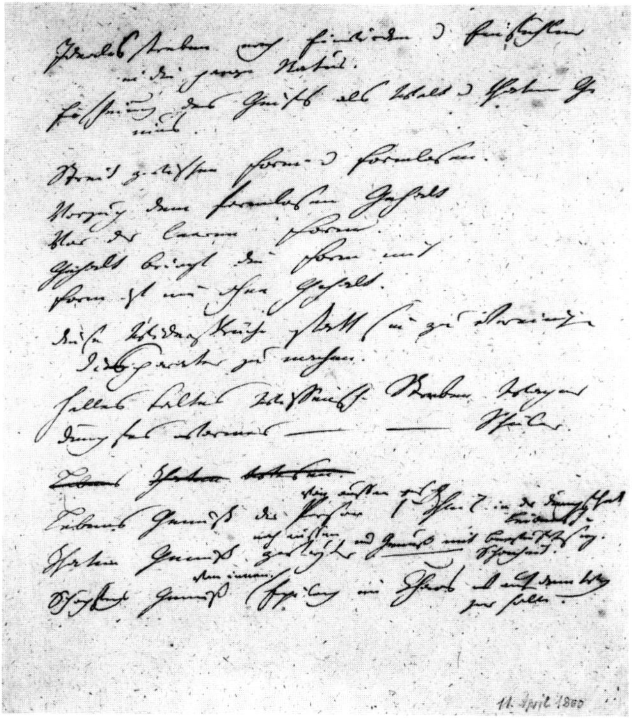

Abb. 11: Arbeitsnotizen zu beiden Teilen des *Faust*
(Paralipomenon I, wohl aus den Jahren 1800/1801);
vgl. hier S. 576f.

(Goethe- und Schiller-Archiv Weimar: 25/XVII 2,1)

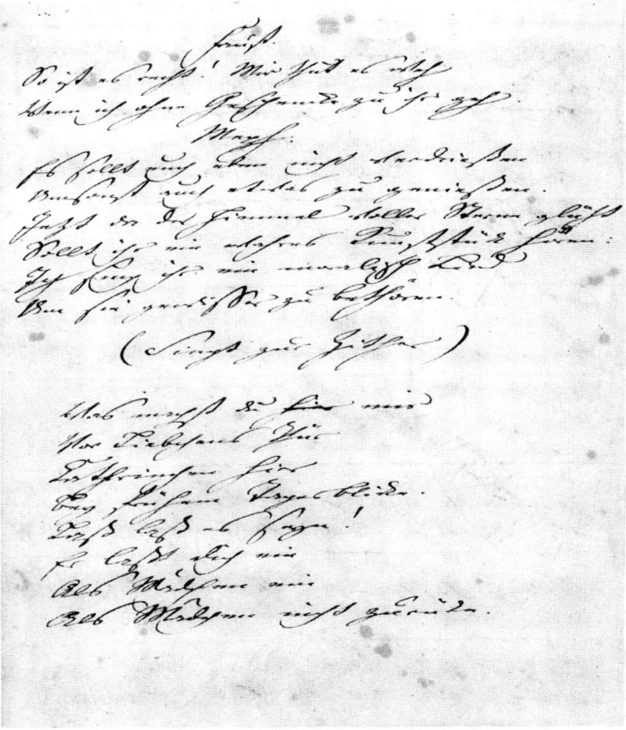
Faust.
So ist es recht! Mir thut es weh
Wenn ich ohne Geschencke zu ihr geh.
Meph.
Es sollt euch eben nicht verdrießen
Umsonst auch etwas zu genießen.
Jetzt da der Himmel voller Sterne glüht
Sollt ihr ein wahres Kunststück hören:
Ich sing ihr ein moralisch Lied
Um sie gewisser zu bethören.
(Singt zur Zither)
Was machst du mir
Vor Liebchens Thür
Cathrinchen hier
Bey frühem Tagesblicke.
Laß, laß es seyn!
Er läßt dich ein
Als Mädchen ein
Als Mädchen nicht zurücke.

Abb. 12: Goethes Handschrift zu *Faust I*, *Nacht* 3674-89

(Staatsbibliothek Preußischer Kulturbesitz, Berlin: Ms.germ.qu. 475, Bl 2v)

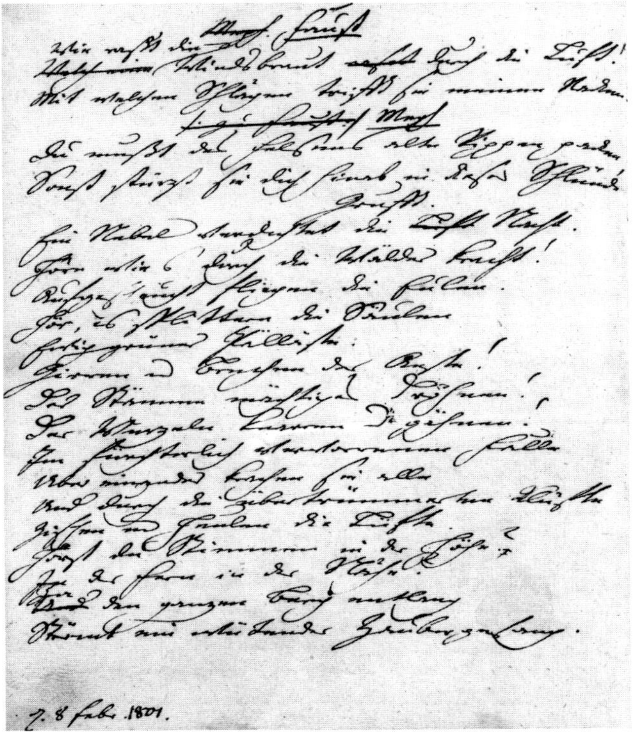

Abb. 13: Goethes Handschrift zu *Faust I*, *Walpurgisnacht* 3936-55
(Staatsbibliothek Preußischer Kulturbesitz, Berlin: Ms.germ.qu. 527, Bl 4ᵛ)

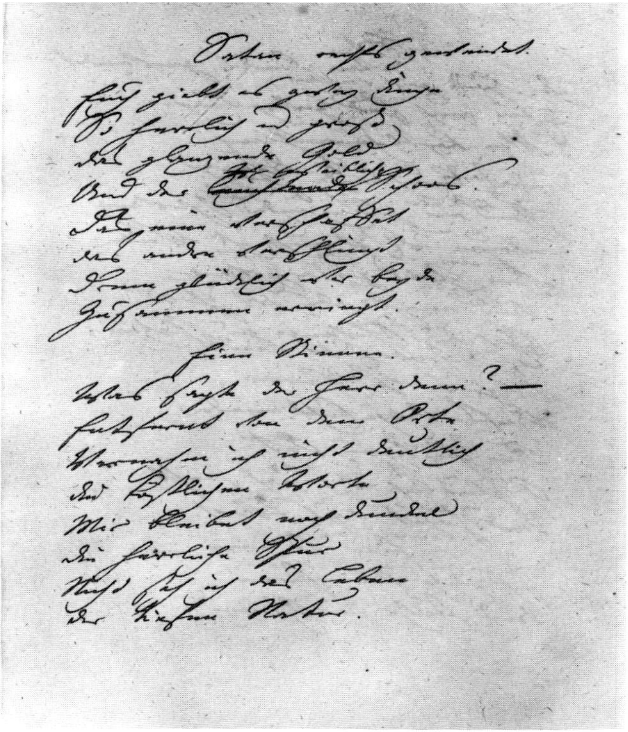

Abb. 14: Goethes Reinschrift: Satansrede in der *Walpurgisnacht*, aus dem Paralipomenon 50; vgl. hier S. 553, 26-43

(Goethe- und Schiller-Archiv Weimar: 25/XVII 2,24 Bl 3ᵛ)

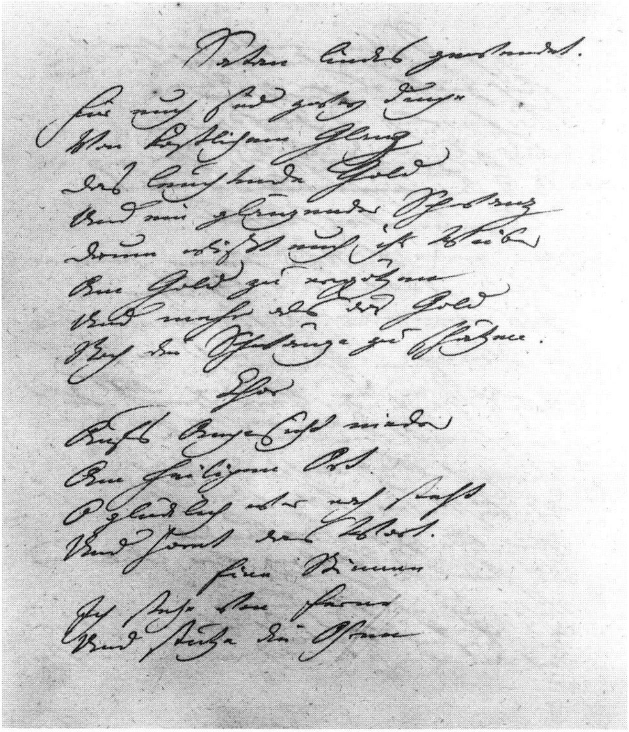

Abb. 15: Goethes Reinschrift: Satansrede in der *Walpurgisnacht*,
aus dem Paralipomenon 50; vgl. hier S. 553f., 45-61

(Goethe- und Schiller-Archiv Weimar: 25/XVII 2,24 Bl 4ʳ)

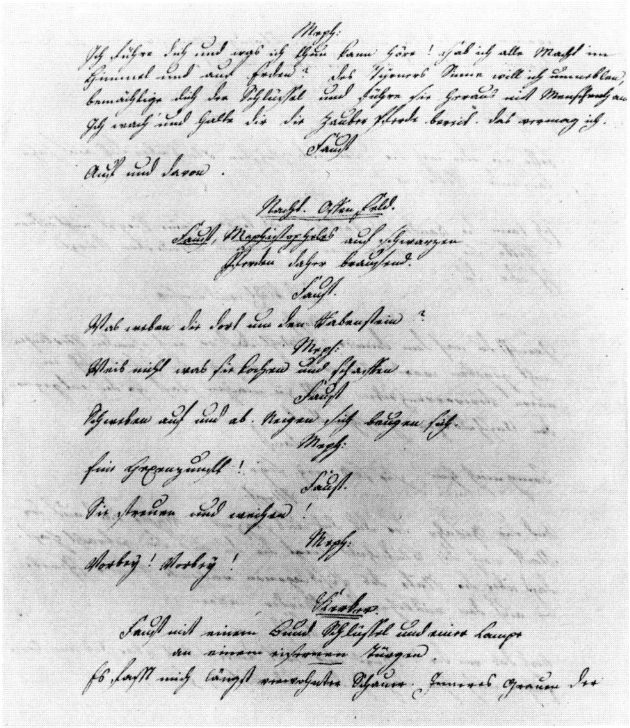

Meph.
Ich führe dich und was ich thun kann höre! Hab ich alle Macht im Himmel und auf Erden? Des Türners Sinne will ich umneblen, bemächtige dich der Schlüssel und führe sie heraus mit Menschenhand. Ich wach und halte dir die Zauberpferde bereit. Das vermag ich.
Faust
Auf und davon.

Nacht. Offen Feld.
Faust, Mephistopheles auf schwarzen Pferden daher brausend.
Faust.
Was weben die dort um den Rabenstein?
Meph.
Weis nicht was sie kochen und schaffen.
Faust
Schweben auf und ab. Neigen sich beugen sich.
Meph.
Eine Hexenzunft!
Faust.
Sie streuen und weihen!
Meph.
Vorbey! Vorbey!

Kerker.
Faust mit einem Bund Schlüssel und einer Lampe an einem eisernen Türgen.
Es fasst mich längst verwohnter Schauer. Inneres Grauen der

Abb. 16: Handschrift der Luise v. Göchhausen:
Faust. Frühe Fassung,
[Trüber Tag. Feld] Z. 55-60 | *Nacht. Offen Feld* | *Kerker* Z. 1-2;
vgl. hier S. 534f.

(Goethe- und Schiller-Archiv Weimar: 25/XXXV 5 Bl 561v)

Marg: Hülfe! Hülfe! — auf! — kein Hagen zöger't kein
Toll Grau! /sie faßt das Schloß es singt inwendig /

Meine Mutter die Hur
Die mich umgebracht hat!
Mein Vater der Schelm
Der mich gessen hat!
Mein Schwesterlein klein
Hub auf die Bein
An einem kühlen Ort,
Da ward ich ein schönes Waldvögelein
Fliege fort! fliege fort!

Faust: /ihm wird wüst ermannet sich und richtet sich auf, er hört
die Ketten klirren und das Stroh rauschen /

Margarete /sich verbergend auf ihrem Lager /

Walst: Still! sie kommen. bittere Todt!

Faust /leise /

Mell: Ich komme dich zu befreyen. /packt ihre Ketten sie aufzuschließen

Margar: weichend /

Marg: Um Mitternacht! Henker ist dirs morgen frühe nicht zeitig
genug.

Faust

Lass!

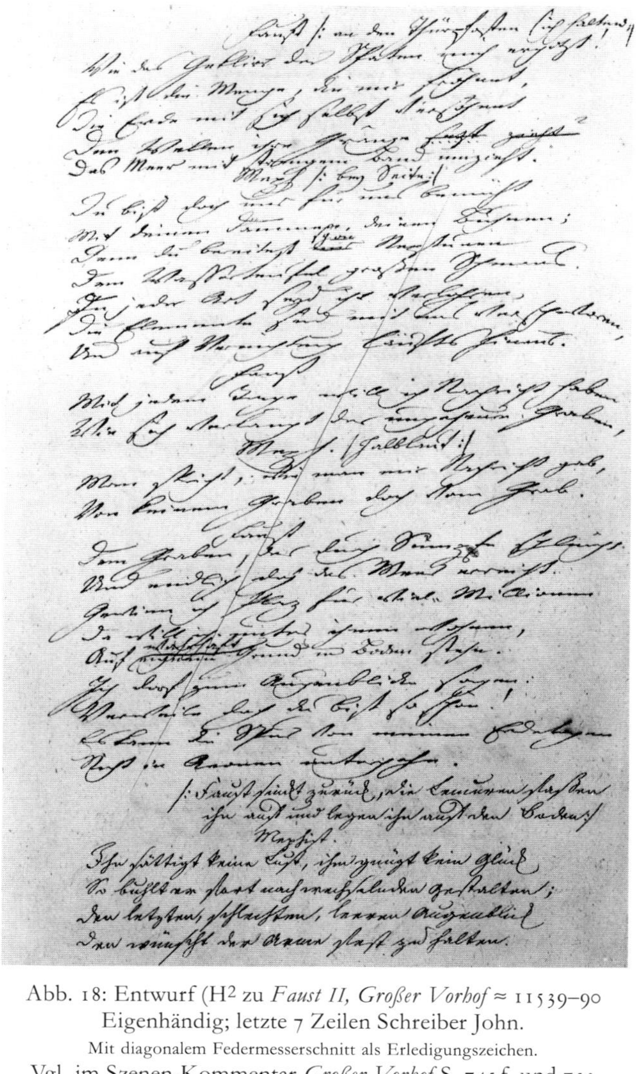

Abb. 18: Entwurf (H² zu *Faust II, Großer Vorhof* ≈ 11539–90
Eigenhändig; letzte 7 Zeilen Schreiber John.

Mit diagonalem Federmesserschnitt als Erledigungszeichen.

Vgl. im Szenen-Kommentar *Großer Vorhof* S. 745 f. und 753

(Goethe- und Schiller-Archiv Weimar: 25/XVIII 7,3 Bl 6)

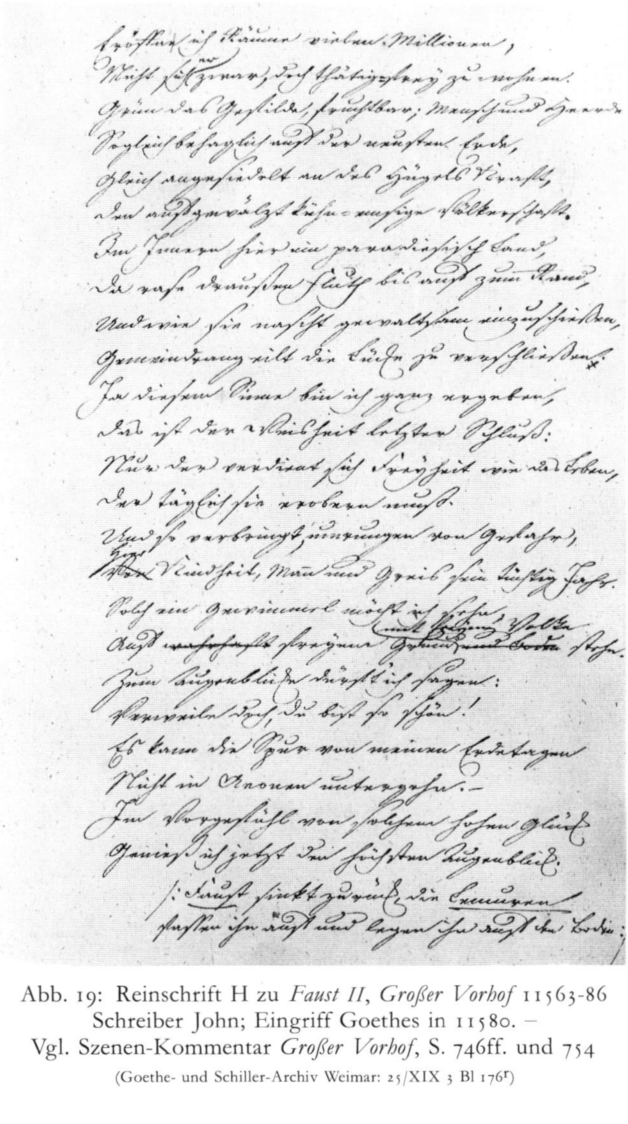

Eröffne ich Räumen vielen Millionen,
Nicht sicher zwar, doch thätig-frey zu wohnen.
Grün das Gefilde, fruchtbar; Mensch und Heerde
Sogleich behaglich auf der neusten Erde,
Gleich angesiedelt an des Hügels Kraft,
Den aufgewälzt kühn-emsige Völkerschaft.
Im Innern hier ein paradiesisch Land,
Da rase draußen Fluth bis auf zum Rand,
Und wie sie nascht gewaltsam einzuschießen,
Gemeindrang eilt die Lücke zu verschließen.
Ja diesem Sinne bin ich ganz ergeben,
Das ist der Weisheit letzter Schluß:
Nur der verdient sich Freyheit wie das Leben,
Der täglich sie erobern muß.
Und so verbringt, umrungen von Gefahr,
~~Der~~ Hier Kindheit, Mann und Greis sein tüchtig Jahr.
Solch ein Gewimmel möcht ich sehn,
Auf ~~wahrhaft~~ freyem ~~Grund und Boden~~ mit freyem Volke stehn.
Zum Augenblicke dürft ich sagen:
Verweile doch, du bist so schön!
Es kann die Spur von meinen Erdetagen
Nicht in Aeonen untergehn. –
Im Vorgefühl von solchem hohen Glück
Genieß ich jetzt den höchsten Augenblick.
(Faust sinkt zurück, die Lemuren
fassen ihn auf und legen ihn auf den Boden.)

Abb. 19: Reinschrift H zu *Faust II*, *Großer Vorhof* 11563-86
Schreiber John; Eingriff Goethes in 11580. –
Vgl. Szenen-Kommentar *Großer Vorhof*, S. 746ff. und 754
(Goethe- und Schiller-Archiv Weimar: 25/XIX 3 Bl 176r)

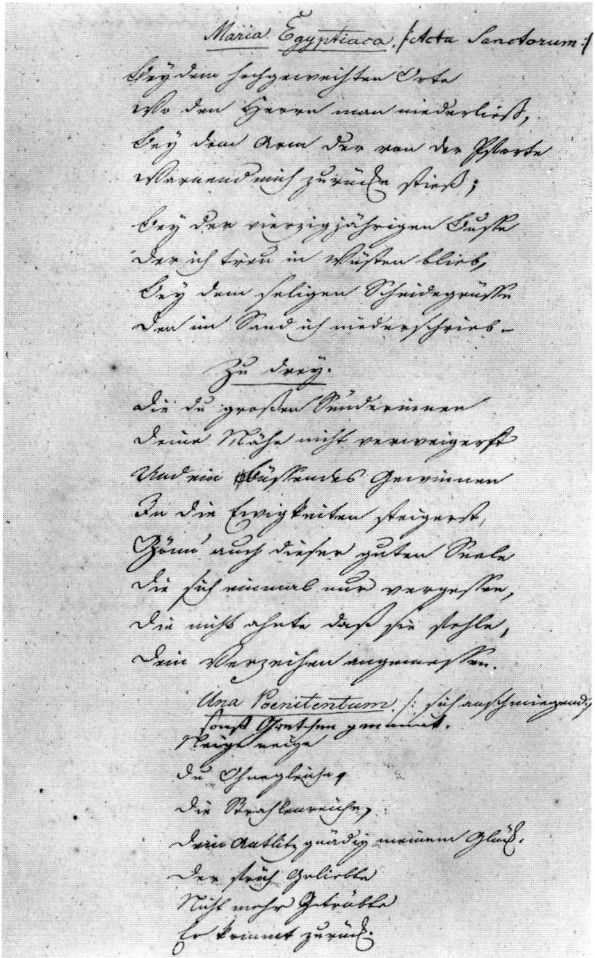

Maria Egyptiaca (Acta Sanctorum)

Bey dem hochgeweihten Orte
Wo den Herrn man niederließ,
Bey dem Arm der von der Pforte
Warnend mich zurücke stieß;

Bey der vierzigjährigen Buße
Der ich treu in Wüsten blieb,
Bey dem seligen Scheidegruße
Den im Sand ich niederschrieb –

Zu drey.

Die du großen Sünderinnen
Deine Nähe nicht verweigerst
Und ein büßendes Gewinnen
In die Ewigkeiten steigerst,
Gönn auch dieser guten Seele
Die sich einmal nur vergessen,
Die nicht ahnte daß sie fehle,
Dein Verzeihen angemessen.

Una Poenitentium (: sich anschmiegend, sonst Gretchen genannt.)

Neige neige
Du Ohnegleiche,
Du Strahlenreiche,
Dein Antlitz gnädig meinem Glück.
Der früh Geliebte
Nicht mehr Getrübte
Er kommt zurück.

Abb. 20: Reinschrift H zu *Faust II*, *Bergschluchten* 12053-75
Schreiber John; eigenhändige Zusätze Goethes
vor 12053 und 12069

(Goethe- und Schiller-Archiv Weimar: 25/XIX 3 Bl 186v)

WALPURGISNACHT. HARZGEBIRG

Vorschlag des Herausgebers für eine Bühnenfassung
(unter Einbeziehung der Paralipomena 48, 49, 50, 62)

Die nachstehende Bühnenfassung der 'nordischen' Walpurgis-nacht folgt mit geringfügigen Abweichungen dem Erstdruck von 1982 (jetzt Schöne 1993, 217 ff.). Wie dort begründet, unter-nimmt sie keineswegs den aussichtslosen Versuch, diese Szene so zu rekonstruieren, wie der Autor sie sich ursprünglich gedacht haben mag. Wohl aber sollte sie für das Theater verfügbar machen und will sie (ein 'Kommentar mit anderen Mitteln') auch dem Leser im szenischen Zusammenhang vor Augen füh-ren, was für die kanonisierte Fassung der Faust-*Tragödie verlorenging, als Goethe die im Paralipomenon 48 skizzierte Satansszene mit den durch die Paralipomena 49, 50, 62 über-lieferten Teilstücken (→ hier S. 564, 546, 552 ff., 550) für den Druck von 1808 aus der* Walpurgisnacht *ausschloß (zu dieser Selbstzensur → S. 120 ff. des Kommentar-Bandes).*

Von den gegen die strengen Grundsätze der Editions-philologie verstoßenden Rechten eines Dramaturgen, der den dichterischen Text für die Bühne zu bearbeiten sucht, mache ich hier entschieden Gebrauch. Ich streiche nicht nur (wie schon 1812 der von Goethe gebilligte Weimarer Aufführungsplan, → hier S. 582 ff.) das Intermezzo *des* Walpurgisnachtstraums, *sondern ebenso die zeitsatirischen Einsprengsel der* Walpurgisnacht-*Szene selbst. Ich kontaminiere deren autorisierten Text und die hier vorgezogene Szene* Nacht, offen Feld *mit den verwendba-ren Teilen der Paralipomena; straffe dabei aus Proportionsgrün-den die Hexenpartien beim Anflug auf den Blocksberg und nehme im Interesse des sprachlichen oder szenischen Zusam-menhangs interne Umstellungen vor; auch solche, die der vorgegebenen und Goethe bekannten Abfolge des Sabbatrituals entsprechen. Ich setze Stichworte des Goetheschen Entwurfs als Bühnenanweisungen ein und erläutere, wo sie fehlen, die aus dem Sprechtext nicht zulänglich bestimmbaren Vorgänge durch Regieangaben oder Sprecherbezeichnungen [wie alles vom Bearbeiter Hinzugefügte hier in eckigen Klammern]; ich erlaube mir schließlich einige Eingriffe auch in die Orthographie und Interpunktion.*

WALPURGISNACHT

Harzgebirg
Gegend von Schierke und Elend

FAUST. MEPHISTOPHELES.

MEPHISTOPHELES
Verlangst du nicht nach einem Besenstiele?
Ich wünschte mir den allerderbsten Bock.
Auf diesem Weg sind wir noch weit vom Ziele.
FAUST
Solang ich mich noch frisch auf meinen Beinen fühle,
Genügt mir dieser Knotenstock.   5
Was hilfts, daß man den Weg verkürzt! –
Im Labyrinth der Täler hinzuschleichen,
Dann diesen Felsen zu ersteigen,
Von dem der Quell sich ewig sprudelnd stürzt,
Das ist die Lust, die solche Pfade würzt!   10
Der Frühling webt schon in den Birken
Und selbst die Fichte fühlt ihn schon;
Sollt' er nicht auch auf unsre Glieder wirken?
MEPHISTOPHELES
Fürwahr ich spüre nichts davon!
Mir ist es winterlich im Leibe;   15
Ich wünschte Schnee und Frost auf meiner Bahn.
Wie traurig steigt die unvollkommne Scheibe
Des roten Monds mit später Glut heran
Und leuchtet schlecht, daß man bei jedem Schritte
Vor einen Baum, vor einen Felsen rennt!   20
Erlaub, daß ich ein Irrlicht bitte!
Dort seh ich eins, das eben lustig brennt.
He da! mein Freund! Darf ich dich zu uns fordern?

Was willst du so vergebens lodern?
25 Sei doch so gut und leucht uns da hinauf!
IRRLICHT
 Aus Ehrfurcht, hoff ich, soll es mir gelingen,
 Mein leichtes Naturell zu zwingen;
 Nur zickzack geht gewöhnlich unser Lauf.
MEPHISTOPHELES
 Ei! Ei! er denkts den Menschen nachzuahmen.
30 Geh er nur grad, ins Teufels Namen!
 Sonst blas ich ihm sein Flacker-Leben aus.
IRRLICHT
 Ich merke wohl, ihr seid der Herr vom Haus,
 Und will mich gern nach euch bequemen.
 Allein bedenkt! der Berg ist heute zaubertoll,
35 Und wenn ein Irrlicht euch die Wege weisen soll,
 So müßt ihrs so genau nicht nehmen.
FAUST, MEPHISTOPHELES, IRRLICHT *im Wechselgesang*
  [FAUST]
   In die Traum- und Zaubersphäre
   Sind wir, scheint es, eingegangen.
  [MEPHISTOPHELES]
   Führ uns gut und mach dir Ehre!
40   Daß wir vorwärts bald gelangen
   In den weiten öden Räumen.
  [IRRLICHT]
   Seh die Bäume hinter Bäumen,
   Wie sie schnell vorüberrücken,
   Und die Klippen, die sich bücken,
45   Und die langen Felsennasen,
   Wie sie schnarchen, wie sie blasen!
  [FAUST]
   Durch die Steine, durch den Rasen
   Eilet Bach und Bächlein nieder.
   Hör ich Rauschen? hör ich Lieder?
50   Hör ich holde Liebesklage,
   Stimmen jener Himmelstage?
   Was wir hoffen, was wir lieben!

Und das Echo, wie die Sage
Alter Zeiten, hallet wider.
[IRRLICHT]
Uhu! Schuhu! tönt es näher,   55
Kauz und Kiebitz und der Häher,
Sind sie alle wach geblieben?
[FAUST]
Sind das Molche durchs Gesträuche?
Lange Beine, dicke Bäuche!
Und die Wurzeln, wie die Schlangen,   60
Winden sich aus Fels und Sande,
Strecken wunderliche Bande,
Uns zu schrecken, uns zu fangen.
[MEPHISTOPHELES]
Aus belebten derben Masern
Strecken sie Polypenfasern   65
Nach dem Wandrer. Und die Mäuse
Tausendfärbig, scharenweise,
Durch das Moos und durch die Heide!
Und die Funkenwürmer fliegen
Mit gedrängten Schwärme-Zügen   70
Zum verwirrenden Geleite.
[FAUST]
Aber sag mir ob wir stehen,
Oder ob wir weiter gehen?
Alles, alles scheint zu drehen,
Fels und Bäume, die Gesichter   75
Schneiden, und die irren Lichter,
Die sich mehren, die sich blähen.
MEPHISTOPHELES
Fasse wacker meinen Zipfel!
Hier ist so ein Mittelgipfel,
Wo man mit Erstaunen sieht,   80
Wie im Berg der Mammon glüht.
FAUST
Wie seltsam glimmert durch die Gründe
Ein morgenrötlich trüber Schein!

Und selbst bis in die tiefen Schlünde
85   Des Abgrunds wittert er hinein.
Da steigt ein Dampf, dort ziehen Schwaden,
Hier leuchtet Glut aus Dunst und Flor,
Dann schleicht sie wie ein zarter Faden,
Dann bricht sie wie ein Quell hervor.
90   Hier schlingt sie eine ganze Strecke
Mit hundert Adern sich durchs Tal,
Und hier in der gedrängten Ecke
Vereinzelt sie sich auf einmal.
Da sprühen Funken in der Nähe
95   Wie ausgestreuter goldner Sand.
Doch schau! in ihrer ganzen Höhe
Entzündet sich die Felsenwand.

MEPHISTOPHELES
Erleuchtet nicht zu diesem Feste
Herr Mammon prächtig den Palast?
100 Ein Glück daß du's gesehen hast;
Ich spüre schon die ungestümen Gäste.

FAUST
Wie rast die Windsbraut durch die Luft!
Mit welchen Schlägen trifft sie meinen Nacken!

MEPHISTOPHELES
Du mußt des Felsens alte Rippen packen;
105 Sonst stürzt sie dich hinab in dieser Schlünde Gruft.
Ein Nebel verdichtet die Nacht.
Höre wie's durch die Wälder kracht!
Aufgescheucht fliegen die Eulen.
Hör es splittern die Säulen
110 Ewig grüner Paläste.
Girren und Brechen der Äste
Der Stämme mächtiges Dröhnen!
Der Wurzeln Knarren und Gähnen!
Im fürchterlich verworrenen Falle
115 Über einander krachen sie alle,
Und durch die übertrümmerten Klüfte
Zischen und heulen die Lüfte.

Hörst du Stimmen in der Höhe?
In der Ferne, in der Nähe?
Ja, den ganzen Berg entlang   120
Strömt ein wütender Zaubergesang!

HEXEN *im Chor*

      Die Hexen zu dem Brocken ziehn,
      Die Stoppel ist gelb, die Saat ist grün.
      Dort sammelt sich der große Hauf,
      Herr Urian sitzt oben auf.   125
      So geht es über Stein und Stock
      Es furzt die Hexe, es stinkt der Bock.

STIMME

  Die alte Baubo kommt allein;
  Sie reitet auf einem Mutterschwein.

CHOR

      So Ehre dem, wem Ehre gebührt!   130
      Frau Baubo vor! und angeführt!
      Ein tüchtig Schwein und Mutter drauf;
      Da folgt der ganze Hexenhauf.

HEXEN. *Chor*

      Der Weg ist breit, der Weg ist lang,
      Was ist das für ein toller Drang?   135
      Die Gabel sticht, der Besen kratzt,
      Das Kind erstickt, die Mutter platzt.

HEXENMEISTER. *Halbes Chor*

      Wir schleichen wie die Schneck' im Haus,
      Die Weiber alle sind voraus.
      Denn, geht es zu des Bösen Haus,   140
      Das Weib hat tausend Schritt voraus.

ANDRE HÄLFTE

      Wir nehmen das nicht so genau,
      Mit tausend Schritten machts die Frau;
      Doch wie sie auch sich eilen kann,
      Mit einem Sprunge machts der Mann.   145

BEIDE CHÖRE

      Es trägt der Besen, trägt der Stock,
      Die Gabel trägt, es trägt der Bock;

> Wer heute sich nicht heben kann,
> Ist ewig ein verlorner Mann.

CHOR DER HEXEN
150   Die Salbe gibt den Hexen Mut,
> Ein Lumpen ist zum Segel gut,
> Ein gutes Schiff ist jeder Trog;
> Der flieget nie, der heut nicht flog.
> > *Sie lassen sich nieder.*

MEPHISTOPHELES
> Das drängt und stößt, das ruscht und klappert!
155 Das zischt und quirlt, das zieht und plappert!
> Das leuchtet, sprüht und stinkt und brennt!
> Ein wahres Hexenelement!
> Nur fest an mir! sonst sind wir gleich getrennt.
> Wo bist du?

FAUST *in der Ferne*
> > Hier!

MEPHISTOPHELES
> > > Was! dort schon hingerissen?
160 Da werd ich Hausrecht brauchen müssen.
> Platz! Junker Voland kommt. Platz! süßer Pöbel, Platz!
> Hier, Doktor, fasse mich! und nun, in e i n e m Satz
> Laß uns aus dem Gedräng entweichen;
> Es ist zu toll, sogar für meinesgleichen.
165 Dort neben leuchtet was mit ganz besondrem Schein,
> Es zieht mich was nach jenen Sträuchen.
> Komm, komm! wir schlupfen da hinein.

FAUST
> Doch droben möcht ich lieber sein!
> Schon seh ich Glut und Wirbelrauch.
170 Dort strömt die Menge zu dem Bösen;
> Da muß sich manches Rätsel lösen.

MEPHISTOPHELES
> Der ganze Strudel strebt nach oben;
> Du glaubst zu schieben, und du wirst geschoben.

TRÖDELHEXE
> Ihr Herren geht nicht so vorbei!

Laßt die Gelegenheit nicht fahren! 175
Aufmerksam blickt nach meinen Waren;
Es steht dahier gar mancherlei.
Und doch ist nichts in meinem Laden,
Dem keiner auf der Erde gleicht,
Das nicht einmal zum tüchtgen Schaden 180
Der Menschen und der Welt gereicht.
Kein Dolch ist hier, von dem nicht Blut geflossen,
Kein Kelch, aus dem sich nicht in ganz gesunden Leib
Verzehrend heißes Gift ergossen,
Kein Schmuck, der nicht ein liebenswürdig Weib 185
Verführt, kein Schwert, das nicht den Bund gebrochen,
Nicht etwa hinterrücks den Gegenmann durchstochen.
MEPHISTOPHELES
Frau Muhme! Sie versteht mir schlecht die Zeiten,
Getan geschehn! Geschehn getan!
Verleg sie sich auf Neuigkeiten! 190
Nur Neuigkeiten ziehn uns an.
FAUST
Willst du dich nun, um uns hier einzuführen,
Als Zaubrer oder Teufel produzieren?
MEPHISTOPHELES, *der auf einmal sehr alt erscheint*
Zum jüngsten Tag fühl ich das Volk gereift,
Da ich zum letztenmal den Hexenberg ersteige, 195
Und weil mein Fäßchen trübe läuft,
So ist die Welt auch auf der Neige.

Gipfel

[STIMME IM STRUDEL]
Siehst du, er kommt den Berg hinauf!
Von weitem steht des Volkes Hauf.
[ALLE]
Es segnen staunend sich die Frommen. 200
Gewiß, er wird als Sieger kommen!

> *Trompetenstöße, Blitze, Donner von oben.*
> *Feuersäulen, Rauch, Qualm.*
> *Fels, der daraus hervorragt. Ist der Satan.*
> *Großes Volk umher.*

[KNIENDER]
 ... und kann ich, wie ich bat,
 Mich unumschränkt in diesem Reiche schauen,
 So küß ich, bin ich gleich von Haus aus Demokrat,
205 Dir doch, Tyrann, voll Dankbarkeit die Klauen.
[Mephisto als] ZEREMONIENMEISTER
 Die Klauen! das ist für einmal!
 Du wirst dich weiter noch entschließen müssen.
[KNIENDER]
 Was fordert denn das Ritual?
ZEREMONIENMEISTER
 Beliebt dem Herrn, den hintern Teil zu küssen!
[KNIENDER]
210 Darüber bin ich unverworrn,
 Ich küsse hinten oder vorn.
                    [Satan wendet sich]
 Scheint oben deine Nase doch
 Durch alle Welten vorzudringen,
 So seh ich unten hier ein Loch,
215 Das Universum zu verschlingen.
 Was duftet[s] aus dem kolossalen Mund!
 So wohl kanns nicht im Paradiese riechen,
 Und dieser wohlgebaute Schlund
 Erregt den Wunsch hineinzukriechen.
 [Atemlose Stille. Dann frenetischer Aufschrei der Menge]
220 Was soll ich mehr!
SATAN *[richtet sich auf, wendet sich um]*
                    Vasall, du bist erprobt!
 Hierdurch beleih ich dich mit Millionen Seelen.
 Und wer des Teufels Arsch so gut wie du gelobt,
 Dem soll es nie an Schmeichelphrasen fehlen.

Nacht
Massen, Gruppen.
[Der Satan auf dem Thron]

SATAN

Die Böcke zur Rechten,
Die Ziegen zur Linken!   225
Die Ziegen, sie riechen,
Die Böcke, sie stinken.
Und wenn auch die Böcke
Noch stinkiger wären,
So kann doch die Ziege   230
Des Bocks nicht entbehren.

CHOR

Aufs Angesicht nieder!
Verehret den Herrn!
Er lehret die Völker
Und lehret sie gern.   235
Vernehmet die Worte:
Er zeigt euch die Spur
Des ewigen Lebens
Der tiefsten Natur.

SATAN *rechts gewendet*

Euch gibt es zwei Dinge   240
So herrlich und groß:
Das glänzende Gold
Und der weibliche Schoß.
Das eine verschaffet,
Das andre verschlingt.   245
Drum glücklich, wer beide
Zusammen erringt!

EINE STIMME

Was sagte der Herr denn? —
Entfernt von dem Orte
Vernahm ich nicht deutlich   250
Die köstlichen Worte.
Mir bleibet noch dunkel

Die herrliche Spur,
Nicht seh ich das Leben
255   Der tiefen Natur.

SATAN *links gewendet*

Für euch sind zwei Dinge
Von köstlichem Glanz:
Das leuchtende Gold
Und ein glänzender Schwanz.
260   Drum wißt euch, ihr Weiber,
Am Gold zu ergötzen
Und mehr als das Gold
Noch die Schwänze zu schätzen.

CHOR

Aufs Angesicht nieder
265   Am heiligen Ort!
O glücklich, wer nah steht
Und höret das Wort!

EINE STIMME

Ich stehe von ferne
Und stutze die Ohren.
270   Doch hab ich schon manches
Der Worte verloren.
Wer sagt mir es deutlich?
Wer zeigt mir die Spur
Des ewigen Lebens,
275   Der tiefsten Natur?

MEPHISTOPHELES *zu einem jungen Mädchen [halblaut]*

Was weinst du? art'ger kleiner Schatz
Die Tränen sind hier nicht am Platz.
Du wirst in dem Gedräng wohl gar zu arg gestoßen?

MÄDCHEN

Ach nein! der Herr dort spricht so gar kurios
280 Von Gold und Schwanz, von Gold und Schoß,
Und alles freut sich, wie es scheint!
Doch das verstehn wohl nur die Großen?

MEPHISTOPHELES

Nein, liebes Kind, nur nicht geweint!

Denn willst du wissen, was der Teufel meint,
So greife nur dem Nachbar in die Hosen!   285
SATAN *gradaus*
    Ihr Mägdlein, ihr stehet
    Hier grad in der Mitten.
    Ich seh, ihr kommt alle
    Auf Besen geritten.
    Seid reinlich bei Tage   290
    Und säuisch bei Nacht!
    So habt ihrs auf Erden
    Am weitsten gebracht.
  [Orgiastisches Getümmel. Die Menge formiert sich zum
    Ringtanz, der übergeht in die Sexualorgie.]
FAUST
 Daß ich mich nur nicht selbst vergesse!
 Heiß ich mir das doch eine Messe!   295
MEPHISTOPHELES
 Komm her! wir setzen uns zu Tisch,
 Wen möchte solche Narrheit rühren!
 Die Welt geht auseinander wie ein fauler Fisch,
 Wir wollen sie nicht balsamieren.
 Da seh ich junge Hexchen nackt und bloß,   300
 Und alte, die sich klug verhüllen.
 Seid freundlich, nur um meinetwillen:
 Die Müh ist klein, der Spaß ist groß.
 Es ist doch lange hergebracht,
 Daß in der großen Welt man kleine Welten macht.   305
 Komm nur! von Feuer gehen wir zu Feuer,
 Ich bin der Werber, und du bist der Freier.
FAUST
 Wer ist denn das?
MEPHISTOPHELES
    Betrachte sie genau!
 Lilith ist das.
FAUST
    Wer?

MEPHISTOPHELES

    Adams erste Frau.

310 Nimm dich in acht vor ihren schönen Haaren,
  Vor diesem Schmuck, mit dem sie einzig prangt!
  Wenn sie damit den jungen Mann erlangt,
  So läßt sie ihn sobald nicht wieder fahren.

FAUST

  Da sitzen zwei, die Alte mit der Jungen;
315 Die haben schon was Rechts gesprungen!

MEPHISTOPHELES

  Das hat nun heute keine Ruh.
  Es geht zum neuen Tanz; nun komm! wir greifen zu.

FAUST *mit der Jungen tanzend*

    Einst hatt ich einen schönen Traum:
    Da sah ich einen Apfelbaum,
320   Zwei schöne Äpfel glänzten dran,
    Sie reizten mich, ich stieg hinan.

DIE SCHÖNE

    Der Äpfelchen begehrt ihr sehr,
    Und schon vom Paradiese her.
    Von Freuden fühl ich mich bewegt,
325   Daß auch mein Garten solche trägt.

MEPHISTOPHELES *mit der Alten*

    Einst hatt ich einen wüsten Traum:
    Da sah ich einen gespaltnen Baum,
    Der hatt ein ungeheures Loch;
    So groß es war, gefiel mirs doch.

DIE ALTE

330   Ich biete meinen besten Gruß
    Dem Ritter mit dem Pferdefuß.
    Halt er einen rechten Pfropf bereit,
    Wenn er das große Loch nicht scheut!

[Summender Singsang der Schönen; ihr lasziver Tanz mit Faust
 nähert sich dem Geschlechtsakt – da macht er sich frei.]

MEPHISTOPHELES *zu Faust, der aus dem Tanz getreten ist*
  Was lässest du das schöne Mädchen fahren,
335 Das dir zum Tanz so lieblich sang?

FAUST
  Ach! mitten im Gesange sprang
  Ein rotes Mäuschen ihr aus dem Munde.
MEPHISTOPHELES
  Das ist was Rechts! das nimmt man nicht genau;
  Genug, die Maus war doch nicht grau.
  Wer fragt danach in einer Schäferstunde?   340
FAUST
  Dann sah ich —

[In der Ferne wird die Erscheinung Gretchens erkennbar]
Nackt. Die Hände auf dem Rücken.
Bedeckt nicht das Gesicht und nicht die Scham.

MEPHISTOPHELES
                Was?
FAUST
                    Mephisto, siehst du dort
  Ein blasses, schönes Kind allein und ferne stehen?
  Sie schiebt sich langsam nur vom Ort,
  Sie scheint mit geschlossnen Füßen zu gehen.
  Ich muß bekennen, daß mir deucht,   345
  Daß sie dem guten Gretchen gleicht.
MEPHISTOPHELES
  Laß das nur stehn! Dabei wirds niemand wohl.
  Es ist ein Zauberbild, ist leblos, ein Idol.
  Ihm zu begegnen, ist nicht gut;
  Vom starren Blick erstarrt des Menschen Blut,   350
  Und er wird fast in Stein verkehrt,
  Von der Meduse hast du ja gehört.
FAUST
  Fürwahr es sind die Augen einer Toten,
  Die eine liebende Hand nicht schloß.
  Das ist die Brust, die Gretchen mir geboten,   355
  Das ist der süße Leib, den ich genoß.
MEPHISTOPHELES
  Das ist die Zauberei, du leicht verführter Tor!
  Denn jedem kommt sie wie sein Liebchen vor.

FAUST
  Welch eine Wonne! welch ein Leiden!
360 Ich kann von diesem Blick nicht scheiden.
  Wie sonderbar muß diesen schönen Hals
  Ein einzig rotes Schnürchen schmücken,
  Nicht breiter als ein Messerrücken!

Hochgerichtserscheinung

[Im Hintergrund die Richter, Henker, Henkersknechte. Gruppe von Franziskanern in grauem Habit und Dominikanern mit schwarzen Kutten und Kapuzen. Gretchen nähert sich ihnen. Volksmenge. Hexenschwärme umziehen den Richtblock.]

FAUST, MEPHISTOPHELES
auf schwarzen Pferden daherbrausend

FAUST
  Was weben die dort um den Rabenstein?
MEPHISTOPHELES
365 Weiß nicht, was sie kochen und schaffen.
FAUST
  Schweben auf, schweben ab, neigen sich, beugen sich.
MEPHISTOPHELES
  Eine Hexenzunft.
FAUST
  Sie streuen und weihen.
MEPHISTOPHELES
  Vorbei! Vorbei!

HEXEN *im Chor*
370   Und wie wir nun nach Hause ziehn,
    Die Saat ist gelb, die Stoppel grün.
    Zum Schlusse nimmts kein Mensch genau,
    Es speit die Hexe, es scheißt die Sau.

Gedräng. Reden des Volkes.
[Gretchen kniet vor dem Richtblock.]

GESANG [der Volksmenge, *gedämpft*]
       [Media vita
       In morte sumus: 375
       Quem quaerimus adiutorem
       Nisi te, domine,
       Qui pro peccatis nostris
       Iuste irasceris.
       Sancte Deus,   380
       Sancte fortis,
       Sancte et misericors salvator:
       Amarae morti ne tradas nos.]
[SPRECHCHOR DER FRANZISKANER- UND
DOMINIKANER-INQUISITOREN]
       Wo fließet heißes Menschenblut
       Der Dunst ist allem Zauber gut.   385
       Die grau und schwarze Brüderschaft
       Sie schöpft zu neuen Werken Kraft.
       Was deutet auf Blut, ist uns genehm,
       Was Blut vergießt, ist uns bequem.
       Um Glut und Blut umkreist den Reihn   390
       In Glut soll Blut vergossen sein!
          Der Kopf fällt ab.
      Das Blut springt und löscht das Feuer.
       Ein Blutquell rieselt nie allein
       Es laufen andre Bächlein drein
       Sie wälzen sich von Ort zu Ort
       Es reißt der Strom die Ströme fort!   395

Mitternacht
Versinken der Erscheinung
Vulkan.
Unordentliches Auseinanderströmen. Brechen und Stürmen.

[*Morgendämmerung. Es folgt die Szene* Trüber Tag. Feld]

Stellenverzeichnis

*Zum Verständnis der in die vorliegende Bühnenfassung integrierten
Paralipomena → Kommentarband S. 928 f. (P49), 933 f. (P62), 936-941
(P50), 946 f. (P48).*

Zur Entstehungsgeschichte der Walpurgisnacht *und zur Szenenfolge
dieser Bühnenfassung:* Schöne 1993, 189-200 *und* 255-259.

ZEUGNISSE
ZUR ENTSTEHUNGSGESCHICHTE

Was man von der Entstehung der Goetheschen Faust-*Dichtung weiß, wird hier nicht erzählend dargestellt, sondern in Form einer Zitatmontage dokumentiert (erläuternde Zusätze des Herausgebers sind möglichst knapp gefaßt und durch Kursivdruck abgesetzt). Die dafür ausgewählten, besonders bedeutsamen und interessanten Zeugnisse stellen freilich nur einen schmalen Ausschnitt des Textmaterials dar, das zuerst von Pniower 1899, dann nahezu vollständig von Gräf 1904 zusammengetragen worden ist (bei ihm umfassen* Goethes Äusserungen über Faust *1132 Stücke auf 608 Druckseiten). Nur haben diese beiden Sammlungen und ebenso die auf sie gestützten, kürzer gefaßten Anthologien Goethescher Äußerungen in den* Faust-*Ausgaben des 20. Jahrhunderts nicht unterschieden zwischen den entstehungsgeschichtlichen Zeugnissen und denjenigen Äußerungen Goethes, die man als Leseanweisungen des Autors bezeichnen könnte, und solchen Mitteilungen schließlich, die das entstehende oder abgeschlossene Werk selber betreffen: seinen Selbsterklärungen und eigenen Deutungen. Um diese heterogene und sehr unübersichtliche Textmenge zugänglicher zu machen, ist sie in der vorliegenden Ausgabe zerlegt worden. Hier also folgen Mitteilungen Goethes und seiner Zeitgenossen zur Entstehung des* Faust. *Rezeptionsbezogene Äußerungen des Autors hingegen sind S. 815 ff. unter der Rubrik* Leseanweisungen *gesondert zusammengestellt. Die werkbezogenen, kommentierenden Äußerungen Goethes schließlich findet man im Zusammenhang der Texterläuterungen an jeweils einschlägiger Stelle im Kommentar-Band.*

Knappe entstehungsgeschichtliche Angaben erfolgen aber, wenn möglich und nötig, auch bei den Erläuterungen der einzelnen Akte, Szenen oder kleineren Passagen. Denn Goethe hat seine Faust-*Dichtung keineswegs durchgehend in der Abfolge verfaßt, die das abgeschlossene Werk zeigt, und für das Textverständnis können die Abfassungszeiten einzelner Teile mitunter doch hilfreich sein. Schließlich finden sich solche Datierungen oder Datierungsversuche auch im Kommentar zu den (hier S. 541 ff. abgedruckten) Para-*

lipomena zum Faust, *in denen sich die Entstehung dieser Dichtung unmittelbar abbildet – soweit sie sich auf beschriebenem Papier vollzogen hat.*

Mehr als 70 Lebensjahre umfaßt die Entstehungsgeschichte, welche die folgenden Texte dokumentieren. Sie setzt ein, wenn der kleine Junge das Puppenspiel vom Doktor Faust erlebt, also in Goethes früher Kindheit, und endet wenige Wochen vor dem Tod des Zweiundachtzigjährigen mit den letzten Eingriffen, die er noch Ende Januar 1832 im Zweiten Teil seiner Dichtung vorgenommen hat.

Sie berichtet von vielfältigen inneren und äußeren Anregungen, Antrieben, Ermutigungen und von ebensolchen Störungen, Hinderungen, Entfremdungen. Sie führt durch Zeiten, Da sich ein Quell gedrängter Lieder | Ununterbrochen neu gebar *(186 f.), und belehrt darüber, mit welchen Vorkehrungen und Anstrengungen der Autor später selbst praktizierte, was der Direktor im* Vorspiel auf dem Theater *sagt:* Gebt ihr euch einmal für Poeten, | So kommandiert die Poesie. *(220 f.) Sie zeugt von durchgehaltenen Plänen und wechselnden Konzeptionen, von euphorischen und resignativen Phasen, langen Stockungen und mächtigen Produktionsschüben, vergeblichen Bemühungen und glückhaftem Gelingen.*

So eröffnet sie an diesem außerordentlichen, in der Weltgeschichte der Kunst wohl einzigartigen Fall einen unvergleichlich weiten und tiefen Einblick in den Ablauf eines schöpferischen Prozesses.

KINDERZEIT

Dichtung und Wahrheit *10. Buch (FA I 14, 451), niederge-*
schrieben 1811, bezogen auf Straßburg 1770/71:

Die bedeutende Puppenspielfabel des andern ⟨*des Doktor*
Faust⟩ klang und summte gar vieltönig in mir wider.

Schon der vierjährige Johann Wolfgang und seine Schwester bekamen
ein eigenes Puppentheater geschenkt, auf dem ihnen vorgespielt
wurde: »besonders auf den Knaben machte es einen sehr starken
Eindruck, der in eine große langdauernde Wirkung nachklang.«
(Dichtung und Wahrheit *1. Buch, aaO. 20 – aber wohl weder ein*
Geschenk der Großmutter noch schon zu Weihnachten 1753). Über
die zu Goethes Kinderzeit in Frankfurt öffentlich aufgeführten
Faust-*Puppenspiele dann hat der sieben Jahre ältere Lichtenberg,*
der in seiner Kindheit häufig aus dem nahen Darmstadt her-
übergekommen war, noch im September 1775 notiert: »Dem Dr
Faust unter andern haben wir ein ganz herrliches Denkmal gestiftet,
daß ihn der Teufel noch auf die Stunde in jedem Marionettenstall auf
*jeder Frankfurter Messe die Woche 6mal holt.« (*Sudelbuch E
107. Vgl. Joost 1989)
 Die variablen Texte solcher Aufführungen gehen indirekt auf die
Spies'sche Historia Von D. Johann Fausten *aus dem Jahr 1587*
zurück, → Kommentar-Band S. *181-85. Deren englische Überset-*
zung nämlich hat – möglicherweise nur mittelbar – Christopher
Marlowes *um 1590 verfaßte* Tragicall History of D. Faustus
angeregt, welche dann seit dem frühen 17. Jahrhundert von englischen
Wandertruppen in (nicht erhaltenen) gewiß zweckdienlich zuge-
richteten Spektakelfassungen wiederum nach Deutschland gebracht
und an die Puppenspieler weitergegeben wurde. – Aufgrund von
Darbietungen der Schütz-Dreherschen Gesellschaft in den 20er
Jahren des 17. Jahrhunderts in Berlin und nach Zuschauerberichten
über andere Aufführungen hat Simrock 1846 eine kompilierend
bearbeitete Version der aus den Wanderbühnentexten abgeleiteten

Puppenspiele herausgegeben (Neudruck bei Mahal 1991, 8-52). Sie
vermag wenigstens annäherungsweise zu zeigen, in welcher Gestalt
der Doktor Faust seinem Dichter zum erstenmal entgegentrat.

1765 / 1768

Goethe, 14. 11. 1816 an Zelter (der ihm am 8. 11. in einer derben
Szene großsprecherische Meinungen von Lesern der Italienischen
Reise *mitgeteilt hatte):*
Die Leser und Meiner, die mir dein letzter Brief vorführt,
mögen zu den Gesellen in Auerbachs Hof gehören, von
denen Mephistopheles schon vor 50 Jahren gesagt hat:
alles spüren die Kerle nur nicht den Teufel und wenn er
ihnen noch so nah ist. ⟨→ Frühe Fassung *S. 487, 62f. und*
Faust I, *2181f.*⟩
Auch hier merken sie nicht, daß sie mit dem
Regenwurm, der so glatt hinunter zu gehen scheint,
einen Angel verschlucken der ihnen zu schaffen machen
wird.
Während seiner Leipziger Zeit (Oktober 1765–August 1768)
hatte Goethe im Keller dieser Studentenkneipe zwei Bilder gesehen,
die den Doctor Faustus mit seinem Pudel darstellten, wie er unter
pokulierenden Studenten sitzt, und wie er vor ihnen ein Weinfaß aus
dem Keller reitet (→ Kommentar-Band, Abb. 1). – Wann eine
erste Niederschrift der Szene Auerbachs Keller *erfolgte, ist frei-*
lich ungewiß.

FRÜHJAHR 1766

Dichtung und Wahrheit 7. Buch (FA I 14, 293f.) über den
Besuch, den der 16jährige Leipziger Student mit seinem späteren
Schwager Schlosser beim Professor Gottsched abstattete:
Wir traten hinein zu einer sonderbaren Szene: denn in
dem Augenblick trat Gottsched, der große breite riesen-
hafte Mann, in einem gründamastnen, mit rotem Taft
gefütterten Schlafrock zur entgegengesetzten Türe herein; aber sein ungeheures Haupt war kahl und ohne

Bedeckung. Dafür sollte jedoch sogleich gesorgt sein:
denn der Bediente sprang mit einer großen Allongepe-
rücke auf der Hand (die Locken fielen bis an den Ellenbogen) zu einer Seitentüre herein und reichte den
Hauptschmuck seinem Herrn mit erschrockner Gebärde. Gottsched, ohne den mindesten Verdruß zu äußern,
hob mit der linken Hand die Perücke von dem Arme des
Dieners, und indem er sie sehr geschickt auf den Kopf
schwang, gab er mit seiner rechten Tatze dem armen
Menschen eine Ohrfeige, so daß dieser, wie es im Lust-
spiel zu geschehen pflegt, sich zur Türe hinaus wirbelte,
worauf der ansehnliche Altvater uns ganz gravitätisch zu
sitzen nötigte und einen ziemlich langen Discours mit
gutem Anstand durchführte.

In Faust. *Frühe Fassung* lautet die Regieanweisung vor 249:
Mephistopheles im Schlafrock eine grose Perrücke auf. Student. *Es ist denkbar, daß der Beginn der dann folgenden Schüler-
Szene (ebd. 249-332,* → *Kommentar dazu) auf eine in Knittel-
versen verfaßte Universitäts- und Professoren-Satire zurückgeht,
die Goethe nach diesem Besuch, noch in Leipzig und vielleicht schon
1766 verfaßt und seinen Freunden vorgetragen haben könnte – wohl
noch unabhängig von der* Faust-*Dichtung, in die sie dann als einer
ihrer ältesten Bestandteile eingegangen wäre.*

1767?

Goethe an Nees v. Esenbeck, 24. 5. 1827:
Wie ich im Stillen langmütig einhergehe werden Sie an
der dreitausendjährigen Helena sehen, der ich nun auch
schon sechzig Jahre nachschleiche, um ihr einigermaßen
etwas abzugewinnen.

An Boisserée, 22. 10. 1826:
Die Helena ist eine meiner ältesten Konzeptionen,
gleichzeitig mit Faust 〈*meint wohl nicht: neben dem* Faust, *als
eine von ihm unabhängige Dichtung, sondern: schon zusammen*

mit dessen späterem Ersten Teil konzipiert⟩, immer nach Einem Sinne, aber immer um und um gebildet.

NOVEMBER 1768

In Die Mitschuldigen, *1. Fassg., II. Auftr. (FA I 4, 64):*
> Ach, wüßt ihr wie mir's graust.
> Es wird mir siedend heiß! So war's dem Doktor Faust
> Nicht halb zu Mut ⟨...⟩!

1769?

Goethe an Zelter, Mitte Mai (Datum am Briefende 1. 6.) 1831:
> Es ist keine Kleinigkeit, das, was man im zwanzigsten Jahre konzipiert hat, im 82. außer sich darzustellen ⟨...⟩.

An Wilhelm v. Humboldt, 17. 3. 1832:
> Es sind über sechzig Jahre, daß die Konzeption des Faust bei mir jugendlich von vorne herein ⟨*meint: hinsichtlich der vorderen Partien des Gesamtwerks*⟩ klar, die ganze Reihenfolge hin weniger ausführlich vorlag.

SEPTEMBER 1770 – APRIL 1771

Dichtung und Wahrheit *10. Buch (FA I 14, 450 f.) über die Straßburger Zeit mit Herder:*
> Am sorgfältigsten verbarg ich ihm das Interesse an gewissen Gegenständen, die sich bei mir eingewurzelt hatten und sich nach und nach zu poetischen Gestalten ausbilden wollten. Es war *Götz* von Berlichingen und *Faust.* Die Lebensbeschreibung des erstern hatte mich im Innersten ergriffen. ⟨...⟩ Die bedeutende Puppenspielfabel des andern klang und summte gar vieltönig in mir wider.

JANUAR 1772

Dichtung und Wahrheit *4. Buch (FA I 14, 166) über Ereignisse in Frankfurt:*

⟨. . .⟩ es fehlte mitten in der bürgerlichen Ruhe und Sicherheit nicht an gräßlichen Auftritten. ⟨. . .⟩ bald setzte ein entdecktes großes Verbrechen, dessen Untersuchung und Bestrafung die Stadt auf viele Wochen in Unruhe. Wir mußten Zeugen von verschiedenen Exekutionen sein ⟨. . .⟩.

Wie 1758 schon Anna Maria Fröhlich, wurde am 14. 1. 1772 Susanna Margaretha Brandt als Kindsmörderin öffentlich hingerichtet. Über deren Verhöre und ihre Exekution war der junge Frankfurter Rechtsanwalt genau unterrichtet – zumindest durch Abschriften aus den Prozeßprotokollen, die man im Haus seines Vaters gefunden hat. Sie haben im Faust-*Text, besonders in der* Kerker-*Szene, deutliche Spuren hinterlassen (→ Kommentar-Band S. 193 f., 369 f., 383, bzw. 903 f., 914 f.). Denkbar, daß schon in dieser Zeit eine erste Prosa-Niederschrift entstand, die möglicherweise erst später in den Kontext des* Faust-*Dramas einging. – Dazu Beutler 1980, 85-98.*

FRÜHJAHR 1772

Dichtung und Wahrheit *12. Buch (FA I 14, 552):*
Faust war schon vorgeruckt ⟨. . .⟩.

1773

Gotter an Goethe, Juni (?) 1773, Schlußverse eines Dankbriefes:
Du nächstens im Merkurius ⟨*Wielands Zeitschrift*⟩
Wirst finden was von meiner Mus',
Und freut mich recht von Herzensgrund,
Wenn Dir der Dreck gefallen kunnt.

Schick' mir dafür den Doctor Faust,
Sobald Dein Kopf ihn ausgebraust.

Goethe an Zelter, 11. 5. 1820, über das im Sommer 1773 entstandene Dramolett Satyros oder Der vergötterte Waldteufel*:*
  Ich enthalte mich aller Vergleichung; nur bemerke daß
  auch ein wichtiger Teil des Faust in diese Zeit fällt.

OKTOBER 1774

Boie, Reisetagebuch 15./17. 10. 1774:
  Einen ganzen Tag allein, ungestört mit Goethen zugebracht ⟨. . .⟩. Er hat mir viel vorlesen müssen, ganz und
  Fragment, und in allem ist der originale Ton, eigne Kraft,
  und bei allem Sonderbaren, Unkorrekten alles mit dem
  Stempel des Genies geprägt. Sein Dr. Faust ist fast fertig,
  und scheint mir das Größte und Eigentümlichste von
  allem.

DEZEMBER 1774

*Knebel an Bertuch, 23. 12. 1774 über seinen Besuch bei Goethe am
11./12. 12.:*
  Ich habe ⟨*gesehen? oder als Leihgabe erhalten?*⟩ einen Haufen
  Fragmente von ihm, unter andern zu einem Doktor
  Faust, wo ganz ausnehmend herrliche Szenen sind. Er
  zieht die Manuskripte aus allen Winkeln seines Zimmers
  hervor.

SEPTEMBER 1775

Goethe an Auguste Gräfin zu Stolberg, 17. 9. 1775:
Ist der Tag leidlich und stumpf herumgegangen, da ich
aufstund war mirs gut, ich machte eine Szene an meinem
Faust. Vergängelte ein paar Stunden. Verliebelte ein paar
mit einem Mädgen davon dir die Brüder erzählen mögen, das ein seltsames Geschöpf ist. Aß in einer Gesellschaft ein Dutzend guter Jungens, so grad wie sie Gott
erschaffen hat. Fuhr auf dem Wasser selbst auf und nieder, ich hab die Grille selbst fahren zu lernen. Spielte ein
paar Stunden Pharao und verträumte ein paar mit guten
Menschen. Und nun sitz ich dir gute Nacht zu sagen. Mir
wars in all dem wie einer Ratte die Gift gefressen hat, sie
läuft in alle Löcher, schlürpft alle Feuchtigkeit, verschlingt alles Eßbare das ihr in Weg kommt und ihr
innerstes glüht von unauslöschlich verderblichem Feuer.
Heut vor acht Tagen war Lili hier. Und in dieser Stunde
war ich in der grausamst feierlichst süßesten Lage meines
ganzen Lebens | : mögt ich sagen : |. O Gustgen warum
kann ich nichts davon sagen! Warum! Wie ich durch die
glühendsten Tränen der Liebe, Mond und Welt schaute
und mich alles seelenvoll umgab. ⟨→ *das Rattenlied:*
Faust. Frühe Fassung *S. 485, 25 ff. und* Faust I, *2126 ff.*⟩

NOVEMBER 1775

Goethe, nach Eckermanns Gesprächsbericht vom 10. 2. 1829:
Der Faust entstand mit meinem Werther ⟨*Februar–Mai
1774*⟩; ich brachte ihn im Jahre 1775 mit nach Weimar.
Ich hatte ihn auf Postpapier ⟨*besonders leichtes, feines Papier*⟩ geschrieben und nichts daran gestrichen; denn ich
hütete mich, eine Zeile niederzuschreiben, die nicht gut
war und die nicht bestehen konnte.

ENDE 1775

Friedrich Leopold Graf zu Stolberg an Henriette v. Bernstorff, 16. 12. 1775:
Einen Nachmittag las Goethe seinen halbfertigen Faust vor. Es ist ein herrliches Stück. Die Herzoginnen ⟨*Anna Amalia und Luise*⟩ waren gewaltig gerührt bei einigen Szenen.
Bei dieser (ersten?) Weimarer Faust-Vorlesung mag der Eindruck eines »halbfertigen« Stückes wohl deshalb entstanden sein, weil Goethe in raffender Erzählung Fehlendes ergänzte und weiter Geplantes skizzierte.

JANUAR 1776

Merck an Nicolai, 19. 1. 1776:
Ich erstaune so oft ich Ein Neu Stück zu Fausten zu sehen bekomme, wie der Kerl zusehends wächst, und Dinge macht, die ohne den großen Glauben an sich selbst, und dem damit verbundenen Mutwillen ohnmögl. wären.

1778 – 1780

Herder an Knebel, undatierte Einladung zu einer Faust-Lesung Goethes in Weimar:
Morgen am Abend lassen bei uns sich hinter
der Kirche
Faustus Teufel zur Lehr böser Verruchter sehn
Oder hören vielmehr; sei auch von der heiligen
Anzahl,
oder willt Du etwa selbst Mephistophiles sein?

Ich bitte aber es weiter niemanden zu sagen, weil der Zauberer nur einen kleinen Kreis will.

FEBRUAR 1782

Für die ersten Weimarer Jahre (bis zum Aufbruch nach Italien im
September 1786) wird allgemein unterstellt, daß Goethe die Arbeit
am Faust *liegenließ und das Stück keine Fortschritte machte.*
Handschriften, die anderes bezeugten, sind nicht überliefert. Aber
Fortschritte müssen sich nicht unbedingt auf beschriebenem Papier
vollzogen haben.

Goethe an Charlotte v. Stein, 10. 2. 1782, über einen turbulenten
Abend beim Herzog (»Herder sagte Wielanden einmal etwas Un-
artiges und dieser erwiderte was Grobes«):
⟨. . .⟩ mir raunte Mephistopheles einige Anmerkungen
leise zu, und ich ließ mir den Punsch schmecken.

SOMMER 1786

Mit dem Leipziger Verleger Göschen vereinbart Goethe im Juni
eine 8bändige Ausgabe seiner Schriften. *In Zeitschriften kündigt*
Göschen dafür jetzt schon an: Faust. Ein Fragment *(→ hier*
Ostermesse 1790). Goethe nimmt sein Manuskript mit nach
Karlsbad (27. 7. - 2. 9.) und auf die anschließende italienische Rei-
se.

Frau v. Gravmayer an Caroline v. Beulwitz, 14. 10. 1786:
Goethe hat viel (in Karlsbad) vorgelesen, unter andern
Doktor Faust, und es schien, daß meine beide Freundin-
nen Lanthiery und Fräulein Asseburg mich recht bedau-
erten, es nicht gehört zu haben. Ich bedauerte mich
damals schon selbst darum, und noch hinten nach jedes
Mal, wenn ich dran denke ⟨. . .⟩ Denn bei dialogierten
Stücken ist es von vorzüglichem Wert, sie von den
Autoren selbst lesen zu hören. Überhaupt ist es mir un-
ersetzbar, Goethen nicht selbst *sein* Stück haben lesen
hören ⟨. . .⟩

AUGUST 1787

Goethe an Herzog Carl August, 11. 8. 1787 aus Rom:
Noch eine andre Epoche denke ich mit Ostern zu schließen: meine erste (oder eigentlich meine zweite) Schrift-
steller-Epoche. Egmont ist fertig, und ich hoffe bis
Neujahr den Tasso, bis Ostern Faust ausgearbeitet zu
haben, welches mir nur in dieser Abgeschiedenheit möglich wird. ⟨. . .⟩
Daß ich meine älteren Sachen fertig arbeite, dient mir
erstaunend. Es ist eine Rekapitulation meines Lebens
und meiner Kunst, und indem ich gezwungen bin, mich
und meine jetzige Denkart, meine neuere Manier, nach
meiner ersten zurückzubilden, das was ich nur entworfen
hatte nun auszuführen; so lern' ich mich selbst und meine
Engen und Weiten recht kennen. Hätte ich die alten Sachen stehen und liegen lassen, ich würde niemals soweit
gekommen sein, als ich jetzt zu reichen hoffe.

DEZEMBER 1787

Goethe an Carl August, 8. 12. 1787 aus Rom:
An Faust gehe ich ganz zuletzt, wenn ich alles andre
hinter mir habe. Um das Stück zu vollenden, werd' ich
mich sonderbar zusammennehmen müssen. Ich muß einen magischen Kreis um mich ziehen, wozu mir das
günstige Glück eine eigne Stätte bereiten möge.

FEBRUAR 1788

Italienische Reise. Zweiter Römischer Aufenthalt *(Korre-
spondenz, 1. 3. 1788):*
Ich habe den Mut gehabt, meine drei letzten Bände ⟨*die
noch ausstehenden Bde 6-8 der* Schriften⟩ auf einmal zu über-

denken, und ich weiß nun genau, was ich machen will;
gebe nun der Himmel Stimmung und Glück es zu machen.

Es war eine reichhaltige Woche, die mir in der Erinnerung wie ein Monat vorkommt.

Zuerst ward der Plan zu Faust gemacht ⟨*der gewiß das
gesamte Drama umfaßte; nicht überliefert*⟩, und ich hoffe,
diese Operation soll mir geglückt sein. Natürlich ist es
ein ander Ding, das Stück jetzt oder vor funfzehn Jahren
ausschreiben, ich denke, es soll nichts dabei verlieren,
besonders da ich jetzt glaube den Faden wieder gefunden
zu haben. Auch was den Ton des Ganzen betrifft, bin ich
getröstet; ich habe schon eine neue Szene ausgeführt
⟨*wohl die Paktszene,* → *Kommentar zu 1770 ff.*⟩, und wenn
ich das Papier räuchre, so dächt' ich, sollte sie mir niemand aus den alten herausfinden. Da ich durch die lange
Ruhe und Abgeschiedenheit ganz auf das Niveau meiner
eignen Existenz zurückgebracht bin, so ist es merkwür-
dig, wie sehr ich mir gleiche und wie wenig mein Innres
durch Jahre und Begebenheiten gelitten hat. Das alte
Manuskript macht mir manchmal zu denken, wenn ich es
vor mir sehe. Es ist noch das erste, ja in den Hauptszenen
gleich so ohne Konzept hingeschrieben, nun ist es so
gelb von der Zeit, so vergriffen (die Lagen waren nie
geheftet), so mürbe und an den Rändern zerstoßen, daß
es wirklich wie das Fragment eines alten Kodex aussieht,
so daß ich, wie ich damals in eine frühere Welt mich mit
Sinnen und Ahnen versetzte, mich jetzt in eine selbst
gelebte Vorzeit wieder versetzen muß.

Eckermann, Gesprächsbericht vom 10. 4. 1829:
Goethe zeigte mir sodann auch auf diesem Grundriß
⟨*einem Stadtplan von Rom*⟩ die merkwürdigsten Gebäude
und Plätze. »Dies, sagte er, ist der Farnesische Garten.«
War es nicht hier, sagte ich, wo Sie die Hexenszene ⟨He-
xenküche⟩ des *Faust* geschrieben? »Nein, sagte er, das
war im Garten Borghese.«

JULI 1789

Goethe an Carl August, 5. 7. 1789:
Faust will ich als Fragment geben aus mehr als einer
Ursache. Davon mündlich.

NOVEMBER 1789

Goethe an Carl August, 5. 11. 1789:
Faust ist fragmentiert, das heißt in seiner Art für diesmal
abgetan. Mittelsdorf schreibt ihn ab. Ein wunderlicher
Konzept ist ihm wohl nie vorgelegt worden. Es ist recht
eigen alle diese Tollheiten von eben der Hand zu sehen,
welche uns sonst nur: Veste, liebe getreue vorzulegen gewohnt ist ⟨*als Kanzleischreiber beim Geheimen Con-
silium hatte Mittelsdorf die Herzoglichen Reskripte mit dieser
Anrede auszufertigen*⟩. Nun wünsche ich daß Ihnen das
Stückwerk noch einmal einen guten Abend machen
möge.

OSTERMESSE 1790

Von 1787 bis 1790 erscheinen Goethe's Schriften *in acht Bänden
bei Göschen in Leipzig. Der 7. Bd enthält u. a. den ersten, noch
unvollständigen Druck des Ersten Teils:* Faust. Ein Fragment
(mit einem von Lips nach Rembrandt gestochenen Titelkupfer, →
hier S. 30: Abb. 1).

NOVEMBER/DEZEMBER 1794

Schiller an Goethe, 29. 11. 1794; nach der Ankündigung von Wilhelm Meisters Lehrjahre:
Aber mit nicht weniger Verlangen würde ich die Bruch-

stücke von Ihrem Faust, die noch nicht gedruckt sind,
lesen, denn ich gestehe Ihnen, daß mir das, was ich von
diesem Stücke gelesen, der Torso des Herkules ist. Es
herrscht in diesen Szenen eine Kraft und eine Fülle des
Genies, die den besten Meister unverkennbar zeigt, und
ich möchte diese große und kühne Natur, die darin atmet, so weit als möglich verfolgen.

Goethe an Schiller, 2. 12. 1794:
Von Faust kann ich jetzt nichts mitteilen, ich wage nicht
das Paket aufzuschnüren das ihn gefangen hält. Ich
könnte nicht abschreiben ohne auszuarbeiten und dazu
fühle ich mir keinen Mut. Kann mich künftig etwas dazu
vermögen; so ist es gewiß Ihre Teilnahme.

JUNI 1797

Goethe an Schiller, 22. 6. 1797:
Da es höchst nötig ist daß ich mir, in meinem jetzigen
unruhigen Zustande, etwas zu tun gebe, so habe ich mich
entschlossen an meinen Faust zu gehen und ihn, wo nicht
zu vollenden, doch wenigstens um ein gutes Teil weiter
zu bringen, indem ich das was gedruckt ist, wieder auf-
löse und, mit dem was schon fertig oder erfunden ist, in
große Massen disponiere, und so die Ausführung des
Plans, der eigentlich nur eine Idee ist, näher vorbereite.
Nun habe ich eben diese Idee und deren Darstellung
wieder vorgenommen und bin mit mir selbst ziemlich
einig. Nun wünschte ich aber daß Sie die Güte hätten die
Sache einmal, in schlafloser Nacht, durchzudenken, mir
die Forderungen, die Sie an das Ganze machen würden,
vorzulegen und so mir meine eignen Träume, als ein
wahrer Prophet, zu erzählen und zu deuten.
Da die verschiednen Teile dieses Gedichts, in Absicht
auf die Stimmung, verschieden behandelt werden können, wenn sie sich nur dem Geist und Ton des Ganzen

subordinieren, da übrigens die ganze Arbeit subjektiv
ist, so kann ich in einzelnen Momenten daran arbeiten
und so bin ich auch jetzt etwas zu leisten im Stande.

Unser Balladenstudium hat mich wieder auf diesen
Dunst- und Nebelweg gebracht, und die Umstände raten
mir, in mehr als in Einem Sinne, eine Zeit lang darauf
herum zu irren.

Schiller an Goethe, 23. 6. 1797:
Ihre Aufforderung an mich, Ihnen meine Erwartungen
und Desideria mitzuteilen, ist nicht leicht zu erfüllen;
aber soviel ich kann, will ich Ihren Faden aufzufinden
suchen, und wenn auch das nicht geht, so will ich mir
einbilden, als ob ich die Fragmente von Faust zufällig
fände, und solche auszuführen hätte. Soviel bemerke ich
hier nur, daß der Faust, das Stück nämlich, bei aller seiner
dichterischen Individualität die Foderung an eine Symbolische Bedeutsamkeit nicht ganz von sich weisen kann,
wie auch wahrscheinlich Ihre eigene Idee ist. Die Du-
plizität der menschlichen Natur und das verunglückte
Bestreben das Göttliche und das Physische im Menschen
zu vereinigen verliert man nicht aus den Augen, und weil
die Fabel ins Grelle und Formlose geht und gehen muß,
so will man nicht bei dem Gegenstand stille stehen, sondern von ihm zu Ideen geleitet werden. Kurz, die An-
foderungen an den Faust sind zugleich philosophisch
und poetisch, und Sie mögen sich wenden wie Sie wollen, so wird Ihnen die Natur des Gegenstandes eine
philosophische Behandlung auflegen, und die Einbildungskraft wird sich zum Dienst einer Vernunftidee
bequemen müssen.

Aber ich sage Ihnen damit schwerlich etwas neues,
denn Sie haben diese Foderung in dem, was bereits da ist,
schon in hohem Grad zu befriedigen angefangen.

Goethe, Tagebuch 23. 6. 1797:
Ausführlicheres Schema zum Faust.

Tagebuch 24. 6. 1797:
Zueignung an Faust ⟨*Verse 1-32*⟩.

Goethe an Schiller, 24. 6. 1797:
Dank für Ihre ersten Worte über den wieder auflebenden
Faust. Wir werden wohl in der Ansicht dieses Werkes
nicht variieren, doch gibt's gleich einen ganz andern Mut
zur Arbeit, wenn man seine Gedanken und Vorsätze
auch von außen bezeichnet sieht, und Ihre Teilnahme ist
in mehr als Einem Sinne fruchtbar.

Daß ich jetzt dieses Werk angegriffen habe ist eigentlich eine Klugheitssache, denn da ich bei Meyers Ge-
sundheitsumständen noch immer erwarten muß einen
nordischen Winter zuzubringen ⟨*Joh. Heinr. M., mit dem
er sich zu einer damals geplanten neuen Italienreise treffen wollte,
war in Florenz erkrankt*⟩, so mag ich, durch Unmut über
fehlgeschlagene Hoffnung, weder mir noch meinen
Freunden lästig sein und bereite mir einen Rückzug in
diese Symbol-, Ideen- und Nebelwelt mit Lust und Liebe
vor.

Ich werde nur vorerst die großen erfundenen und halb
bearbeiteten Massen zu enden und mit dem was gedruckt
ist zusammen zu stellen suchen, und das so lange treiben
bis sich der Kreis selbst erschöpft.

Leben Sie recht wohl, fahren Sie fort mir etwas über
Gegenstand und Behandlung zu sagen ⟨. . .⟩.

Schiller an Goethe, 26. 6. 1797:
Den Faust habe ich nun wieder gelesen und mir schwin-
delt ordentlich vor der Auflösung. Dies ist indes sehr
natürlich, denn die Sache beruht auf einer Anschauung
und solang man die nicht hat, muß ein selbst nicht so
reicher Stoff den Verstand in Verlegenheit setzen. Was
mich daran ängstigt ist, daß mir der Faust seiner Anlage
nach auch eine Totalität der Materie nach zu erfodern
scheint, wenn am Ende die Idee ausgeführt erscheinen
soll, und für eine so hoch aufquellende Masse finde ich

keinen poetischen Reif, der sie zusammenhält. Nun, Sie
werden sich schon zu helfen wissen.

Zum Beispiel, es gehörte sich meines Bedünkens, daß
der Faust in das handelnde Leben geführt würde, und
welches Stück Sie auch aus dieser Masse erwählen, so
scheint es mir immer durch seine Natur eine zu große
Umständlichkeit und Breite zu erfodern.

In Rücksicht auf die Behandlung finde ich die große
Schwierigkeit zwischen dem Spaß und dem Ernst glücklich durchzukommen, Verstand und Vernunft scheinen
mir in diesem Stoff auf Tod und Leben miteinander zu
ringen. Bei der jetzigen fragmentarischen Gestalt des
Fausts fühlt man dieses sehr aber man verweist die Erwartung auf das entwickelte Ganze. Der Teufel behält
durch seinen Realism vor dem Verstand, und der Faust
vor dem Herzen recht. Zuweilen aber scheinen sie ihre
Rollen zu tauschen und der Teufel nimmt die Vernunft
gegen den Faust in Schutz.

Eine Schwierigkeit finde ich auch darin, daß der Teufel durch seinen Charakter, der realistisch ist, seine
Existenz, die idealistisch ist aufhebt. Die Vernunft nur
kann ihn glauben, und der Verstand nur kann ihn so wie
er da ist, gelten lassen und begreifen.

Ich bin überhaupt sehr erwartend, wie die Volksfabel
⟨des Faustbuches⟩ sich dem philosophischen Teil des
Ganzen anschmiegen wird.

Goethe an Schiller, 27. 6. 1797:
Ihre Bemerkungen zu Faust waren mir sehr erfreulich.
Sie treffen, wie es natürlich war, mit meinen Vorsätzen
und Planen recht gut zusammen, nur daß ich mir's bei
dieser barbarischen Komposition bequemer mache und
die höchsten Forderungen mehr zu berühren als zu erfüllen denke. So werden wohl Verstand und Vernunft,
wie zwei Klopffechter, sich grimmig herumschlagen, um
Abends zusammen freundschaftlich auszuruhen. Ich
werde sorgen daß die Teile anmutig und unterhaltend

sind und etwas denken lassen, bei dem Ganzen, das immer ein Fragment bleiben wird, mag mir die neue Theorie des epischen Gedichts zu statten kommen ⟨vgl. den Briefwechsel der beiden über die gattungstheoretische Unterscheidung von »epischem Gedicht« und Drama hinsichtlich ihrer Stoffe und deren Behandlung im April/Mai 1797 sowie Goethes daraus hervorgegangenen Aufsatz Über epische und dramatische Dichtung⟩.

JULI 1797

Goethe an Schiller, 1. 7. 1797:
Meinen Faust habe ich, in Absicht auf Schema und Übersicht, in der Geschwindigkeit recht vorgeschoben, doch hat die deutliche Baukunst ⟨*Goethes Beschäftigung mit portugiesischer, dalmatinischer, italienischer Architektur*⟩ die Luftphantome bald wieder verscheucht. Es käme jetzt nur auf einen ruhigen Monat an, so sollte das Werk zu männiglicher Verwunderung und Entsetzen, wie eine große Schwammfamilie, aus der Erde wachsen. Sollte aus meiner Reise nichts werden, so habe ich auf diese Possen mein einziges Vertrauen gesetzt. Ich lasse jetzt das Gedruckte wieder abschreiben und zwar in seine Teile getrennt, da denn das neue desto besser mit dem alten zusammen wachsen kann.

Schiller an Goethe, 4. 7. 1797:
Ich wünsche morgen von Ihnen zu hören, daß der Faust vorgerückt ist.

Goethe an Schiller, 5. 7. 1797:
Faust ist die Zeit zurückgelegt worden, die nordischen Phantome sind durch die südlichen Reminiszenzen auf einige Zeit zurückgedrängt worden, doch habe ich das Ganze als Schema und Übersicht sehr umständlich durchgeführt.

APRIL 1798

Goethe, Tagebuch 9. 4. 1798:
Faust wieder vorgenommen.
Damit beginnt eine Reihe ähnlicher Einträge, die am 21. 4. ab-
bricht, am 18./19. 9. 1799 vorübergehend wiederaufgenommen und
im April 1800 dann über längere Zeit hin fortgesetzt wird.

Goethe an Charlotte Schiller, 21. 4. 1798:
Faust hat diese Tage immer zugenommen; so wenig es ist,
bleibt es eine gute Vorbereitung und Vorbedeutung. Was
mich so lange Jahre abgehalten hat wieder daran zu gehen war die Schwierigkeit den alten geronnenen Stoff
wieder ins Schmelzen zu bringen. Ich habe nun auf Cel-
linische Weise ein Schock zinnerne Teller und eine Portion hartes trocknes Holz dran gewendet* und hoffe nun
das Werk gehörig im Fluß zu erhalten.
* *In seiner von Goethe übersetzten Autobiographie, IV. Buch, 6.*
Kap., berichtet Benvenuto Cellini, wie er den fast hoffnungslos
schwierigen Erzguß seiner Perseus-Statue dadurch zustande brach-
te, daß er in das nicht zureichend flüssige Metall noch die zinnernen
Schüsseln und Teller seines Hausrats warf, also dem vorgegebenen
Material neues: eigenes hinzufügte und durch lang getrocknetes
Eichenholz ein besonders heftiges Feuer entfachte. – So unterschied
Goethe dann nach Eckermanns Gesprächsbericht vom 18. 9. 1823
zwischen dem »gegebenen Stoffe«, welcher »Facta und Charaktere
überliefert«, und dem, was der Dichter »von dem Seinigen hinzu-
zutun« habe.

MAI 1798

Goethe an Schiller, 5. 5. 1798:
Meinen Faust habe ich um ein gutes weiter gebracht. Das
alte noch vorrätige höchst konfuse Manuskript ist abge-
schrieben und die Teile sind in abgesonderten Lagen,

nach den Nummern eines ausführlichen Schemas hinter
einander gelegt. Nun kann ich jeden Augenblick der
Stimmung nutzen, um einzelne Teile weiter auszuführen
und das ganze früher oder später zusammen zu stellen.

Ein sehr sonderbarer Fall erscheint dabei: Einige tragische Szenen waren in Prosa geschrieben, sie sind durch
ihre Natürlichkeit und Stärke, in Verhältnis gegen das
andere, ganz unerträglich ⟨→ *die Prosa-Szenen in* Faust.
Frühe Fassung⟩. Ich suche sie deswegen gegenwärtig in
Reime zu bringen, da denn die Idee wie durch einen Flor
durchscheint, die unmittelbare Wirkung des ungeheuern
Stoffes aber gedämpft wird.

*Das hier erwähnte, 1797/98 angelegte ausführliche Schema ist nicht
überliefert (aber aus entsprechend bezifferten Handschriften teilweise rekonstruierbar – dazu Grumach 1953, 66 und Kommentar-
Band S. 934f., zum Paralipomenon 8). Es hält die Gesamtkon-
zeption gegenwärtig, stellt die bestehenden Lücken vor Augen und
wird von nun an zum wichtigsten äußeren Hilfsmittel eines plan-
mäßigen Arbeitsverfahrens, das die früheren inspiriert-impulsiven
Schübe abzulösen beginnt: der Autor kommandiert die Poesie
(221). Dazu Schanze 1984.*

DEZEMBER 1798

Schiller an den Verleger Cotta, 16. 12. 1798:
Göthe hat an seinem Faust noch viel Arbeit eh er fertig
wird. Ich bin oft hinter ihm her, ihn zu beendigen und
seine Absicht ist wenigstens, daß dieses nächsten Sommer geschehen soll. Es wird freilich eine kostbare Unternehmung sein. Das Werk ist weitläufig 20-30 Bogen
gewiß, es sollen Kupfer dazu kommen, und er rechnet
auf ein derbes Honorar. Es ist aber auch ein ungeheurer
Absatz zu erwarten. Es wird gar keine Frage sein, daß er
Ihnen das Werk in Verlag gibt, wenn Ihnen die Bedingungen recht sind, denn er meint es sehr gut mit Ihnen.

Cotta an Goethe, 18. 12. 1798:
Einige Ihrer Stuttgarter Verehrer glauben die Erscheinung des »Faust's« nahe – dörfte ich mir schmeicheln, daß Sie mich auch mit diesem Verlag beehrten?

JANUAR 1799

Goethe an Cotta, 2. 1. 1799:
Mein Faust ist zwar im vorigen Jahre ziemlich vorgerückt, doch wüßt ich bei diesem Hexenprodukte ⟨*er arbeitet an der* Walpurgisnacht *im* Harzgebirg⟩ die Zeit der Reife nicht voraus zu sagen. Wenn die Hoffnung näher rückt sollen Sie davon hören.

MÄRZ 1800

Schiller an Cotta, 24. 3. 1800:
Nun noch einen guten Rat. Ich fürchte, Göthe läßt seinen Faust, an dem schon so viel gemacht ist, ganz liegen, wenn er nicht von außen und durch anlockende Offerten veranlaßt wird, sich noch einmal an diese große Arbeit zu machen und sie zu vollenden. Der Faust wird, wie er mir sagte, wenn er vollendet ist zwei beträchtliche Bände, über 2 Alphabete betragen ⟨*Druckersprache: 2 Alphabete = 46 Druckbogen = 736 Seiten bei einer Taschen- bzw. 368 Seiten bei einer Oktav-Ausgabe. Tatsächlich umfaßte der Faust in der Ausgabe letzter Hand dann 591 Seiten im Taschen- bzw. 554 Seiten im Oktav-Format*⟩. Er rechnet freilich auf einen großen Profit, weil er weiß, daß man in Deutschland auf dieses Werk sehr gespannt ist. Sie können ihn, das bin ich überzeugt, durch glänzende Anerbietungen dahin bringen, dieses Werk in diesem Sommer auszuarbeiten.

APRIL 1800

Cotta an Goethe, 4. 4. 1800:
Wahrscheinlich haben Euer Exzellenz während des Win-
ters den Faust seiner Vollendung nahe gebracht; die
Gnade, welche mir Hochdieselbe stets bezeugen, ent-
schuldigt gewiß auch den Wunsch, dieses seltene Pro-
dukt verlegen zu dörfen, und die untertänige Bitte diesen
Wunsch gnädig zu realisieren. Ohne einen Maßstab für
seine Ausdehnung zu haben, als einem der Daten, worauf leider wir Buchhändler gewöhnlich Rücksicht nehmen müssen, ist es freilich schwer irgend einen Vorschlag
zu machen, indessen wenn ich mir schmeicheln dörfte,
daß Hochdieselbe in mich dasjenige Zutrauen setzen
möchten, welches ich zu verdienen glaube und nach diesem annehmen würden, daß jeder Vorschlag für mich
nur Norm dessen, was ich gleichsam für die Unternehmung zahle, keineswegs aber gänzliche Entrichtung
meiner Schuldigkeit seie und daß ich diese erst nach dem
Erfolg als redlicher Mann abmesse, so möchte ich es
wohl wagen, Hochdenenselben f 4000 ReichsGeld* an-
zubieten in der schmeichelhaften Hoffnung, Sie werden
dieses Anerbieten ganz so ansehen, wie es gemacht wird
und wie ich es im Eingang offen und redlich angab.
    Nehmen Sie meine Freiheit gnädig auf!

* *4000 Florentiner = Gulden. – Goethes vergleichsweise hohe Bezüge als
Weimarer 'Minister' betrugen damals 2100 Reichstaler im Jahr (= 3150
Gulden). Ein gutgestellter Kanzleidiener, Hofkutscher, Gendarmerie-
wachtmeister lag jährlich unter 400 Gulden.*

Goethe, Tagebuch 11. 4. 1800:
Brief von Cotta. Faust angesehen.

Goethe an Schiller ⟨11. 4. 1800⟩:
Cottas Freiheit ist mir sehr angenehm. Ich habe einen
Brief von ihm über Faust, den Sie mir wahrscheinlich

zugezogen haben. Wofür ich aber danken muß. Denn
wirklich habe ich auf diese Veranlassung das Werk heute
vorgenommen und durchdacht.

SEPTEMBER 1800

Goethe an Schiller, 12. 9. 1800:
Nach verschiedenen Abenteuern bin ich erst heute früh
wieder zu der jenaischen Ruhe gelangt und habe gleich
etwas versucht, aber nichts getan. Glücklicherweise
konnte ich diese acht Tage die Situationen fest halten von
denen Sie wissen, und meine Helena ist wirklich auf-
getreten ⟨→ Paralipomenon III H¹, *hier S. 671 ff.; dieses
Helena im Mittelalter-Fragment bricht ab, bevor noch die
Griechin dem nordisch-barbarischen Faust begegnet⟩*. Nun zieht
mich aber das Schöne in der Lage meiner Heldin so sehr
an, daß es mich betrübt wenn ich es zunächst ⟨*demnächst*⟩
in eine Fratze verwandeln soll. Wirklich fühle ich nicht
geringe Lust eine ernsthafte Tragödie auf das An-
gefangene zu gründen ⟨*Goethe bedachte wohl allen Ernstes
eine vom Faust-Drama abgelöste, der antiken Tragödie nach-
eifernde Dichtung*⟩; allein ich werde mich hüten die Ob-
liegenheiten zu vermehren, deren kümmerliche Erfüllung
ohnehin schon die Freude des Lebens wegzehrt.

Schiller an Goethe, 13. 9. 1800:
Ich wünsche Ihnen Glück zu dem Schritte, den Sie in
Ihrem Faust getan. Lassen Sie Sich aber ja nicht durch
den Gedanken stören, wenn die schönen Gestalten und
Situationen kommen, daß es Schade sei, sie zu verbar-
barisieren. Der Fall könnte Ihnen im 2ten Teil des Faust
noch öfters vorkommen, und es möchte einmal für allemal gut sein, Ihr poetisches Gewissen darüber zum
Schweigen zu bringen. Das Barbarische der Behandlung,
das Ihnen durch den Geist des ganzen auferlegt wird,
kann den höhern Gehalt nicht zerstören und das Schöne

nicht aufheben, nur es anders spezifizieren und für ein
anderes Seelenvermögen zubereiten. Eben das Höhere
und Vornehmere in den Motiven wird dem Werk einen
eigenen Reiz geben, und Helena ist in diesem Stück ein
Symbol für alle die Schönen Gestalten, die sich hinein
verirren werden. Es ist ein sehr bedeutender Vorteil, von
dem Reinen mit Bewußtsein ins Unreinere zu gehen, anstatt von dem Unreinen einen Aufschwung zum Reinen
zu suchen wie bei uns übrigen Barbaren der Fall ist. Sie
müssen also in Ihrem Faust überall Ihr Faustrecht be-
haupten.

Goethe an Schiller, 16. 9. 1800:
Der Trost, den Sie mir in Ihrem Briefe geben, daß durch
die Verbindung des reinen und abenteuerlichen ein nicht
ganz verwerfliches poetisches Ungeheuer entstehen könne, hat sich durch die Erfahrung schon an mir bestätigt,
indem aus dieser Amalgamation seltsame Erscheinungen, an denen ich selbst einiges Gefallen habe, hervor-
treten. Mich verlangt zu erfahren wie es in vierzehn
Tagen aussehen wird. Leider haben diese Erscheinungen
eine so große Breite als Tiefe, und sie würden mich eigentlich glücklich machen, wenn ich ein ruhiges halbes
Jahr vor mir sehen könnte.

*Schiller an Goethe (der ihm am 21. 9. in Jena aus dem Helena-Akt
vorgelesen hatte), 23. 9. 1800:*
Ihre neuliche Vorlesung hat mich mit einem großen und
vornehmen Eindruck entlassen, der edle hohe Geist der
alten Tragödie weht aus dem Monolog einem entgegen
und macht den gehörigen Effekt, indem er ruhig mächtig das tiefste aufregt. Wenn Sie auch sonst nichts poetisches von Jena zurückbrächten, als dieses und was Sie
über den fernern Gang dieser tragischen Partie schon mit
sich ausgemacht haben, so wäre Ihr Aufenthalt in Jena
belohnt. Gelingt Ihnen diese Synthese des Edeln mit
dem Barbarischen, wie ich nicht zweifle, so wird auch der

Schlüssel zu dem übrigen Teil des Ganzen gefunden sein, und es wird Ihnen alsdann nicht schwer sein, gleichsam analytisch von diesem Punkt aus den Sinn und Geist der übrigen Partien zu bestimmen und zu verteilen. Denn dieser Gipfel, wie Sie ihn selbst nennen, muß von allen Punkten des Ganzen gesehen werden und nach allen hin sehen.

MÄRZ 1801

Schiller an Goethe, 16. 3. 1801 aus Jena:
Viel Glück zu den Fortschritten im Faust, auf den die hiesigen Philosophen ganz unaussprechlich gespannt sind.

Goethe an Schiller, 18. 3. 1801:
Keinen eigentlichen Stillstand an Faust habe ich noch nicht gemacht, aber mitunter nur schwache Fortschritte. Da die Philosophen auf diese Arbeit neugierig sind, habe ich mich freilich zusammen zu nehmen.

APRIL 1801

Goethe an Schiller ⟨3. oder 4. 4. 1801⟩:
An Faust ist in der Zeit auch etwas geschehen. Ich hoffe daß bald in der großen Lücke nur der Disputationsactus fehlen soll, welcher denn freilich als ein eigenes Werk anzusehen ist und aus dem Stegreife nicht entstehen wird.
Zur »großen Lücke«, die da noch zwischen Wagners Abgang (Frühe Fassung, 248; Faust I, 601) und der Schüler-Szene (Frühe Fassung, 249; Faust I, 1868) bestand: → Kommentar zu 1770 ff. Der geplante Disputationsakt (→ hier S. 577 ff.: Paralipomenon 11 und 12) kam nicht zustande.

DEZEMBER 1801

Schiller an Cotta, 10. 12. 1801:
Sie fragen mich nach Göthen und seinen Arbeiten. Er hat
aber leider seit seiner Krankheit gar nichts mehr gear-
beitet und macht auch keine Anstalten dazu. Bei den
trefflichsten Planen und Vorarbeiten die er hat, fürchte
ich dennoch daß nichts mehr zu Stande kommen wird,
wenn nicht eine große Veränderung mit ihm vorgeht.

Er ist zu wenig Herr über seine Stimmung, seine
Schwerfälligkeit macht ihn unschlüssig und über den
vielen Liebhaber Beschäftigungen, die er sich mit Wis-
senschaftlichen Dingen macht, zerstreut er sich zu sehr.
Beinahe verzweifle ich daran, daß er seinen Faust noch
vollenden wird.

JUNI 1805

*Wilhelm v. Humboldt an Goethe, 5. 6. 1805 − nach Schillers Tod
am 9. Mai d. J.:*
Daß der arme Schiller auch Ihren Faust nun nie vollendet
sieht.

SEPTEMBER 1805

*Goethe an Cotta, 30. 9. 1805, zur geplanten Ausgabe seiner
Werke, in der* Faust I *dann 1808 als 8. Bd erschien:*
Was ich in den vierten Band bringe, darüber bin ich mit
mir selbst noch nicht einig. Ist es mir einigermaßen möglich; so tret ich gleich mit Faust hervor. Er und die
übrigen Holzschnittartigen Späße machen ein gutes
Ganze und würden bei der ersten Lieferung gleich ein
lebhafteres Interesse erregen. Bezeichnen Sie mir den
letzten Termin, wann Sie das Manuskript vom vierten

Bande haben müssen, damit ich einigermaßen meinen
Überschlag machen kann.

NOVEMBER 1805

Goethe an Cotta, 25. 11. 1805:
   Den Faust, dächt' ich, gäben wir ohne Holzschnitte und
   Bildwerk ⟨*der Verleger hatte offenbar die »Holzschnittartigen
   Späße« in Goethes Brief vom 30. 9. 1805 mißverstanden und am
   12. 11. Vorlagen für »Holzschnitte zu Faust« erbeten*⟩. Es ist
   so schwer, daß etwas geleistet werde, was dem Sinne und
   dem Tone nach zu einem Gedicht paßt. Kupfer und Poesie
   parodieren sich gewöhnlich wechselsweise. Ich denke, der
   Hexenmeister soll sich allein durchhelfen.

MÄRZ 1806

Goethe, Tagebuch 21. 3. 1806:
   Faust angefangen durchzugehen mit Riemer.

APRIL 1806

Goethe, Tagebuch 13. 4. 1806:
   Schluß von Fausts 1. Teil.

Tagebuch 25. 4. 1806:
   Faust letztes Arrangement zum Druck.

*Cotta nahm die Druckvorlage im Mai auf der Rückreise von der
Leipziger Buchmesse persönlich entgegen. Aber durch die Kriegs-
wirren verzögerte sich die Drucklegung. Zunächst für Bd 4 bestimmt, erschien* Faust. Eine Tragödie *erst im 8. Bd von*
Goethe's Werke (→ *hier Ostermesse 1808*).

MAI 1808

Goethe, Tagebuch 13. 5. 1808, auf der Reise nach Karlsbad:
Unterweges de ⟨...⟩ Fausti dramatis parte secunda et
quae in ea continebuntur ⟨*'vom Zweiten Teil des* Faust-
Dramas *und was darin enthalten sein wird'*⟩.

OSTERMESSE 1808

Bei Cotta in Tübingen erscheinen von 1806 bis 1810 Goethe's
Werke *in 13 Bänden; in Bd 8 jetzt der erste Druck von* Faust I,
enthaltend Zueignung, Vorspiel auf dem Theater, Prolog im
Himmel *und* Der Tragödie Erster Teil.

NOVEMBER 1810

Goethe an Zelter, 18. 11. 1810:
Schließlich melde, daß uns ein seltsames Unternehmen
bevorsteht, nämlich den Faust aufzuführen, wie er ist
⟨*seit 1808 gedruckt vorliegt*⟩, insofern es nur einigermaßen
möglich werden will.
Zur Aufführung → hier August 1829.

NOVEMBER 1812

Goethe, Tag- und Jahreshefte:
Wolff ⟨*Schauspieler in Weimar*⟩ und Riemer machten einen
Plan zu Aufführung des Faust, wodurch der Dichter ver-
leitet ward mit diesem Gegenstand sich abermals zu
beschäftigen, manche Zwischenszenen zu bedenken, ja
sogar Dekorationen und sonstiges Erfordernis zu ent-
werfen.

Zu diesem Inszenierungsplan → das Szenarium, hier S. 582-84 und Goethes Theaterzeichnungen zum Faust, *hier Abb. 2-7, erläutert im Kommentar-Band S. 821 ff. Die erste Weimarer Aufführung von* Faust I *erfolgte freilich erst zur Nachfeier von Goethes 80. Geburtstag (→ hier August 1829).*

DEZEMBER 1816

Goethe, Tagebuch 16. 12. 1816:
    Meine Biographie: Schema des 2. Teils von Faust.
67jährig rechnete er damals kaum mehr mit einer Vollendung des Werkes und wollte im 18. Buch von Dichtung und Wahrheit *eine Inhaltserzählung vom Zweiten Teil geben, wie er ihn (dem Gang seiner Autobiographie folgend) um das Jahr 1775 geplant haben mag. Der unvollständig überlieferte Text findet sich hier S. 593 ff. als* Paralipomenon 63. *Er wurde nicht gedruckt, weil Eckermann ihn später benutzte, um Goethe zur Vollendung des Werkes anzuregen (→ hier August 1824 und Januar 1827).*

SEPTEMBER 1820

Goethe, Tagebuch 27. 9. 1820, zum Besuch von Schubarth in Weimar:
    fortgesetzte gestrige Unterhaltung über das Fragmentarische des Faust und zu wünschende Vollendung.

AUGUST 1824

Eckermann, 10. 8. 1824, Notiz für Goethe über die 1816 für Dichtung und Wahrheit *verfaßte Inhaltserzählung zu* Faust II *(→ hier Dezember 1816):*
    Ob nun dieser Plan zu Faust mitzuteilen oder zurückzuhalten sein wird, dieser Zweifel dürfte sich dann beseitigen lassen, wenn man die bereits fertigen Bruchstücke zur Prüfung vor Augen hat, und erst darüber klar ist, ob

man überall ⟨*meint: überhaupt? oder hinsichtlich aller* fertigen Bruchstücke?⟩ die Hoffnung einer Fortsetzung des
Faust aufgeben muß oder nicht. ⟨→ *hier Januar 1827*⟩

FEBRUAR 1825

Goethe, Tagebuch 25. 2. 1825:
Für mich Betrachtungen über das Jahr 1775, besonders
Faust.

Tagebuch 26. 2. 1825:
An Faust einiges gedacht und geschrieben. ⟨*Arbeit am 5.
Akt?*⟩

Tagebuch 27. 2. 1825:
Betrachtungen über Faust. Die ältern Nacharbeitungen
vorgenommen. Einiges zurechte gestellt.

MÄRZ 1825

Goethe, Tagebuch 13. 3. 1825:
An Faust den Schluß ⟨*wohl* Großer Vorhof, *nicht* Berg-
schluchten⟩ fernerhin redigiert. Vorhergehende ⟨*zum 5.
Akt gehörige?*⟩ Fragmente betrachtet.

Tagebuch 14. 3. 1825:
Helena vorgenommen ⟨*danach fast tägliche Eintragungen,
meist auf diesen späteren 3. Akt bezogen, bis zum 5. 4. 1825*⟩.

JUNI 1826

*Seit Mitte März zahlreiche Tagebucheintragungen über die wieder-
aufgenommene Arbeit am* Helena-*Akt und über Gespräche mit
dem daran mitwirkenden Altphilologen Riemer, die metrische,*

rhythmische, ästhetische Probleme, Dialoge und Chöre betreffen.
Goethe hat sich entschlossen, diesen 3. Akt des Zweiten Teils als
Vorabdruck zu veröffentlichen (was 1827/28 in C¹/³ 4 geschieht).
Am 3. 6. 1826 schreibt er darüber an Zelter:

Sodann darf ich dir wohl vertrauen: daß, um der ersten
Sendung meiner neuen Ausgabe ⟨*der bei Cotta erscheinen-*
den Ausgabe letzter Hand⟩ ein volles Gewicht zu geben,
ich die Vorarbeiten eines bedeutenden Werks, nicht in der
Ausdehnung, sondern in der Eindichtung, wieder vorgenommen habe, das seit Schillers Tod nicht wieder
angesehen worden, auch wohl ohne den jetzigen Anstoß
in limbo patrum ⟨*meint: in Abrahams Schoß*⟩ geblieben
wäre. Es ist zwar von der Art, daß es in die neueste
Literatur eingreift, daß aber auch niemand, wer es auch
sei, eine Ahnung davon haben durfte. Ich hoffe, da es zu
Schlichtung eines Streits ⟨*zwischen Klassik und Romantik,*
→ *Kommentar-Band S. 582f.*⟩ gedacht ist, große Verwirrung dadurch hervorgebracht zu sehen.

Tagebuch 8. 6. 1826:

Völliger Abschluß der Helena. Vorbereitung des Mun-
dums ⟨*der Reinschrift, durch den Schreiber Schuchardt*⟩.

Am 10. 6. 1826 diktiert Goethe die erste Fassung eines Ankün-
*digungstextes (*Paralipomenon 123A, hier S. 627ff.*), der dem*
Leser verständlich zu machen sucht, wie sich dieses isolierte Teil-
stück an den im Druck vorliegenden Faust I *anschließen sollte.*

SEPTEMBER 1826

Goethe an den Jenaer Philologen Göttling, Begleitbrief zum He-
lena-*Manuskript, 30. 9. 1826:*

Ew. Wohlgeboren
nehme mir die Freiheit eine schöne Dame zuzufüh-
ren, die sich denn selbst einleiten und einschmeicheln
möge.

Eigentlich aber zu reden wünsche diesem sonderbaren Werke eine freundliche Aufnahme; so problematisch es auch scheinen mag, wird es der Wissende sich leicht erklären. Eines möchte ich bevorworten: Wenn das eigentlich Fehlerhafte der reimlos rhythmischen Stellen allerdings zu tilgen sein möchte, so würde man dabei doch nicht allzu genau verfahren; bisher habe ich es mit Professor Riemer durchgegangen, bis wir müde wurden. Möchten Ew. Wohlgeboren es Ihrer gewohnten Aufmerksamkeit wert achten.

OKTOBER 1826

Goethe an Wilhelm v. Humboldt, 22. 10. 1826:
Ich habe den ganzen Sommer zu Hause zugebracht und ungestört an der Ausgabe meiner Werke fortgearbeitet ⟨*meint Cottas* Vollständige Ausgabe letzter Hand⟩. Erinnern Sie sich wohl noch, mein Teuerster, einer dramatischen H e l e n a, die im zweiten Teil von Faust erscheinen sollte? Aus Schillers Briefen vom Anfang des Jahrhunderts sehe ich, daß ich ihm den Anfang vorzeigte, auch, daß er mich zur Fortsetzung treulich ermahnte. Es ist eine meiner ältesten Konzeptionen, sie ruht auf der Puppenspiel-Überlieferung, daß Faust den Mephistopheles genötigt, ihm die Helena zum Beilager heranzuschaffen. Ich habe von Zeit zu Zeit daran fortgearbeitet, aber abgeschlossen konnte das Stück nicht werden, als in der Fülle der Zeiten, da es denn jetzt seine volle 3000 Jahre spielt, von Troja's Untergang bis zur Einnahme von Missolunghi ⟨*wo 1824 der am griech. Freiheitskrieg beteiligte Lord Byron starb, an den im* Helena-*Akt die Gestalt des Euphorion erinnern soll*⟩. Dies kann man also auch für eine Zeiteinheit rechnen, im höheren Sinne; die Einheit des Orts und der Handlung sind aber auch im gewöhnlichen Sinn auf's genauste beobachtet. Es tritt auf unter dem Titel:

Helena
klassisch-romantische
Phantasmagorie.

Zwischenspiel zu Faust.

NOVEMBER 1826

Goethe, Tagebuch 8. 11. 1826:
Das Schema zu Faust, zweiter Teil, bei Gelegenheit der
Helena vorgenommen ⟨*eine nicht überlieferte Vorstufe zu
dem auf den 9. 11. 1826 datierten* Paralipomenon 99A, *hier S.
629 f., oder doch dieses selbst?*⟩.

Tagebuch 10. 11. 1826:
Das Schema zu Fausts zweitem Teile fortgeführt ⟨*Über-
arbeitung* Paralipomenon 99A, *zu* 99B, *hier S. 630 f.?*⟩.

DEZEMBER 1826

*Mitte Dezember diktiert Goethe eine zweite Fassung des Textes,
welcher den geplanten Vorabdruck des 3. Aktes ankündigen und ihn
im Zusammenhang der Faust-Handlung verständlich machen soll.
Die »Antezendenzien der Helena« (Tagebuch 21. 12. 1826), also
die ihrem Auftritt vorausgehenden, zu ihr hinführenden Geschehe-
nisse, werden darin weit ausführlicher dargestellt als im ersten
Entwurf vom 10. 6. 1826 (Paralipomenon 123A, hier S. 627 ff.).
Auch von dieser neuen Fassung (P123C, hier S. 636 ff.) weichen
der endgültige 1. und 2. Akt noch in vielfacher Hinsicht und auf-
schlußreicher Weise ab.*

Goethe, Tagebuch 29. 12. 1826:
Mit Herrn ⟨*Wilhelm*⟩ von Humboldt die Unterhaltungen
fortgesetzt. Er las die ⟨. . .⟩ Helena, und teilte verschiedene Bemerkungen mit. Ingleichen las er die Antezeden-

zien zu Helena ⟨Paralipomenon 123C, *hier S. 636 ff.*⟩, und war auch der Meinung, daß sie gegenwärtig nicht gedruckt werden sollten.

JANUAR 1827

Eckermann, Gesprächsbericht vom 15. 1. 1827:
Ich brachte das Gespräch auf den zweiten Teil des Faust, insbesondere auf die klassische Walpurgisnacht, die nur noch ⟨*noch immer nur*⟩ in der Skizze dalag ⟨Paralipomenon 63, *hier S. 593 ff.*⟩, und wovon Goethe mir vor einiger Zeit gesagt hatte, daß er sie als Skizze wolle drucken lassen ⟨→ *hier: Dezember 1816*⟩. Nun hatte ich mir vorgenommen, Goethen zu raten, dieses nicht zu tun, denn ich fürchtete, sie möchte, einmal gedruckt, für immer unausgeführt bleiben ⟨→ *hier: August 1824*⟩. Goethe mußte in der Zwischenzeit das bedacht haben, denn er kam mir sogleich entgegen, indem er sagte, daß er entschlossen sei, jene Skizze nicht drucken zu lassen. Das ist mir sehr lieb, sagte ich, denn nun habe ich doch die Hoffnung, daß Sie sie ausführen werden. »In einem Vierteljahre, sagte er, wäre es getan, allein woher will die Ruhe kommen! Der Tag macht gar zu viele Ansprüche an mich; es hält schwer, mich so sehr abzusondern und zu isolieren. ⟨. . .⟩«
     Und doch, sagte ich, haben Sie vorigen Winter die Helena vollendet, und Sie waren doch nicht weniger gestört als jetzt. »Freilich, sagte Goethe, es geht auch, und muß auch gehen, allein es ist schwer.« Es ist nur gut, sagte ich, daß Sie ein so ausführliches Schema haben. »Das Schema ist wohl da, sagte Goethe, allein das Schwierigste ist noch zu tun; und bei der Ausführung hängt noch Alles gar zu sehr vom Glück ab. Die klassische Walpurgisnacht muß in Reimen geschrieben werden und doch muß alles einen antiken Charakter tragen. Eine solche Versart zu finden ist nicht leicht. Und nun den Dialog!« – Ist denn

der nicht im Schema mit erfunden? sagte ich. »Wohl das
Was, antwortete Goethe, aber nicht das Wie. Und dann
bedenken Sie nur, was alles in jener tollen Nacht zur
Sprache kommt! Fausts Rede an die Proserpina, um diese
zu bewegen, daß sie die Helena herausgibt, was muß das
nicht für eine Rede sein, da die Proserpina selbst zu Tränen davon gerührt wird! – Dieses alles ist nicht leicht zu
machen und hängt sehr viel vom Glück ab, ja fast ganz
von der Stimmung und Kraft des Augenblicks.«

Eckermann, 29. 1. 1827:
   Ein versiegeltes Paket lag auf dem Tisch. Goethe legte
seine Hand darauf. »Was ist das? sagte er. Es ist die *Helena,* die an Cotta zum Druck abgeht.« ⟨. . .⟩
   »Ich habe, sagte Goethe, bis jetzt immer noch Kleinigkeiten daran zu tun und nachzuhelfen gefunden.
Endlich aber muß es genug sein und ich bin nun froh,
daß es zur Post geht und ich mich mit befreiter Seele zu
etwas Anderem wenden kann. Es mag nun seine Schick-
sale erleben! ⟨. . .⟩«

OSTERMESSE 1827

Ab 1827 verlegt Cotta in Tübingen/Stuttgart Goethe's Werke.
Vollständige Ausgabe letzter Hand; *im 4. Bd (C¹4) erscheint
zur Ostermesse der 3. Akt des Zweiten Teils unter dem Titel*
Helena klassisch-romantische Phantasmagorie. Zwischenspiel zu Faust.

MAI 1827

In Goethes Zeitschrift Kunst und Altertum *erscheint eine Ankündigung des Vorabdrucks vom 3. Akt (*Helena Zwischenspiel
zu Faust, *vollständiger Abdruck in WA I 41.2, 290 ff.), die den
Beginn des im Dezember 1826 diktierten Entwurfs (*Paralipome-

non 123C, *hier S. 636 ff.*) *übernimmt, aber anders als dort vom geplanten 1. und 2. Akt noch gar nichts mitteilt (diese abweichend schließenden Sätze stehen hier im Kommentar-Band S. 1002 f., in den Angaben zum Paralipomenon 123C).*

Goethe an Zelter, 24. 5. 1827:

Nun aber soll das Bekenntnis im Stillen zu dir gelangen, daß ich, durch guter Geister fördernde Teilnahme, mich wieder an Faust begeben habe, und zwar gerade dahin, wo er, aus der antiken Wolke sich niederlassend, wieder seinem bösen Genius begegnet ⟨*Beginn des 4. Aktes*⟩. Sage das niemanden; dies aber vertrau ich dir, daß ich von diesem Punkt an weiter fortzuschreiten und die Lük- ke auszufüllen gedenke zwischen dem völligen Schluß, der schon längst fertig ist.

An Nees v. Esenbeck, 25. 5. 1827:

Wie ich im Stillen langmütig einhergehe werden Sie an der dreitausendjährigen Helena sehen, der ich nun auch schon sechzig Jahre nachschleiche, um ihr einigermaßen etwas abzugewinnen. ⟨...⟩

Es liegen so manche Dinge die ich selbst wert achten muß, weil sie sich aus einer Zeit herschreiben die nicht wieder kommt, lange Jahre vor mir da, und bedürfen eigentlich nur einer gewissen genialen Redaktion. Voll- ständige Plane, schematisch aufgestellt, einzelnes ausge- arbeitet! und es kommt nur auf einen reinen genialen Entschluß an, so ist es als eine Art von Ganzem brauch- bar und gewiß manchem angenehm. So habe ich voriges Jahr mit einem gewaltsamen Anlauf die Helena endlich zum übereinstimmenden Leben gebracht; wie vielfach hatte sich diese in langen, kaum übersehbaren Jahren gestaltet und umgestaltet, nun mag sie im Zeitmoment solidesziert ⟨*in eine feste Gestalt überführt*⟩ endlich verhar- ren.

Tagebuch 27. 5. 1827:

Ich behandelte das Schema von Faust anschließend an das schon Vollendete ⟨*meint: was auf* Faust I *folgen oder – nach vorn hin anschließend – dem 3. Akt von* Faust II *vorangehen sollte*⟩.

OKTOBER/NOVEMBER 1827

Goethe an Boisserée, 12. 10./11. 11. 1827:

Die gute Wirkung der Helena ermutigt mich, das Übrige heranzuarbeiten; Helena bestünde zuletzt ⟨*nach Fertigstellung des Zweiten Teils*⟩ als dritter Akt, wo sich denn freilich die ersten und letzten würdig anschließen müßten. Das Unternehmen ist nicht gering, das Ganze erfunden und schematisiert; nun kommt es aufs Glück der einzelnen ⟨*hier bricht der Brief vom 12. 10. mit der Bemerkung* Fortsetzung nächstens *ab; diese folgt unvermittelt am 11. 11.:*⟩ Ausführung an, wobei man sich denn freilich sehr zusammen nehmen muß.

An Zelter, 21. 11. 1827:

Der zweite Teil des Faust fährt fort sich zu gestalten; die Aufgabe ist hier wie bei der Helena: das Vorhandene so zu bilden und zu richten, daß es zum Neuen paßt und klappt, wobei manches zu verwerfen, manches umzuarbeiten ist. Deshalb Resolution dazu gehörte, das Geschäft anzugreifen; im Fortschreiten vermindern sich die Schwierigkeiten.

DEZEMBER 1827

Goethe, Tagebuch 28. 12. 1827:

Faust zweiten Teil Konzept und Mundum ⟨*Reinschrift*⟩ geordnet und geheftet.

Goethe an Riemer, 29. 12. 1827:
Sie erhalten hiebei, mein Wertester, das fragliche wun-
dersame Werk bis gegen das Ende 〈Faust II, *4613-6036;*
für den Vorabdruck 1828 im 12. Bd von Cottas* Vollständiger
Ausgabe letzter Hand *bestimmt*〉*; haben Sie die Gefällig-
keit, es genau durchzugehen, die Interpunktion zu berichtigen und allenfallsige Bemerkungen niederzuschreiben, vorzüglich aber Folgendes im Auge zu haben: Ich
unterließ, wie Sie sehen, in prosaischer Parenthese 〈*durch
Bühnenanweisungen und Regiebemerkungen*〉 das, was geschieht und vorgeht, auszusprechen und ließ vielmehr
alles in dem dichterischen Flusse hinlaufen, anzeigen und
andeuten, soviel mir zur Klarheit und Faßlichkeit nötig
schien; da aber unsre lieben deutschen Leser sich nicht
leicht bemühn, irgend etwas zu supplieren 〈*ergänzen*〉,
wenn es auch noch so nah liegt, so schreiben Sie doch ein,
wo Sie irgend glauben, daß eine solche Nachhülfe nötig
sei. Das Werk ist seinem Inhalt nach rätselhaft genug, so
möge es denn der Ausführung an Deutlichkeit nicht fehlen.

JANUAR 1828

Goethe an Zelter, 24. 1. 1828:
Drei bis vier Szenen des zweiten Teils von Faust
sind nach Augsburg 〈*in Cottas Druckerei*〉 abgegangen;
möchtet ihr, wenn sie gedruckt erscheinen, in den Strö-
mungen des Lebens diesen Darstellungen einige Augenblicke widmen können! Ich fahre fort an dieser Arbeit,
denn ich möchte gar zu gern die zwei ersten Akte fertig
bringen, damit Helena als dritter Akt sich ganz unge-
zwungen anschlösse und, genugsam vorbereitet, nicht
mehr phantasmagorisch und eingeschoben, sondern in
ästhetisch-vernunftgemäßer Folge sich erweisen könnte.
Was gelingen kann, müssen wir abwarten.

MÄRZ 1828

*An Reichel, den Geschäftsführer des Cotta-Verlages, der am 28. 2.
1828 wegen des Vorabdrucks des 1. Akts von* Faust II *in Bd 12 der*
Ausgabe letzter Hand *(C¹ 12) anfragte, ob nach Vers 6036
(mitten in der Szene* Weitläufiger Saal. Lustgarten) *»nicht zu
sagen sein möchte, daß eine weitere Fortsetzung später noch folgen
wird?«, schreibt Goethe am 4. 3. 1828 – als ob er mit diesem
Hinweis für den Leser sich selbst kommandierte:*
    Worauf denn die Notiz folgen kann:
    (Ist fortzusetzen.)

Goethe, nach Eckermanns Gesprächsbericht vom 11. 3. 1828:
    Ich hatte in meinem Leben eine Zeit, wo ich täglich einen
    gedruckten Bogen ⟨= *16 Druckseiten Oktav*⟩ von mir
    fordern konnte, und es gelang mir mit Leichtigkeit.
    ⟨. . .⟩ Jetzt, am zweiten Teil meines Faust, kann ich nur in
    den frühen Stunden des Tages arbeiten, wo ich mich vom
    Schlaf erquickt und gestärkt fühle und die Fratzen des
    täglichen Lebens mich noch nicht verwirrt haben. Und
    doch, was ist es, das ich ausführe! Im allerglücklichsten
    Fall eine geschriebene Seite; in der Regel aber nur so viel,
    als man auf den Raum einer Handbreit schreiben könnte,
    und oft, bei unproduktiver Stimmung, noch weniger.

APRIL 1828

Goethe an Zelter, 22. 4. 1828:
    ⟨. . .⟩ so manches andere noch nebenher, indessen Faust
    mich von der Seite anschielt und die bittersten Vorwürfe
    macht, daß ich nicht ihm als dem Würdigsten den Vorzug
    der Arbeit zuwende und alles Übrige bei Seite schiebe.

OSTERMESSE 1828

Als Bd 12 der Ausgabe letzter Hand *(C¹ 12) erscheint zur Ostermesse:* Faust. Eine Tragödie *mit* Faust, erster Teil *und* Faust, zweiter Teil *– dieser noch ohne die Angabe ›Erster Akt‹ und nach 6036 abbrechend mit der Notiz:* (Ist fortzusetzen.)
   Die letzten Worte der Faust-*Dichtung, die Goethe zu Lebzeiten seinen Zeitgenossen noch zu lesen gab, lauteten also:* wenn eure Tageswelt | Wie's oft geschieht, mir widerlichst mißfällt *(→ hier S. 812 im Brief an Wilhelm v. Humboldt, mit dem Goethe die Veröffentlichung des* Faust II *vor seinem Tode endgültig verweigerte:* »Der Tag ist aber wirklich so absurd und konfus ⟨...⟩. Verwirrende Lehre zu verwirrenden Handel waltet über die Welt« *).*

JULI 1828

Goethe an Zelter, 26. 7. 1828:
   Meine nahe Hoffnung, euch zu Michael ⟨*Herbstmesse, Ende September*⟩ die Fortsetzung von Faust zu geben, wird mir denn auch durch diese Ereignisse vereitelt ⟨*meint den Tod des Großherzogs Carl August am 14. Juni*⟩ ⟨...⟩.
   Der Anfang des zweiten Akts ist gelungen; wir wollen dies ganz bescheiden aussprechen, weil wir ihn, wenn er nicht dastünde, nicht machen würden. Es kommt nun darauf an, den ersten Akt zu schließen, der bis auf's letzte Detail erfunden ist und ohne dieses Unheil auch schon in behaglichen Reimen ausgeführt stünde. Das müssen wir denn auch der vorschwebenden Zeit überlassen.

FEBRUAR 1829

Eckermann, Gesprächsbericht vom 12. 2. 1829 (er hatte die Hoffnung geäußert, »zum Faust eine passende Musik kommen zu sehen«):

Es ist ganz unmöglich, sagte Goethe. Das Abstoßende, Widerwärtige, Furchtbare, was sie stellenweise enthalten müßte, ist der Zeit zuwider. Die Musik müßte im Charakter des Don Juan sein; *Mozart* hätte den Faust komponieren müssen. *Meyer-Beer* wäre vielleicht dazu fähig, allein der wird sich auf so etwas nicht einlassen; er ist zu sehr mit italienischen Theatern verflochten.

JULI 1829

Goethe an Zelter, 19. 7. 1829, nach dessen begeistertem Dank vom 16. 6. für den Vorabdruck des Beginns von Faust II *in C¹ 12 (→ hier: Ostermesse 1828):*

Daß du auf den zweiten Faust zurückkehrst, tut mir sehr wohl; es wird mich das anregen, manches andere zu beseitigen und wenigstens das Allernächste was hieran stößt bald möglichst auszufertigen. Der Abschluß ist so gut wie ganz vollbracht, von den Zwischenstellen manches Bedeutende vollendet, und wenn man mich von Seiten höchster Gewalten auffangen und auf ein Vierteljahr einer hohen Festung anvertrauen wollte, so sollte nicht viel übrig sein. Ich habe alles so deutlich in Herz und Sinn daß es mir oft unbequem fällt.

AUGUST 1829

Goethe, Tagebuch 29. 8. 1829 (am Tag nach seinem 80. Geburtstag: die erste Aufführung von Faust I *in* Weimar – ohne ihn):

Abends allein. Aufführung von Faust im Theater.

DEZEMBER 1829

Eckermann, Gesprächsbericht vom 6. 12. 1829:
Heute nach Tisch las Goethe mir die erste Szene vom
zweiten Akt des *Faust.* ⟨...⟩
   »Da die Konzeption so alt ist, sagte Goethe, und ich
seit funfzig Jahren darüber nachdenke, so hat sich das
innere Material so sehr gehäuft, daß jetzt das Ausschei-
den und Ablehnen die schwere Operation ist. Die Erfin-
dung des ganzen zweiten Teiles ist wirklich so alt wie ich
sage. Aber daß ich ihn erst jetzt schreibe, nachdem ich
über die weltlichen Dinge so viel klarer geworden, mag
der Sache zu Gute kommen. Es geht mir damit wie Einem, der in seiner Jugend sehr viel kleines Silber- und
Kupfer-Geld hat, das er während dem Lauf seines Lebens immer bedeutender einwechselt, so daß er zuletzt
seinen Jugendbesitz in reinen Goldstücken vor sich
sieht.«

Goethe an Zelter, 16. 12. 1829:
Mit dem alten Faust bin ich zeither in Konnexion geblieben und habe, in der letzten Zeit ⟨*seit Ende August*⟩, ihn
und seine Gesellschaft besonders kultiviert. Meine einzige Sorge und Bemühung ist nun: die zwei ersten Akte
fertig zu bringen damit sie sich an den dritten, welcher
eigentlich das bekannte Drama, H e l e n a betitelt, in sich
faßt, klüglich und weislich anschließen mögen.

JANUAR 1830

Goethe, nach Eckermanns Gesprächsbericht vom 24. 1. 1830:
Faust ist jetzt mit dem Chiron zusammen ⟨→ *7319 ff.*⟩ und
ich hoffe die Szene soll mir gelingen. Wenn ich mich fleißig
dazu halte, kann ich in ein paar Monaten mit der ⟨*klassischen*⟩ Walpurgisnacht fertig sein. Es soll mich nun aber

auch nichts wieder vom Faust abbringen; denn es wäre
doch toll genug, wenn ich es erlebte ihn zu vollenden!
Und möglich ist es; – der fünfte Akt ist so gut wie fertig,
und der vierte wird sich sodann wie von selber machen.

MÄRZ 1830

Eckermann, Gesprächsbericht vom 7. 3. 1830:
Wir waren heiter und sprachen von Arbeiten und Vorsätzen hin und her. »Es ist nicht gut daß der Mensch
alleine sei, sagte Goethe, und besonders nicht daß er
alleine arbeite; vielmehr bedarf er der Teilnahme und
Anregung, wenn etwas gelingen soll. Ich verdanke Schil-
lern die *Achilleïs* und viele meiner *Balladen*, wozu er mich
getrieben, und Sie können es sich zurechnen, wenn ich
den zweiten Teil des *Faust* zu Stande bringe. Ich habe es
Ihnen schon oft gesagt, aber ich muß es wiederholen,
damit Sie es wissen.«

JUNI 1830

Goethe zum Kanzler von Müller, 28. 6. 1830:
Voltaire, einer der größten Geister, hatte im hohen Alter
die Schwachheit, noch ein neues Trauerspiel von sich
aufführen zu lassen ⟨Irène, *1778*⟩; ich dagegen spüre immer mehr Neigung, das Beste, was ich gemacht und noch
machen kann, zu sekretieren.

AUGUST 1830

Goethe an Eckermann (nach Italien), 9. 8. 1830:
Wir haben wenig zu erzählen, und hätten viel zu sagen,
wovon ich nur soviel vermelde, daß die klassische Walpurgisnacht zu Stande gekommen, oder vielmehr in's

Grenzenlose ausgelaufen ist. Hätten Sie solche noch vor
Ihrer Abreise vernommen, so wären Sie vielleicht erstaunt; aber wie kann man den, der aus einer so weiten
und großen Welt zurückkommt, noch in Verwunderung
setzen.

NOVEMBER 1830

Eckermann, 30. 11. 1830:
  Goethe setzte uns vorigen Freitag in nicht geringe Sorge,
  indem er in der Nacht ⟨25. auf 26. 11.⟩ von einem heftigen
  Blutsturz überfallen wurde und den ganzen Tag nicht
  weit vom Tode war. Er verlor, einen Aderlaß mit einge-
  rechnet, sechs Pfund Blut, welches bei seinem achtzig-
  jährigen Alter viel sagen will.

*Ist diese Angabe über einen (aus ungeklärter Ursache erfolgten)
Blutverlust von mehr als zwei Litern auch nur annähernd richtig, so
grenzt es selbst bei außergewöhnlich gutem physischem Zustand an
ein Wunder, daß der Einundachtzigjährige überlebte. Wie die nach-
stehenden Zeugnisse zu erkennen geben, wird von nun an der Tod der
letzte große Antreiber zur Vollendung der* Faust-*Dichtung.*

DEZEMBER 1830

Goethe, Tagebuch 2. 12. 1830:
  Nachts an Faust gedacht und einiges gefördert.

Tagebuch 3. 12. 1830:
  Nach 1 Uhr einige Stunden gewacht. Verschiedenes in
  Gedanken gefördert.

Das mag die Bergschluchten-*Szene betreffen, deren endgültige
Niederschrift noch im Dezember erfolgt: angesichts des eigenen
Todes (→ hier November 1830) dichtet Goethe das* Unbeschreib-
liche *nach Fausts Tod.*

JANUAR 1831

Goethe, nach v. Müllers Gesprächsbericht vom 5. 1. 1831:
⟨. . .⟩ wenn ich nur erst meine Testaments-Sorge vom
Herzen habe, dann wollen wir wieder frisch auftreten.
Zehn neue Bände meiner Schriften ⟨Ausgabe letzter
Hand, *Bd 41-50*⟩ sind fast schon parat; vom Faust der
fünfte Akt ⟨*noch ohne die Szene* Offene Gegend⟩ und der
zweite fast ganz ⟨*ebenso, seit längerer Zeit schon, der 1. und 3.
Akt des Zweiten Teils*⟩. Der vierte muß noch gemacht
werden, doch im Notfall könnte man ihn sich ⟨*als Leser*⟩
selbst konstruieren, da der Schlußpunkt im fünften Akt
gegeben ist.

FEBRUAR 1831

Goethe, Tagebuch 12. 2. 1831:
Das Hauptwerk mutig und glücklich angegriffen.

Goethe, nach Eckermanns Gesprächsbericht vom 13. 2. 1831:
Ich werde nun diese ganze Lücke, von der Helena bis
zum fertigen fünften Akt ⟨*also den 4. Akt*⟩, durcherfinden
und in einem ausführlichen Schema niederschreiben, damit ich sodann mit völligem Behagen und Sicherheit
ausführen, und an den Stellen arbeiten kann, die mich
zunächst anmuten.

Nach Eckermanns Gesprächsbericht vom 17. 2. 1831:
»Ich habe nun auch das ganze Manuskript des zweiten
Teiles heute heften lassen, damit es mir als eine sinnliche
Masse vor Augen sei. Die Stelle des fehlenden vierten
Aktes habe ich mit weißem Papier ausgefüllt, und es ist
keine Frage, daß das Fertige anlocket und reizet, um
das zu vollenden was noch zu tun ist. Es liegt in sol-
chen sinnlichen Dingen mehr als man denkt, und man

muß dem Geistigen mit allerlei Künsten zu Hülfe kommen.«

Goethe ließ den gehefteten neuen Faust hereinbringen, und ich war erstaunt über die Masse des Geschriebenen, das im Manuskript als ein guter Folioband mir vor Augen war.

MAI 1831

Goethe, Tagebuch 4. 5. 1831:
Abschluß der 5. Abteilung ⟨5. *Akt* Faust II⟩. Beginn der vierten.

An Zelter, Mitte Mai (Briefende 1. 6. 1831):
Fahre ja fort, mein Guter, aus der reichen äußern Ernte, in die du gesendet bist, mir von Zeit zu Zeit einige Büschel zuzuschicken, indes ich ganz in's innere Klostergarten-Leben ⟨*des von einer hohen Mauer umfriedeten Hausgartens*⟩ beschränkt bin, um, damit ich es nur mit wenig Worten ausspreche, den zweiten Teil meines Faust zu vollenden. Es ist keine Kleinigkeit, das, was man im zwanzigsten Jahre konzipiert hat, im 82. außer sich darzustellen und ein solches inneres lebendiges Knochengeripp mit Sehnen, Fleisch und Oberhaut zu bekleiden, auch wohl dem fertig Hingestellten noch einige Mantelfalten umzuschlagen, damit alles zusammen ein offenbares Rätsel bleibe, die Menschen fort und fort ergetze und ihnen zu schaffen mache.

JULI 1831

Goethe, Tagebuch 10. 7. 1831:
Das Hauptgeschäft ununterbrochen fortgesetzt.

An Johann Heinrich Meyer, 20. 7. 1831:

Wundersam bleibt es immer wie sich der von allem absondernde, teils revolutionäre, teils einsiedlerische Egoismus durch die lebendigen Tätigkeiten aller Art hindurchzieht.

Den meinen, will ich nur bekennen, hab ich in's Innerste der Produktion zurückgezogen und den, nunmehr seit vollen vier Jahren, wieder ernstlich aufgenommenen zweiten Teil des Faust in sich selbst arrangiert, bedeutende Zwischenlücken ausgefüllt und vom Ende herein, vom Anfang zum Ende das Vorhandene zusammengeschlossen. Dabei hoffe ich, es soll mir geglückt ⟨*sein*⟩, alle den Unterschied des Früheren und Späteren ausgelöscht zu haben.

Ich wußte schon lange her w a s , ja sogar w i e ich's wollte, und trug es als ein inneres Märchen seit so vielen Jahren mit mir herum, führte aber nur die einzelnen Stellen aus, die mich von Zeit zu Zeit näher anmuteten. Nun sollte und konnte dieser zweite Teil nicht so fragmentarisch sein, als der erste. Der Verstand hat mehr Recht daran, wie man auch wohl schon an dem davon gedruckten Teil ersehen haben wird. Freilich bedurfte es zuletzt einen recht kräftigen Entschluß, das Ganze zusammenzuarbeiten, daß es vor einem gebildeten Geiste bestehen könne. Ich bestimmte daher fest in mir, daß es noch vor meinem Geburtstage vollendet sein müsse. Und so wird es auch; das Ganze liegt vor mir, und ich habe nur noch Kleinigkeiten zu berichtigen; so siegle ich's ein, und dann mag es das spezifische Gewicht meiner folgenden Bände ⟨*meint: die postumen der* Ausgabe letzter Hand⟩, wie es auch damit werden mag, vermehren. Wenn es noch Probleme genug enthält, indem, der Welt- und Menschengeschichte gleich, das zuletzt aufgelöste Problem immer wieder ein neues aufzulösendes darbietet, so wird es doch gewiß denjenigen erfreuen, der sich auf Miene, Wink und leise Hindeutung versteht. Er wird sogar mehr finden, als ich geben konnte.

Und so ist nun ein schwerer Stein über den Ber-
gesgipfel auf die andere Seite hinabgewälzt. Gleich
liegen aber wieder andere hinter mir, die auch wieder gefördert sein wollen; damit erfüllt werde, was geschrieben steht: »Solche Mühe hat Gott den Menschen gegeben.« ⟨*Prediger Salomo 1,13*⟩

Tagebuch 22. 7. 1831:
Das Hauptgeschäft zu Stande gebracht. Letztes Mundum. Alles rein Geschriebene eingeheftet.

AUGUST 1831

*Eckermann, Gesprächsbericht vom 6. 6. 1831 (späterer Zusatz
nach Mitte August):*
Den noch fehlenden vierten Akt vollendete Goethe darauf in den nächsten Wochen, so daß im August der ganze
zweite Teil geheftet und vollkommen fertig dalag. Dieses
Ziel, wonach er so lange gestrebt, endlich erreicht zu
haben, machte Goethe überaus glücklich. »Mein ferneres
Leben, sagte er, kann ich nunmehr als ein reines Geschenk ansehen, und es ist jetzt im Grunde ganz einerlei,
ob und was ich noch etwa tue.«

*Eckermann, Gesprächsbericht (undatiertes Fragment; erst Fe-
bruar/März 1832?):*
Goethe übergab mir heute das Manuskript des zweiten
Teiles seines Faust, um es nebst seinem übrigen Nachlaß
einstens herauszugeben. »Sie lesen es wohl noch einmal,
sagte er, und bemerken wohl was Ihnen etwa auffällt,
damit wir es nach und nach in's Reine bringen. Ich wünsche übrigens nicht daß es jemand anders lese. Sie wissen
ich habe Zelter davon Einiges gezeigt; aber sonst kennt
es außer Ottilien und Ihnen niemand. Anderen guten
Freunden, die nach dem Manuskript einige Neugierde
verrieten, habe ich weisgemacht ich hätte es mit sieben

Siegeln belegt und fest verschlossen. Wir wollen es dabei
bewenden lassen, damit ich nicht ferner geplagt werde.«

Zu den sieben Siegeln *vgl.* Offenbarung 5,1: »*UNd ich sahe in
der rechten hand deß, der auf dem stuhl saß, ein buch geschrieben,
inwendig und auswendig, versiegelt mit sieben siegeln*«! – *Die Reinschrift* (H) *von* Faust II *läßt nicht mehr erkennen, ob sie versiegelt
war bzw. in einem versiegelten Umschlag lag (vgl. hier den folgenden
Gesprächsbericht Försters und weiter Goethes Briefe 4. 9. 1831 an
Zelter, 8. 9. und 24. 11. 1831 an Boisserée, 1. 12. 1831 an Humboldt) oder ob Eckermanns Behauptung zutrifft.*

Förster, Gesprächsbericht vom 25. 8. 1831(?):
Bei meinem letzten Besuche (1831) lagen zwei starke Fo-
liobände, Manuskripte enthaltend, auf seinem Arbeits-
tische, und auf diese zeigend, sagte er: »Unter sieben
Siegeln liegt hier der zweite Teil des Faust verschlossen;
erst aber, wenn ich es nicht mehr imstande sein werde,
mögen andere ihre Hand daran legen.«

SEPTEMBER 1831

Goethe an Zelter, 4. 9. 1831:
Wenn du nun aber nach dem Faust fragst, so kann ich dir
erwidern: daß der zweite Teil nun auch in sich abgeschlossen ist. Ich habe seit so vielen Jahren recht gewußt
was ich wollte, habe aber nur die einzelnen Stellen ausgeführt die mich im Augenblick interessierten. Dadurch
wurden Lücken offenbar, welche ausgefüllt werden
mußten. Dieses alles nun zurechtzustellen, faßt ich den
festen Vorsatz, es müsse vor meinem Geburtstag geschehen. Und so ward es auch; das Ganze liegt vor mir und
ich habe nur noch Kleinigkeiten zu berichtigen, so siegle
ich's ein, und dann mag es das spezifische Gewicht meiner folgenden Bände ⟨der Ausgabe letzter Hand⟩, wie es
auch damit werden mag, vermehren.

An Boisserée, 8. 9. 1831:

Es ist mir nämlich gelungen, den zweiten Teil des Faust in
sich selbst abzuschließen. Ich wußte schon lange her
was, ja sogar wie ich's wollte, und trug es, als ein inneres Märchen, seit so vielen Jahren mit mir herum,
führte aber nur die einzelnen Stellen aus, die mich von
Zeit zu Zeit näher anmuteten.

Nun sollte und konnte dieser zweite Teil nicht so fragmentarisch sein als der erste. Der Verstand hat mehr
Rechte daran; wie Sie ja auch schon an dem davon gedruckten Anfang ersehen haben. Nun bedurft es zuletzt
einen recht kräftigen Entschluß, das Ganze zusammenzuarbeiten, daß es vor einem gebildeten Geiste bestehen
könne. Da steht es nun, wie es auch geraten sei. Und,
wenn es noch Probleme genug enthält, keineswegs jede
Aufklärung darbietet, so wird es doch denjenigen erfreu-
en, der sich auf Miene, Wink und leise Hindeutung
versteht. Er wird sogar mehr finden als ich geben konnte.

Und so wird denn das Manuskript endlich eingesie-
gelt, daß es verborgen bleibe und dereinst, wenn's
glückt, die spezifische Schwere der folgenden Bände
meiner Werke vermehren möge. Alles was hiezu gehört
wird, sorgfältig redigiert und rein geschrieben, in einem
aparten Kistchen verwahrt.

NOVEMBER 1831

Goethe an Boisserée, 24. 11. 1831:

Als ich meinen abgeschlossenen Faust einsiegelte, war
mir denn doch nicht ganz wohl dabei zu Mute; denn es
mußte mir einfallen daß meine wertesten, im Allgemeinen mit mir übereinstimmenden Freunde nicht alsobald
den Spaß haben sollten, sich an diesen ernst gemeinten
Scherzen einige Stunden zu ergötzen und dabei gewahr
zu werden, was ich viele Jahre in Kopf und Sinn her-

umbewegte, bis es endlich diese Gestalt angenommen.

Sogar als Dichter, der sein Licht nicht unter den Scheffel setzen will, mußt ich verzweifeln, indem ich auf die nächste unmittelbare Teilnahme Verzicht tat. Mein Trost ist jedoch, daß gerade die, an denen mir gelegen sein muß, alle jünger sind als ich und seiner Zeit das für sie Bereitete und Aufgesparte zu meinem Andenken genießen werden.

DEZEMBER 1831

Goethe an Wilhelm v. Humboldt, 1. 12. 1831:

Von meinem Faust ist viel und wenig zu sagen; gerade zu einer günstigen Zeit fiel mir das Diktum ein:

Gebt ihr euch einmal für Poeten,

So kommandiert die Poesie ⟨→ Vorspiel, *220 f.*⟩;

und durch eine geheime psychologische Wendung, welche vielleicht näher studiert zu werden verdiente, glaube ich mich zu einer Art von Produktion erhoben zu haben, welche bei völligem Bewußtsein dasjenige hervorbrachte, was ich jetzt noch selbst billige, ohne vielleicht jemals in diesem Flusse wieder schwimmen zu können, ja was Aristoteles ⟨Poetik *17, 1455 a 32*⟩ und andere Prosaisten einer Art von Wahnsinn zuschreiben würden.

Die Schwierigkeit des Gelingens bestand darin, daß der zweite Teil des Faust, dessen gedruckten Partien Sie vielleicht einige Aufmerksamkeit geschenkt haben, seit funfzig Jahren in seinen Zwecken und Motiven durchgedacht und fragmentarisch, wie mir eine oder die andere Situation gefiel, durchgearbeitet war, das Ganze aber lückenhaft blieb.

Nun hat der Verstand an dem zweiten Teile mehr Forderung als an dem ersten, und in diesem Sinne mußte dem vernünftigen Leser mehr entgegengearbeitet werden, wenn ihm auch noch an Übergängen zu supplieren ⟨*ergänzen*⟩ genug übrigblieb.

Das Ausfüllen gewisser Lücken war sowohl für historische als ästhetische Stetigkeit nötig, welches ich so
lange fortsetzte, bis ich endlich für rätlich hielt auszuru-
fen:
    Schließet den Wäss'rungskanal, Genugsam tranken
    die Wiesen. ⟨*Vergil, Schlußvers 3. Ekloge*⟩
Und nun mußte ich mir ein Herz nehmen, das geheftete
Exemplar, worin Gedrucktes und Ungedrucktes in einander geschoben sind, zu versiegeln, damit ich nicht
etwa hie und da weiter auszuführen in Versuchung käme;
wobei ich freilich bedaure, daß ich es – was der Dichter
doch so gern tut – meinen wertesten Freunden nicht
mitteilen kann.

JANUAR 1832

*Goethes Tagebuch (2.–29. 1. 1832) bezeugt, daß er in dieser Zeit die
(versiegelte?) Reinschrift des Faust II noch einmal öffnete, um ihn
seiner Schwiegertochter vorzulesen. Damals hat er, ändernd oder
ergänzend, letzte Hand an sein Werk gelegt –*

17. 1. 1832:
Einiges im Faust Bemerkte nachgeholfen.

18. 1. 1832:
Einiges umgeschrieben.

24. 1. 1832:
Neue Aufregung zu Faust in Rücksicht größerer Ausführung der Hauptmotive, die ich, um fertig zu werden,
allzu lakonisch behandelt hatte.

29. 1. 1832:
Abends Ottilie. Faust ausgelesen.

MÄRZ 1832

Auf Goethes Brief vom 1. 12. 1831 (s. o.) antwortend, hatte Wilhelm v. Humboldt am 6. 1. 1832 geschrieben:

Die Stelle Ihres Briefes über den Faust hat mich aufs höchste interessiert. Ich schicke Ihnen dieselbe in Abschrift zurück, weil Sie gewiß keine behalten haben und die Sache zu wichtig ist, um nicht künftig darauf zurückzukommen. Versuchen Sie doch einmal, ob Sie (da dies in der Stelle mir dunkel bleibt) aus Ihrer Erinnerung entnehmen können, ob Ihnen jene Art der Produktion mit völligem Bewußtsein wohl immer beigewohnt hat, oder ob Sie dieselbe als erst in einer gewissen Epoche eingetreten betrachten? Ich möchte, wenn auch natürlich im Grade Verschiedenheiten gewesen sein mögen, an das erstere glauben. Der Aristotelische Ausdruck wenigstens, wenn man ihn auch noch so sehr als ein bloßes Extrem ansieht, hat gewiß niemals auf Sie gepaßt und paßt auf keines Ihrer Werke, auch nicht auf den Werther und den Götz. Ihre Dichtung stammte von jeher aus Ihrer ganzen Natur- und Weltansicht. ⟨...⟩

Wenn ich Sie recht verstehe, daß Sie es wirklich nicht erleben wollen, den Faust zusammen gedruckt zu sehen, so beschwöre ich Sie wirklich, diesen Vorsatz wieder aufzugeben. Berauben Sie sich selbst nicht des Genusses, denn ein solcher ist es doch, eine Dichtung hinzustellen, die schon so tief empfunden worden ist, und nun in einem noch höhern Sinne aufgenommen werden muß, berauben Sie aber vorzüglich die nicht der Freude, das Ganze zu kennen, die den Gedanken nicht ertragen mögen, Sie zu überleben.

Goethe antwortete fünf Tage vor seinem Tod, mit dem letzten seiner Briefe:

Nach einer langen unwillkürlichen Pause beginne folgendermaßen und doch nur aus dem Stegreife. Die Tiere

werden durch ihre Organe belehrt, sagten die Alten, ich
setze hinzu: die Menschen gleichfalls, sie haben jedoch
den Vorzug ihre Organe dagegen wieder zu belehren.

Zu jedem Tun, daher zu jedem Talent, wird ein An-
gebornes gefordert, das von selbst wirkt und die nöti-
gen Anlagen unbewußt mit sich führt, deswegen auch
so geradehin fortwirkt, daß, ob es gleich die Regel in
sich hat, es doch zuletzt ziel- und zwecklos ablaufen
kann.

Je früher der Mensch gewahr wird daß es ein Handwerk daß es eine Kunst gibt, die ihm zur geregelten
Steigerung seiner natürlichen Anlagen verhelfen, desto
glücklicher ist er; was er auch von außen empfange
schadet seiner eingebornen Individualität nichts. Das
beste Genie ist das, welches alles in sich aufnimmt sich
alles zuzueignen weiß ohne daß es der eigentlichen
Grundbestimmung, demjenigen was man Charakter
nennt, im mindesten Eintrag tue, vielmehr solches noch
erst recht erhebe und durchaus nach Möglichkeit be-
fähige.

Hier treten nun die mannigfaltigen Bezüge ein zwischen dem Bewußten und Unbewußten; denke man sich
ein musikalisches Talent, das eine bedeutende Partitur
aufstellen soll, Bewußtsein und Bewußtlosigkeit werden
sich verhalten wie Zettel und Einschlag, ein Gleichnis
⟨aus der Fachsprache der Weber⟩ das ich so gerne brauche.

Die Organe des Menschen durch Übung, Lehre,
Nachdenken, Gelingen, Mißlingen, Fördernis und Widerstand und immer wieder Nachdenken, verknüpfen
ohne Bewußtsein in einer freien Tätigkeit das Erworbene
mit dem Angebornen, so daß es eine Einheit hervor-
bringt welche die Welt in Erstaunen setzt.

Dieses Allgemeine diene zu schneller Beantwortung
der Frage und zu Erläuterung des wieder zurückkehren-
den Blättchens.

Es sind über sechzig Jahre, daß die Konzeption des
Faust bei mir jugendlich von vorne herein ⟨meint: hin-

sichtlich der vorderen Partien des Gesamtwerks⟩ klar, die
ganze Reihenfolge hin weniger ausführlich vorlag. Nun
hab ich die Absicht immer sachte neben mir her gehen
lassen, und nur die mir gerade interessantesten Stellen
einzeln durchgearbeitet, so daß im zweiten Teile Lücken
blieben, durch ein gleichmäßiges Interesse mit dem Übrigen zu verbinden. Hier trat nun freilich die große
Schwierigkeit ein, dasjenige durch Vorsatz und Charakter zu erreichen, was eigentlich der freiwilligen tätigen
Natur allein zu kommen sollte. Es wäre aber nicht gut,
wenn es nicht auch nach einem so lange tätig nachden-
kenden Leben möglich geworden wäre, und ich lasse
mich keine Furcht angehen man werde das Ältere vom
Neueren, das Spätere vom Früheren unterscheiden können, welches wir denn den künftigen Lesern zu geneigter
Einsicht übergeben wollen.

Ganz ohne Frage würd' es mir unendliche Freude machen, meinen werten, durchaus dankbar anerkannten,
weitverteilten Freunden auch bei Lebzeiten diese sehr
ernsten Scherze zu widmen, mitzuteilen und ihre Erwie-
derung zu vernehmen. Der Tag aber ist wirklich so
absurd und konfus, daß ich mich überzeuge meine redlichen, lange verfolgten Bemühungen um dieses seltsame
Gebäu würden schlecht belohnt und an den Strand getrieben, wie ein Wrack in Trümmern daliegen und von
dem Dünenschutt der Stunden zunächst überschüttet
werden. Verwirrende Lehre zu verwirrenden Handel
waltet über die Welt, und ich habe nichts angelegentli-
cher zu tun als dasjenige was an mir ist und geblieben ist,
wo möglich zu steigern, und, meine Eigentümlichkeiten
zu kohobieren*, wie Sie es, würdiger Freund, auf Ihrer
Burg ja auch bewerkstelligen.

Teilen Sie mir deshalb auch etwas von Ihren Arbeiten
mit; Riemer ist, wie Sie wohl wissen, an die gleichen und
ähnlichen Studien geheftet und unsre Abendgespräche
führen oft auf die Grenzen dieses Faches.

Verzeihung diesem verspäteten Blatte! Ohngeachtet

meiner Abgeschlossenheit findet sich selten eine Stunde,
wo man sich diese Geheimnisse des Lebens vergegen-
wärtigen mag.

Weimar   treu angehörig
den 17. März   J.WvGoethe
  1832.

---

* *Mit dem Wort* kohobieren *nimmt Goethe noch einmal einen im* Faust
*verwendeten Fachterminus aus dem alchymistischen Laboratorium auf.
Dort (Vers 6853) meinte das: reinigen und läutern durch das Abscheiden
flüchtiger Öle mittels wiederholter Destillation. Hier aber hat er diesem
Wort wohl eine weiter ausgreifende Bedeutung zugedacht. In den* Heften
Zur Morphologie *hatte er 1820 seinen Aufsatz* Verstäubung, Ver-
dunstung, Vertropfung *mitgeteilt, in dem es heißt:*
»*Der aus der letzten Raupenhaut sich loslösende, zwar vollkommene,
aber nicht vollendete Schmetterling verwahrt, von einer neuen, seine
⟨künftige!⟩ Gestalt weissagenden Haut eingeschlossen, bei sich einen
köstlichen Saft. Diesen in sich organisch kohobierend, eignet er sich davon das
Köstlichste zu, indem das Unbedeutendere nach Beschaffenheit äußerlicher
Temperatur verdunstet*« (FA I 24, 520). *Ausdrücklich wollte er damit
darauf* »*hindeuten: wie in der großen Natur alles auf einander spielt und
arbeitet, und wie sich die ersten Anfänge so wie die höchsten Erscheinungen
alles Gebildeten immer gleich und verschieden erweisen*« (aaO. 521).
*So verschlüsselt der Alte, fünf Tage vor seinem Ende, in das Wort
kohobieren, daß er selbst einer den Tod übergreifenden Metamorphose
entgegenlebt – wie er sie seinem Faust in der* Bergschluchten-*Szene
zugedichtet hat.*

OSTERMESSE 1833

Anzeige des Verlegers Cotta im Morgenblatt für gebildete
Stände, *26. Jg, Okt. 1832* / Intelligenzblatt *Nr. 28, Sept. 1832:*

> Die unterzeichnete Verlagshandlung erfüllt eine heilige
> Pflicht, indem sie hiermit die nahe Herausgabe
>   der nachgelassenen Schriften Goethe's
> ankündigt.
>   Dieser reiche Nachlaß des großen Abgeschiedenen
> wird, seinen eigenen, letztwilligen Verfügungen gemäß,
> in dreien Lieferungen, jede zu fünf Bänden, erscheinen
> und zugleich auf einem zweiten Titelblatt als 41r–55r
> Band der sämtlichen Werke ⟨*in der* Ausgabe letzter
> Hand⟩ bezeichnet werden, um sich ganz den schon er-
> schienenen 40 Bänden anzuschließen. Er wird daher auch
> mit ihnen gleichen Druck, Format und Papier, je nach
> den verschiedenen Oktav- und Sedez-Ausgaben, erhal-
> ten.

*Zur Ostermesse 1833 erscheint der auf 1832 datierte 1. Band der
Taschenbuchausgabe dieser unter Riemers Aufsicht veröffentlichten
nachgelassenen Werke als Bd 41 der* Ausgabe letzter Hand
(C¹ 41):

Faust.
Der Tragödie zweyter Theil in fünf Acten.

mit Eckermanns Angabe:

(Vollendet im Sommer 1831.)

GOETHESCHE
LESEANWEISUNGEN

Das Publikum, besonders das deutsche, ist eine närrische Karrikatur des δημος ⟨*der griechischen Volksversammlung*⟩; es bildet sich wirklich ein, eine Art von Instanz, von Senat auszumachen, und im Leben und Lesen dieses oder jenes wegvotieren zu können was ihm nicht gefällt. Dagegen ist kein Mittel als ein stilles Ausharren. ⟨. . .⟩ Wenn ungeachtet alles Tadelns und Geschreis das was das Büchlein enthält, als ein unveränderliches Faktum vor der Einbildungskraft steht, wenn man sieht, daß man mit allem Willen und Widerwillen daran doch nichts ändert; so läßt man sich in der Fabel zuletzt auch so ein apprehensives Wunderkind gefallen, wie man sich in der Geschichte nach einigen Jahren die Hinrichtung eines alten Königs und die Krönung eines neuen Kaisers gefallen läßt. Das Gedichtete behauptet sein Recht, wie das Geschehene.

(Goethe an v. Reinhard, 31. 12. 1809; bei Erscheinen der Wahlverwandtschaften*)*

Die Leser und Meiner, die mir dein letzter Brief vorführt, mögen zu den Gesellen in Auerbachs Hof gehören, von denen Mephistopheles schon vor 50 Jahren gesagt hat: alles spüren die Kerle nur nicht den Teufel und wenn er ihnen noch so nah ist.

Auch hier merken sie nicht, daß sie mit dem Regenwurm, der so glatt hinunter zu gehen scheint, einen Angel verschlucken der ihnen zu schaffen machen wird. Das Büchlein wird sie noch manche Zeit im Bauche grimmen.

(an Zelter, 14. 11. 1816; zum 1. Band der Italienischen Reise*)*

Einem Verfasser müßte schaudern, wenn er bedächte, wie
viele Leser nichts zum Buche hinzubringen, weder Kennt-
nis noch Empfänglichkeit, ja wie viele bloß lesen um dabei
geruhig einzuschlafen.

(an Boisserée, 16. 12. 1816)

Lassen Sie mich noch eine Bemerkung hinzufügen welche
einem alten Autor wohl ziemen mag. Es gibt dreierlei Arten Leser: Eine, die ohne Urteil genießt, eine dritte, die
ohne zu genießen urteilt, die mittlere die genießend urteilt
und urteilend genießt; diese reproduziert eigentlich ein
Kunstwerk auf's neue.

(an Rochlitz, 13. 6. 1819)

Dem Dummen wird die Ilias zur Fibel;
Wie uns vor solchem Leser graus't!
Er lies't so ohngefähr die Bibel,
Als wie Herr Schöne meinen Faust.

*(aus Goethes Nachlaß: FA I 2, 769) – Der Hofrat Dr. Carl
Christian Ludwig Schöne hatte ihm 1821 seine auf der Lektüre des
Ersten Teils beruhende, 1823 gedruckte Fortsetzung des Faust
zugeschickt – mit der Widmung: »Du schwiegst, Du willst den
Faust nicht enden. | So wagt' ich's zitternd denn ihn zu vollenden«!
Goethe an Zelter, 14. 12. 1822: »wunderlich, daß ein sinniger
Mensch das für Fortsetzung halten kann was nur Wiederholung ist,
das Hauptunglück aber bleibt, daß sie haben in Prosa und in Versen
schreiben lernen, und damit, meinen sie, wäre es getan.«*

Die Deutschen sind übrigens wunderliche Leute! – Sie machen sich durch ihre tiefen Gedanken und Ideen, die sie
überall suchen und überall hineinlegen, das Leben schwe-

rer, als billig. – Ei! so habt doch endlich einmal die Courage, *Euch den Eindrücken hinzugeben*, Euch ergötzen zu lassen, Euch rühren zu lassen, Euch erheben zu lassen, ja Euch belehren und zu etwas Großem entflammen und ermutigen zu lassen; aber denkt nur nicht immer, es wäre Alles eitel, wenn es nicht irgend abstrakter Gedanke und Idee wäre!

Da kommen sie und fragen: welche Idee ich in meinem *Faust* zu verkörpern gesucht? – Als ob ich das selber wüßte und aussprechen könnte! – *Vom Himmel durch die Welt zur Hölle* ⟨*Vers 242*⟩, das wäre zur Not etwas; aber das ist keine Idee, sondern Gang der Handlung. Und ferner, daß der Teufel die Wette verliert, und daß ein aus schweren Verirrungen immerfort zum Besseren aufstrebender Mensch zu *erlösen* sei, das ist zwar ein wirksamer, Manches erklärender guter Gedanke, aber es ist keine *Idee*, die dem Ganzen und jeder einzelnen Szene im Besondern zu Grunde liege. Es hätte auch in der Tat ein schönes Ding werden müssen, wenn ich ein so reiches, buntes und so höchst mannigfaltiges Leben, wie ich es im Faust zur Anschauung gebracht, auf die magere Schnur einer einzigen durchgehenden Idee hätte reihen wollen!

(zu Eckermann, 6. 5. 1827)

Ich zweifelte niemals, daß die Leser, für die ich eigentlich schrieb, den Hauptsinn dieser Darstellung sogleich fassen würden. ⟨. . .⟩

In solchen Hoffnungen einsichtiger Teilnahme habe ich mich bei Ausarbeitung der Helena ganz gehen lassen, ohne an irgend ein Publikum noch an einen einzelnen Leser zu denken, überzeugt, daß wer das Ganze leicht ergreift und faßt, mit liebevoller Geduld sich auch nach und nach das Einzelne zueignen werde. ⟨. . .⟩

Da sich gar manches unserer Erfahrungen nicht rund aussprechen und direkt mitteilen läßt, so habe ich seit lan-

gem das Mittel gewählt, durch einander gegenüber gestellte
und sich gleichsam in einander abspiegelnde Gebilde den
geheimeren Sinn dem Aufmerkenden zu offenbaren.

Da alles, was von mir mitgeteilt worden, auf Lebenser-
fahrung beruht, so darf ich wohl andeuten und hoffen, daß
man meine Dichtungen auch wieder erleben wolle und
werde. Und gewiß, jeder meiner Leser findet es an sich
selbst, daß ihm von Zeit zu Zeit bei schon im Allgemeinen
bekannten Dingen noch im Besonderen etwas Neues erfreulich aufgeht, welches denn ganz eigentlich uns angehört, indem es von einer wachsenden Bildung zeugt und
uns dabei zu einem frischen Gedeihen hinleitet. Geht es uns
doch dabei mit allem so, was irgend einen Gehalt darbietet
oder hinter sich hat.

(an Iken, 27. 9. 1827)

Die rechte Art, ihm ⟨*dem Kunstwerk* Faust⟩ beizukommen,
es zu beschauen und zu genießen, ist die, welche du erwählt
hast: es nämlich in Gesellschaft mit einem Freunde zu betrachten. Überhaupt ist jedes gemeinsame Anschauen von
der größten Wirksamkeit; denn indem ein poetisches Werk
für viele geschrieben ist, gehören auch mehrere dazu, um es
zu empfangen; da es viele Seiten hat, sollte es auch jederzeit
vielseitig angesehen werden.

(an Knebel, 14. 11. 1827)

Deine Korrespondentin aus Sanssouci ⟨*die bei Zelter ange-
fragt hatte, wieso zwei der* Xenien *sowohl in Schillers als in
Goethes Werken stünden*⟩ mag ein liebenswürdiges Mädchen
sein, eine wahre Deutsche ist sie zugleich. Diese Nation
weiß durchaus nichts zurechtzulegen, durchaus stolpern sie
über Strohhalmen. ⟨. . .⟩ Eben so quälen sie sich und mich

mit den Weissagungen des Bakis, früher mit dem Hexen-
Einmaleins und so manchem andern Unsinn, den man dem
schlichten Menschenverstande anzueignen gedenkt. Suchten sie doch die psychisch-sittlich-ästhetischen Rätsel, die in
meinen Werken mit freigebigen Händen ausgestreut sind,
sich anzueignen und sich ihre Lebensrätsel dadurch aufzuklären! Doch viele tun es ja, und wir wollen nicht zürnen,
daß es nicht immer und überall geschieht.

(an Zelter, 4. 12. 1827)

(Karl v. Holtei zu Goethe:) ⟨. . .⟩ ich soll morgen die zu Faust
gehörige ›Helena‹ vorlesen. Ich habe mir zwar alle Mühe
damit gegeben, aber alles verstehe ich doch nicht. Möchten
Sie mir nicht zum Beispiel erklären, was eigentlich damit
gemeint sei, wenn Faust an Helenas Seite die Land-Gebiete
an einzelne Heerführer verteilt? ⟨*Vers 9446 ff.*⟩ Ob eine bestimmte Andeutung ⟨. . .⟩
Er ließ mich nicht ausreden, sondern unterbrach mich
sehr freundlich: Ja, ja, ihr guten Kinder, wenn ihr nur nicht
so dumm wäret? – Hierauf ließ er mich stehen etc.

*(aus den Erinnerungen des in Weimar gastierenden
Berliner Rezitators, 28. 2. 1828)*

Ich bin in meinen Arbeiten nicht leicht didaktisch geworden: eine poetische Darstellung der Zustände, teils wirk-
licher, teils ideeller, schien mir immer das Vorteilhafteste,
damit ein sinniger Leser sich in den Bildern bespiegeln und
die mannichfaltigsten Resultate bei wachsender Erfahrung
selbst herausfinden möge.

(an Borchardt, 1. 5. 1828)

In Gefolg dieses habe zu vermelden, daß mir nun bekannt
geworden, wie man Helena in Edinburg, Paris und Moskau
begrüßte. Es ist sehr belehrend, drei verschiedene Denk-
weisen hiebei kennen zu lernen: der Schotte sucht das Werk
zu durchdringen, der Franzose es zu verstehen, der Russe
sich es zuzueignen. Vielleicht fände sich bei deutschen Lesern alles drei.
*(an Zelter, 21. 5. 1828; über die Aufnahme des Vorabdrucks vom
3. Akt des* Faust II *in den Rezensionen von Carlyle, Ampère und
Schewireff – abgedruckt und übersetzt jetzt in* MA 18.1, 596 ff.*)*

Der Schotte sucht das Werk zu durchdringen, der Franzose
es zu verstehen, und der Russe sich es anzueignen. Unver-
abredet haben also diese drei die sämtlichen Kategorien der
Teilnahme an einem ästhetischen Werke dargestellt; wobei
sich versteht daß diese drei Arten nicht entschieden getrennt sein können, sondern immer eine jede die andere zu
ihren Zwecken zu Hülfe rufen wird.
(an Carlyle, 15. 6. 1828)

Wenn dies Ding nicht fortgesetzt auf einen übermütigen
Zustand hindeutet, wenn es den Leser nicht auch nötigt,
sich über sich selber hinauszumuten, so ist es nichts wert.
Bis jetzt, denk ich, hat ein guter Kopf und Sinn schon zu
tun, wenn er sich will zum Herrn machen von allem dem
was da hineingeheimnisset ist.
(an Zelter zum Faust II*, 26./27. 7. 1828)*

Aber Ihr Frauen habt Unrecht, wenn Ihr immer Partei
macht; Ihr leset gewöhnlich ein Buch, um darin Nahrung
für Eurer Herz zu finden, einen Helden, den Ihr lieben
könntet! So soll man aber eigentlich nicht lesen, und es

kommt gar nicht darauf an, daß Euch dieser oder jener *Charakter* gefalle, sondern daß Euch das *Buch* gefalle.

(zu Ottilie v. Goethe; Eckermann, 3. 10. 1828)

(Eckermann:) Wenn das alles so zur Erscheinung käme wie Sie es gedacht haben, das Publikum müßte vor Erstaunen dasitzen und gestehen, daß es ihm an Geist und Sinnen fehle, den Reichtum solcher Erscheinungen würdig aufzunehmen.

Geht nur, sagte Goethe, und laßt mir das Publikum, von dem ich nichts hören mag. Die Hauptsache ist, daß es geschrieben steht; mag nun die Welt damit gebaren so gut sie kann, und es benutzen soweit sie es fähig ist.

(20. 12. 1829; im Gespräch über den 1. Akt von Faust II*)*

Der Faust ⟨...⟩ ist doch ganz etwas Inkommensurabeles, und alle Versuche, ihn dem Verstand näher zu bringen, sind vergeblich. Auch muß man bedenken, daß der erste Teil aus einem etwas dunkelen Zustand des Individuums hervorgegangen. Aber eben dieses Dunkel reizt die Menschen, und sie mühen sich daran ab, wie an allen unauflösbaren Problemen.

(zu Eckermann, 3. 1. 1830)

(Eckermann:) ⟨...⟩ im Grunde sind doch der Auerbachsche Keller, die Hexenküche, der Blocksberg, der Reichstag, die Maskerade, das Papiergeld, das Laboratorium, die klassische Walpurgnisnacht, die Helena, lauter für sich bestehende kleine Weltenkreise, die, in sich abgeschlossen, wohl auf einander wirken, aber doch einander wenig ange-

hen. Dem Dichter liegt daran, eine mannigfaltige Welt auszusprechen, und er benutzt die Fabel eines berühmten Helden bloß als eine Art von durchgehender Schnur, um darauf aneinander zu reihen was er Lust hat. ⟨. . .⟩

Sie haben vollkommen Recht, sagte Goethe; auch kommt es bei einer solchen Komposition bloß darauf an, daß die einzelnen Massen bedeutend und klar seien, während es als ein Ganzes immer inkommensurabel bleibt, aber eben deswegen, gleich einem unaufgelösten Problem, die Menschen zu wiederholter Betrachtung immer wieder anlockt.

(13. 2. 1831)

(Eckermann:) Es kommt doch in diesem zweiten Teil ⟨des Faust⟩, sagte ich, eine weit reichere Welt zur Erscheinung als im ersten.

Ich sollte denken, sagte Goethe. Der erste Teil ist fast ganz subjektiv; es ist alles aus einem befangeneren, leidenschaftlicheren Individuum hervorgegangen, welches Halbdunkel den Menschen auch so wohl tun mag. Im zweiten Teile aber ist fast gar nichts Subjektives, es erscheint hier eine höhere, breitere, hellere, leidenschaftslosere Welt, und wer sich nicht etwas umgetan und Einiges erlebt hat, wird nichts damit anzufangen wissen.

(17. 2. 1831)

Es ist keine Kleinigkeit, das, was man im zwanzigsten Jahre konzipiert hat, im 82. außer sich darzustellen und ein solches inneres lebendiges Knochengeripp mit Sehnen, Fleisch und Oberhaut zu bekleiden, auch wohl dem fertig Hingestellten noch einige Mantelfalten umzuschlagen, damit alles zusammen ein offenbares Rätsel bleibe, die Menschen fort und fort ergetze und ihnen zu schaffen mache.

(an Zelter, 1. 6. 1831)

Aufschluß erwarten Sie nicht; der Welt- und Menschengeschichte gleich, enthüllt das zuletzt aufgelös'te Problem
immer wieder ein neues aufzulösendes.

(an v. Reinhard, 7. 9. 1831; über den
abgeschlossenen und 'versiegelten' Faust)

Nun hat der Verstand an dem zweiten Teile mehr Forderung
als an dem ersten, und in diesem Sinne mußte dem vernünftigen Leser mehr entgegengearbeitet werden, wenn
ihm auch noch an Übergängen zu supplieren ⟨zu ergänzen⟩
genug übrigblieb.

(an Wilhelm v. Humboldt, 1. 12. 1831)

Da steht es nun, wie es auch geraten sei. Und, wenn es noch
Probleme genug enthält, keineswegs jede Aufklärung darbietet, so wird es doch denjenigen erfreuen, der sich auf
Miene, Wink und leise Hindeutung versteht. Er wird sogar
mehr finden als ich geben konnte.

(an Boisserée, 8. 9. 1831)

REGISTER ZUM KOMMENTAR-BAND

*Es ist nicht eben freundlich gehandelt von manchen
Gelehrten, daß sie die Register dem gleichen Buch
anbinden lassen, aus dem die Wörter gezogen sind.
Der rechte Zeigfinger, hätte man ihn auch ange-
leckt, haftet ungern hinten an der Zahlenkolonne,
wenn der linke vorne sucht. Könnte man dieses nicht
bequemer einrichten?*
   Lichtenberg, Sudelbuch K 418 (apokryph)

PERSONENREGISTER

Bis auf vergleichsweise belanglose Fälle erfaßt dieses Namensverzeichnis alle im Kommentar-Band angeführten mythologischen, biblischen und dichterischen Gestalten (nicht die Spielfiguren der *Faust*-Dichtung selbst); außerdem historische Personen (sofern sie nicht als bloße Empfänger von mündlichen oder schriftlichen Äußerungen Goethes genannt werden); schließlich die in den Erläuterungen zitierten Verfasser wissenschaftlicher Literatur (bloße Verweise wurden ihrer großen Zahl wegen dabei nicht berücksichtigt, und die Verfasser oder Herausgeber von Wörterbüchern, Lexika, *Faust*-Editionen oder -Kommentaren werden nur dann angeführt, wenn sie hier nicht allein durch ihre Werke, sondern namentlich ausgewiesen sind).

Zeitschriften der Goethezeit sowie anonyme Schriften und Kunstwerke sind unter ihrer (hier *kursiv* gesetzten) gängigen Betitelung oder Bezeichnung alphabetisch eingeordnet worden.

Alle biblischen Schriften (gleichfalls durch *Kursive* markiert) finden sich unter dem Stichwort *Bibel*.

SACHREGISTER

Dieses stichworthafte Verzeichnis der in den Lemmata und den Erläuterungen des Kommentar-Bandes benannten oder gemeinten Sachen und Begriffe stellt notgedrungen eine knappe Auswahl dar; vergleichsweise belanglose Fälle sind nicht berücksichtigt worden. Alphabetisch eingeordnet wurden hier auch die (*kursiv* gesetzten) Ortsangaben: Länder, Landschaften, Flüsse, Städte, Plätze etc.

WERKREGISTER

Dieses Verzeichnis erfaßt nur die im Kommentar-Band erwähnten eigenen Werke Goethes (die Schriften anderer Autoren müßte man über deren im Personenregister angeführte Namen suchen). Zur Unterscheidung wurden die Überschriften bzw. Anfänge einzelner Gedichte *kursiv* gesetzt. – Briefe, Tagebücher, Gespräche sind hier nicht berücksichtigt worden.

Zu dieser Ausgabe

insel taschenbuch 3000: Johann Wolfgang Goethe, Faust. Texte und
Kommentare. Herausgegeben von Albrecht Schöne. Die erste Auflage
der Originalausgabe erschien 1994 im Deutschen Klassiker Verlag Frankfurt am Main (2. Auflage ebenfalls 1994, 3. Auflage 1995, 4. Auflage 1999,
sämtlich ebenda). Die vorliegende Ausgabe ist die fünfte, erneut durchgesehene und ergänzte Auflage dieser Edition.

Goethe
im insel taschenbuch
Eine Auswahl

Werke, Briefe und Gespräche

»Behalte mich ja lieb!« Christianes und Goethes Ehebriefe. Ausgewählt und mit einem Nachwort versehen von Sigrid Damm. it 2450. 180 Seiten

Briefe aus dem Elternhaus. Herausgegeben und mit drei Essays eingeleitet von Ernst Beutler. it 1850. 1068 Seiten

Dichtung und Wahrheit. Mit zeitgenössischen Illustrationen, ausgewählt von Jörn Göres. it 150. 1120 Seiten

Elegie von Marienbad. it 1250. 128 Seiten

Erotische Gedichte. Gedichte, Skizzen und Fragmente. Herausgegeben von Andreas Ammer. it 1225. 246 Seiten

Faust. Erster Teil. Nachwort von Jörn Göres. Mit Illustrationen von Eugène Delacroix. it 50. 273 Seiten

Faust. Zweiter Teil. Mit Federzeichnungen von Max Beckmann. Mit einem Nachwort zum Text von Jörn Göres und zu den Zeichnungen von Friedhelm Fischer. it 100. 492 Seiten

Faust. Erster und zweiter Teil. Herausgegeben und mit einem Nachwort versehen von Jörn Göres. it 2283. 760 Seiten

Faust. Text und Kommentar. Herausgegeben von Albrecht Schöne. Zwei Bände in Kassette. it 3000. 1976 Seiten

Faust. Urfaust / Faust. Ein Fragment / Faust. Eine Tragödie.
Paralleldruck der drei Fassungen. Herausgegeben von Werner
Keller. Zwei Bände. it 625. 690 Seiten

Gedichte. Sämtliche Gedichte in zeitlicher Folge. Herausgegeben von Heinz Nicolai. it 2281. 1264 Seiten

Gedichte in Handschriften. Fünfzig Gedichte Goethes.
Ausgewählt und erläutert von Karl Eibl. it 2175. 288 Seiten

Gedichte in zeitlicher Folge. Eine Lebensgeschichte Goethes
in seinen Gedichten. Herausgegeben von Heinz Nicolai.
it 1400. 1264 Seiten

Gespräche mit Goethe in den letzten Jahren seines Lebens.
Von Johann Peter Eckermann. Herausgegeben von Fritz
Bergemann. it 500. 955 Seiten

Goethes Briefwechsel mit einem Kinde. Von Bettine von
Arnim. Herausgegeben und eingeleitet von Waldemar Oehlke.
Mit zeitgenössischen Abbildungen. it 767. 678 Seiten

Goethes Gedanken über Musik. Eine Sammlung aus seinen
Werken, Briefen, Gesprächen und Tagebüchern. Herausgegeben von Hedwig Walwei-Wiegelmann. Mit achtundvierzig
Abbildungen, erläutert von Hartmut Schmidt.
it 800. 262 Seiten

Goethes Liebesgedichte. Herausgegeben von Hans Gerhard
Gräf. Mit einem Nachwort von Emil Staiger. it 275. 317 Seiten

Hermann und Dorothea. Mit Aufsätzen von August
Wilhelm Schlegel, Wilhelm von Humboldt, Georg Wilhelm
Friedrich Hegel und Hermann Hettner. Mit zehn Kupfern
von Catel. it 225. 199 Seiten

NF 40/3/9.04

NF 40/4/9.04

NF 40/5/9.04

Johann Wolfgang Goethe / Friedrich Schiller. Der Briefwechsel zwischen Schiller und Goethe. Revidierte Neuaus-
gabe. Mit zahlreichen Abbildungen. Herausgegeben von Emil
Staiger. it 3125. 1152 Seiten

Johann Wolfgang Goethe / Christiane Vulpius. Goethes
Ehe in Briefen. Der Briefwechsel zwischen Goethe und Chri-
stiane Vulpius 1792-1816. Herausgegeben von Hans Gerhard
Gräf. Mit zeitgenössischen Abbildungen. it 1625. 1048 Seiten

Anthologien und Sammlungen

Goethe für Gestreßte. Ausgewählt von Walter Hinck.
it 1900. 128 Seiten. it 2675. 128 Seiten

Goethe für Kinder. »Ich bin so guter Dinge«. Ausgewählt
von Peter Härtling. Illustriert von Hans Traxler.
it 2900. 96 Seiten

Goethe und die Religion. Aus seinen Werken, Briefen, Tagebüchern und Gesprächen. Zusammengestellt von Hans-
Joachim Simm. it 2200. 448 Seiten

Goethe-Lesebuch. Eine repräsentative Auslese aus Werken,
Briefen und Dokumenten. Herausgegeben und mit einem
Nachwort von Katharina Mommsen. it 1375. 384 Seiten

Mit Goethe durch den Garten. Ein Abc für Gartenfreunde,
aufgeblättert von Claudia Schmölders. Mit farbigen Illustrationen von Hans Traxler. it 1211. 137 Seiten

Goethe, unser Zeitgenosse. Über Fremdes und Eigenes.
Herausgegeben von Siegfried Unseld. it 1425. 160 Seiten.
it 2290. 161 Seiten

Goethe. Von Mensch und Menschheit. Aus seinen Werken, Briefen, Tagebüchern und Gesprächen. Herausgegeben von Bruno Wachsmuth. Mit einem Nachwort von Jochen Golz. it 2850. 416 Seiten

Goethe und die Medizin. Selbstzeugnisse und Dokumente. Von Manfred Wenzel. it 1350. 127 Seiten

Darstellungen über Goethe

Bei Goethe zu Gast. Besucher in Weimar. Herausgegeben von Werner Völker. Mit zahlreichen Abbildungen. it 1725. 172 Seiten

Essays um Goethe. Von Ernst Beutler. Erweiterte Frankfurter Ausgabe. Herausgegeben von Christian Beutler. it 1575. 1008 Seiten

Goethe. Der Dichter in seiner Zeit. Von Nicholas Boyle. Übersetzt von Holger Fliessbach. Mit Abbildungen.
- Band I: 1749-1790. it 3025. 905 Seiten
- Band II: 1790-1803. it 3050. 1115 Seiten

Christiane und Goethe. Eine Recherche. Von Sigrid Damm. Mit Abbildungen. Großdruck. it 2800. 544 Seiten

Cornelia Goethe. Von Sigrid Damm. it 1452. 260 Seiten

Goethes erste große Liebe Lili Schönemann. Von Dagmar von Gersdorff. Mit Abbildungen.
Als Insel-Bücherei-Band 1229. 112 Seiten

Goethes Mutter. Catharina Elisabeth. Eine Biographie. Von Dagmar von Gersdorff. it 2925. 464 Seiten

NF 40/7/9.04

Goethe aus der Nähe. Berichte von Zeitgenossen. Ausgewählt und kommentiert von Eckart Kleßmann.
it 1800. 552 Seiten

Goethe. Seine äußere Erscheinung. Literarische und künstlerische Dokumente seiner Zeitgenossen. Zusammengetragen von Emil Schaeffer. Überprüft und ergänzt von Jörn Göres.
it 2275. 199 Seiten

Goethe und Lenz. Die Geschichte einer Entzweiung. Dokumentiert von Matthias Luserke. it 2750. 208 Seiten

Goethe und seine Zeitgenossen. Zwischen Annäherung und Realität. Von Ludwig Fertig. it 2525. 416 Seiten

Goethes Gretchen. Das Leben und Sterben der Kindsmörderin Margaretha Brandt. Nach den Prozeßakten dargestellt von Siegfried Birkner. it 2563. 176 Seiten

Goethes Morgenlandfahrten. West-östliche Begegnungen. Herausgegeben von Jochen Golz. it 2600. 320 Seiten

Goethe und der Islam. Von Katharina Mommsen. Herausgegeben und mit einem Nachwort versehen von Peter Anton von Arnim. it 2650. 527 Seiten

Goethe als Emigrant. Auf der Suche nach dem Grünen bei einem alten Dichter. Von Adolf Muschg. it 1700. 209 Seiten

Goethe. Der heilkundige Dichter. Von Frank Nager.
it 1672. 330 Seiten

Werthers Lotte. Goethes Liebe für einen Sommer. Die Biographie der Charlotte Kestner. Von Ruth Rahmeyer. Mit Abbildungen. it 2272. 230 Seiten

NF 40/8/9.04

Goethe und seine Verleger. Von Siegfried Unseld. Mit zahlreichen Abbildungen. it 2500. 820 Seiten

Goethe und der Ginkgo. Ein Baum und ein Gedicht. Von Siegfried Unseld. Mit Abbildungen. Großdruck.
it 2475. 132 Seiten

»Theater«
im insel taschenbuch
Eine Auswahl

- Was Ihr wollt. Übersetzt von Thomas Brasch. it 1205.
132 Seiten

Sophokles
- Aias. Übertragen von Wolfgang Schadewaldt. Herausgegeben von Hellmut Flashar. Mit zahlreichen Abbildungen. it 1562. 130 Seiten
- Antigone. Übertragen und herausgegeben von Wolfgang Schadewaldt. Mit einem Nachwort, einem Aufsatz, Wirkungsgeschichte und Literaturhinweisen. Mit
einem Bildteil. it 70. 152 Seiten
- Antigone. Übersetzt von Hölderlin. Bearbeitet von
Martin Walser und Edgar Selge. it 1248. 81 Seiten
- Elektra. Übertragen von Wolfgang Schadewaldt. Her-
ausgegeben von Hellmut Flashar. Mit zahlreichen Abbildungen. it 1616. 160 Seiten
- Die Frauen von Trachis. Übertragen von Wolfgang
Schadewaldt. Herausgegeben von Hellmut Flashar. Mit
zahlreichen Abbildungen. it 2602. 129 Seiten
- König Ödipus. Übertragen und herausgegeben von
Wolfgang Schadewaldt. Mit einem Nachwort, drei
Aufsätzen, Wirkungsgeschichte und Literaturnachwei-
sen. Mit 14 Abbildungen. it 15. 141 Seiten
- Ödipus auf Kolonos. Übertragen von Wolfgang Schadewaldt. Herausgegeben von Hellmut Flashar. Mit
zahlreichen Abbildungen. it 1782. 164 Seiten
- Philoktet. Herausgegeben von Hellmut Flashar. Übersetzt von Wolfgang Schadewaldt. Mit zahlreichen Abbildungen. it 2535. 181 Seiten

August Strindberg. Fräulein Julie. Drama. Übersetzt
und mit einem Nachwort versehen von Peter Weiss.
it 2701. 112 Seiten